한국어능력시험 대비서

韩国语能力考试应试

中文版

第三版

TOPIK MASTER

多乐园韩国语研究所

TOPIK Ⅱ · 中高级

试题集

- 根据不同类型进行系统分析，完美准备考试！
- 提供反映最近考试题型和类型的共10次模拟考试！
- 通过详细的解说，提示理解问题和战略性解题方法！

MP3
免费下载

DARAKWON

Darakwon TOPIK 准备书籍

TOPIK Master Final 实战模拟考试_3rd Edition系列

- 根据不同类型进行系统分析，完美准备考试！
- 提供反映最新出题倾向和题型的10次模拟考试!
- 通过详细的解说，提示理解问题和战略性解题方法！

TOPIK MASTER Final Actual Tests Ⅰ (Basic)_3rd Edition
多乐园韩国语研究所 | 试题集 256页、解答集 136页 | 21,000元 (MP3免费下载)

TOPIK MASTER Final Actual Tests Ⅱ (Intermediate-Advanced)_3rd Edition
多乐园韩国语研究所 | 试题集 432页、解答集 272页 | 31,000元 (MP3免费下载)

★ **TOPIK Ⅱ 有中文版，而TOPIK Ⅰ 的中文版预计会在近期出版。**

Complete Guide to the TOPIK_3rd Edition系列

- 反映TOPIK最新出题评价框架和标示的Complete Guide to the TOPIK第3次修订版！
- 分析真题 - 理解练习题 - 通过实战模拟考试的3个阶段构成获得高分！
- 观看作者亲自上课的免费讲座，熟悉实战感觉，进一步提高对TOPIK问题的理解度！

Complete Guide to the TOPIK Ⅰ (Basic)_3rd Edition
Seoul Korean Language Academy | 176页 | 17,000元 (MP3免费下载 & 免费讲座)

Complete Guide to the TOPIK Ⅱ (Intermediate - Advanced)_3rd Edition
Seoul Korean Language Academy | 352页 | 23,000元 (MP3免费下载 & 免费讲座)

Complete Guide to the TOPIK - Speaking

- 从类型分析到实战练习，TOPIK考试准备阶段性指南！
- 为了TOPIK口语评价的高分，收录了初级到高级的所有答案！
- 听专业配音员的录音，学会自然的韩语语调！

多乐园韩国语研究所 | 296页 | 20,000元 (MP3免费下载)

Cracking the TOPIK Ⅱ Writing

- TOPIK写作第51-54题的各类型战略完美分析！
- 从写句子到写长篇文章，通过高分战略一举提高分数！
- 收录了共5回实战模拟考试和整理有用的词汇和句型的“老师特讲”！

元银荣、李侑美 | 256页 | 15,000元

第三版

TOPIK MASTER

TOPIK Ⅱ · 中高级

试题集

著作人	多乐园韩国语研究所
翻译	卢鸿金、金英子
第三版	2024年 1月
修订版第 1 版発行	2024年 1月
发行人	郑圭道
编辑	李淑姬、白茶欣
校对	钱兢
封面设计	尹智映、许汶喜
内部设计	尹智映、许汶喜
插图	AFEAL
配音	辛昭玧、金来焕、丁玛丽、车真旭

DARAKWON
地址: 韩国京畿道坡州市文发路 211，邮编: 10881
电话: 02-736-2031，传真: 02-732-2037
(销售部 分机: 250~252，编辑部 分机: 420~426)

ISBN: 978-89-277-3331-7 14710
978-89-277-3330-0 (set)

※ 可登录DARAKWON网站查阅其他出版物及书籍介绍并免费下载MP3音频。

http://www.darakwon.co.kr
http://koreanbooks.darakwon.co.kr

中文版

第三版

TOPIK MASTER

TOPIK Ⅱ · 中高级

试题集

차례 目录

제1회 FINAL 실전 모의고사

实战模拟考试 第1套

TOPIK Ⅱ

1교시	듣기, 쓰기

수험번호 (Registration No.)		
이 름 (Name)	한국어 (Korean)	
	영 어 (English)	

유 의 사 항

Information

1. 시험 시작 지시가 있을 때까지 문제를 풀지 마십시오.

   Do not open the booklet until you are allowed to start.

2. 수험번호와 이름을 정확하게 적어 주십시오.

   Write your name and registration number on the answer sheet.

3. 답안지를 구기거나 훼손하지 마십시오.

   Do not fold the answer sheet; keep it clean.

4. 답안지의 이름, 수험번호 및 정답의 기입은 배부된 펜을 사용하여 주십시오.

   Use the given pen only.

5. 정답은 답안지에 정확하게 표시하여 주십시오.

   Mark your answer accurately and clearly on the answer sheet.

6. 문제를 읽을 때에는 소리가 나지 않도록 하십시오.

   Keep quiet while answering the questions.

7. 질문이 있을 때에는 손을 들고 감독관이 올 때까지 기다려 주십시오.

   When you have any questions, please raise your hand.

TOPIK Ⅱ 듣기(1번~50번)

Test 01

※ [1~3] 다음을 듣고 가장 알맞은 그림 또는 그래프를 고르십시오. (각 2점)

1. ①

②

③

④

2. ①

②

③

④

3. ①

외식 횟수

일주일에 4회 이상 (13.5%)
일주일에 1회 정도 (41%)
일주일에 2~3회 (45.5%)

②

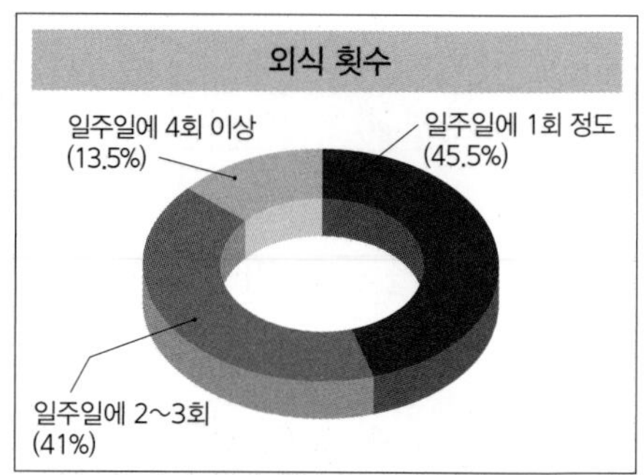

③

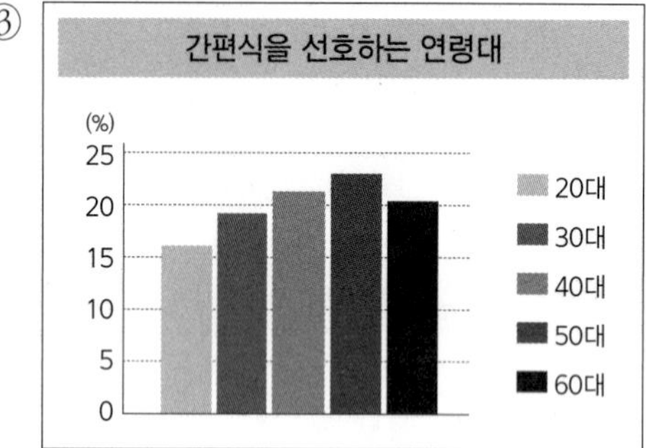

④

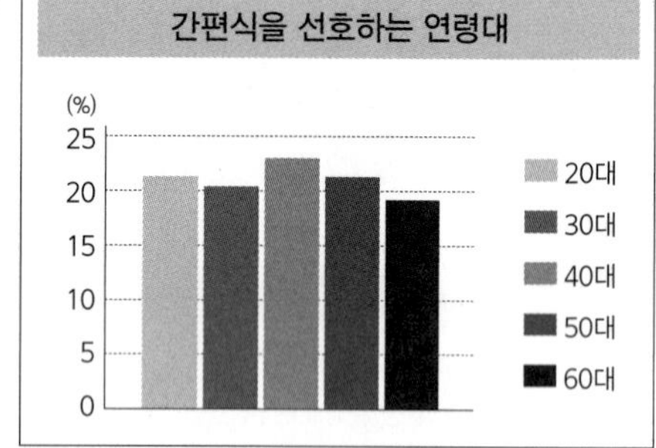

※ [4~8] 다음을 듣고 이어질 수 있는 말로 가장 알맞은 것을 고르십시오. (각 2점)

4. ① 머리카락이 짧아서 안 돼요.
② 그래도 모자를 꼭 써야 해요.
③ 요리 후에 모자를 써도 돼요.
④ 요리하려면 머리를 잘라야 해요.

5. ① 저도 한번 이용해 봐야겠어요.
② 저는 무료로 이용할 수 없어요.
③ 그러면 지금 회원 등록을 할게요.
④ 오늘 회원 등록을 할 걸 그랬어요.

6. ① 빨리 하는 게 좋을걸.
② 너무 늦어서 큰일이야.
③ 빨리 수강 신청을 할게.
④ 제시간에 끝나서 정말 다행이다.

7. ① 교환을 해서 다행이에요.
② 책상을 주문하면 좋겠어요.
③ 이쪽 공간으로 옮겨 볼게요.
④ 더 작은 사이즈로 바꿀게요.

8. ① 시간이 벌써 지났을지도 몰라.
② 휴대 전화를 봐서 그런 것 같아.
③ 30분 전에 쉬어 주면 괜찮을 거야.
④ 앞으로는 잠깐씩 눈을 쉬게 해 줘야겠어.

※ **[9~12] 다음을 듣고 <u>여자</u>가 이어서 할 행동으로 가장 알맞은 것을 고르십시오.** (각 2점)

9. ① 선배에게 주소를 물어본다.
② 자전거 동호회에 가입한다.
③ 남자와 자전거를 타러 간다.
④ 선배에게 자전거를 구입한다.

10. ① 해외 연수를 신청하러 간다.
② 해외 단기 연수에 참가한다.
③ 남자와 함께 단기 연수를 신청한다.
④ 홈페이지에서 단기 연수 관련 정보를 확인한다.

11. ① 남자와 점심을 먹으러 간다.
② 관리실에 다시 전화해 본다.
③ 점심시간이 끝나길 기다린다.
④ 의자를 재활용 센터에 보낸다.

12. ① 인터넷에서 논문을 검색한다.
② 도서관에서 논문을 찾아본다.
③ 다른 종류의 논문을 찾아본다.
④ 도서 대여 신청서를 작성한다.

※ **[13~16] 다음을 듣고 들은 내용과 같은 것을 고르십시오.** (각 2점)

13. ① 밤에는 고궁을 열지 않는다.
② 고궁은 한국인들에게만 인기가 많다.
③ 고궁 입장표는 현장에서 구매할 수 없다.
④ 예약을 하지 않아도 고궁에 입장할 수 있다.

14. ① 갈아타야 상수역으로 갈 수 있다.
② 상수역에서 내리면 갈아탈 수 있다.
③ 이 열차의 다음 정거장은 종착역이다.
④ 이 열차는 신내역을 향해 가는 열차이다.

15. ① 이 세제는 오늘만 구입할 수 있다.
② 기존 시장에는 친환경 세제가 없었다.
③ 친환경 세제는 인체와 환경 모두에 좋다.
④ 기존 세제를 쓰면 설거지가 깨끗이 안 된다.

16. ① 남자는 소방관에게 연기를 배웠다.
② 영화 속에서 실제 소방관이 등장한다.
③ 남자는 영화 속에서 실제로 불을 껐다.
④ 영화는 개봉을 해서 인기를 끌고 있다.

※ [17~20] **다음을 듣고 남자의 중심 생각으로 가장 알맞은 것을 고르십시오.** (각 2점)

17. ① 나라 이름이 새겨진 컵을 사야 한다.
② 외국으로 여행을 가면 컵을 사야 한다.
③ 여행에서 컵을 사기 위해 돈을 모아야 한다.
④ 기념품을 보면 여행했던 기억을 떠올릴 수 있다.

18. ① 거절할 때는 이유를 분명히 말해야 한다.
② 거절을 못 하면 나쁜 사람이 될 수도 있다.
③ 거절을 잘하면 이유를 말하지 않아도 된다.
④ 거절할 때는 상대방의 기분을 배려해야 한다.

19. ① 아파트에는 필요한 시설만 있다.
② 아파트에서 생활하는 것이 편리한 편이다.
③ 아파트보다 직접 지은 집이 더 관리하기 좋다.
④ 돈을 절약하기 위해 직접 집을 짓는 것이 좋다.

20. ① 칭찬을 받기 위해 서비스를 해야 한다.
② 할머니와 할아버지께 더 잘해 드려야 한다.
③ 고객이 만족할 때까지 서비스를 해야 한다.
④ 서비스할 때 고객의 입장에서 생각해야 한다.

※ **[21~22] 다음을 듣고 물음에 답하십시오. (각 2점)**

21. 남자의 중심 생각으로 가장 알맞은 것을 고르십시오.
   ① 가족과 함께 강아지를 키워야 한다.
   ② 외로울 때 강아지를 키우는 것이 좋다.
   ③ 혼자 살 때는 집을 비우지 말아야 한다.
   ④ 집 비우는 시간이 많으면 강아지를 키우는 것이 좋지 않다.

22. 들은 내용과 같은 것을 고르십시오.
   ① 남자는 현재 혼자 살고 있다.
   ② 여자는 가족들과 함께 살고 있다.
   ③ 여자는 집을 비우는 시간이 많다.
   ④ 남자는 강아지를 키워 본 적이 없다.

※ **[23~24] 다음을 듣고 물음에 답하십시오. (각 2점)**

23. 남자가 무엇을 하고 있는지 맞는 것을 고르십시오.
   ① 회의실 대여를 문의하고 있다.
   ② 회의를 할 날짜를 정하고 있다.
   ③ 회의실 사용 방법을 알아보고 있다.
   ④ 회의실 위치에 대해서 물어보고 있다.

24. 들은 내용과 같은 것을 고르십시오.
   ① 남자는 회의실을 예약하지 못했다.
   ② 남자는 총무과에서 근무하고 있다.
   ③ 회의 시작 전에 회의가 취소되었다.
   ④ 여자는 회의실 예약을 취소하기로 했다.

※ [25~26] **다음을 듣고 물음에 답하십시오.** (각 2점)

25. 남자의 중심 생각으로 가장 알맞은 것을 고르십시오.
① 부담 없이 자기소개서를 써야 한다.
② 자기소개서를 잘 써야 합격할 수 있다.
③ 경험한 이야기를 진정성 있게 써야 한다.
④ 자기소개서에 사소한 이야기를 써야 한다.

26. 들은 내용과 같은 것을 고르십시오.
① 남자는 자기소개서를 많이 써 봤다.
② 남자는 인사부에서 일하는 사람이다.
③ 사소한 이야기는 조금의 과장이 필요하다.
④ 20대 후반의 사람들은 큰 사건을 겪지 않는다.

※ [27~28] **다음을 듣고 물음에 답하십시오.** (각 2점)

27. 남자가 말하는 의도로 알맞은 것을 고르십시오.
① 9시 등교제에 대해 긍정하고 있다.
② 9시 등교제 폐지를 설득하고 있다.
③ 9시 등교제에 대한 의문을 제기하고 있다.
④ 9시 등교제의 문제점에 대해 조언하고 있다.

28. 들은 내용과 같은 것을 고르십시오.
① 9시 등교제로 인해 문제점이 많이 생겼다.
② 9시 등교제는 맞벌이 가정을 고려한 것이다.
③ 요즘에 학교에 지각하는 학생들이 많아졌다.
④ 대부분의 학교가 9시 등교제를 시행하고 있다.

※ [29~30] **다음을 듣고 물음에 답하십시오.** (각 2점)

29. 남자가 누구인지 고르십시오.

① 공인 중개사

② 건축 설계사

③ 주택 전문가

④ 공사장 감독관

30. 들은 내용과 같은 것을 고르십시오.

① 땅콩집은 사생활 침해의 문제가 없다.

② 땅콩집에서 한 공간에 두 가구가 산다.

③ 땅콩집은 공사비는 싸지만 관리비가 비싸다.

④ 땅콩집은 기존 아파트보다 난방비가 적게 든다.

※ [31~32] **다음을 듣고 물음에 답하십시오.** (각 2점)

31. 남자의 중심 생각으로 가장 알맞은 것을 고르십시오.

① 과장의 기준을 정할 수 있다.

② 요즘에는 과장된 광고가 없다.

③ 광고 때문에 혼란스러운 소비자가 많다.

④ 소비자가 광고의 정보를 분별할 수 있어야 한다.

32. 남자의 태도로 가장 알맞은 것을 고르십시오.

① 상대방의 의견에 동의하면서 반박하고 있다.

② 상대방의 주장에 대한 근거를 요구하고 있다.

③ 과장된 광고로 인한 피해의 책임을 묻고 있다.

④ 구체적인 사례를 들면서 의견을 주장하고 있다.

※ [33~34] 다음을 듣고 물음에 답하십시오. (각 2점)

33. 무엇에 대한 내용인지 알맞은 것을 고르십시오.

① 착각의 문제점

② 신비로운 인간의 뇌

③ 기억을 잘하는 방법

④ 착각을 일으키는 이유

34. 들은 내용과 같은 것을 고르십시오.

① 뇌는 스스로 기억을 편집하기도 한다.

② 인간의 뇌는 모든 정보를 다 기억한다.

③ 착각을 담당하는 특정 뇌 부위가 존재한다.

④ 사람들은 자신이 믿는 것을 확신하지 못한다.

※ [35~36] 다음을 듣고 물음에 답하십시오. (각 2점)

35. 남자가 무엇을 하고 있는지 고르십시오.

① 보육 기관의 강사에 대해 설명하고 있다.

② 더 많은 사회적 일자리를 요청하고 있다.

③ 독서 나눔 프로그램의 의의를 밝히고 있다.

④ 독서 교육 프로그램의 필요성을 강조하고 있다.

36. 들은 내용과 같은 것을 고르십시오.

① 어린이들은 이 프로그램에 참가할 수 없다.

② 도서관에서 프로그램 진행 과정을 알 수 있다.

③ 주로 보육 기관에서 일하는 노인들이 참여한다.

④ 어르신들이 보육 기관에서 어린이들을 가르친다.

※ [37~38] 다음을 듣고 물음에 답하십시오. (각 2점)

37. 여자의 중심 생각으로 가장 알맞은 것을 고르십시오.

① 어떤 요리든지 열심히 하면 간단히 만들 수 있다.
② 삶에 지친 아이들에게 요리를 해 주는 것이 좋다.
③ 요리로 스트레스를 풀기도 하고 서로를 위로할 수 있다.
④ 요리를 하는 것보다 중요한 것은 서로 위로해 주는 것이다.

38. 들은 내용과 같은 것을 고르십시오.

① 작가는 딸에게 선물하기 위해 책을 썼다.
② 책은 작가의 인생 이야기를 다루고 있다.
③ 작가는 책에서 상황별로 알맞은 요리를 추천했다.
④ 기운이 없고 지친 날에는 매콤한 떡볶이를 추천한다.

※ [39~40] 다음을 듣고 물음에 답하십시오. (각 2점)

39. 이 대화 전의 내용으로 가장 알맞은 것을 고르십시오.

① 세계적으로 원유 가격 결정의 문제가 심각하다.
② 세계 원유 매장량 중 많은 양이 일부 국가에 집중되어 있다.
③ 세계 원유 시장에서는 몇몇 국가들의 주도로 가격이 결정된다.
④ 원유 생산량을 줄이면 원유가 필요한 국가는 경제적 피해가 크다.

40. 들은 내용과 같은 것을 고르십시오.

① 산유국들은 이윤을 위해 원유를 대량 생산한다.
② 원유 가격이 오르면 국제기구가 시장에 개입한다.
③ 국제기구는 원유가 나지 않는 나라에 원유를 싸게 공급한다.
④ 원유 생산국의 원유 생산량에 의해서 세계 경제가 움직인다.

※ [41~42] 다음을 듣고 물음에 답하십시오. (각 2점)

41. 이 강연의 중심 내용으로 가장 알맞은 것을 고르십시오.

① 인간은 유일하게 생각하는 존재이다.

② 사람이라면 생각하고 움직여야 한다.

③ 사람도 동물에게 배울 수 있는 것들은 배워야 한다.

④ 동물이 감정을 느낄 수 없다는 편견을 버려야 한다.

42. 들은 내용과 같은 것을 고르십시오.

① 코끼리는 동족의 뼈 냄새를 찾아다닌다.

② 파리는 암컷이 수컷에게 먹이를 선물로 준다.

③ 코끼리는 식량을 찾으러 먼 거리를 이동한다.

④ 코끼리는 암컷이 먹이를 먹는 동안 짝짓기를 한다.

※ [43~44] 다음을 듣고 물음에 답하십시오. (각 2점)

43. 무엇에 대한 내용인지 알맞은 것을 고르십시오.

① 많은 복지 서비스 중에서 필요한 복지 서비스를 찾는 것은 어렵다.

② 복지의 사각 지대에 놓여 힘들어하는 사람들이 많다는 문제점이 있다.

③ 맞춤형 급여 안내를 받을 수 있도록 복지 멤버십에 가입하는 것이 좋다.

④ 현재 안내 대상 서비스의 종류가 충분하지 않으므로 확대해 나가야 한다.

44. 맞춤형 급여 안내 제도를 도입하게 된 이유로 맞는 것을 고르십시오.

① 생애 주기에 맞는 복지 서비스의 숫자를 확대하기 위해서

② 복지 서비스를 몰라서 이용하지 못하는 문제점을 해결하기 위해서

③ 필요할 때마다 간편하게 신청할 수 있는 서비스를 제공하기 위해서

④ 선착순으로 제공되는 서비스를 빠르게 신청할 수 있도록 안내하기 위해서

※ [45~46] 다음을 듣고 물음에 답하십시오. (각 2점)

45. 들은 내용과 같은 것을 고르십시오.

① 색소나 보존제 등의 첨가물이 없는 화장품을 사용해야 한다.

② 어린이를 위한 안전한 화장품 사용법이 아직 마련되지 않았다.

③ 아직도 많은 어린들이 문구점에서 파는 불량 화장품을 구입한다.

④ 전문가들은 초등학생의 피부에 맞는 화장품을 사용할 것을 권한다.

46. 여자의 태도로 알맞은 것을 고르십시오.

① 화장품 속 첨가물과 피부 질환의 상관관계를 설명하고 있다.

② 어린이의 화장품 사용에 부모님의 주의가 필요함을 주장하고 있다.

③ 연령보다 아름다움을 추구하려는 자유가 더 중요함을 설득하고 있다.

④ 안전한 화장품 판매를 위해 식품의약품안전처의 협조를 요청하고 있다.

※ [47~48] 다음을 듣고 물음에 답하십시오. (각 2점)

47. 들은 내용과 같은 것을 고르십시오.

① 로보컵은 4년에 한 번씩 개최된다.

② 로봇 선수는 기계 학습 모델을 활용해서 훈련한다.

③ 로보컵은 세계에서 두 번째로 큰 규모의 대회이다.

④ 로보컵에는 인간과 유사한 형태의 로봇만 참가할 수 있다.

48. 남자가 말하는 방식으로 알맞은 것을 고르십시오.

① 로봇 선수와 인간 선수의 차이점에 대해 분석하고 있다.

② 로보컵의 역사와 경기 방식에 대해 순차적으로 설명하고 있다.

③ 앞으로의 AI 기술 발달 속도에 대해 근거를 들어 전망하고 있다.

④ 로봇이 사람과의 경기에서 이기는 방법을 논리적으로 제시하고 있다.

※ [49~50] 다음을 듣고 물음에 답하십시오. (각 2점)

49. 들은 내용과 같은 것을 고르십시오.

① 김기림은 신문사에서 일을 한 적이 있다.

② 이효석은 과수원을 직접 경영한 적이 있다.

③ 이효석은 1930년대에 〈기상도〉라는 시를 썼다.

④ 김기림은 서구 지향적 생활 태도를 지닌 사람이다.

50. 남자의 말하기 방식으로 알맞은 것을 고르십시오.

① 작가의 서구 문화에 대한 인식을 분석하고 있다.

② 작가와 작품의 공통점을 중심으로 설명하고 있다.

③ 역사·전기적 접근 방법을 예를 통해 설명하고 있다.

④ 역사·전기적 접근 방법의 부정적 특성을 강조하고 있다.

TOPIK Ⅱ 쓰기(51번~54번)

※ [51~52] 다음 글의 ㉠과 ㉡에 알맞은 말을 각각 쓰시오. (각 10점)

51.

– 잃어버린 휴대 전화를 찾습니다 –

지난 8월 5일에 도서관에서 잃어버린 휴대 전화를 찾습니다. 오전 11시쯤 책상 위에 휴대 전화를 두고 잠깐 화장실에 다녀왔는데 휴대 전화가 없어졌습니다. 그 안에는 (㉠). 그리고 제가 여행하면서 찍은 사진들도 들어 있습니다. 제 휴대 전화는 한국전기에서 나온 흰색 휴대 전화입니다. 저에게는 정말 중요한 물건입니다. 찾아 주신 분께는 사례하겠습니다. 가져가신 분은 꼭 돌려주시고, 혹시 제 휴대 전화를 (㉡).

• 이름: 박수미 • 전화번호: 010-1234-5678

52.

우리는 모든 것을 다 잘할 수는 없다. 만일 모든 것을 다 잘하려고 한다면 (㉠). 그러므로 모든 것을 잘하려고 애쓰기보다는 내가 꼭 해야 하는 것과 내가 가장 잘할 수 있는 것을 몇 가지 정하고, 원하는 목표를 이루기 위해 실천하는 것이 중요하다. 이렇게 하면 (㉡).

53. 다음은 '60세 이후에 행복하게 사는 것'에 대한 설문 조사 자료이다. 이 내용을 200~300자의 글로 쓰십시오. 단, 글의 제목은 쓰지 마시오. (30점)

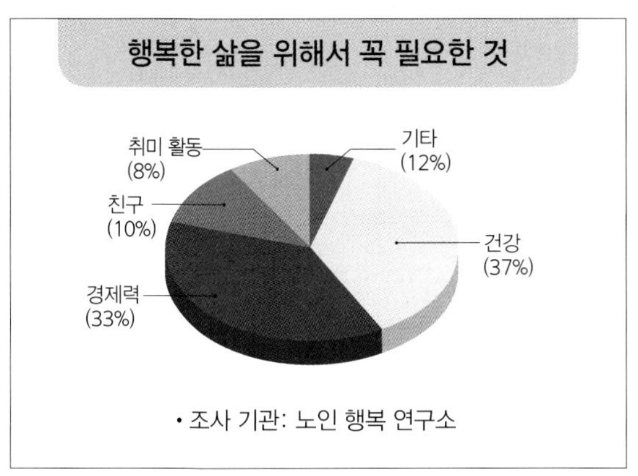

• 조사 기관: 노인 행복 연구소

건강을 위해 노력하고 있는 것

1. 무리하지 않는 운동
2. 충분한 수면
3. 사회적 관계를 유지

대상	60~75세 노인
설문자 수	300명

54. 다음을 참고하여 600~700자로 글을 쓰시오. 단, 문제를 그대로 옮겨 쓰지 마시오. (50점)

현대 사회는 여러 요인으로 인해 출산율이 빠르게 감소하고 있다. 이러한 출산율의 변화는 미래 사회에 다양한 영향을 미칠 것이다. 아래의 내용을 중심으로 출산율 감소 현상에 대한 자신의 생각을 쓰라.

- 출산율이 감소하는 원인이 무엇인가?
- 출산율의 감소가 사회에 미치는 영향은 무엇인가?
- 출산율을 높이기 위해 어떤 노력을 해야 한다고 생각하는가?

* 원고지 쓰기의 예

	머	리	는		언	제		감	는		것	이		좋	을	까	?		사
람	들	은		보	통		아	침	에		머	리	를		감	는	다	.	그

제1교시 듣기, 쓰기 시험이 끝났습니다. 제2교시는 읽기 시험입니다.

제1회 FINAL 실전 모의고사

实战模拟考试 第1套

TOPIK Ⅱ

2교시	읽기

수험번호 (Registration No.)		
이 름 (Name)	한국어 (Korean)	
	영 어 (English)	

유 의 사 항
Information

1. 시험 시작 지시가 있을 때까지 문제를 풀지 마십시오.

   Do not open the booklet until you are allowed to start.

2. 수험번호와 이름을 정확하게 적어 주십시오.

   Write your name and registration number on the answer sheet.

3. 답안지를 구기거나 훼손하지 마십시오.

   Do not fold the answer sheet; keep it clean.

4. 답안지의 이름, 수험번호 및 정답의 기입은 배부된 펜을 사용하여 주십시오.

   Use the given pen only.

5. 정답은 답안지에 정확하게 표시하여 주십시오.

   Mark your answer accurately and clearly on the answer sheet.

6. 문제를 읽을 때에는 소리가 나지 않도록 하십시오.

   Keep quiet while answering the questions.

7. 질문이 있을 때에는 손을 들고 감독관이 올 때까지 기다려 주십시오.

   When you have any questions, please raise your hand.

TOPIK Ⅱ 읽기(1번~50번)

※ [1~2] ( )에 들어갈 말로 가장 알맞은 것을 고르십시오. (각 2점)

1. 오전에는 비가 많이 ( ) 지금은 날씨가 맑게 개었다.

① 오더니 ② 오더라도

③ 와 가지고 ④ 오는 대신에

2. 수민이는 "너무 피곤하니까 오늘은 일찍 집에 가서 ( )!" 하고 말했다.

① 쉴걸 ② 쉬더라

③ 쉬어야지 ④ 쉬기도 해

※ [3~4] 밑줄 친 부분과 의미가 가장 비슷한 것을 고르십시오. (각 2점)

3. 취업 준비생의 70% 이상이 면접시험 준비를 할 때 외모로 인하여 고민해 본 적이 있다고 말했다.

① 외모에 따라서 ② 외모를 비롯해서

③ 외모로 말미암아 ④ 외모에도 불구하고

4. 시험 기간 동안 공부하는 학생이 많아서 도서관에 밤새도록 불을 켜 놓았다.

① 켜야 했다 ② 켜곤 했다

③ 켜게 했다 ④ 켜 두었다

※ [5~8] 다음은 무엇에 대한 글인지 고르십시오. (각 2점)

5.

창문 열기 두려운 황사철
우리집 주치의
가습과 제습 기능은 기본, 온도 조절까지!

① 제습기 ② 가습기 ③ 온도계 ④ 공기 청정기

6.

지금 이 시간에도 어디선가 화재가 발생하고 있습니다.
장난 전화는 하지 마세요.

① 소방서 ② 경찰서 ③ 우체국 ④ 방송국

7.

한 달에 한 번 불우한 어린이들의 꿈을 기억해 주세요.
보내 주신 돈은 부모 없는 아동들의 복지, 교육 사업에 사용됩니다.

① 기부금 ② 보증금 ③ 교육비 ④ 생계비

8.

★★★★★
매우 만족

가격 대비 품질이 좋네요.
디자인도 마음에 쏙 들고요.
방송에서 본 것보다 훨씬 예뻐요.

① 이용 방법 ② 사용 후기 ③ 문의 사항 ④ 상품 설명

※ [9~12] 다음 글 또는 그래프의 내용과 같은 것을 고르십시오. (각 2점)

9.

○회 부산 국제 영화제

- **일시:** 10.02(목) ~ 10.11(토)
- **장소:** 영화의 전당, 센텀시티 백화점 및 해운대 일대, 남포동 상영관
- **개막식 사회자:** 이준수, 엠마 스미스
- **폐막식 사회자:** 다이스케 사토, 박진아
- **기타:** 79개국의 314편 작품을 상영
  영화제 기간 중 행사장 주변 교통 통제

① 개막식에서 박진아 씨가 사회를 본다.

② 79개의 나라에서 영화를 1편씩 출품했다.

③ 영화의 전당에서 314편의 작품이 상영된다.

④ 영화제 기간에는 해운대 일대의 교통이 통제된다.

10.

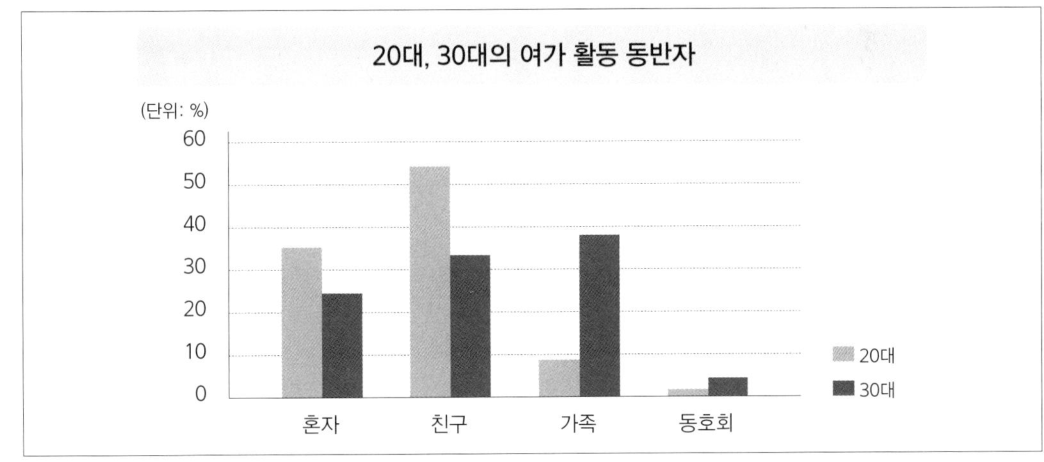

① 30대는 20대보다 동호회 활동을 더 기피한다.

② 20대, 30대 모두 혼자 있는 시간이 가장 많다.

③ 20대는 친구보다 가족과 더 많은 여가 시간을 보낸다.

④ 가족과 함께 보내는 시간을 중요하게 생각하는 것은 30대이다.

11.

한국도로공사가 최근 졸음운전과의 전쟁을 발표했다. 그래서 졸음운전의 위험성을 알리는 문구를 눈에 잘 띄는 곳에 모두 붙였다. 도로공사에 따르면 지난해 121명이 졸음운전으로 인한 교통사고로 사망했다고 한다. 그동안 방송을 통해 광고를 내보냈지만 그다지 효과가 없었는데 이번에 하는 대대적인 캠페인은 효과가 있을 것으로 기대된다.

① 이번에 시행하는 캠페인의 성공을 바라고 있다.

② 졸음운전을 예방하는 방송 광고를 내보낼 예정이다.

③ 지난해 교통사고로 사망한 사람의 수는 모두 121명이다.

④ 한국도로공사는 졸음운전 예방에 소극적인 태도를 취하고 있다.

12.

싱크홀은 도로를 포함한 땅이 한순간에 무너져 내려 거대한 구멍을 만드는 현상을 말한다. 특정 지역이 아니라 지구 곳곳에서 발생하고 있는 싱크홀은 지진과 달리 예고 없이 갑자기 일어나고, 생긴 모양과 크기도 다양하다. 한국은 그동안 싱크홀 안전지대라고 생각해 왔지만 최근에는 도심 곳곳에서 싱크홀이 나타나 이에 대한 대책이 필요해졌다.

① 싱크홀은 정해진 지역에서 주로 발생한다.

② 한국은 싱크홀 예방을 위해 노력하고 있다.

③ 최근에는 한국에서도 싱크홀이 나타나고 있다.

④ 싱크홀은 천천히 진행되므로 예측이 가능하다.

※ [13~15] 다음을 순서에 맞게 배열한 것을 고르십시오. (각 2점)

13.

(가) 그동안 국세청은 세금을 걷는 곳이라고만 생각했다.
(나) 하지만 이제부터 국세청을 창업 도우미로 생각해도 된다.
(다) 국세청에는 지역별 업종 현황에 대한 자세한 정보가 있다.
(라) 창업하기 전에 국세청 홈페이지에서 이런 자료를 확인하면 실패 확률을 줄일 수 있다.

① (가)-(나)-(다)-(라)
② (가)-(다)-(라)-(나)
③ (다)-(나)-(라)-(가)
④ (다)-(라)-(나)-(가)

14.

(가) 최근 다양한 '앱테크'에 관심을 가지는 사람들이 늘어나고 있는 추세이다.
(나) '앱테크'란 스마트폰 앱(APP)과 재테크의 합성어로, 스마트폰 앱을 활용한 재테크를 말한다.
(다) 이처럼 스마트폰만 있으면 간단히 참여할 수 있어 고물가 시대에 유용한 재테크 수단으로 주목받고 있다.
(라) 걷기, 게임, 광고 시청 등을 통해 현금성 포인트를 받고 이를 현금 혹은 기프티콘 등으로 교환하는 방식이다.

① (가)-(라)-(나)-(다)
② (가)-(나)-(라)-(다)
③ (나)-(가)-(라)-(다)
④ (다)-(가)-(라)-(나)

15.

(가) 전주 한옥 마을은 오목대, 전동 성당 등 볼거리가 다양하다.
(나) 즉석에서 요리해 주는 이색 음식은 물론 각종 빵을 비롯한 간식들이 매력적이다.
(다) 볼거리도 많지만 한옥 마을이 인기를 끄는 건 맛있는 여행을 즐길 수 있기 때문이다.
(라) 특히 인기가 있는 것은 풍년제과의 수제 초코빵인데 풍년제과는 전국 5대 빵집 중 하나이다.

① (가)-(나)-(다)-(라)
② (가)-(다)-(나)-(라)
③ (다)-(라)-(가)-(나)
④ (다)-(라)-(나)-(가)

※ [16~18] ( )에 들어갈 말로 가장 알맞은 것을 고르십시오. (각 2점)

16.

> 이번 사진 찍기 강좌에서는 '봄꽃 축제에서 멋진 사진을 찍는 방법'을 가르쳐 준다. 벚꽃 나무를 배경으로 예쁘게 사진 찍는 법은 물론 셀프 사진을 멋있게 찍는 방법도 배운다. ( ) 사진 찍는 법을 배우다 보면 빛과 각도 등 과학과 관련된 상식이 저절로 풍성해질 것이다.

① 멋있는 포즈를 배우면서 ② 배경 사진을 감상하면서

③ 봄꽃의 명칭을 공부하면서 ④ 사진의 원리를 이해하면서

17.

> 웰다잉(Well-Dying)이란 준비된 죽음, 아름다운 죽음을 의미한다. 웰다잉은 '잘 살고 잘 마무리하는 인생의 전 과정'을 말하는 것으로 웰빙과 웰다잉은 그 의미가 서로 통한다. 결국 살아 있는 동안 남은 삶을 가장 소중하고 아름답게 보낼 수 있도록 한다는 점에서 웰다잉의 목적이 ( )에 있다고 할 수 있다.

① 미래를 꿈꾸는 것 ② 죽음을 잘 준비하는 것

③ 현재의 삶을 잘 사는 것 ④ 고통 없이 행복하게 죽는 것

18.

> 각국의 연간 커피 소비량을 조사한 통계에 따르면 한국은 367잔으로 세계 2위를 차지했다. 전 세계 평균인 161잔의 두 배가 넘는 규모이다. 다시 말해 한국인은 하루에 한 잔 이상의 커피를 마신다는 의미이다. 그리고 인구 100만 명당 커피 전문점 수 통계를 살펴보면 한국은 1,384개로 2위인 일본의 529개에 비해 ( ) 보여, 한국인의 커피 사랑을 분명히 드러냈다.

① 급격한 성장을 ② 압도적인 차이를

③ 체계적인 발달을 ④ 계속되는 상승세를

※ [19~20] 다음을 읽고 물음에 답하십시오. (각 2점)

취업난으로 인해 합격의 기쁨을 누리는 구직자는 소수에 그치고 있다. 불합격자들은 채용 과정의 공정성과 신뢰성 확보를 위해 불합격 사유를 공개할 것을 요구한다. (   ) 회사 측에서는 채용 평가에는 객관화하기 힘든 부분이 많기 때문에 불합격 이유를 구체적으로 알려 주기가 곤란하다고 말하고 있다. 그렇지만 불합격자들에게 불합격 사유를 알려 줘야 다음 응시 때 이를 보완해서 지원할 수 있으므로 꼭 필요하다고 본다.

19. (   )에 들어갈 말로 가장 알맞은 것을 고르십시오.

① 아마 ② 결국 ③ 반면 ④ 마침

20. 윗글의 주제로 가장 알맞은 것을 고르십시오.

① 직업을 구하고 있는 사람이 별로 없다.

② 취업난 속에서도 수많은 합격자가 나오고 있다.

③ 회사에서는 불합격 사유를 공개하는 것을 꺼린다.

④ 불합격자의 다음 지원을 위해 불합격 사유를 알려 줘야 한다.

※ [21~22] 다음을 읽고 물음에 답하십시오. (각 2점)

우리는 병을 치료하기 위해 약을 먹는다. 하지만 그 약 때문에 더 큰 병이 생긴다면 차라리 약을 먹지 않는 것이 더 낫다. 과학도 이와 같다. 과학이 다수를 위해 옳게 사용될 때는 인류의 문제를 해결해 주는 고마운 존재가 되겠지만, 특정 소수의 불순한 이익을 위해 사용될 때는 무서운 결과를 가져올 것이다. 과학은 (   )과 같은 존재이다.

21. (   )에 들어갈 말로 가장 알맞은 것을 고르십시오.

① 양날의 칼 ② 양손의 떡

③ 그림의 떡 ④ 떠오르는 별

22. 윗글의 내용과 같은 것을 고르십시오.

① 과학은 다수에게 약이 되기 어렵다.

② 병을 고치기 위해서 약을 안 먹는다.

③ 약 때문에 또 다른 병이 생길 수 있다.

④ 과학은 무서운 결과를 낳으므로 사용하면 안 된다.

※ **[23~24] 다음을 읽고 물음에 답하십시오. (각 2점)**

> 나는 매일 지하철로 등교한다. 지하철을 타고 가다 보면 여러 사람들의 다양한 모습을 보게 된다. 그런데 일주일에 서너 번 눈살을 찌푸리게 만드는 광경을 본다. 젊은 사람들이 자신의 자리인 양 '노약자석'에 앉아 인터넷 뉴스 등을 읽고 있고, 노약자들은 그 앞에서 비를 맞은 나무처럼 힘겹게 서 있는 모습이다. <u>그런 광경을 볼 때마다 나는 얼굴이 화끈거린다</u>. 오늘도 지하철에 앉아 휴대폰으로 세상을 보는 당신, 당신이 무심코 앉은 자리가 혹시 노약자를 위한 자리는 아닌지 확인해 보라. 노약자석은 우리 이웃을 위한 최소한의 배려이다. 인터넷 뉴스로 세상을 보기 전에 주변을 먼저 보는 마음을 가지는 것이 어떨까?

23. 밑줄 친 부분에서 나타난 '나'의 심정으로 가장 알맞은 것을 고르십시오.

① 어색하다　　② 창피하다

③ 감격스럽다　　④ 자랑스럽다

24. 윗글의 내용과 같은 것을 고르십시오.

① 나는 지하철에서 휴대폰을 주로 본다.

② 노약자들은 주변을 먼저 보는 마음을 가지고 있다.

③ 지하철에서 무심코 앉은 자리가 노약자석일 수도 있다.

④ 젊은 사람들이 노약자석에 앉아 있는 것을 매일 볼 수 있다.

※ [25~27] 다음 신문 기사의 제목을 가장 잘 설명한 것을 고르십시오. (각 2점)

25. 얼어붙은 건축 시장에 봄바람, 소형 아파트가 경기 주도

① 건축 시장 상황이 안 좋아서 소형 아파트도 안 팔린다.

② 소형 아파트가 잘 팔리면서 건축 경기가 살아나고 있다.

③ 겨울이 지나고 봄이 오면 건축 시장이 활성화될 것이다.

④ 봄이 되자 건축 회사들이 주로 소형 아파트를 짓고 있다.

26. 광고만 요란한 백화점 가격 할인, 품질은 별로

① 백화점에서 가격 할인 광고를 하는 상품은 품질이 의심스럽다.

② 백화점에서 품질이 약간 떨어지는 상품을 할인한다고 광고한다.

③ 백화점에서 할인 판매 광고를 많이 했는데 상품의 품질은 안 좋다.

④ 백화점에서 광고를 목적으로 품질이 좋은 상품을 할인해서 판매한다.

27. 낮잠 자는 청소년 보호법, 갈 곳 없는 가출 청소년

① 청소년 보호법이 없어서 청소년들이 가출하고 있다.

② 청소년 보호법 제정이 늦어져서 가출하는 청소년이 늘고 있다.

③ 청소년을 보호하는 방법을 몰라서 가출한 청소년들이 방황하고 있다.

④ 청소년 보호법 제정이 늦어져서 가출한 청소년을 보호하지 못하고 있다.

※ [28~31] (　　)에 들어갈 말로 가장 알맞은 것을 고르십시오. (각 2점)

28.

'아모니카'라는 악기는 서로 다른 양의 물로 채워진 유리컵들이다. 각각의 컵의 테두리를 손가락으로 문지르면 소리가 난다. 소리는 파동의 형태로 퍼지는데 짧은 파동이 높은 음을 만들어 내는 반면, 긴 파동은 낮은 음을 만들어 낸다. 적은 양의 물이 담긴 유리컵에는 긴 파동을 만들어 낼 만한 공간이 많이 남아 있어서 낮은 음을 만들어 낸다. 물이 거의 가득 찬 유리컵은 공간이 적어서 (　　　　).

① 파동은 짧아지고 음은 높아진다
② 파동은 길어지고 음은 높아진다
③ 파동은 짧아지고 음은 낮아진다
④ 파동은 길어지고 음은 낮아진다

29.

한 편의 글을 구성하는 가장 기초적인 단위는 단어이다. 이 단어들이 모여서 문장을 이루고, 여러 개의 문장이 모여 문단을 이루며, 문단이 여러 개가 모여 한 편의 글이 된다. 이렇게 완성된 한 편의 글을 대상으로 우리는 독해의 과정을 따라 다양한 활동을 하게 된다. 결국 한 편의 글을 독해한다는 것은 (　　　　) 내용을 확인하고, 추론하고, 비판하며, 심화 확장하거나 재구성하는 활동을 일컫는 개념이라고 할 수 있다.

① 이미 정해진 규칙에 따라서
② 글을 구성하는 단위와 상관없이
③ 사전에 약속된 기준과 비교해 가며
④ 글에 담겨진 기본적인 요소들을 바탕으로

30.

한국의 청년 일자리 문제가 스페인, 이탈리아 등 남유럽 국가들과 닮아 가고 있다. 우선 대학 졸업자 수는 크게 늘었는데 이들에게 돌아갈 양질의 일자리가 부족하다. 대기업과 중소기업, 정규직과 계약직 사이의 양극화도 남유럽 국가 못지않다. 근로자 간 임금 격차가 크게 벌어지면서 구직자들이 처음부터 연봉이 높은 대기업 정규직 일자리만 원하는 현상이 심화되고 있다. 청년층의 (   )이 확대되고 있는 이유다.

① 자발적인 실업
② 임시적인 실업
③ 불가피한 실업
④ 강제적인 실업

31.

사랑을 하게 되면 사람들은 실제로 약간의 불안감을 느낀다고 한다. 연구에 따르면 이것은 세로토닌과 관계가 있다. 사랑에 빠진 연인들의 세로토닌 수치를 조사해 보니, 일반 사람들보다 40%나 낮게 나왔다. 이것이 불안과 우울증을 느끼게 하고 사랑에 빠지게 하는 것이다. 그러나 이 연인들이 1년이 지나 다시 검사를 받았을 때, 세로토닌 수치는 정상으로 되돌아가 있었다. 따라서 1년 뒤에 많은 연인들이 (   ) 놀랄 일은 아니다.

① 남녀 모두 우울해지는 것이
② 자신들의 관계에 싫증을 느끼는 것이
③ 세로토닌 수치가 훨씬 높아지는 것이
④ 서로에 대한 사랑이 더욱 강해지는 것이

※ [32~34] 다음을 읽고 글의 내용과 같은 것을 고르십시오. (각 2점)

32.

할랄(Halal) 식품은 이슬람 율법에 따라 무슬림들이 먹을 수 있는 식품을 말한다. 높은 출산율 때문에 2060년에는 무슬림 인구가 약 30억 명에 달할 것이라고 한다. 또한 주로 기독교와 천주교를 믿는 선진국보다 무슬림 국가들의 경제 성장 속도도 빠르다. 그래서 다국적 기업들은 일찍부터 할랄 전쟁에 뛰어들어 할랄 식품 시장의 80%를 장악하고 있다. 할랄을 특수한 종교 문화로 치부하지 않고 사업적 관점에서 시장을 공략한 결과이다.

① 할랄 식품은 무슬림이 먹어서는 안 되는 식품을 말한다.

② 2060년에는 무슬림이 세계 인구의 과반수를 차지하게 될 것이다.

③ 무슬림 국가는 인구 증가뿐만 아니라 경제 성장 속도 또한 빠르다.

④ 다국적 기업들은 할랄을 특수한 종교 문화로 받아들이고 활용했다.

33.

같은 내용이라도 글씨체에 따라서 다른 느낌을 준다. 명조체는 눈에 잘 띄지는 않지만 가독성이 높고 편안한 느낌을 준다. 그래서 부드러운 느낌을 주고 싶을 때 명조체를 사용한다. 반면 12세기에 이탈리아에서 처음 사용된 고딕체는 선이 굵고 균일하기 때문에 강인하고 단정한 느낌을 준다. 눈에 쉽게 들어오는 고딕체는 간판이나 포스터에 주로 이용된다. 서로 다른 이 두 글씨체를 혼합하면 새로운 이미지의 글씨체를 얻을 수 있다.

① 명조체는 강인하고 단정해 보인다.

② 명조체는 가독성이 높아서 눈에 쉽게 들어온다.

③ 고딕체는 눈에 잘 띄어서 간판에 많이 사용된다.

④ 고딕체는 다른 글씨체와 혼합하면 어울리지 않는다.

34.

월드비전은 1950년 한국 전쟁 당시에 굶주린 전쟁고아와 남편을 잃은 여인들을 위해 설립되었다. 40여 년 동안 해외의 원조를 받았던 한국은 1991년 세계의 이웃을 돌보기로 결정하고 자발적인 모금 운동인 '사랑의 빵 캠페인'을 시작했다. 빵 모양의 저금통을 통해 동전은 무서운 속도로 모였고, 이 돈은 세계의 이웃들을 위해 아동 후원, 보건 사업, 교육 사업 등에 사용되었다. 현재 월드비전은 전 세계 100여 개 회원국으로 구성되어 있다.

① 월드비전은 1991년부터 사랑의 빵을 팔기 시작했다.

② 월드비전은 한국을 돕기 위해 시작되어 전 세계로 확대되었다.

③ 월드비전은 처음에 세계의 아동들을 후원하기 위해 만들어졌다.

④ 월드비전은 모금을 해서 모은 돈으로 사랑의 빵 캠페인을 시작했다.

※ [35~38] 다음을 읽고 글의 주제로 가장 알맞은 것을 고르십시오. (각 2점)

35.

숙면을 방해하는 대표적 원인은 잘못된 수면 자세이다. 사람들은 각자 잠잘 때 편안한 자세가 따로 있지만 편안한 자세가 숙면을 방해하는 경우가 많다. 엎드리거나 옆으로 누워서 자는 자세는 몸에 통증을 유발한다. 옆으로 누워서 자면 똑바로 누울 때보다 허리에 약 3배의 압력이 더해지고, 엎드려서 자게 되면 머리의 무게가 목에 그대로 전해져 목과 어깨에 부담을 준다. 따라서 잠을 잘 때는 천장을 바라보고 반듯하게 누워서 자야 숙면할 수 있다.

① 숙면을 취한다면 엎드려서 자도 괜찮다.

② 편안한 자세보다는 올바른 자세로 자야 한다.

③ 평상시 잘못된 자세는 잠을 자는 자세에도 영향을 미친다.

④ 숙면을 취하기 위해서는 무엇보다도 허리 건강이 중요하다.

36.

주택 가격이 계속 상승할 것이라는 불안감에 무리하게 대출을 받아 집을 구입한 사람들이 위기에 빠질 것이라는 걱정이 현실로 나타났다. 주택 담보 대출을 받은 사람의 절반 이상이 집값이 떨어지고, 금리가 상승하면서 원리금을 제대로 갚지 못해 하우스 푸어로 전락했기 때문이다. 급격한 집값 하락과 금리 인상은 대부분의 서민들에게 재앙이다. 정부는 과연 이런 재앙을 해결할 수 있는 대책을 갖고 있는지 묻지 않을 수 없다.

① 무리한 대출을 받아 집을 구입한 사람들이 많다.

② 하우스 푸어 문제를 해결할 정부 대책이 필요하다.

③ 집값이 떨어지고 소득이 줄면 하우스 푸어가 된다.

④ 주택 가격의 상승으로 대출을 받는 사람들이 늘고 있다.

37.

시간이 없어서 혹은 귀찮아서 운동은 거르고 음식 섭취만 줄이는 다이어트를 하는 경우가 있다. 그러나 이렇게 하면 오히려 음식에 중독될 가능성이 있다. 음식을 섭취하면 우리 뇌는 즐겁다고 인식하는데 자주 굶는 사람들일수록 먹는 즐거움을 더 크게 느끼게 된다. 평소에 음식을 자주 먹지 않는 만큼 음식을 섭취하면 심리적 보상이 더 크게 느껴지기 때문이다. 그러므로 뇌의 보상 시스템에 문제가 생기지 않도록 올바른 식사 습관이 필요하다.

① 더 큰 심리적 보상을 얻기 위해 굶는 것이 좋다.

② 음식 중독 방지를 위해서는 음식 섭취를 줄여야 한다.

③ 굶는 다이어트를 하는 경우 다이어트에 성공할 수 있다.

④ 음식 중독을 막기 위해 올바른 식사 습관을 되찾아야 한다.

38.

유명한 자동차 회사의 배출 가스 조작 파문이 전 세계를 뒤흔들었다. 이 회사는 글로벌 환경 기준에 최적화된 자동차를 생산하는 것으로 알려져 있었는데 실상은 경제적 이익을 위해 지구 환경이나 소비자의 건강 따위는 나 몰라라 한 것이다. 좋은 이미지로 신뢰를 쌓아 온 이 회사에 대한 소비자들의 배신감은 상상 그 이상이다. 모든 것을 밝히지 않고 당장의 위기를 모면하려 한다면 이 회사가 소비자의 마음을 돌리는 것은 불가능할 것이다.

① 자동차 회사는 질 좋고 저렴한 자동차를 제공해야 한다.

② 자동차 회사는 지구 환경을 지키기 위한 자동차를 생산해야 한다.

③ 자동차 회사는 잘못을 밝히고 다시 신뢰를 쌓기 위해 노력해야 한다.

④ 자동차 회사는 당장의 위기를 해결하기 위해 수단과 방법을 가리지 말아야 한다.

※ **[39~41] 주어진 문장이 들어갈 곳으로 가장 알맞은 것을 고르십시오. (각 2점)**

39.

(㉠) 서울의 한 대학 연구팀이 중·고등학생 4,000명을 대상으로 수면 시간과 우울증 및 자살 충동과의 관련성을 조사했다. (㉡) 조사 결과, 수면 시간이 짧을수록 자살 충동이 많아지는 것으로 나타났다. (㉢) 7시간 미만으로 자는 학생들이 7시간 이상 자는 학생들보다 우울감이 더 강하고 자살 사고 위험이 더 큰 것으로 나타났다. (㉣) 주말에 수면 시간을 보충하기는 하지만 이는 턱없이 부족하다.

〈보 기〉

중·고등학생들은 평일에는 평균 6시간, 주말에는 8시간 51분을 자는 것으로 나타났다.

① ㉠ ② ㉡ ③ ㉢ ④ ㉣

40.

'피겨스케이팅 여왕'으로 불리는 김연아 선수는 2010년 밴쿠버 동계 올림픽에서 세계 신기록을 세웠다. (㉠) 김연아 선수가 전 세계 사람들의 사랑을 받은 이유는 완벽한 점프와 탁월한 연기력에 있다. (㉡) 그뿐만 아니라 속도, 높이 모두 탁월하다는 평가를 받았다. (㉢) 또한 영화 〈007〉의 음악에 맞춰 관객의 반응을 이끌어 낸 그녀의 연기에 감동하지 않은 사람이 없었다. (㉣)

〈보 기〉

그녀의 점프는 '점프의 교과서'라고 불릴 정도로 정교하다.

① ㉠　② ㉡　③ ㉢　④ ㉣

41.

미숫가루는 몸에 좋은 여러 가지 곡물을 영양소가 파괴되지 않도록 볶아서 가루로 만든 것이다. (㉠) 그동안 미숫가루를 여름철 음료로만 알고 있었다. (㉡) 그런데 실제로 미숫가루는 사계절 식사 대용으로 훌륭한 식품이라는 것을 알았다. (㉢) 따라서 잡곡밥을 한 공기 먹는 것과 같은 효과를 얻을 수 있다고 한다. (㉣) 특히 적은 양으로도 충분히 식사 대용이 되므로 다이어트를 하고 있는 여성들이 먹으면 더없이 좋다고 한다.

〈보 기〉

미숫가루에는 몸에 필요한 각종 영양소가 골고루 들어 있어, 몸의 기를 보강하고 속을 든든히 한다는 것이다.

① ㉠　② ㉡　③ ㉢　④ ㉣

※ [42~43] 다음을 읽고 물음에 답하십시오. (각 2점)

남편은 국이 없으면 밥을 잘 먹지 못한다. 그래서 그런지 특별히 반찬 투정은 하지 않으나 국에 대한 집착이 강한 편이다. 장맛이 좋기로 유명한 우리 집인데 올해는 웬일인지 장이 맛없게 되었다. 간장, 된장이 싱거우니 김칫국, 미역국 등 만드는 국마다 영 맛이 나질 않았다. 국을 만들 때 소금을 더 넣어도 진한 간장이나 된장으로 간을 할 때와는 그 맛이 전혀 달랐다. 남편은 열심히 요리를 한 내 입장을 생각해서 입 밖에 말을 꺼내지는 않았으나 국을 먹다가 이마가 살짝 찡그려지면서 수저의 놀림이 차츰 늦어지다가 숟가락을 놓곤 하는 때가 종종 있었다. 그럴 때면 나는 입안의 밥알이 갑자기 돌로 변하는 것을 느끼며 슬며시 고개를 돌리곤 했다. 어떤 때 남편은 식욕을 충동시키고자 국에 고춧가루를 한 숟가락씩 떠 넣었다. 그럴 때면 매워서 눈이 빨개지고 이마에 주먹 같은 땀방울이 맺히곤 하였다. 오늘도 국에 고춧가루를 넣는 남편을 보면서 "고춧가루는 왜 그렇게 많이 넣어요?" 하는 말이 입에서 나오다가 그만 입이 다물어지고 말았다.

강경애 〈소금〉

42. 밑줄 친 부분에서 나타난 '나'의 심정으로 가장 알맞은 것을 고르십시오.

① 기가 막히다 ② 면목이 없다

③ 가슴이 벅차다 ④ 마음이 홀가분하다

43. 윗글의 내용으로 알 수 있는 것을 고르십시오.

① 간장, 된장이 맛이 없으면 국도 맛이 없다.

② 남편은 국이 맛이 없어서 나에게 화를 냈다.

③ 국을 만들 때 소금으로 간을 하면 맛이 있다.

④ 남편은 꼭 국에 고춧가루가 들어가야 먹는다.

※ [44~45] 다음을 읽고 물음에 답하십시오. (각 2점)

연구 보고서에 따르면 직원들에게 직장에서 오전 10시 이전에 근무하도록 강요하면 직원들의 건강을 심각하게 망치게 된다고 한다. 인간의 하루 동안의 생체 리듬을 자세히 분석했더니, 16세는 오전 10시 이후에, 19세 이상 대학생들은 오전 11시 이후에 공부를 시작하는 것이 집중력과 학습 효과가 가장 높았다는 결과가 나왔다. 마찬가지로 직원들에게 ( ) 작업의 효율을 해치고, 신체 기능과 감정에도 부정적 영향을 끼쳐서 직원들의 생체 시스템에 손상을 줄 수 있다. 그러므로 직장과 학교에서는 인간의 자연스러운 생체 시계에 맞도록 시간대 조정을 할 필요가 있다.

44. ( )에 들어갈 말로 가장 알맞은 것을 고르십시오.

① 업무 시간을 조정하는 것은

② 이른 시간에 근무를 강요하는 것은

③ 과도한 업무를 하도록 지시하는 것은

④ 근무 시간 외의 근무를 요구하는 것은

45. 윗글의 주제로 가장 알맞은 것을 고르십시오.

① 인간의 생체 리듬을 정밀 분석해 봐야 한다.

② 이른 근무 시간은 인간의 감정에 악영향을 미친다.

③ 생체 리듬에 맞게 출근 및 등교 시간을 조정해야 한다.

④ 오전 10시 이전에 근무하는 것은 심신에 위협이 될 수 있다.

※ [46~47] 다음을 읽고 물음에 답하십시오. (각 2점)

엘니뇨는 원래 에콰도르와 페루의 어민들이 쓰던 말에서 비롯되었다. 몇 년에 한 번씩 바닷물의 흐름이 평소와 반대로 바뀌고 따뜻한 해류가 밀려오면서 엘니뇨가 발생한다. 엘니뇨는 기상 현상에도 큰 영향을 끼치는데, 엘니뇨로 인해 어획량이 줄어드는 것이 대표적인 현상이다. 하지만 엘니뇨가 기상 현상에 끼치는 영향이 언제나 비슷한 것은 아니다. 어떨 때는 가볍게 지나가기도 하고, 또 어떨 때는 해수면 온도가 지나치게 높아져 엄청난 양의 에너지가 대기로 쏟아져 나오면서, 세계 곳곳에서 폭염, 홍수, 가뭄, 폭설 등의 이상 기후가 나타나기도 한다. 그러나 엘니뇨가 발생하는 원인에 대해서는 아직까지도 정확히 밝혀지지 않은 부분이 많다.

46. 윗글에 나타난 필자의 태도로 가장 알맞은 것을 고르십시오.

① 엘니뇨로 인한 경제적 피해에 대해 걱정하고 있다.

② 엘니뇨의 발생과 기상에 미치는 영향을 설명하고 있다.

③ 엘니뇨 현상을 여러 형태의 기상 현상과 비교하고 있다.

④ 엘니뇨라는 단어가 어디에서 시작되었는지 밝히고 있다.

47. 윗글의 내용과 같은 것을 고르십시오.

① 엘니뇨가 발생하면 따뜻한 해류로 인해 어획량이 증가한다.

② 최근 과학자들은 엘니뇨 발생 원인에 대해 명확하게 밝혀냈다.

③ 엘니뇨로 해수면 온도가 높아지면 많은 에너지가 대기로 나온다.

④ 폭염, 홍수, 가뭄 등 이상 기상 현상으로 인해 엘니뇨가 발생한다.

※ [48~50] 다음을 읽고 물음에 답하십시오. (각 2점)

'예금자 보호 제도'에 대해 잘 모르는 사람들이 많다. 이는 금융 기관이 고객의 금융 자산을 반환하지 못할 경우, 예금 보호 기금을 통해 일정 금액 한도 내에서 예금을 돌려주는 제도이다. 어떤 사람들은 은행의 실패를 정부에서 보조해 주는 제도라고 부정적으로 말하기도 한다. 하지만 나라에서 이 제도를 갖추고 있는 이유는 금융 회사가 고객의 예금을 지급하지 못하게 되면 예금자의 가계 생활이 불안정해지고 나아가 나라 전체의 금융 안정성도 큰 타격을 입게 되기 때문이다. 일반적으로 저축은 원금 손실의 위험이 매우 작아 이율이 높지 않은 대신 안정적으로 이자 수입을 얻어 돈을 늘려 갈 수 있는 방법이다. 이는 은행 등의 금융 회사가 영업 정지나 파산 등으로 인해 고객의 예금을 지급하지 못할 경우에 대비하여 예금자를 보호하는 법과 제도가 운영되고 있기 때문에 가능한 것이다. 현재 금융 회사가 (　　　　) 예금 보험 공사가 예금자 보호법에 의해 예금자에게 돌려줄 수 있는 보호 금액은 1인당 최고 5,000만 원이다.

48. 윗글을 쓴 목적으로 가장 알맞은 것을 고르십시오.

① 예금자 보호 제도에 대해 알려 주기 위해서

② 예금자 보호 제도의 폐해를 지적하기 위해서

③ 예금자 보호 제도의 필요성을 주장하기 위해서

④ 예금자 보호 제도의 안정성을 강조하기 위해서

49. (　　)에 들어갈 말로 가장 알맞은 것을 고르십시오.

① 고객의 개인 정보를 보호하지 못할 경우

② 고객의 금융 자산을 지급하지 못할 경우

③ 고객의 원금 손실의 위험을 막지 못할 경우

④ 고객의 예금으로 이자 수입을 얻지 못할 경우

50. 윗글의 내용과 같은 것을 고르십시오.

① 예금자는 저축에 대한 높은 이자 수입을 받을 수 있다.

② 예금자의 생활 안정을 위해 나라에서 예금을 보호하고 있다.

③ 은행이 문을 닫아도 예금자는 모든 예금을 돌려받을 수 있다.

④ 금융 회사가 예금을 지급하지 못해도 국가 재정 안정성은 타격이 없다.

제2회 FINAL 실전 모의고사

实战模拟考试 第2套

TOPIK Ⅱ

1교시	듣기, 쓰기

수험번호 (Registration No.)		
이 름 (Name)	한국어 (Korean)	
	영 어 (English)	

유 의 사 항
Information

1. 시험 시작 지시가 있을 때까지 문제를 풀지 마십시오.

   Do not open the booklet until you are allowed to start.

2. 수험번호와 이름을 정확하게 적어 주십시오.

   Write your name and registration number on the answer sheet.

3. 답안지를 구기거나 훼손하지 마십시오.

   Do not fold the answer sheet; keep it clean.

4. 답안지의 이름, 수험번호 및 정답의 기입은 배부된 펜을 사용하여 주십시오.

   Use the given pen only.

5. 정답은 답안지에 정확하게 표시하여 주십시오.

   Mark your answer accurately and clearly on the answer sheet.

   marking example ① ● ③ ④

6. 문제를 읽을 때에는 소리가 나지 않도록 하십시오.

   Keep quiet while answering the questions.

7. 질문이 있을 때에는 손을 들고 감독관이 올 때까지 기다려 주십시오.

   When you have any questions, please raise your hand.

TOPIK Ⅱ 듣기(1번~50번)

※ [1~3] 다음을 듣고 가장 알맞은 그림 또는 그래프를 고르십시오. (각 2점)

1. 

① 

② 

③ 

④ 

2.

① 

② 

③ 

④ 

3. ①

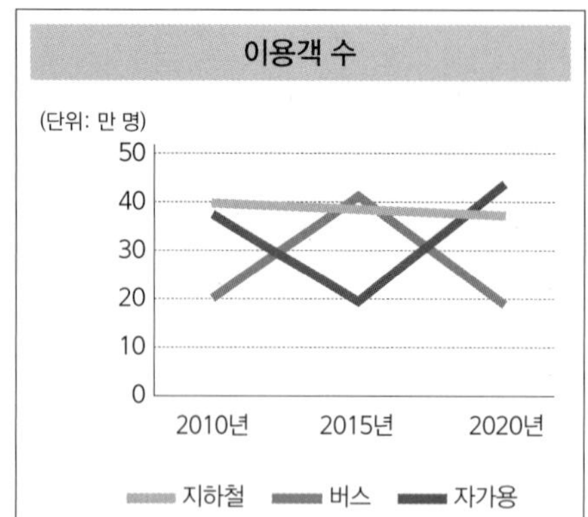

②

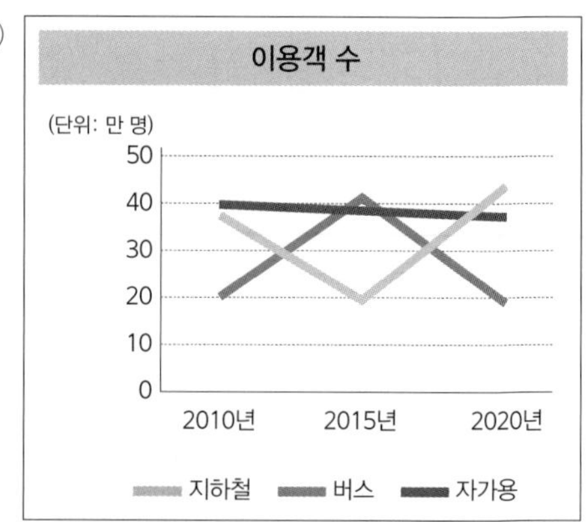

③

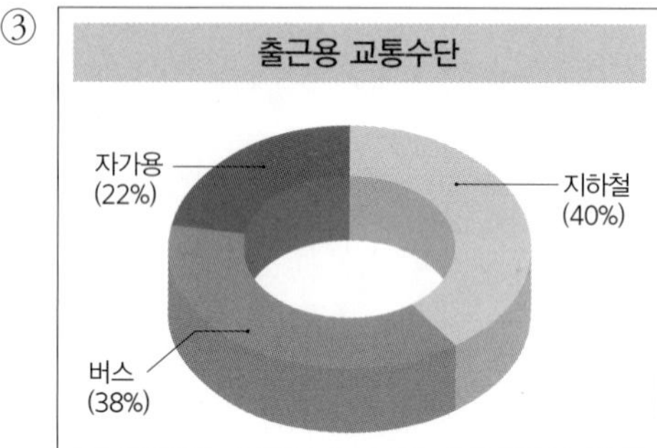

④

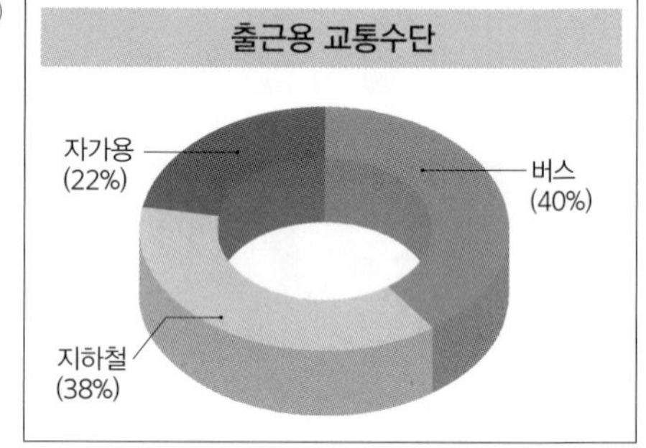

※ [4~8] 다음을 듣고 이어질 수 있는 말로 가장 알맞은 것을 고르십시오. (각 2점)

4. ① 회사 위치를 잘 알고 있어요.
② 워크숍 장소로 정말 좋았어요.
③ 회사가 가까우면 더 좋을 것 같아요.
④ 가까우면 이동 시간이 적으니까 좋네요.

5. ① 비가 많이 올까 봐 걱정돼요.
② 감기가 빨리 나았으면 좋겠어요.
③ 날씨가 추우니까 감기 조심하세요.
④ 감기 걸리지 않게 옷을 따뜻하게 입으세요.

6. ① 강의를 들으면 돼.
② 시간이 맞아서 다행이다.
③ 강의가 끝나고 가도 늦지 않아.
④ 다음 수업은 바뀌지 않았더라고.

7. ① 다시 주문하고 있을게요.
② 커피가 뜨거우니까 조심하세요.
③ 차가운 커피로 다시 주문할게요.
④ 죄송합니다. 다시 만들어 드리겠습니다.

8. ① 그래서 현장에 많이 나갔군요.
② 현장 경험이 많아서 좋을 것 같아요.
③ 회사에서 현장에 나가면 좋을 것 같아요.
④ 이 일은 경험을 쌓는 데 많은 도움이 될 거예요.

※ **[9~12] 다음을 듣고 여자가 이어서 할 행동으로 가장 알맞은 것을 고르십시오.** (각 2점)

9. ① 닭고기 요리를 준다.
② 잠든 남자를 깨운다.
③ 깨울 시간을 메모한다.
④ 닭고기 요리를 준비한다.

10. ① 서랍 안 잉크를 확인해 본다.
② 가게에 새 잉크를 사러 간다.
③ 인터넷에서 잉크를 검색한다.
④ 인쇄기 잉크 상태를 확인한다.

11. ① 남자와 함께 은행에 간다.
② 잔치에 올 친구를 기다린다.
③ 은행에 간 남자를 기다린다.
④ 카페에 생일잔치를 예약한다.

12. ① 전과 신청을 한다.
② 연구실로 찾아간다.
③ 교수님과 상담을 한다.
④ 학과 사무실에 전화한다.

※ **[13~16] 다음을 듣고 들은 내용과 같은 것을 고르십시오.** (각 2점)

13. ① 맞춤 가구는 오래전부터 유행했다.
② 맞춤 가구는 세일 기간에만 저렴하다.
③ 맞춤 가구를 만드는 방법은 복잡하다.
④ 맞춤 가구는 파는 가구보다 싼 편이다.

14. ① 외국인을 위한 해설 서비스가 있다.
② 무료 전시 해설은 외국어로 진행된다.
③ 무료 전시 해설은 두 시간 동안 진행된다.
④ 박물관 안에 어린이를 위한 체험 행사가 있다.

15. ① 성안길시장에는 외국어 안내판이 있다.
② 성안길시장은 필수 관광 코스가 되었다.
③ 가장 좋은 전통 시장이 어디인지 선정한 사람은 외국인이다.
④ 성안길시장은 좋은 전통 시장으로 선정된 후 관광객이 늘었다.

16. ① 재능 기부는 영화배우만 할 수 있다.
② 재능 기부는 누구나 쉽게 할 수 있다.
③ 재능 기부를 한 영화배우는 암 환자이다.
④ 재능 기부는 꾸준히 하는 것이 중요하다.

※ [17~20] 다음을 듣고 남자의 중심 생각으로 가장 알맞은 것을 고르십시오. (각 2점)

17. ① 저금은 조금만 하는 것이 좋다.
② 저금을 하면 미래가 불안하지 않다.
③ 자신을 위해 사고 싶은 것을 사야 한다.
④ 현재를 위해서 돈을 쓰는 것도 중요하다.

18. ① 수리는 전문가에게 맡기는 게 좋다.
② 전문 기술을 배워서 고치는 게 좋다.
③ 복사기는 꼭 수리를 하지 않아도 된다.
④ 직접 수리를 하면 돈을 절약할 수 있다.

19. ① 전철에서는 통화를 하면 안 된다.
② 공공장소에서는 남을 배려해야 한다.
③ 퇴근하는 길은 조용히 가는 것이 좋다.
④ 통화를 할 때는 작은 소리로 해야 한다.

20. ① 청소년들과 부모는 대화를 할 필요가 있다.
② 청소년들은 부모와 대화를 하지 않으면 위험해진다.
③ 청소년은 자신의 마음을 표현하는 법을 알아야 한다.
④ 많은 어른들은 요즘 청소년들의 마음을 알기 어려워한다.

※ **[21~22] 다음을 듣고 물음에 답하십시오. (각 2점)**

21. 남자의 중심 생각으로 가장 알맞은 것을 고르십시오.
   ① 사람이 직접 빨래를 해야 한다.
   ② 세탁기의 성능을 믿지 않는 것이 좋다
   ③ 더러운 부분을 손으로 먼저 빠는 것이 좋다.
   ④ 세제가 좋으면 더러운 부분을 손으로 먼저 빨지 않아도 된다.

22. 들은 내용과 같은 것을 고르십시오.
   ① 세탁기가 고장이 났다.
   ② 여자는 손빨래를 했다.
   ③ 빨래 상태가 깨끗하지 않다.
   ④ 요즘 나오는 세제가 좋지 않다.

※ **[23~24] 다음을 듣고 물음에 답하십시오. (각 2점)**

23. 남자가 무엇을 하고 있는지 맞는 것을 고르십시오.
   ① 새로운 적금을 드는 방법에 대해서 묻고 있다.
   ② 가입한 적금을 중단하는 방법에 대해서 묻고 있다.
   ③ 적금을 들지 않아서 생겼던 문제에 대해 말하고 있다.
   ④ 이자율이 높은 상품을 찾기 위해 적금을 중단하고 있다.

24. 들은 내용과 같은 것을 고르십시오.
   ① 남자는 이전에 적금을 들어 본 적이 없다.
   ② 여자는 남자가 적금을 중단하기를 원한다.
   ③ 남자가 이용하는 적금 상품의 기간은 길다.
   ④ 남자가 이용하는 적금 상품은 이자가 낮다.

※ [25~26] 다음을 듣고 물음에 답하십시오. (각 2점)

25. 남자의 중심 생각으로 가장 알맞은 것을 고르십시오.

① 아이들은 다양한 경험을 통해서 성장한다.

② 요즘 아이들은 스트레스를 많이 받는 편이다.

③ 아이들은 템플스테이를 통해 느린 삶을 경험해야 한다.

④ 부모는 아이에게 다양한 문화를 경험하게 해 줘야 한다.

26. 들은 내용과 같은 것을 고르십시오.

① 템플스테이의 참가 경쟁이 심한 편이다.

② 템플스테이에 참가하면 절에서 잘 수 있다.

③ 템플스테이에 참가하는 아이들의 만족도가 높다.

④ 템플스테이를 통해 다양한 문화를 경험할 수 있다.

※ [27~28] 다음을 듣고 물음에 답하십시오. (각 2점)

27. 남자가 말하는 의도로 알맞은 것을 고르십시오.

① 주차 도움을 요청하기 위해

② 대신 주차를 부탁하기 위해

③ 주차하는 방법을 배우기 위해

④ 주차를 연습할 시간을 얻기 위해

28. 들은 내용과 같은 것을 고르십시오.

① 여자는 차에서 내려서 주차를 도와주고 있다.

② 남자는 오늘 여자를 도와 주차 연습을 하기로 했다.

③ 여자는 주차 연습은 혼자 하는 것이 좋다고 생각한다.

④ 남자는 예전에 주차를 하려다가 사고가 난 적이 있다.

※ [29~30] 다음을 듣고 물음에 답하십시오. (각 2점)

29. 남자가 누구인지 고르십시오.

① 제품 협찬사

② 광고 제작자

③ 드라마 출연자

④ 드라마 제작자

30. 들은 내용과 같은 것을 고르십시오.

① 드라마 장소도 협찬을 받는다.

② 제품 협찬이 많을수록 제작비가 적게 든다.

③ 간접 광고로 인해 지역 경제에 피해를 준다.

④ 제작비를 아껴야 완성도 높은 드라마가 나온다.

※ [31~32] 다음을 듣고 물음에 답하십시오. (각 2점)

31. 남자의 중심 생각으로 가장 알맞은 것을 고르십시오.

① 사회 복지 향상을 위해서 세금을 많이 내야 한다.

② 범칙금 인상으로 교통 규칙 위반을 줄일 수 있다.

③ 교통 규칙 위반을 돈으로 해결하는 것은 나쁘지 않다.

④ 범칙금을 여러 번 내면 교통 규칙 위반 사례가 줄어든다.

32. 남자의 태도로 가장 알맞은 것을 고르십시오.

① 새로운 문제점에 대한 해결책을 제시하고 있다.

② 상대방의 의견을 존중하면서 타협점을 찾고 있다.

③ 앞으로 일어날 일에 대해서 예상하며 주장하고 있다.

④ 구체적인 사례를 들면서 상대방의 의견을 반박하고 있다.

※ [33~34] **다음을 듣고 물음에 답하십시오.** (각 2점)

33. 무엇에 대한 내용인지 알맞은 것을 고르십시오.

① 전쟁에서 승리하는 방법

② 성공적인 전쟁 전략 소개

③ 젊은이들에게 필요한 마음가짐

④ 실패하는 인생과 전쟁의 닮은 점

34. 들은 내용과 같은 것을 고르십시오.

① 요즘 많은 젊은이들은 포기라는 것을 모른다.

② 성공적인 전쟁의 전략은 미리 구상되지 않는다.

③ 전쟁의 결과보다 인생의 결과를 예측하기 힘들다.

④ 세상에는 변수가 많기 때문에 쉽게 도전하면 안 된다.

※ [35~36] **다음을 듣고 물음에 답하십시오.** (각 2점)

35. 남자가 무엇을 하고 있는지 고르십시오.

① 전국 경제 기업의 성과에 대해 평가하고 있다.

② 전국 경제 기업의 성장 과정을 보고하고 있다.

③ 청년 일자리 창출 사업 내용을 분석하고 있다.

④ 청년 일자리 창출 사업에 참여를 요청하고 있다.

36. 들은 내용과 같은 것을 고르십시오.

① 청년들의 사업이 국내 경제를 활성화하고 있다.

② 일자리 창출 사업은 기업의 주도로 이루어진다.

③ 기업은 항상 정부 사업에 적극적으로 참여해 왔다.

④ 이 모임은 기업의 참여를 유도하기 위해 만들었다.

※ [37~38] 다음을 듣고 물음에 답하십시오. (각 2점)

37. 여자의 중심 생각으로 가장 알맞은 것을 고르십시오.

① 독서 경영의 경제적 효용성을 분석해야 한다.

② 행복한 삶을 살기 위해서는 책을 많이 읽어야 한다.

③ 독서 경영을 적극 활용하면 도시가 발전할 수 있다.

④ 책 읽기는 시의 미래 문화 사업으로 선정되어야 한다.

38. 들은 내용과 같은 것을 고르십시오.

① 독서 경영은 기술 발달을 위해 사용된다.

② 독서 경영을 전국적으로 실시하려고 한다.

③ 이 시는 독서 경영을 통해 전국 우수 도시로 인정받았다.

④ 독서로 기른 역량은 어떤 상황에도 대처할 수 있게 해 준다.

※ [39~40] 다음을 듣고 물음에 답하십시오. (각 2점)

39. 이 대화 뒤에 이어질 내용으로 가장 알맞은 것을 고르십시오.

① 전통적인 농촌의 새로운 기능에 주목할 수 있다.

② 농촌의 사회·문화적인 가치를 새롭게 발견할 수 있다.

③ 농촌 생활을 체험할 수 있는 프로그램을 교육과 연계할 수 있다.

④ 농촌의 방송 매체를 활용하여 사회·문화적 기능을 홍보할 수 있다.

40. 들은 내용과 같은 것을 고르십시오.

① 농촌이 공익적 가치를 가지기는 힘들다.

② 농촌의 홍보 강화는 국가 홍보에 부담을 준다.

③ 농촌의 기능은 사회·문화적 측면에 집중되어 있다.

④ 농촌 체험은 사회·문화적 기능 강화 방법 중 하나이다.

※ [41~42] 다음을 듣고 물음에 답하십시오. (각 2점)

41. 이 강연의 중심 내용으로 가장 알맞은 것을 고르십시오.
① 자기 자신이 주체가 되어 삶을 끌어가야 한다.
② 머피의 법칙은 사실이 아니므로 믿지 말아야 한다.
③ 행복하게 살기 위해서는 긍정적으로 생각해야 한다.
④ 삶은 좋은 일과 나쁜 일이 교차된다는 것을 믿어야 한다.

42. 들은 내용과 같은 것을 고르십시오.
① 사람들은 부정적인 감정에 민감하다.
② 머피의 법칙은 과학적으로 증명되었다.
③ 불행한 감정을 없애야 행복함을 느낄 수 있다.
④ 나쁜 일이 생긴 사람은 계속 나쁜 일이 생긴다.

※ [43~44] 다음을 듣고 물음에 답하십시오. (각 2점)

43. 무엇에 대한 내용인지 알맞은 것을 고르십시오.
① 펀드에 투자할 때는 분산 투자를 하는 것이 중요하다.
② 펀드는 자산 운용 회사가 투자하므로 접근성이 낮은 편이다.
③ 한두 가지 종목에 투자하면 비교적 안정적인 수익을 얻을 수 있다.
④ 상장 지수 펀드에는 장단점이 골고루 있으므로 주의해서 투자해야 한다.

44. 상장 지수 펀드(ETF)의 특징으로 맞는 것을 고르십시오.
① 주식과 달리 실시간으로 사고 팔 수 없다.
② 분산 투자 효과가 낮으므로 주의해서 투자해야 한다.
③ 자산 운용 회사가 대신 투자하는 간접 투자 상품이다.
④ 수수료가 높지 않기 때문에 투자할 때 주의할 필요는 없다.

※ [45~46] 다음을 듣고 물음에 답하십시오. (각 2점)

45. 들은 내용과 같은 것을 고르십시오.

① 현대 사회를 과학과 기술의 시대라고 한다.

② 현대에는 정보가 많을수록 돈을 많이 벌 수 있다.

③ 정보 사회에서는 정보가 국력을 좌우하기도 한다.

④ 과거에는 정보와 지식을 중요하게 생각하지 않았다.

46. 여자가 말하는 방식으로 알맞은 것을 고르십시오.

① 정보 사회가 나아갈 새로운 방향을 제시하고 있다.

② 미래를 주도할 과학과 기술의 개발을 촉구하고 있다.

③ 현대를 '정보의 시대'라고 부르는 이유를 설명하고 있다.

④ 여러 가지 사례를 근거로 과학의 신뢰성을 증명하고 있다.

※ [47~48] 다음을 듣고 물음에 답하십시오. (각 2점)

47. 들은 내용과 같은 것을 고르십시오.

① 대안 학교에 보내는 것이 근원적 해결책이다.

② 자기 주도 학습에 지도 교사는 필요하지 않다.

③ 자기 주도 학습은 부모의 간섭이 많을수록 좋다.

④ 최근 공교육이 문제가 되며 탈학교 운동이 일어나고 있다.

48. 남자가 말하는 방식으로 알맞은 것을 고르십시오.

① 탈학교 운동 현상에 대해 불안해하고 있다.

② 자기 주도 학습 결과에 대해 확신을 갖고 있다.

③ 홈스쿨링이 대안적 학습이 될 것을 기대하고 있다.

④ 잘못된 자기 주도 학습 방법에 대해 비판하고 있다.

※ [49~50] 다음을 듣고 물음에 답하십시오. (각 2점)

49. 들은 내용과 같은 것을 고르십시오.

① 일란성 쌍둥이들의 비생물학적 행동은 다른 편이다.

② 아인슈타인을 복제하면 복제 인간도 똑같이 천재가 된다.

③ 인간의 특성은 환경보다 유전자의 영향을 더 많이 받는다.

④ 복제 인간은 일란성 쌍둥이보다 환경의 영향을 더 많이 받는다.

50. 남자가 말하는 방식으로 알맞은 것을 고르십시오.

① 복제 인간의 사례를 설명하며 비판하고 있다.

② 인간 복제 현상에 대한 대비책을 제안하고 있다.

③ 복제 인간의 윤리 문제의 원인 규명을 강력하게 촉구하고 있다.

④ 묻고 답하는 방식을 통해 유전자와 환경과의 관계를 밝히고 있다.

TOPIK Ⅱ 쓰기(51번~54번)

※ [51~52] 다음 글의 ㉠과 ㉡에 알맞은 말을 각각 쓰시오. (각 10점)

51.

구합니다

함께 살던 친구가 이번에 졸업하게 되어서 (㉠). 한국대학교 정문에서 도보 5분 거리에 있으며 2015년에 새로 지은 아파트이기 때문에 (㉡). 방 3개, 화장실이 2개이고, 주방과 거실은 함께 사용합니다. 방이 필요하신 분은 저에게 연락해 주십시오. 연락처는 아래와 같습니다. 밤 10시 이후에는 문자로 연락해 주시기 바랍니다.

010-3546-0897, 박준수

52.

나에게 가장 좋은 스승은 과거의 중요한 순간에 내가 내렸던 결정들이다. 그것을 돌아보면 현재의 중요한 순간에 (㉠). 하지만 과거에 내가 내린 결정을 되돌아볼 때 스스로에게 너무 엄격할 필요는 없다. 잘못된 결정이나 후회되는 결정을 했더라도 지난 일은 이미 지나간 일일 뿐이다. 그러므로 과거의 결정을 후회하기보다는 (㉡).

53. 다음은 '한국의 대학 진학률의 변화'에 관한 자료이다. 이 내용을 200~300자의 글로 쓰시오. 단, 글의 제목은 쓰지 마시오. (30점)

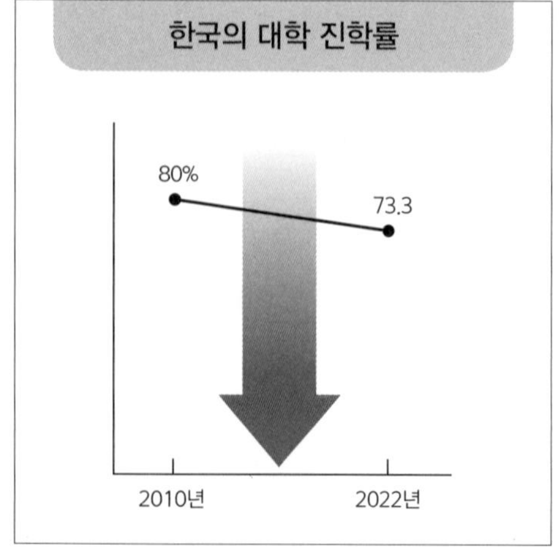

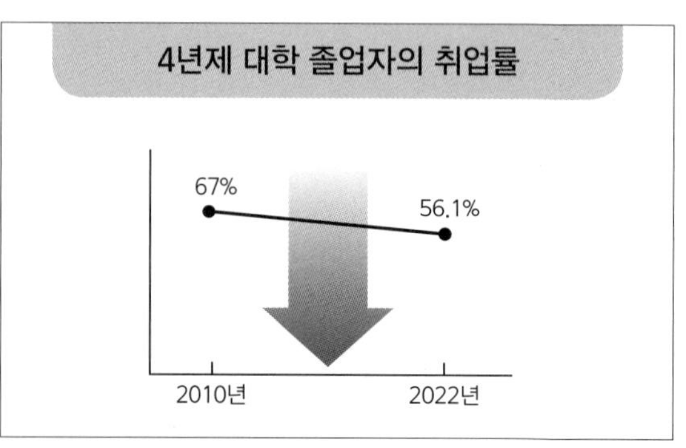

대학 진학률 변화의 원인	학령 인구의 감소, 취업난
전망	꾸준히 감소할 것으로 보임.

54. 다음을 참고하여 600~700자로 글을 쓰시오. 단, 문제를 그대로 옮겨 쓰지 마시오. (50점)

흡연은 폐암과 같은 질병을 유발할 수 있으며, 흡연자 본인뿐만 아니라 간접흡연을 하게 되는 주변 사람들에게도 피해를 줄 수 있다. 이러한 위험성 때문에 흡연율을 낮추기 위한 사회적 대책이 마련되고 있는데, 담뱃값 인상이 그중 한 가지 방법이다. '담뱃값 인상과 흡연율의 관계'에 대해 아래의 내용을 중심으로 자신의 생각을 쓰라.

- 흡연으로 인한 피해는 어떤 것이 있는가?
- 담뱃값 인상이 흡연율에 영향을 미치는가?
- 흡연율을 낮추기 위한 다른 방법으로 무엇이 있는가?

* 원고지 쓰기의 예

	머	리	는		언	제		감	는		것	이		좋	을	까	?		사
람	들	은		보	통		아	침	에		머	리	를		감	는	다	.	그

제1교시 듣기, 쓰기 시험이 끝났습니다. 제2교시는 읽기 시험입니다.

제2회 FINAL 실전 모의고사

实战模拟考试 第2套

TOPIK Ⅱ

2교시	읽기

수험번호 (Registration No.)		
이 름 (Name)	한국어 (Korean)	
	영 어 (English)	

유 의 사 항
Information

1. 시험 시작 지시가 있을 때까지 문제를 풀지 마십시오.

   Do not open the booklet until you are allowed to start.

2. 수험번호와 이름을 정확하게 적어 주십시오.

   Write your name and registration number on the answer sheet.

3. 답안지를 구기거나 훼손하지 마십시오.

   Do not fold the answer sheet; keep it clean.

4. 답안지의 이름, 수험번호 및 정답의 기입은 배부된 펜을 사용하여 주십시오.

   Use the given pen only.

5. 정답은 답안지에 정확하게 표시하여 주십시오.

   Mark your answer accurately and clearly on the answer sheet.

6. 문제를 읽을 때에는 소리가 나지 않도록 하십시오.

   Keep quiet while answering the questions.

7. 질문이 있을 때에는 손을 들고 감독관이 올 때까지 기다려 주십시오.

   When you have any questions, please raise your hand.

TOPIK Ⅱ 읽기(1번~50번)

※ [1~2] (　　)에 들어갈 말로 가장 알맞은 것을 고르십시오. (각 2점)

1. 비장애인도 쉽지 (　　　　) 불편한 몸으로 높은 산에 오르다니 정말 대단한 사람이다.

① 않을 텐데　　② 않을까 봐

③ 않을 테니까　　④ 않은 데다가

2. 앞으로 날씨가 따뜻해지면서 산이 점점 푸르게 (　　　　).

① 변해 갈 것이다　　② 변해 올 것이다

③ 변해 볼 것이다　　④ 변해 댈 것이다

※ [3~4] 밑줄 친 부분과 의미가 가장 비슷한 것을 고르십시오. (각 2점)

3. 친구가 입사 시험에 <u>합격하도록</u> 엿과 떡을 선물로 주었다.

① 합격하게　　② 합격하거든

③ 합격하려고　　④ 합격할 만큼

4. 한 나라의 미래는 그 나라의 <u>교육 정책에 따라 달라진다</u>.

① 교육 정책이 되었다　　② 교육 정책일 수가 있다

③ 교육 정책에 달려 있다　　④ 교육 정책으로 인한 것이다

※ [5~8] 다음은 무엇에 대한 글인지 고르십시오. (각 2점)

5.

'사랑이 답이다'

30년간 정신과 의사로 살아온 작가가 전하는 행복 지혜서

① 도서 ② 연극 ③ 영화 ④ 드라마

6.

학원에 갈 시간이 없으십니까?

원하는 시간에, 편한 장소에서 국내 최고 강사의 수업을!

① 학원 수업 ② 학교 수업 ③ 인터넷 강의 ④ 문화 센터 강의

7.

오염된 바다에는 해수욕도 해산물도 없습니다.

바다를 죽이는 습관! 바다를 살리는 습관!
어떤 선택을 하시겠습니까?

① 음식 정보 ② 환경 보호 ③ 여행 계획 ④ 선택 장애

8.

5월 30일

- **쌍둥이자리**(05/21~06/21)
  이성적인 판단이 필요한 날입니다. 힘든 일이 생기면 주변 사람들에게 도움을 구하십시오.
- **처녀자리**(08/23~09/23)
  준비한 것이 있다면 행동으로 옮겨도 좋을 듯합니다. 좋은 결과를 기대할 수 있습니다.
- **천칭자리**(09/24~10/22)
  몸도 마음도 지치겠지만 힘을 내십시오. 노력한 만큼 좋은 결과가 있을 것입니다.

① 점 ② 사주 ③ 띠별 운세 ④ 별자리 운세

※ [9~12] 다음 글 또는 그래프의 내용과 같은 것을 고르십시오. (각 2점)

9.

한우리 건축 박람회

■ **기간:** 2024년 8월 26일 ~ 8월 29일

■ **장소:** 주택 전시관 1층

■ **특별 전시관:** '한옥 건축의 모든 것' 코너 운영

■ **특징:** 아시아 최대 규모의 세계 친환경 건축 박람회
사이버 건축 박람회와 동시에 진행
(사이버 건축 박람회에서는 작년 전시 내용도 검색 가능)

① 아시아의 업체들만 참여할 수 있는 박람회이다.

② 이 박람회는 작년에 전시했던 것을 다시 전시한다.

③ 이 박람회에서는 한옥에 대한 정보를 얻을 수 있다.

④ 사이버 건축 박람회로는 아시아에서 가장 큰 규모이다.

10.

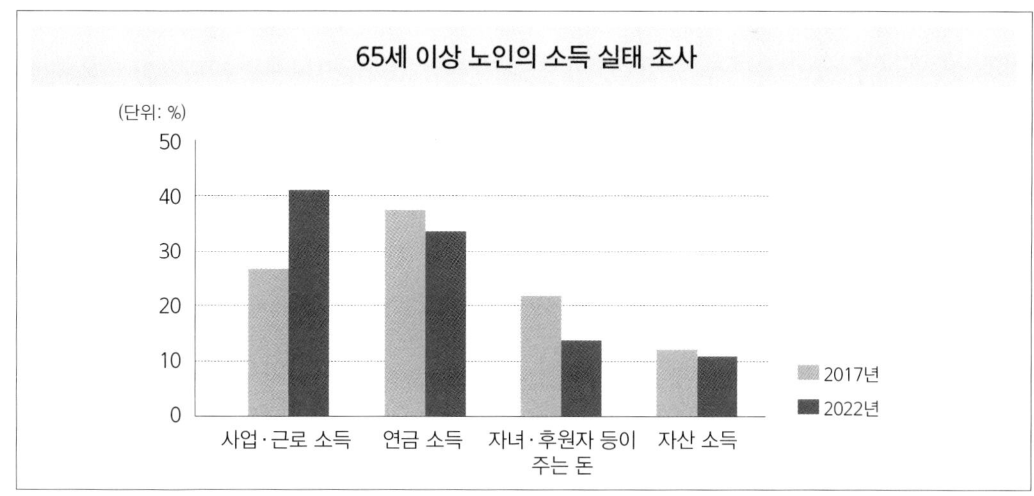

① 일해서 돈을 버는 노인이 감소했다.

② 두 해 모두 연금 비율이 제일 높게 나타났다.

③ 사업·근로 소득의 비율만 늘고 나머지는 감소했다.

④ 2017년에는 자산 소득, 2020년에는 근로 소득 비율이 가장 낮았다.

11.

최근 학생들의 의학 계열 선호 현상이 뚜렷해지고 있다. 이과 학생 중 절반 이상의 학생들이 의학 계열 진학을 희망한다는 설문 결과가 있을 정도이다. 특히 서울대학교 신입생의 6%는 입학과 동시에 휴학을 했는데, 공대생만 한정하면 약 7.5%에 해당된다. 이들 중 대부분은 의대나 치대를 목표로 다시 도전하기 위한 목적으로 추정된다.

① 학생들의 의학 계열 선호 정도는 과거와 비슷하다.

② 서울대학교 신입생 중 6%는 입학하자마자 휴학했다.

③ 이과 학생 중 의학 계열 진학을 희망하는 학생은 소수이다.

④ 학생들이 입학과 동시에 휴학한 이유는 학업의 어려움으로 추정된다.

12.

인체의 70%는 물이다. 근육의 75%, 뇌의 80%, 뼈의 50%는 물로 이루어져 있다. 따라서 물이 부족하다는 것은 근육이 굳어지고 뇌의 기능이 저하되며, 뼈가 힘을 잃어 간다는 것을 의미한다. 물은 인체에서 차지하는 비중이 높을 뿐만 아니라 기능 면에서도 중요한 역할을 한다. 물의 기능에는 혈액 순환, 체온 조절, 영양소 운반 등이 있다.

① 영양소는 물을 운반한다.

② 물이 부족하면 뼈가 약해진다.

③ 물은 인체에서 영양소의 역할을 한다.

④ 뇌보다 근육이 물을 더 많이 포함하고 있다.

※ [13~15] 다음을 순서에 맞게 배열한 것을 고르십시오. (각 2점)

13.

(가) 종이 섬유를 이용해서 만든 옷이 화제다.
(나) 기능성 의류로서 가장 좋은 조건을 갖춘 것이다.
(다) 이 옷은 종이처럼 얇고 가볍지만 물에 젖거나 찢어지지 않는다.
(라) 더욱 놀라운 것은 통기성이다. 물은 못 들어가는데 공기는 통한다.

① (가)-(나)-(다)-(라) ② (가)-(다)-(라)-(나)
③ (다)-(나)-(라)-(가) ④ (다)-(라)-(나)-(가)

14.

(가) 최근에는 다양한 기능을 갖추고 세척이 편한 제품도 많아졌다.
(나) 자취를 시작한 사람에게 '에어프라이어'를 추천하는 경우가 많다.
(다) 앞으로도 에어프라이어는 필수 가전제품으로서 인기를 끌 것으로 보인다.
(라) 에어프라이어를 사용하면 기름을 거의 쓰지 않고도 빠르고 간편하게 바삭바삭한 요리를 만들 수 있기 때문이다.

① (가)-(나)-(다)-(라) ② (가)-(다)-(나)-(라)
③ (나)-(라)-(가)-(다) ④ (다)-(라)-(나)-(가)

15.

(가) 쉬고 싶을 때 휴가를 내서 자주 가는 곳이 있다.
(나) 이제는 휴식이 필요할 때 굳이 일본까지 가지 않아도 된다.
(다) 일본 메지로역 주변의 아주 한적하고 평범한 동네의 골목길이다.
(라) 최근 그 골목길과 비슷한 길이 한국에도 있다는 것을 알게 되었다.

① (가)-(다)-(라)-(나) ② (가)-(라)-(다)-(나)
③ (나)-(가)-(다)-(라) ④ (나)-(다)-(라)-(가)

※ [16~18] (   )에 들어갈 말로 가장 알맞은 것을 고르십시오. (각 2점)

16.

나트륨은 고혈압, 신장 질환, 골다공증 등을 (   ). 나트륨이 주성분인 소금의 섭취를 줄여야 하는 것은 그 때문이다. 하지만 나트륨은 우리 인체에 꼭 필요하다. 우리 몸에서 심박 조절, 체내 수분량 조절, 근육 수축 등 생리 기능과 관계가 있기 때문이다.

① 치료하는 데 효과가 있다
② 일으키는 주범으로 꼽힌다
③ 예방할 수 있는 유익한 성분이다
④ 유발하는 인체에 무해한 물질이다

17.

서울 미술관은 토요일 4시에 좋은 영화를 상영하고 있다. 서울 미술관이 무료 영화 상영을 시작한 이후 (   ). 자연스럽게 미술관으로 발길이 이어지면서 '미술은 어렵다'라는 편견도 깨진 것이다. 이에 따라 미술관이 더 이상 불편한 곳이 아닌 지역 주민들의 문화 복지 공간으로 거듭나고 있다.

① 미술 전공자가 증가했다
② 영화 관람객이 많아졌다
③ 전시회 관람객도 늘었다
④ 문화 복지 공간이 생겼다

18.

'T커머스'란 TV에 인터넷을 연결하여 리모컨을 이용해 물건을 사고파는 서비스를 말한다. 소비자는 T커머스 방송에 나온 제품을 리모컨으로 골라 주문, 결제를 할 수 있다. T커머스는 동일한 시간에 한 가지 제품만 소개하는 (   ) 고객들이 인터넷 검색을 하듯이 여러 개의 상품을 마음대로 구매할 수 있다.

① 홈쇼핑과 달리
② 백화점의 매장처럼
③ 온라인 쇼핑몰과 같이
④ 인터넷 사이트와 비교해서

※ [19~20] 다음을 읽고 물음에 답하십시오. (각 2점)

일주일에 배변 횟수가 세 번이 안 되면 변비다. 변비의 평균 발병률은 약 16%이다. 그래서 변비약을 찾는 사람이 많은데 변비약은 오래 먹으면 장의 민감성을 떨어뜨려 (　　　　) 증상이 악화될 수 있다. 이때는 약을 쓰는 대신, 배꼽 주변을 마사지하면서 따뜻하게 데워 보자. 그러면 배변 횟수가 일주일에 두 번 이상으로 늘어날 수 있다.

19. (　　)에 들어갈 말로 가장 알맞은 것을 고르십시오.

① 드디어　　② 게다가　　③ 오히려　　④ 반드시

20. 윗글의 주제로 가장 알맞은 것을 고르십시오.

① 변비약은 오랫동안 먹으면 효과가 있다.

② 변비에는 배를 마사지하면 배변 횟수가 줄어든다.

③ 변비약을 오래 먹지 말고 배를 따뜻하게 하면 좋다.

④ 일주일에 배변 횟수가 3번 이하면 변비약을 먹어야 한다.

※ [21~22] 다음을 읽고 물음에 답하십시오. (각 2점)

요즘 사람들의 가장 큰 특징 중의 하나는 시각적인 요소를 중요하게 여긴다는 점이다. '백문이 불여일견'이란 말이 있듯이 백 번 듣는 것보다 한 번의 강한 시각적 이미지가 머릿속에 각인되면 기억에 더 오래 남는다. 이런 추세에 맞춰 기업들도 광고를 할 때 시각적인 요소에 주의를 기울여야 한다. 짧은 시간에 소비자들의 (　　　　) 사진 또는 영상을 준비하는 것이 좋다.

21. (　　)에 들어갈 말로 가장 알맞은 것을 고르십시오.

① 시선을 끄는　　② 눈치를 보는

③ 발길이 잦은　　④ 손길이 가는

22. 윗글의 내용과 같은 것을 고르십시오.

① 소비자들은 영상보다 소리에 더 관심이 많다.

② 광고에서 기억에 남는 시각적 이미지가 중요하다.

③ 요즘 기업들은 긴 영상 광고 제작에 힘을 기울인다.

④ 사람들은 한 번 보는 것보다 여러 번 듣는 것을 좋아한다.

※ **[23~24] 다음을 읽고 물음에 답하십시오. (각 2점)**

나의 막내아들은 작년에 초등학교 1학년이 되었어야 할 나이다. 하지만 아직 학교 근처에도 못 가고 있다. 이 아이가 매우 드문 병에 걸린 것은 벌써 2년 전의 일이다. 그때 수술을 받고 지금까지 치료를 받아 왔다. 그런데 며칠 전부터 아이의 상태가 심상치 않았다. 아이는 계속 고열에 시달렸다. 우리 부부는 아이의 병이 다시 재발한다면 오늘날의 의학으로는 치료 방법이 없다는 것을 알고 있었다. 아이의 손목을 잡고 병원 문을 들어서는 우리 부부는 무거운 돌이 가슴을 누르는 듯해 숨을 쉬기도 어려웠다. 하지만 예상하지 못했던 검사 결과가 나왔다. 아이는 감기에 걸렸을 뿐, 예전의 병은 거짓말처럼 나은 것이다. 우리 부부는 너무 놀라서 한참 동안 움직일 수 없었다.

23. 밑줄 친 부분에 나타난 나의 심정으로 알맞은 것을 고르십시오.

① 불안하다　② 억울하다

③ 허탈하다　④ 한가하다

24. 윗글의 내용과 같은 것을 고르십시오.

① 아이의 병이 다시 재발했다.

② 병이 나았다는 말은 거짓말이었다.

③ 기대하지 않았던 검사 결과가 나왔다.

④ 아이는 1년 전에 초등학교에 입학했다.

※ [25~27] 다음 신문 기사의 제목을 가장 잘 설명한 것을 고르십시오. (각 2점)

25. 가정용 소화기, 화재 초기에 소방차 한 대와 맞먹는 효과

① 가정용 소화기는 화재 초기에만 사용할 수 있다.

② 화재 초기에는 소방차 1대보다 가정용 소화기가 더 효과적이다.

③ 화재 초기에는 가정용 소화기가 소방차 1대의 역할을 할 수 있다.

④ 소방차가 부족하므로 소방차 대신 가정용 소화기를 보급해야 한다.

26. 통증 없는 획기적인 뇌 수술법, 세계인이 주목

① 세계 사람들이 아프지 않은 뇌 수술법이 개발되기를 기다리고 있다.

② 통증이 없는 새로운 뇌 수술법에 세계 사람들의 관심이 쏠리고 있다.

③ 세계 사람들이 아프지 않게 수술할 수 있는 뇌 수술법의 도움을 받았다.

④ 통증이 없는 뇌 수술법이 개발되어 세계 사람들이 그 효과를 확인하였다.

27. 딸과는 소통 상대적 양호, 아들과는 말이 안 통해

① 딸과 아들은 서로 의사소통이 잘 안 된다.

② 아들과 딸을 비교했을 때, 아들보다는 딸과 의사소통이 더 잘 된다.

③ 딸은 소통하려고 노력하지만 아들은 소통하려는 노력을 하지 않는다.

④ 딸은 다른 사람과 말을 잘하지만 아들은 다른 사람과 말을 잘 못한다.

※ [28~31] ( )에 들어갈 말로 가장 알맞은 것을 고르십시오. (각 2점)

28.

경찰이 '지정차로제' 원칙 위반 차량을 단속하는 것을 본 적이 없다. 운전자들이 지켜야 할 '지정차로제 3대 원칙'은 '추월은 반드시 왼쪽 차로로 하기, 추월 후 즉시 원래 차로로 복귀하기, 왼쪽 차로보다는 느리게, 오른쪽 차로보다는 빠르게 주행하기'이다. 이 간단한 규칙이 지켜지지 않는 것은 적극적으로 단속을 하지 않아서다. 큰 댐도 개미구멍 하나에 무너질 수 있다. ( ) 철저히 단속해야 교통질서를 유지할 수 있다.

① 가벼운 위반 사항이라도

② 지키기 어려운 법일수록

③ 누구나 이해하기 쉬운 규칙이기에

④ 지정차로제 원칙을 홍보하기 위해

29.

과거 우리 조상들은 나무를 신성하게 생각했으며 숲은 성스러운 장소라고 생각했다. 집안의 평안이나 마을의 안녕을 기원했던 곳이 바로 나무와 숲이었다. 하지만 ( ) 나무를 베지 않았던 것은 아니다. 필요에 따라 나무를 베는 것은 인정했지만 커다란 나무와 고목, 사람들이 숭배하는 나무를 베는 것은 금기로 여겼다. 그런 나무를 베면 '나쁜 일이 생긴다'는 것이 우리 조상들의 생각이었다.

① 나무를 두려워해서

② 나무가 필요하지 않아서

③ 나무가 가벼운 존재로 생각돼서

④ 나무를 신성하게 여긴다고 해서

30.

누구나 배에서 꼬르륵거리는 소리를 들어 본 적이 있을 것이다. 이 소리는 장이 음식물을 으깨는 과정에서 내는 소리이다. 장은 음식물이 위에서 나온 다음 가는 장소이다. 장은 음식물을 소화시킬 수 있도록 운동을 하면서 음식물을 으깬다. 먹은 음식이 없더라도 장은 거의 언제나 움직이고 있다. 배가 고플 때는 장이 비어 있어서 꼬르륵거리는 소리가 더 크게 들린다. 꼬르륵거리는 소리는 특별한 것이 아니라, 단지 (　　　　)일 뿐이다.

① 음식물을 삼키는 소리
② 장이 속을 비우는 소리
③ 장이 운동을 하고 있는 소리
④ 음식물이 위에서 장으로 가는 소리

31.

이솝우화 '개미와 베짱이'는 개미의 성실함을 칭찬한다. 하지만 모든 개미가 열심히 일하는 '일벌레'는 아니라는 연구 결과가 나왔다. 개미 사회에서도 베짱이처럼 놀기 좋아하는 부류가 있다는 것이다. 최근 국제 학술지 '동물 행동'에서는 일개미를 관찰한 결과, 45%는 아무 일도 하지 않았다.'고 밝혔다. 개미와 함께 (　　　　) 꿀벌도 마찬가지다. 꿀벌의 행동을 살핀 결과, 20%의 꿀벌이 절반 이상의 일을 해냈다.

① 노는 곤충으로 알려진
② 게으른 곤충으로 알려진
③ 까다로운 곤충으로 알려진
④ 부지런한 곤충으로 알려진

※ [32~34] 다음을 읽고 글의 내용과 같은 것을 고르십시오. (각 2점)

32.

> 고령화 사회로 들어서면서 어떻게 잘 늙느냐가 중요해지고 있다. 노인이라도 운동을 꾸준히 하면 청년 못지않은 건강을 유지할 수 있다. 충분한 수면은 젊음의 열쇠다. 하루 5시간 미만을 자는 이들은 7~9시간을 자는 이들보다 피부의 자외선 저항력이 떨어진다는 영국 피부과학회의 연구 결과가 이를 뒷받침한다. 그리고 무엇보다 중요한 것은 자신감이다. 주름과 흰머리를 감추려고 하기보다 화장을 옅게 하고 흰머리를 세련된 스타일로 뽐내는 게 더 낫다.

① 흰머리를 검은색으로 염색하면 젊어 보인다.

② 꾸준히 운동하면 청년 같은 외모를 가질 수 있다.

③ 충분한 수면을 취하면 피부의 자외선 저항력이 높아진다.

④ 자신감을 가지고 과감하게 화장하면 주름이 잘 안 보인다.

33.

> 평소에 우리가 마시는 우유는 원유를 고온에 가열하여 살균 과정을 거친 것이다. 이때 살균 방법은 가열 온도에 따라 세 가지로 나뉜다. 63도에서 30분간 살균하는 '저온 살균법', 75도에서 15초간 살균하는 '저온 순간 살균법', 134도에서 2~3초간 살균하는 '초고온 처리법'이 있다. 다른 살균법을 사용했을 때 유통 기한이 5일 정도인 데 비해, 초고온 처리법으로 살균 처리한 우유는 한 달 이상 유통이 가능하다는 특징이 있다.

① 저온 순간 살균법이 가장 시간이 많이 걸린다.

② 저온 살균법으로 처리한 우유는 유통 기간이 길다.

③ 열처리를 한 우유는 살균 과정을 거쳐서 건강에 좋다.

④ 초고온 처리법은 가장 짧은 시간에 가장 높은 온도로 살균하는 방법이다.

34.

'사이비 과학'은 과학적이지 않은 것들에 '과학적'이라는 말이 붙는 경우를 뜻한다. 널리 알려진 '혈액형 심리학' 역시 이런 사이비 과학에 속한다. 혈액형과 상관관계가 전혀 없는 개인적 기질이나 성격을 혈액형과 연관시켜 설명하는 혈액형 심리학은 하나의 이론처럼 굳어져 버렸다. 어떤 통계적 결과치도 없고, 혈액형 심리학에서 설명하는 성격의 특성과 맞지 않는 사람들이 많음에도 불구하고 이러한 증거들은 무시되고 있다.

① 사이비 과학은 과학적인 현상을 설명한다.

② 혈액형 심리학은 통계적 수치로 증명된다.

③ 개인적인 기질이나 성격은 혈액형과 관계가 있다.

④ 비과학적이라는 증거가 있지만 사람들은 혈액형 심리학을 믿는다.

※ **[35~38] 다음을 읽고 글의 주제로 가장 알맞은 것을 고르십시오. (각 2점)**

35.

모든 전철역에 승강장 안전문이 설치되고 있다. 승객의 선로 추락 사고와 자살 사고가 잇따르자 이를 막기 위해 승강장 안전문 설치를 의무화했기 때문이다. 주의할 점은 화재 등 비상시 승객들의 원활한 탈출을 위해 승강장 안전문을 모두 수동으로 여닫을 수 있도록 설치해야 한다는 것이다. 안전을 위해 설치된 문이 자동으로만 개폐되어 위급할 때 승객들의 탈출에 오히려 방해가 된다면 설치를 안 한 것만 못한 결과를 낳을 것이다.

① 안전을 위해 모든 전철역에 안전문 설치를 의무화해야 한다.

② 안전문 작동을 엄격히 제한해야 승객들의 안전을 지킬 수 있다.

③ 승강장 안전문을 설치해야 비상시 승객의 탈출에 도움을 줄 수 있다.

④ 비상시 승객의 안전을 위해 안전문을 수동으로 작동할 수 있어야 한다.

36.

> 금연에 실패하는 사람들이 많은데, 금연 보조제를 쓰면 금연에 도움을 줄 수 있다. 금연 보조제로는 전자식 금연 보조제와 니코틴 패치, 금연 껌 등이 있다. 전자식 금연 보조제는 금연에 효과적이지만 다른 금연 보조제보다 경제적 부담이 비교적 크다. 니코틴 패치는 피부를 통해 몸속에 니코틴을 서서히 공급해 주는 금연 보조제다. 니코틴이 일정량 들어 있는 금연 껌은 니코틴 패치와 같이 체내 니코틴 농도를 유지해 주는 제품이다.

① 금연은 의지만 있으면 성공할 수 있다.

② 금연할 때 니코틴 패치는 경제적으로 부담이 적다.

③ 금연 시 금연 보조제의 도움을 받는 것이 효과적이다.

④ 금연을 결심했다면 금연 껌을 씹는 것이 가장 좋은 방법이다.

37.

> 그동안 일회용 비닐봉지 사용을 자제하자는 캠페인을 꾸준히 벌여 왔다. 이에 대해 비닐봉지 옹호론자들은 비닐봉지가 다른 대체재보다 낮은 비용으로 생산이 가능하며 재활용을 할 수 있어 환경에 그다지 유해하지 않다고 반박한다. 오히려 종이봉투가 생산과 수송에 많은 원유와 나무가 소비되어 환경에 해롭다고 말한다. 그러나 문제는 비닐봉지를 재활용하더라도 매년 자연 분해가 되지 않는 40억 장의 비닐봉지가 쓰레기로 버려진다는 것이다.

① 일회용 비닐봉지 사용을 자제하자.

② 비닐봉지 쓰레기를 재활용해야 한다.

③ 쓰레기를 잘 처리하여 환경을 보호하자.

④ 종이봉투보다 비닐봉지를 사용해야 한다.

38.

다이어트를 망치는 제일 나쁜 습관은 빨리 먹는 것이다. 식사 속도가 빠르면 과식과 폭식으로 이어지기 쉽다. 천천히 먹으면 많은 양을 먹지 않더라도 포만감을 느껴서 식사량을 줄일 수 있다. 하지만 너무 긴 시간 동안 식사하면 오히려 역효과가 난다. 오랜 시간 동안 음식을 섭취하면 얼마나 먹고 있는지 잘 알지 못해서 과식하고 있다는 사실을 눈치채지 못하기 때문이다. 그러므로 가급적 1시간 이내에 식사를 마치는 것이 좋다.

① 다이어트를 할 때는 조금씩 천천히 먹어야 한다.

② 다이어트를 할 때는 빠른 속도로 적은 양을 먹어야 한다.

③ 다이어트에 성공하기 위해서는 짧은 시간에 먹어야 한다.

④ 다이어트에 성공하기 위해서는 적당한 속도로 먹어야 한다.

※ [39~41] 주어진 문장이 들어갈 곳으로 가장 알맞은 것을 고르십시오. (각 2점)

39.

(㉠) 식감과 맛이 좋은 콩나물은 식욕이 없을 때 입맛이 돌게 해 주고 더위로 약해진 건강을 보충해 준다. (㉡) 콩나물에는 비타민 C가 풍부하게 들어 있기 때문이다. (㉢) 그리고 바이러스가 침입하는 것을 막아 주기도 하고, 면역력을 높여 주기도 한다. (㉣) 또한 동의보감에 따르면 콩나물은 '온몸이 무겁거나 아플 때 치료제로 쓰이고, 열을 제거하는 효과가 뛰어나다.'고 한다.

〈보 기〉

비타민 C는 피로를 푸는 데 도움을 줄 뿐만 아니라 감기와 빈혈 예방에도 좋다.

① ㉠　　② ㉡　　③ ㉢　　④ ㉣

40.

역사적인 인물 중에 소설이나 영화 속 주인공으로 등장한 사람이 많이 있다. (㉠) 그녀는 역사상 아름다운 외모와 뛰어난 재능 그리고 도전 정신을 두루 갖춘 여성으로 평가받는다. (㉡) 문학적, 음악적 재능을 갖춘 미인이었던 그녀는 낮은 신분에도 불구하고 당시의 지식인들과 대등하게 교류했다. (㉢) 특히 황진이가 남긴 시들은 '시인들이 꼽은 최고의 시'에 여러 편이 올라가 있을 정도로 작품성이 뛰어나다. (㉣)

〈보 기〉

그중에 황진이만큼 대중의 사랑을 듬뿍 받은 인물도 흔치 않을 것이다.

① ㉠　　② ㉡　　③ ㉢　　④ ㉣

41.

쌀은 한국인의 주식이자 세계적으로도 가장 중요한 곡물 중 하나다. (㉠) 지구의 환경 변화 때문에 올해 상반기 지구 기온이 사상 최고를 기록했다. (㉡) 기후 변화에 관한 주요 연구 결과에 따르면 지구 온도가 1도 상승할 때마다 쌀 수확량은 10% 감소하는 것으로 조사됐다. (㉢) 머지않아 쌀은 농업 역사에서 경험해 본 바 없는 적응 불가능한 기후에 맞닥뜨릴 것이다. (㉣) 우리는 책임감과 혜안을 가지고 쌀을 지키기 위해 노력해야 한다.

〈보 기〉

하지만 식량 안보에 있어 쌀 또한 위험에 처해 있다.

① ㉠　　② ㉡　　③ ㉢　　④ ㉣

※ [42~43] 다음을 읽고 물음에 답하십시오. (각 2점)

대구에서 서울로 올라오는 기차 안에서 생긴 일이다. 나와 마주 보는 자리에 어떤 남자가 앉아 있었다. 그는 옆에 앉은 여자에게 쉬지 않고 말을 붙였다. <u>팔짱을 낀 채 두 눈을 꼭 감고 이야기하고 싶지 않다는 신호를 노골적으로 나타내고 있음에도 불구하고 계속 말을 붙이는 것이다.</u> 계속 질문을 하고 스스로 대답하고 하다가 반응이 없자 이번에는 나에게로 눈길을 돌려 웃음을 보냈다. 나는 그의 시선을 피해 버렸다. 그는 잠깐 입을 다물고 멀거니 창밖을 내다보다가, 아무래도 말하지 않고는 못 참겠던지 문득 나에게로 향하며 경상도 억양으로 물었다.

"대구에는 무슨 일로 오셨습니까?"

"출장 왔다 돌아가는 길입니다."

나는 퉁명스럽게 대답했다.

"아, 그러세요? 저는 대구에서 살다가 미국으로 이민을 갔는데 15년 만에 와 보니 너무 많이 변했더라고요. 고향이 없어진 것 같아요."

나는 그의 말을 듣고 안쓰러운 마음이 들어 그를 향해 자리를 고쳐 앉으며 "만나고 싶은 사람은 만났습니까?" 하고 물었다.

현진건 〈고향〉

42. 밑줄 친 부분에 나타난 '남자'의 태도로 알맞은 것을 고르십시오.

① 가식적이다 ② 냉소적이다

③ 눈치가 없다 ④ 사려가 깊다

43. 윗글의 내용으로 알 수 있는 것을 고르십시오.

① 나는 대구로 출장 가는 길이다.

② 남자는 다른 사람과 이야기하고 싶어 한다.

③ 남자의 옆에 앉은 여자는 남자에게 관심을 보였다.

④ 나는 맞은편에 앉은 남자가 처음부터 마음에 들었다.

※ [44~45] 다음을 읽고 물음에 답하십시오. (각 2점)

산후 우울증은 말 그대로 (   ) 우울증이다. 많은 산모들이 출산 후에 일정 기간 동안 어느 정도 우울감을 느끼는데 이는 자연스러운 증상이다. 그러나 출산 후에 여성의 10~20% 정도는 산후 우울증은 겪는데, 이로 인해 신생아를 제대로 돌보지 못해 죽음에 이르게 하는 등 심각한 결과가 나타날 수 있다. 산후 우울증은 육아에 대한 두려움, 수면 시간 부족, 집안일 부담 등 다양한 원인에 의해 생길 수 있지만, 출산 후에 여성 호르몬이 급격하게 떨어지는 것이 근본적인 원인이다. 출산 후에 두통, 복통이나 식욕 저하 등이 생겼다면 산후 우울증이 아닌지 의심해 봐야 한다. 그리고 전문적인 치료도 필요하지만 가장 중요한 것은 가족들의 지지이다. 산모가 겪는 각종 부담을 덜어 주고 기분 변화를 이해해 주며 가족이 함께 해결해 나가야 한다.

44. (   )에 들어갈 말로 가장 알맞은 것을 고르십시오.

① 임신 후에 겪는

② 출산한 다음에 겪는

③ 임신이 안 될 때 겪는

④ 출산을 계획할 때 겪는

45. 윗글의 주제로 가장 알맞은 것을 고르십시오.

① 산후 우울증은 가족이 함께 노력해야 극복할 수 있다.

② 산후 우울증은 모든 산모들이 겪는 아주 심각한 병이다.

③ 산후 우울증을 치료하기 위해서는 전문적인 치료를 받아야 한다.

④ 산후 우울증은 신생아에게 해를 끼칠 수 있는 심각한 사회 문제이다.

※ [46~47] 다음을 읽고 물음에 답하십시오. (각 2점)

화성 표면에 물이 흐른 흔적이 발견되면서 화성에 생명체가 살고 있을지도 모른다는 기대가 커진 가운데, 이러한 탐사 과정에서 생기는 화성의 오염을 방지하는 방법이 새로운 문제가 되었다. 화성 탐사선에 실려 화성에 도착한 지구 물질들이 화성을 오염시킬 수 있다는 문제점이 제기되었기 때문이다. 하지만 이러한 오염을 방지하는 규정은 이미 존재한다. 국제기구인 국제우주공간연구회는 이미 1967년에 '행성 보호'라고 불리는 규정을 제정했다. 다른 행성에 사는 생명체를 탐사하는 것은 중요한 일이지만, 그 행성을 오염시키지 않는 것이 무엇보다 중요하기 때문이다. 규정대로 생명체를 찾는 착륙선을 깨끗하게 유지해서 탐사체가 다른 행성을 오염시키지 않도록 주의해야 할 것이다.

46. 윗글에 나타난 필자의 태도로 가장 알맞은 것을 고르십시오.

① 탐사체가 다른 행성을 오염시킬까 봐 걱정하고 있다.

② 지구 물질이 화성 오염에 미치는 영향을 설명하고 있다.

③ 행성 보호 규정을 어떤 단체가, 언제 제정했는지 밝히고 있다.

④ 탐사체가 발견한 화성과 지구 표면 물질을 비교·분석하고 있다.

47. 윗글의 내용과 같은 것을 고르십시오.

① 화성에 생명체가 살고 있다는 증거가 발견되었다.

② 화성이 지구 물질로 인해 오염되어 문제가 되고 있다.

③ 국제 사회는 다른 행성을 오염시키지 않기 위해 노력하고 있다.

④ 국제 사회는 다른 행성의 오염을 막는 규정을 제정하려고 한다.

※ [48~50] 다음을 읽고 물음에 답하십시오. (각 2점)

임금 피크제는 근로자의 계속 고용을 위해, 노사 간 합의를 통하여 일정 연령을 기준으로 임금을 조정하고 소정의 기간 동안 고용을 보장하는 제도이다. 다시 말해, 일정 연령이 된 근로자의 임금을 삭감하는 대신 정년까지 고용을 보장함으로써 고용을 유지하고, 임금을 삭감한 만큼 새로운 사람을 뽑을 수 있기 때문에 새 일자리를 창출하는 것이다. 임금 피크제를 찬성하는 사람들은 기업 입장에서는 인건비를 줄이고, 근로자 입장에서는 (   ) 장점이 있다고 말한다. 삭감되는 임금의 상당액을 청년 채용에 투자해서 청년 취업률 상승에 도움을 줄 수 있다는 것이다. 하지만 임금 피크제가 오히려 숙련된 노동자의 노동력을 저임금으로 착취하는 제도로 악용될 우려가 있다고 본다. 나이를 이유로 임금을 삭감하는 것은 부당하다. 또한 정년이 늦어지면서 퇴직자가 감소하게 되면 결국 신규 채용을 어렵게 할 것이다. 삭감된 임금이 과연 신규 채용으로 이어질지도 의문이다.

48. 윗글을 쓴 목적으로 가장 알맞은 것을 고르십시오.

① 임금 피크제에 대해 알려 주기 위해서

② 임금 피크제의 단점을 지적하기 위해서

③ 임금 피크제의 필요성을 주장하기 위해서

④ 임금 피크제의 효용성을 강조하기 위해서

49. (   )에 들어갈 말로 가장 알맞은 것을 고르십시오.

① 임금이 올라가는

② 퇴직자가 증가하는

③ 고용 기간이 늘어나는

④ 청년 취업률이 하락하는

50. 윗글의 내용과 같은 것을 고르십시오.

① 임금 피크제는 기업에서 일방적으로 제안한 제도이다.

② 임금 피크제로 인해 정년 이후에도 같은 임금으로 일할 수 있다.

③ 임금 피크제로 인해 정년이 늦어지면서 청년 실업률 상승에 도움이 된다.

④ 임금 피크제로 인해 줄어든 임금을 신규 채용을 위해 사용하는지 의문이다.

제3회 FINAL 실전 모의고사

实战模拟考试 第3套

TOPIK Ⅱ

1교시	듣기, 쓰기

수험번호 (Registration No.)		
이 름 (Name)	한국어 (Korean)	
	영 어 (English)	

유 의 사 항
Information

1. 시험 시작 지시가 있을 때까지 문제를 풀지 마십시오.

   Do not open the booklet until you are allowed to start.

2. 수험번호와 이름을 정확하게 적어 주십시오.

   Write your name and registration number on the answer sheet.

3. 답안지를 구기거나 훼손하지 마십시오.

   Do not fold the answer sheet; keep it clean.

4. 답안지의 이름, 수험번호 및 정답의 기입은 배부된 펜을 사용하여 주십시오.

   Use the given pen only.

5. 정답은 답안지에 정확하게 표시하여 주십시오.

   Mark your answer accurately and clearly on the answer sheet.

   marking example | ① ● ③ ④ |

6. 문제를 읽을 때에는 소리가 나지 않도록 하십시오.

   Keep quiet while answering the questions.

7. 질문이 있을 때에는 손을 들고 감독관이 올 때까지 기다려 주십시오.

   When you have any questions, please raise your hand.

TOPIK Ⅱ 듣기(1번~50번)

※ [1~3] 다음을 듣고 가장 알맞은 그림 또는 그래프를 고르십시오. (각 2점)

1. ① 

② 

③ 

④ 

2. ① 

② 

③ 

④ 

3. ①

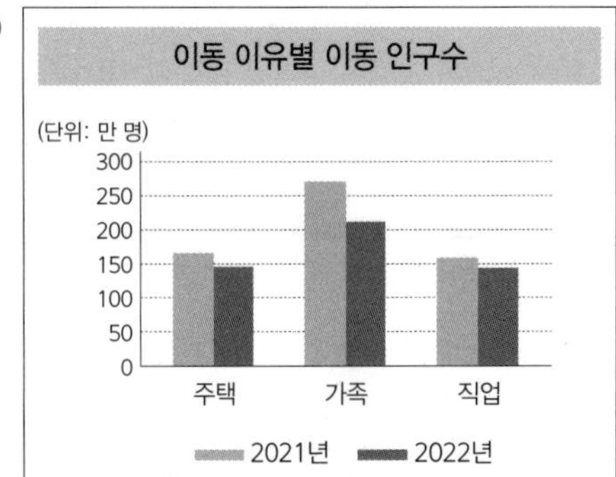

②

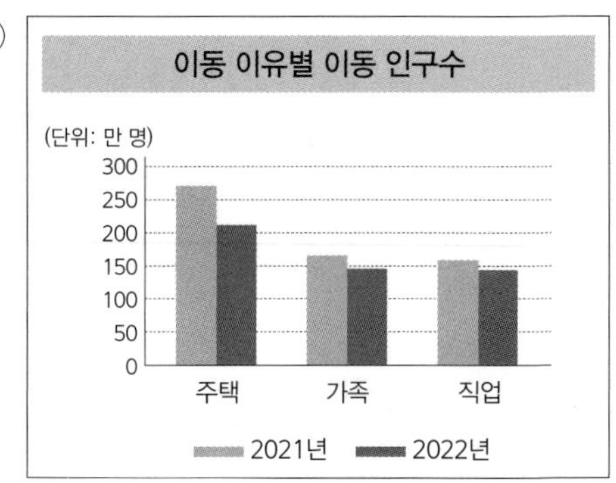

③

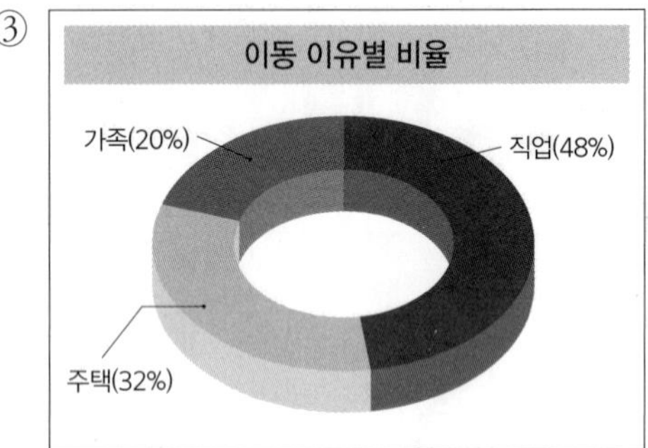

④

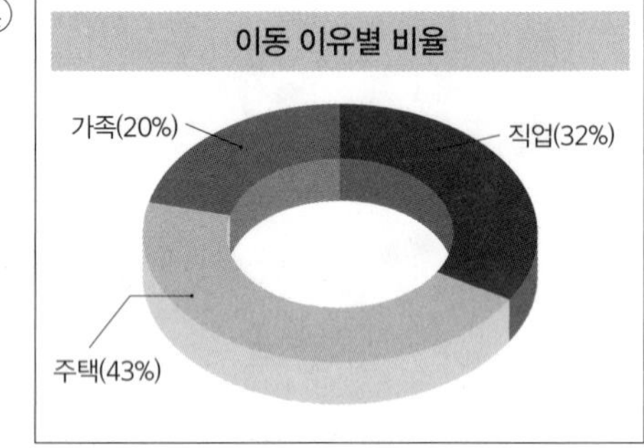

※ [4~8] 다음을 듣고 이어질 수 있는 말로 가장 알맞은 것을 고르십시오. (각 2점)

4. ① 나갈 때 마스크를 사야겠어요.
② 오늘 외출을 안 해서 다행이에요.
③ 목이 아프니까 마스크를 쓰려고요.
④ 일기 예보를 잘 확인하도록 하세요.

5. ① 더 싸게 파는 곳을 찾았거든.
② 싸고 편리해서 좋은 것 같아.
③ 환불하는 방법이 너무 어렵더라고.
④ 먼저 신청하는 게 더 좋을 것 같아서.

6. ① 활동이 많이 있어서 좋았어요.
② 동아리에 가입해서 정말 좋아요.
③ 봉사 활동을 어디로 갈지 정해요.
④ 다른 혜택에 대해서 더 알고 싶어요.

7. ① 다른 저축 상품에 가입했어요.
② 이자가 높아서 마음에 들어요.
③ 저축해 봤더니 이자가 높더라고요.
④ 직장인들도 많이 사용하면 좋겠어요.

8. ① 설거지를 할 때 장갑이 필요해요.
② 맨손으로 설거지를 할 걸 그랬어요.
③ 설거지를 할 때 맨손이 더 편리하겠군요.
④ 앞으로 꼭 장갑을 끼고 설거지를 해야겠어요.

※ **[9~12] 다음을 듣고 <u>여자</u>가 이어서 할 행동으로 가장 알맞은 것을 고르십시오.** (각 2점)

9. ① 작가에게 전화를 한다.
② 책을 보러 서점에 간다.
③ 인터뷰 장소를 알아본다.
④ 작가에게 이메일을 보낸다.

10. ① 서류에 변경 내용을 적는다.
② 김민수 씨와 날짜를 바꾼다.
③ 부장님에게 휴가 서류를 낸다.
④ 휴가 날짜를 바꿀 사원을 찾는다.

11. ① 남자에게 연락을 한다.
② 남자와 함께 식당에 간다.
③ 식당에 예약 확인을 한다.
④ 식당에 예약 전화를 한다.

12. ① 2시가 되기를 기다린다.
② 공부방 이용 신청서를 쓴다.
③ 신청서에 생년월일을 적는다.
④ 친구들에게 생년월일을 물어본다.

※ **[13~16] 다음을 듣고 들은 내용과 같은 것을 고르십시오. (각 2점)**

13. ① 캠핑장은 이번 주말에 처음 연다.
② 남자는 전에 캠핑장에 가 본 적이 있다.
③ 주말에 캠핑장 당일 신청은 불가능하다.
④ 새로 생긴 캠핑장에는 음식이 준비되어 있다.

14. ① 학생들은 읽기 평가를 먼저 본다.
② 모의시험은 한 시간 동안 진행된다.
③ 시험 도중에는 화장실에 갈 수 없다.
④ 모의시험 중간에는 쉬는 시간이 없다.

15. ① 이 콘서트는 작년에 인기가 많았다.
② 지난번 콘서트는 서울에서만 열렸다.
③ 콘서트 시간이 지난번보다 길어졌다.
④ 콘서트 표는 인터넷에서만 살 수 있다.

16. ① 양심 계산내는 국내에 한 곳밖에 없다.
② 양심 계산대에는 종업원이 한 명도 없다.
③ 카페는 가난한 어린이들이 이용할 수 있다.
④ 원래 커피값보다 많이 내는 손님이 더 많다.

※ **[17~20] 다음을 듣고 남자의 중심 생각으로 가장 알맞은 것을 고르십시오.** (각 2점)

17. ① 각자 돈을 내는 것과 친한 것과는 관계없다.
② 각자 먹은 음식값은 각자 계산하는 것이 좋다.
③ 사랑하는 사람에게는 돈을 아끼지 말아야 한다.
④ 데이트를 할 때에는 남자가 비용을 내는 게 좋다.

18. ① 중고 노트북을 사는 것은 좋지 않다.
② 신제품은 가격이 비쌀 때 사야 한다.
③ 새로 나온 제품을 먼저 쓰는 것이 좋다.
④ 신제품을 중고로 팔아야 돈을 벌 수 있다.

19. ① 화장을 안 한 청소년이 더 예쁘다.
② 청소년 때는 화장을 안 하는 게 좋다.
③ 화장품은 비싼 화장품을 사용해야 한다.
④ 연예인 때문에 청소년들이 화장을 한다.

20. ① 어렸을 때는 운동을 해야 한다.
② 운동과 공부는 동시에 하기 힘들다.
③ 은퇴 후의 계획을 미리 생각해야 한다.
④ 훈련이 끝난 후에 공부를 하는 게 좋다.

※ [21~22] **다음을 듣고 물음에 답하십시오.** (각 2점)

21. 남자의 중심 생각으로 가장 알맞은 것을 고르십시오.
   ① 전자책은 종이 책보다 편리한 편이다.
   ② 무거운 책을 가지고 다니는 것은 좋지 않다.
   ③ 책을 읽다가 느낀 점은 바로 책에 적어야 한다.
   ④ 종이 책을 읽어야 제대로 책을 읽은 느낌이 든다.

22. 들은 내용과 같은 것을 고르십시오.
   ① 남자는 전자책에 대해 부정적이다.
   ② 전자책은 종이 책보다 비싼 편이다.
   ③ 여자는 스마트폰으로 책을 읽고 있다.
   ④ 남자는 전자책과 종이 책을 모두 읽는다.

※ [23~24] **다음을 듣고 물음에 답하십시오.** (각 2점)

23. 남자가 무엇을 하고 있는지 맞는 것을 고르십시오.
   ① 여자의 업무 능력을 평가하고 있다.
   ② 업무 평가 제도에 대해서 설명하고 있다.
   ③ 업무 평가의 중요성에 대해 알려 주고 있다.
   ④ 업무 평가 제도에 대한 장점을 소개하고 있다.

24. 들은 내용과 같은 것을 고르십시오.
   ① 업무 평가는 익명으로 진행된다.
   ② 업무 평가는 동료 사원들끼리 한다.
   ③ 부하 직원은 상사를 평가할 수 없다.
   ④ 업무 평가제는 이번에 처음 시행된다.

※ [25~26] 다음을 듣고 물음에 답하십시오. (각 2점)

25. 남자의 중심 생각으로 가장 알맞은 것을 고르십시오.

① 다문화 센터의 한국어 강의를 더욱 늘려야 한다.

② 직접 가정으로 방문하여 한국어를 가르쳐 줘야 한다.

③ 결혼 이주민 여성들은 센터에 방문할 시간이 없는 편이다.

④ 결혼 이주민 여성들의 가장 큰 문제는 아이 돌봄 서비스이다.

26. 들은 내용과 같은 것을 고르십시오.

① 다문화 센터에는 원래 한국어 강의가 없었다.

② 결혼 이주민 여성들은 강의에 잘 참여하는 편이다.

③ 결혼 이주민 여성들은 주로 집안일 때문에 외출이 어렵다.

④ 남자가 직접 이주민 여성들의 가정으로 가서 한국어를 가르친다.

※ [27~28] 다음을 듣고 물음에 답하십시오. (각 2점)

27. 남자가 말하는 의도로 알맞은 것을 고르십시오.

① 최근의 소비 현상을 비판하기 위해

② 제품 구매에 대한 조언을 얻기 위해

③ 신제품에 대한 정보를 제공하기 위해

④ 스마트 시계의 사용 방법을 알려 주기 위해

28. 들은 내용과 같은 것을 고르십시오

① 남자는 신제품에 별로 관심이 없다.

② 여자는 최근 스마트 시계를 구입했다.

③ 남자는 스마트 시계를 사고 싶은 마음이 있다.

④ 여자는 텔레비전 광고에서 스마트 시계를 봤다.

※ [29~30] 다음을 듣고 물음에 답하십시오. (각 2점)

29. 남자가 누구인지 고르십시오.

① 소설가

② 웹툰 작가

③ 웹툰 피디(PD)

④ 웹툰 사이트 개발자

30. 들은 내용과 같은 것을 고르십시오.

① 기존 출판 만화보다 웹툰을 보는 독자가 더 많다.

② 웹툰에는 정기적으로 독자들과 소통하는 날이 있다.

③ 웹툰은 정해진 요일에 만화를 완성해서 올려야 한다.

④ 남자는 전체 이야기의 흐름을 계획하지 않고 작업한다.

※ [31~32] 다음을 듣고 물음에 답하십시오. (각 2점)

31. 남자의 중심 생각으로 가장 알맞은 것을 고르십시오.

① 국가가 나서서 개인의 결혼을 도와야 한다.

② 결혼을 하는 사람들이 세금을 더 내야 한다.

③ 국가가 개인의 의사 결정권을 침해하면 안 된다.

④ 싱글세 도입으로 사람들이 결혼을 많이 할 것이다.

32. 남자의 태도로 가장 알맞은 것을 고르십시오.

① 구체적인 근거를 대며 동의를 구하고 있다.

② 비교를 통해서 차이점을 분명하게 나타내고 있다.

③ 예상되는 문제를 말하며 해결책을 제시하고 있다.

④ 미래에 일어날 일에 대해 예상하며 반박하고 있다.

※ [33~34] 다음을 듣고 물음에 답하십시오. (각 2점)

33. 무엇에 대한 내용인지 알맞은 것을 고르십시오.

① 잘못된 저축 습관의 문제점

② 경기 침체를 불러일으키는 이유

③ 운동 경기장에서 지켜야 할 예절

④ 경제 분야에서 구성의 모순 사례

34. 들은 내용과 같은 것을 고르십시오.

① 개인에게 바람직한 일은 모두에게도 좋다.

② 국민들이 소비를 하지 않으면 저축이 늘어난다.

③ 모든 국민이 저축을 많이 할 때 구성의 모순이 나타난다.

④ 미래의 소득이 늘어나는 것은 모두에게 바람직하지 않다.

※ [35~36] 다음을 듣고 물음에 답하십시오. (각 2점)

35. 남자가 무엇을 하고 있는지 고르십시오.

① 한국그룹의 방송 후원 의견을 조사하고 있다.

② 한국그룹의 사회적 공헌 활동에 대해 설명하고 있다.

③ 방송 프로그램 후원에 관련된 자료를 분석하고 있다.

④ 방송 프로그램 후원에 필요한 비용을 파악하고 있다.

36. 들은 내용과 같은 것을 고르십시오.

① 방송은 유명인에 관한 내용을 다룬다.

② 방송은 기업들을 위한 광고를 만들었다.

③ 한국그룹은 방송을 통한 홍보를 중시한다.

④ 방송 후원은 한국그룹의 첫 공헌 활동이다.

※ [37~38] 다음을 듣고 물음에 답하십시오. (각 2점)

37. 여자의 중심 생각으로 가장 알맞은 것을 고르십시오.

① 앞으로 자원 재생 연구가 더 중요해질 것이다.

② 오염된 물을 식수로 만드는 과정은 쉽지 않다.

③ 식수가 오염되면 많은 사람들이 병에 걸릴 수 있다.

④ 상하수도 시설을 통해 도시인들의 건강을 지킬 수 있다.

38. 들은 내용과 같은 것을 고르십시오.

① 상수도는 시민들이 사용한 더러운 물을 처리한다.

② 많은 사람들이 하수도에 오염된 물을 버리고 있다.

③ 상하수도 시설이 잘된 도시는 병이 생기지 않는다.

④ 상하수도 연구소 활동은 환경 보전과도 관련이 있다.

※ [39~40] 다음을 듣고 물음에 답하십시오. (각 2점)

39. 이 대화 전의 내용으로 가장 알맞은 것을 고르십시오.

① 다른 곳에서 영화감독을 하다가 포기했다.

② 올림픽 공연을 꿈꾸며 무대 연출을 배웠다.

③ 올림픽 공연 총감독에 도전했으나 매번 떨어졌다.

④ 그동안 올림픽 개·폐회식 공연 감독직을 거절했다.

40. 들은 내용과 같은 것을 고르십시오.

① 여자는 이번 사회적인 공헌 활동이 처음이다.

② 여자는 그동안 자신의 일에 만족하지 못했었다.

③ 여자는 풍부한 공연 예술 경험을 살려 일하고 있다.

④ 여자는 올림픽 공연 총감독을 하려고 영화감독을 그만두었다.

※ [41~42] **다음을 듣고 물음에 답하십시오.** (각 2점)

41. 이 강연의 중심 내용으로 가장 알맞은 것을 고르십시오.

① '작은 웨딩'을 하는 젊은이들이 더 많이 늘어나야 한다.

② 결혼식에는 소수의 지인들만 참석하는 것이 가장 좋다.

③ 다른 사람에게 보여 주기 위한 화려한 결혼식은 좋지 않다.

④ 남의 시선보다 자신의 만족을 중시하는 것은 좋은 현상이다.

42. 들은 내용과 같은 것을 고르십시오.

① 한국의 '겉치레' 문화는 최근에 자리잡았다.

② 한국에서는 결혼식에 쓰이는 비용이 적은 편이다.

③ 최근에는 작은 웨딩에 대한 인식이 긍정적인 방향으로 바뀌었다.

④ 한국의 결혼식은 결혼하는 두 사람의 정성을 보여 주는 행사이다.

※ [43~44] **다음을 듣고 물음에 답하십시오.** (각 2점)

43. 무엇에 대한 내용인지 알맞은 것을 고르십시오.

① 미량 영양소는 신체 발달에 도움을 준다.

② 비타민 B군이 많을수록 에너지가 많아진다.

③ 신체 성장을 위해서 비타민을 섭취해야 한다.

④ 미량 영양소인 비타민은 사람에게 꼭 필요하다.

44. 비타민을 미량 영양소라고 부르는 이유로 맞는 것을 고르십시오.

① 인간이 에너지를 만들 확률이 낮아서

② 인간은 스스로 영양소를 만들 수 없어서

③ 적은 양이지만 필수적인 요소이기 때문에

④ 부족한 영양소를 음식으로 섭취하기 때문에

※ [45~46] 다음을 듣고 물음에 답하십시오. (각 2점)

45. 들은 내용과 같은 것을 고르십시오.

① 수증기가 많아질수록 지구의 기후가 높아진다.

② 태양의 운동은 지구의 기후를 바꾸는 역할을 한다.

③ 음식을 조리할 때 배출되는 이산화탄소가 가장 적다.

④ 대기에서 온실 효과를 일으키는 것은 이산화탄소이다.

46. 여자의 태도로 알맞은 것을 고르십시오.

① 온실 효과를 예방을 위해 협조를 요청하고 있다.

② 기후의 변화가 가져오는 문제점에 대해 경고하고 있다.

③ 인간의 활동과 기후 변화의 상관관계를 설명하고 있다.

④ 기후 변화의 원인 분석이 우선되어야 함을 주장하고 있다.

※ [47~48] 다음을 듣고 물음에 답하십시오. (각 2점)

47. 들은 내용과 같은 것을 고르십시오.

① 옛 문헌에서 알 수 있는 정보는 한계가 있다.

② 양반이 아닌 일반 대중들이 쓴 편지가 존재한다.

③ 출간 연대가 오래될수록 가치 있고 귀한 책이다.

④ 옛날에 주고받았던 편지는 현재 흔히 볼 수 있다.

48. 남자의 태도로 알맞은 것을 고르십시오.

① 역사적인 고증을 위해 편지 발굴을 촉구하고 있다.

② 옛 편지글 연구가 나아갈 새로운 방향을 제시하고 있다.

③ 옛 편지글의 가치를 설명하며 연구의 의의를 강조하고 있다.

④ 옛 편지글의 자료를 근거로 연구의 신뢰성을 증명하고 있다.

※ [49~50] 다음을 듣고 물음에 답하십시오. (각 2점)

49. 들은 내용과 같은 것을 고르십시오.

① 한국의 출산율은 결혼 비율과 밀접한 관련이 없다.

② 조사에 따르면 국민의 46.8%가 결혼을 해야 한다고 답했다.

③ 부모님의 도움 없이 결혼하려면 평균적으로 30대 후반이 되어야 한다.

④ 청년들이 결혼을 늦추거나 하지 않는 데에는 물리적인 한계만 존재한다.

50. 남자의 태도로 알맞은 것을 고르십시오.

① 지금까지의 결혼 정책의 결과를 분석하며 반성하고 있다.

② 최근의 과도한 결혼 비용 문제를 설명하며 비판하고 있다.

③ 출산율과 결혼 비율에 상관관계가 있음을 증거를 바탕으로 주장하고 있다.

④ 청년들이 결혼을 늦추거나 포기하는 현상의 원인을 조사 결과로 설명하고 있다.

TOPIK Ⅱ 쓰기(51번~54번)

※ [51~52] 다음 글의 ㉠과 ㉡에 알맞은 말을 각각 쓰시오. (각 10점)

51.

색: 흰색

성별: 남

생년월일: 2023년 1월 1일

몸무게: 1kg

전화번호: 010-2345-9876

이름: 김강희

♥강아지 기르실 분♥

제가 기르는 강아지가 새끼를 일곱 마리 낳았습니다. 집이 좁아서 일곱 마리와 함께 살 수 없기 때문에 (　　　㉠　　　). 얼굴이 잘생겼으며, 털이 짧고 귀여운 강아지입니다. 성격이 (　　　㉡　　　). 함께 지내는 데 어려움이 없을 것입니다. 특히 외로우신 분에게 좋은 친구가 될 것입니다. 끝까지 책임감을 가지고 강아지와 함께 살 수 있으신 분은 연락 주십시오.

52.

행복의 기준은 사람마다 다르지만 삶의 균형은 행복의 중요한 요소이다. 자신의 일 때문에 가족과 함께하는 시간을 줄이고, 현재 자신이 가진 것에 만족하기보다 가지지 못한 것을 욕심내면 (　　　㉠　　　). 이러한 삶의 불균형은 우리에게 우울함과 분노를 가져오기 쉽다. 그러므로 (　　　㉡　　　).

53. 다음은 한국 청소년의 인터넷 이용에 대한 자료이다. 이 내용을 200~300자의 글로 쓰시오. 단, 글의 제목은 쓰지 마시오. (30점)

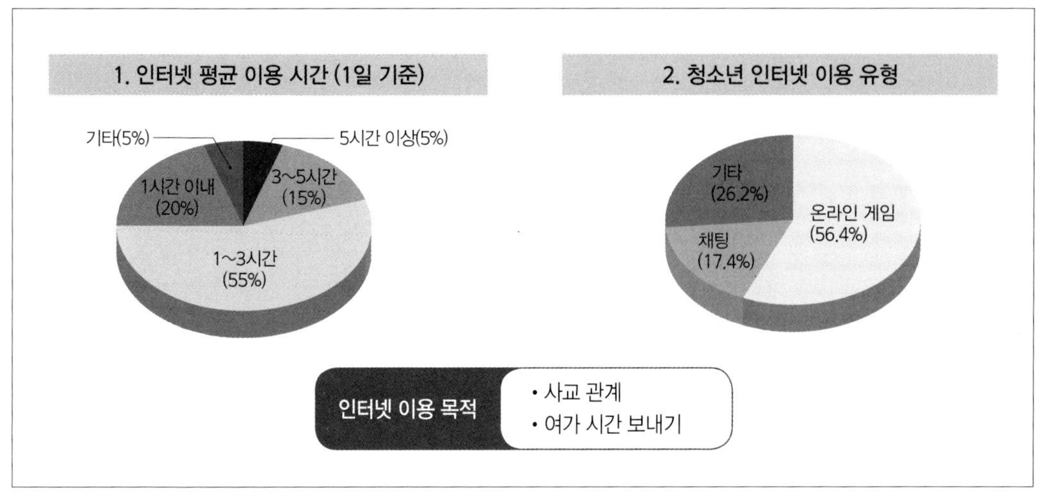

54. 다음을 참고하여 600~700자로 글을 쓰시오. 단, 문제를 그대로 옮겨 쓰지 마시오. (50점)

현대 사회는 65세 이상인 고령자의 비율이 빠르게 늘어나고 있습니다. 이러한 고령화 현상은 경제적, 사회적 측면에서 많은 문제점을 야기하게 된다. 아래의 내용을 중심으로 고령화 현상에 대한 자신의 의견을 쓰라.

- 고령화란 무엇인가?
- 고령화 현상이 사회에 미치는 문제점은 무엇인가?
- 이러한 문제점을 해결하기 위해 어떤 노력이 필요한가?

* 원고지 쓰기의 예

	머	리	는		언	제		감	는		것	이		좋	을	까	?		사
람	들	은		보	통		아	침	에		머	리	를		감	는	다	.	그

제1교시 듣기, 쓰기 시험이 끝났습니다. 제2교시는 읽기 시험입니다.

제3회 FINAL 실전 모의고사

实战模拟考试 第3套

TOPIK Ⅱ

2교시	읽기

수험번호 (Registration No.)		
이 름 (Name)	한국어 (Korean)	
	영 어 (English)	

유 의 사 항
Information

1. 시험 시작 지시가 있을 때까지 문제를 풀지 마십시오.

   Do not open the booklet until you are allowed to start.

2. 수험번호와 이름을 정확하게 적어 주십시오.

   Write your name and registration number on the answer sheet.

3. 답안지를 구기거나 훼손하지 마십시오.

   Do not fold the answer sheet; keep it clean.

4. 답안지의 이름, 수험번호 및 정답의 기입은 배부된 펜을 사용하여 주십시오.

   Use the given pen only.

5. 정답은 답안지에 정확하게 표시하여 주십시오.

   Mark your answer accurately and clearly on the answer sheet.

6. 문제를 읽을 때에는 소리가 나지 않도록 하십시오.

   Keep quiet while answering the questions.

7. 질문이 있을 때에는 손을 들고 감독관이 올 때까지 기다려 주십시오.

   When you have any questions, please raise your hand.

TOPIK Ⅱ 읽기(1번~50번)

※ [1~2] (   )에 들어갈 말로 가장 알맞은 것을 고르십시오. (각 2점)

1. 올해는 과일 생산량이 (   ) 대체적으로 과일 가격이 내렸다.

① 는다면 ② 늘어야

③ 는다거나 ④ 늘어서인지

2. 의사는 위염 환자에게 식사량을 (   ).

① 조절하게 했다 ② 조절한다고 한다

③ 조절하려고 했다 ④ 조절하게 되었다

※ [3~4] 밑줄 친 부분과 의미가 가장 비슷한 것을 고르십시오. (각 2점)

3. 꽃병에 개나리 꽃을 <u>꽂아다가</u> 책상 위에 놓으니 봄이 온 것 같다.

① 꽂을 뿐 ② 꽂았기에

③ 꽂아 가지고 ④ 꽂은 바람에

4. 정부의 노력에도 불구하고 국가의 경제 상황이 나아지지 않는 것이 <u>안타까울 따름이다</u>.

① 안타까울 뿐이다 ② 안타까울 수 있다

③ 안타까울 정도이다 ④ 안타까울 리가 없다

※ [5~8] 다음은 무엇에 대한 글인지 고르십시오. (각 2점)

5.

상큼한 그녀 향기의 비결!
건강하게 빛나는 풍성한 머릿결!

① 향수 ② 샴푸 ③ 비누 ④ 화장품

6.

특급 교통망! 쾌적한 자연환경!
단지 내 독서실 완비, 최고의 주거 조건

① 호텔 ② 콘도 ③ 아파트 ④ 리조트

7.

한 장이 아닙니다. 두 장입니다.
뒷면도 앞면과 똑같습니다.

① 돈 절약하기 ② 책 물려주기 ③ 쓰레기 줄이기 ④ 종이 아껴 쓰기

8.

• 화상을 입었을 때 찬물로 식혀 준 후 병원으로 가세요.
• 눈에 먼지가 들어갔을 때 깨끗한 물로 씻어 주세요.

① 진찰 ② 치료 ③ 민간요법 ④ 응급 처치

※ [9~12] 다음 글 또는 그래프의 내용과 같은 것을 고르십시오. (각 2점)

9.

희망의 전화 129

– 수어 상담 서비스 이용 안내 –

■ **서비스 내용:** 전문 수어 상담사가 화면을 통해 고민을 상담해 줍니다.

■ **이용 시간:** 평일 오전 9시 ~ 오후 6시

■ **신청 방법:**

– 보건 복지 상담 센터 접속(www.129.go.kr)에서 신청

– 인터넷 신청이 어려운 경우: 070-7947-3745, 6

(인터넷과 영상 전화기가 필요합니다.)

① 이것은 수어를 가르쳐 주는 서비스이다.

② 이 서비스는 인터넷으로만 신청 가능하다.

③ 이 서비스를 신청하려면 129로 전화하면 된다.

④ 이것은 화상 통화로 상담을 해 주는 서비스이다.

10.

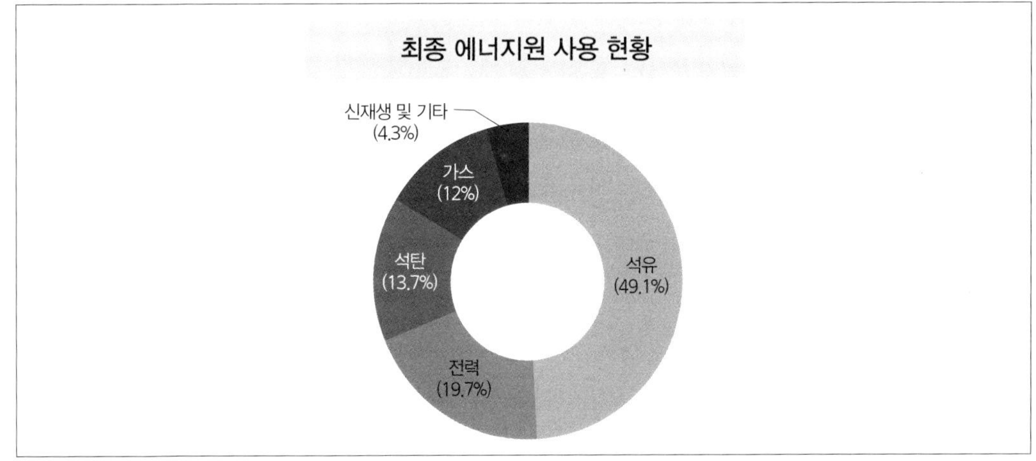

① 전력이 가장 많이 사용되고 있다.

② 석탄과 가스의 사용량은 격차가 크다.

③ 전력, 석탄, 가스 사용량을 합한 것보다 석유 사용량이 더 많다.

④ 신재생 및 기타 에너지보다 가스가 더 낮은 비율을 차지하고 있다.

11.

지난해 금융 채무 불이행자는 총 74만 7,299명으로 조사되었다. 연령대로 나눠 보면 20대가 8만 2,327명, 30대가 13만 1,757명, 40대가 18만 8,843명, 50대가 19만 1,531명, 60대 이상이 15만 2,841명이었다. 그중에서 20대 채무 불이행자 중 500만 원 이하 대출자가 41.8%로 가장 많았으며, 이들이 대출을 받은 주된 이유는 생계비 마련 때문이었다.

① 금융 채무 불이행자의 숫자는 30대가 가장 많았다.
② 전체 연령에서 대출을 받은 주된 이유는 주택 구입 때문이었다.
③ 20대 채무 불이행자 10명 중 4명은 500만 원 이하의 소액을 대출했다.
④ 20대 채무 불이행자가 대출을 받은 주된 이유는 학자금 마련 때문이었다.

12.

전자책 시장의 성장에 따라 한 달 단위로 필요한 만큼 책을 빌려볼 수 있는 '전자책 구독형 서비스'가 인기이며, 전자책 도서관도 다양하게 운영되고 있다. 통계에 따르면 전자책 독서율이 성인 19%, 학생 49.1%로 조사되었는데, 2년 전에 비해 성인은 2.5%, 학생은 11.9% 증가하였다. 학생과 20대 청년층을 중심으로 전자책으로 독서하는 습관이 자리 잡았음을 알 수 있다.

① 전자책은 대여가 불가능하다.
② 서점에서 책을 사는 사람들이 늘고 있다.
③ 전자책 독서율은 성인은 11.9%, 학생은 2.5% 증가했다.
④ 젊은 층을 중심으로 전자책 독서 습관이 자리 잡았음을 알 수 있다.

※ [13~15] 다음을 순서에 맞게 배열한 것을 고르십시오. (각 2점)

13.

> (가) 그런데 실학자들이 등장하면서 이러한 시각이 바뀌었다.
> (나) 조선 시대에는 사람들이 어업은 등한시하고 농업을 중요시했다.
> (다) 특히 대표적인 실학자 정약전이 지은 '자산어보'는 사람들의 관심을 바다로 돌리기에 충분했다.
> (라) 해양 생물 155종을 기록한 이 책은 당시 세계적으로 보기 드문 과학적 탐구 방법을 보여 주고 있다.

① (나)-(가)-(다)-(라) ② (나)-(가)-(라)-(다)
③ (라)-(가)-(나)-(다) ④ (라)-(다)-(나)-(가)

14.

> (가) 설탕 과다 섭취는 한국도 예외가 아니다.
> (나) 탄수화물 섭취량이 많은 한국인에게 설탕은 소금만큼 위험하다.
> (다) 꽤 많아 보이는 양이지만 이는 콜라 한 병만 마셔도 섭취하게 되는 양이다.
> (라) 미국 보건 당국이 하루 설탕 섭취량을 200kcal 이내로 제한하라고 권고했다.

① (가)-(나)-(라)-(다) ② (가)-(다)-(라)-(나)
③ (라)-(나)-(가)-(다) ④ (라)-(다)-(가)-(나)

15.

> (가) 화장품 회사들이 요즘 다른 분야와의 협동에 열심이다.
> (나) 화장품 케이스의 디자인으로 그들의 관심을 끌려는 것이다.
> (다) 이는 디자인에 관심이 많은 여성들의 마음을 얻기 위해 선택한 전략이다.
> (라) 패션, 영화, 애니메이션 등 대중 예술 아티스트들과 손잡는 회사들이 늘고 있다.

① (가)-(나)-(라)-(다) ② (가)-(라)-(다)-(나)
③ (나)-(가)-(다)-(라) ④ (나)-(다)-(라)-(가)

※ [16~18] ( )에 들어갈 말로 가장 알맞은 것을 고르십시오. (각 2점)

16.

'퇴고'란 글을 다 쓴 다음 글을 다시 확인하여 잘못된 곳을 고치고, 부족한 곳을 더 낫게 다듬는 일을 말한다. 퇴고를 얼마나 잘하느냐에 따라서 ( ). 따라서 글을 쓴 후에는 꼭 다시 읽어 보면서 주제와 소재의 명확성, 내용의 정확성, 문법과 맞춤법 등을 확인하는 것이 좋다.

① 글이 길어지기도 한다

② 글의 완성도가 달라진다

③ 주제가 생기기도 하고 없어지기도 한다

④ 소재가 바뀌기도 하고 내용이 변하기도 한다

17.

영화배우나 가수 등 연예인이 아닌 이웃 주민이 모델로 등장하는 아파트 광고가 자주 눈에 띈다. 건설 회사들이 지역 주민을 모델로 한 광고를 찍어서 포스터를 시내 곳곳에 붙였기 때문이다. 아파트 분양 홍수 속에서, 건설 회사들이 그 지역의 아파트를 필요로 하는 지역 주민들을 대상으로 ( ) 지역 밀착형 마케팅을 강화하고 있는 것이다.

① 등을 돌리는

② 광고를 만들게 하는

③ 복지 혜택을 주려고

④ 친근감을 주기 위한

18.

> 바이올린이 맑은 소리를 내게 하기 위해서는, 악기가 될 만한 좋은 나무를 골라 오랜 기간 잘 건조시켜야 한다. 현과 활을 제작할 때도 마찬가지로 사람의 정성과 노력이 들어가야 소리가 맑은 명품이 탄생하게 된다. 물론 (   ). 들을 줄 아는 귀가 없는 사람이 어떻게 남의 귀를 즐겁게 하는 악기를 만들 수 있겠는가?

① 바이올린의 소리도 결정적이다

② 듣는 사람의 음악성도 필요하다

③ 연주가의 음악적 재능도 있어야 한다

④ 만드는 사람의 음악적 감각도 중요하다

※ **[19~20] 다음을 읽고 물음에 답하십시오. (각 2점)**

> 동물의 잠자기를 살펴보면 아주 재미있다. 박쥐처럼 하루에 18시간이 넘게 잠을 자는 동물도 있는가 하면, 기린이나 얼룩말처럼 하루에 2시간만 자는 동물도 있다. 하지만 (   ) 잠을 자지 않는 동물은 없다. 인간이 보기에 잠든 것처럼 보이지 않을 뿐이다. 대표적으로 돌고래는 5분~10분에 한 번씩 양쪽 뇌를 변갈아가면서 잠을 잔다. 한쪽 눈을 뜨고 움직이면서 자는 것이다.

19. (   )에 들어갈 말로 가장 알맞은 것을 고르십시오.

① 겨우　　② 훨씬　　③ 아예　　④ 고작

20. 윗글의 주제로 가장 알맞은 것을 고르십시오.

① 동물의 수면 시간은 비슷하다.

② 사람과 동물의 잠자기는 닮은 점이 있다.

③ 모든 동물은 잠을 자는데 그 시간이 다르다.

④ 발달된 동물일수록 수면 시간이 더 긴 편이다.

※ [21~22] 다음을 읽고 물음에 답하십시오. (각 2점)

> 스케이트를 타다가 넘어져 부상을 입는 사람들 중에는 초보자보다 오히려 능숙한 실력자인 경우가 훨씬 더 많다. 운전을 할 때도 처음 운전을 시작하는 초보 운전자보다 일 년 이상의 운전 경력이 있는 사람들이 교통사고를 더 많이 낸다고 한다. 이는 자신의 실력이 늘어남에 따라 교만함도 늘어났기 때문이다. (　　　　　)는 말이 있듯이 스스로 경계하는 자세가 필요하다.

21. (　　)에 들어갈 말로 가장 알맞은 것을 고르십시오.

① 고생 끝에 낙이 온다

② 떡 본 김에 제사 지낸다

③ 놓친 고기가 더 커 보인다

④ 벼는 익을수록 고개를 숙인다

22. 윗글의 내용과 같은 것을 고르십시오.

① 스케이트 선수들은 부상을 입지 않는다.

② 실력 있는 운전자는 교통사고를 조심하게 된다.

③ 능숙한 실력자가 초보자보다 더 실수를 많이 한다.

④ 실력이 늘어나는 경력자들은 교만한 자세도 필요하다.

※ [23~24] 다음을 읽고 물음에 답하십시오. (각 2점)

> 텔레비전에서 그림자극을 보니 어린 시절 아빠와 함께 그림자놀이를 하던 기억이 떠올랐다. 손 모양을 바꿔 가며 귀여운 토끼도 만들고, 오리도 만들었던 생각이 났다. 또 <u>그림자놀이와 함께 아빠가 들려주시던 옛날이야기도 새록새록 떠올랐다</u>. 침대에 누워서 아빠가 들려주시는 이야기를 듣다 보면 나는 어느새 달콤한 꿈의 세계로 빠져들곤 했다. 하지만 지금은 이런 놀이에 흥미가 전혀 없다. 훨씬 더 재미있는 컴퓨터 게임이 있기 때문이다. 생각해 보면 내가 컴퓨터 게임을 하면서부터 아빠와 점점 멀어지게 된 것 같다. 오늘은 아빠와 함께 그림자놀이를 해 보고 싶다. 그러면 아빠와 다시 가까워질 수 있고, 옛 추억도 되살릴 수 있을 것만 같다.

23. 밑줄 친 부분에 나타난 나의 심정으로 알맞은 것을 고르십시오.

① 그립다 ② 낯설다
③ 담담하다 ④ 억울하다

24. 윗글의 내용과 같은 것을 고르십시오.

① 어렸을 때 그림자놀이를 하다가 잠이 들곤 했다.
② 지금은 그림자놀이보다 컴퓨터 게임에 빠져 있다.
③ 지금도 토끼와 오리를 만드는 그림자놀이를 한다.
④ 컴퓨터 게임을 통해 아빠와 내가 가까워질 수 있었다.

※ [25~27] 다음 신문 기사의 제목을 가장 잘 설명한 것을 고르십시오. (각 2점)

25. 담뱃값 인상으로 금연 정책 성공? 담배 판매 다시 늘어

① 정부가 담뱃값을 올려서 금연하는 사람이 줄었다.
② 정부가 담뱃값을 내려서 담배 판매가 다시 늘었다.
③ 담뱃값 인상으로 금연 정책은 성공했으나 담배 판매는 오히려 늘었다.
④ 담뱃값을 올려서 흡연 인구를 줄이려는 정부의 정책이 실패로 돌아갔다.

26. 집밥 말고 밥집에, 10년 전보다 집밥 해 먹는 비율 27% 감소!

① 유명한 밥집의 인기가 과거에 비해 높아졌다.
② 외식 · 간편식보다 집밥을 선호하는 사람들이 많아졌다.
③ 집밥을 해 먹는 사람들의 만족도가 과거보다 떨어졌다.
④ 집밥을 해 먹는 사람들의 비율이 10년 전에 비해 줄었다.

27. 중년층 호감 폭발적, 중년의 삶을 다룬 영화제 입상작 계약 경쟁

① 중년층은 영화제에서 계약 경쟁이 심했던 영화를 좋아한다.
② 중년층은 영화제에서 입상 후보에 오른 영화를 궁금해한다.
③ 중년층이 좋아하는 영화제 입상작을 계약하고 싶어 하는 사람이 많다.
④ 중년층의 관심을 끈 작품이 영화제에서 상을 받기 위해 경쟁하고 있다.

※ [28~31] ( )에 들어갈 말로 가장 알맞은 것을 고르십시오. (각 2점)

28. 사회 전반에 명품 신드롬이 거세게 불면서 각 기업들은 명품이란 단어를 사용하여 (　　　　). 국민 소득이 증가하면서 명품족이 늘어나는 것은 어찌 보면 자연스러운 일이다. 그러나 자신의 현실을 망각한 채 기업의 상업 전략에 넘어가 명품 구입에만 몰두하는 것은 심각한 문제다. 형편이 안 되는데도 명품에 집착함으로써 발생하는 문제는 개인적인 파산뿐 아니라 사회적인 문제로 확대될 수 있다.

① 신분을 과시하고 있다
② 소비 심리를 부추기고 있다
③ 사회 문제를 걱정하고 있다
④ 개인 파산을 유도하고 있다

29.

고대 그리스인들과 로마인들은 존경의 표시나 인사로 입, 눈, 손, 심지어 무릎이나 발에 키스를 하곤 했다. 초기 기독교인들도 만나면 서로 입술에 '성스러운 키스'를 하며 반가운 마음을 표현했다. 키스를 하는 관습은 계속되었지만 오늘날 대부분의 사람들은 키스를 '사랑을 표현하는 방법'으로 생각한다. 그러나 (　　　　) 키스의 예전 용도는 아직도 흔하다. 국가 지도자들은 만날 때 종종 서로의 볼에다 키스를 함으로써 인사를 한다.

① 존경이나 환영을 나타내던
② 사랑이나 존경을 표현하던
③ 이성 간의 애정을 나타내던
④ 종교인의 성스러움을 표현하던

30.

판소리계 소설이란 판소리의 사설이 소설로 정착된 것으로 당시의 사회상이나 지배 계층을 풍자하는 내용을 담고 있다. 따라서 판소리 사설에 나타나는 악인들과 일반 고전 소설 작품에 등장하는 악인들은 서로 다른 인간형을 보인다. 고전 소설의 악인들은 지능적이고 계획적인 악의 모습을 보여 주는 반면, 판소리 사설의 악인들은 우리가 증오하기보다는 (　　　　) 유형들이다.

① 웃음으로 받아넘기게 되는
② 사랑하려야 사랑할 수 없는
③ 무감각하게 받아들이게 되는
④ 건성으로 좋아할 수밖에 없는

31.

자장면은 중국인 이민자들이 한국 사람들의 입맛에 맞게 만들어 낸 비빔국수이다. 이 자장면의 내력을 살펴보면 중국 근대사의 흐름과 마주하게 된다. 서구 강대국의 힘에 휘둘리지 않고 강하고 부유한 나라를 만들겠다는 중국인의 바람을 이루는 것은 결코 쉽지 않았다. 그 과정에서 민중들의 고통이 극심했는데, 오갈 곳을 잃은 사람 중 일부는 고향을 떠나 타지인 한국에 정착하게 된 것이다. 따라서 자장면은 고난을 극복해 온 (   )의 상징이라 할 수 있다.

① 중국인 이민자들의 천재성
② 중국인 이민자들의 융통성
③ 중국 민중의 신선한 창의력
④ 중국 민중의 끈질긴 생명력

※ **[32~34] 다음을 읽고 글의 내용과 같은 것을 고르십시오. (각 2점)**

32.

여름날 볼 수 있는 작은 파리가 있는데 바로 초파리다. 술을 좋아하는 초파리는 알코올 분해 효소도 가지고 있다. 초파리는 키우기 쉽고, 한살이가 일주일 남짓으로 매우 짧은 데다가 알을 많이 낳아 통계 처리가 용이하기 때문에 좋은 실험 모델로 오랫동안 사랑받아 왔다. 초파리는 당뇨, 암, 면역, 노화 등과 관련된 의학 연구에도 쓰이는데 이는 병을 유발하는 유전자가 사람과 75%나 유사하기 때문이다.

① 사람과 유전자가 같은 초파리는 당뇨와 암을 유발한다.
② 초파리는 키우기 쉽고, 오래 살아서 실험 모델로 사랑받는다.
③ 자손을 많이 퍼트리는 초파리는 통계 처리가 쉬운 장점이 있다.
④ 초파리는 번식력이 좋아서 최근 실험 모델로 사용되기 시작했다.

33.

글로벌 구인난이 심해지고 있다. 특히 제조업에서 구인난이 심각한데, 미국의 제조업 연구소가 발표한 보고서에 따르면 제조업 일자리 중 210만 개가 2030년까지도 알맞은 직원을 찾지 못할 것이라고 한다. 이러한 구인난이 생산 차질 등으로 이어져 수익성에 큰 영향을 끼칠 것으로 예상된다. 설문에 답한 제조업 회사의 36%는 5년 전에 비해 인재를 찾는 것에 훨씬 더 애를 먹고 있다고 답했다. 이러한 구인난이 점점 더 심각해진다는 점에서 우려의 목소리가 적지 않다.

① 특히 제조업에서 일할 곳을 찾기 쉽지 않다.

② 세계적으로 사람들이 구직에 어려움을 겪고 있다.

③ 구인난으로 제조업의 수익성이 악화될 것으로 예상된다.

④ 2030년에는 210만 개의 일자리가 새로 생길 것으로 보인다.

34.

사람의 본성에는 분쟁의 주된 원인이 되는 세 가지가 있다. 그것은 경쟁심, 소심함, 명예욕이다. 경쟁심은 이득을 보기 위해, 소심함은 안전을 보장받기 위해, 명예욕은 좋은 평가를 듣기 위해 남을 해치도록 유도한다. 경쟁심은 타인과 재물을 자기 것으로 만드는 과정에서, 소심함은 자기 자신을 방어하는 과정에서, 명예욕은 자신뿐만 아니라 가족, 동료, 민족 등의 존엄성을 지키는 과정에서 인간으로 하여금 폭력을 사용하도록 만든다.

① 경쟁심, 소심함, 명예욕은 인간을 발전시킨다.

② 소심함 때문에 자신에 대한 평가에 민감해지게 된다.

③ 자신을 보호하기 위해 폭력을 사용하게 되는 것은 경쟁심 때문이다.

④ 가족을 위해 폭력을 사용하게 되는 것은 명예욕에서 비롯된 것이다.

※ [35~38] 다음을 읽고 글의 주제로 가장 알맞은 것을 고르십시오. (각 2점)

35.

육아 휴직 제도를 이용해 아내와 육아 부담을 나누는 아빠들이 늘고 있다. 휴직으로 인한 경력 단절이 마음에 걸린다면 육아기 근로 시간 단축 제도를 이용하는 방법도 있다. 남성이 육아기 근로 시간 단축 제도를 이용하면 본인과 가족에게는 물론 기업에도 도움이 된다. 직원들의 스트레스가 줄어 직무 만족도가 증가하고, 일하는 방식의 변화로 더 효율적으로 일하게 되어 결국 기업의 생산성도 높아진다.

① 육아 휴직 때문에 경력이 단절되어서는 안 된다.

② 남성의 육아기 근로 시간 단축 제도를 장려해야 한다.

③ 남성의 육아 휴직 제도를 이용해 기업의 생산성을 높여야 한다.

④ 육아기 근로 시간 단축 제도보다 육아 휴직 제도를 이용하는 것이 좋다.

36.

수학은 학년이 올라갈수록 학생들이 가장 어려워하는 과목 중 하나다. 더구나 최근 교육 과정에서는 계산 능력보다 사고력과 문제 해결력이 더욱 중요해졌다. 따라서 문제 풀이를 반복하는 기존의 학습 방법에서 벗어나, 사고력 강화 훈련을 할 필요가 있다. 이를 위해서는 다양한 교구를 활용한 활동과 발표, 토론 등 여러 의사소통 활동을 통해 지속적으로 자신의 사고를 되돌아봄으로써 잘못된 개념을 교정하여 개념과 원리를 확실하게 잡아야 한다.

① 수학은 고학년으로 올라갈수록 어려운 과목이다.

② 수학을 공부할 때는 개념과 원리의 이해가 중요하다.

③ 다양한 교구를 사용해야 사고력을 강화시킬 수 있다.

④ 문제 해결력을 키우기 위해 문제를 많이 풀어야 한다.

37.

중동, 아프리카에서 목숨을 걸고 유럽으로 탈출하는 난민의 참혹한 현실은 어제 오늘의 일이 아니다. 난민 규모도 2차 세계 대전 이후 최대라고 한다. 난민 수용 문제를 놓고 분열되는 모습을 보이던 유럽 각국은 분노 여론에 밀려 한발 물러서는 모습을 보였다. 정치적 비난을 피하기 위해 마지못해 난민을 수용하는 식으로는 문제를 해결할 수 없다. 생명을 지키기 위해 죽음의 탈출을 감행하는 이들을 외면해서는 안 될 것이다.

① 난민 수용 문제로 유럽 각국이 분열해서는 안 된다.

② 유럽 각국은 적극적으로 나서서 난민을 보호해야 한다.

③ 유럽 각국은 난민을 수용해서 정치적 비난을 피해야 한다.

④ 난민의 위험한 처지를 세계에 알리는 것은 유럽 각국이 할 일이다.

38.

일반적으로 사람들은 밥을 먹은 후에 약을 먹어야 된다고 생각한다. 하지만 약마다 먹는 시간이 다르다. 혈압 약처럼 하루 한 번 먹는 약은 대부분 아침에 먹어야 효과가 있다. 아침에 일어났을 때 혈압이 가장 높은데, 그때 먹으면 약효가 좋기 때문이다. 반대로 종합 감기약, 코감기 약 등은 졸음, 나른함, 집중력 장애 등의 부작용이 나타날 수 있기 때문에 일상생활이 끝난 저녁에 먹는 게 좋다.

① 꼭 밥을 먹은 후에 약을 먹어야 한다.

② 약의 종류에 따라 약을 먹는 시간이 달라야 한다.

③ 부작용을 줄이기 위해 약은 저녁에 먹는 것이 좋다.

④ 부작용이 나타날 수 있는 약은 저녁에 먹어야 효과가 있다.

※ [39~41] 주어진 문장이 들어갈 곳으로 가장 알맞은 것을 고르십시오. (각 2점)

39.

> 동의보감에 버섯은 기운을 돋우고 식욕을 돋워서 위장을 튼튼하게 해 준다고 기록되어 있다. (㉠) 버섯은 콜레스테롤 수치를 낮춰 주고 비만과 암을 예방해 주는 장수식품으로도 각광받고 있다. (㉡) 이와 같은 효능의 중심엔 베타글루칸이라는 성분이 있는데, 이 성분은 우리 몸의 콜레스테롤을 낮추고 항암 효과에 탁월하다. (㉢) 또한 버섯은 90% 이상이 물이고 식이 섬유가 풍부하다. (㉣)

〈보 기〉

> 따라서 수분이 부족해서 변비로 고생한다면 버섯을 자주 섭취하는 것이 좋다.

① ㉠　　② ㉡　　③ ㉢　　④ ㉣

40.

> (㉠) 악전고투 끝에 우승한 골프 선수 박세리의 모습이 생중계되면서, IMF로 인해 실의에 빠졌던 한국인들은 다시 희망을 갖게 되었다. (㉡) 아버지의 권유로 골프를 시작한 박세리 선수는 초등학교 시절 어린 나이에 훈련장에서 새벽 2시까지 혼자 남아 훈련을 하는 등 스스로 최고가 되기 위해 엄격한 훈련을 한 것으로 알려져 있다. (㉢) 박세리 성공 신화 이후 전국적으로 골프를 배우는 어린이들이 늘어났다. (㉣)

〈보 기〉

> 이 무렵에 골프를 시작해서 성공을 거둔 몇몇 여자 골프 선수들을 '박세리 키즈'라고 한다.

① ㉠　　② ㉡　　③ ㉢　　④ ㉣

41.

자본주의가 갓 시작되었을 무렵에 기업은 오로지 눈앞의 이익만을 추구했다. (㉠) 자본이 많지 않은 상태에서 자유 경쟁을 하는 상황에서는 순간적인 이득을 포기하면 그 즉시 경쟁에서 도태되었기 때문이다. (㉡) 그러므로 기업은 경쟁에서 살아남기 위해 자신이 가진 자원을 최대치로 활용해서 가장 낮은 가격으로 상품을 판매하게 되었다. (㉢) 이때는 기업의 소유자와 경영자가 분리되지 않았기 때문에, 기업의 이익과 자본가의 이익은 같은 것이었다. (㉣)

〈보 기〉

이는 기업 자신의 이익을 위한 행동이 결국 사회적 이득으로도 이어졌다는 의미이다.

① ㉠　② ㉡　③ ㉢　④ ㉣

※ [42~43] 다음을 읽고 물음에 답하십시오. (각 2점)

작년 응오와 같이 추수를 했던 친구라면 더 묻지는 않으리라. 한 해 동안 가슴을 졸이며 알뜰히 가꾸던 벼를 거둬들임은 기쁜 일임이 틀림없었다. 꼭두새벽부터 일을 해도 괴로움을 몰랐다. 그러나 날이 캄캄해지도록 벼를 털고 나서 땅 주인에게 땅 빌린 값을 제하고 보니 남은 것은 등줄기를 흐르는 식은땀이 있을 뿐이었다. 같이 벼를 털어 주던 친구들이 뻔히 보고 서 있는데 빈손으로 집으로 돌아오는 건 진정 부끄럽기 짝이 없는 노릇이었다. 참다 참다 못해 응오의 눈에 눈물이 흘렀다.

풍작이었던 작년에도 그랬는데, 올해는 더구나 흉작이다. 샛바람과 비에 벼가 거의 시들어버렸다. 추수를 했다가는 먹을 게 남지 않음은 물론이요, 빚도 다 못 갚을 모양이다. 추수를 포기하고 내버려 두지 않을 수 없다. 벼를 거뒀다고 소문이 나면 땅 주인이 모두 가져갈 테니까.

그런데 그 논의 벼가 없어지자, 응오의 형, 응칠이가 범인으로 의심을 받게 되었다. 동생을 위해 땅 빌린 값을 깎아 달라고 부탁하러 갔다가 다툼 끝에 땅 주인의 뺨을 때렸기 때문이다.

김유정 〈만무방〉

42. 밑줄 친 부분에 나타난 응오의 심정으로 가장 알맞은 것을 고르십시오.

① 만족스럽고 뿌듯하다.

② 절망스럽고 허탈하다.

③ 겁에 질리고 초조하다.

④ 당황스럽고 죄책감을 느끼다.

43. 윗글의 내용으로 알 수 있는 것을 고르십시오.

① 응오는 자기 땅에 농사를 짓는다.

② 응오는 벼를 수확해 빚을 다 갚았다.

③ 응오는 올해 벼를 수확하지 않을 생각이다.

④ 응오와 땅 주인은 서로 도와가며 농사짓는다.

※ **[44~45] 다음을 읽고 물음에 답하십시오.** (각 2점)

파킨슨병은 신경 퇴행성 질환 중 하나로, 영국의 제임스 파킨슨 의사의 이름을 따서 붙여진 병명이다. 파킨슨병은 뇌의 신경 전달 물질 중 하나인 도파민의 분비가 줄어들면서 뇌 신경 세포에 정보가 제대로 전달되지 않으면서 발생한다. 이로 인해 파킨슨병을 앓고 있는 사람들은 말을 제대로 하지 못하고, 몸이 굳어 있어서 표정이 비슷한 편이다. 게다가 몸이 떨리기 때문에 (　　　　　), 신경계의 이상으로 인해 땀과 침을 많이 흘리게 된다. 그러므로 같은 나이 또래보다 땀이나 침을 많이 흘린다 싶으면 별다른 증상이 없더라도 병원에 가서 검사를 받아 보는 것이 낫다.

44. (　　)에 들어갈 말로 가장 알맞은 것을 고르십시오.

① 말을 빨리 하게 되고

② 다양한 표정을 보여 주고

③ 원하는 대로 물건을 잡기 어려워지고

④ 걷는 속도가 빨라져서 통제가 안 되고

45. 윗글의 주제로 가장 알맞은 것을 고르십시오.

① 신체의 분비물이 줄어들면 빨리 병원 진단을 받아야 한다.

② 나이가 들면 특별한 증상이 없어도 건강 검진을 받아야 한다.

③ 신체가 노화되어 신경이 퇴화하면 파킨슨병을 조심해야 한다.

④ 나이가 들면서 땀과 침을 많이 흘리면 파킨슨병을 의심해 봐야 한다.

※ [46~47] **다음을 읽고 물음에 답하십시오.** (각 2점)

유튜브나 SNS에서 영화나 드라마를 요약해 주는 영상이 인기를 끌고 있다. 많은 시간을 투자하지 않아도 인기 있는 영화나 드라마의 내용을 금방 이해할 수 있는 데다 답답한 갈등 구간을 시청하지 않아도 된다는 장점이 있기 때문이다. 심지어 영화나 드라마를 빨리 감기 혹은 몇 배 빠른 속도로 시청하는 사람들도 있을 정도이다. 긴 시간 동안 집중하는 것을 견디지 못하는 사람들이 늘어난 것도 하나의 이유이지만, 영화나 드라마와 같은 콘텐츠를 다른 사람들과 대화하기 위한 수단으로 여기는 사람들이 늘어난 것도 또 다른 이유라 할 수 있다. 콘텐츠 그 자체의 기승전결을 온전히 즐기기보다는 중심 내용 위주로 빠르게 보기를 원하는 것은 그 때문이다. 하지만 이런 식의 시청 방식이 습관이 되면 긴 영상을 이해하는 능력이 떨어질 수 있다는 문제점이 있다.

46. 윗글에 나타난 필자의 태도로 가장 알맞은 것을 고르십시오.

① 영화를 요약해서 시청하는 사람들을 비판하고 있다.

② 영화를 요약해서 시청하는 것의 장단점을 비교하고 있다.

③ 콘텐츠의 기승전결을 온전히 즐겨야 한다고 강하게 주장하고 있다.

④ 영화를 요약해서 시청하는 사람이 늘어난 이유와 문제점을 밝히고 있다.

47. 윗글의 내용과 같은 것을 고르십시오.

① 영화나 드라마를 요약해 주는 영상이 비판받고 있다.

② 콘텐츠의 기승전결을 온전히 즐기고 싶어 하는 사람들이 늘어났다.

③ 영화를 요약해서 시청하면 답답한 갈등 구간을 시청하지 않아도 된다.

④ 요약 영상을 시청하는 습관을 통해 긴 영상을 이해하는 능력이 향상된다.

※ [48~50] 다음을 읽고 물음에 답하십시오. (각 2점)

지방 공무원법 제63조 7항에 의해 공무원은 직무 관련 연구 과제 또는 자기 개발을 위한 학습, 연구 등을 위해 자기 개발 휴직을 사용할 수 있다. 5년 이상 근무한 직원을 대상으로 하며 휴직 기간은 재직 중 1년 이내이다. 단, 휴가 기간에 금전적 대가를 얻는 일을 하거나 특정 기관에 채용될 수 없다. 이 제도는 다양한 자기 개발을 통해 공무원의 역량을 높이고 직장 내의 학습 분위기를 높이기 위한 목적으로 도입되었다. 이 제도에 대한 공무원의 반응은 긍정적이다. 질병, 출산 및 육아, 간병 등의 사유가 아니더라도 일을 쉬면서 필요한 공부를 할 수 있는 기회가 생겼기 때문이다. 다만 아직까지 자기 개발 휴직을 사용한 직원이 많지 않다는 점에서 실제로 휴직을 사용하는 데에는 현실적인 어려움이 많아 보인다. (   ) 제도가 되지 않도록 정부 차원에서의 독려가 필요하다.

48. 윗글을 쓴 목적으로 가장 알맞은 것을 고르십시오.
① 각 지자체의 복지 시설을 확충하기 위해서
② 공무원의 열악한 근무 환경을 고발하기 위해서
③ 공무원의 자기 개발 휴직의 내용을 알리기 위해서
④ 공무원의 현실적인 휴직 제도 도입을 주장하기 위해서

49. (   )에 들어갈 말로 가장 알맞은 것을 고르십시오.
① 실효성 있는
② 겉보기에만 그럴 듯한
③ 실질적으로 의미가 있는
④ 직원들의 역량을 높일 수 있는

50. 윗글의 내용과 같은 것을 고르십시오.
① 자기 개발 휴직은 5년 이상 사용할 수 있다.
② 아직까지 자기 개발 휴직을 사용한 직원이 많지 않다.
③ 자기 개발 휴가는 출산 및 육아를 사유로 사용할 수 있다.
④ 휴가 기간에 금전적 대가를 얻는 일을 하려면 따로 신청이 필요하다.

제4회 FINAL 실전 모의고사

实战模拟考试 第4套

TOPIK Ⅱ

1교시	듣기, 쓰기

수험번호 (Registration No.)		
이 름 (Name)	한국어 (Korean)	
	영 어 (English)	

유 의 사 항
Information

1. 시험 시작 지시가 있을 때까지 문제를 풀지 마십시오.
   Do not open the booklet until you are allowed to start.

2. 수험번호와 이름을 정확하게 적어 주십시오.
   Write your name and registration number on the answer sheet.

3. 답안지를 구기거나 훼손하지 마십시오.
   Do not fold the answer sheet; keep it clean.

4. 답안지의 이름, 수험번호 및 정답의 기입은 배부된 펜을 사용하여 주십시오.
   Use the given pen only.

5. 정답은 답안지에 정확하게 표시하여 주십시오.
   Mark your answer accurately and clearly on the answer sheet.

   marking example | ① ● ③ ④ |

6. 문제를 읽을 때에는 소리가 나지 않도록 하십시오.
   Keep quiet while answering the questions.

7. 질문이 있을 때에는 손을 들고 감독관이 올 때까지 기다려 주십시오.
   When you have any questions, please raise your hand.

TOPIK Ⅱ 듣기(1번~50번)

※ [1~3] 다음을 듣고 가장 알맞은 그림 또는 그래프를 고르십시오. (각 2점)

1. ① 

② 

③ 

④ 

2. ① 

② 

③ 

④ 

3. ①

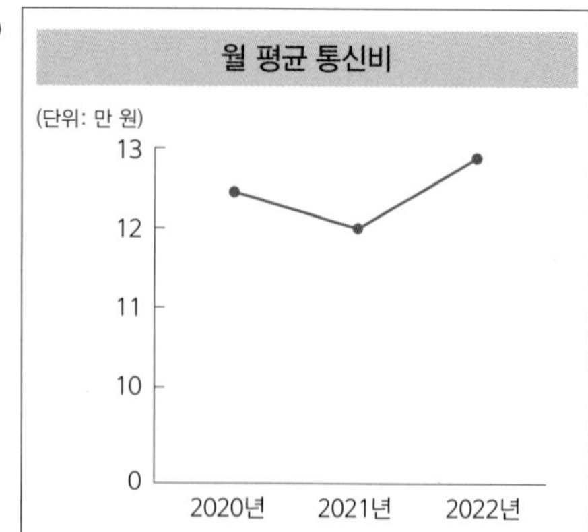

②

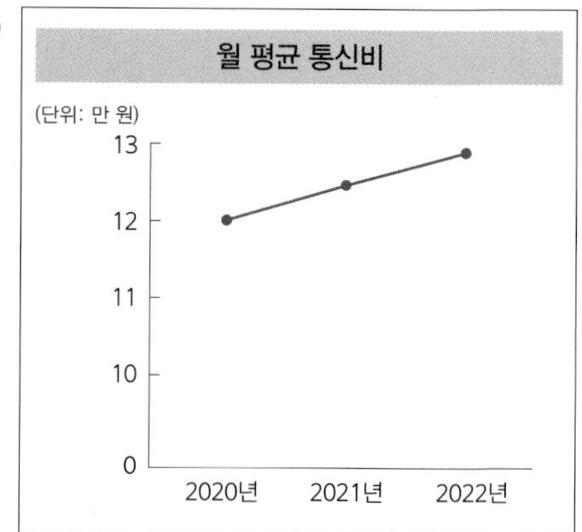

③

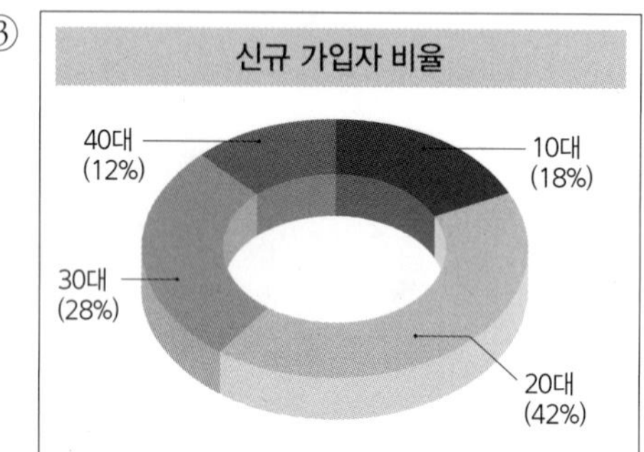

④

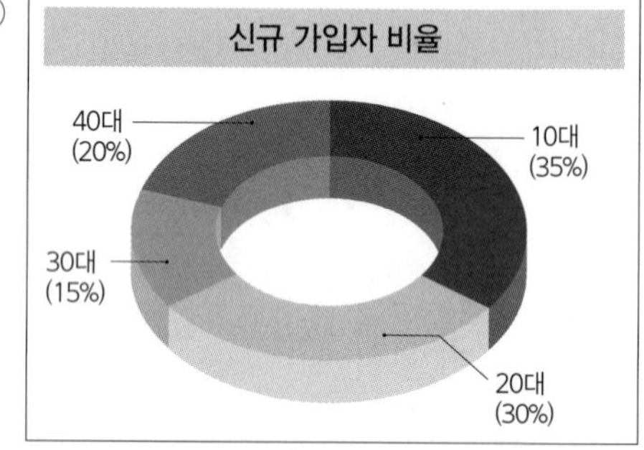

※ [4~8] 다음을 듣고 이어질 수 있는 말로 가장 알맞은 것을 고르십시오. (각 2점)

4. ① 정말 많이 팔렸나 봐요.
② 저도 한번 가 볼 걸 그랬어요.
③ 중고 시장에 팔았으면 좋았을 텐데요.
④ 좋아요, 그냥 버렸으면 아까울 뻔했어요.

5. ① 서비스가 별로 안 좋은 것 같아요.
② 규칙이 바뀌면 편리해질 것 같아요.
③ 자전거는 시간이 많이 걸릴 것 같아요.
④ 오랜만에 자전거를 타고 싶었는데 아쉽네요.

6. ① 편리해서 예약하고 싶었어.
② 덕분에 편하게 잘 다녀왔어.
③ 생각보다 인원이 더 많아졌어.
④ 예약하는 게 어려울 수도 있어.

7. ① 그 드라마를 저도 한번 봐야겠어요.
② 드라마가 좀 더 재미있으면 좋겠어요.
③ 저도 정말 보고 싶은데 요즘 시간이 없어요.
④ 아이들에게 나쁜 영향이 있을까 봐 걱정이에요.

8. ① 커피 마시는 돈을 좀 줄여야겠어요.
② 가격이 비싸더라도 마셔 보고 싶어요.
③ 밥값이 너무 많이 나와서 걱정이에요.
④ 저도 이제부터 커피 대신 차를 마셔야겠어요.

※ [9~12] 다음을 듣고 여자가 이어서 할 행동으로 가장 알맞은 것을 고르십시오. (각 2점)

9. ① 주사를 맞는다.
② 약을 처방받는다.
③ 열을 확인해 본다.
④ 약을 지으러 간다.

10. ① 출장 일정표를 찾아서 수정한다.
② 호텔에 연락해서 날짜를 연장한다.
③ 남자와 출장 일정을 다시 계획한다.
④ 부장님께 출장 일정에 대해 말씀드린다.

11. ① 차를 다른 곳에 주차한다.
② 다른 주차 구역을 찾아본다.
③ 옆 차 주인에게 전화를 한다.
④ 장애인 주차 구역에 주차한다.

12. ① 축제 때 사용할 옷을 주문한다.
② 옷을 받으러 전공 사무실에 간다.
③ 옷이 도착했는지 조교에게 물어본다.
④ 전공 사무실에 전화해서 옷을 받는다.

※ **[13~16] 다음을 듣고 들은 내용과 같은 것을 고르십시오. (각 2점)**

13. ① 남자는 오늘 노래를 처음 들어 본다.
② 요즘 가게에 블랙핑크의 노래가 안 나온다.
③ 오늘 강남의 서점에 가면 블랙핑크를 볼 수 있다.
④ 오늘 블랙핑크의 앨범을 사면 사인을 받을 수 있다.

14. ① 사은품을 받기 위해서 영수증을 보여 줘야 한다.
② 오늘 받은 할인 쿠폰은 오늘부터 사용할 수 있다.
③ 오늘 고객 카드를 만들면 사은품을 받을 수 있다.
④ 고객들은 다음 쇼핑 때 할인 쿠폰을 받을 수 있다.

15. ① 시민 안전 근무조는 휴가철에 활동을 한다.
② 소방관들이 안전 근무조에서 함께 활동을 한다.
③ 안전 근무조가 초등학생들에게 안전 교육을 한다.
④ 시민이라면 누구나 안전 근무조에 지원할 수 있다.

16. ① 거리 예술단에는 일반 시민들이 참여한다.
② 거리 예술가들은 무료로 공연 활동을 한다.
③ 종로 전통 거리에는 전통 시장이 부족했다.
④ 시장은 앞으로 거리 예술단을 만들 예정이다.

※ [17~20] 다음을 듣고 남자의 중심 생각으로 가장 알맞은 것을 고르십시오. (각 2점)

17. ① 밖에서 파는 커피는 비싼 편이다.
② 커피를 마시면 일에 집중할 수 있다.
③ 커피를 많이 마시면 건강이 나빠진다.
④ 커피 대신 몸에 좋은 음료를 마셔야 한다.

18. ① 앞으로 명절 분위기가 달라져야 한다.
② 가족들과 함께 가는 여행은 의미가 있다.
③ 명절에는 가족들과 여행을 가는 게 좋다.
④ 전통적인 명절이 없어지는 것 같아 아쉽다.

19. ① 보통 사람들은 개성이 더 중요하다.
② 연예인이 모두 예뻐야 하는 건 아니다.
③ 연예인은 직업의 특성상 관리가 필요하다.
④ 예뻐지기 위해 위험한 수술을 하면 안 된다.

20. ① 젊을 때 실패를 많이 경험해 봐야 한다.
② 도전할 때는 실패를 두려워하지 말아야 한다.
③ 젊을 때 사업을 시작하는 것은 좋은 경험이다.
④ 사람들은 실패 때문에 도전을 두려워하게 된다.

※ [21~22] 다음을 듣고 물음에 답하십시오. (각 2점)

21. 남자의 중심 생각으로 가장 알맞은 것을 고르십시오.
① 간헐적 단식을 하지 말아야 한다.
② 검증되지 않은 방법은 방송하면 안 된다.
③ 간헐적 단식은 위험한 다이어트 방법이다.
④ 정확한 다이어트 방법을 아는 사람은 없다.

22. 들은 내용과 같은 것을 고르십시오.
① 여자는 간헐적 단식을 해 본 적이 있다.
② 간헐적 단식의 위험성이 방송된 적이 있다.
③ 남자의 주변에 간헐적 단식을 하는 사람이 많다.
④ 간헐적 단식이 건강에 도움이 된다는 연구가 있다.

※ [23~24] 다음을 듣고 물음에 답하십시오. (각 2점)

23. 남자가 무엇을 하고 있는지 맞는 것을 고르십시오.
① 여자가 잊어버린 비밀번호를 찾아 주고 있다.
② 비밀번호를 찾는 방법에 대해 설명하고 있다.
③ 홈페이지 비밀번호를 바꾸기를 권유하고 있다.
④ 홈페이지에서 로그인하는 방법을 알려 주고 있다.

24. 들은 내용과 같은 것을 고르십시오.
① 여자는 홈페이지 주소를 잊어버렸다.
② 여자는 비밀번호를 변경하지 않아도 된다.
③ 남자는 여자에게 인증 번호를 보내야 한다.
④ 여자는 비밀번호를 알고 있지만 잘못 눌렀다.

※ [25~26] 다음을 듣고 물음에 답하십시오. (각 2점)

25. 남자의 중심 생각으로 가장 알맞은 것을 고르십시오.
① 국토 대장정은 대학생 때 해야 가치가 있다.
② 대학생 때는 결과와 상관없이 도전해도 좋다.
③ 대학교의 방학이 길수록 의미 있게 보내야 한다.
④ 많은 경험을 통해 다양한 친구를 사귀는 것이 좋다.

26. 들은 내용으로 맞는 것을 고르십시오.
① 남자는 인터넷으로 참가 신청을 하였다.
② 국토 대장정은 대학생만 참가할 수 있다.
③ 여러 지역에서 국토 대장정 참가자들이 모인다.
④ 남자는 이번에 두 번째로 국토 대장정에 참가한다.

※ [27~28] 다음을 듣고 물음에 답하십시오. (각 2점)

27. 남자가 말하는 의도로 알맞은 것을 고르십시오.
① '걸어서 등교하기 운동'의 동참을 권유하기 위해
② '걸어서 등교하기 운동'에 대한 조언을 하기 위해
③ '걸어서 등교하기 운동'의 참가 후기를 알리기 위해
④ '걸어서 등교하기 운동'의 수정 사항을 건의하기 위해

28. 들은 내용과 같은 것을 고르십시오.
① 남자와 여자의 학교는 집에서 먼 곳에 있다.
② '걸어서 등교하기 운동'은 기부를 목적으로 한다.
③ '걸어서 등교하기 운동'은 자전거를 이용할 수 없다.
④ '걸어서 등교하기 운동'에 가난한 사람들이 참여한다.

※ [29~30] 다음을 듣고 물음에 답하십시오. (각 2점)

29. 남자가 누구인지 고르십시오.

① 청년 실업자

② 정책 연구가

③ 정부 관계자

④ 취업 센터 직원

30. 들은 내용과 같은 것을 고르십시오.

① 매해 청년 취업자 수가 증가하고 있다.

② 전공과 원하는 업무의 연관성을 못 찾는 학생이 많다.

③ 기업에서는 업무 능력 향상 프로그램을 제공하고 있다.

④ 남자는 청년들이 눈높이 때문에 취업을 못한다고 생각한다.

※ [31~32] 다음을 듣고 물음에 답하십시오. (각 2점)

31. 남자의 중심 생각으로 가장 알맞은 것을 고르십시오.

① 자기가 키우는 동물을 버려서는 안 된다.

② 유기견 대신 인간들이 희생을 해야 한다.

③ 보호소를 더 지어서 유기견을 보호해야 한다.

④ 인간의 편의를 위해 동물을 죽여서는 안 된다.

32. 남자의 태도로 가장 알맞은 것을 고르십시오.

① 현재 문제에 대한 자세한 상황을 제시하고 있다.

② 구체적인 해결 방안을 제시하면서 반박하고 있다.

③ 문제에 대한 근본 원인을 밝히면서 주장하고 있다.

④ 상대방의 주장을 반박하며 해결책을 모색하고 있다.

※ [33~34] 다음을 듣고 물음에 답하십시오. (각 2점)

33. 무엇에 대한 내용인지 알맞은 것을 고르십시오.

① 신종 자살 바이러스의 위험성

② 유명인 자살과 관련된 베스트셀러 소개

③ 일반인의 자살과 고전 문학의 상관관계

④ 유명인의 자살과 일반인 자살의 관련성

34. 들은 내용과 같은 것을 고르십시오.

① '젊은 베르테르의 슬픔'은 처음에 인기가 없었다.

② 일반인이 자살하는 것을 '베르테르 효과'라 한다.

③ 베르테르의 마음에 공감한 사람들이 자살을 했다.

④ 유명인의 자살은 일반인에게 영향을 주지 않는다.

※ [35~36] 다음을 듣고 물음에 답하십시오. (각 2점)

35. 남자가 무엇을 하고 있는지 고르십시오.

① 조선 시대 의학서에 대해 설명하고 있다.

② 더 많은 의학 자료 전시를 요청하고 있다.

③ 의학 교육 프로그램의 필요성을 강조하고 있다.

④ 조선 시대 의학 서적 전시의 의의를 밝히고 있다.

36. 들은 내용과 같은 것을 고르십시오.

① 이 전시실에 어린이나 학생들은 입장할 수 없다.

② 조선 시대에 편찬된 의학 서적은 수가 많지 않다.

③ 조선 시대에는 백과사전 형식의 의학 서적은 없다.

④ 이 전시실에서 의학 서적의 편찬 과정에 대해 알 수 있다.

※ [37~38] 다음을 듣고 물음에 답하십시오. (각 2점)

37. 남자의 중심 생각을 고르십시오.

① 요즘 사람들은 시를 더 많이 읽어야 한다.

② 시는 짧더라도 사람들에게 큰 감동을 줄 수 있다.

③ 아이들은 어디에서나 밝고 힘차게 행동해야 한다.

④ 시를 쓰는 것보다 교육을 살리는 것이 더 필요하다.

38. 들은 내용과 같은 것을 고르십시오.

① 작가는 학생들에게 시를 가르치는 일을 해 왔다.

② 시집에는 교사들에게 희망을 주는 내용들이 많다.

③ 시집은 작가의 제자들이 지은 시들로 이루어져 있다.

④ 시집 이름은 제자가 잘 되기를 바라는 마음을 담고 있다.

※ [39~40] 다음을 듣고 물음에 답하십시오. (각 2점)

39. 이 대화 뒤에 이어질 내용으로 가장 알맞은 것을 고르십시오.

① 한국과 북한의 통일에 대한 인식 차이는 더 심각해진다.

② 남북한 청소년 교류 프로그램을 통해 소통 기회를 확대해야 한다.

③ 한국과 북한은 정부와 민간 차원의 교류가 상호 보완되어야 한다.

④ 한국과 북한은 경제적 교류가 필요한가에 대한 설문 조사를 다시 한다.

40. 들은 내용과 같은 것을 고르십시오.

① 한국과 북한의 경제적 불균형의 차이는 심각하지 않다.

② 한국의 젊은이들은 대부분 통일이 필요하다고 대답하였다.

③ 통일을 위해 우선적으로 남북 간의 인식 차이를 개선해야 한다.

④ 북한의 젊은이들은 정부 간 교류를 더욱 확대해야 한다고 응답했다.

※ [41~42] 다음을 듣고 물음에 답하십시오. (각 2점)

41. 이 강연의 중심 내용으로 가장 알맞은 것을 고르십시오.

① 한국은 유교 문화가 강하게 남아 있는 편이다.

② 자녀의 성공에는 부모의 관심과 교육이 중요하다.

③ 가부장적인 아빠들은 작은 것부터 달라져야 한다.

④ 보통 아빠는 어렵고 무서운 이미지가 강한 편이다.

42. 들은 내용과 같은 것을 고르십시오.

① 보통 아빠는 편하고 엄마는 무서운 존재이다.

② 자녀에게는 엄마와 아빠 모두의 사랑이 중요하다.

③ 영국의 대학에서 조사한 대상의 나이는 각각 달랐다.

④ 아빠가 자주 목욕시킨 자녀의 30%는 친구를 제대로 사귀지 못했다.

※ [43~44] 다음을 듣고 물음에 답하십시오. (각 2점)

43. 무엇에 대한 내용인지 알맞은 것을 고르십시오.

① 동물들은 인간들보다 먼저 집을 지어 왔다.

② 동물들은 본능적으로 안전한 곳에 집을 짓는다.

③ 지푸라기와 진흙으로 만든 집이 가장 튼튼하다.

④ 비버는 동물들 중에서 가장 집을 잘 짓는 편이다.

44. 동물들이 집을 짓는 이유로 맞는 것을 고르십시오.

① 인간을 피하여 살기 위해서

② 다양한 재료를 사용하기 위해서

③ 다른 동물들과 차별을 두기 위해서

④ 험한 자연에서 자신을 지키기 위해서

※ [45~46] **다음을 듣고 물음에 답하십시오.** (각 2점)

45. 들은 내용과 같은 것을 고르십시오.

① 미래에는 유전자를 조작하는 것이 합법이다.

② 유전 형질이 뛰어난 사람들은 유대감이 약한 편이다.

③ 유전자를 조작한다면 기형아 출산을 방지할 수 있다.

④ '슈퍼 신인류'의 세상이 온다면 경쟁이 더 심해질 것이다.

46. 여자가 말하는 방식으로 알맞은 것을 고르십시오.

① 유전자 조작의 한계와 대안을 제시하고 있다.

② '슈퍼 신인류'의 등장 가능성을 의심하고 있다.

③ 유전자 조작으로 인한 부정적 영향을 우려하고 있다.

④ 유전자 조작 기술의 발전 가능성을 논리적으로 분석하고 있다.

※ [47~48] **다음을 듣고 물음에 답하십시오.** (각 2점)

47. 들은 내용과 같은 것을 고르십시오.

① 녹색 채소를 많이 먹으면 간에 도움이 된다.

② 녹색 채소는 콜레스테롤 수치를 떨어뜨릴 수 있다.

③ 맑은 액체로 된 주스는 몸에 이로운 섬유소가 많다.

④ 녹색 채소 외에 아무것도 먹지 않는 것이 다이어트에 도움이 된다.

48. 남자가 말하는 방식으로 알맞은 것을 고르십시오.

① 녹색 채소의 효능을 추가적으로 보충하여 설명하고 있다.

② 언론이 발표한 녹색 채소의 효능을 근거를 들어 반박하고 있다.

③ 식사 대용으로 녹색 채소를 섭취하는 것의 효능을 분석하고 있다.

④ 녹색 채소가 다이어트에 도움이 된다는 말에 적극적으로 동의하고 있다.

※ [49~50] 다음을 듣고 물음에 답하십시오. (각 2점)

49. 들은 내용과 같은 것을 고르십시오.

① 신재생 에너지는 환경 오염 문제를 해결할 수 있다.

② 한국의 경우 폐기물 에너지 공급의 비중이 가장 낮다.

③ 신재생 에너지 개발을 위해 선진국의 기술을 수입해야 한다.

④ 신재생 에너지는 유가의 불안정으로 인해 중요성이 떨어지고 있다.

50. 남자가 말하는 방식으로 알맞은 것을 고르십시오.

① 자원 부족 사례를 설명하며 비판하고 있다.

② 자원 부족 현상을 분석하며 반성하고 있다.

③ 신재생 에너지에 대한 현황과 대안을 제안하고 있다.

④ 신재생 에너지를 분야별로 세분화하여 제시하고 있다.

TOPIK Ⅱ 쓰기(51번~54번)

※ [51~52] 다음 글의 ㉠과 ㉡에 알맞은 말을 각각 쓰시오. (각 10점)

51.

알립니다

우리 부서에서는 따뜻한 봄을 맞이하여 봄 야유회를 갑니다. 이번 야유회는 평창의 자연 휴양림에서 개최됩니다. 신선한 공기를 마시면서 숲을 산책하며 충분히 휴식을 할 수 있습니다. 사원 여러분께서는 (　　　　㉠　　　　).

\- 다 음 -

- **출발 시간**: 3월 21일, 토요일 오전 7시
- **모임 장소**: 회사 앞 주차장
- **회비**: 30,000원

※ 주의 사항: 산이기 때문에 (　　　　㉡　　　　) 따뜻한 옷을 한두 벌 더 준비해 오시기 바랍니다.

52.

보통 누군가와 이야기하다 보면 자기도 모르게 자신과 상대방을 비교하게 된다. 남과 비교를 하게 되면 자신을 객관적으로 바라볼 수 있다. 그러나 (　　　　㉠　　　　) 자신감이 떨어지기 마련이다. 그래서 자기를 긍정적으로 바라보는 힘이 약해지게 된다. 그러므로 때로는 이러한 비교에서 벗어나 (　　　　㉡　　　　).

53. 다음은 '평균 소비 성향과 물가 상승률의 관계'에 대한 자료이다. 이 내용을 200~300자의 글로 쓰시오. 단, 글의 제목은 쓰지 마시오. (30점)

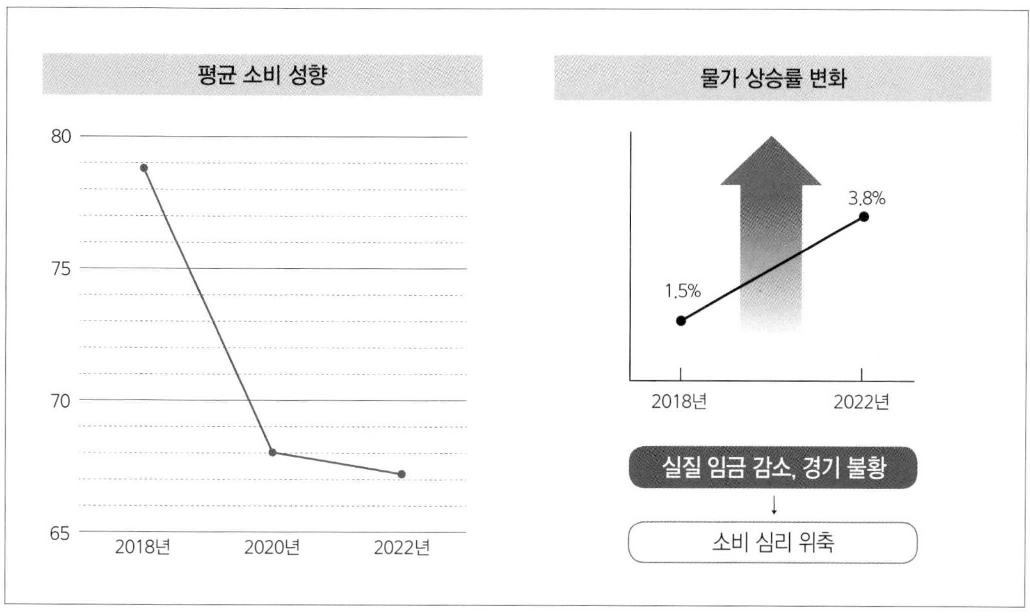

54. 다음을 참고하여 600~700자로 글을 쓰시오. 단, 문제를 그대로 옮겨 쓰지 마시오. (50점)

> 한국에는 아직 장애인 편의 시설이 부족하여 장애인들이 일상생활에서 고통을 겪고 있다. 장애인 편의 시설은 장애인뿐만 아니라 이동이 불편한 모든 사람들에게 편리하다는 점에서 중요한 시설이다. 아래의 내용을 중심으로 '장애인 편의 시설이 충분히 갖춰져야 하는 이유'에 대한 자신의 생각을 쓰라.
>
> • 장애인 편의 시설에는 어떤 것들이 있는가?
> • 장애인 편의 시설이 충분히 갖춰져야 하는 이유는 무엇인가?
> • 부족한 장애인 편의 시설을 만들기 위해서 어떤 방법이 필요한가?

* 원고지 쓰기의 예

	머	리	는		언	제		감	는		것	이		좋	을	까	?		사
람	들	은		보	통		아	침	에		머	리	를		감	는	다	.	그

제1교시 듣기, 쓰기 시험이 끝났습니다. 제2교시는 읽기 시험입니다.

제4회 FINAL 실전 모의고사

实战模拟考试 第4套

TOPIK Ⅱ

2교시	읽기

수험번호 (Registration No.)		
이 름 (Name)	한국어 (Korean)	
	영 어 (English)	

유 의 사 항
Information

1. 시험 시작 지시가 있을 때까지 문제를 풀지 마십시오.

   Do not open the booklet until you are allowed to start.

2. 수험번호와 이름을 정확하게 적어 주십시오.

   Write your name and registration number on the answer sheet.

3. 답안지를 구기거나 훼손하지 마십시오.

   Do not fold the answer sheet; keep it clean.

4. 답안지의 이름, 수험번호 및 정답의 기입은 배부된 펜을 사용하여 주십시오.

   Use the given pen only.

5. 정답은 답안지에 정확하게 표시하여 주십시오.

   Mark your answer accurately and clearly on the answer sheet.

   marking example | ① ● ③ ④ |

6. 문제를 읽을 때에는 소리가 나지 않도록 하십시오.

   Keep quiet while answering the questions.

7. 질문이 있을 때에는 손을 들고 감독관이 올 때까지 기다려 주십시오.

   When you have any questions, please raise your hand.

TOPIK Ⅱ 읽기(1번~50번)

※ [1~2] ( )에 들어갈 말로 가장 알맞은 것을 고르십시오. (각 2점)

1. 그의 행동을 보면 그는 ( ) 믿을 수가 없는 사람이다.

① 믿어도
② 믿으려야
③ 믿더라도
④ 믿는 통에

2. 나를 간호해 주시는 어머니의 손에서 사랑이 ( ).

① 느껴졌다
② 느껴 봤다
③ 느끼는 듯했다
④ 느낄 정도였다

※ [3~4] 밑줄 친 부분과 의미가 가장 비슷한 것을 고르십시오. (각 2점)

3. 한국의 대학교에 <u>입학하고자</u> 한국으로 오는 유학생들이 날로 증가하고 있다.

① 입학하고서
② 입학해 봤자
③ 입학하자마자
④ 입학하기 위해서

4. 무슨 일이든 처음 시작할 때는 <u>힘든 법이다</u>.

① 힘들어도 된다
② 힘들기만 하다
③ 힘든 모양이다
④ 힘들기 마련이다

※ [5~8] 다음은 무엇에 대한 글인지 고르십시오. (각 2점)

5.

초고속 인터넷, 생생한 통화 음질, 손에 쏙 들어오는 사이즈

① 이어폰 ② 노트북 ③ 스마트폰 ④ 유선 전화기

6.

겨울밤에 어울리는 드라마 주제가를
화제의 장면과 함께 감상할 수 있는 시간,
그 감동의 시간으로 여러분을 초대합니다.

① 음악회 ② 영화 시사회 ③ 연극 발표회 ④ 뮤지컬 공연

7.

역사, 환경 등 17가지 주제를 직접 보고, 듣고, 느끼고!
교실 수업에 흥미 없던 아이들, 호기심 보이며 집중

① 미술 수업 ② 현장 학습 ③ 과학 실험 ④ 체육 교실

8.

- **뛰거나 걷지 않습니다.**
- **노란색 안전선 안에 탑승합니다.**
- **손잡이를 꼭 잡습니다.**

① 사용 방법 ② 주의 사항 ③ 제품 안내 ④ 관리 비법

※ [9~12] 다음 글 또는 그래프의 내용과 같은 것을 고르십시오. (각 2점)

9.

도자기 전시회 입장 교환권

- 유효 기간: 2024년 12월 31일
- 본 이용권을 매표소에서 입장권과 교환해서 사용하시기 바랍니다.
- 티켓 도난 및 분실에 대하여 당사는 책임을 지지 않습니다.
- 현금 교환 및 환불이 불가합니다.
- 1매당 2인 사용 가능
- 문의 전화: 여주 도자기 전시회장(031-888-1234)

① 이 교환권으로 바로 전시회장 입장이 가능하다.

② 2024년 마지막 날까지 사용할 수 있는 교환권이다.

③ 4명이 도자기 축제에 가려면 교환권이 4장 필요하다.

④ 교환권을 잃어버리면 전시회장에서 재발급받으면 된다.

10.

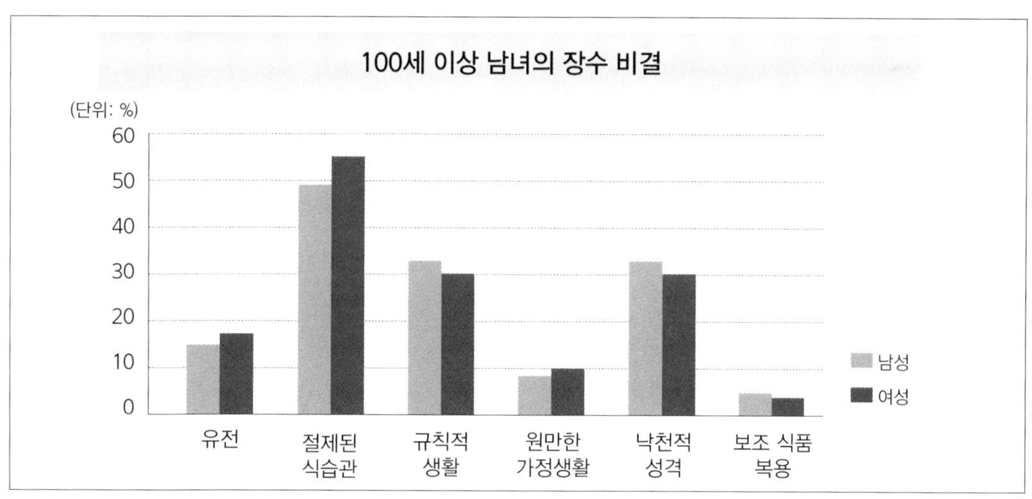

① 식습관은 장수에 결정적인 영향을 미친다.

② 보조 식품을 복용하는 사람은 남성보다 여성이 더 많다.

③ 남녀 모두 장수의 가장 큰 비결로 규칙적인 생활을 꼽았다.

④ 여성은 유전보다 원만한 가정생활이 더 중요하다고 생각한다.

11.

> 최근 서울 택시의 기본 요금이 3,800원에서 4,800원으로 천 원 인상되었다. 그리고 택시 기본 거리도 2.2㎞에서 1.6㎞로 400m 줄어들면서 시민들이 느끼는 요금 인상폭은 더 커졌다. 시간대에 따라 40%까지 요금 할증이 붙는 심야 시간대의 기본 요금은 6,700원으로 인상되어 심야에 택시를 이용하는 사람들의 부담이 크게 늘어날 것으로 예상된다.

① 전국의 택시 기본 요금이 천 원 인상되었다.

② 택시 기본 거리는 조정되지 않고 그대로이다.

③ 시민들이 체감하는 요금 인상폭은 더욱 커졌다.

④ 심야에 택시를 이용하는 사람들의 부담이 감소할 것이다.

12.

> 남대문 시장은 600년의 역사와 전통이 있는 곳이다. 남대문 시장은 1만 2천여 개의 가게에서 1,700여 종의 물건이 거래되며, 하루 40만 명의 손님들에게 물건을 팔고 있다. 외국인 고객도 1만 명에 이른다. 야간에 영업하는 가게는 오후 10시 30분부터 문을 열기 시작하여 새벽 2시면 소매상인들로 성황을 이루는 한국 최대의 종합 시장이다.

① 소매상인은 새벽 2시쯤에 가장 적다.

② 남대문 시장은 오전 10시 30분에 문을 연다.

③ 남대문 시장의 고객은 하루 40만 명에 달한다.

④ 600년의 역사가 있는 가게 1만 2천 개가 시장에 있다.

※ [13~15] 다음을 순서에 맞게 배열한 것을 고르십시오. (각 2점)

13.

(가) 최근 홈쇼핑 업계를 둘러싼 상황이 딱 이렇다.

(나) 영업 이익이 지난해보다 급감한 데다가 TV 송출 수수료마저 증가했기 때문이다.

(다) '설상가상'이란 말이 있는데 이는 불행한 일이 잇따라 일어나는 것을 뜻하는 말이다.

(라) 이제 홈쇼핑 업체들이 이익이 높은 제품 판매를 중심으로 경쟁력을 키워야 할 때다.

① (나)-(가)-(다)-(라)
② (나)-(다)-(라)-(가)
③ (다)-(가)-(라)-(나)
④ (다)-(가)-(나)-(라)

14.

(가) 높은 곳에 위치해 있어서 올라가기가 쉽지 않다.

(나) 남한산성은 해발 500미터에 달하는 남한산에 쌓은 성이다.

(다) 하지만 일단 성에 들어가면 자연 경관이 뛰어난 천혜의 요새임을 알 수 있다.

(라) 남한산성은 이런 지리적 조건에다가 성곽의 건축술이 뛰어나서 세계 문화유산에 등재되었다.

① (나)-(가)-(다)-(라)
② (나)-(다)-(가)-(라)
③ (라)-(가)-(다)-(나)
④ (라)-(나)-(다)-(가)

15.

(가) 그런데 이는 평균 보행 속도를 기본으로 하고 있다는 문제점이 있다.

(나) 예를 들어 30m인 횡단보도는 30초에 예비 시간 7초를 더해 37초가 되는 것이다.

(다) 보행 신호는 횡단보도의 길이 1m당 1초씩의 보행 시간에 7초의 예비 시간이 더해져서 결정된다.

(라) 빨리 걷지 못하는 사람들을 배려하여 횡단보도의 보행 신호 시간을 이보다 조금 더 넉넉하게 잡아야 한다.

① (가)-(나)-(라)-(다)
② (가)-(다)-(나)-(라)
③ (다)-(가)-(나)-(라)
④ (다)-(나)-(가)-(라)

※ **[16~18] ( )에 들어갈 말로 가장 알맞은 것을 고르십시오. (각 2점)**

16.

펭귄들은 바다에서 먹이를 구해야 하지만 바다로 뛰어들기를 머뭇거린다. 바다에 숨어 있을지도 모르는 천적을 경계하기 때문이다. 그런데 무리 중에서 한 마리가 먼저 바다로 몸을 던지면 나머지 펭귄들도 일제히 뛰어들어 먹이를 잡는다. 무슨 일이든 (   ).

① 처음과 시작이 같아야 한다
② 부지런한 사람이 성공하는 법이다
③ 서로 힘을 모아야 좋은 결과를 얻는다
④ 시작하는 사람이 있어야 변화가 생긴다

17.

컴퓨터가 제대로 작동하지 않거나 온라인 게임에서 뜻한 대로 일이 풀리지 않을 때 버튼을 눌러 다시 시작한다. 이것을 '리셋'이라고 하는데, 현실에서도 리셋이 가능하다고 착각하는 증상을 '리셋 증후군'이라고 한다. 리셋 증후군은 힘든 일에 부딪혔을 때 컴퓨터를 리셋 하듯이 (　　　　) 타인과의 관계를 쉽게 맺고 끊는 모습으로 나타난다.

① 과거를 돌아보며 반성하거나

② 책임감 없이 쉽게 포기하거나

③ 처음부터 계획을 철저히 세우거나

④ 새로운 각오로 최선을 다해서 일하거나

18.

런던 비즈니스 스쿨의 연구에 따르면, 성공한 기업인들의 상당수가 자신이 성공한 비결로 '주의력 결핍 과잉 행동 장애(ADHD)'를 꼽았다. 이것은 주의 산만, 과잉 행동, 충동성을 주 증상으로 보이는 정신 질환인데 이 장애를 극복하는 과정에서 집중력이나 상황 대처 능력 같은 다른 능력을 키울 수 있었다는 것이다. 완벽한 사람은 없다. (　　　　) 이를 바탕으로 성장하겠다는 의지가 필요할 뿐이다.

① 숨겨진 재능을 발견하고

② 성공한 사람을 본받아서

③ 스스로 장점을 잘 살려서

④ 자신의 콤플렉스를 인정하고

※ [19~20] 다음을 읽고 물음에 답하십시오. (각 2점)

> 과거에 인터넷에 올라온 일반인의 사진을 보고 일부 네티즌들이 '얼짱'으로 지목한 것이 화제가 되면서 얼짱 문화가 시작되었다. 문제는 얼짱 문화가 급속하게 확산되면서 외모가 가장 중요하다는 편협한 가치관을 사회 곳곳에 심어 놓았다는 것이다. 처음에 인터넷 놀이 문화의 하나였던 얼짱 문화는 이제 상업주의, 외모 지상주의 등이 결합되어 사회 문제로까지 확대되고 있다. (　　　　) 외모가 그렇게 중요한 것일까?

19. (　　)에 들어갈 말로 가장 알맞은 것을 고르십시오.

① 괜히　　② 과연　　③ 하필　　④ 대개

20. 윗글의 주제로 가장 알맞은 것을 고르십시오.

① 얼짱 문화가 새로운 문화와 결합되도록 해야 한다.

② 일반인들이 인터넷에 사진을 올리지 못하게 해야 한다.

③ 얼짱 문화가 우리 사회에 긍정적인 영향을 심어 주고 있다.

④ 얼짱 문화가 인터넷 놀이 문화에서 사회 문제로 확대되었다.

※ [21~22] 다음을 읽고 물음에 답하십시오. (각 2점)

> 우리 사회에서는 미술품 수집가를 결코 고운 눈으로 봐 주지 않는다. 미술품을 구입하는 행위를 아주 사치스러운 소비 행태로 간주한다. 이것은 미술품 구입이라면 으레 유명한 작가의 값비싼 명작의 거래를 염두에 두기 때문이다. 하지만 그런 것은 (　　　　) 일이며 대개는 그저 평범한 미술 작품을 구입하는 경우가 대부분이다. 게다가 돈이 있다고 모두 그림을 살 수 있는 것은 아니다. 그림에 관심이 있는 사람만이 마음에 드는 그림을 살 수 있는 것이다.

21. (　　)에 들어갈 말로 가장 알맞은 것을 고르십시오.

① 꿈도 못 꾸는　　② 색안경을 끼고 보는

③ 가뭄에 콩 나듯 하는　　④ 다람쥐 쳇바퀴 돌듯 하는

22. 윗글의 내용과 같은 것을 고르십시오.

① 부자가 아닌 사람은 마음에 드는 그림을 살 수 없다.

② 미술품 수집가들은 유명하지 않은 작품도 구입한다.

③ 미술품 수집가들은 값비싼 명작을 사는 일이 더 많다.

④ 흔히 미술품을 구입을 검소한 소비 행동이라고 생각한다.

※ **[23~24] 다음을 읽고 물음에 답하십시오. (각 2점)**

내가 초등학교 3학년 때다. 어느 여름날 할아버지는 나를 옥상으로 데리고 가시더니 망원경을 주시며 "자, 신라 갈빗집 간판을 한번 찾아 봐라. 찾으면 내일 돼지갈비 사 주마."라고 말씀하셨다. 나는 렌즈를 이리저리 돌려 초점을 맞추며 열심히 갈빗집 간판을 찾았다. 그런데 한참을 찾았으나 간판은 보이지 않았다. 할아버지가 "멀리만 보려니까 안 보이지." 하시며 가까운 곳을 찾아 보라고 하셨다. 옥상에서 불과 이십 미터 떨어진 거리에 갈빗집 간판이 크게 걸려 있었다. 순간 멍한 기분이 들었다. 이십 년이 지난 지금도 나는 그 망원경을 가지고 있다. 나의 욕심으로 인해 내 자신이 부족하다고 느껴질 때면 나는 그날을 떠올리면서 내 가까이 있는 것, 내가 가지고 있는 것의 가치를 생각해 보곤 한다.

23. 밑줄 친 부분에 나타난 나의 심정으로 알맞은 것을 고르십시오.

① 어이없다　　② 속상하다

③ 화가 나다　　④ 마음이 놓이다

24. 윗글의 내용과 같은 것을 고르십시오.

① 나는 갈빗집 간판을 쉽게 찾을 수 있었다.

② 나는 할아버지가 주신 망원경을 간직하고 있다.

③ 갈빗집 간판은 옥상에서 멀리 떨어진 곳에 있었다.

④ 할아버지는 멀리 보는 것이 중요하다는 가르침을 주셨다.

※ [25~27] 다음 신문 기사의 제목을 가장 잘 설명한 것을 고르십시오. (각 2점)

25.
불황의 시대, 주머니는 가벼워졌지만 소비 심리는 그대로

① 소비 심리가 예전과 같아서 불황이지만 돈을 많이 번다.
② 돈은 없지만 소비 심리가 그대로라서 불황의 시기를 초래했다.
③ 불경기라서 돈은 없지만 사고 싶은 마음까지 없어진 것은 아니다.
④ 경제 상황이 안 좋아서 주머니에 돈이 없으면 심리적으로 위축된다.

26.
생태계 파괴, 주범은 외래 어종 식인 물고기

① 외국에서 온 식인 물고기가 생태계 파괴의 원인이다.
② 외국에서 온 물고기가 사람을 해쳐서 생태계가 파괴되었다.
③ 생태계가 파괴된 것은 외국산 물고기를 많이 먹었기 때문이다.
④ 생태계가 파괴된 것은 식인 물고기를 외국으로 수출했기 때문이다.

27.
일자리 부족, 상상을 초월하는 갖가지 방법 동원해도 허사

① 잘못된 방법으로 인해 일자리 부족 문제가 더 심각해졌다.
② 가능한 한 많은 방법을 동원해서 일자리 부족 문제를 해결했다.
③ 온갖 방법을 사용하여 일자리 부족 문제를 해결하려 했으나 실패했다.
④ 상상할 수 없을 만큼 많은 방법으로 일자리 부족 문제를 해결하려고 했다.

※ [28~31] ( )에 들어갈 말로 가장 알맞은 것을 고르십시오. (각 2점)

28.

> 우리는 어떤 상점에서 특정 상품을 할인한다는 광고를 보면 많은 돈을 절약할 수 있을 것이라는 생각을 한다. 그러나 쇼핑을 끝냈을 즈음엔 원래 원했던 것보다 훨씬 더 많은 물건을 산 것을 알게 된다. 이것이 '특가품'의 힘이다. 아주 적은 이익만을 남기거나 심지어 손해를 보면서 파는 특가품의 목적은 더 많은 고객을 상점으로 유인해서 (　　　) 것이다. 그래서 특가품을 전략적으로 유리한 곳에 배치한다.

① 상품을 싸게 팔려는

② 상점의 이미지를 바꾸려는

③ 다른 상품을 구입하게 하려는

④ 사람들에게 상품을 홍보하려는

29.

> 성인은 보통 1분에 10회에서 15회씩 눈을 깜박거린다. 그런데 아기들은 같은 시간에 한두 번만 눈을 깜박거린다. 아무도 그 이유를 정확히 알지 못한다. 어떤 이들은 아기가 성인보다 눈이 더 작기 때문에 눈 깜박임을 자주 유발하는 먼지나 흙이 눈에 덜 들어가기 때문이라고 말한다. 또 어떤 이들은 아기들은 하루에 15시간씩 자기 때문에 눈이 건조해질 가능성이 적기 때문이라고 말한다. 이유가 무엇이든 (　　　) 정상이다.

① 아기가 어른보다 눈이 작은 것은

② 어른이 아기보다 잠을 적게 자는 것은

③ 아기가 어른보다 눈을 덜 깜박이는 것은

④ 어른이 아기보다 눈에 먼지가 더 들어가는 것은

30.

행동과 결과 간에 (   ) 행동이 학습되는 경우가 있다. 예컨대 스키너가 상자에 일정한 시간 간격으로 먹이를 자동적으로 내려보내도록 장치를 해 놓았을 때, 쥐가 우연히 벽을 기어오르다가 먹이가 내려오는 것과 맞닥뜨린 후, 그다음부터 쥐는 벽을 기어오르는 행동이 학습되고 말았다. 즉, 쥐는 벽을 기어오르면 먹이가 나온다는 확신을 갖게 된 것이다. 이렇게 착각으로 인해 학습이 이루어질 수도 있다.

① 인과 관계로 인해

② 치밀한 계획에 의해

③ 특별한 이유가 있어서

④ 아무런 관련이 없으면서도

31.

지도는 인간이 살아가는 공간에 대한 다양한 정보를 담고 있는데, 이들 정보는 당대 사람들의 삶에 의미가 있는 것들이다. 우리는 여러 가지 지도를 통해서 현재를 사는 사람들뿐 아니라 과거에 살았던 사람들, 한 번도 가 보지 못한 곳에서 살아가는 사람들을 만나서 그들의 삶의 모습을 접할 수 있게 된다. 이런 점에서 지도는 (   ) 할 수 있다. 우리가 지도를 통해 세상을 이해할 때 지도는 가치 있는 책이 된다.

① 세계를 바라보는 창이라고

② 공간 활용을 위한 도구라고

③ 길을 찾게 해 주는 안내도라고

④ 실생활에 도움이 되지 않는 책이라고

※ [32~34] 다음을 읽고 글의 내용과 같은 것을 고르십시오. (각 2점)

32.

> 뇌성마비 장애인이나 중증 장애인을 위한 재활 스포츠인 '보치아(Boccia)'는 장애인 올림픽 정식 종목이지만, 이에 대해 잘 모르는 사람들이 많다. 보치아는 공을 던지거나 굴려서 표적인 하얀 공에 가까이 간 공이 많을수록 이기는 경기다. 겨울 스포츠인 컬링과 비슷하지만 남녀 구분 없이 경기한다는 점이 다르다. 장애 정도에 따라 등급을 나눠 경기가 진행되며, 선수 지시에 따라 투구를 돕는 보조원은 경기가 진행되는 동안 선수가 있는 방향만 볼 수 있고, 코트 방향을 봐서는 안 된다.

① 보치아는 겨울 스포츠 컬링의 다른 이름이다.

② 보치아 경기는 아직 사람들에게 잘 알려지지 않았다.

③ 투구 보조원은 코트 쪽의 상황을 선수에게 알려 준다.

④ 보치아는 장애 정도와 상관없이, 남녀 구분 없이 경기를 한다.

33.

> 2008년에 문을 연 바레인 세계 무역 센터는 풍력 발전을 하는 세계 최초의 건축물로 기록되었다. 바레인 무역 센터는 50층짜리 건물 두 개가 연결되어 있는데 그 사이에 풍력 발전용 대형 바람개비가 3개가 설치되어 있다. 각각 지름 29m인 세 개의 바람개비로 건물에서 사용하는 전기의 15%까지 공급이 가능하다. 이 건물은 비행기의 날개와 비슷한 유선형으로 설계되어 있는데, 이는 건물 사이를 통과할 때 바람의 속도를 높이기 위해서이다.

① 바레인 세계 무역 센터는 세계 최초의 친환경 건물이다.

② 바레인 세계 무역 센터는 50층짜리 건물 3개로 구성되어 있다.

③ 바람개비의 날개는 바람의 속도를 높일 수 있는 디자인으로 설계됐다.

④ 바람개비 한 개가 건물에서 필요로 하는 전기의 5%를 공급할 수 있다.

34.

같은 개념을 가진 말이라도 긍정적이고 우호적인 의미를 가진 것이 있는가 하면 부정적이고 적대적인 의미를 지닌 것도 있다. '점술가'가 맡은 역할은 점잖아 보이지만, '점쟁이'가 하는 일은 천하게 보인다. '부인'이나 '아내'는 '마누라'보다 더 존중받는다. 앞에서 비교 대상이 된 단어들은 개념적 의미는 같지만 감정적 의미는 완전히 다르다. 사회의 변화에 따라 개념적 의미가 같아도 감정적 의미는 다른 단어들은 계속 생겨날 것이다.

① 개념적 의미가 같으면 감정적 의미도 같기 마련이다.

② 점술가와 부인은 긍정적이고 우호적인 의미를 가진 단어이다.

③ 아내와 마누라는 부정적이고 적대적인 의미를 지닌 단어이다.

④ 부인과 마누라는 개념적 의미가 다르지만 감정적 의미는 같다.

※ **[35~38] 다음을 읽고 글의 주제로 가장 알맞은 것을 고르십시오. (각 2점)**

35.

누구에게나 아이디어는 있다. 하지만 누구나 창의적이라는 말을 듣지는 않는다. 실패에 대한 두려움으로 새로운 시도를 망설이기 때문이다. 효율성만 추구해서는 개인과 사회가 발전할 수 없다. 창의적인 결과를 이끌어 내기 위해서는 시행착오를 감수해야만 한다. 아무리 훌륭한 아이디어가 있어도 실패로 인한 시간 낭비, 돈 낭비, 명예 훼손 등에 대한 공포를 이겨내고 도전하지 않는다면 우리는 계속 현재에 머물게 될 것이다.

① 실패를 두려워하지 말아야 한다.

② 창의적인 아이디어를 개발해야 한다.

③ 시행착오를 줄여서 실패의 위험을 줄여야 한다.

④ 개인과 사회 발전을 위해 창의력을 키워야 한다.

36.

보건 복지부 발표 따르면 하루에 마셔야 하는 물의 양만큼 충분히 마시는 사람의 비율이 감소하고 있다고 한다. 물 충분 섭취량은 나이와 성별에 따라 다르지만, 공통적으로 하루에 1L가 되지 않는 양이다. 그럼에도 물 대신 음료수를 통해 수분을 섭취하는 경향이 드러났다. 음료수를 통해 수분을 보충하면 당분을 과하게 많이 섭취하게 되며, 에너지 과잉 등의 문제가 발생한다. 또 커피나 술을 마시면 몸 속 수분의 양이 오히려 줄어들게 된다.

① 나이와 성별에 알맞은 양의 물을 섭취해야 한다.
② 물 대신 음료수를 통해 수분을 섭취하는 것은 위험하다.
③ 커피를 통해 수분을 보충하면 몸 속 수분의 양이 줄어든다.
④ 하루에 마셔야 하는 물의 양만큼 충분히 마시는 사람이 줄어들고 있다.

37.

타인이 창작한 글, 그림, 음악, 사진 등의 저작물을 원작자의 허락 없이 몰래 가져다가 자신의 것처럼 발표하거나 쓰는 행위를 '표절'이라고 한다. 표절 행위는 대중 매체와 인쇄 문화의 발달로 인하여 문학 작품뿐만 아니라 방송 드라마, 광고, 대중가요 등에서도 광범위하게 행해지고 있다. 하지만 표절은 불법 행위이다. 다른 사람의 저작권을 침해하기 때문에 저작권법 등에 의한 처벌을 받게 된다.

① 문학 작품의 글을 허락 없이 사용하면 안 된다.
② 대중 매체와 인쇄 문화 발달로 표절이 확산되고 있다.
③ 다른 사람의 저작권을 침해할 경우 법적인 처벌을 받는다.
④ 다른 사람의 저작권을 침해하는 행위는 어쩔 수 없는 일이다.

38.

모기에 물리지 않기 위해서는 모기가 집에 들어오지 않도록 하는 것이 제일 중요하다. 모기는 작은 틈만 있어도 몸을 오므려 비집고 들어온다. 따라서 집 안 창문 등에 설치한 방충망에 구멍이 있는지 확인하고 막아 두어야 한다. 또한 싱크대, 하수구 등을 타고 올라오기도 하기 때문에 저녁에는 뚜껑을 덮어 둬야 한다. 출입문에 붙어 있다가 문이 열리는 사이에 들어오기도 하기 때문에 출입문 앞에 걸이형 모기약을 걸어 두는 것도 좋다.

① 모기에 안 물리려면 방충망을 꼭 설치해야 한다.

② 모기에 물리지 않으려면 모기의 유입을 차단해야 한다.

③ 모기에 물리지 않기 위해서는 모기약을 많이 뿌려 둬야 한다.

④ 모기에 물리지 않도록 싱크대와 하수구의 뚜껑을 닫아야 한다.

※ [39~41] 주어진 문장이 들어갈 곳으로 가장 알맞은 것을 고르십시오. (각 2점)

39.

운동을 할 때, 언제 물을 마시는 것이 좋을까? 보통 운동 전에는 물을 마시지 않아도 된다고 생각하기 쉽다. (㉠) 하지만 운동 중에 수분이 쉽게 부족해질 수 있기 때문에 이를 방지하기 위해서는 운동 30분 전에 미리 물을 마시는 것이 좋다. (㉡) 운동 중에도 수분 유지는 중요하다.(㉢) 운동 중에 목이 마르면 그냥 참지 말고 중간중간 물을 마셔 가면서 운동해야 한다. (㉣) 또한 격한 운동을 하고 나면 땀을 통해 많은 양의 수분이 배출되므로 운동 후에 반드시 수분을 보충해야 한다.

〈보 기〉

적당량의 물을 미리 마셔 두면 운동 중에 생길 수 있는 두통을 예방한다.

① ㉠　　② ㉡　　③ ㉢　　④ ㉣

40.

슈트라우스가 작곡한 '체르비네타의 노래'는 가장 높은 음으로 쉼 없이 불러야 하는 고난도 곡으로 유명하다. (㉠) 슈트라우스는 인간의 능력으로 이 곡을 소화하는 것은 불가능하다고 생각해서 악보의 일부를 수정했다. (㉡) 물론 수정이 되었다고 해도 이 노래를 부를 수 있는 성악가는 손에 꼽혔다. (㉢) 세계에서 가장 어려운 곡으로 널리 알려진 이 곡을 원본 악보 그대로 부르는 조수미가 등장한 것이다. (㉣) 비평가들은 조수미의 노래를 듣고 비평의 대상을 넘어선 존재라고 평했다.

〈보 기〉

그러나 1994년 프랑스에서 전 세계가 경악할 만한 사건이 벌어졌다.

① ㉠　② ㉡　③ ㉢　④ ㉣

41.

파일이나 CD 안에 수십만 장이 넘는 화면이 어떻게 들어갈 수 있을까? 이는 컴퓨터에서 동영상을 본 사람은 누구나 궁금해할 만한 질문이다. (㉠) 동영상은 연속적인 화면의 모음이므로 모든 화면을 다 저장한다면 데이터의 양이 무척 클 것이다. (㉡) 따라서 동영상 데이터 속 무수히 많은 정보 값에서 중복되는 내용을 지우고 필요한 정보만 남김으로써 데이터의 양을 획기적으로 줄이는 기술이 필요하다. (㉢) 이러한 기술을 동영상 압축이라고 한다. (㉣)

〈보 기〉

동영상 압축에서는 보통 화면 간 중복, 화소 간 중복, 통계적 중복 등의 방법을 이용한다.

① ㉠　② ㉡　③ ㉢　④ ㉣

※ [42~43] 다음을 읽고 물음에 답하십시오. (각 2점)

반 년간 신문에 장편소설을 연재하여 원고료로 꽤 많은 돈을 받기로 했다. 그 원고료를 받기 전에 나는 며칠 동안 잠을 못 이루고 그 돈으로 무엇을 할까 하고 생각하고 또 생각하였다. 집 안의 가구를 모두 바꾸어 보기도 하고 멋있는 옷과 장신구로 나를 치장해 보기도 했다. 드디어 원고료가 내 손에 쥐어졌다. 나는 어쩔 줄을 모르며 기뻐했다. 그날 밤 나는 남편의 말을 들어 보기 위해 "이 돈으로 뭘 하면 좋을까?" 이렇게 물었다.

"글쎄……. 당신도 내 친구 형식이 알지? 사정이 딱하던데……. 딸이 많이 아파서 수술을 해야 하는데 수술비가 없어서 못 시켰다고 하더라고."

<u>나는 뜻밖의 말에 순간 멍해졌다가 가슴에서 뜨거운 불길이 치솟는 걸 느꼈다</u>. 결혼할 때 남들이 다 하는 결혼반지 하나 못 사 주었으면서 그런 것은 생각에도 없는 모양이었다. 나는 아무 말도 없이 외투를 들고 나와서 매서운 바람결에 눈이 씽씽 날리는 거리를 끝없이 걸었다. 처음에는 내가 힘들게 번 돈을 남에게 주자는 남편이 미워서 가슴이 터질 듯했는데 시간이 지날수록 자꾸만 형식 씨의 어린 딸 얼굴이 눈앞에 아른거렸다.

강경애 〈원고료 이백 원〉

42. 밑줄 친 부분에 나타난 나의 심정으로 알맞은 것을 고르십시오.

① 괘씸하다　　② 서먹하다

③ 안쓰럽다　　④ 흐뭇하다

43. 윗글의 내용으로 알 수 있는 것을 고르십시오.

① 남편은 원고료로 친구를 도와주었다.

② 남편은 신문에 6개월 동안 글을 썼다.

③ 나는 원고료를 받아서 가구를 바꾸고 옷을 샀다.

④ 나는 결혼할 때 남편에게 결혼반지를 못 받았다.

※ [44~45] 다음을 읽고 물음에 답하십시오. (각 2점)

> 25~34세 한국인 중 전문 대학 이상 고등 교육 이수율은 약 70%로 OECD 국가 중 가장 높은 비율을 차지했다. 청년층 10명 중 7명이 대학을 졸업한 만큼 대학 진학을 선택하지 않은 사람들이 상대적으로 소외되기 쉽다. 고등학생의 진로 상담이 대학 진학 상담을 중심으로 맞춰져 있는 경우가 대부분이며, 정부의 복지 정책도 대학을 진학한 청년을 기본으로 맞춰져 있는 경우가 많다. 다시 말해 대학에 진학하지 않은 청년에 대한 (   )는 것이다. 나머지 10명 중 3명의 청년들이 청년 정책이나 진학 상담 등에서 소외되지 않도록 세심한 지원이 필요하다.

44. (   )에 들어갈 말로 가장 알맞은 것을 고르십시오.

① 지원 정책이 충분하다

② 사회적 편견이 심각하다

③ 사회적 안전망이 부족하다

④ 진로 상담이 마련되어 있다

45. 윗글의 주제로 가장 알맞은 것을 고르십시오.

① 앞으로 한국인의 고등 교육 이수율을 높여야 한다.

② 정부의 복지 정책은 대학생을 중심으로 맞추는 게 중요하다.

③ 대학에 진학하지 않은 사람들이 소외되지 않도록 해야 한다.

④ 고등학생의 진로 상담은 대학 진학 상담을 중심으로 해야 한다.

※ [46~47] **다음을 읽고 물음에 답하십시오.** (각 2점)

> 장기 불황으로 취업, 결혼, 출산을 포기하는 젊은 세대의 경제적 환경이 1인 가구의 급증을 야기한다는 조사 결과가 나왔다. 통계에 따르면 1인 가구 증가 현상은 손댈 수 없을 정도로 빠르게 진행되고 있다고 한다. 1인 가구 급증 현상은 노인 문제, 청년 실업 문제, 출산 및 육아 문제 등 오래된 사회 문제를 정책적으로 해소하지 못한 데에 따른 필연적인 결과이다. 1인 가구로 생활하는 데는 많은 어려움이 따른다. 특히 각종 세금 혜택, 복지 및 주거 정책 등이 모두 4인 가구를 중심으로 구성되어 있고 1인 가구를 지원하는 정책은 아직 충분하지 않다. 1인 가구가 느끼는 심리적, 경제적 불안감도 큰 문제이다. 고령층 1인 가구의 비중 역시 빠르게 증가하고 있는 만큼, 1인 가구에 대한 장기적인 사회적 지원이 마련되어야 한다.

46. 윗글에 나타난 필자의 태도로 가장 알맞은 것을 고르십시오.

① 1인 가구가 늘어나면서 인구 감소에 대해 걱정하고 있다.

② 1인 가구의 증가를 막기 위해 사회의 개선을 주장하고 있다.

③ 1인 가구의 문제와 그것을 해결하기 위한 방법을 밝히고 있다.

④ 1인 가구 정책을 4인 가구를 중심으로 비교하며 분석하고 있다.

47. 윗글의 내용과 같은 것을 고르십시오.

① 1인 가구를 위한 복지, 주거 정책이 충분히 제정되어 있다.

② 1인 가구의 급증은 노인 문제, 청년 실업 문제를 심화시킨다.

③ 경제적 이유로 취업, 결혼, 출산을 포기하는 사람이 늘고 있다.

④ 빈곤과 심리적 불안감 때문에 결혼하는 사람들이 증가하고 있다.

※ [48~50] 다음을 읽고 물음에 답하십시오. (각 2점)

명예는 한 개인의 인간적, 사회적 가치에 대한 사회적 평가를 의미한다. 최근 인터넷의 발달로 자유롭게 인터넷을 이용할 수 있게 되면서 인터넷상에서 타인의 명예를 훼손하는 것이 문제가 되고 있다. 인터넷 명예 훼손은 사람을 비방할 목적으로 정보 통신망을 통하여 (　　　　) 타인의 명예를 훼손하는 행위를 말한다. 인터넷 명예 훼손의 조건으로는, 먼저 사람을 비방할 목적이 있었다는 증거가 있어야 한다. 또한 타인의 인격에 대한 사회적 가치나 평가가 침해될 가능성이 있을 정도로 구체적이어야 한다. 따라서 인터넷상에서 한 사람의 사회적 가치에 대한 외부적 평가를 훼손시키는 행위가 바로 인터넷 명예 훼손죄에 해당하는 것이다. 인터넷상에서 자유롭게 의사 표현을 하는 것은 좋지만 타인의 명예를 훼손하는 일은 없어야 한다.

48. 윗글을 쓴 목적으로 가장 알맞은 것을 고르십시오.

① 인터넷 명예 훼손의 조건에 대해 알려 주기 위해서

② 인터넷 명예 훼손에 대한 경각심을 일깨우기 위해서

③ 인터넷 명예 훼손으로 인한 피해 사례를 제시하기 위해서

④ 인터넷 명예 훼손과 기존의 명예 훼손의 차이점을 설명하기 위해서

49. (　　)에 들어갈 말로 가장 알맞은 것을 고르십시오.

① 공공연하게 사실이나 거짓을 드러냄으로써

② 인터넷에 다른 사람의 개인 정보를 올림으로써

③ 인터넷을 통해 다른 사람의 행적을 알림으로써

④ 다른 사람의 소문을 가족이나 친구에게 말함으로써

50. 윗글의 내용과 같은 것을 고르십시오.

① 인터넷 명예 훼손은 지금보다 강력한 처벌이 필요하다.

② 조건을 갖추지 않아도 인터넷 명예 훼손으로 처벌이 가능하다.

③ 인터넷 명예 훼손은 사람을 비방할 목적이 있었다는 증거가 필요하다.

④ 의사 표현의 자유를 위해서 인터넷상 명예 훼손은 어느 정도 허용된다.

제5회 FINAL 실전 모의고사

实战模拟考试 第5套

TOPIK Ⅱ

1교시	듣기, 쓰기

수험번호 (Registration No.)		
이 름 (Name)	한국어 (Korean)	
	영 어 (English)	

유 의 사 항
Information

1. 시험 시작 지시가 있을 때까지 문제를 풀지 마십시오.

   Do not open the booklet until you are allowed to start.

2. 수험번호와 이름을 정확하게 적어 주십시오.

   Write your name and registration number on the answer sheet.

3. 답안지를 구기거나 훼손하지 마십시오.

   Do not fold the answer sheet; keep it clean.

4. 답안지의 이름, 수험번호 및 정답의 기입은 배부된 펜을 사용하여 주십시오.

   Use the given pen only.

5. 정답은 답안지에 정확하게 표시하여 주십시오.

   Mark your answer accurately and clearly on the answer sheet.

6. 문제를 읽을 때에는 소리가 나지 않도록 하십시오.

   Keep quiet while answering the questions.

7. 질문이 있을 때에는 손을 들고 감독관이 올 때까지 기다려 주십시오.

   When you have any questions, please raise your hand.

TOPIK Ⅱ 듣기(1번~50번)

※ [1~3] 다음을 듣고 가장 알맞은 그림 또는 그래프를 고르십시오. (각 2점)

1. ①  ② 

③  ④ 

2. ①  ② 

③  ④ 

3. ①

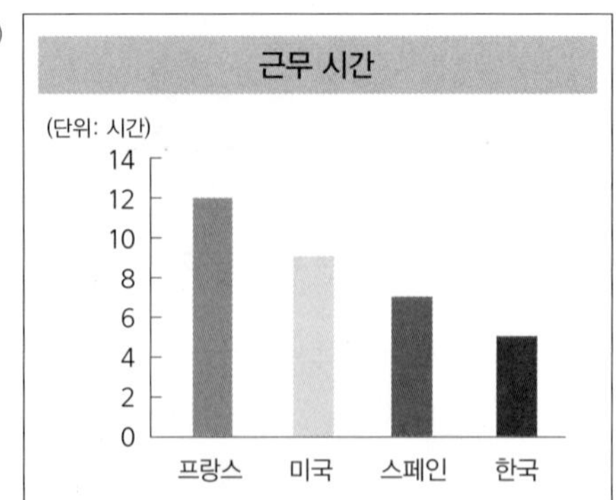

②

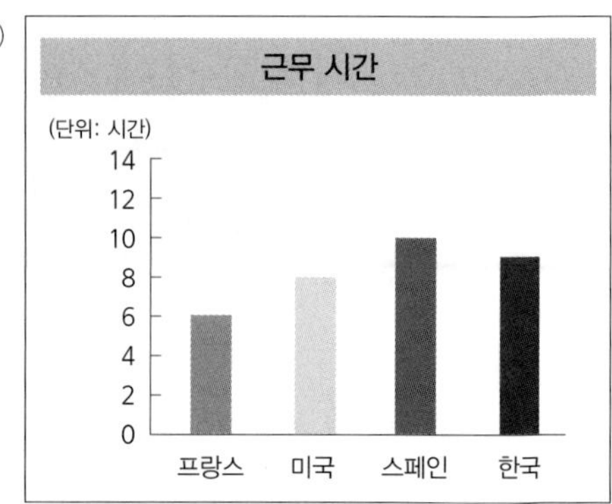

③

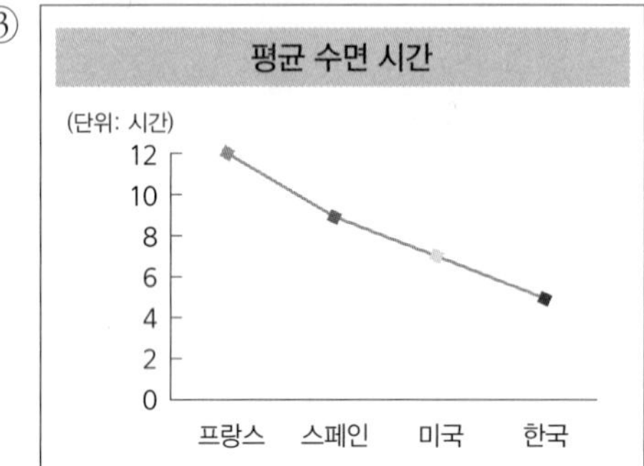

④

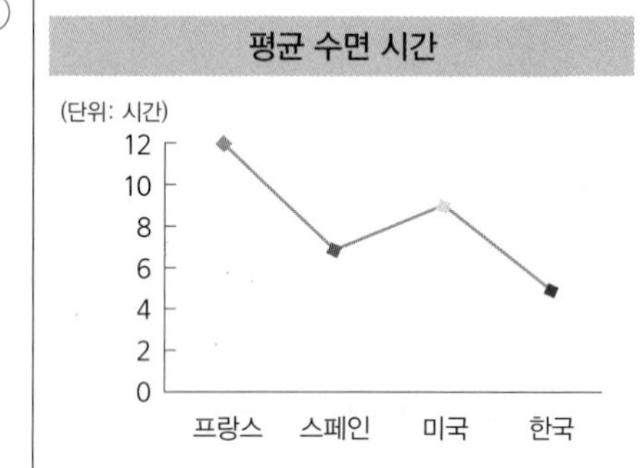

※ [4~8] 다음을 듣고 이어질 수 있는 말로 가장 알맞은 것을 고르십시오. (각 2점)

4. ① 다음에는 꼭 같이 볼게요.
② 안 그래도 또 보려고 했어요.
③ 공연이 정말 훌륭했을 거예요.
④ 부모님도 정말 좋아하실 거예요.

5. ① 미리 정했으면 좋았을 거야.
② 역시 외국으로 갈 걸 그랬어.
③ 벌써 국내로 간다고 말씀드렸어.
④ 기차 여행도 나쁘지 않은 것 같은데.

6. ① 같이 가서 정말 좋았어요.
② 꼭 같이 갈 수 있을 거예요.
③ 이름이 있는지 확인해 볼게요.
④ 주말에는 많이 바쁠 것 같아요.

7. ① 벌써 다 팔렸더라고요.
② 간편해졌으면 좋겠어요.
③ 저도 빨리 먹어 보고 싶어요.
④ 한번 주스로 만들어 봐야겠어요.

8. ① 예정보다 시간이 늦어요.
② 낮잠을 잤더니 훨씬 좋았어요.
③ 그래도 있으면 좋을 것 같아요.
④ 퇴근 시간이 더 빠르면 좋겠어요.

※ [9~12] 다음을 듣고 여자가 이어서 할 행동으로 가장 알맞은 것을 고르십시오. (각 2점)

9. ① 파는 물건에 대한 정보를 쓴다.
② 홈페이지에서 상인 등록을 한다.
③ 인터넷 장터에 물건을 등록한다.
④ 장터에서 팔 물건 사진을 찍는다.

10. ① 마케팅 팀과 회의 날짜를 정한다.
② 설문 조사 내용을 기획안에 넣는다.
③ 인터넷에서 아르바이트생을 구한다.
④ 마케팅 팀과 기획안 회의를 진행한다.

11. ① 걸레를 빨아 온다.
② 바닥의 먼지를 닦는다.
③ 빗자루로 바닥을 쓴다.
④ 남자와 책장을 옮긴다.

12. ① 회의 시간을 부원들에게 알린다.
② 회의를 위해 회의실 예약을 한다.
③ 부원들에게 문자 메시지를 보낸다.
④ 남자에게 명단을 메일로 보내 준다.

※ **[13~16] 다음을 듣고 들은 내용과 같은 것을 고르십시오.** (각 2점)

13. ① 이 식당은 대학생들이 많이 찾는다.
② 남자는 음식의 맛에 만족하고 있다.
③ 남자는 식당에서 아르바이트를 했다.
④ 최근에 식당 주인이 여러 번 바뀌었다.

14. ① 백화점 안내 데스크에서 지갑을 보관하고 있다.
② 빨간색 지갑을 잃어버린 곳은 여자 화장실이다.
③ 지갑을 분실한 사람은 안내 데스크에 알려야 한다.
④ 지갑을 주운 사람은 고객 센터로 가져다줘야 한다.

15. ① 사진전은 작가의 고향에서 열린다.
② 작가는 예전에 형과 함께 활동했다.
③ 사진에는 여러 외국인들이 등장한다.
④ 작가는 그동안 사진전을 연 적이 없다.

16. ① 남자는 매일매일 운동을 하는 편이다.
② 남자가 직접 천연 팩을 만들어서 사용한다.
③ 남자는 여자의 얼굴보다 열 살 어려 보인다.
④ 남자는 부정적인 생각을 안 하려고 노력한다.

※ [17~20] 다음을 듣고 남자의 중심 생각으로 가장 알맞은 것을 고르십시오. (각 2점)

17. ① 전공대로 취업을 하는 것은 좋지 않다.
② 졸업 후에 바로 취업을 하는 건 안 좋다.
③ 취업할 때에는 여러 가지 자격이 필요하다.
④ 취업하기 전에 다양한 경험을 쌓아야 한다.

18. ① 상품의 유통 기한을 먼저 확인하는 것이 좋다.
② 좋은 쇼핑 습관으로 합리적인 쇼핑을 할 수 있다.
③ 쇼핑 시간이 길수록 합리적인 쇼핑을 할 수 있다.
④ 쇼핑할 때 유통 기한을 확인하면 시간이 오래 걸린다.

19. ① 금요일에는 회식을 하지 않는 게 좋다.
② 금요일에 회식을 하면 주말에 피곤하다.
③ 동료들과 이야기를 하기 위해 회식이 필요하다.
④ 회식을 통해 동료들과 편하게 이야기할 수 있다.

20. ① 요즘 음식들은 자극적인 음식이 많다.
② 하루에 한 번은 건강한 빵을 먹어야 한다.
③ 다이어트를 할 때에는 싱거운 빵을 먹어야 한다.
④ 빵을 만들 때는 건강을 가장 중요하게 생각한다.

※ [21~22] 다음을 듣고 물음에 답하십시오. (각 2점)

21. 남자의 중심 생각으로 가장 알맞은 것을 고르십시오.

① 방송에 나와서 거짓말을 하면 안 된다.

② 맛없는 식당은 방송에 나오면 안 된다.

③ 방송의 내용을 모두 신뢰해서는 안 된다.

④ 거짓말을 해 달라고 부탁을 하면 안 된다.

22. 들은 내용과 같은 것을 고르십시오.

① 여자는 식당의 음식 맛에 실망했다.

② 이 식당은 유명해져서 방송에 나왔다.

③ 방송에 나오는 음식점은 대부분 맛이 없다.

④ 남자는 과거에 방송에 출연해 본 적이 있다.

※ [23~24] 다음을 듣고 물음에 답하십시오. (각 2점)

23. 남자가 무엇을 하고 있는지 맞는 것을 고르십시오.

① 환불 방법에 대해 알려 주고 있다.

② 환불 규정에 대해서 소개하고 있다.

③ 환불이 안 되는 이유를 설명하고 있다.

④ 여자가 구매한 제품을 환불해 주고 있다.

24. 들은 내용과 같은 것을 고르십시오.

① 유리컵은 어제만 판매하는 상품이다.

② 여자는 영수증이 없어서 환불할 수 없다.

③ 여자는 환불 대신 물건을 교환하기로 했다.

④ 여자는 환불에 대해서 들은 적이 없다고 했다.

※ [25~26] 다음을 듣고 물음에 답하십시오. (각 2점)

25. 남자의 중심 생각으로 가장 알맞은 것을 고르십시오.

① 해외 직구는 배송료를 더 지불하지만 싼 편이다.

② 해외 직구는 문제점이 있지만 가격 경쟁력이 크다.

③ 소비자는 배송 기간 때문에 해외 직구를 선택한다.

④ 소비자들은 해외 사이트에서 주문하는 것을 좋아한다.

26. 들은 내용과 같은 것을 고르십시오.

① 해외 사이트는 외국어로만 안내되어 있다.

② 해외 직구를 하는 사람들이 감소하고 있다.

③ 해외 사이트와 국내 사이트의 배송료가 같다.

④ 해외 직구는 가격에 비해 품질이 좋은 편이다.

※ [27~28] 다음을 듣고 물음에 답하십시오. (각 2점)

27. 남자가 말하는 의도로 알맞은 것을 고르십시오.

① 피아노를 계속 배울 것을 권유하기 위해서

② 피아노를 배우는 태도에 대해서 지적하기 위해서

③ 피아노를 배우는 것의 중요성을 강조하기 위해서

④ 피아노를 배울 때의 어려운 점을 알려 주기 위해서

28. 들은 내용과 같은 것을 고르십시오.

① 남자는 피아노를 배우는 것이 싫어졌다.

② 남자는 예전에 악기를 배워 본 적이 있다.

③ 여자는 어릴 때 피아노를 배워 본 적이 있다.

④ 남자는 시간이 없어서 피아노를 배울 수 없다.

※ [29~30] 다음을 듣고 물음에 답하십시오. (각 2점)

29. 남자가 누구인지 고르십시오.

① 의사

② 보건소 직원

③ 기상청 관계자

④ 지구 과학 연구원

30. 들은 내용과 같은 것을 고르십시오.

① 폭염 때는 외출을 할 수 없다.

② 음식은 냉장고에 오래 보관해야 한다.

③ 폭염이 지나고 비가 많이 내릴 것이다.

④ 폭염 때는 땀을 많이 흘리지 않게 해야 한다.

※ [31~32] 다음을 듣고 물음에 답하십시오. (각 2점)

31. 남자의 중심 생각으로 가장 알맞은 것을 고르십시오.

① 또래 집단은 동질성을 중요하게 여긴다.

② 교복을 입으면 생기는 장점도 많이 있다.

③ 학생들은 교복이 아닌 똑같은 옷을 입어야 한다.

④ 학교에서는 학생들에게 교복을 강요하면 안 된다.

32. 남자의 태도로 가장 알맞은 것을 고르십시오.

① 비교를 통해 상대방의 의견을 반박하고 있다.

② 자신의 주장과 다른 점을 찾아 해명하고 있다.

③ 객관적인 자료를 제시하며 주장을 펼치고 있다.

④ 상대방의 의견을 존중하면서 자신의 의견을 주장하고 있다.

※ [33~34] 다음을 듣고 물음에 답하십시오. (각 2점)

33. 무엇에 대한 내용인지 알맞은 것을 고르십시오.

① 노력의 중요성

② 역대 대통령들의 평가

③ 경력과 성공의 상관관계

④ 훌륭한 대통령이 되는 방법

34. 들은 내용과 같은 것을 고르십시오.

① 주어진 환경이 성공을 좌우하는 편이다.

② 현재에 머물지 말고 미래를 위해서 노력해야 한다.

③ 미국 대통령들은 모두 불우한 어린 시절을 보냈다.

④ 대통령들은 아르바이트를 했기 때문에 성공을 했다.

※ [35~36] 다음을 듣고 물음에 답하십시오. (각 2점)

35. 남자가 무엇을 하고 있는지 고르십시오.

① 겨울철 기온에 대해 안내하고 있다.

② 주말의 기상 상황에 대해 설명하고 있다.

③ 국립기상센터의 필요성을 강조하고 있다.

④ 봄이 언제 오는지 날씨를 통해 예측하고 있다.

36. 들은 내용과 같은 것을 고르십시오.

① 봄은 보름이 지나도 오지 않을 것이다.

② 예년 이맘때 주말 날씨는 덥지 않았다.

③ 다음 주 초에도 여전히 날씨가 더울 것이다.

④ 다음 주말 외출 시 옷을 가볍게 입어야 한다.

※ **[37~38] 다음을 듣고 물음에 답하십시오. (각 2점)**

37. 여자의 중심 생각으로 가장 알맞은 것을 고르십시오.

① 축구 경기에서는 관중의 함성이 필요 없다.

② 축구 경기에서 심판의 판정은 공정해야 한다.

③ 축구 경기에서 관중들이 크게 응원을 해야 한다.

④ 열정적인 관중의 응원이 심판의 판정에 영향을 준다.

38. 들은 내용과 같은 것을 고르십시오.

① 심판은 축구 경기에서 12번째 선수라고 불린다.

② 박사는 선수로서의 성공 경험을 바탕으로 연구를 진행했다.

③ 응원을 들은 심판들은 태클을 반칙으로 판단하는 정도가 낮았다.

④ 까다로운 시험을 통해 선발되지 못한 심판들은 불공정한 심판을 한다.

※ **[39~40] 다음을 듣고 물음에 답하십시오. (각 2점)**

39. 이 대화 전의 내용으로 가장 알맞은 것을 고르십시오.

① 사회적으로 어린이의 권리 침해가 심각하다.

② 어린이집의 감시 카메라 설치가 의무화되었다.

③ 어린이집의 감시 카메라 설치는 자율적으로 결정된다.

④ 어린이집의 감시 카메라 설치는 효과가 나타나지 않았다.

40. 들은 내용과 같은 것을 고르십시오.

① 감시 카메라 설치는 교사들의 사생활과 관계없다.

② 감시 카메라 설치는 영유아의 안전을 위해 필수적이다.

③ 감시 카메라의 설치 범위와 열람 규정은 이미 존재한다.

④ 감시 카메라를 설치하고 나면 지속적인 감시는 필요없다.

※ [41~42] 다음을 듣고 물음에 답하십시오. (각 2점)

41. 이 강연의 중심 내용으로 가장 알맞은 것을 고르십시오.

① 동물도 사람과 마찬가지로 애착을 가진다.

② 동물들은 사람들의 생각과 정반대로 행동한다.

③ 원숭이들은 따뜻하고 부드러운 천을 선호한다.

④ 동물은 본능에 의한 생존 법칙대로 사는 존재이다.

42. 들은 내용과 같은 것을 고르십시오.

① 인간을 제외한 모든 동물은 애착을 갖고 있지 않다.

② 살아 있는 어미 원숭이 두 마리를 가지고 실험을 했다.

③ 아기 원숭이는 우유병을 달고 있는 모형에 애착을 많이 느꼈다.

④ 아기 원숭이는 대부분 부드러운 천으로 만든 어미 원숭이에게 안겨 있었다.

※ [43~44] 다음을 듣고 물음에 답하십시오. (각 2점)

43. 무엇에 대한 내용인지 알맞은 것을 고르십시오.

① 불면증을 종류별로 나눠 분석해야 한다.

② 사람의 몸에 맞는 적절한 온도를 찾아야 한다.

③ 여름에 발생하는 불면증의 원인을 알고 대비해야 한다.

④ 자기에게 맞는 숙면을 취할 수 있는 방법을 알아야 한다.

44. 여름에 잠을 못 자는 가장 큰 이유로 맞는 것을 고르십시오.

① 정신적 스트레스가 심해지기 때문에

② 열을 체외로 내보내며 체온이 떨어지기 때문에

③ 사람들이 숙면의 원인을 파악하지 못하기 때문에

④ 외부의 온도가 높아지면서 체온이 떨어지지 않기 때문에

※ [45~46] 다음을 듣고 물음에 답하십시오. (각 2점)

45. 들은 내용과 같은 것을 고르십시오.

① 화재경보기의 발명은 과학의 결실 중 하나이다.

② 시계와 달력은 현대 생활에서 중요도가 낮아졌다.

③ 인공위성으로 인해 깨끗한 물을 마실 수 있게 됐다.

④ 단열재는 여름에 열이 밖으로 전달되는 것을 막는다.

46. 여자의 태도로 알맞은 것을 고르십시오.

① 우주 과학의 이론을 논리적으로 분석하고 있다.

② 우주 과학 기술 발달의 무분별함을 비판하고 있다.

③ 지구 온난화 문제의 해결책으로 우주 과학을 제시하고 있다.

④ 우주 과학을 활용한 발명을 사례로 들며 중요성을 설명하고 있다.

※ [47~48] 다음을 듣고 물음에 답하십시오. (각 2점)

47. 들은 내용과 같은 것을 고르십시오.

① 로봇 코는 약 1만 가지의 냄새를 가려낼 수 있다.

② 로봇 코는 냄새의 강도를 숫자로 나타낼 수 있다.

③ 로봇 코는 사람보다 더 많은 냄새를 구별할 수 있다.

④ 로봇 코는 유독 가스 노출 사고 현장에 투입될 수 없다.

48. 남자의 태도로 알맞은 것을 고르십시오.

① 차세대 로봇 코 기술 개발을 지지하고 있다.

② 로봇이 인간의 노동을 대체하길 기대하고 있다.

③ 사람과 로봇의 코를 비교하며 전문가들의 의견에 반박하고 있다.

④ 로봇이 다양한 냄새를 구별하지 못하는 현재 기술력에 실망하고 있다.

※ [49~50] **다음을 듣고 물음에 답하십시오.** (각 2점)

49. 들은 내용과 같은 것을 고르십시오.

① 비만 청소년 문제는 운동량만 늘리면 해결 가능하다.

② 문제 해결을 위해서 가정과 학교의 지도가 필요하다.

③ 비만 청소년은 늘었지만 영양 결핍 청소년의 수는 줄었다.

④ 비만과 영양 결핍 모두 10대보다 10대 미만 환자 수가 더 많다.

50. 남자의 태도로 알맞은 것을 고르십시오.

① 자료를 연도별로 세분하여 제시하고 있다.

② 문제에 대한 제도적 대비책을 강구하고 있다.

③ 문제에 대한 정부의 무능함을 비판하고 있다.

④ 자료를 바탕으로 문제의 심각성과 원인을 파악하고 있다.

TOPIK Ⅱ 쓰기(51번~54번)

※ [51~52] 다음 글의 ㉠과 ㉡에 알맞은 말을 각각 쓰시오. (각 10점)

51.

실험에 참여할 학생을 모집합니다

한국대학교 연구실에서는 얼굴의 움직임과 손의 움직임의 관계에 대해 연구하고 있습니다.

- **실험 참여 대상:** 18세 이상 30세 미만의 건강한 남자, 여자
- **실험 참여 일시:** 8월 10일~8월 20일,
참여자와 상의하여 하루 선택(2~3시간 정도 걸림.)
- **실험 장소:** 한국대학교 실험관 612호

실험에 참여할 학생들은 (　　　㉠　　　). 얼굴과 손의 움직임을 관찰해야 하기 때문에 사진이 필요합니다. 실험 보수는 4만 원이며, 실험을 모두 마친 후에 바로 계좌로 지급해 드립니다. 실험 보수 지급을 위해 (　　　㉡　　　). 서류를 꼭 가지고 오십시오.
문의: 02-4321-5678, e-mail: face@hankuk.ac.kr

52.

자원봉사는 개인적 측면에서 볼 때 남에게 인정받고 자아를 실현하고자 하는 인간적 욕구를 충족시킨다. 이는 자신이 가진 지식과 기술을 활용함으로써 (　　　㉠　　　). 또한 사회적인 측면에서는 시민 의식을 성숙시킬 뿐만 아니라 우수한 인적 자원을 활용해 사회를 발전시킬 수 있도록 한다. 그러므로 자원봉사는 (　　　㉡　　　).

53. 다음은 30~50대 남성의 근무 시간과 시간 활용 방법에 내해 조사한 자료이다. 이 내용을 200~300자로 쓰시오. 단, 글의 제목은 쓰지 마시오. (30점)

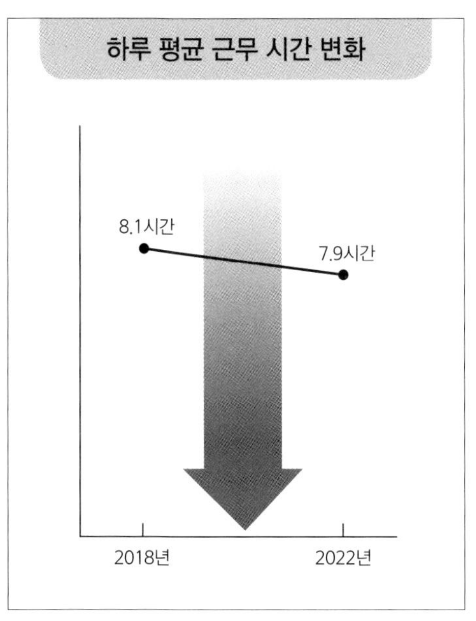

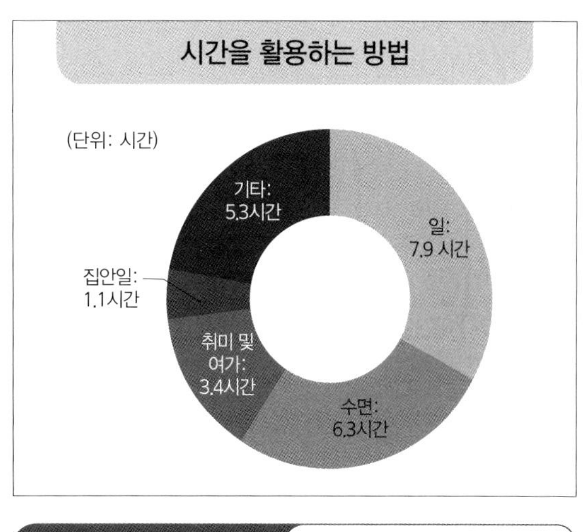

2022년 OECD 평균
- 근무 시간: 7.3시간
- 수면 시간: 8.37시간

54. 다음을 참고하여 600~700자로 글을 쓰시오. 단, 문제를 그대로 옮겨 쓰지 마시오. (50점)

> 다른 사람이 창작한 글, 영화, 음악, 디자인 등의 일부나 전부를 원작자의 동의 없이 임의로 사용하는 것을 표절이라고 한다. 최근 학문이나 예술 등 거의 모든 분야에서 표절 논란이 끊임없이 발생하고 있다. 아래의 내용을 중심으로 '표절 문제 해결'에 대한 자신의 생각을 쓰라.
>
> - 표절의 원인은 무엇인가?
> - 표절로 인한 문제점은 무엇인가?
> - 표절 문제 해결을 위해 어떤 노력이 필요한가?

* 원고지 쓰기의 예

	머	리	는		언	제		감	는		것	이		좋	을	까	?		사
람	들	은		보	통		아	침	에		머	리	를		감	는	다	.	그

제1교시 듣기, 쓰기 시험이 끝났습니다. 제2교시는 읽기 시험입니다.

제5회 FINAL 실전 모의고사

实战模拟考试 第5套

TOPIK Ⅱ

2교시	읽기

수험번호 (Registration No.)		
이 름 (Name)	한국어 (Korean)	
	영 어 (English)	

유 의 사 항
Information

1. 시험 시작 지시가 있을 때까지 문제를 풀지 마십시오.

   Do not open the booklet until you are allowed to start.

2. 수험번호와 이름을 정확하게 적어 주십시오.

   Write your name and registration number on the answer sheet.

3. 답안지를 구기거나 훼손하지 마십시오.

   Do not fold the answer sheet; keep it clean.

4. 답안지의 이름, 수험번호 및 정답의 기입은 배부된 펜을 사용하여 주십시오.

   Use the given pen only.

5. 정답은 답안지에 정확하게 표시하여 주십시오.

   Mark your answer accurately and clearly on the answer sheet.

6. 문제를 읽을 때에는 소리가 나지 않도록 하십시오.

   Keep quiet while answering the questions.

7. 질문이 있을 때에는 손을 들고 감독관이 올 때까지 기다려 주십시오.

   When you have any questions, please raise your hand.

TOPIK Ⅱ 읽기(1번~50번)

※ [1~2] (　　)에 들어갈 말로 가장 알맞은 것을 고르십시오. (각 2점)

1. 노인 취업에 대한 설문 조사에서 건강이 (　　　　) 계속 일하고 싶다는 응답이 절반을 넘었다.

① 허락하기에　　② 허락하는 한

③ 허락할지라도　　④ 허락한다고 해도

2. 선영이는 미아에게 "미아 씨, 왜 이렇게 늦었어요? 제가 미아 씨한테 1시에 시작한다고 (　　　　)." 하고 화를 냈다.

① 했거든요　　② 했다니요

③ 했더군요　　④ 했잖아요

※ [3~4] 밑줄 친 부분과 의미가 가장 비슷한 것을 고르십시오. (각 2점)

3. 이 아파트는 전망도 좋거니와 교통도 편리해서 인기가 많다.

① 좋은데도　　② 좋은 만큼

③ 좋은 체하고　　④ 좋을 뿐만 아니라

4. 전공과목을 선택할 때 깊이 생각해 보고 잘 선택할 걸 그랬다.

① 선택한 듯하다　　② 선택했어야 했다

③ 선택한 셈 쳤다　　④ 선택했다고 본다

※ [5~8] 다음은 무엇에 대한 글인지 고르십시오. (각 2점)

5.

자외선 차단 지수 최고
두 시간에 한 번씩 발라 주세요~

① 연고 ② 향수 ③ 화장품 ④ 그림 물감

6.

실화를 바탕으로 한 화제의 원작
원작을 넘어섰다는 평론가들의 극찬
지금 스크린에서 확인하세요.

① 도서 ② 연극 ③ 영화 ④ 드라마

7.

기대 수명은 빠르게 증가
은퇴는 선진국보다 7~8년 빨라

① 노후 준비 ② 진학 준비 ③ 취업 준비 ④ 양육 준비

8.

제품 구입 후 일주일 안에 가능합니다.
상표를 제거한 후에는 불가능합니다.

① 구입 방법 ② 교환 안내 ③ 반품 사유 ④ 제품 문의

※ [9~12] 다음 글 또는 그래프의 내용과 같은 것을 고르십시오. (각 2점)

9.

서울시 아기 사진 공모전

- **응모 대상:** 아기를 키우고 있는 서울 시민(연령 제한 없음)
- **응모 기간:** 2024년 9월 1일 ~ 9월 30일
- **응모 방법:** 이메일 접수(edepal1026@saver.com)
  ※ 돌 미만의 아기 사진 / 1인 1매 접수
- **발표 및 시상:** 10월 5일 오전 10시 ~ 오후 5시
  광화문 광장에서 시민의 스티커 투표 진행
  행사 직후 현장에서 발표 및 시상

① 돌이 지난 아기의 사진을 응모하면 된다.

② 마음에 드는 아기 사진을 시민이 직접 뽑는다.

③ 공모전에 선발된 사람은 행사 후 홈페이지에 발표한다.

④ 서울 시민이면 아기의 연령에 관계없이 누구나 응모가 가능하다.

10.

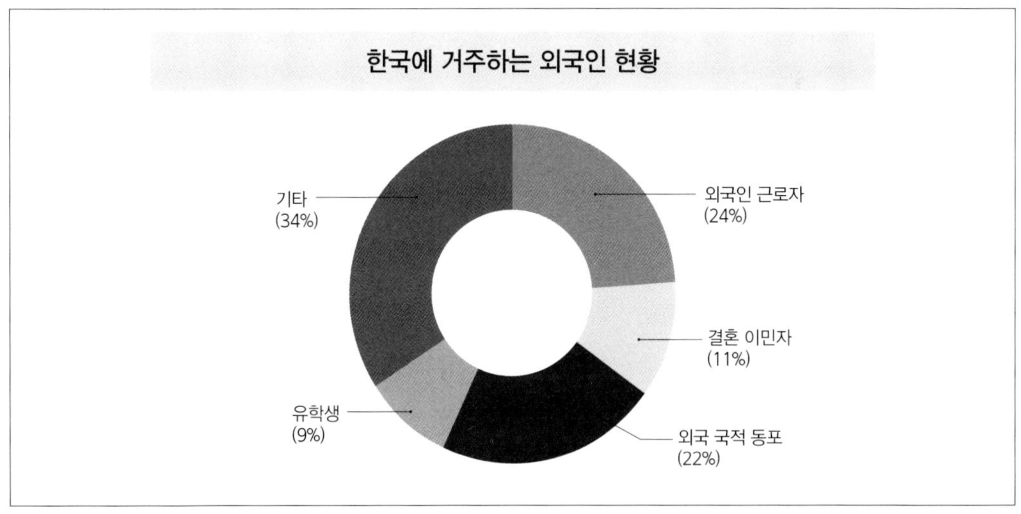

① 결혼 이민자 수와 유학생의 수는 서로 같다.

② 외국인 근로자가 절반 이상을 차지하고 있다.

③ 외국인 근로자의 수가 외국 국적 동포의 수보다 많다.

④ 외국인 근로자 이외의 다른 외국인 비율은 서로 큰 차이가 없다.

11.

'중학교 자유 학기제'는 중학교 과정 중 한 학기 동안 학생들이 시험 걱정 없이 능동적으로 학교생활을 할 수 있게 하자는 취지로 마련된 정책이다. 시험을 안 본다고 해서 교과 공부를 안 하는 것은 아니다. 오전에는 국어, 영어, 수학 등 교과 수업을 듣고 오후에는 다양한 체험 활동을 하는 형식으로 운영되고 있다.

① 자유 학기에는 시험을 보지 않는다.
② 중학교에서 자유 학기제를 시행할 예정이다.
③ 자유 학기에는 교과 공부 대신 체험 활동을 한다.
④ 학교를 졸업한 후에 자유 학기제를 선택할 수 있다.

12.

대부분 아프리카의 이미지가 천편일률적이고 한쪽으로 치우쳐 있다. 세계 다른 곳과 마찬가지로 아프리카에 대해서도 균형 잡힌 이해가 필요하다. 아시아 대륙 안에 있다고 한국과 필리핀, 인도, 아프가니스탄을 모두 같다고 볼 수 없는 것처럼 아프리카도 그렇다. 아프리카 대륙은 우리의 생각보다 훨씬 크고 다양하며 다채롭다.

① 사람들은 아프리카에 대해 편견을 가지고 있다.
② 아프리카 대륙은 우리가 생각하는 것보다 단순하다.
③ 사람들은 아프리카에 관해서 다양하게 인식하고 있다.
④ 아프리카 대륙에 있는 국가들은 유사한 특징을 가지고 있다.

※ [13~15] 다음을 순서에 맞게 배열한 것을 고르십시오. (각 2점)

13.

> (가) 일반 상식 중에는 사실과 다른 것이 적지 않다.
>
> (나) 술을 마시면 알코올이 혈관을 확장시켜 따뜻한 피를 피부 표면까지 끌어올린다.
>
> (다) 그래서 일시적으로 따뜻한 느낌이 들 뿐 오히려 체내의 열을 빼앗겨 위험에 처할 수 있다.
>
> (라) 예를 들면 술은 몸을 따뜻하게 해 준다고 알려져 있지만 이것은 몸이 따뜻해진다고 착각을 하는 것뿐이다.

① (가)-(라)-(나)-(다)　　② (가)-(다)-(라)-(나)

③ (나)-(다)-(가)-(라)　　④ (나)-(라)-(가)-(다)

14.

> (가) 핵심 비결은 놀랍게도 숙제의 힘에 있었다.
>
> (나) 그래서 미국인 5만 명을 대상으로 가족의 일상에 관한 '학습 습관 연구'를 시작했다.
>
> (다) 3년간 진행된 이 연구를 통해 학업, 정서, 사회성에서 성공을 경험한 아이들의 공통점을 밝혀냈다.
>
> (라) 로버트 박사는 자녀를 훌륭한 인재로 양육한 가족들을 연구해서 새로운 교육 방법을 찾고자 했다.

① (가)-(나)-(다)-(라)　　② (가)-(나)-(라)-(다)

③ (라)-(나)-(가)-(다)　　④ (라)-(나)-(다)-(가)

15.

(가) 등기 우편을 우체통에 넣어 발송할 수 있는 서비스가 시작되었다.

(나) 지금까지는 우체국을 직접 방문해서 비용을 결제해야만 등기 우편을 발송할 수 있었다.

(다) 이제 모바일 어플에서 사전 접수와 결제를 마친 후에 접수 번호를 기재해서 우체통에 넣으면 되는 것이다.

(라) 물론 우체통의 크기가 크지 않아 작은 크기의 내용물만 발송할 수 있지만, 이용자의 편의가 높아질 것으로 보인다.

① (가)-(나)-(다)-(라)　② (가)-(다)-(나)-(라)

③ (다)-(가)-(나)-(라)　④ (라)-(다)-(나)-(가)

※ [16~18] (　)에 들어갈 말로 가장 알맞은 것을 고르십시오. (각 2점)

16.

엄마가 두 아이에게 피자를 나눠 줄 때, 한 아이에게 피자를 자르게 하고 다른 아이에게 (　　　　). 피자를 자른 아이가 피자를 나중에 선택한다는 걸 알면, 그 아이는 피자를 최대한 공평하게 자를 것이다. 피자를 자르지 않은 아이도 먼저 선택권을 얻으므로 불만이 없다.

① 먼저 고르게 하면 좋다

② 피자를 양보하도록 한다

③ 나중에 피자를 먹게 하면 된다

④ 크기가 같은지 확인하게 해야 한다

17.

한 나무꾼이 열심히 나무를 베고 있었는데, 갈수록 힘만 들고 나무는 잘 베어지지 않았다. 도끼날이 무뎌진 것을 알아채지 못한 것이다. 나무꾼은 나무를 계속 베다가 그만 지쳐 자리에 주저앉고 말았다. 이처럼 (   ) 무조건 노력한다고 해서 원하는 목표를 이룰 수 없다.

① 자신의 능력을 잘 모르고

② 다른 사람의 조언을 듣지 않고

③ 원인을 찾아서 문제를 해결하지 않고

④ 자신의 능력에 비해 목표를 높게 잡고

18.

도로 교통량의 증가와 자동차 과속으로 인해 야생 동물이 교통사고로 죽는 일이 지속적으로 발생하고 있다. 이를 막기 위해 생태 통로를 건설하였으나 (   ) 기대만큼의 성과는 거두지 못하고 있다. 야생 동물 교통사고를 막으려면 동물들이 먹이를 구하기 위해, 새끼를 낳기 위해 본능적으로 움직이는 성향에 대한 연구가 먼저 이루어져야 한다.

① 동물의 출산 정보에 대해 무지해서

② 동물의 행동 특성에 대한 고려가 부족해서

③ 생태 통로 건설에 관한 첨단 기술이 없어서

④ 도로 교통량과 자동차 속도를 줄이지 못해서

※ [19~20] 다음을 읽고 물음에 답하십시오. (각 2점)

> 오늘날 청소년들은 가장 크고 중요한 문화 소비층이 되었다. 따라서 미디어와 문화 산업은 온갖 광고와 판매 전략을 동원해 청소년들을 현혹하고 있다. ( ) 마음을 놓으면 문화 산업의 광고 전략에 넘어가기 십상이다. 요즘 거리에서 비슷한 외모에 비슷한 스타일, 비슷한 상품을 착용한 청소년들을 흔히 볼 수 있다. 청소년들이 주체적으로 사고하고 자신의 개성을 지켜야 할 때다.

19. ( )에 들어갈 말로 가장 알맞은 것을 고르십시오.

① 자칫 ② 미처
③ 역시 ④ 절대

20. 윗글의 주제로 가장 알맞은 것을 고르십시오.

① 거리에 개성이 넘치는 청소년들이 많아야 한다.
② 미디어와 문화 산업이 청소년들을 유혹하고 있다.
③ 비슷한 스타일을 한 청소년들을 찾아보기 힘들다.
④ 청소년은 문화 산업 광고에 넘어가지 말아야 한다.

※ [21~22] 다음을 읽고 물음에 답하십시오. (각 2점)

> 지난해 한국의 연간 근무 시간은 총 1,915시간으로 OECD 회원국 평균의 3배에 달했다. 이는 38개 회원국 중 5위에 해당하기 때문에 현실적으로 일과 가사 노동, ( )은 매우 힘들다. 게다가 설문 조사 결과, 직장인의 평균 출퇴근 시간은 약 1시간 24분으로 조사되었다. 퇴근 후에 개인적으로 사용할 수 있는 시간이 많지 않은 것이다. 한국인의 평균 수면 시간이 항상 OECD 회원국 중 꼴찌를 차지하는 것에는 이러한 요인이 있기 때문으로 추측된다.

21. ( )에 들어갈 말로 가장 알맞은 것을 고르십시오.

① 활개를 펴는 것 ② 두 손을 드는 것
③ 두 다리를 쭉 뻗는 것 ④ 두 마리 토끼를 잡는 것

22. 윗글의 내용과 같은 것을 고르십시오.

① 일과 가사 노동을 둘 다 잘하는 것은 그리 어렵지 않다.

② 한국의 연간 근무 시간은 OECD 회원국 중 3위에 해당한다.

③ 한국인은 퇴근 후에 개인적으로 사용할 수 있는 시간이 많은 편이다.

④ 한국인은 OECD 회원국 중에 평균 수면 시간이 가장 적은 것으로 조사되었다.

※ [23~24] **다음을 읽고 물음에 답하십시오.** (각 2점)

지난겨울, 비용이 부담되어 아이의 독감 예방 접종을 건너뛰었다. 그 결과 독감에 걸려 학교도 못 간 딸에게 무척 미안했다. 올해는 꼭 접종해 주리라 마음먹고 딸과 함께 병원에 다녀왔다. 집에 돌아와 딸에게 "오늘은 푹 쉬어야 해. 목욕도 하면 안 돼." 하고 말했다. 그 말을 듣고 어머니가 말씀하셨다.

"너도 예전 같지 않아서 감기에 자주 걸리던데……."

"엄마, 작년엔 아이도 못 맞혔어요. 저는 어린애도 아닌데요, 뭘."

퉁명스러운 나의 대답에 어머니는 "얘, 내 딸한테 그러지 마라. 너도 나에겐 하나뿐인 자식이란다." 하고 말씀하셨다. 순간 가슴이 쿵 내려앉았다. 아이의 엄마이자 한 사람의 어른이라고만 생각했던 내가 어머니에게는 늘 걱정되는 자식이었던 것이다.

23. 밑줄 친 부분에 나타난 나의 심정으로 알맞은 것을 고르십시오.

① 안쓰럽다　　② 서운하다

③ 깜짝 놀라다　　④ 불만족스럽다

24. 윗글의 내용과 같은 것을 고르십시오.

① 나는 예전에 감기에 자주 걸렸다.

② 올해 딸아이가 독감에 걸려 학교에 못 갔다.

③ 어머니를 제외하고 가족들 모두 예방 접종을 했다.

④ 작년 겨울에 비용 때문에 아이의 예방 접종을 못 했다.

※ [25~27] 다음 신문 기사의 제목을 가장 잘 설명한 것을 고르십시오. (각 2점)

25.

기업의 업무 형태 변화, 서면 보고 없애고 온라인으로 대체

① 기업의 시스템이 전산화되어서 업무 형태에 변화를 가져올 것이다.

② 기업의 근무 환경이 바뀌어서 온라인으로 보고하는 사람이 늘었다.

③ 기업의 업무 형태가 바뀌어서 앞으로 보고서를 직접 제출해야 한다.

④ 기업의 업무 환경이 서류 대신 온라인으로 보고하는 형태로 바뀌었다.

26.

봄 이사철 마무리, 전셋값 상승 주춤

① 봄 이사 기간이 끝날 때쯤 전셋값이 가장 낮다.

② 봄 이사 기간이 끝나서 전셋값 상승 추세가 멈추었다.

③ 사람들이 봄에 이사를 많이 하기 때문에 봄에 전셋값이 가장 높다.

④ 이사하기 가장 좋은 때가 봄이라서 전셋값이 계속 상승하고 있다.

27.

1인 가구 '쑥쑥', 간편식 관련 주식 들썩

① 1인용 가구가 잘 팔리면서 관련 회사의 주식이 올랐다.

② 간편한 가구를 만드는 회사들이 줄면서 1인용 가구의 매출이 줄었다.

③ 혼자 사는 사람이 늘면서 간편한 식사를 만드는 회사의 주가가 올랐다.

④ 혼자 사는 사람이 감소하면서 간단하게 먹을 수 있는 식품이 안 팔린다.

※ [28~31] ( )에 들어갈 말로 가장 알맞은 것을 고르십시오. (각 2점)

28.

파브르 곤충기로 인해 잘 알려진 곤충인 쇠똥구리는 오직 동물의 배설물만을 먹고 산다. 그렇다면 쇠똥구리는 어떤 종류의 똥을 좋아하는가? 종마다 취향이 다르다. 대부분은 초식동물의 똥을 선호하지만 일부는 육식동물의 것을 찾기도 한다. 이러한 쇠똥구리는 (   ). 그들은 사막부터 숲까지 청소하는 청소부이다. 다른 동물의 배설물을 먹거나 묻어 둠으로써 토양에 영양분을 되돌려 주는 역할을 한다.

① 인간과 가까운 곤충이다

② 가장 지저분한 곤충이다

③ 보기보다 깨끗한 곤충이다

④ 환경에 중요한 공헌을 한다

29.

영화는 스크린이라는 곳을 통해 시간적으로 흐르는 예술이며, 연극 또한 무대라는 제한된 장소에서 시간적으로 형상화되는 예술이다. 두 예술 모두 (   )이라는 점에서, 다른 분야의 예술에 비해 가까운 위치에 놓여 있음을 알 수 있다. 또한 영화와 연극은 문학이나 미술처럼 한 사람의 창조적 노력만으로 이루어지는 개인 예술이 아니라 여러 부분의 예술을 종합하여 완성되는 예술이라는 점에서도 서로 통한다.

① 시간과 공간의 예술

② 공간과 배경의 예술

③ 배경과 인물의 예술

④ 인물과 행위의 예술

30.

우리 주위에서 볼 수 있는 동물 가운데 가장 흔히 접할 수 있고, 인간과 가장 친밀한 동물 중 하나가 바로 개이다. 개는 성질이 순하고 영리하며, 주인에 대한 충성심이 강한 동물이다. 그래서 옛날이야기에 나오는 개는 하나같이 (   ) 모습을 보인다. 가장 대표적인 이야기가 '오수의 개'이다. 이 이야기는 술에 취한 주인이 들에서 잠을 자고 있는데, 불이 나서 주인이 위험해지자 개가 주인을 살리려고 불을 끄다가 죽은 이야기이다.

① 힘든 일 앞에서 이기적인

② 낯선 이에게 경계심을 갖는

③ 인간을 위해 자신을 희생하는

④ 주인의 말을 안 듣고 마음대로 하는

31.

하버드 대학교 연구팀이 판사들을 대상으로 조사한 결과, 딸을 가진 판사들이 여성에게 유리한 판결을 내리는 경향이 있음을 밝혀냈다. 판사의 성별이 남성이고 또 정치적으로 보수적인 성향을 지녔다고 해도, 딸이 있는 경우에는 보다 여성 친화적인 판결을 내렸다. 이 조사는 입장이 달라 공감하기 어려운 부분도 가깝고 지속적인 관계를 통해서 학습 가능하다는 것을 알려 준다. 결국 (   ) 판단에 영향을 미치는 것이다.

① 자신의 정체성이

② 자신의 성격이나 성향이

③ 자신이 가지고 있는 신념이

④ 자신이 맺고 있는 인간관계가

※ [32~34] 다음을 읽고 글의 내용과 같은 것을 고르십시오. (각 2점)

32.

동물마다 좋아하는 날씨가 다르다. 박쥐는 초음파 소리로 먹이의 위치를 파악하기 때문에 비가 오거나 바람이 부는 것을 싫어한다. 반면 개구리는 피부를 촉촉하게 해 주는 비 오는 날씨를 좋아한다. 파리는 푹푹 찌는 무더운 날씨를 좋아하고 북극곰은 눈이 펑펑 내리는 추운 날씨를 좋아한다. 눈이 잘 안 보이는 대신 냄새에 민감한 족제비는 냄새도 오래 남고 작은 소리도 잘 들리는 안개가 낀 날씨를 좋아한다.

① 족제비는 시각과 후각이 발달했다.

② 동물들은 대체로 맑은 날씨를 좋아한다.

③ 박쥐와 개구리는 좋아하는 날씨가 같다.

④ 파리와 북극곰이 좋아하는 날씨는 정반대이다.

33.

'일용할 양식'은 '원미동 사람들'이라는 단편집에 수록된 11편의 작품 중 하나이다. 작품의 공간적 배경은 서울 외곽의 소도시에 있는 작은 동네인 원미동이고, 시대적 배경은 유선 방송이 유행처럼 번지기 시작하던 1980년대 겨울이다. 이 작품은 우리 집, 옆집 그리고 우리 동네의 슈퍼 얘기를 하는 듯한 착각을 불러일으킨다. 이 작품에서 담고 있는 이야기가 바로 우리 같은 소시민들의 일상생활 모습이기 때문이다.

① 이 작품은 변화한 동네를 배경으로 만들어졌다.

② 이 작품은 서울 번화가의 이야기를 소재로 만들었다.

③ 이 작품은 우리 자신의 모습을 보는 느낌이 들게 한다.

④ 이 작품은 11편의 작품이 들어 있는 단편집의 제목이다.

34.

> 사람들이 일상생활에서 사용하는 말을 잘 들어 보면 잘못된 발음을 하는 경우를 흔히 볼 수 있다. 글을 쓸 때는 어법에 맞게 하려고 노력을 많이 기울이지만 말할 때는 그렇지 않기 때문이다. 예를 들면 '곳곳에서'를 [곧꼬데서]라고 하거나, '뜻있는'을 [뜨신는]으로 발음하는 사람들이 많은데, [곧꼬세서]와 [뜨딘는]이 올바른 발음이다. 습관화된 발음은 결과적으로 쓰기에도 반영되는 경우가 많으므로 주의해야 한다.

① 발음은 쓰기에도 영향을 미친다.

② '뜻있는'의 정확한 발음은 [뜨신는]이다.

③ 바르게 쓰지 못하면 발음도 틀리게 된다.

④ 어법에 맞게 발음하려고 노력하는 사람들이 많다.

※ **[35~38] 다음을 읽고 글의 주제로 가장 알맞은 것을 고르십시오.** (각 2점)

35.

> 야근이나 출장 등 갑작스러운 일이 생겼을 때 원하는 시간 2~3시간 전에만 신청하면 아이 돌봄 서비스를 이용할 수 있는 시간제 서비스가 실시되었다. 아이 돌봄 서비스는 정부가 이용자의 소득 유형에 따라 비용을 지원하여, 아이 돌보미가 아동의 집에 방문해서 일대일로 돌봄 서비스를 제공하는 제도이다. 긴급하게 돌봄이 필요한 상황에 대처하고, 등·하원 등 짧은 시간 동안 돌봄이 필요한 상황에도 서비스를 이용할 수 있게 된 것이다.

① 아이 돌봄 서비스는 이용자의 소득 유형에 맞게 이용이 가능하다.

② 시간제 돌봄 서비스가 실시됨에 따라 이용자의 편의성이 높아졌다.

③ 긴급하게 돌봄이 필요한 상황에 대처할 수 있는 보육 정책이 필요하다.

④ 아동의 집에 직접 방문하는 만큼 아이 돌보미를 철저히 검증해야 한다.

36.

요즘에는 돌 전후의 아기들까지 교육용 스마트 기기를 사용한다. 스마트 기기는 집중도와 활용성이 높아서 많이 사용되지만 어린아이들의 시력 발달에 악영향을 줄 수도 있다. 아이들을 관찰해 보면 태블릿 PC를 보여 주자마자 바로 자리에 앉아 화면에 집중하는 것을 볼 수 있다. 화면에 집중한 아이의 1분에 단 한 번만 눈을 깜빡였다. 이는 책을 볼 때 6번을 깜빡이는 것에 비해 뚜렷하게 적은 수치이다.

① 스마트 기기는 활용성이 높은 교육 도구이다.
② 스마트 기기를 사용하는 어린이는 집중력이 높다.
③ 스마트 기기는 어린 아이의 시력 발달에 직접적인 도움을 준다.
④ 스마트 기기의 사용은 아이들의 눈 건강에 안 좋은 영향을 미친다.

37.

최근 정부가 지방 대학 중 30개 대학을 선정하여 상당한 규모의 지원금을 전달하겠다고 밝혔다. 고등학생 졸업생 수가 급감하는 현재, 지방 대학에 입학하려는 학생 수는 더 급속도로 줄어들고 있기 때문이다. 물론 대학들의 전반적인 구조 개혁도 필요하다. 20년 후에는 전체 대학의 70% 정도는 문을 닫을 것으로 전망되는데, 지방 대학이 동시에 문을 닫게 되면 지역 경제에 악영향을 끼치게 될 것이므로 이에 대한 대비가 필요하다.

① 지원 대학 선정은 공정하고 객관적으로 이루어져야 한다.
② 지방 대학 지원과 함께 대학들의 전반적인 구조 개혁도 필요하다.
③ 앞으로 대부분의 대학이 문을 닫게 된다는 사실을 받아들여야 한다.
④ 정부와 대학은 대학 구조 개혁의 필요성을 인정하고 시행해야 한다.

38.

우리 뇌는 몸에 필요한 에너지가 부족하면 '배고픔'이라는 신호를 보내 음식물을 섭취하도록 유도한다. 그런데 열량이 부족하지 않을 때도 뇌가 배고픔의 신호를 보낼 때가 있다. 이것이 바로 가짜 배고픔이다. 진짜 배가 고픈 것인지 아닌지를 구분하지 않고, 배고픔을 느낀다고 해서 바로 음식을 먹으면 지방은 분해되지 못하고 계속 체내에 축적된다. 이것은 결국 비만과 당뇨 등 만성병으로 이어진다.

① 배고픔은 비만과 당뇨와 같은 만성병을 유발한다.

② 우리의 뇌는 신호를 보내서 음식물을 섭취하게 한다.

③ 진짜 배고픔과 가짜 배고픔을 구분할 수 있어야 한다.

④ 뇌에서 배고픔이라는 신호를 보내면 음식을 섭취해야 한다.

※ [39~41] 주어진 문장이 들어갈 곳으로 가장 알맞은 것을 고르십시오. (각 2점)

39.

두부는 누구나 즐겨 먹는 식품으로, '밭에서 나는 쇠고기'라고 불리는 콩으로 만든다. (㉠) 두부는 고단백 저칼로리 식품으로 지방이 체내에 쌓이는 것을 막아 줘서 다이어트 식품으로 인기가 많다. (㉡) 두부는 다량의 단백질이 포함되어 있기 때문에 많이 먹으면 단백질 소화 불량을 유발할 수 있다. (㉢) 또한 장기간 두부를 다량 섭취하면 신장에 부담을 줄 수 있다. (㉣) 두부는 하루에 100~150g 정도가 적정량이다.

〈보 기〉

하지만 몸에 좋은 건강식품이라도 너무 많이 먹으면 부작용이 생긴다.

① ㉠　　② ㉡　　③ ㉢　　④ ㉣

40.

박태환 선수는 5살 때 천식을 치료하기 위해 수영을 시작했다. (㉠) 물을 무서워했던 어린 박태환은 물의 공포를 이겨내고 마침내 한국을 빛낸 세계적인 수영 선수가 되었다. (㉡) 그는 불모지나 다름없는 한국 남자 자유형 수영에서 금메달을 목에 걸어 한국 수영의 오랜 꿈을 실현시켜 주었다. (㉢) 다른 나라와 큰 격차를 보이는 열악한 환경과 지원에도 불구하고 세계 정상에 우뚝 선 그의 노력과 땀을 인정한 것이다. (㉣)

〈보 기〉

악조건을 딛고 금메달을 딴 딴 박태환 선수를 수영 전문가들은 '노력형 천재'라고 부른다.

① ㉠ ② ㉡ ③ ㉢ ④ ㉣

41.

스노보드는 어떻게 움직일까? (㉠) 앞으로 나아가려는 쪽으로 몸의 무게 중심을 싣고 진행 방향 쪽 발에 살짝 힘을 주면, 진행 방향과 스노보드 방향이 일치하면서 앞으로 나간다. (㉡) 자세히 말해서, 반대쪽 발에 힘을 실어 스노보드의 방향을 진행 방향과 수직으로 만들어서 마찰력을 증가시키면 속도가 서서히 줄면서 멈추게 된다. (㉢) 즉, 진행 방향 쪽 발은 액셀, 반대쪽 발은 브레이크 역할을 한다. (㉣)

〈보 기〉

반대로 멈추려면 진행 방향 반대쪽 발에 힘을 주면 된다.

① ㉠ ② ㉡ ③ ㉢ ④ ㉣

※ [42~43] 다음을 읽고 물음에 답하십시오. (각 2점)

> "우리도 남과 같이 살아 봐야지요!"
>
> 예술가의 처에 대한 자부심이 대단한 아내는 좀처럼 이런 말을 입 밖에 내지 아니하였다. 그러나 무엇에 상당한 자극만 받으면 참고 참았던 이런 말을 하게 되는 것이다. 나도 이런 말을 들을 때마다 '그럴 만도 하다.'는 동정심이 없지 아니하나 오늘은 어쩐지 기분이 좋지 않았다. 이번에도 그런 아내가 이해는 되지만 불쾌한 생각을 억제하기 어려웠다. 잠깐 있다가 나는 불쾌한 빛을 드러내며, "급작스럽게 돈을 벌 방법을 찾으라면 어쩌란 말이오. 차차 될 때가 있겠지!" 하고 말했다.
>
> "아이구, 차차란 말씀 그만두구려, 어느 천년에……."
>
> 아내의 얼굴에 붉은빛이 짙어지며 전에 없던 흥분한 어조로 이런 말까지 하였다. 자세히 보니 두 눈에 눈물이 괴어 있었다.
>
> 나는 그 순간 성난 불길이 치받쳐 올라왔다. 나는 참을 수 없었다.
>
> <u>"돈 잘 버는 사람한테 시집을 갈 것이지 누가 내게 시집을 오랬어! 저따위가 예술가의 처가 다 뭐야!"</u> 하고 사나운 어조로 소리를 꽥 질렀다.
>
> 현진건 〈빈처〉

42. 밑줄 친 부분에 나타난 '나'의 심정으로 알맞은 것을 고르십시오.

① 두렵고 후회스럽다.

② 부끄럽고 미안하다.

③ 홀가분하고 흐뭇하다

④ 실망스럽고 화가 난다.

43. 윗글의 내용으로 알 수 있는 것을 고르십시오.

① 아내는 늘 이런 잔소리를 한다.

② 아내는 평범하게 살기를 원한다.

③ 아내는 예술가인 남편을 부끄러워한다.

④ 아내의 말을 나는 전혀 이해하지 못한다.

※ [44~45] 다음을 읽고 물음에 답하십시오. (각 2점)

노인들은 신체적 질병, 노화, 사별, 대인 관계 단절 등 개인의 자존감을 떨어뜨리는 많은 요인에 더 많이 노출되기 때문에 쉽게 우울증이 생길 수 있다. 약물 치료를 통해 우울증 증상을 개선할 수 있지만, 노인들은 다른 약을 먹고 있거나 만성 질환을 앓는 경우가 많아서 약 복용에 주의해야 한다. 이때는 약을 복용하는 것보다 다양한 사람들과 관계를 맺고, 가벼운 운동을 하는 것이 좋다. 그리고 콩, 견과류, 닭 가슴살 같은 음식들은 정신 건강에 좋은 영향을 주는 영양소가 풍부하다. 이처럼 (　　　　) 음식을 먹는 것이 좋다. 이 밖에 부족한 수면 시간, 흡연, 비만과 같은 요인들도 우울증의 원인이 될 수 있으므로 적극적인 노력을 통해 이러한 요인들을 제거하는 것이 좋다.

44. (　　)에 들어갈 말로 가장 알맞은 것을 고르십시오.

① 다이어트에 효과적인

② 포만감을 느끼게 해 주는

③ 다른 음식에 비해 열량이 많은

④ 행복을 느끼게 하는 물질을 만들어 내는

45. 윗글의 주제로 가장 알맞은 것을 고르십시오.

① 다양한 사람들과 관계를 맺는 것이 중요하다.

② 우울증을 예방하는 생활 습관을 길러야 한다.

③ 우울증을 치료하기 위해 약물 치료에 집중해야 한다.

④ 나이가 들면서 자연스럽게 걸리는 병은 걱정하지 않아도 된다.

※ [46~47] 다음을 읽고 물음에 답하십시오. (각 2점)

> 취업난과 비싼 대학 등록금 등 경제적 문제로 어려움을 겪는 20~30대를 지칭해 '3포 세대', '5포 세대', 'N포 세대'라는 별명이 생겼다. 3포 세대란 연애, 결혼, 출산을 포기한 세대라는 말이다. 5포 세대는 연애, 결혼, 출산에 내 집 마련, 인간관계까지 포기한 이들을 말한다. 'N포 세대'는 N가지의 것들을 포기한 세대를 뜻하는 용어로 최근 청년 실업 문제에 시달리는 20~30대 한국 젊은이들의 암울한 현실을 일컫는 단어이다. 물론 제일 처음에 나온 말은 3포 세대이다. 20~30대들이 좀처럼 연애를 안 하려 하고, 연애를 하더라도 결혼을 꺼리며, 결혼을 하더라도 출산을 포기하는 사회적인 현상을 말한다. 이들이 점점 포기하는 것이 늘어남에 따라 '5포 세대', 'N포 세대'라는 용어가 생겼다.

46. 윗글에 나타난 필자의 태도로 가장 알맞은 것을 고르십시오.

① 취업난으로 인한 20~30대 결혼 포기를 걱정하고 있다.

② 경제적 문제로 생긴 용어를 구체적으로 설명하고 있다.

③ 실업 문제에 괴로워하는 20대와 30대를 비교하고 있다.

④ N포 세대라는 말이 언제부터 시작되었는지 밝히고 있다.

47. 윗글의 내용과 같은 것을 고르십시오.

① 3포 세대, 5포 세대, N포 세대 순으로 용어가 생겼다.

② 3포 세대의 3포는 연애, 내 집 마련, 인간관계를 말한다.

③ N포 세대의 증가는 사회적 문제가 아닌 개인적인 문제이다.

④ 경제적 문제로 어려움을 겪는 사람들을 가리켜 N포 세대라고 한다.

※ [48~50] 다음을 읽고 물음에 답하십시오. (각 2점)

이주 여성으로 구성된 이중 언어 강사의 고용 불안정이 다문화 교육의 걸림돌이 되고 있다. 이중 언어 강사 제도는 4년제 대졸 이상의 결혼 이주 여성을 (   ) 강사로 양성해 학교에서 근무하도록 하는 것을 주요 내용으로 한다. 모 대학의 연구팀은 초등학교에서 한국어와 베트남어를 가르치는 이중 언어 강사 3명을 면담한 결과, 비정규직으로 고용이 불안정하다는 점이 이들의 학교생활을 어렵게 만드는 근본 원인이 되고 있다고 분석했다. 1년 단위로 고용 계약이 되다 보니 재계약을 위해 과도한 업무를 감내하는 경향이 있고, 다른 교사와의 소통과 연수 기회에도 한계가 있다는 설명이다. 아울러 이중 언어 강사 제도가 애초 계획과 달리 멋대로 운영되고 있다고 꼬집었다. 이중 언어 강사 제도는 다문화 교육의 성패를 좌우할 수 있으므로 이들의 처우를 향상하는 한편, 고용 안정성을 보장하고 업무 범위를 명확하게 제시해야 한다.

48. 윗글을 쓴 목적으로 가장 알맞은 것을 고르십시오.

① 이중 언어 강사의 고용을 촉진하기 위해서

② 이중 언어 강사 제도의 실태를 고발하기 위해서

③ 이중 언어 강사 제도의 도입을 촉구하기 위해서

④ 이중 언어 강사들의 근무 태도를 지적하기 위해서

49. (   )에 들어갈 말로 가장 알맞은 것을 고르십시오.

① 다문화 가정 청소년의 심리를 상담하는

② 다문화 가정 청소년에게 모국의 문화를 소개하는

③ 다문화 가정 청소년의 학교 성적 증진을 도와주는

④ 다문화 가정 청소년에게 한국어와 모국어를 가르치는

50. 윗글의 내용과 같은 것을 고르십시오.

① 이중 언어 강사는 결혼 이주 여성이면 채용이 가능하다.

② 이중 언어 강사 제도는 상황에 따라 자유롭게 운영되고 있다.

③ 이중 언어 강사는 학교에서 1년 일한 뒤 정규직으로 전환할 수 있다.

④ 이중 언어 강사의 고용 불안정이 다문화의 교육 성패에 영향을 미친다.

제6회 FINAL 실전 모의고사

实战模拟考试 第6套

TOPIK Ⅱ

1교시	듣기, 쓰기

수험번호 (Registration No.)		
이 름 (Name)	한국어 (Korean)	
	영 어 (English)	

유 의 사 항
Information

1. 시험 시작 지시가 있을 때까지 문제를 풀지 마십시오.

   Do not open the booklet until you are allowed to start.

2. 수험번호와 이름을 정확하게 적어 주십시오.

   Write your name and registration number on the answer sheet.

3. 답안지를 구기거나 훼손하지 마십시오.

   Do not fold the answer sheet; keep it clean.

4. 답안지의 이름, 수험번호 및 정답의 기입은 배부된 펜을 사용하여 주십시오.

   Use the given pen only.

5. 정답은 답안지에 정확하게 표시하여 주십시오.

   Mark your answer accurately and clearly on the answer sheet.

6. 문제를 읽을 때에는 소리가 나지 않도록 하십시오.

   Keep quiet while answering the questions.

7. 질문이 있을 때에는 손을 들고 감독관이 올 때까지 기다려 주십시오.

   When you have any questions, please raise your hand.

TOPIK Ⅱ 듣기(1번~50번)

Test 06

※ [1~3] 다음을 듣고 가장 알맞은 그림 또는 그래프를 고르십시오. (각 2점)

1. ① 

② 

③ 

④ 

2. ① 

② 

③ 

④ 

3. ①

건강 음료 소비 비율

기타 (22.6%)
탄산 음료 (44.2%)
두유류 (8.4%)
커피 음료 (9.6%)
과채 음료 (15.2%)

②

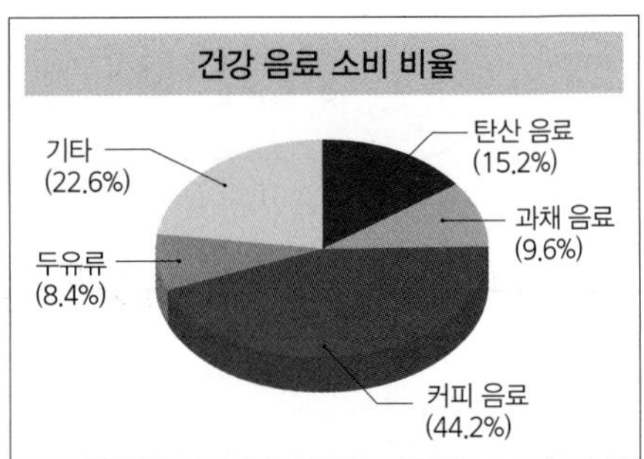

③

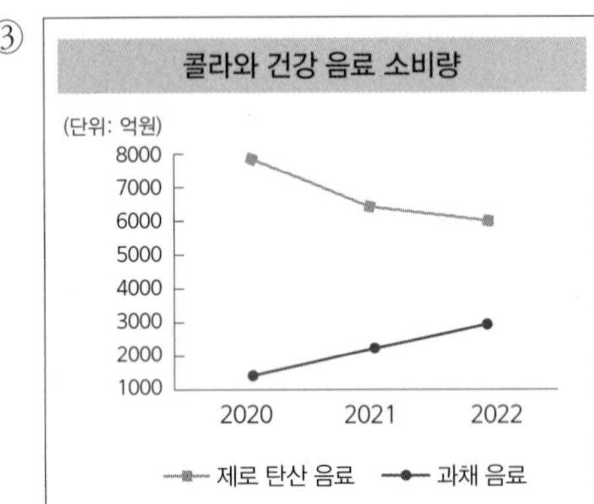

④

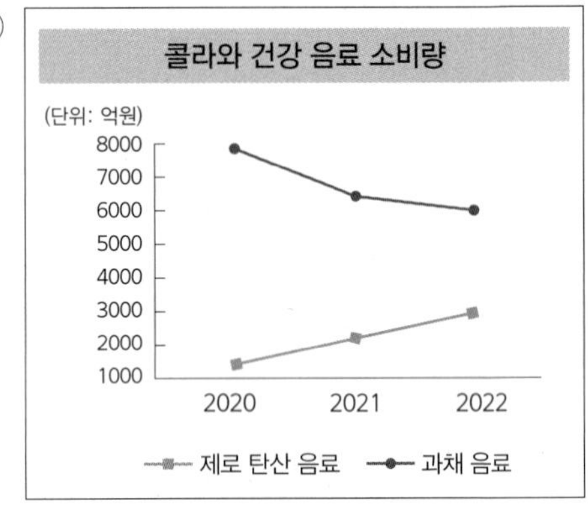

※ [4~8] 다음을 듣고 이어질 수 있는 말로 가장 알맞은 것을 고르십시오. (각 2점)

4. ① 기다리지 않으셔도 돼요.
② 치료를 받으면 연락 주세요.
③ 신경 써 주셔서 감사합니다.
④ 치료를 받았더니 좋아졌어요.

5. ① 운동을 많이 해서 힘들겠다.
② 아침에 늦지 않아서 다행이야.
③ 살이 찌지 않도록 조심해야 돼.
④ 운동도 좋지만 음식도 조절해야겠어.

6. ① 책을 반납해서 다행이에요.
② 제가 이름을 확인해 볼게요.
③ 이름만 적으면 빌릴 수 있네요.
④ 연체료가 얼마인지 알려 주세요.

7. ① 사진 찍는 법을 배워야겠어.
② 어디에 올릴지 잘 모르겠어.
③ 사진 찍는 것은 힘들 것 같아.
④ 인터넷에서 사진을 찾아볼게.

8. ① 벌써 회의가 시작되었습니다.
② 다음에 초대하도록 하겠습니다.
③ 전화가 오면 확인해 보겠습니다.
④ 최종 확인 후에 전화해 보겠습니다.

※ **[9~12] 다음을 듣고 <u>여자</u>가 이어서 할 행동으로 가장 알맞은 것을 고르십시오.** (각 2점)

9. ① 면허증을 기다린다.
② 운전 면허증을 접수한다.
③ 증명사진을 찍으러 간다.
④ 사진관에서 사진을 찾는다.

10. ① 이메일을 확인한다.
② 부서 회의에 참석한다.
③ 수정된 서류를 검토한다.
④ 서류에 틀린 것을 수정한다.

11. ① 책상을 버리러 간다.
② 새 책상을 사러 간다.
③ 남자와 책상을 옮긴다.
④ 경비실에 신고하러 간다.

12. ① 학원에 학생증을 가져간다.
② 학교 요가 수업을 신청한다.
③ 시간표를 다시 확인해 본다.
④ 요가 학원에 등록하러 간다.

※ **[13~16] 다음을 듣고 들은 내용과 같은 것을 고르십시오.** (각 2점)

13. ① 여자는 전에 카메라 수리를 받았다.
② 여자는 수리비 20만 원을 내야 한다.
③ 여자의 카메라는 전원 버튼이 깨져 있다.
④ 여자는 전에 카메라를 떨어뜨린 적이 있다.

14. ① 사인회가 끝난 뒤에 강연회가 열린다.
② 강연회는 4시간 동안 진행될 예정이다.
③ 강연회가 늦어진 이유는 작가 때문이다.
④ 사인회는 서점 3층에서 진행될 예정이다.

15. ① 간편 결제 서비스는 몇몇 회사가 독점하고 있다.
② 간편 결제 서비스로 카드사의 편의성이 높아졌다.
③ 소비자들은 간편 결제 서비스의 수수료와 보안을 걱정한다.
④ 간편 결제 서비스 간의 경쟁으로 소비자의 선택권이 늘어났다.

16. ① 시에는 다양한 노인 정책이 있다.
② 문화 시설에서 체육 활동을 할 수 있다.
③ 새로운 노인 프로그램은 1년 동안 진행된다.
④ 문화 시설은 노인들만 이용할 수 있는 공간이다.

※ **[17~20] 다음을 듣고 <u>남자</u>의 중심 생각으로 가장 알맞은 것을 고르십시오.** (각 2점)

17. ① 저녁에 과식을 하는 것은 좋지 않다.
② 뷔페에 가면 다양한 음식을 먹을 수 있다.
③ 뷔페에 가면 소화가 안될 정도로 먹게 된다.
④ 특별히 먹고 싶은 게 없으면 뷔페에 가는 게 좋다.

18. ① 휴학하고 시간을 낭비하면 안 된다.
② 미리 계획을 세우고 휴학을 해야 한다.
③ 돈보다 시간을 소중하게 생각해야 한다.
④ 휴학 때 아르바이트를 하며 돈을 모아야 한다.

19. ① 계획 없이 떠나는 여행은 무서울 수 있다.
② 스트레스를 해소하려면 여행을 가야 한다.
③ 계획 없는 여행으로 스트레스가 해소될 수 있다.
④ 스트레스를 받을 때는 생각을 하지 말아야 한다.

20. ① 사회생활을 미리 체험해 보는 게 중요하다.
② 사회생활은 입사 원서를 쓸 때 도움이 된다.
③ 적성에 안 맞는 일을 하면 불행해질 수 있다.
④ 요즘 대학생들은 학점을 중요하게 생각한다.

※ [21~22] 다음을 듣고 물음에 답하십시오. (각 2점)

21. 남자의 중심 생각으로 가장 알맞은 것을 고르십시오.

① 틈틈이 운동을 해야 효과가 있다.
② 돈을 내고 운동을 해야 열심히 한다.
③ 일상생활에서 운동을 하는 것이 좋다.
④ 엘리베이터 대신 계단을 이용해야 한다.

22. 들은 내용과 같은 것을 고르십시오.

① 여자는 회사에 있는 시간이 많다.
② 남자와 여자는 같이 운동을 하기로 했다.
③ 남자는 회사에서 틈틈이 운동을 하고 있다.
④ 여자는 운동을 하려고 헬스클럽에 등록했다.

※ [23~24] 다음을 듣고 물음에 답하십시오. (각 2점)

23. 남자가 무엇을 하고 있는지 맞는 것을 고르십시오.

① 'PC방 내 흡연석 폐지'에 대한 비판을 반박하고 있다.
② 'PC방 내 흡연석 폐지'의 필요성에 대해 주장하고 있다.
③ 'PC방 내 흡연석 폐지'에 대한 부정적 결과를 예상하고 있다.
④ 'PC방 내 흡연석 폐지'에 대한 사람들의 반응을 소개하고 있다.

24. 들은 내용과 같은 것을 고르십시오.

① 앞으로 PC방에 흡연 공간을 따로 설치해야 한다.
② PC방 내 흡연석 폐지를 흡연자들이 찬성하고 있다.
③ PC방 내 흡연석 폐지를 위해 보조금을 지급할 것이다.
④ 전면 금연 제도를 실시했을 때 PC방의 매출이 반으로 줄었다.

※ [25~26] 다음을 듣고 물음에 답하십시오. (각 2점)

25. 남자의 중심 생각으로 가장 알맞은 것을 고르십시오.

① 골목길에 벽화를 그리는 것이 좋다.

② 벽화를 통해 길의 분위기를 바꿀 수 있다.

③ 벽화가 없는 벽은 어둡고 무섭게 느껴진다.

④ 그림을 좋아하는 사람들이 벽화를 그리는 게 좋다.

26. 들은 내용과 같은 것을 고르십시오.

① 주로 골목길에 벽화를 그린다.

② 벽화에는 생명과 관련된 것을 그린다.

③ 봉사 단원 모집 기간에 지원할 수 있다.

④ 미술을 공부해야 벽화 봉사를 할 수 있다.

※ [27~28] 다음을 듣고 물음에 답하십시오. (각 2점)

27. 남자가 말하는 의도로 알맞은 것을 고르십시오.

① 소비자들의 소비 유형을 분석하기 위해

② 여자의 소비 행태에 대해 지적하기 위해

③ 회사의 잘못된 경영 철학에 책임을 묻기 위해

④ 베낀 디자인으로 경쟁하는 회사를 비판하기 위해

28. 들은 내용과 같은 것을 고르십시오.

① 남자는 물건을 선택할 때 디자인을 중시한다.

② 여자는 저렴한 가격에 대해서 만족하고 있다.

③ 같은 디자인을 선호하는 회사들이 많아지고 있다.

④ 소비자들은 상품의 질을 기준으로 상품을 선택한다.

※ [29~30] **다음을 듣고 물음에 답하십시오.** (각 2점)

29. 남자가 누구인지 고르십시오.

① 심리 상담사

② 감정 노동자

③ 회사 관계자

④ 직업 소개사

30. 들은 내용과 같은 것을 고르십시오.

① 감정을 억누르면 스트레스를 덜 받는다.

② 감정 노동자는 감정을 잘 느끼지 못한다.

③ 서비스업 종사자들은 주로 감정 노동을 한다.

④ 고객들은 감정 노동자의 상황을 모른 척한다.

※ [31~32] **다음을 듣고 물음에 답하십시오.** (각 2점)

31. 남자의 중심 생각으로 가장 알맞은 것을 고르십시오.

① 역사 교육을 강화하면 안 된다.

② 역사 과목의 시험 반영 비중을 높여야 한다.

③ 역사 교육을 평가 도구로 사용하면 안 된다.

④ 사교육 강화로 역사의 중요성을 알게 해야 한다.

32. 남자의 태도로 가장 알맞은 것을 고르십시오.

① 근거에 대한 사실 여부를 확인하며 반박하고 있다.

② 상대방의 의견에 어느 정도 동의하며 주장하고 있다.

③ 구체적인 사례를 통해 자신의 주장을 뒷받침하고 있다.

④ 상대방의 의견과 자신의 의견의 차이점을 비교하고 있다.

※ [33~34] 다음을 듣고 물음에 답하십시오. (각 2점)

33. 무엇에 대한 내용인지 알맞은 것을 고르십시오.

① 백로의 희소성

② 백로 효과 비판

③ 백로 효과의 정의

④ 백로 효과의 사례

34. 들은 내용과 같은 것을 고르십시오.

① 남들과 차별화된 소비는 과소비를 부른다.

② 백로 효과는 돈을 절약하게 만드는 효과이다.

③ 과시 소비를 하는 사람들을 백로라고 부른다.

④ 차별화된 소비를 하기 위해 백로를 구입한다.

※ [35~36] 다음을 듣고 물음에 답하십시오. (각 2점)

35. 남자가 무엇을 하고 있는지 고르십시오.

① 재개관한 미술관에 관련된 자료를 분석하고 있다.

② 지역 사회 프로그램들을 지역민에게 안내하고 있다.

③ 재개관한 미술관에 대해 방문객에게 설명하고 있다.

④ 미술관 개관식에 참여한 방문객 수를 조사하고 있다.

36. 들은 내용과 같은 것을 고르십시오.

① 미술관은 이번에 6개월간 공사에 들어간다.

② 이전 미술관에는 주차할 수 있는 공간이 없었다.

③ 재개관한 미술관에는 엘리베이터가 새로 생겼다.

④ 미술관에는 지역 사회 프로그램이 진행되고 있다.

※ [37~38] **다음을 듣고 물음에 답하십시오.** (각 2점)

37. 여자의 중심 생각으로 가장 알맞은 것을 고르십시오.
① 공공장소의 물건을 절약해서 써야 한다.
② 낭비의 기준은 한계가 정해져 있는 것이 아니다.
③ 필요 없는 것을 쓰지 않는 것이 진정한 절약이다.
④ 양심의 명령에 따른 절약을 실천하는 것이 중요하다.

38. 들은 내용과 같은 것을 고르십시오.
① 낭비의 기준은 한계가 정해져 있지 않다.
② 소비 자체보다 더 중요한 것이 절약이다.
③ 내 것이 아닌 것을 쓰는 것이 낭비에 해당한다.
④ 낭비는 내 것이라고 생각하고 마음대로 쓰는 것이다.

※ [39~40] **다음을 듣고 물음에 답하십시오.** (각 2점)

39. 이 대화 뒤에 이어질 내용으로 가장 알맞은 것을 고르십시오.
① 국내 공공 보건연구소에서 뇌종양의 치료 방법에 대해 연구한다.
② 휴대 전화 사용 시간과 인간의 질병 관계에 대해 조사·연구한다.
③ 전자파가 사람에게 미치는 긍정적 영향을 찾아보고 위험성을 줄인다.
④ 전자 기기를 사용하지 않을 때 전원을 끄고 플러그를 뽑아 둬야 한다.

40. 들은 내용과 같은 것을 고르십시오.
① 사람들은 휴대 전화 전자파에 대한 관심이 적다.
② 전자파는 동물보다 사람에게 더 많은 영향을 끼친다.
③ 휴대 전화를 많이 사용하면 뇌종양에 걸릴 확률이 높다.
④ 뇌종양을 예방하기 위해서 휴대 전화를 사용하지 말아야 한다.

※ [41~42] 다음을 듣고 물음에 답하십시오. (각 2점)

41. 이 강연의 중심 내용으로 가장 알맞은 것을 고르십시오.

① 카푸치노에는 우유 거품이 반드시 필요하다.

② 거품으로 만들 수 있는 요리는 다양한 편이다.

③ 모든 요리에 우유 거품을 사용하는 것이 좋다.

④ 부드러운 맛을 내는 요리에는 거품이 필요하다.

42. 들은 내용과 같은 것을 고르십시오.

① 카푸치노의 거품은 뜨거운 우유로 만든다.

② 머랭과 마카롱에 쓰이는 거품은 각각 다르다.

③ 카스텔라와 케이크는 우유 거품으로 만들었다.

④ 우유 거품은 열을 차단하여 커피를 따뜻하게 한다.

※ [43~44] 다음을 듣고 물음에 답하십시오. (각 2점)

43. 무엇에 대한 내용인지 알맞은 것을 고르십시오.

① 인류는 제2의 지구를 빨리 찾아야 한다.

② 인류는 물 없이는 생존할 수 없는 존재이다.

③ 인류는 아직까지 지구를 떠나서 살 수 없다.

④ 지구는 인류가 생존하는 데 최적의 조건을 갖추었다.

44. 인류가 지구가 아닌 곳에서 살 수 없는 이유로 맞는 것을 고르십시오.

① 우주 탐사 기술이 발달하지 못했기 때문에

② 생명체의 구성 성분의 70%가 수분이기 때문에

③ 인류가 새로운 환경에 적응하지 못하기 때문에

④ 아직까지 물이 있는 행성을 발견하지 못했기 때문에

※ [45~46] 다음을 듣고 물음에 답하십시오. (각 2점)

45. 들은 내용과 같은 것을 고르십시오.

① 대기 오염의 주요 원인은 석유를 쓰는 자동차이다.

② 하이브리드 자동차는 환경을 전혀 오염시키지 않는다.

③ 도시인들이 자동차를 타지 않으면 소나무를 심을 수 있다.

④ 수소 자동차에 비해 하이브리드 자동차가 연료 효율성이 좋다.

46. 여자가 말하는 방식으로 알맞은 것을 고르십시오.

① 대기 오염의 주요 원인을 조사하고 있다.

② 대기 오염과 도시의 상관관계를 설명하고 있다.

③ 자동차를 타지 않도록 도시 사람들의 협조를 요청하고 있다.

④ 자동차로 인한 대기 오염 감소 대안을 예를 들어 설명하고 있다.

※ [47~48] 다음을 듣고 물음에 답하십시오. (각 2점)

47. 들은 내용과 같은 것을 고르십시오.

① 붉은 피를 오래 보고 있으면 몸이 쉽게 피로해진다.

② 의사가 초록색 수술복을 입으면 판단력이 정확해진다.

③ 초록색 수술복을 입음으로써 보색 잔상을 예방할 수 있다.

④ 빛의 자극에 의한 잔상 효과는 피를 볼 때 발생하지 않는다.

48. 남자가 말하는 방식으로 알맞은 것을 고르십시오.

① 잔상 효과를 예방할 수 있는 다른 방법을 찾고 있다.

② 수술실에서 의사가 지켜야 하는 규칙에 대해 강조하고 있다.

③ 보색 잔상의 문제점을 해결할 수 있는 방안을 제시하고 있다.

④ 초록색 수술복을 입는 이유에 대해 용어를 정의하며 설명하고 있다.

※ [49~50] 다음을 듣고 물음에 답하십시오. (각 2점)

49. 들은 내용과 같은 것을 고르십시오.

① 속담의 의미는 쉬운 일도 조심히 하라는 뜻이다.

② 냇가나 강가의 물 깊이는 실제보다 깊어 보인다.

③ 수영장에서 사람의 다리는 실제보다 길어 보인다.

④ 빛이 한 물질에서 다른 물질로 옮겨 갈 때 방향은 그대로이다.

50. 남자가 말하는 방식으로 알맞은 것을 고르십시오.

① 일할 때 쉽게 하는 방법에 대해 조언하고 있다.

② 속담의 의미를 과학에 근거하여 비판하고 있다.

③ 속담과 과학 간의 부정적인 관계를 분석하고 있다.

④ 속담 속에 담긴 과학적 원리에 대해 설명하고 있다.

TOPIK Ⅱ 쓰기(51번~54번)

※ [51~52] 다음 글의 ㉠과 ㉡에 알맞은 말을 각각 쓰시오. (각 10점)

51.

받는 사람: **사원 복지부**
제목: **건의 사항**

안녕하십니까? 저는 영업부에서 근무하는 박준수입니다. 건의 사항이 있어서 이 글을 씁니다. 저는 회사에 주차 공간이 더 있었으면 좋겠습니다. 저는 회사에 걸어서 출근을 하는데 도로변과 회사 입구에 주차된 차들 때문에 (　　　㉠　　　). 그리고 주차하려고 하는 차들 때문에 가끔 위험하기도 합니다. 이것은 회사에 주차 공간이 충분하지 않기 때문이라고 생각합니다. 그래서 (　　　㉡　　　) 건의합니다. 감사합니다.

52.

의견 차이는 어디에서든지 있을 수 있다. 중요한 것은 이러한 의견 차이를 어떻게 조정하여 얼마나 더 좋은 결과를 이끌어 내느냐는 것이다. 의견 조정을 위해서는 우선 (　　　㉠　　　). 상대방의 의견을 들은 후에 (　　　㉡　　　). 다음으로 각자 제시한 의견에 대해 서로의 생각이 다를 수 있음을 인정해야 한다. 그리고 각 의견의 장단점을 고려한 후에 다수가 만족할 만한 결론을 찾아 가는 과정이 필요하다.

53. 다음은 남성 육아 휴직자 수 변화에 대한 자료이다. 이 내용을 200~300자로 쓰시오. 단, 글의 제목은 쓰지 마시오. (30점)

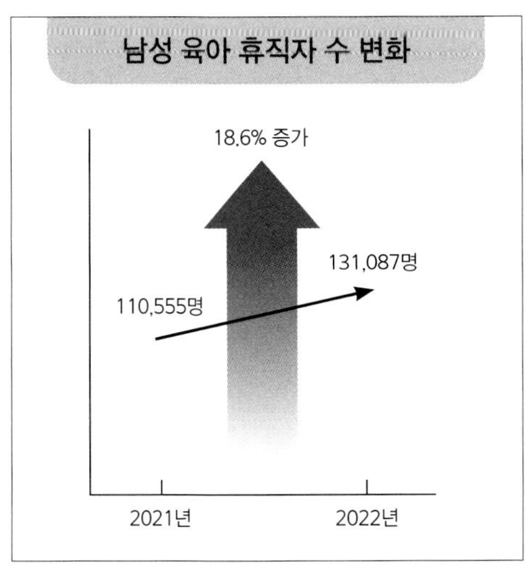

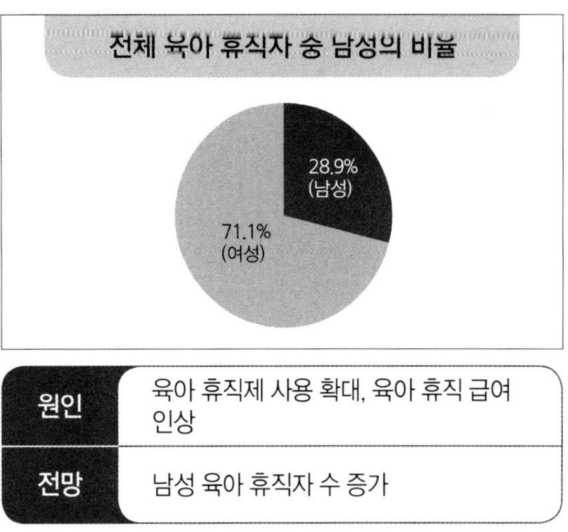

원인	육아 휴직제 사용 확대, 육아 휴직 급여 인상
전망	남성 육아 휴직자 수 증가

54. 다음을 참고하여 600~700자로 글을 쓰시오. 단, 문제를 그대로 옮겨 쓰지 마시오. (50점)

현대인들은 스마트 기기를 통해서 언제 어디서든지 이메일을 확인하고, 온라인 게임을 할 수 있으며, 최신 소식을 접할 수 있다. 또한 사회네트워크시스템(SNS)을 이용하여 자신의 소식을 다른 사람에게 실시간으로 알릴 수 있다. 이러한 편리성 때문에 스마트 기기 중독자가 갈수록 늘어나고 있다. 아래의 내용을 중심으로 '스마트 기기 중독과 그 해결 방안'에 대한 자신의 생각을 쓰라.

- 스마트 기기 중독이란 무엇인가?
- 스마트 기기 중독 때문에 나타나는 문제점은 무엇인가?
- 스마트 기기 중독을 해결하기 위한 방안에는 무엇이 있는가?

* 원고지 쓰기의 예

	머	리	는		언	제		감	는		것	이		좋	을	까	?		사
람	들	은		보	통		아	침	에		머	리	를		감	는	다	.	그

제1교시 듣기, 쓰기 시험이 끝났습니다. 제2교시는 읽기 시험입니다.

제6회 FINAL 실전 모의고사

实战模拟考试 第6套

TOPIK Ⅱ

2교시	읽기

<table>
<tr><td colspan="2">수험번호 (Registration No.)</td><td></td></tr>
<tr><td rowspan="2">이 름
(Name)</td><td>한국어 (Korean)</td><td></td></tr>
<tr><td>영 어 (English)</td><td></td></tr>
</table>

유 의 사 항
Information

1. 시험 시작 지시가 있을 때까지 문제를 풀지 마십시오.

   Do not open the booklet until you are allowed to start.

2. 수험번호와 이름을 정확하게 적어 주십시오.

   Write your name and registration number on the answer sheet.

3. 답안지를 구기거나 훼손하지 마십시오.

   Do not fold the answer sheet; keep it clean.

4. 답안지의 이름, 수험번호 및 정답의 기입은 배부된 펜을 사용하여 주십시오.

   Use the given pen only.

5. 정답은 답안지에 정확하게 표시하여 주십시오.

   Mark your answer accurately and clearly on the answer sheet.

6. 문제를 읽을 때에는 소리가 나지 않도록 하십시오.

   Keep quiet while answering the questions.

7. 질문이 있을 때에는 손을 들고 감독관이 올 때까지 기다려 주십시오.

   When you have any questions, please raise your hand.

TOPIK Ⅱ 읽기(1번~50번)

※ [1~2] ( )에 들어갈 말로 가장 알맞은 것을 고르십시오. (각 2점)

1. 아기를 힘들게 재웠는데 전화벨이 ( ) 아기가 깨서 울었다.

① 울리고서야 ② 울리는 김에

③ 울리는 탓에 ④ 울릴 테니까

2. 유나는 "열심히 노력해서 이번에는 꼭 ( )!" 하고 다짐했다.

① 합격하거든 ② 합격하다니

③ 합격해야지 ④ 합격하는구나

※ [3~4] 밑줄 친 부분과 의미가 가장 비슷한 것을 고르십시오. (각 2점)

3. 여러분도 아시다시피 요즘 세계 경제가 좋지 않습니다.

① 아시든지 ② 아시더라도

③ 아시는 반면 ④ 아시는 것처럼

4. 대학을 졸업하고, 취직해서 현장 경험을 쌓은 후에 대학원에 가면 좋겠다.

① 가고 싶다 ② 갈 리 없다

③ 가고자 한다 ④ 갈지도 모른다

※ [5~8] 다음은 무엇에 대한 글인지 고르십시오. (각 2점)

5.

바다의 신선함을 여러분의 식탁으로!
상하지 않게 아이스박스에 포장해 드려요.

① 농산물 ② 수산물 ③ 축산물 ④ 공산품

6.

에어컨을 사면 제주도에 보내 준다고?
추첨을 통해 제주도 여행권, 최신 영화 관람권을 드립니다.
추첨 일시: 9월 5일 15시

① 영화관 ② 여행사 ③ 복권 판매점 ④ 전자 제품 판매점

7.

찾아가는 음악회
문화 소외 지역 저소득층 아동에게 희망을 선물하세요

① 여가 활동 ② 봉사 활동 ③ 경제 활동 ④ 사회 활동

8.

• 몸속의 독소를 제거해 줍니다.
• 노화 방지, 시력 보호에 도움을 줍니다.
• 각종 세균에 대한 저항력을 키워 줍니다.

① 약의 효능 ② 약의 재료 ③ 약의 용법 ④ 약의 용량

※ [9~12] 다음 글 또는 그래프의 내용과 같은 것을 고르십시오. (각 2점)

9.

올림픽 경기장을 열정으로 가득 채울
자원봉사자를 기다립니다!

- **모집 분야:** 통역 요원, 행사 진행 요원
- **신청 기간:** 2024년 3월 1일 ~ 3월 30일
- **신청 방법:** 올림픽 공식 홈페이지를 통해 신청
- **신청 자격:** 20~30세의 대학생과 일반인

※ 외국어 가능자 우대

올림픽 조직 위원회

① 외국어를 잘하는 사람에게 불리한 조건을 제시하고 있다.

② 직접 지원서를 제출하지 않고 인터넷으로 신청하면 된다.

③ 다음 올림픽이 열릴 때까지 자원봉사자를 뽑을 예정이다.

④ 31세의 영어를 잘하는 대학생은 통역 요원에 지원할 수 있다.

10.

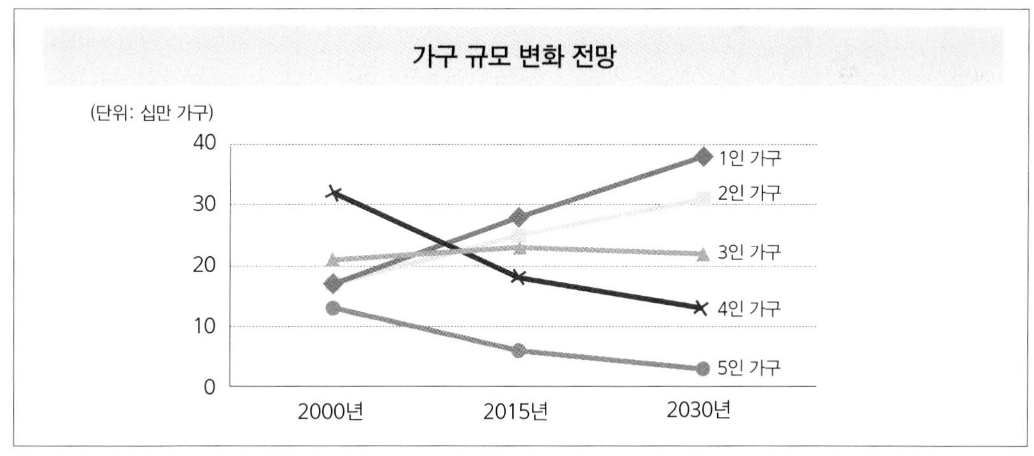

① 4인 가구의 비율이 가장 크게 증가할 것이다.

② 전체 가구 중에서 1인 가구의 수만 늘어날 것이다.

③ 3인 이상 가구는 모두 전체 대비 비율이 감소할 것이다.

④ 3인 가구의 비율은 30년간 특별한 변화가 없을 것으로 보인다.

11.

> 2016년 유네스코 인류 무형 문화유산 대표 목록에 제주 해녀 문화가 등재되었다. 해녀는 특별한 장비 없이 물속에 들어가서 해산물을 채취하는 여자를 뜻한다. 현재 남은 제주도 해녀는 3,226명 정도인데 대부분 고령인 탓에 해마다 수가 감소하고 있다. 인류의 소중한 문화유산인 해녀 문화를 유지하기 위해 지속적으로 해녀를 양성하면서 기존 제도의 문제점을 개선해야 한다.

① 해녀는 대부분 젊은 사람들로 구성된다.

② 제주도 해녀의 숫자는 3,226명으로 증가했다.

③ 제주도 해녀는 유네스코 인류 무형 문화유산이다.

④ 해녀는 특별한 장비를 가지고 해산물을 채취하는 여자이다.

12.

> 짧은 시간 심하지 않은 정도의 스트레스는 집중력을 높여 학습 능력을 크게 키운다고 한다. 또한 같은 이야기를 할 때도 말의 높낮이나 리듬에 변화를 주면 듣는 사람을 긴장시켜 훨씬 많은 내용을 기억하게 한다고 한다. 스트레스는 적절한 경우 발전의 원동력이 되고 생활의 활력소가 되는 것이다.

① 스트레스는 발전을 방해한다.

② 스트레스를 잠깐 받으면 생활이 재미있어진다.

③ 장기간 적절한 스트레스를 받으면 학습 능력이 향상된다.

④ 말의 높낮이나 리듬을 변화시키면 듣는 사람이 잘 기억한다.

※ [13~15] 다음을 순서에 맞게 배열한 것을 고르십시오. (각 2점)

13.

(가) 문제는 이들이 실업자로도 분류되지 않는다는 데 있다.

(나) '구직 활동을 했지만 4주 안에 직업을 갖지 못한 사람'을 실업자로 정의하기 때문이다.

(다) 통계에 포함되지 않은 비경제 활동 인구가 늘어나면 각종 문제가 나타날 것은 분명하다.

(라) 지난달 구직 활동이나 취업 준비를 하지 않고 '쉬었다'고 답한 청년의 수가 역대 최대치를 기록했다.

① (가)-(나)-(다)-(라)
② (가)-(다)-(나)-(라)
③ (나)-(가)-(라)-(다)
④ (라)-(가)-(나)-(다)

14.

(가) 또 다른 공통점은 원천 기술이 대부분 국방부에서 탄생했다는 점이다.

(나) 미국 정부는 국방부에서 개발한 기술에 대해 특허권을 고집하지 않는다.

(다) 로봇, 무인 차는 앞으로 미래 산업을 이끌어 갈 산업이라는 공통점을 가지고 있다.

(라) 이렇게 새로운 기술을 민간에서 자유롭게 쓰기 때문에 항상 미국에서 새로운 산업이 출현한다.

① (나)-(가)-(라)-(다)
② (나)-(라)-(다)-(가)
③ (다)-(가)-(나)-(라)
④ (다)-(나)-(라)-(가)

15.

(가) 감염성 질환을 치료할 신약 개발의 가능성이 열린 것이다.

(나) 서구화된 생활은 위생 상태의 개선으로 질환 예방에 큰 역할을 했다.

(다) 하지만 그 과정에서 우리 몸에 이로운 세균도 줄어들어 새로운 감염성 질환이 늘었다.

(라) 아마존 원주민들이 서구인보다 두 배나 많은 종류의 세균을 갖고 있다는 연구 결과는 의미가 있다.

① (나)-(가)-(라)-(다) ② (나)-(다)-(라)-(가)

③ (라)-(가)-(다)-(나) ④ (라)-(나)-(가)-(다)

※ **[16~18] ( )에 들어갈 말로 가장 알맞은 것을 고르십시오. (각 2점)**

16.

아르바이트는 원래 안정된 직장을 찾기 전에 잠시 시간을 내 용돈을 벌기 위해 하는 일로 인식되곤 했다. 하지만 최근에는 취업문이 막힌 청년들이 (   ) 그 성격이 바뀌고 있다. 학교를 졸업한 청년들이 최악의 취업 한파에 억지로 아르바이트로 내몰리고 있는 것이다.

① 경력을 쌓기 위해 하는 일로

② 당당하게 받아들이는 일자리로

③ 평생 직장의 개념으로 선택하는 일로

④ 어쩔 수 없이 선택해야 하는 생계 수단으로

17.

들판에 피어나는 다양한 꽃들이 봄을 더욱 아름답게 한다. 갖가지 색채로 산을 물들이는 단풍은 가을을 더욱 풍요롭게 한다. 이처럼 자연은 서로 다른 것들이 조화를 이루어 아름다운 세상을 만들어 내는 것이다. 하지만 우리는 (   ) 편견을 드러낼 때가 있다. '다름'은 '틀림'이 아니다. 다름을 인정하는 사회가 꽃처럼 아름다운 사회이다.

① 똑같은 것이 아름답다는
② 서로 다른 것이 자연스럽다는
③ 무조건 하나는 옳고 하나는 틀리다는
④ 자신의 개성을 내세우는 것이 당연하다는

18.

대부분의 사람들은 기계가 감정을 느낄 수 없다고 생각한다. 인공 지능 학자들조차도 컴퓨터가 감정을 갖게 되는 것에 대해 (   ). 그러나 실제 우리는 감정을 조절하는 두뇌 작용을 정보 처리 측면에 어느 정도 적용할 수 있다. 감정 조절 원리를 잘 응용하면 컴퓨터는 머지않아 감정까지도 가질 수 있을 것으로 예상된다.

① 긍정적으로 평가하고 있다
② 적극적으로 노력하고 있다
③ 호의적인 자세를 취하고 있다
④ 회의적인 태도를 보이고 있다

※ [19~20] 다음을 읽고 물음에 답하십시오. (각 2점)

남극은 방대한 생물 자원과 지하자원을 갖추고 있다. (   ) 과거의 변화가 그대로 기록되어 있어서 연구 가치가 크다. 최근 수천 년 동안의 남극 환경 변화에 관한 연구 재료는 바다 속에 가라앉은 퇴적물이다. 기후와 수온에 따라 번성했던 생물의 종이 다르고, 그 변화가 퇴적물 속에 그대로 기록되어 있기 때문이다. 그 내용을 살펴보면 대기나 해류 같은 기후 변화 요인도 유추할 수 있다.

19. (   )에 들어갈 말로 가장 알맞은 것을 고르십시오.

① 게다가 ② 차라리 ③ 아무리 ④ 도리어

20. 윗글의 주제로 가장 알맞은 것을 고르십시오.

① 바닷속 퇴적물 연구를 통해서 지하자원을 개발해야 한다.

② 남극은 많은 자원을 품고 있어 기후 변화 요인도 연구할 수 있다.

③ 남극은 과거 기후와 수온에 따라 다른 종류의 생물이 살 수 있었다.

④ 바닷속에 남극의 변화 모습이 기록되어 있으므로 탐사가 이루어져야 한다.

※ [21~22] 다음을 읽고 물음에 답하십시오. (각 2점)

우리 속담에 (   )는 말이 있듯, 말의 표현이 조금만 달라도 듣는 사람이 받아들이는 감정은 큰 차이가 있다. 우리는 종종 언어를 효과적으로 사용하지 못해 상대의 오해와 불만을 사는 경우를 보게 된다. 이는 때와 장소, 상대방의 입장이나 기분에 따라 적절한 표현을 하지 못해 발생한 것이다. 따라서 말을 할 때 어떤 단어를 선택하고, 그것을 어떻게 전달할 것이냐를 결정하는 일은 매우 중요한 문제이다.

21. (   )에 들어갈 말로 가장 알맞은 것을 고르십시오.

① '아' 다르고 '어' 다르다

② 말 한마디에 천 냥 빚을 갚는다

③ 가는 말이 고와야 오는 말이 곱다

④ 낮말은 새가 듣고 밤말은 쥐가 듣는다

22. 윗글의 내용과 같은 것을 고르십시오.

① 한국 속담에는 말에 대한 표현이 많다.

② 행동으로부터 오해와 불만이 생기기 마련이다.

③ 상대방의 입장과 기분과 관계없는 말을 해야 한다.

④ 말할 때 조심스럽게 단어를 선택하고 표현해야 한다.

※ [23~24] **다음을 읽고 물음에 답하십시오.** (각 2점)

> 고향 선배의 권유로 '목욕 관리사' 일을 시작했다. 처음에는 당장 먹고 살 걱정에 몇 년만 하고 그만둘 생각이었다. 그런데 막상 하고 보니 꽤 매력적인 직업이었다. 무엇보다 땀 흘려 일한다는 점이 적성에 잘 맞았다. 그런데 하루는 아들이 학교에서 가정 환경 조사서를 받아 왔다. 아이 얼굴이 떠올라서 부모 직업란에 '목욕 관리사'라고 쓰지 못하고 나는 잠시 망설였다. 그날 이후 10년 동안 모은 돈으로 식당을 열었다. 하지만 경험 없이 차린 식당이 잘 될 리가 없었다. 결국 큰 빚을 지고 1년 만에 식당 문을 닫았다. 가장 잘할 수 있는 일을 찾던 나는 목욕탕으로 다시 돌아갔다. 나는 사람들의 몸을 닦는 예술가로 다시 돌아온 것이다.

23. 밑줄 친 부분에 나타난 '나'의 심정으로 알맞은 것을 고르십시오.

① 뿌듯하다 ② 곤란하다

③ 안타깝다 ④ 허무하다

24. 윗글의 내용과 같은 것을 고르십시오.

① 아들이 식당 일을 추천했다.

② 목욕 관리사로 일하면서 많은 빚을 졌다.

③ 나에게 가장 잘 맞는 직업은 '목욕 관리사'다.

④ 몇 년만 하고 그만둘 생각으로 식당을 개업했다.

※ [25~27] 다음 신문 기사의 제목을 가장 잘 설명한 것을 고르십시오. (각 2점)

25. | 10대들의 고민에 귀 기울이는 '라디오가 좋다', 청소년 대화의 광장으로 |
|---|

① 고민이 많은 10대들이 라디오 듣는 것을 좋아한다.

② 라디오를 좋아하는 10대들이 대화를 잘하고 고민도 잘 들어 준다.

③ '라디오가 좋다' 프로그램을 즐겨 듣는 청소년들이 광장으로 모였다.

④ 10대 청소년들이 '라디오가 좋다' 프로그램에서 고민을 함께 나눈다.

26. | 양복 대신 평상복, 일과 휴식의 경계를 허물다 |
|---|

① 일할 때는 양복을, 쉴 때는 평상복을 입어야 한다.

② 일할 때 평상복을 입어서 편하게 일할 수 있게 되었다.

③ 일이 끝난 후에는 편한 옷으로 갈아입고 쉬는 것이 좋다.

④ 사람의 옷차림을 보면 일하는 중인지, 쉬는 중인지 알 수 있다.

27. | 내리막길 걷던 홈쇼핑 업계, 이달 들어 강한 상승세로 반전 |
|---|

① 조금씩 감소하던 홈쇼핑 매출이 이달에는 반대로 약간 증가했다.

② 홈쇼핑 회사의 수가 조금씩 감소하다가 이달에는 많이 감소했다.

③ 홈쇼핑 회사의 수가 조금씩 늘다가 이번 달에는 반대로 많이 줄었다.

④ 매출이 계속 줄던 홈쇼핑 회사들이 이번 달에는 매출이 대폭 늘었다.

※ [28~31] ( )에 들어갈 말로 가장 알맞은 것을 고르십시오. (각 2점)

28. 최근 오페라 형태의 뮤지컬이 종종 나오고 있다. 하지만 그것은 뮤지컬로 불리지 오페라라고 불리지는 않는다. 뮤지컬은 뮤지컬만이 가지고 있는 특징이 있기 때문이다. 뮤지컬은 오페라의 요소를 모두 포함하고 있으면서 비오페라적인 요소, 즉 ( ) 포함한다. 반면 오페라는 대사를 용납하지 않고, 한순간이라도 음악이 받쳐 주지 않으면 오페라로서의 지위가 실격된다.

① 대사와 음악이 모두 있는 장면을
② 대사와 음악이 모두 없는 장면을
③ 음악이 없이 대사만 하는 장면을
④ 대사 없이 음악만 나오는 장면을

29. 한 소년이 아버시와 길을 가다가 자동차에 치여 큰 부상을 입었다. 수술실에 들어온 외과 의사가 소년을 본 순간, "내 아들 영수야!" 하고 소리쳤다. 이 의사와 소년은 어떤 관계일까? 당연히 의사는 소년의 어머니가 되어야 함에도 불구하고, 대부분의 사람들이 '의사는 소년의 또 다른 아버지'라고 대답했다. 이는 많은 사람들이 ( ) 주로 남성들이 차지하고 있다는 사고방식을 지녔다는 것을 보여 준다.

① 사람들이 외면하는 직업은
② 여성들이 선호하는 직업은
③ 우리 사회에서 흔한 직업은
④ 의사와 같은 지위의 직업은

30.

최근 포털과 모바일로 기사를 읽는 독자가 크게 늘어나면서 온라인 뉴스 시장의 판매 경쟁은 더 치열해졌다. 따라서 (   ) 더욱 커졌다. 제목에 기사의 핵심을 담지 못하면 편파나 왜곡이라는 비판을 받는다. 응축에 실패하면 간결하기는커녕 뜻조차 모호해진다. 기사의 내용을 핵심적인 단어 몇 개에 응축해서 표현하되, 자극적이지 않은 말로 독자의 마음을 훔치고 독자들의 호기심을 예리하게 찔러야 좋은 제목이라고 말할 수 있다.

① 기사 제목의 중요성이

② 글쓰기 기술의 필요성이

③ 정확한 기사 내용의 필요성이

④ 사회의 핵심을 다룬 기사의 중요성이

31.

외래종이란 본 서식지에서 새로운 지역으로 옮겨 온 식물이나 동물의 종을 말한다. 새로운 장소에서 외래종은 천적이 없어 무제한으로 자라고 번식할 수 있다. 몇 년 전 강원도의 한 저수지에서 아마존산 식인어가 발견된 데 이어, 북미에서 들여 온 악어거북도 발견되었다. 외래종의 잇단 출현에 환경 단체에선 과거 외래종인 황소개구리처럼 (   ) 생태계를 교란시킬 가능성을 제기하고 있다.

① 토종의 천적을 해쳐서

② 재래종과 잘 공생하여

③ 토종 생물의 생존을 위협하여

④ 재래종이 외래종을 멸종시켜서

※ [32~34] 다음을 읽고 글의 내용과 같은 것을 고르십시오. (각 2점)

32.

정부에서 새로운 유형의 사이버 공격이 발생했다고 발표했다. 이 사이버 공격은 웹사이트들을 마비시키는 것으로, 바이러스와는 다른 것이다. 재정적인 손실이나 중요한 정보 소실에 대한 보고는 없었지만, 이 사이버 공격으로 인해 많은 사람들이 주식 거래와 은행 업무를 보는 데 어려움을 겪었다. 정부는 이러한 공격을 피하기 위해서는 내려받는 파일의 출처를 확인하고, 컴퓨터에 바이러스 점검 프로그램을 실행하는 것이 좋다고 말했다.

① 이 사이버 공격은 새로운 방식의 바이러스이다.
② 이 사이버 공격에 의해 재정적인 피해를 입었다.
③ 이 사이버 공격은 웹사이트 사용을 힘들게 한다.
④ 이 사이버 공격을 피하려면 접속 사이트의 출처를 알아본다.

33.

맹자의 어머니가 맹자의 교육을 위해 세 번 이사했다는 것은 우리에게 잘 알려진 이야기이다. 선비가 대접받는 '사농공상'의 사회적 신분제에 대한 개념은 맹자 이후에 만들어진 유교 이념이다. 맹자가 살았던 2,500년 전의 시대에는 학문을 하는 선비들이 사회적으로 가장 낮은 계층이었다. 이런 시대 상황에서 맹자의 어머니가 자녀의 교육을 위해 이사를 세 번 했다는 것은 당시의 유행이나 풍조에 반하는, 큰 용기를 필요로 하는 것이었다.

① '사농공상'의 신분 질서에서 선비는 가장 낮은 계층이었다.
② 맹자가 살았던 시대에는 선비가 인정받지 못하는 직업이었다.
③ 맹자의 어머니는 당시의 시대 상황에 맞게 아들을 교육시켰다.
④ 맹자는 당시의 사람들이 부러워하는 직업을 갖기 위해 노력했다.

34.

비정부기구(NGO)는 세상을 좀 더 살기 좋은 곳으로 만들고자 한다. 전쟁이 있는 나라에 의사와 간호사를 보내고, 가난한 사람들을 위해 집이나 농장 짓는 것을 돕고, 정부가 여성에게 교육 기회를 주지 않는 나라에서 여성들을 위한 교육을 제공한다. 이러한 활동들은 많은 희생이 따르는 결코 쉽지 않은 일이다. NGO의 자원봉사자들이 자국민과 다른 나라 국민을 위해 위험을 감수하고 있기에 가능한 것이다.

① NGO 자원봉사자들은 어려운 환경에서 일하고 있다.
② NGO 활동가들은 각 나라가 원하는 봉사 활동을 한다.
③ NGO 활동가들은 좋은 세상을 만들기 위해 정부에서 일한다.
④ NGO 자원봉사자들은 자기 나라 국민을 위해 일하지는 않는다.

※ [35~38] 다음을 읽고 글의 주제로 가장 알맞은 것을 고르십시오. (각 2점)

35.

항생제 오남용은 기후 변화나 테러만큼 위협적인 문제이다. 우리 몸에 꼭 필요한 균까지 죽일 뿐 아니라, 항생제를 더 많이 사용할수록 기존 항생제에 대한 내성을 갖게 되기 때문이다. 결국 기존 항생제가 듣지 않는 슈퍼 박테리아가 등장하게 되는데, 새로운 슈퍼 박테리아의 등장 속도를 항생제 개발 속도가 따라가지 못하는 점이 문제이다. 항생제 오남용 문제는 정부와 의사, 환자의 협력 없이는 해결할 수 없다.

① 항생제 오남용은 테러만큼 위협적인 국제 문제이다.
② 슈퍼 박테리아의 등장으로 항생제 개발이 촉진되고 있다.
③ 항생제 오남용을 줄이기 위해 다각적인 노력이 필요하다.
④ 항생제 오남용을 막기 위해서 정부가 강력하게 대응해야 한다.

36.

창작물에서 역사는 신중히 다뤄야 한다. 역사에 기록되지 않은 부분에 상상력을 더해 만드는 이야기를 가지고 왜곡을 논하는 것은 어폐가 있다. 하지만 역사를 소재로 하는 이상 아무리 순수한 의도로 만든 작품이라도 여러 집단 사이의 이해관계로 인해 확대되고 재생산될 우려가 있다. 해당 매체의 파급 효과가 클 때 이런 현상은 더욱 심하다. 역사는 과거에 끝나 버린 사건이 아니라 현재까지 이어지는 일이므로 조심해서 다뤄야 한다.

① 역사를 소재로 하면 파급 효과가 커진다.
② 창작물에서 역사를 다룰 때 왜곡해서는 안 된다.
③ 역사를 다룬 창작물은 상상을 바탕으로 제작해야 한다.
④ 역사를 소재로 한 창작물은 순수한 의도로 만들어야 한다.

37.

안보와 통일 준비 간의 우선순위에 대한 국민적 논의가 시급하다. 전문가들은 이구동성으로 통일을 위해서는 튼튼한 안보보다 교류 협력 확대가 더 필요함을 역설한다. 하지만 북한의 군사 도발에 대한 우려가 증폭되고 있는 상황에서 교류 협력 확대를 통해 북한을 개혁과 개방으로 이끌어 가야 한다는 목소리가 커지고 있는 것은 모순이다. 통일 시대를 미리 준비하는 것도 중요하지만 당장 북한의 군사적 위협에 대한 대책이 더 시급하다.

① 통일을 위해 교류 협력을 확대할 필요가 있다.
② 통일을 위한 국민적인 논의는 아직 시기상조이다.
③ 북한과의 교류 협력 확대보다 국가의 안보가 먼저이다.
④ 북한의 개혁과 개방이 먼저 이루어져야 통일을 할 수 있다.

38.

양치질은 언제 하는 것이 좋을까? 일반적으로 음식을 먹은 뒤 3분 안에 이를 닦는 게 좋다고 알려져 있다. 하지만 이는 잘못된 상식이다. 밥, 음료 등을 먹고 가볍게 입안을 헹구고 나서 30~60분이 지난 후에 하는 것이 좋다. 특히 신 과일이나 토마토, 탄산음료를 먹은 후에 바로 양치하는 것은 삼가야 한다. 음식에 든 산 성분이 치아를 약하게 만들기 때문이다. 하지만 단 음식을 먹은 후에는 바로 양치질을 하는 것이 좋다.

① 양치질은 식후 3분 안에 하는 것이 좋다.

② 먹은 음식에 따라 양치질을 하는 시간이 달라야 한다.

③ 신 과일을 먹고 난 후에 바로 양치질을 하면 소용이 없다.

④ 음식을 먹은 후 30~60분이 지난 다음에 양치질을 해야 한다.

※ [39~41] 주어진 문장이 들어갈 곳으로 가장 알맞은 것을 고르십시오. (각 2점)

39.

먹다 남은 수박은 랩이나 비닐로 포장하거나 밀폐 용기에 담아 보관하게 된다. (㉠) 하지만 전문가들은 두 보관 방법 모두 세균이 많이 번식한다고 말한다. (㉡) 수박 보관 방법에 따라 세균이 얼마나 증식되는지 실험을 하였다. (㉢) 그 결과 보관 방법에 관계없이 냉장고에 보관한 수박에서 모두 하루만 지나도 식중독균이 검출됐다. (㉣) 또한 수박을 먹을 때는 수박을 자른 후에 가급적 빨리 먹는 것이 좋다.

〈보 기〉

따라서 수박을 자르기 전에 칼을 깨끗이 세척하는 게 좋다.

① ㉠ ② ㉡ ③ ㉢ ④ ㉣

40\.

(㉠) 지휘자 금난새는 음악이 주는 즐거움, 황홀함을 삶에서 만끽하고 있는 사람이다. 돈이 없거나 장소가 마땅하지 않거나 관객이 없다는 한계는 그에게 문제가 되지 않는다. (㉡) 또한 단순히 듣는 음악으로만 소통하는 것이 아닌, 곡에 대한 모든 이야기를 풀어 놓는 '해설이 있는 콘서트'는 지휘자 금난새만의 특징이 되었다. (㉢) 그는 늘 음악과 청중과 함께하는 삶을 살고 싶다고 말한다. (㉣)

〈보　기〉

어디서든 음악을 즐길 수 있도록 건물 로비에서도, 도서관에서도 공연을 열었다.

① ㉠　　② ㉡　　③ ㉢　　④ ㉣

41\.

'신어'란 새로 생겨난 개념 혹은 사물을 표현하기 위해 지어낸 말을 의미한다. (㉠) 또한 이미 있던 말이라도 새 뜻을 갖게 된 것과 다른 언어로부터 빌려 쓰는 외래어도 포함한다. (㉡) 신어는 사람들에 의해서 자연스럽게 만들어져 쓰이는 것과 언어 정책상 계획적으로 만들어져 보급되는 것이 있다. (㉢) 이러한 신어들은 현실적인 필요에 의해 만들어진다. (㉣)

〈보　기〉

그리고 기존의 표현을 새롭게 바꾸려는 대중적 욕구 때문에 생겨나는 것도 있다.

① ㉠　　② ㉡　　③ ㉢　　④ ㉣

※ [42~43] 다음을 읽고 물음에 답하십시오. (각 2점)

호텔이 도시의 중심지에 있고 방이 거리 쪽에 있는 까닭에 창가에 의자를 가져가면 바로 눈 아래 거리가 내려다보인다. 창으로는 사람도 자그마하게 보이고 줄줄이 늘어선 자동차도 단정하게 보이며 모든 것이 잘 정돈되어 보인다. 나는 이 전망이 마음에 들어서 방에 머무르고 있는 대부분의 시간을 창가 의자에서 보냈다. 저녁 식사 후 거리에 막 가로등이 켜지기 시작할 때와 지금처럼 아침 일찍 해가 뜨는 거리에 사람들의 왕래가 차츰차츰 늘어 갈 때가 가장 아름다운 때이다. 호텔 식당에서는 지금쯤 한식, 일식, 중식 등 다양한 음식이 준비되어 투숙객들을 기다리고 있을 것이다. 호텔 조식의 메뉴를 머리에 떠올려 보다가 식당으로 내려가기조차 귀찮아서 아침 식사는 그냥 방에서 빵과 커피로 대신하기로 했다.

(중략)

"더 필요한 건 없으세요?"

식탁 위에 음식 그릇을 늘어놓은 후에도 종업원은 돌아가지 않고 시간을 끌었다. 내가 팁을 주기를 기다리는 모양이었다. 나는 주머니에 손을 넣어 천 원짜리 지폐를 잡았다가 그만뒀다. 그리고 "네." 하고 짧게 대답했다.

이효석 〈합이빈〉

42. 밑줄 친 부분에 나타난 '나'의 태도로 알맞은 것을 고르십시오.

① 인색하다

② 겸손하다

③ 무례하다

④ 자상하다

43. 윗글의 내용으로 알 수 있는 것을 고르십시오.

① 나는 호텔 식당에서 아침 식사를 했다.

② 종업원은 한식, 일식, 중식을 가져다주었다.

③ 지금은 거리에 막 가로등이 켜지기 시작할 때이다.

④ 나는 호텔 방에서 거리를 내려다보는 것을 좋아한다.

※ [44~45] 다음을 읽고 물음에 답하십시오. (각 2점)

대부분의 사람들은 외국어로 말하거나 발표하는 자리를 꺼린다. 실수가 두렵기 때문이다. 그러나 알고 보면 사람들은 외국어로 말하는 사람이 어떤 실수를 하는지에 별다른 관심이 없다. 그저 외국어로 말하는 것 자체에 대해 감탄하는 경우가 대부분이다. 외국어를 배워서 말하는 것이 얼마나 어려운지 알기에 그렇게 말하기까지 들인 노력에 대해 감탄할 수밖에 없는 것이다. (　　　　) 사람들은 당신이 완벽하게 말하는 것을 기대하지도 않을뿐더러, 실수 역시 배움의 일부분임을 이해한다. 언어의 목적은 서로 이해하고 대화하는 것이지, 완벽해지고자 하는 것이 아니라는 것을 기억해야 한다.

44. (　　)에 들어갈 말로 가장 알맞은 것을 고르십시오.

① 모국어라고 하더라도

② 모국어 사용자가 아니기 때문에

③ 외국어는 잘 배워야 하기 때문에

④ 말을 잘하는 사람은 없기 때문에

45. 윗글의 주제로 가장 알맞은 것을 고르십시오.

① 외국어를 할 때 실수를 두려워하지 마라.

② 대부분의 사람들은 외국어로 말을 못한다.

③ 열심히 노력하면 외국어로 대화할 수 있다.

④ 외국어를 배울 때는 시간과 노력이 많이 든다.

※ [46~47] 다음을 읽고 물음에 답하십시오. (각 2점)

> 숨겨진 카메라로 여성의 신체를 몰래 촬영해 유포하는 '불법 촬영' 범죄가 크게 늘고 있다. 이는 스마트폰의 확산과 영상 촬영 기기의 소형화에 따라 범죄도 동반해서 증가하는 양상으로 풀이된다. 불법 촬영 범죄를 저지르면 5년 이하의 징역형 또는 3천만 원 이하의 벌금형을 받게 되지만, 대부분 벌금형이나 집행 유예에 그치고 실형을 받은 경우는 많지 않은 것으로 나타났다. 경찰은 불법 촬영물을 실시간으로 모니터링하고, 공중 화장실 등에 설치된 불법 카메라 감지를 위해 노력하겠다고 했으나, 이런 조치만으로는 불법 촬영 범죄가 근절되지는 않을 것이다. 범죄를 줄이기 위해서는 불법 촬영 행위를 했을 때 강력한 처벌을 받게 된다는 사실이 사회 전반적인 인식으로 확고하게 자리잡아야 한다. 불법 촬영 범죄는 수많은 피해자의 삶을 고통으로 몰아넣는 만큼, 지금과 같은 가벼운 처벌이 지속되어서는 안 된다.

46. 윗글에 나타난 필자의 태도로 가장 알맞은 것을 고르십시오.
① 불법 촬영 범죄로 인한 여성들의 피해를 고발하고 있다.
② 불법 촬영 범죄가 성범죄임을 인식하도록 호소하고 있다.
③ 경찰이 불법 촬영 범죄의 심각성을 간과하고 있다고 지적하고 있다.
④ 불법 촬영 범죄가 늘어남에 따라 강한 처벌의 필요성을 주장하고 있다.

47. 윗글의 내용과 같은 것을 고르십시오.
① 불법 촬영 범죄를 줄이는 데 강력한 처벌은 효과가 적다.
② 불법 촬영 범죄를 저지른 사람들은 대부분 실형을 받았다.
③ 여성의 신체를 불법 촬영하여 유포하는 범죄가 확산되고 있다.
④ 경찰은 불법 촬영 범죄 예방을 위한 실질적인 해결책을 마련하였다.

※ [48~50] 다음을 읽고 물음에 답하십시오. (각 2점)

간접흡연 또한 직접 흡연만큼 건강에 치명적이라는 것을 기억해야 한다. 위험성이 널리 알려진 직접 흡연에 비해 간접흡연의 위험성에 대한 경각심은 여전히 높지 않은 편이다. 담배가 타면서 발생하는 연기가 간접흡연의 대부분을 차지한다. 이때 담배 연기는 입자의 크기가 작아서 폐의 깊은 부분까지 도달할 수 있는데, 독성이 강한 화학 물질이 높은 농도로 들어 있기 때문에 건강에 상당히 치명적이다. 특히 발암 물질인 카드뮴이 간접흡연을 통해 체내에 축적되는 것은 매우 심각한 문제다. 최근 한국 국민의 전체적인 흡연율은 낮아지고 있는 추세이지만 간접흡연 노출률은 오히려 높아진 경향을 보여 간접흡연에 대한 적극적인 관리와 대책이 필요한 실정이다. 흡연은 (   ) 훨씬 잘 관리되는 질환이므로 혼자 해결하려고 하지 말고 전문적인 금연 치료를 받아 흡연자 본인은 물론, 가족의 건강까지 지켜야 할 것이다.

48. 윗글을 쓴 목적으로 가장 알맞은 것을 고르십시오.

① 간접흡연으로 인한 피해 사례를 알리기 위해서

② 간접흡연 관리와 대책의 필요성을 알리기 위해서

③ 간접흡연 시 발생하는 경제적 손실을 알리기 위해서

④ 간접흡연으로 인해 논의되는 규제들을 알리기 위해서

49. (   )에 들어갈 말로 가장 알맞은 것을 고르십시오.

① 몸에 좋은 음식을 먹으면

② 꾸준한 운동과 식이요법을 하면

③ 강한 의지를 가지고 관리를 하면

④ 의사의 도움과 약물 치료를 받게 되면

50. 윗글의 내용과 같은 것을 고르십시오.

① 직접 흡연보다 간접흡연이 더 위험하다.

② 한국의 간접흡연율은 줄어들고 있는 경향이다.

③ 간접흡연은 직접 흡연과 같은 악영향을 끼친다.

④ 간접흡연 치료도 전문 의사와의 상담이 필요하다.

제7회 FINAL 실전 모의고사

实战模拟考试 第7套

TOPIK Ⅱ

1교시	듣기, 쓰기

수험번호 (Registration No.)		
이 름 (Name)	한국어 (Korean)	
	영 어 (English)	

유 의 사 항
Information

1. 시험 시작 지시가 있을 때까지 문제를 풀지 마십시오.

   Do not open the booklet until you are allowed to start.

2. 수험번호와 이름을 정확하게 적어 주십시오.

   Write your name and registration number on the answer sheet.

3. 답안지를 구기거나 훼손하지 마십시오.

   Do not fold the answer sheet; keep it clean.

4. 답안지의 이름, 수험번호 및 정답의 기입은 배부된 펜을 사용하여 주십시오.

   Use the given pen only.

5. 정답은 답안지에 정확하게 표시하여 주십시오.

   Mark your answer accurately and clearly on the answer sheet.

   marking example ① ● ③ ④

6. 문제를 읽을 때에는 소리가 나지 않도록 하십시오.

   Keep quiet while answering the questions.

7. 질문이 있을 때에는 손을 들고 감독관이 올 때까지 기다려 주십시오.

   When you have any questions, please raise your hand.

TOPIK Ⅱ 듣기(1번~50번)

Test 07

※ [1~3] 다음을 듣고 가장 알맞은 그림 또는 그래프를 고르십시오. (각 2점)

1. ① 

② 

③ 

2. ① 

③ 

3. ① 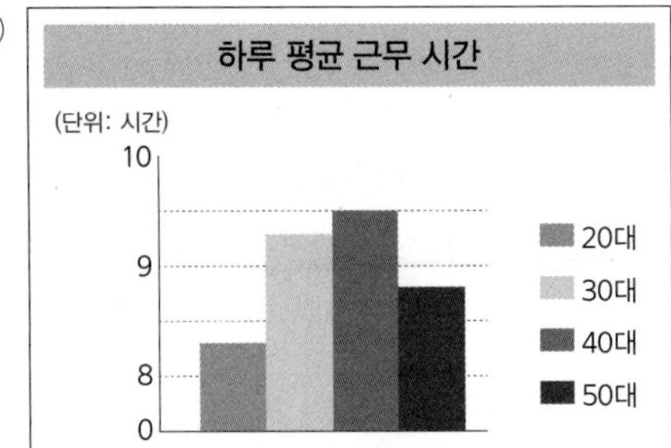

② 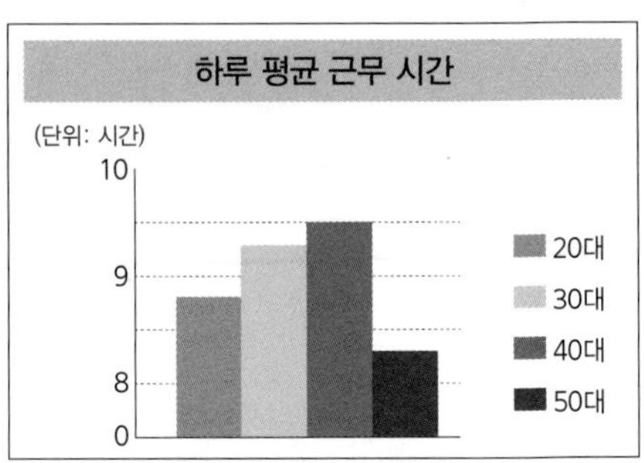

③ 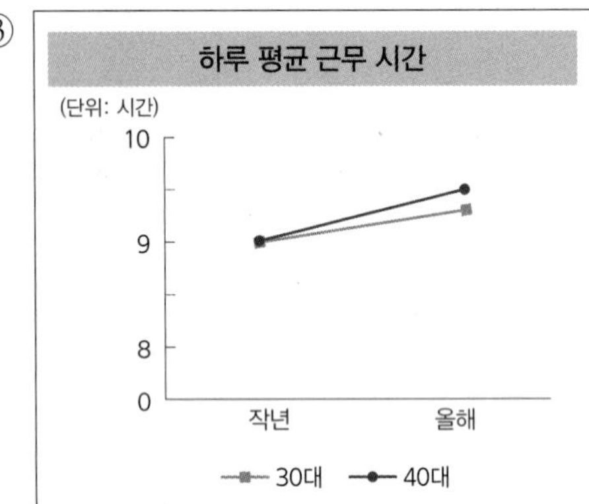

④ 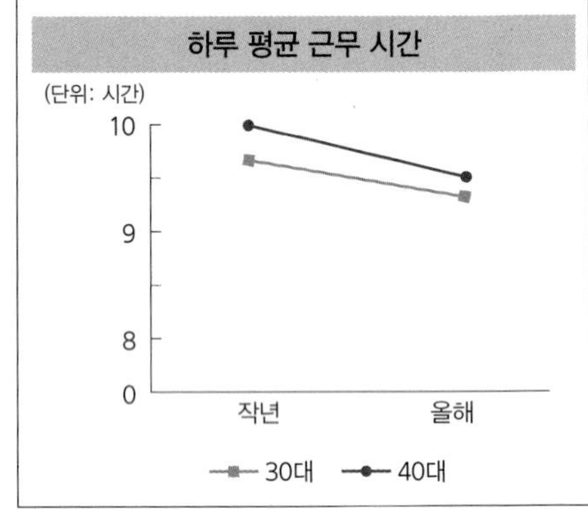

※ [4~8] 다음을 듣고 이어질 수 있는 말로 가장 알맞은 것을 고르십시오. (각 2점)

4. ① 공연 시간이 생각보다 짧네요.
② 다음에는 좀 일찍 와야겠어요.
③ 7시까지는 늦지 않고 올 수 있어요.
④ 시간이 남아서 예매할 수 있었어요.

5. ① 운동하기 전에 해 보세요.
② 스트레칭을 못 할 뻔했어요.
③ 근육이 아플까 봐 걱정이에요.
④ 스트레칭 방법을 알려 드릴게요.

6. ① 저도 제출해 봐야겠어요.
② 이미 과제를 제출한 후에요.
③ 시간보다 늦어질 것 같아요.
④ 교수님 연락처 좀 알려 주세요.

7. ① 디자인을 보고 싶어요.
② 마음에 들면 좋겠어요.
③ 밝은 분위기라서 좋아요.
④ 거실이 더 밝은 것 같아요.

8. ① 계획 짜는 것 좀 도와줘.
② 바꿨더니 훨씬 좋아졌어.
③ 계획을 바꾸는 게 좋겠다.
④ 늦잠을 자서 힘들 것 같아.

※ **[9~12] 다음을 듣고 여자가 이어서 할 행동으로 가장 알맞은 것을 고르십시오. (각 2점)**

9. ① 경찰서까지 운전한다.
② 잠시 길에 차를 세운다.
③ 사람들에게 길을 묻는다.
④ 지도에서 위치를 찾는다.

10. ① 복사기를 수리할 사람을 부른다.
② 수리 센터 전화번호를 찾아본다.
③ 다른 층에 가서 서류를 복사한다.
④ 복사기 수리 센터에 전화를 한다.

11. ① 커피를 주문한다.
② 쿠폰에 도장을 찍는다.
③ 영수증 이벤트에 참가한다.
④ 커피 말고 필요한 것을 주문한다.

12. ① 학과 게시판을 확인한다.
② 전공 사무실에 전화한다.
③ 사무실 조교에게 찾아간다.
④ 학과 홈페이지에 접속한다.

※ [13~16] 다음을 듣고 들은 내용과 같은 것을 고르십시오. (각 2점)

13. ① 남자는 여자에게 연체료를 빌려주기로 했다.
② 여자는 연체료가 없어서 책을 반납할 수 없다.
③ 본인이 직접 도서관에 가서 책을 반납해야 한다.
④ 여자는 일주일 전에 도서관에 책을 반납해야 했다.

14. ① 비행 중에는 선반을 열면 안 된다.
② 잠을 잘 때에도 좌석 벨트를 매야 한다.
③ 비행기는 아직 공항에서 출발하기 전이다.
④ 비행기는 지금 기류 변화로 흔들리고 있다.

15. ① 이번에 민속촌이 처음 만들어졌다.
② 민속촌은 다음 달에 새 단장을 시작한다.
③ 학생들은 학생증이 있어야 할인을 받는다.
④ 새 단장을 한 민속촌은 이번 달에 개장한다.

16. ① 남자는 오늘 부대표가 되었다.
② 남자는 오래전에 농사를 지었다.
③ 남자는 이 회사의 영업 사원이다.
④ 남자는 30년 동안 회사에서 일했다.

※ **[17~20] 다음을 듣고 남자의 중심 생각으로 가장 알맞은 것을 고르십시오.** (각 2점)

17. ① 부모님에게 선물을 드리는 게 좋다.
② 감정이 상할 선물은 안 하는 게 좋다.
③ 부모님을 잘 모르면 선물을 고르기가 힘들다.
④ 부모님에게 필요한 걸 물어보고 선물하는 게 좋다.

18. ① 아파트 주민들이 게시판을 봐야 한다.
② 아파트에 살면 분리수거를 잘 해야 한다.
③ 분리수거 방법을 잘 보이는 곳에 붙여야 한다.
④ 아파트 주민들이 분리수거 방법을 잘 모르고 있다.

19. ① 회사에서 추우면 겉옷을 껴입으면 된다.
② 요즘 가정에서 에너지를 낭비하고 있다.
③ 회사보다 일반 가정이 에너지를 더 절약하고 있다.
④ 에너지 절약은 정부나 회사에서 먼저 실천해야 한다.

20. ① 소통하는 방법을 바꾸면 갈등이 줄어들 수 있다.
② '자기 감정 중심'의 말하기 방식은 갈등을 만든다.
③ 잘못된 소통 방법으로 인해 서로 갈등이 생겨난다.
④ 상대의 기분을 고려한 소통으로 갈등을 줄일 수 있다.

※ [21~22] 다음을 듣고 물음에 답하십시오. (각 2점)

21. 남자의 중심 생각으로 가장 알맞은 것을 고르십시오.
① 무조건 싸다고 해서 좋은 물건은 아니다.
② 인터넷과 매장의 가격을 잘 비교해야 한다.
③ 오래 쓰는 물건은 매장에 가서 사는 것이 더 좋다.
④ 물건에 따라 매장에서 사는 것이 더 좋을 수도 있다.

22. 들은 내용과 같은 것을 고르십시오.
① 침대 가격은 인터넷이 더 싼 편이다.
② 여자는 인터넷에서 침대를 주문했다.
③ 여자는 매장에서 파는 침대 가격을 모른다.
④ 남자는 여자에게 더 싼 곳을 추천하고 있다.

※ [23~24] 다음을 듣고 물음에 답하십시오. (각 2점)

23. 남자가 무엇을 하고 있는지 맞는 것을 고르십시오.
① 이력서 내용을 수정할 것을 제안하고 있다.
② 수정된 이력서 내용에 대해 보고하고 있다.
③ 개인 정보 보호 방법에 대해 알려 주고 있다.
④ 개인 정보 유출에 대한 문제점을 말하고 있다.

24. 들은 내용과 같은 것을 고르십시오.
① 이력서를 통해 업무와 관련된 정보를 알 수 없다.
② 이력서 내용에 아버지의 직업을 적는 부분이 있다.
③ 지원자들은 개인 정보 유출 문제를 걱정하고 있다.
④ 잘못된 개인 정보를 적으면 정보 유출의 위험이 있다.

※ [25~26] **다음을 듣고 물음에 답하십시오.** (각 2점)

25. 남자의 중심 생각으로 가장 알맞은 것을 고르십시오.

① 미용 전문점에는 가지 않는 것이 좋다.

② 스스로 인터넷에서 미용 정보를 구해야 한다.

③ 불황기에는 미용에 가급적 돈을 쓰지 않는 것이 좋다.

④ 미용 기기를 사서 셀프 미용을 하는 것이 더 경제적이다.

26. 들은 내용과 같은 것을 고르십시오.

① 피부 관리실에서 미용 기기를 직접 판매한다.

② 요즘에 사람들은 전문점에서 관리를 받고 싶어 한다.

③ 인터넷에 있는 미용 관리 방법은 전문성이 낮은 편이다.

④ 요즘에 많은 사람들이 집에서 스스로 미용 관리를 한다.

※ [27~28] **다음을 듣고 물음에 답하십시오.** (각 2점)

27. 남자가 말하는 의도로 알맞은 것을 고르십시오.

① 일회용 컵 사용에 대해 비판하기 위해

② 환경 보호의 필요성에 대해 주장하기 위해

③ 다양한 환경 보호 방법에 대해 설명하기 위해

④ 개인이 환경 보호에 참여하는 것의 중요성을 강조하기 위해

28. 들은 내용과 같은 것을 고르십시오.

① 환경 보호에 기업들의 참여가 부족하다.

② 여자는 종이컵 사용을 선호하는 편이다.

③ 요즘 카페에서는 머그 컵을 사용하지 않는다.

④ 환경 보호를 위해 정부에서 여러 해결책을 냈다.

※ [29~30] **다음을 듣고 물음에 답하십시오.** (각 2점)

29. 남자가 누구인지 고르십시오.

① 교수

② 경찰

③ 은행 직원

④ 정책 관계자

30. 들은 내용과 같은 것을 고르십시오.

① 남자는 최근 전화 사기를 당했다.

② 전화 사기단은 오래 전에 검거했다.

③ 모르는 사람의 전화를 받으면 안 된다.

④ 피해자들은 전화로 비밀번호를 알려 줬다.

※ [31~32] **다음을 듣고 물음에 답하십시오.** (각 2점)

31. 남자의 중심 생각으로 가장 알맞은 것을 고르십시오.

① 특색 있는 도시가 되려면 기념관이 있어야 한다.

② 기념관 건립은 앞으로 도시 경제를 활성화시킬 것이다.

③ 관광객들 유입이 많아지면 시민들의 생활이 불편해진다.

④ 시민들이 힘을 모아서 평화 기념관을 만들어 나가야 한다.

32. 남자의 태도로 가장 알맞은 것을 고르십시오.

① 상대방의 동의를 구하며 타협점을 찾고 있다.

② 상대방 주장의 문제점에 대해 지적하고 있다.

③ 단호한 태도로 자기 의견을 주장을 하고 있다.

④ 실제 사례를 예로 들며 의견을 구체화하고 있다.

※ [33~34] 다음을 듣고 물음에 답하십시오. (각 2점)

33. 무엇에 대한 내용인지 알맞은 것을 고르십시오.

① '너무'의 사용 방법

② 어법 공부의 어려움

③ 표준 어법의 변화 가능성

④ '너무 좋다'라는 문장이 틀린 이유

34. 들은 내용과 같은 것을 고르십시오.

① 앞으로 '너무'를 사용하지 않기로 했다.

② 사람들이 '너무'를 긍정문에서도 많이 사용했다.

③ 사람들이 '너무'를 많이 사용해서 문제가 되었다.

④ '너무'를 부정문에서만 사용하는 것으로 바뀌었다.

※ [35~36] 다음을 듣고 물음에 답하십시오. (각 2점)

35. 남자가 무엇을 하고 있는지 고르십시오.

① 회사의 성과에 대해 보고하고 있다.

② 다른 회사와 수익 성장률을 비교하고 있다.

③ 자체 실시한 고객 만족도를 분석하고 있다.

④ 회사 일에 열심히 참여할 것을 요청하고 있다.

36. 들은 내용과 같은 것을 고르십시오.

① 직원들은 회사 소유 물건을 소중히 다룬다.

② 회사는 부피가 작은 물품을 운송하고 있다.

③ 회사는 지난 3년 동안 수익이 25% 증가하였다.

④ 이 회사는 고객 만족도가 높은 편으로 나타났다.

※ [37~38] 다음을 듣고 물음에 답하십시오. (각 2점)

37. 여자의 중심 생각으로 가장 알맞은 것을 고르십시오.

① 붓에는 정형화 된 펜과는 다른 독특함이 있다.

② 붓글씨를 통하여 얻는 것에는 모두 차이가 있다.

③ 서도는 붓글씨와 사람의 성품이 조화가 돼야 한다.

④ 서도를 통해서 마음을 수양하는 자세를 배워야 한다.

38. 들은 내용과 같은 것을 고르십시오.

① 서법은 붓으로 쓰는 예술을 의미한다.

② 오래된 글씨를 따라 써야 수양이 된다.

③ 펜은 글씨의 굵고 약함을 조절할 수 있다.

④ 서법, 서예, 서도는 붓으로 글을 쓰는 것이다.

※ [39~40] 다음을 듣고 물음에 답하십시오. (각 2점)

39. 이 대화 전의 내용으로 가장 알맞은 것을 고르십시오.

① 학습지는 높은 학습 효과를 거두고 있다.

② 학부모들이 비싼 학원비로 고생하고 있다.

③ 저렴한 학습지 때문에 학원이 망하고 있다.

④ 학습지는 아이의 특성에 맞게 선택해야 한다.

40. 들은 내용과 같은 것을 고르십시오.

① 학습지는 싼 가격으로 학습 효과를 높일 수 있다.

② 최근에 학원을 이용하는 학부모가 늘어나고 있다.

③ 수준에 맞는 학습지를 선택하는 것은 어렵지 않다.

④ 학습지는 학교에서 배운 내용을 보충해 주지 못한다.

※ [41~42] 다음을 듣고 물음에 답하십시오. (각 2점)

41. 이 강연의 중심 내용으로 가장 알맞은 것을 고르십시오.

① 햄버거 커넥션이 지구의 이상 기후를 만들 수 있다.

② 숲을 만들어 지구의 이상 기후 현상을 막아야 한다.

③ 지구의 온도가 오르게 되면 사람의 생명이 위험해진다.

④ 햄버거를 먹는 양을 줄여서 숲이 없어지는 것을 막아야 한다.

42. 들은 내용과 같은 것을 고르십시오.

① 중앙아메리카에서는 주로 숲에서 소를 키운다.

② 미국의 햄버거는 중앙아메리카에서 만들어진다.

③ 소를 키우기 위해 나무를 베고 숲을 없애고 있다.

④ 숲이 없어지게 되면 지구의 온도가 떨어지게 된다.

※ [43~44] 다음을 듣고 물음에 답하십시오. (각 2점)

43. 무엇에 대한 내용인지 알맞은 것을 고르십시오.

① 길거리에 쓰레기를 함부로 버리면 안 된다.

② 환경이 파괴되는 이유는 생활 습관 때문이다.

③ 평소에 재활용을 철저히 하는 습관이 필요하다.

④ 환경을 지키기 위해 작은 습관부터 바꿔야 한다.

44. 환경이 파괴되면 위험한 이유로 맞는 것을 고르십시오.

① 주변의 환경이 소중하기 때문에

② 처음의 상태로 되돌리기 어렵기 때문에

③ 사람들이 죄책감을 느끼지 않기 때문에

④ 환경의 파괴는 빠르게 진행되기 때문에

※ [45~46] **다음을 듣고 물음에 답하십시오.** (각 2점)

45. 들은 내용과 같은 것을 고르십시오.

① 3급을 줄이면 기름을 많이 낭비하게 된다.

② 운전 습관을 바꾸면 에너지를 절약할 수 있다.

③ 차 안의 짐이 많을수록 기름이 적게 소비된다.

④ 최근 모든 차량들이 급출발과 급가속을 하지 않았다.

46. 여자가 말하는 방식으로 알맞은 것을 고르십시오.

① 운전자들의 안 좋은 운전 습관을 비판하고 있다.

② 자동차로 인한 환경 문제에 대하여 염려하고 있다.

③ 운전 습관을 토대로 자동차 연료 사용량을 분석하고 있다.

④ 연구 결과를 근거로 경제적인 운전 습관에 대한 정보를 제시하고 있다.

※ [47~48] **다음을 듣고 물음에 답하십시오.** (각 2점)

47. 들은 내용과 같은 것을 고르십시오.

① 두뇌의 발달은 보통 4살 이전에 완성된다.

② 한국의 학생들은 영양 섭취가 부족한 편이다.

③ 아침 식사를 한 학생들의 시험 성적이 높았다.

④ 미국의 학생들이 한국 학생들보다 시험을 잘 봤다.

48. 남자가 말하는 방식으로 알맞은 것을 고르십시오.

① 아침을 먹지 않는 현상의 원인에 대해 설명하고 있다.

② 학생들이 아침 식사를 하지 않는 것에 대해 염려하고 있다.

③ 학생들에게 학습의 성취도를 높일 수 있도록 장려하고 있다.

④ 연구 결과를 근거로 균형 잡힌 아침 식사의 중요성을 밝히고 있다.

※ [49~50] 다음을 듣고 물음에 답하십시오. (각 2점)

49. 들은 내용과 같은 것을 고르십시오.

① 조선 시대에는 총 5번의 큰 홍수가 있었다.

② 홍수는 조선 시대에 처음 나타난 자연재해였다.

③ 조선 시대에는 댐을 건설하여 홍수를 대비하였다.

④ 세종 때 청계천에는 강물의 수위를 재는 수표가 있었다.

50. 남자가 말하는 방식으로 알맞은 것을 고르십시오.

① 기상 관측의 중요성에 대해 강조하고 있다.

② 현재와 과거의 홍수의 차이점을 비교하고 있다.

③ 역사적으로 홍수를 예측한 방법을 설명하고 있다.

④ 조선 시대의 홍수 대비법에 대하여 소개하고 있다.

TOPIK Ⅱ 쓰기(51번~54번)

※ [51~52] 다음 글의 ㉠과 ㉡에 알맞은 말을 각각 쓰시오. (각 10점)

51.

알립니다

요즘 (　　　　　㉠　　　　　) 아래층에 사는 주민들이 많은 불편을 겪고 있습니다. 아파트는 함께 생활하는 공간이므로 (　　　　　㉡　　　　　).

- 아이들이 집 안에서 뛰지 않도록 해 주세요.
- 저녁 9시 이후에 집 안에서 운동을 하지 말아 주세요.
- 저녁 9시 이후에 세탁기나 청소기를 사용하지 말아 주세요.

서로 예절을 잘 지킨다면 더 쾌적하고 즐거운 아파트 생활이 될 것입니다.

한국아파트 관리 사무소

52.

인생을 살아가다 보면 어제 잡은 기회 때문에 다음날 더 좋은 기회를 놓치게 되거나 반대로 (　　　　　㉠　　　　　). 이처럼 인생은 어제의 손해가 반드시 오늘의 손해로 이어지는 것은 아니라고 할 수 있다. 그러므로 오늘 하나의 기회를 놓치더라도 그것을 후회하기보다는 (　　　　　㉡　　　　　) 자세가 필요하다.

53. 다음은 청소년 놀이 문화의 유형에 대한 자료이다. 이 내용을 200~300자로 쓰시오. 단, 글의 제목은 쓰지 마시오. (30점)

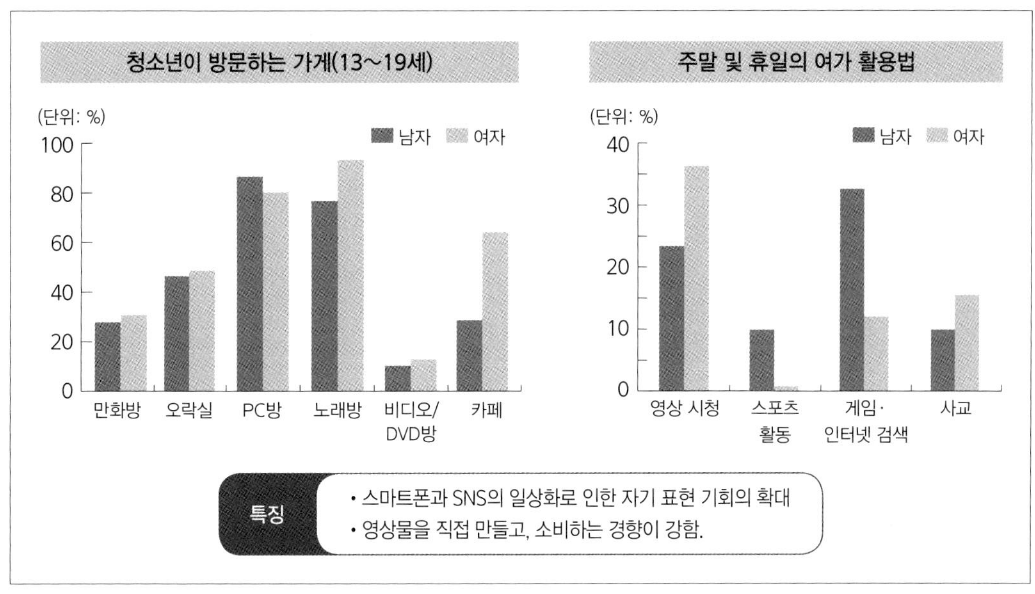

54. 다음을 참고하여 600~700자로 글을 쓰시오. 단, 문제를 그대로 옮겨 쓰지 마시오. (50점)

전 세계가 글로벌화되면서 각 나라 간의 관계는 빠르게 변화하고 있다. 이러한 변화 속에서 자기 나라의 역사를 제대로 아는 것은 매우 중요하다. 아래의 내용을 중심으로 '역사 교육의 필요성'에 대한 자신의 생각을 쓰라.

- 역사 교육은 왜 필요한가?
- 역사 교육을 통해 우리가 배울 수 있는 점은 무엇인가?
- 역사 교육이 우리 사회에 가져오는 이득은 무엇인가?

* 원고지 쓰기의 예

	머	리	는		언	제		감	는		것	이		좋	을	까	?		사
람	들	은		보	통		아	침	에		머	리	를		감	는	다	.	그

제1교시 듣기, 쓰기 시험이 끝났습니다. 제2교시는 읽기 시험입니다.

제7회 FINAL 실전 모의고사

实战模拟考试 第7套

TOPIK Ⅱ

2교시	읽기

수험번호 (Registration No.)		
이 름 (Name)	한국어 (Korean)	
	영 어 (English)	

유 의 사 항
Information

1. 시험 시작 지시가 있을 때까지 문제를 풀지 마십시오.
   Do not open the booklet until you are allowed to start.

2. 수험번호와 이름을 정확하게 적어 주십시오.
   Write your name and registration number on the answer sheet.

3. 답안지를 구기거나 훼손하지 마십시오.
   Do not fold the answer sheet; keep it clean.

4. 답안지의 이름, 수험번호 및 정답의 기입은 배부된 펜을 사용하여 주십시오.
   Use the given pen only.

5. 정답은 답안지에 정확하게 표시하여 주십시오.
   Mark your answer accurately and clearly on the answer sheet.

   marking example ① ● ③ ④

6. 문제를 읽을 때에는 소리가 나지 않도록 하십시오.
   Keep quiet while answering the questions.

7. 질문이 있을 때에는 손을 들고 감독관이 올 때까지 기다려 주십시오.
   When you have any questions, please raise your hand.

TOPIK Ⅱ 읽기(1번~50번)

※ [1~2] ( )에 들어갈 말로 가장 알맞은 것을 고르십시오. (각 2점)

1. 사랑하지 않는 사람과 (   ) 차라리 평생 혼자 살겠다.

① 결혼하느니 ② 결혼하더니

③ 결혼하도록 ④ 결혼한다고 해도

2. 길가에 핀 꽃이 너무 (   ) 차를 세우고 사진을 찍었다.

① 예쁜 듯 ② 예쁘기에

③ 예쁘고도 ④ 예쁠 정도로

※ [3~4] 밑줄 친 부분과 의미가 가장 비슷한 것을 고르십시오. (각 2점)

3. <u>공부만 아니면</u> 내 삶은 참 행복할 것이다.

① 공부뿐이면 ② 공부만 있으면

③ 공부만 같아도 ④ 공부를 제외하면

4. 영화를 본 관객이 1,000만 명이 넘은 걸 보니까 그 영화가 <u>재미있나 보다</u>.

① 재미있기는 하다 ② 재미있기만 하다

③ 재미있는 것 같다 ④ 재미있기 마련이다

※ [5~8] 다음은 무엇에 대한 글인지 고르십시오. (각 2점)

5.

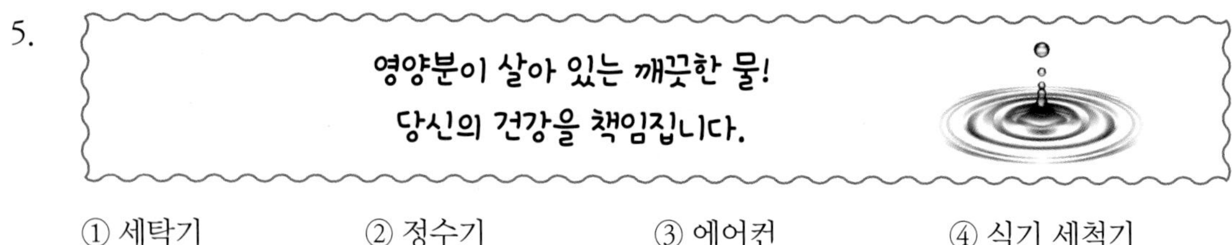

① 세탁기 ② 정수기 ③ 에어컨 ④ 식기 세척기

6.

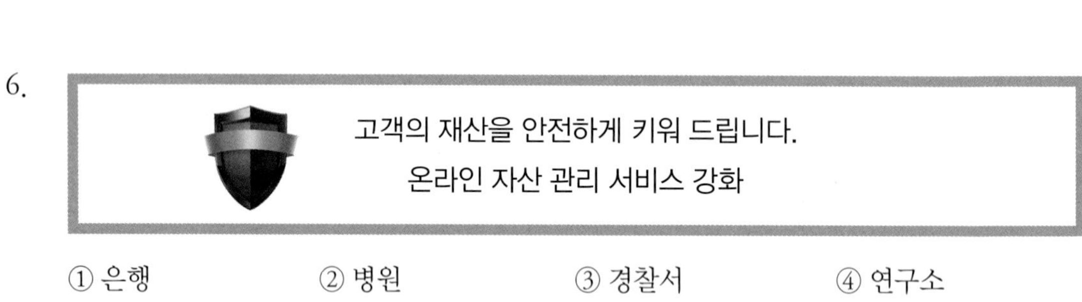

① 은행 ② 병원 ③ 경찰서 ④ 연구소

7.

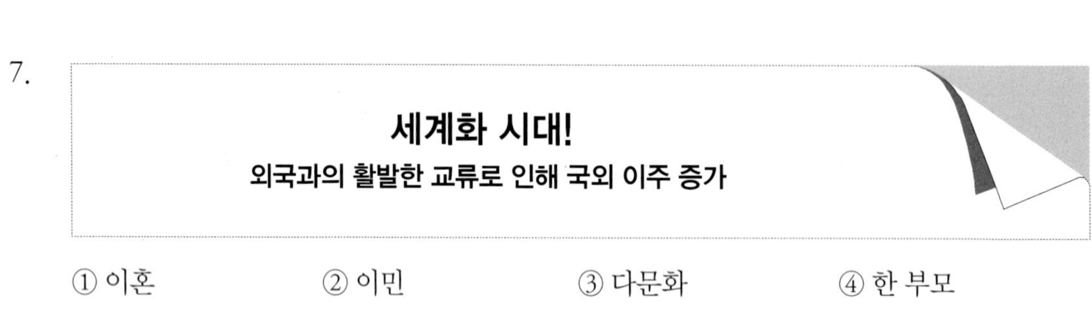

① 이혼 ② 이민 ③ 다문화 ④ 한 부모

8.

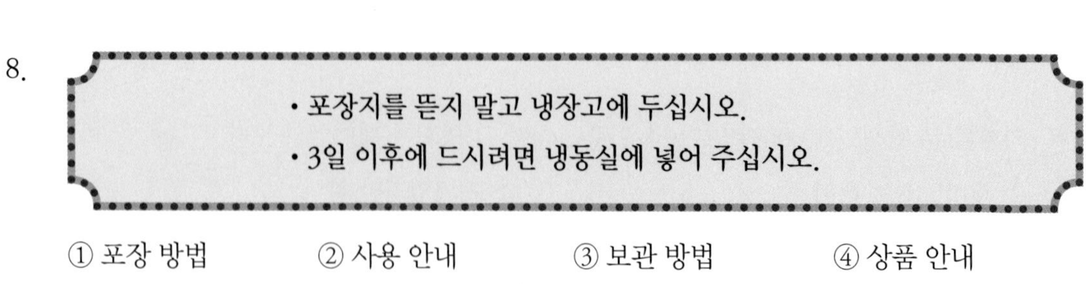

① 포장 방법 ② 사용 안내 ③ 보관 방법 ④ 상품 안내

※ [9~12] 다음 글 또는 그래프의 내용과 같은 것을 고르십시오. (각 2점)

9.

천년의 축제, 강릉 단오제

- **행사 장소:** 강릉시 남대천 단오장 및 지정 행사장
- **행사 기간:** 2024년 6월 18일 ~ 6월 25일 (8일간) 10:00~24:00
- **행사 내용:** 제례, 단오굿, 관노가면극 등과 같은 지정 문화재 행사, 공연 및 체험 행사 등
- **이용 요금:** 무료
- **연계 관광:** 행사장에서 20분 이내 거리에 경포 해수욕장과 오죽헌이 있습니다.

① 강릉 단오제 행사장 내에 오죽헌이 있다.

② 강릉 단오제는 한 달 동안 진행되는 축제이다.

③ 단오제 기념 공연은 하루에 8번, 20분 동안 진행된다.

④ 행사장에서 공연을 관람하고 체험 행사에 참여할 수 있다.

10.

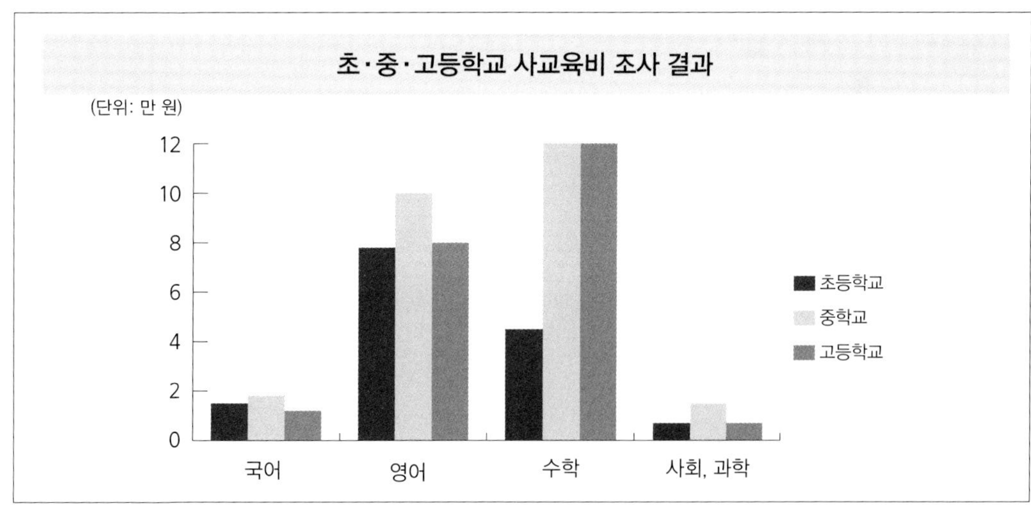

① 중학생은 영어 사교육비가 제일 적게 든다.

② 중·고등학생은 수학 사교육비 부담이 가장 크다.

③ 국어 사교육 비용은 중학생보다 초등학생이 더 많다.

④ 고등학생에 비해 중학생이 사회, 과학 교육비를 덜 지출하는 편이다.

11.

요즘 도서관의 '떠오르는 핵심 고객'은 노년층이다. 자료를 보면 10년 전에 비해 60대 이상의 비율이 2배 가까이 늘었다. 그런데 노년층이 도서관을 편하게 이용할 수 있도록 하는 노력은 부족해 보인다. 독서 편의를 높여 줄 보조 기기를 갖추고, 내부 안내문의 글자 크기를 키우는 등 개선이 필요한데, 이러한 노력은 노년층뿐만 아니라 전체 이용자의 편의를 높일 수 있을 것이다. 그리고 노년층이 관심을 가질 만한 참여 프로그램, 인문학 프로그램도 필요하다.

① 요즘 도서관의 떠오르는 핵심 고객은 미취학 아동이다.

② 60대 이상 이용자가 늘면서 이들을 위한 참여 프로그램이 많다.

③ 10년 전보다 60대 이상 도서관 이용자 비율이 2배 정도 증가했다.

④ 내부 안내문의 글자 크기를 키우는 노력은 노년층의 편의만 높인다.

12.

모두가 자율 주행 자동차를 타고 달릴 수 있는 날은 아직은 먼 미래의 일로 보인다. 미국에서 교통사고를 전문적으로 조사하는 기관인 연방교통안전위원회(NTSB)에서 자율 주행 보조 기능의 문제점을 지적하며 안전 개선을 권고했기 때문이다. 그리고 상용화에 앞서서 자율 주행 차량이 사고가 났을 때 누가, 어떤 방식으로, 어떤 범위까지 책임을 져야 하는지에 대한 명확한 표준과 시행 방법이 먼저 마련되어야 할 것이다.

① 15년 후에는 자율 주행 자동차를 타고 달릴 수 있다.

② 자율 주행 자동차가 상용화되려면 여러 준비가 필요하다.

③ 자율 주행 자동차가 상용화된 후 안전 문제가 개선되어야 한다.

④ 연방교통안전위원회는 자율 주행 보조 기능에 문제점이 없다고 밝혔다.

※ [13~15] 다음을 순서에 맞게 배열한 것을 고르십시오. (각 2점)

13.

(가) 많은 사람들이 근육이 많을수록 건강하다고 생각한다.

(나) 남성은 체중의 80~85%, 여성은 75~80%로 근육을 유지하는 것이 적당하다고 한다.

(다) 근육량이 지나치게 많으면 콩팥에 무리가 가고, 심장과 간에도 영향을 미친다는 것이다.

(라) 그런데 과도한 근육을 가진 사람이 사망률이 높다는 연구 결과가 나와서 충격을 주고 있다.

① (가)-(라)-(나)-(다)　② (가)-(라)-(다)-(나)

③ (나)-(다)-(라)-(가)　④ (나)-(라)-(가)-(다)

14.

(가) 한국인 내부분이 소나무를 유별히 사랑한다.

(나) 그래서인지 소나무 숲은 한국의 산림 면적의 23%를 차지한다.

(다) 그런데 문제는 소나무 숲을 비롯한 침엽수림이 재해에 취약하다는 점이다.

(라) 침엽수는 뿌리가 얕아서 바람이나 집중 호우에 잘 쓰러지고 산사태에 약하다.

① (가)-(나)-(다)-(라)　② (가)-(라)-(나)-(다)

③ (다)-(가)-(나)-(라)　④ (다)-(라)-(나)-(가)

15.

(가) 이는 이슬람교도의 높은 출산율과 높은 청년 인구 비율 때문이다.

(나) 미래에는 전 세계 이슬람교도 수가 기독교도 수를 능가할 것이란 전망이 나왔다.

(다) 이슬람교도 여성 한 명이 낳는 자녀의 수는 평균 3.1명이고, 이슬람교도의 34%가 15세 이하이다.

(라) 2050년이면 이슬람교도의 비중이 기독교도와 비슷해지다가 2071년 이후부터는 역전될 것이라고 한다.

① (나)-(라)-(가)-(다)　② (나)-(라)-(다)-(가)

③ (다)-(나)-(라)-(가)　④ (다)-(라)-(가)-(나)

※ **[16~18] ( )에 들어갈 말로 가장 알맞은 것을 고르십시오. (각 2점)**

16.

참나무가 갈대에게 힘 자랑을 했다. 약한 바람에도 쉽게 굽힌다는 참나무의 놀림에 갈대는 그저 고개를 숙이고 있었다. 그때 거센 바람이 불었다. 갈대는 이리저리 흔들리면서 바람을 이겨냈지만, (　　　　) 참나무는 결국 부러지고 말았다.

① 힘은 세지만 마음이 여린

② 갈대를 위로하고 도와주던

③ 바람에 휘어져서 쉽게 굴복한

④ 힘만 믿고 바람에 맞서 버티던

17.

인간은 사회의 문화를 익히고 사회에서의 자신의 역할을 습득함으로써 그 사회의 한 구성원이 되어 간다. 이러한 과정을 '사회화'라고 한다. 그런데 사회 구성원들은 사회의 역할 기대나 문화 규범을 따르기만 하는 것이 아니라 ( ). 따라서 사회화는 개인과 사회의 상호작용 과정이라고 할 수 있다.

① 그것들을 앞서서 나가기도 한다

② 그것들을 끊임없이 재구성해 나간다

③ 그것들과 대등 관계에 놓이기도 한다

④ 그것들과 다른 독자적인 행동을 하기도 한다

18.

간판은 건물의 내부에서 벌어지는 사건을 '안경점, 분식점, 서점' 하는 식으로 축약된 형태로 이야기해 준다. 그러므로 간판 없이 상업 행위가 일어나지 않고 간판 없이 도시가 존재하지 않는 것처럼 보인다. 간판이 없으면 우리는 감기약을 사기 위해 오랜 시간을 헤매야 할 것이다. 간판은 도시에서 ( ) 보여 주는 것이다.

① 도시인의 다양한 직업을

② 화려하게 번쩍이는 이유를

③ 무언가를 사고파는 행위가 벌어지고 있음을

④ 무엇이 자연 발생적으로 생겨나고 있는지를

※ [19~20] 다음을 읽고 물음에 답하십시오. (각 2점)

외국어 조기 교육에 대한 찬반양론은 아직도 팽팽하게 맞서 있어 어느 쪽이 옳다 그르다 쉽게 말하기가 어렵다. ( ) 발음 한 가지만을 놓고 볼 때는 일찍 시작할수록 좋다는 점을 누구나 인정한다. 하지만 아직 주체적 판단 능력이 부족한 어린이들에게 외국어를 습득시키다 보면 어린이들이 자기 문화와 전통을 소중히 여기는 의식이 희박해질 것은 이미 예견된 일이다.

19. ( )에 들어갈 말로 가장 알맞은 것을 고르십시오.

① 마침 ② 혹시 ③ 다만 ④ 끝내

20. 윗글의 주제로 가장 알맞은 것을 고르십시오.

① 외국어는 일찍 배울수록 도움이 된다.

② 외국어 조기 교육과 발음은 큰 상관관계가 있다.

③ 자기 문화와 전통의 소중함을 알 수 있도록 조기 교육이 필요하다.

④ 주체적 판단 능력이 부족한 어린이에게 외국어 조기 교육은 시기상조이다.

※ [21~22] 다음을 읽고 물음에 답하십시오. (각 2점)

기후 변화를 이야기할 때면 흔히 북극곰을 떠올린다. 북극이 남극에 비해 기후 변화의 모습이 더 잘 드러나기 때문이다. 그러나 남극이라고 해서 예외는 아니며, 이제는 남극의 얼음마저 녹고 있음이 드러났다. 특히 한반도와 비슷한 크기의 스웨이트 빙하가 녹는다면 해수면의 높이가 50㎝ 이상 높아질 것으로 예상된다. 그 후에 이어질 결과는 ( ) 일이다. 연구자들이 스웨이트 빙하에 '지구 종말의 날 빙하'라는 별명을 붙인 것은 이 때문이다.

21. ( )에 들어갈 말로 가장 알맞은 것을 고르십시오.

① 불 보듯 뻔한 ② 사서 고생하는

③ 손꼽아 기다리는 ④ 물불을 가리지 않는

22. 윗글의 내용과 같은 것을 고르십시오.

① 북극보다 남극에 기후 변화 현상이 잘 나타난다.

② 스웨이트 빙하의 크기는 한반도의 두 배 이상이다.

③ 스웨이트 빙하는 지구 종말의 날 빙하라고도 불린다.

④ 해수면의 높이가 50㎝ 이상 높아져도 인간은 생존할 수 있다.

※ **[23~24] 다음을 읽고 물음에 답하십시오. (각 2점)**

> 방학이 되자 학교 도서실에서 독서 캠프를 열었다.
>
> "여러분, 소원을 들어주는 마법 램프 이야기 들어 봤나요?"
>
> 잘 아는 동화 이야기에 아이들은 어느새 수업에 흠뻑 빠져들었다. 간절한 꿈을 매일 스무 번씩 말하고 노력하면 꼭 이루어진다고 하자 아이들은 저마다 소원을 이야기했다. 부자가 되고 싶다는 아이도 있었고, 가수가 되겠다는 아이도 있었다. 그러나 재우는 아무 말이 없었다.
>
> 수업이 끝나고 집으로 돌아가는 길에 재우를 보았다. 재우는 혼자 고개를 푹 숙인 채 터덜터덜 걷고 있었다. 가까이 가자 재우의 중얼거리는 소리가 들렸다.
>
> "엄마, 아빠랑 같이 산다. 엄마, 아빠랑 같이 산다."
>
> 재우의 목소리가 얼마나 간절하던지 나는 코끝이 찡했다.

23. 밑줄 친 부분에 나타난 나의 심정으로 알맞은 것을 고르십시오.

① 괘씸하다 ② 섭섭하다 ③ 답답하다 ④ 안쓰럽다

24. 윗글의 내용과 같은 것을 고르십시오.

① 재우는 부자가 되고 싶다고 말했다.

② 재우는 선생님이 한 말을 믿고 있다.

③ 재우는 지금 엄마, 아빠와 함께 산다.

④ 재우는 독서 캠프에 참가하지 못했다.

※ [25~27] 다음 신문 기사의 제목을 가장 잘 설명한 것을 고르십시오. (각 2점)

25. 최고 인기 만화, 무대에 오르니 글쎄?

① 인기 있는 만화의 홍보 자리를 마련하였다.

② 화제가 되었던 만화가 연극 무대에 올랐다.

③ 화제가 된 만화를 영화로 만들어 인기가 있다.

④ 인기 있는 만화가 연극 무대에서는 반응이 별로다.

26. 휴양림 내 펜션 '성수기, 비수기 따로', 이젠 옛말

① 과거에는 휴양림 안에 있던 펜션이 인기가 없었다.

② 최근 휴양림 안에 있는 펜션에는 항상 이용객이 많다.

③ 휴양림 안에 있는 펜션은 요즘 성수기와 비수기가 따로 있다.

④ 옛날에 휴양림 안에 있는 펜션은 성수기보다 비수기가 길었다.

27. 전기차 판매 청신호, 충전소 확대 문제는 풀어야 할 숙제

① 충전소 부족 문제 때문에 전기차 이용자의 불만이 많다.

② 전기차 판매가 늘어나면서 충전소 확대 문제가 해결될 것이다.

③ 전기차 판매량이 늘어나고 있지만 충전소 확대 문제는 여전히 남아 있다.

④ 전기차 판매량이 늘어날 전망이지만 여전히 일반 자동차 판매가 더 많을 것이다.

※ [28~31] ( )에 들어갈 말로 가장 알맞은 것을 고르십시오. (각 2점)

28.

어떤 나라에서는 ( ) 몸짓이 다른 나라에서는 자연스럽게 사용되는 몸짓일 수 있다. 예를 들어 한국에서는 집게손가락을 둥글게 감아서 다른 사람을 가리키는 행동을 해서는 안 된다. 하지만 미국인은 그러한 손짓으로 웨이터를 부르기도 한다. 팔꿈치를 밖으로 향하면서 손을 허리에 올리는 몸짓도 한국에서는 거만한 자세로 보이지만 미국에서는 그 사람이 개방적이고 포용력이 있다는 것을 나타낸다.

① 자신감이 넘치는

② 긍정적인 느낌을 주는

③ 무례한 행동으로 보이는

④ 바람직한 행동으로 여겨지는

29.

최근 학생들의 부정행위로 문제가 됐던 모 대학교의 자연과학대학이 '무감독 시험제'를 도입하기로 해 화제가 되고 있다. 이는 '시험 감독을 더욱 강화하라'는 대학 본부의 최근 지침과는 방향이 다르다. 자연과학대 학장은 시험 감독을 강화하는 것보다 자신의 명예에 대한 올바른 인식을 심어 주고, 스스로 부정행위에 대한 ( ) 교육하는 것이 더 낫다고 말했다.

① 관심을 끌도록

② 거부감을 없애도록

③ 흥미를 유발하도록

④ 유혹을 뿌리칠 수 있도록

30.

> 가령 어두운 황야에서 벼락을 만나 공포에 시달린 사람이 그로 인해 과거에 저지른 죄를 뉘우치고 새 삶을 시작하게 되었다고 하자. 그렇다면 이때의 벼락은 (　　　　) 신의 형벌이라고 말할 수 있다. 이 경우 전자가 현상에 대한 과학적 해석이라면, 후자는 인간적 해석이라 할 수 있다. 과학의 법칙이 지배하는 영역이 있는가 하면 그렇지 않은 부분도 있는 것이다.

① 자연 현상이 아니라

② 신의 선물이 아니라

③ 인간의 능력이 아니라

④ 과학 현상의 예외가 아니라

31.

> 대개의 경우, 영화 제작자들은 (　　　　) 촬영을 한다. 그래서 필름을 2시간 전후 분량으로 편집을 한다. 그들은 장면을 선택하고 모으면서 잘 어울리지 않는 부분을 잘라 내고 때로는 질질 끄는 듯한 장면들을 줄이거나 잘라 냄으로써 생동감 있는 장면으로 연출한다. 그 작업은 몇 달이 걸리기도 하는데, 모든 장면들이 올바른 순서로 합쳐지면 비로소 영화 상영 준비가 완료되는 것이다.

① 필요한 분량 이상으로

② 잘라 내지 않을 부분만

③ 영화 내용의 순서대로

④ 생동감 있는 장면을 살리면서

※ [32~34] 다음을 읽고 글의 내용과 같은 것을 고르십시오. (각 2점)

32.

화장품 회사들이 화장품의 사용 기한을 식품의 유통 기한처럼 쉽고 명확하게 바꾸었다. 한국의 대표적인 화장품 회사들이 제품의 사용 기한을 'O년 O월까지'로 표기하면서 소비자의 편의가 높아졌다고 밝혔다. 그동안 제품 제조 연월일과 개봉 후 사용 기간을 제품에 표기했으나 제조 연월일만으로는 사용 기한을 알기 어렵고 '6M(6개월)', '12M(12개월)' 등의 개봉 후 사용 기한 역시 소비자들이 혼동할 여지가 있다는 판단에 따른 것이다.

① 식품의 유통 기한을 쉽게 표기하게 되었다.

② 그동안 화장품의 사용 기한을 명확하게 표기해 왔다.

③ 화장품 사용 기한을 6M, 12M 등으로 표기하기로 했다.

④ 지금은 사용 기한이 명확히 표기된 화장품을 구입할 수 있다.

33.

나이에 따라 추위를 느끼는 정도가 다르다. 추위의 정도는 기온보다 체온 조절 기능에 의해 결정되는데, 체온 조절 기능에 관여하는 것이 지방 조직이다. 지방 조직은 흰색 지방과 갈색 지방으로 나뉘는데, 갈색 지방은 열을 생산하는 역할을 하고 흰색 지방은 열이 체외로 빠져 나가지 않도록 막아 주는 역할을 한다. 인간은 갈색 지방을 가지고 태어나며, 나이가 많아짐에 따라 점차 줄어들다가 노인이 되면 더 이상 생성되지 않는다.

① 기온에 따라서 추위의 정도가 결정된다.

② 흰색 지방은 열을 만들고 보호하는 역할을 한다.

③ 노인은 갈색 지방이 부족해서 추위를 많이 느낀다.

④ 나이가 어릴수록 흰색 지방이 많고 갈색 지방이 적다.

34.

나무 모양을 닮은 브로콜리는 항암 효과가 뛰어난 채소이다. 브로콜리는 야채 중에 철분을 가장 많이 함유하고 있고 저칼로리 음식이면서 풍부한 섬유질을 갖고 있기 때문에 다이어트 음식으로도 좋다. 브로콜리의 효능을 살리려면 조리법이 중요하다. 생 브로콜리는 모든 영양소를 유지하고 있어 좋기는 하지만 장을 자극해서 가스를 발생시킨다. 오래 삶거나 끓일 경우에는 효능이 약화되기 쉬우므로 살짝 데쳐 먹는 것이 가장 좋다.

① 브로콜리는 나무의 한 종류이다.

② 브로콜리는 푹 삶아서 먹는 것이 좋다.

③ 브로콜리는 날 것으로 먹으면 효능이 떨어진다.

④ 브로콜리는 살짝 데치면 건강에 좋은 성분이 유지된다.

※ **[35~38] 다음을 읽고 글의 주제로 가장 알맞은 것을 고르십시오. (각 2점)**

35.

스마트 기기의 발달로 인간이 더욱 자유로워질 것이라는 긍정적인 미래가 예측되었다. 하지만 대부분이 스마트폰을 갖게 된 지금, 직장인들은 오히려 고통을 호소한다. 24시간 언제 어디에서든 업무를 처리할 수 있게 되면서 여가 시간에 잔업을 하는 일이 허다하기 때문이다. 물론 업무의 효율성을 높인다는 긍정적인 부분도 있다. 하지만 근무 시간 외에도 일 처리를 해야 한다는 강박에 시달릴 수밖에 없다.

① 스마트 기기의 발달로 직장인의 근무 환경이 바뀌었다.

② 스마트 기기의 발달로 직장인들의 업무 효율이 향상되었다.

③ 스마트 기기의 발달로 직장인들은 회사로 출근하지 않아도 된다.

④ 스마트 기기의 발달로 직장인들은 새로운 업무 스트레스를 받는다.

36.

땅콩은 시원한 맥주와 함께 먹는 안주로 인기가 많다. '심심풀이 땅콩'이라는 말이 있을 정도로, 한국 사람들에게 땅콩은 건강을 위해서 먹는 음식이 아니라 주전부리 정도로 인식되고 있다. 하지만 땅콩의 기능성을 알고 나면 생각이 달라질 것이다. 땅콩에는 바나나보다 칼륨이 많이 포함되어 있어 인체 내에 있는 나트륨을 밖으로 배출하는 기능이 탁월하므로 짠 음식을 많이 먹는 한국인에게 특히 유용하다.

① 땅콩은 시원한 맥주와 함께 먹는 것이 좋다.

② 땅콩에는 바나나보다 칼륨이 많이 들어 있다.

③ 땅콩은 주전부리이므로 많이 먹으면 건강에 안 좋다.

④ 땅콩은 짠 음식을 많이 먹는 사람에게 좋은 음식이다.

37.

반려견과 함께 산책을 나갈 때 반드시 개가 착용해야 하는 것이 있다. 바로 목줄이나 가슴 줄이다. 외형적으로만 보면 목줄보다 가슴 줄이 좀 더 자유롭게 움직일 수 있어 보이지만 무엇이든지 장단점이 있는 법이다. 어떤 줄이 산책할 때 더 좋다는 정답은 없다. 이는 용도와 기능 자체가 다르기 때문이다. 두 가지 다 산책할 때 사용에 큰 무리가 없으니 반려견과 함께 걷기에 안전하고 편한 줄을 선택하면 된다.

① 반려견과 산책 시 신체적 부담을 줄여야 한다.

② 반려견과 산책할 때는 반드시 가슴 줄을 착용해야 한다.

③ 반려견과 산책 시 목줄을 사용하든 가슴 줄을 사용하든 상관없다.

④ 반려견과 산책할 때는 반려견을 통제할 수 있는 줄을 선택해야 한다.

38.

> 사람들은 칼로리를 소모하기 위해 일부러 시간을 내서 운동을 하려고 한다. 그러나 일상생활 속에서도 칼로리를 소모할 수 있다. 예를 들어, 60분 동안 바닥을 닦으면 114kcal, 요리를 하면 68kcal, 다림질을 하면 65kcal를 소모할 수 있다. 단순히 웃는 것만으로도 33kcal가 소모된다. 앉아 있는 시간 줄이기, 스트레칭하기, 엘리베이터 대신 계단 이용하기 등 생활 습관을 바꾸면 평소보다 더 많은 칼로리를 소모할 수 있다.

① 칼로리를 소모하는 제일 좋은 방법은 청소이다.

② 칼로리 소모를 위해 집안일을 열심히 해야 한다.

③ 작은 생활 습관의 변화로도 칼로리를 더 많이 소모할 수 있다.

④ 시간을 내서 운동을 해야만 칼로리를 더 많이 소모할 수 있다.

※ [39~41] 주어진 문장이 들어갈 곳으로 가장 알맞은 것을 고르십시오. (각 2점)

39.

> 창업을 준비하는 사람들이 정부 지원보다 더 중요하게 여기는 것이 있다. (㉠) 다시 말해 성공한 선배 창업가들에게 창업 시 고려 사항, 실패 과정 및 창업 성공 스토리 등 다양한 정보와 사례를 듣는 것이다. (㉡) 실패를 통해 배운 점과 성공의 노하우를 공유함으로써 시행착오를 줄일 수 있기 때문이다. (㉢) 이렇듯 선배 창업가에게서 다양한 정보를 얻는 것이 예비 창업가들에게는 무엇보다도 가장 중요한 창업의 첫걸음이다. (㉣)

〈보 기〉

> 바로 창업에 성공한 선배들에게 돈 주고 살 수 없는 실전 경험을 전수받는 것이다.

① ㉠　　② ㉡　　③ ㉢　　④ ㉣

40.

류현진 선수가 메이저리그에 진출할 때만 해도 성공 가능성을 높게 보는 사람은 많지 않았다. (㉠) 하지만 그는 사람들의 예상을 뛰어넘는 높은 금액을 받고 메이저리그에 진출했다. (㉡) 게다가 그곳에서 무사히 자리 잡는 데서 그치지 않고 리그를 대표하는 투수 중 하나가 되었다. (㉢) 그의 활약을 지켜본 선수들은 메이저리그에 진출해 정상급 선수가 되는 것이 불가능한 목표가 아님을 알게 되었다. (㉣)

〈보 기〉

한국 야구 선수들이 메이저리그에 도전할 수 있는 계기가 된 것이다.

① ㉠ ② ㉡ ③ ㉢ ④ ㉣

41.

쌍둥이는 일란성과 이란성으로 구분할 수 있다. 일란성 쌍둥이는 수정란이 분열하여 세포가 되었을 때 세포들이 각각 독립된 개체로 자란 것을 말한다. (㉠) 따라서 일란성 쌍둥이는 성별뿐만 아니라 혈액형, 유전자가 동일하다. (㉡) 수정란이 세포 분열한 후 분리되는 이유는 아직 정확하게 밝혀지지 않고 있다. (㉢) 반면 이란성 쌍둥이는 한꺼번에 배란된 2개 이상의 난자가 각각 다른 정자와 수정되어 자란 것이다. (㉣)

〈보 기〉

그러므로 유전자도 다르고 성도 다를 수 있다.

① ㉠ ② ㉡ ③ ㉢ ④ ㉣

※ [42~43] 다음을 읽고 물음에 답하십시오. (각 2점)

> "이렇게 바람이 부는데 네 아버지 배는 괜찮을까?"
>
> "아버지 배는 새 배니까 안전할 거예요."
>
> 아들의 안부를 몰라 가슴을 태우는 늙은 할머니의 물음에 이렇게 대답을 하기는 하였으나 딸도 불안하기는 마찬가지였다. 태풍이 거세질수록 아버지의 생사가 배의 운명과 함께 어찌 되지나 않을까 불안에 떨어야 했다.
>
> "일기 예보에서 태풍이 올 거라고 했으니까 오늘은 배를 타지 마세요."
>
> "태풍은 밤에 온다니까 일찍 나갔다 오면 괜찮을 거다."
>
> 딸이 계속 말렸음에도 불구하고 멀리 나가지 않겠다는 약속을 하고 새벽에 아버지는 집을 나섰다. 그런데 오전부터 한 방울, 두 방울 빗방울이 떨어지더니 오후에 들어서면서 소나기로 변했고 거센 바람이 불기 시작했다. 태풍은 점점 세지는데 새벽에 나간 아버지는 밤이 늦도록 돌아오지 않고 있다. 딸은 속이 까맣게 타는 것 같았다. 전화벨이 울렸다. 급한 일이 생겨서 고기잡이를 나가는 대신 서울에 가셨다는 아버지의 말을 듣고 딸은 다리에 힘이 풀려 그 자리에 주저앉고 말았다.
>
> 이익상 〈어촌〉

42. 밑줄 친 부분에 나타난 딸의 태도로 알맞은 것을 고르십시오.

① 안도하고 있다　　② 의심하고 있다

③ 원망하고 있다　　④ 기대하고 있다

43. 윗글의 내용으로 알 수 있는 것을 고르십시오.

① 낮부터 태풍이 불기 시작했다.

② 아버지는 아침 일찍 새 배를 타고 나갔다.

③ 아버지는 딸의 말을 듣고 배를 타지 않았다.

④ 딸은 아버지의 안부가 걱정이 되어 쓰러졌다.

※ [44~45] 다음을 읽고 물음에 답하십시오. (각 2점)

대형 사고가 나면 우왕좌왕하며 그 원인을 남의 탓으로 돌리기 쉽다. 특히 최근 발생하는 대형 사고의 원인을 국민의 안전 불감증 탓으로 돌려 버리는 일이 잦아지고 있다. 하지만 단순히 (   ) 이러한 잘못이 반복되는 원인을 찾아 재발을 방지하는 것이 무엇보다 중요하다. 그러기 위해서는 재발 방지를 위한 정책 개발과 현장에서의 정책 효과에 대한 면밀한 평가가 필요하다. 안전 선진 국가들을 살펴보면 안전 사회를 지지하는 엄중한 현장 안전 규제 시스템이 작동한다는 사실을 직시하게 된다. 정부는 제도를 만들어서 발표하는 것뿐만 아니라, 그 제도가 실제로 효과가 있는지, 목표대로 운영되는지에 관심을 가져야 한다.

44. (   )에 들어갈 말로 가장 알맞은 것을 고르십시오.

① 대형 사고 방지 교육을 실시하기보다는

② 사고 방지 제도를 만들고 발표하기보다는

③ 안전에 대한 개인의 부주의함을 탓하기보다는

④ 안전 규제에 대한 정책 부재를 질책히기보다는

45. 윗글의 주제로 가장 알맞은 것을 고르십시오.

① 안전 선진 국가들의 정책을 본받아야 한다.

② 대형 사고의 책임 규명을 분명하게 해야 한다.

③ 재발 방지 정책의 효과에 대한 국민의 관심이 커져야 한다.

④ 대형 사고가 재발하지 않도록 정부가 관리·감독해야 한다.

※ [46~47] 다음을 읽고 물음에 답하십시오. (각 2점)

술을 마신 후 머리가 아프고 속이 쓰린 이유는 무엇일까? 술은 주성분이 물과 에탄올이다. 술을 마시면 나타나는 여러 현상은 에탄올 때문이다. 소장과 위에서 흡수된 에탄올은 우리 몸 안의 독극물 분해 장소인 간에서 순차적으로 아세트알데히드와 아세트산으로 바뀐다. 에탄올에서 아세트알데히드로 바뀌는 것은 사람들마다 크게 차이가 없으나 아세트알데히드가 아세트산으로 바뀌는 것은 사람들마다 큰 차이가 있다. 아세트알데히드를 얼마나 빨리 분해할 수 있느냐에 따라서 사람들마다 술을 마시는 정도의 차이가 나타난다. 아세트알데히드는 속이 쓰리고 머리를 아프게 하는 숙취 물질로 독성이 강하다. 그래서 과학적으로 술을 잘 마시는 사람은 아세트알데히드의 분해 능력이 뛰어난 사람이라 할 수 있다.

46. 윗글에 나타난 필자의 태도로 가장 알맞은 것을 고르십시오.
① 아세트알데히드의 분해 능력에 개인 차이가 있음을 밝히고 있다.
② 술을 마시는 양에 따라 해독 능력에 차이가 있음을 역설하고 있다.
③ 술의 종류에 따라 숙취의 원인과 증상이 다르다는 것에 대해 회의적이다.
④ 아세트알데히드가 숙취 물질로 독성이 강하다는 점에 대해 걱정하고 있다.

47. 윗글의 내용과 같은 것을 고르십시오.
① 술의 주성분은 아세트알데히드와 아세트산이다.
② 아세트알데히드를 분해하지 못하는 사람은 술에 약하다.
③ 에탄올에서 아세트산으로 바뀌는 것은 사람마다 차이가 크다.
④ 술을 마신 후 머리가 아프고 속이 쓰린 것은 아세트산 때문이다.

※ [48~50] 다음을 읽고 물음에 답하십시오. (각 2점)

고용노동부가 중소기업과 대기업의 임금을 조사한 결과, 중소기업의 임금은 대기업의 60% 수준임이 드러났다. 이러한 임금 격차가 확대되지 않도록 정부는 중소기업에 여러 가지 지원 정책을 펼치고 있다. 대표적으로 중소기업 취업자 소득세 감면 정책이 있는데, 이는 요건에 해당되는 사람이 중소기업에 취업하는 경우 일정 기간 동안 소득세의 70% 또는 90%를 감면해 주는 정책이다. 납부해야 할 세금을 줄여 줌으로써 중소기업 취업자의 실질 임금을 높이고자 하는 것이다. 그러나 기존의 정책만으로 (   ) 한계가 크다는 지적이 많다. 대한상공회의소의 보고서에 따르면, 최근 대기업과 중소기업의 임금 격차가 크게 늘어났고 한동안 이러한 추세가 계속될 것으로 전망했다. 이러한 소득 불균형을 해소할 수 있는 효과적인 정책이 필요한 시점이다.

48. 윗글을 쓴 목적으로 가장 알맞은 것을 고르십시오.

① 중소기업에서 대기업으로 이직하는 방법을 알려 주기 위해서

② 중소기업 취업자 소득세 감면 정책의 한계를 지적하기 위해서

③ 중소기업과 대기업의 소득 격차가 증가할 것이라 전망하기 위해서

④ 중소기업과 대기업의 소득 불균형을 해소할 정책 마련을 촉구하기 위해서

49. (   )에 들어갈 말로 가장 알맞은 것을 고르십시오.

① 지원 정책을 펼치기에는

② 안정적인 근무 환경에는

③ 세금을 줄여 주는 데에는

④ 임금 격차를 줄이는 데에는

50. 윗글의 내용과 같은 것을 고르십시오.

① 정부는 대기업에 여러 가지 지원 정책을 펼치고 있다.

② 중소기업 취업자의 세금을 감면해 주면 실질 소득이 증가한다.

③ 보고서에 따르면 앞으로 대기업과 중소기업의 임금 격차가 줄어들 것이다.

④ 중소기업 취업자 소득세 감면 정책만으로도 소득 불균형을 해결할 수 있다.

제8회 FINAL 실전 모의고사

实战模拟考试 第8套

TOPIK II

1교시	듣기, 쓰기

수험번호 (Registration No.)		
이 름 (Name)	한국어 (Korean)	
	영 어 (English)	

유 의 사 항
Information

1. 시험 시작 지시가 있을 때까지 문제를 풀지 마십시오.

   Do not open the booklet until you are allowed to start.

2. 수험번호와 이름을 정확하게 적어 주십시오.

   Write your name and registration number on the answer sheet.

3. 답안지를 구기거나 훼손하지 마십시오.

   Do not fold the answer sheet; keep it clean.

4. 답안지의 이름, 수험번호 및 정답의 기입은 배부된 펜을 사용하여 주십시오.

   Use the given pen only.

5. 정답은 답안지에 정확하게 표시하여 주십시오.

   Mark your answer accurately and clearly on the answer sheet.

   marking example ① ● ③ ④

6. 문제를 읽을 때에는 소리가 나지 않도록 하십시오.

   Keep quiet while answering the questions.

7. 질문이 있을 때에는 손을 들고 감독관이 올 때까지 기다려 주십시오.

   When you have any questions, please raise your hand.

TOPIK Ⅱ 듣기(1번~50번)

Test 08

※ [1~3] 다음을 듣고 가장 알맞은 그림 또는 그래프를 고르십시오. (각 2점)

1. ①

②

③

④

2. ①

②

③

④

3. ①

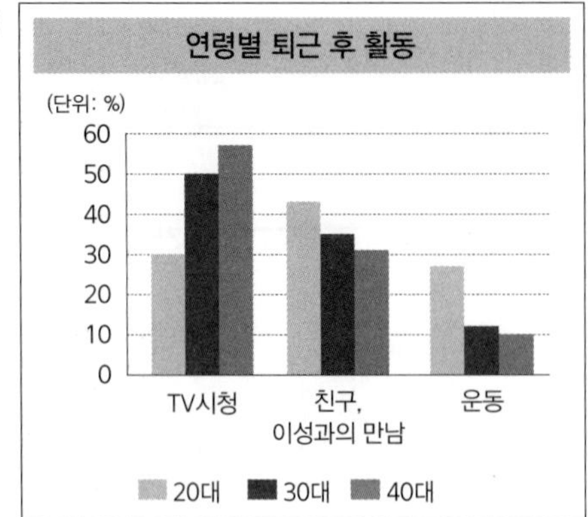

②

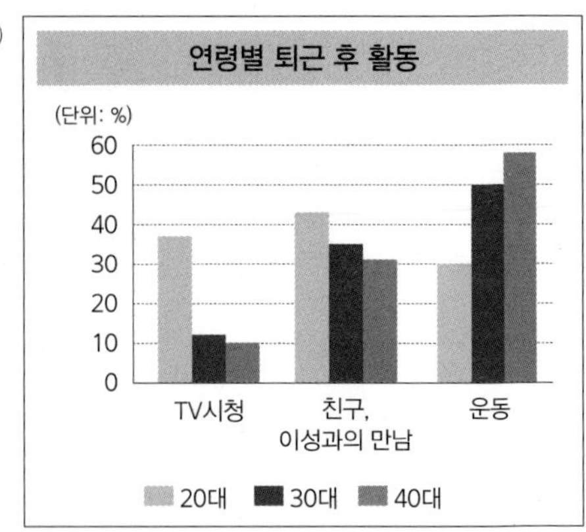

③

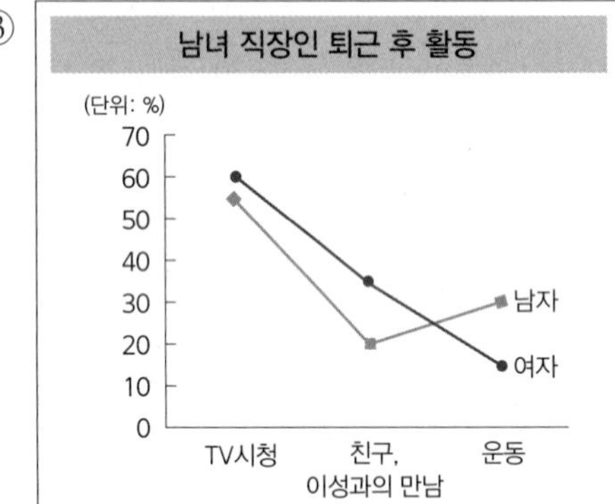

④

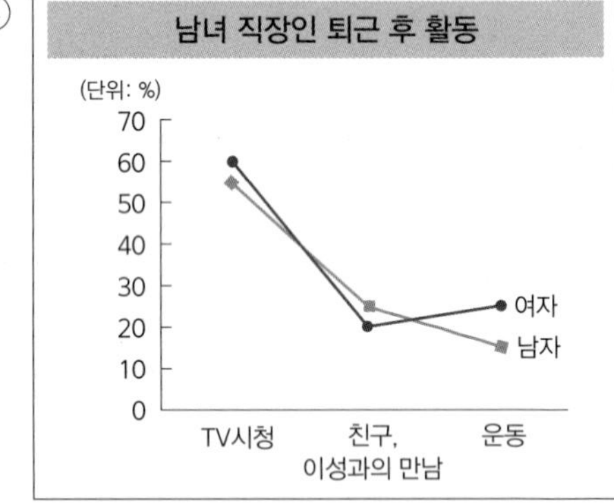

※ [4~8] 다음을 듣고 이어질 수 있는 말로 가장 알맞은 것을 고르십시오. (각 2점)

4. ① 표를 다시 확인해 볼게요.
② 미리 예약을 하는 게 좋아요.
③ 창가보다는 이곳에 앉을게요.
④ 다른 칸으로 가는 게 좋겠어요.

5. ① 사무실에 있을게요.
② 가격을 알아볼게요.
③ 그 정도면 적당해요.
④ 주문이 돼서 다행이에요.

6. ① 바꾸지 말 걸 그랬어.
② 수업을 듣기는 힘들겠다.
③ 이미 지난 학기에 들었어.
④ 그럼 이번에 같이 수업을 듣자.

7. ① 청소를 시작할게요.
② 얼룩을 닦고 올게요.
③ 걸레를 빨고 있을게요.
④ 이제는 깨끗한 것 같아요.

8. ① 택시를 타야겠어요.
② 회사 위치가 어떻게 돼요?
③ 신고서를 작성하려고 해요.
④ 지갑을 찾으면 알려 주세요.

※ **[9~12] 다음을 듣고 <u>여자</u>가 이어서 할 행동으로 가장 알맞은 것을 고르십시오.** (각 2점)

9. ① 사이트에서 가격을 비교한다.
② 사이트를 즐겨 찾기에 등록한다.
③ 가방에 대한 상품 평을 읽어 본다.
④ 가격 비교 사이트에 회원 가입을 한다.

10. ① 2차 면접 장소를 공지한다.
② 남자에게 이메일을 보낸다.
③ 서류 전형 합격자를 뽑는다.
④ 김 대리에게 명단을 보낸다.

11. ① 예약한 공항버스 표를 인쇄한다.
② 전철역 앞에서 공항버스를 탄다.
③ 공항까지 걸리는 시간을 확인한다.
④ 빠뜨린 짐이 없는지 먼저 확인한다.

12. ① 대여가 가능한 날짜를 확인해 본다.
② 남자가 대여할 책을 함께 찾아본다.
③ 남자가 대여할 책을 예약 신청해 준다.
④ 남자에게 도서 대여 예약 문자를 보낸다.

※ **[13~16] 다음을 듣고 들은 내용과 같은 것을 고르십시오.** (각 2점)

13. ① 여자는 채식을 해 본 적이 있다.
② 달걀을 먹는 채식주의자도 있다.
③ 남자와 여자는 채식을 하기로 했다.
④ 채식의 방법에는 한 가지 방법이 있다.

14. ① 올해 회사 워크숍은 회사에서 진행된다.
② 회사 워크숍은 해마다 진행되는 행사이다.
③ 장기자랑에 참가한 부서는 회식비를 받는다.
④ 이번 워크숍에는 사원들끼리 대화할 수 있다.

15. ① 요즘 점심값보다 비싼 커피가 많다.
② 기계가 고장 나면 무료로 수리를 해 준다.
③ 이 기계는 사무실에서만 사용이 가능하다.
④ 빌리는 사람이 커피 기계를 관리해야 한다.

16. ① 길에서 한복을 입은 사람은 쉽게 볼 수 없다.
② 한복이 놀이 문화가 되면서 전보다 자주 입게 되었다.
③ 한국에 놀러 온 외국인들은 한복을 입고 싶어 하지 않는다.
④ 지금도 사람들은 한복이 특별한 날에만 입는 옷이라고 본다.

※ **[17~20] 다음을 듣고 남자의 중심 생각으로 가장 알맞은 것을 고르십시오.** (각 2점)

17. ① 밥을 먹고 나서 물을 마셔야 한다.
② 습관을 고치는 일은 어려운 일이다.
③ 잘못된 식습관은 노력해서 바꿔야 한다.
④ 밥을 먹고 바로 물을 마시면 건강에 좋지 않다.

18. ① 자가용을 이용하면 교통비가 많이 든다.
② 대중교통을 이용하면 불편한 점이 있다.
③ 아침에 운전해서 오면 길이 많이 막힌다.
④ 출근 시간에는 대중교통을 이용하는 게 좋다.

19. ① 혼자 사는 것은 위험할 수도 있다.
② 앞으로 혼자 사는 사람이 더 증가할 것이다.
③ 안전하게 살기 위해 친구와 함께 살아야 한다.
④ 혼자 살면 좋은 점이 많으므로 혼자 사는 게 좋다.

20. ① 자원봉사에는 힘든 일만 있는 것은 아니다.
② 자원봉사는 자신의 재능대로 하는 것이 좋다.
③ 도움을 받는 입장에서 생각을 할 필요가 있다.
④ 전문적인 지식을 가진 사람들이 봉사를 해야 한다.

※ [21~22] 다음을 듣고 물음에 답하십시오. (각 2점)

21. 남자의 중심 생각으로 가장 알맞은 것을 고르십시오.
① 개인의 사생활은 보호받아야 한다.
② SNS에 사진을 올리지 않는 게 좋다.
③ SNS를 통해 친구들의 소식을 알 수 있다.
④ SNS를 통한 사생활 노출을 조심해야 한다.

22. 들은 내용과 같은 것을 고르십시오.
① 남자는 SNS를 하지 않는다.
② 여자는 SNS에 사진을 올렸다.
③ 여자는 SNS에서 친구를 찾았다.
④ 남자는 사생활이 노출된 적이 있다.

※ [23~24] 다음을 듣고 물음에 답하십시오. (각 2점)

23. 남자가 무엇을 하고 있는지 맞는 것을 고르십시오.
① 이티켓 사용을 추천하고 있다.
② 공항 이용 방법을 소개하고 있다.
③ 비행기 표를 받는 방법을 알려 주고 있다.
④ 비행기 표를 예약하는 방법을 설명하고 있다.

24. 들은 내용과 같은 것을 고르십시오.
① 여자는 인터넷 면세점에서 물건을 구매했다.
② 인터넷 면세점에서 이티켓을 이용할 수 있다.
③ 이티켓은 공항에서 짐을 부칠 때 받을 수 있다.
④ 비행기 표를 받기 전엔 인터넷 면세점을 이용할 수 없다.

※ [25~26] 다음을 듣고 물음에 답하십시오. (각 2점)

25. 남자의 중심 생각으로 가장 알맞은 것을 고르십시오.

① 요즘에 나오는 가요는 자극적이다.

② 옛날 가요의 가사는 전달력이 있다.

③ 옛날 가요는 요즘 가요와는 다른 매력이 있다.

④ 요즘 가요보다 오래된 가요의 장점이 더 많다.

26. 들은 내용과 같은 것을 고르십시오.

① 오래된 가요는 중독성이 있는 편이다.

② 옛날 가요의 가사를 바꿔서 다시 만들었다.

③ 기성세대보다 요즘 세대들의 반응이 더 좋다.

④ 요즘 세대들은 이 노래를 통해 향수를 느낀다.

※ [27~28] 다음을 듣고 물음에 답하십시오. (각 2점)

27. 남자가 말하는 의도로 알맞은 것을 고르십시오.

① 강아지를 돌봐 달라고 부탁하기 위해

② 애견 호텔의 필요성을 강조하기 위해

③ 애견 호텔에 대한 정보를 제공하기 위해

④ 애견 호텔 서비스에 대해 의논하기 위해

28. 들은 내용과 같은 것을 고르십시오.

① 남자는 이번에 외국으로 휴가를 가기로 했다.

② 여자는 휴가 때 친구에게 강아지를 맡기기로 했다.

③ 멀리서도 애견 호텔에 있는 강아지의 상태를 알 수 있다.

④ 강아지들은 애견 호텔에서는 불안해서 편하게 쉴 수 없다.

※ [29~30] 다음을 듣고 물음에 답하십시오. (각 2점)

29. 남자가 누구인지 고르십시오.

① 채널 개발자

② 브이로그 운영자

③ 브이로그 구독자

④ 영상 편집 전문가

30. 들은 내용과 같은 것을 고르십시오.

① 남자는 처음부터 브이로그로 돈을 벌었다.

② 남자는 요즘 퇴근 후에 브이로그를 만든다.

③ 남자는 사람들과 소통하는 것에 재미를 느꼈다.

④ 브이로그는 유명인의 일상을 기록한 영상을 말한다.

※ [31~32] 다음을 듣고 물음에 답하십시오. (각 2점)

31. 남자의 중심 생각으로 가장 알맞은 것을 고르십시오.

① 전자 담배의 세금은 올리지 않아야 한다.

② 전자 담배를 피우는 사람들은 세금을 더 내야 한다.

③ 전자 담배 사용자의 대다수가 청소년이므로 큰 문제이다.

④ 담뱃값을 인상하는 대신 그 돈을 청소년 금연을 위해 사용해야 한다.

32. 남자의 태도로 가장 알맞은 것을 고르십시오.

① 실제적인 수치를 말하며 주장을 펼치고 있다.

② 대안을 제시하며 상대방의 의견에 반대하고 있다.

③ 상대방의 주장을 인정하며 타협점을 제시하고 있다.

④ 현재 상황을 비판하면서 상대방의 의견을 지지하고 있다.

※ [33~34] 다음을 듣고 물음에 답하십시오. (각 2점)

33. 무엇에 대한 내용인지 알맞은 것을 고르십시오.

① 처음의 중요성

② 좋은 부모의 조건

③ 부모 교육의 필요성

④ 실수가 끼치는 영향

34. 들은 내용과 같은 것을 고르십시오.

① 좋은 부모들은 모두 부모 교육을 받았다.

② 부모 교육은 자녀들과 함께 들을 수 있다.

③ 현명한 사람들도 자식을 키울 때 실수한다.

④ 경험이 많은 사람들은 실수를 잘 하지 않는다.

※ [35~36] 다음을 듣고 물음에 답하십시오. (각 2점)

35. 남자가 무엇을 하고 있는지 고르십시오.

① 건설 회사들의 성장 과정을 보고하고 있다.

② 공동체 마을 건설 사업 내용을 분석하고 있다.

③ 공동체 마을 건설 사업에 참여를 요청하고 있다.

④ 지역 경제 활성화 사업의 성과에 대해 평가하고 있다.

36. 들은 내용과 같은 것을 고르십시오.

① 참여 기업의 이미지가 나빠질 수 있으니 주의해야 한다.

② 공동체 마을 건설 사업은 세계적으로 비슷한 사례가 없다.

③ 4인 가구 맞춤 편의 시설이 갖춰진 마을을 건설할 것이다.

④ 정부는 지역 경제 활성화와 국내 경제 안정을 기대하고 있다.

※ **[37~38] 다음을 듣고 물음에 답하십시오. (각 2점)**

37. 여자의 중심 생각으로 가장 알맞은 것을 고르십시오.

① 광합성 작용을 위해서 해조류는 꼭 필요한 존재이다.

② 다시마의 효용성을 분석하여 바다를 청정화해야 한다.

③ 깨끗한 지구를 위해 바다에 해조류를 많이 심어야 한다.

④ 해조류는 바다뿐만 아니라 지구 청정화에 큰 기여를 한다.

38. 들은 내용과 같은 것을 고르십시오.

① 해조류는 엽록소로 인해 광합성을 한다.

② 해조류는 바다와 땅의 숲을 이루는 식물이다.

③ 해조류는 산소를 흡수하여 이산화탄소를 만든다.

④ 다시마는 지구에서 발생하는 산소의 대부분을 만든다.

※ **[39~40] 다음을 듣고 물음에 답하십시오. (각 2점)**

39. 이 대화 뒤에 이어질 내용으로 가장 알맞은 것을 고르십시오.

① 물 절약을 위해 개발된 획기적인 과학 기술을 소개한다.

② 모두가 실천할 수 있는 물 절약 방법에 대해 설명하고 있다.

③ 해수를 이용하기 전에 환경 문제를 우선적으로 해결해야 한다.

④ 물 절약을 위한 대대적인 정책을 펼치는 국가가 늘어나고 있다.

40. 들은 내용과 같은 것을 고르십시오.

① 해수 담수화는 환경 개선을 위한 과학 기술이다.

② 해수 담수화는 현재 제한된 지역에서 사용되고 있다.

③ 최근에 약 14억 명의 인구가 물 부족으로 고생하고 있다.

④ 2050년도에는 약 50억 명 정도가 물 부족을 겪을 것이다.

※ [41~42] 다음을 듣고 물음에 답하십시오. (각 2점)

41. 이 강연의 중심 내용으로 가장 알맞은 것을 고르십시오.
① 앞으로 갯벌에 다양한 생물이 필요하다.
② 갯벌은 생태계를 건강하게 하는 데 중요하다.
③ 환경을 깨끗하게 하기 위해 갯벌을 만들어야 한다.
④ 갯벌은 오염 물질을 자연 분해하는 기능이 필요하다.

42. 들은 내용과 같은 것을 고르십시오.
① 갯벌이 주기적으로 만들어지는 곳이 있다.
② 갯벌은 여러 가지 오염 물질을 깨끗하게 만든다.
③ 갯벌은 사람의 콩팥처럼 생겨서 자연의 콩팥이라 한다.
④ 육지에서 미생물에 의해 자연 분해된 것들이 갯벌에 모인다.

※ [43~44] 다음을 듣고 물음에 답하십시오. (각 2점)

43. 무엇에 대한 내용인지 알맞은 것을 고르십시오.
① 젊은이들은 드라마의 영향을 많이 받는 편이다.
② 요즘에는 의미가 담긴 선물이 인기를 끌고 있다.
③ 사랑을 고백할 때는 말보다는 꽃 선물이 더 낫다.
④ 앞으로 꽃말에 대한 관심은 계속 이어질 전망이다.

44. 사람들이 꽃말에 관심을 많이 갖는 이유로 맞는 것을 고르십시오.
① 꽃과 관련된 선물의 의미가 신선하기 때문에
② 기념일에 꽃으로 하는 고백이 성공률이 높다고 해서
③ 젊은 사람들이 연애에 관한 드라마를 좋아하기 때문에
④ 젊은 층에서 의미가 담긴 꽃으로 하는 고백이 인기를 끌어서

※ [45~46] **다음을 듣고 물음에 답하십시오.** (각 2점)

45. 들은 내용과 같은 것을 고르십시오.
① 자녀와의 대화를 위해서는 관심이 제일 중요하다.
② 자녀와의 공감을 위해 부모들의 적극적인 행동이 필요하다.
③ 자녀와의 소통을 방해하는 말은 감정적 대립을 유발할 수 있다.
④ 자녀와의 원활한 소통을 위해 자녀들의 요구를 들어주어야 한다.

46. 여자가 말하는 방식으로 알맞은 것을 고르십시오.
① 자녀와의 대화 유형을 분류하여 분석하고 있다.
② 자녀와의 대화에 대한 문제와 원인을 비판하고 있다.
③ 부모와 자녀 간 대화의 좋은 예를 들어 비교하고 있다.
④ 부모가 자녀와 대화를 잘하는 방법에 대해 설명하고 있다.

※ [47~48] **다음을 듣고 물음에 답하십시오.** (각 2점)

47. 들은 내용과 같은 것을 고르십시오.
① 커피는 끓이는 온도가 달라도 맛이 같다.
② 커피는 취향에 따라 끓이는 온도가 다르다.
③ 풍부한 맛을 즐기려면 95℃에서 커피를 내려야 한다.
④ 100℃ 이하에서 커피를 내리면 카페인이 많이 나온다.

48. 남자가 말하는 방식으로 알맞은 것을 고르십시오.
① 커피 추출 연구소가 발표한 내용을 비판하고 있다.
② 취향에 따라 원두커피를 즐기는 방법에 대해 설명하고 있다.
③ 커피에 포함된 카페인 성분의 부작용에 대하여 분석하고 있다.
④ 높은 온도에서 커피를 끓이는 사람들에게 위험성을 알리고 있다.

※ [49~50] 다음을 듣고 물음에 답하십시오. (각 2점)

49. 들은 내용과 같은 것을 고르십시오.

① 일본원숭이들은 원래 감자를 먹지 않았다.

② 극소수의 동물들은 화가 나면 상대를 공격한다.

③ '이모원숭이'는 다른 원숭이들에게 감자를 씻는 방법을 가르쳤다.

④ '이모원숭이' 사례를 통해 동물도 학습 능력이 있다는 것을 알 수 있다.

50. 남자가 말하는 방식으로 알맞은 것을 고르십시오.

① 동물이 감정과 생각을 가지지 않기를 희망하고 있다.

② 동물들의 감정에 대해 관심을 가질 것을 강조하고 있다.

③ 동물이 생각을 할 수 있는지를 예를 통해 설명하고 있다.

④ 사람들이 동물에게 느끼는 감정에 대하여 분석하고 있다.

TOPIK Ⅱ 쓰기(51번~54번)

※ [51~52] 다음 글의 ㉠과 ㉡에 알맞은 말을 각각 쓰시오. (각 10점)

51.

오픈 마켓을 개최합니다

옷, 신발, 가방, 전자 제품 등 모든 중고 물건을 판매합니다. 나에게는 불필요하지만 (㉠). 새것과 같은 제품을 저렴한 가격에 구매할 수 있는 기회입니다. 또한 버려질 물건을 활용하는 것이기 때문에 (㉡). 개최 시간과 장소는 다음을 참고하여 주십시오.

- **개최 일시:** 2024. 10. 26 (토), 11:00~16:00
- **개최 장소:** 문화 공원
- **참여 대상:** 학생, 시민 누구나

52.

목표를 정할 때 (㉠). 지금 자신에게 가장 중요하고 필요한 것을 고려하여 한두 가지의 목표만 선택하는 것이 적당하다. 목표를 선택한 후에는 정해진 목표에 집중하는 것이 중요하다. 이처럼 목표를 이루는 데 있어 가장 중요한 것은 (㉡).

53. 다음은 청년층의 평균 취업 준비 기간에 관한 자료이다. 이 내용을 200~300자로 쓰시오. 단, 글의 제목은 쓰지 마시오. (30점)

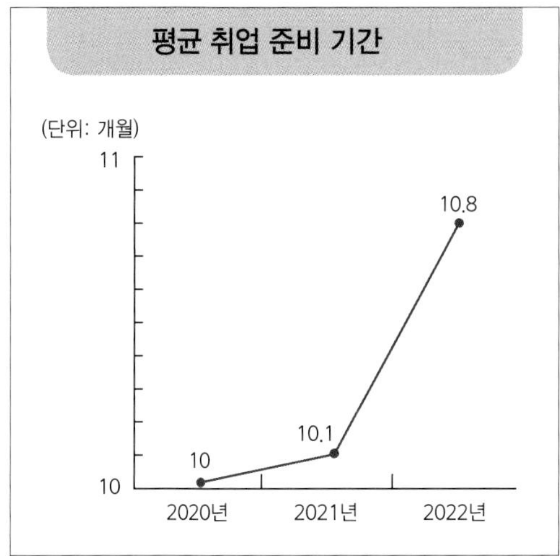

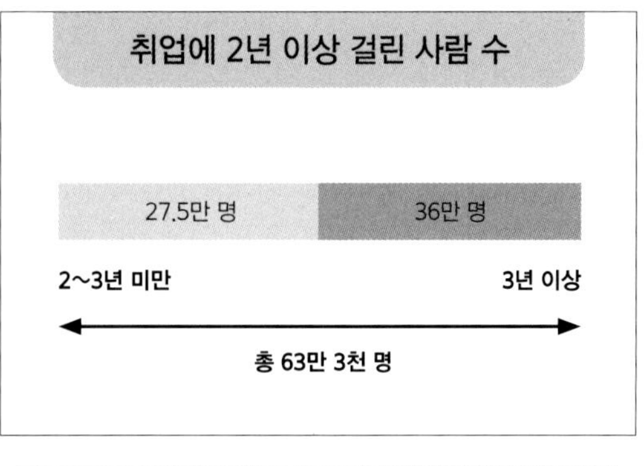

문제점

- 청년층의 노동 가치만큼의 기회 비용 발생
- 노동자 수 감소로 잠재 성장률 감소

54. 다음을 참고하여 600~700자로 글을 쓰시오. 단, 문제를 그대로 옮겨 쓰지 마시오. (50점)

과학의 발달은 장점과 단점을 모두 가지고 있다. 그중에서도 유전자 조작 식물, 인공 장기, 복제 생물과 같은 유전 공학 분야의 발달은 더욱 그러하다. 아래의 내용을 중심으로 '유전 공학 발달의 장단점과 연구에서 고려해야 할 점'에 대한 자신의 생각을 쓰라.

- 유전 공학 발달이 가져오는 장점은 무엇인가?
- 유전 공학 발달이 가져오는 단점은 무엇인가?
- 유전 공학 연구에서 고려해야 할 점은 무엇인가?

* 원고지 쓰기의 예

	머	리	는		언	제		감	는		것	이		좋	을	까	?		사
람	들	은		보	통		아	침	에		머	리	를		감	는	다	.	그

제1교시 듣기, 쓰기 시험이 끝났습니다. 제2교시는 읽기 시험입니다.

제8회 FINAL 실전 모의고사

实战模拟考试 第8套

TOPIK Ⅱ

2교시	읽기

수험번호 (Registration No.)		
이 름 (Name)	한국어 (Korean)	
	영 어 (English)	

유 의 사 항
Information

1. 시험 시작 지시가 있을 때까지 문제를 풀지 마십시오.
   Do not open the booklet until you are allowed to start.

2. 수험번호와 이름을 정확하게 적어 주십시오.
   Write your name and registration number on the answer sheet.

3. 답안지를 구기거나 훼손하지 마십시오.
   Do not fold the answer sheet; keep it clean.

4. 답안지의 이름, 수험번호 및 정답의 기입은 배부된 펜을 사용하여 주십시오.
   Use the given pen only.

5. 정답은 답안지에 정확하게 표시하여 주십시오.
   Mark your answer accurately and clearly on the answer sheet.

   marking example | ① ● ③ ④ |

6. 문제를 읽을 때에는 소리가 나지 않도록 하십시오.
   Keep quiet while answering the questions.

7. 질문이 있을 때에는 손을 들고 감독관이 올 때까지 기다려 주십시오.
   When you have any questions, please raise your hand.

TOPIK Ⅱ 읽기(1번~50번)

※ [1~2] (　　)에 들어갈 말로 가장 알맞은 것을 고르십시오. (각 2점)

1. 정말 최선을 다 (　　　　) 더 이상 아쉬움은 없다.

① 했다가　　② 했건만

③ 했으므로　　④ 했거니와

2. 아무리 (　　　　) 건강을 위해서 아침을 꼭 먹는 것이 좋다.

① 바빠도　　② 바쁘나

③ 바쁘던데　　④ 바쁘거든

※ [3~4] 밑줄 친 부분과 의미가 가장 비슷한 것을 고르십시오. (각 2점)

3. 일하러 경주에 가는 김에 문화재와 유적지를 둘러보려고 한다.

① 갈 텐데　　② 가는 길에

③ 가는 바람에　　④ 가기가 무섭게

4. 오늘 우리 학교 야구팀이 결승전에서 연장전까지 갔지만 아쉽게도 지고 말았다.

① 져야 했다　　② 질 뻔했다

③ 지곤 했다　　④ 져 버렸다

※ [5~8] 다음은 무엇에 대한 글인지 고르십시오. (각 2점)

5.

부드러운 소가죽 제품!

굽이 높아도 운동화처럼, 사계절 편안하게!

① 구두　② 장화　③ 슬리퍼　④ 운동화

6.

빠른 포장, 친절한 서비스!

당신의 소중한 물건을 안전하게 옮겨 드립니다.

※ 피아노, 금고 등 무거운 물건은 추가 요금 있음.

① 관리실　② 선물 가게　③ 이삿짐센터　④ 고객 지원 센터

7.

"엄마, 아빠, 책 읽고 싶어요."

스스로 책을 찾아 읽는 아이!

독서 습관을 위한 새로운 독서 프로그램

① 교육 평가　② 교육 소개　③ 교육 교재　④ 교육 시설

8.

바람이 많이 불고 쌀쌀한 날씨가 계속 이어지고 있습니다.

오늘은 올해 들어 일교차가 가장 큰 날이 되겠습니다.

감기에 걸리지 않도록 조심하십시오.

① 일기 예보　② 예방 접종　③ 건강 보험　④ 태풍 주의보

※ [9~12] 다음 글 또는 그래프의 내용과 같은 것을 고르십시오. (각 2점)

9.

'이효석 문학의 숲'에서 소설 속의 주인공이 되어 보세요

■ **입장료**: 일반 2,000원 / 단체 1,500원 / 지역 주민 1,000원
(단체: 20명 이상 동시 입장)

■ **이용 시간**: – 성수기(5월 ~ 9월): 오전 9시 ~ 오후 6시 30분
– 비수기(10월 ~ 4월): 오전 9시 ~ 오후 5시 30분

■ **휴관일**: 매주 월요일, 1월 1일, 설날, 추석

※ 숲속에 이효석의 소설 '메밀꽃 필 무렵'의 배경이 되는 시장과 등장인물을 그대로 재현했습니다.

① 문학의 숲은 연중무휴로 운영된다.

② 성수기에는 비수기보다 운영 시간이 길다.

③ 숲속에는 이효석이 살았던 집이 그대로 남아 있다.

④ 10명 이상 동시 입장하면 500원 할인받을 수 있다.

10.

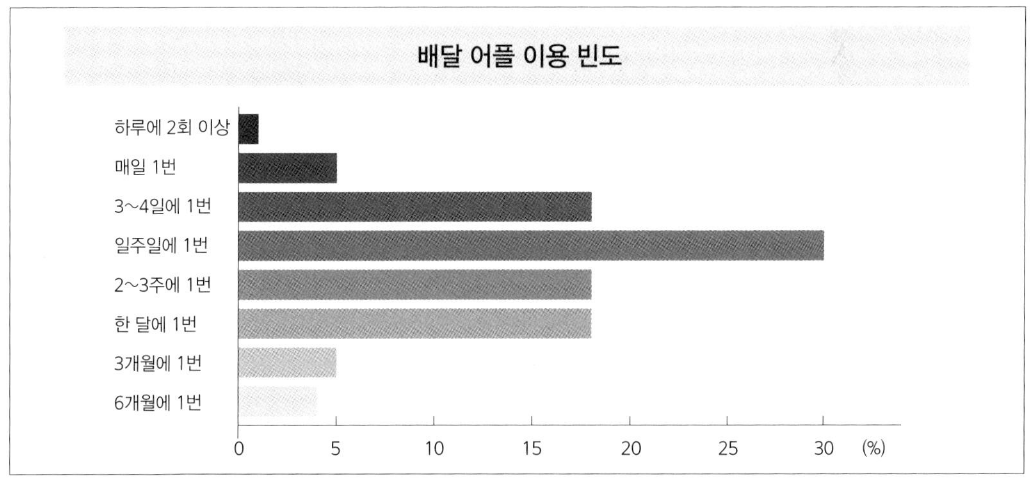

① 3~4일에 1번 이용하는 비율이 가장 많다.

② 6개월에 1번 이용하는 비율이 가장 적다.

③ 일주일에 1번 이상 이용하는 비율이 절반이 넘는다.

④ 매일 1번 이용하는 비율과 6개월에 1번 이용하는 비율이 같다.

11.

> 불황 속에서도 젊은 층에서 디저트 열풍이 불고 있다. 적지 않은 가격에도 불구하고 디저트 카페가 계속 확대되고 있는 것은 비교적 싼 가격에 고급스러움을 향유할 수 있는 물건이나 서비스를 즐기려는 사람이 늘고 있기 때문이다. 비싼 차와 비싼 집은 못 사더라도 일상에서 누릴 수 있는 작은 사치를 통해 행복을 느끼려고 하기 때문이다.

① 젊은 사람들은 적은 돈으로 사치를 누리고 싶어 한다.

② 디저트 가격이 싸기 때문에 디저트 열풍이 불고 있다.

③ 경제 상황이 좋아지면서 디저트 카페가 증가하고 있다.

④ 사람들은 비싼 차와 비싼 집으로 행복을 느끼려고 한다.

12.

> 클래식을 감상할 때는 몰입을 위해 곡이 완전히 끝난 후에 박수를 친다. 하지만 재즈를 감상할 때는 멤버 한 사람씩 즉흥 연주가 끝날 때마다 박수를 친다. 그런데 상당수의 관객은 언제 박수를 치는지 몰라 남이 박수를 칠 때 따라 하는 경우가 많다. 그래서 재즈 연주자들은 관객의 박수를 듣고 관객이 재즈에 익숙한지 파악한다고 한다.

① 박수 소리가 클수록 관객의 이해도가 높다.

② 박수를 쳐야 할 때를 잘 모르는 관객이 많다.

③ 관객들은 클래식 곡 연주 중간에 박수를 친다.

④ 재즈를 감상할 때는 다른 사람과 함께 박수를 쳐야 한다.

※ [13~15] 다음을 순서에 맞게 배열한 것을 고르십시오. (각 2점)

13.

(가) 기존에도 평면 사진이나 동영상으로 이러한 것을 볼 수는 있었다.

(나) 즉, 기구를 착용하면 두뇌가 실제로 그 현장에서 직접 보는 것처럼 느끼는 것이다.

(다) 하지만 가상 현실은 3D 입체 영상을 통해 생생히 경험할 수 있다는 점이 다르다.

(라) 가상 현실이란 생생한 이미지, 영상, 음성을 통해 마치 현실인 것처럼 느끼게 해 주는 기술이다.

① (가)-(나)-(다)-(라)
② (가)-(다)-(나)-(라)
③ (라)-(가)-(나)-(다)
④ (라)-(나)-(가)-(다)

14.

(가) 최근 경찰이 음주 운전 특별 단속을 실시했더니 놀라운 결과가 나왔다.

(나) 오후 1시에서 4시 사이에 음주 운전으로 적발된 사람이 가장 많았기 때문이다.

(다) 다시 말해 음주 운전으로 적발된 운전자 중 70%가 낮술 운전을 했다는 것이다.

(라) 경찰은 낮술 운전의 위험성에 대한 인식을 높일 수 있는 대책 마련에 힘쓰고 있다.

① (가)-(나)-(다)-(라)
② (가)-(라)-(다)-(나)
③ (다)-(가)-(라)-(나)
④ (다)-(라)-(나)-(가)

15.

(가) 음식을 편식하지 않고 영양을 골고루 섭취해야 몸이 건강하다.

(나) 정보도 마찬가지로 한쪽으로 치우치지 않도록 다양하게 습득해야 한다.

(다) 그러므로 인터넷보다는 종이 신문을 통해 균형 잡힌 정보를 접하는 것이 좋다.

(라) 인터넷으로 뉴스를 보면 관심 분야에 대한 기사, 포털 사이트에 자주 노출되는 기사만을 접하게 된다.

① (가)-(나)-(라)-(다)
② (가)-(다)-(나)-(라)
③ (라)-(가)-(다)-(나)
④ (라)-(나)-(가)-(다)

※ **[16~18] ( )에 들어갈 말로 가장 알맞은 것을 고르십시오. (각 2점)**

16.

휴대 전화가 ( ) 어떻게 해야 하는가? 그럴 때 바로 서비스 센터에 갈 수 없다면 통에 쌀을 담은 후 휴대 전화를 넣어 두면 된다. 쌀이 물기를 흡수해 휴대 전화를 보호해 주기 때문이다. 물론 물기를 흡수한 쌀은 불어서 먹을 수 없게 되기 때문에 쌀통에 바로 휴대 전화를 넣는 것은 추천하지 않는다.

① 물에 빠졌을 때
② 배터리가 없을 때
③ 전원이 안 켜질 때
④ 떨어져서 깨졌을 때

17.

> 생명을 절대 가치로 보는 종교계와 인간답게 고통 없이 삶을 정리하고 싶어 하는 일반인들 사이의 괴리는 어디서나 존재한다. 일부 국가에서는 안락사를 허용하고 있지만 아직 안락사를 살인으로 보는 나라가 많다. 따라서 '자살을 도와주는 것이 의료인가'에 대한 논란은 여전하다. 하지만 회생 불가능한 중증 환자에 대한 치료 중단은 (   ) 수용할 때도 됐다.

① 인간의 생명 보호를 위해서

② 인간의 수명 연장을 위해서

③ 인간의 존엄성을 지켜 주기 위해서

④ 인간의 종교적 신념을 지켜 주기 위해서

18.

> 해외 주요 박물관 중에는 '셀카봉 금지' 정책을 시행하는 곳이 있다. 셀카봉은 휴대전화를 긴 막대기에 연결해 혼자서도 넓은 풍경을 배경으로 사진을 찍을 수 있게 만든 도구이다. 요즘 여행객들의 필수 아이템으로 떠올랐지만 박물관에선 (   ). 유물이나 전시품을 훼손할 수 있다는 우려와 감상 분위기를 어수선하게 만든다는 관람객의 불만이 주된 이유다.

① 민폐 아이템으로 등극했다

② 골칫덩어리 해결사로 떠올랐다

③ 없어도 되는 아이템으로 전락했다

④ 있으나 마나 한 물건으로 추락했다

※ [19~20] 다음을 읽고 물음에 답하십시오. (각 2점)

> 서울식물원에서는 식물원에서 기르는 식물들의 씨앗을 대여해 주는 프로그램을 운영하고 있다. 도서관에서 책을 빌리는 것처럼, 식물원에서 씨앗을 빌린 뒤에 반납하는 방식이다. 빌린 씨앗을 재배한 뒤에 수확한 씨앗을 반납하면 되는데, 씨앗 반납은 의무 사항은 아니다. (　　　　) 반납 실적에 따라 추가로 빌릴 수 있는 씨앗의 종류와 개수가 달라진다. 만약 수확에 실패했다면 씨앗을 재배한 과정을 기록한 사진 자료를 제출하면 되고, 빌린 것과 다른 종류 씨앗을 반납해도 된다.

19. (　　)에 들어갈 말로 가장 알맞은 것을 고르십시오.

① 결국　　② 다만　　③ 비로소　　④ 그다지

20. 윗글의 주제로 가장 알맞은 것을 고르십시오.

① 책 대신 씨앗을 빌릴 수 있어서 씨앗 도서관이라 불린다.

② 씨앗을 빌리고 나면 재배 후 반드시 수확에 성공해야 한다.

③ 서울식물원에서 씨앗을 빌린 뒤에 반납하면 추가로 대여 가능하다.

④ 빌린 씨앗과 함께 재배 과정을 기록한 사진 자료를 함께 제출해야 한다.

※ [21~22] 다음을 읽고 물음에 답하십시오. (각 2점)

> (　　　　)라는 말이 있다. 높은 곳에 이르기 위해서는 낮은 곳부터 차근차근 밟아야 하듯이 일의 순서를 생각하지 않으면 목표한 것을 얻기가 어려운 법이다. 그 어떤 위대한 인물도 단번에 높은 곳으로 뛰어오른 적은 없다. 공부도 마찬가지다. 기본 원리를 익히지 않고서 문제부터 해결하려는 조급한 마음을 버려야 한다. 기초부터 탄탄히 다져야만 문제 앞에서 당당해질 수 있다.

21. (　　)에 들어갈 말로 가장 알맞은 것을 고르십시오.

① 울며 겨자 먹기　　② 같은 값이면 다홍치마

③ 천 리 길도 한 걸음부터　　④ 구슬이 서 말이라도 꿰어야 보배

22. 윗글의 내용과 같은 것을 고르십시오.

① 기본 원리부터 차근차근 공부해야 한다.

② 일의 순서를 먼저 생각하지 않고 일해야 한다.

③ 좋은 성적을 받으려면 문제를 많이 풀어야 한다.

④ 조급한 마음을 버려야 문제를 빨리 해결할 수 있다.

※ **[23~24] 다음을 읽고 물음에 답하십시오.** (각 2점)

> 오늘도 내 휴대 전화에선 휘파람 소리가 들린다. 벨 소리로 정할 만큼 난 휘파람 소리가 좋다. <u>휘파람 소리를 들으면 나도 모르게 얼굴에 미소가 떠오르고 가슴이 콩닥거린다</u>. 거기엔 내 첫사랑이 녹아 있기 때문이다. 25년 전, 나를 따라다니던 수줍음 많던 소년이 있었다. 어느 날, 소년이 물었다.
>
> "혹시 휘파람 소리 못 들었니?"
>
> 내가 못 들었다고 하자 그 소년은 "매일 저녁 일곱 시에 네 창문 밖에서 불었는데." 하고 말했다.
>
> 그 뒤 신기한 일이 일어났다. 한 번도 들린 적 없던 휘파람 소리가 귓가에 선명하게 울렸다.
>
> "휘익~ 휘익~."
>
> 어김없이 저녁 일곱 시면 그 소리가 들렸다. 시간이 지나면서 나는 점점 그 소리가 들리기를 기다리게 되었고, 지금 나는 휘파람을 불던 그 소년과 결혼해 알콩달콩 살고 있다.

23. 밑줄 친 부분에 나타난 나의 심정으로 알맞은 것을 고르십시오.

① 놀라다 ② 설레다

③ 긴장하다 ④ 부끄럽다

24. 윗글의 내용과 같은 것을 고르십시오.

① 나는 첫사랑인 남자와 결혼하고 싶다.

② 지금도 저녁 7시면 휘파람 소리가 들린다.

③ 내 휴대 전화 벨 소리는 '휘파람'이라는 노래다.

④ 25년 전 휘파람을 불던 소년은 나의 첫사랑이다.

※ [25~27] 다음 신문 기사의 제목을 가장 잘 설명한 것을 고르십시오. (각 2점)

25. | 제주 한라산에 1,400㎜ '물 폭탄', 하늘길도 바닷길도 묶였다 |
|---|

① 제주 한라산에 비가 많이 와서 하늘과 바다가 안 보인다.

② 제주 한라산에 비가 많이 와서 비행기와 배가 다닐 수 없다.

③ 제주 한라산에 비가 많이 와서 하늘과 바다가 구별되지 않는다.

④ 제주 한라산에 비가 많이 왔기 때문에 비행기든 배든 같은 시간이 걸린다.

26. | 세계 각국 영화의 신세계로 출항 준비 완료, 더위 날려 줄 영화 축제 기대 |
|---|

① 세계 각국에서 열리는 여름 영화 축제가 기대된다.

② 배를 타고 영화 축제로 유명한 세계 여러 나라로 떠날 것이다.

③ 세계 각국의 영화를 볼 수 있는 영화 축제가 곧 시작될 것이다.

④ 여름에 열리는 영화 축제를 보기 위해 해외로 떠날 준비가 되었다.

27. | 용돈 연금, 전 세계 유례없는 거북이 개혁 |
|---|

① 용돈을 연금으로 전환하기 위해 개혁하고 있다.

② 용돈으로 지급되는 연금은 전 세계 어디에서도 볼 수 없다.

③ 용돈밖에 안 될 정도로 적은 연금을 개혁하는 속도가 느리다.

④ 용돈을 마련할 수 있는 연금 제도가 빠른 속도로 변화하고 있다.

※ [28~31] ( )에 들어갈 말로 가장 알맞은 것을 고르십시오. (각 2점)

28.

산수화는 자연을 그린 그림인데 서양의 풍경화처럼 자연의 객관적인 재현을 목적으로 하지는 않는다. 마음속의 산수, 즉 실제로 존재하지는 않지만 이상향의 자연 풍경을 그리는 것이다. 실제의 경치를 그리더라도 시각적인 사실 묘사가 아니라 경치에 비추어 자신의 마음을 표현한다. 그래서 산수화에는 평범한 경치가 아닌 빼어나게 아름다운 비경이 많이 보인다. 따라서 산수화는 ( )이라는 점에서 풍경화와 구별되는 양식이다.

① 경치를 그대로 옮긴 그림

② 마음을 빗대어 표현한 그림

③ 사실적으로 똑같이 그린 그림

④ 아름다운 자연의 모습을 담은 그림

29.

개에게 초콜릿을 먹이면 위험하다. 얼마나 위험한지는 ( ) 다르다. 초콜릿은 테오브로민이라고 불리는 화학 물질을 함유하는데, 인간과 달리 개는 카페인과 비슷한 테오브로민을 효율적으로 소화시킬 수 없다. 특히 화이트 초콜릿보다 다크 초콜릿이 테오브로민 수치가 높아서 더 위험하다. 적은 양의 초콜릿이라도 개에게 배탈과 구토를 일으킬 수 있고, 많은 양을 먹으면 내출혈과 심장마비까지 생길 수 있다.

① 개의 건강과 증상에 따라

② 개의 종류와 소화 능력에 따라

③ 초콜릿의 종류와 먹은 양에 따라

④ 초콜릿의 원료와 만드는 방법에 따라

30.

> 임금 피크제란 일정 연령이 되면 임금을 삭감하거나 동결하는 대신, 정년을 연장하는 제도를 말한다. 이 제도를 도입하면 근로자는 일찍 퇴직하는 것을 피할 수 있다. 하지만 임금 피크제를 선택하는 비율이 업종에 따라 다른 것으로 나타났다. 임금 피크제 전환 후에도 직책 변경 없이 하던 일을 계속 할 수 있는 생산직 근로자와 달리, 사무직 근로자들은 ( ) 임금 피크제 선택을 꺼리는 것으로 나타났다.

① 퇴직에 대한 두려움 때문에

② 업무에 대한 부담감으로 인해

③ 주변 사람들의 차가운 시선 때문에

④ 기존 상하 관계가 바뀌는 부담감으로 인해

31.

> 어떤 상품을 고객의 인기를 얻어 비싼 값에 많이 팔리게 하기 위해서는 그 내용보다는 눈에 보이는 겉의 디자인, 상표, 포장 등을 훨씬 아름답게 만들도록 힘써야 한다. 인간도 마찬가지다. 지금은 '자기 자신을 값비싸게 팔 수 있는 기술'이 중시되는 사회이다. 화장품이나 약품 등의 상품이 그 자체의 기능적 가치보다 용기의 디자인이나 화려한 광고로 소비자들의 마음을 잡는 것처럼, 인간의 가치도 ( )에 따라 좌우된다.

① 인간성이 얼마나 좋은가

② 내면이 어떻게 채워졌느냐

③ 남에게 얼마나 아름답게 보이는가

④ 성장하기 위해 얼마나 노력했느냐

※ [32~34] 다음을 읽고 글의 내용과 같은 것을 고르십시오. (각 2점)

32.

백열전구는 발광 효율이 아주 낮고 안에 있는 필라멘트가 끊어지기 쉬워 수명도 짧다. 발광 효율이란 소비 전력이 빛으로 변환되는 비율을 말한다. 양 끝에 필라멘트가 있는 형광등은 백열전구가 소비하는 전력의 30% 정도로 같은 밝기의 빛을 낼 수 있다. 또한 백열전구에 비해 적외선 방출도 적고 수명도 5~6배 정도 길다. 반면에 LED는 필라멘트와 같은 가열체가 없으므로 형광등에 비해 수명이 길고 에너지 손실이 적다.

① 수명이 가장 긴 것은 형광등이다.

② 필라멘트가 없는 것은 LED뿐이다.

③ 전력 소비가 가장 많은 것은 LED다.

④ 백열전구는 형광등의 30% 전력을 소비한다.

33.

벌에 물렸을 때 대개 물린 부위 주변이 부으면서 통증이 나타난다. 벌 독이 진신에 퍼지는 것을 막으려면 재빨리 지혈대를 감아야 한다. 벌에 쏘인 부위가 눈으로 확인된다면 신용 카드같이 얇고 단단한 물건을 이용해 피부를 밀어내듯 긁어서 침을 빼 주는 것이 좋다. 손으로 무리하게 제거하려고 하면 침이 피부 속으로 더 깊이 박힐 수 있고 온몸에 독이 퍼질 수 있다. 벌침을 제거한 후에는 얼음찜질을 해 주는 것이 좋다.

① 벌에 쏘이면 병원에 가는 것이 좋다.

② 벌에 물렸을 때 도구를 이용하면 좋다.

③ 벌에 물리면 손으로 긁어서 침을 뺀다.

④ 벌에 쏘였을 때 침을 건드리면 안 된다.

34.

> 탱고는 아르헨티나의 하층민에 의해 시작된 것으로 그들의 고단한 삶을 달래 주는 춤이었다. 당시 아르헨티나의 지배 계급은 탱고를 '부둣가에서나 추는 천박한 춤'이라고 멸시했지만 특유의 전염성으로 이민자들을 통해 유럽으로 번져 나갔다. 20세기에 유럽에서 탱고가 전성기를 누리자 아르헨티나의 주류 엘리트들도 차츰 탱고를 배우기 시작했다. 탱고는 현재 아르헨티나의 주요한 관광 자원이 되었다.

① 탱고는 20세기에 유럽에서 크게 유행했다.

② 초기의 탱고는 아르헨티나의 엘리트들이 즐기는 춤이었다.

③ 아르헨티나 사람들은 유럽에 탱고를 적극적으로 전파했다.

④ 유럽 사람들은 전염병과 함께 탱고를 피해야 하는 것으로 여겼다.

※ **[35~38] 다음을 읽고 글의 주제로 가장 알맞은 것을 고르십시오. (각 2점)**

35.

> 한국 콘텐츠가 지속적인 인기를 끌기 위해서는 콘텐츠 자체의 경쟁력을 계속해서 높여야 한다. 요즘 전 세계적으로 인기 있는 한국 콘텐츠가 늘어났지만 이를 유지하기 위해서는 많은 노력이 필요하다. 문화 상품은 유행과 비슷해서 끊임없이 새로운 트렌드를 창출해야 살아남을 수 있기 때문이다. 현재 인기 있는 내용만을 반복적으로 생산하면서 눈앞의 이익만을 좇을 것이 아니라, 해외 활로 확장과 함께 콘텐츠 다양화 전략을 고민하여 장기 계획을 세워야 한다.

① 문화 콘텐츠 개발보다 한국 제품의 개발이 시급하다.

② 한국 콘텐츠의 지속적인 성장을 위한 장기적인 노력이 필요하다.

③ 한국 콘텐츠가 지속적인 인기를 끌기 위해서는 유행을 잘 파악해야 한다.

④ 해외 활로를 확장하지 않아도 콘텐츠의 가치가 높다면 인기를 끌 수 있다.

36.

일에서 벗어나 스트레스 없이 매일 생활하면 얼마나 좋을까? 문득 이런 생각을 떠올려 본 사람들이 있을 것이다. 그런데 실직 상태가 길어지면 부정적인 영향을 줄 수 있다는 연구 결과가 나와 관심이 쏠리고 있다. 연구 결과에 따르면, 실직 기간이 긴 남녀 대상자들은 '친화성'이 이전보다 떨어지는 것으로 나타났다. 그리고 실직 상태가 길어져서 부정적인 생각에 젖어 들게 되면 재취업하기 어려운 악순환에 빠지게 되는 것으로 나타났다.

① 일에서 벗어나고 싶어 하는 사람이 많다.

② 쉬는 기간이 길수록 정신 건강에 악영향을 끼친다.

③ 실직 기간은 정신 건강과 아무런 상관관계가 없다.

④ 쉬었다가 다시 일을 시작하면 업무 효율이 떨어진다.

37.

최근 젊은 나이에도 불구하고 노안으로 불편함을 느끼는 사람이 많다. 통계청 자료에 따르면 30~40대의 젊은 연령층에서 노안, 백내장 환자가 계속 증가하고 있다. 한 번 떨어진 시력은 수술 이외의 방법으로는 회복하기 힘들기 때문에 평소 눈 건강에 신경을 써야 한다. 가까운 곳, 먼 곳을 번갈아 바라보면서 초점을 맞추는 습관을 갖고 눈을 자주 쉬어 주면 노안 예방을 할 수 있을 뿐만 아니라 동시에 작업 능률을 높일 수 있다.

① 떨어진 시력은 습관 개선을 통해 회복할 수 있다.

② 가까운 곳보다 먼 곳을 보는 것이 눈 건강에 좋다.

③ 젊은 사람도 노안을 예방하기 위해 노력해야 한다.

④ 젊을 때 눈 건강에 신경을 쓰면 나이가 들어서 노안을 예방할 수 있다.

38.

산과 바다 중 어디로 여름휴가를 가는 것이 좋을까? 만약 무릎이 좋지 않은 사람이라면 바닷가가 최상의 휴가지이다. 무더위에 달궈진 백사장에서 뜨거워진 모래를 덮고 10~15분 정도 있는 것만으로도 혈액 순환이 원활해져서 근육과 관절이 이완된다. 또한 푹신한 모래사장에서 걸으면 무릎에 가해지는 충격을 줄일 수 있다. 해수욕도 관절에 좋다. 바닷물에는 칼슘, 마그네슘, 칼륨 등 각종 미네랄이 풍부해 신진대사가 촉진된다.

① 여름철 가장 인기가 많은 휴가지는 산과 바다이다.

② 무릎이 아픈 사람은 바닷가로 휴가를 가는 것이 좋다.

③ 모래사장을 걸음으로써 혈액 순환을 촉진시킬 수 있다.

④ 모래찜질을 위해서 산보다 바다로 여름휴가를 가야 한다.

※ **[39~41] 주어진 문장이 들어갈 곳으로 가장 알맞은 것을 고르십시오. (각 2점)**

39.

두통을 자주 겪는 사람들은 보통 통증을 참지 않고 진통제에 손을 뻗는다. (㉠) 하지만 진통제를 자주 먹으면 오히려 약 때문에 더 심한 두통에 시달릴 수 있으므로 주의해야 한다. (㉡) 약을 먹어도 증상이 나아지지 않는다. (㉢) 그리고 일상생활을 못할 정도로 심한 두통이 2~3일에 한 번씩 나타나기 시작한다. (㉣) 또한 두통과 함께 구토, 불안, 초조, 우울 같은 증상이 나타날 수도 있다.

〈보 기〉

약물 과용으로 인해 두통이 생기면 다음과 같은 증상이 나타난다.

① ㉠ ② ㉡ ③ ㉢ ④ ㉣

40.

온라인 동영상 서비스(OTT)의 인기로 인해 방송을 자막과 함께 보는 시청 습관이 자연스럽게 자리 잡았다. (㉠) 한국어 자막이 더 이상 번역을 위한 도구로만 인식되지 않게 된 것이다. (㉡) 하지만 자막을 통해 정확한 정보를 전달할 수 있다는 점에서 시청자의 호응을 얻고 있다. (㉢) 또한 시끄러운 환경에서도 쉽게 집중할 수 있으며, 청각 장애인의 접근성을 높인다는 장점도 있다. (㉣) 앞으로도 온라인 동영상 서비스가 바꾸어 놓은 시청 습관이 방송 표준에 많은 영향을 끼칠 것으로 보인다.

〈보 기〉

물론 자막이 화면을 가린다는 불편함을 호소하는 사람들도 있다.

① ㉠ ② ㉡ ③ ㉢ ④ ㉣

41.

(㉠) 정전기가 생기는 이유는 마찰 때문이다. (㉡) 건조한 겨울철에 털이 많은 스웨디를 벗을 때나 금속으로 된 문고리를 잡다가 전기가 통한 적이 있을 것이다. (㉢) 그때마다 우리 몸과 물체가 전자를 주고받으며 몸과 물체에 조금씩 전기가 저장된다. (㉣) 한도 이상 전기가 쌓였을 때 적절한 유도체에 닿으면 그동안 쌓았던 전기가 순식간에 불꽃을 튀기며 이동하는데, 이것이 바로 정전기다.

〈보 기〉

이렇게 생활하면서 주변의 물체와 접촉하면 마찰이 일어나기 마련이다.

① ㉠ ② ㉡ ③ ㉢ ④ ㉣

※ [42~43] 다음을 읽고 물음에 답하십시오. (각 2점)

> 성운은 흐르는 강물을 하염없이 바라보고 또 바라보았다. 10년 전 아버지가 돌아가신 후에 처음으로 찾아온 고향이었다. 강을 바라보는 그의 마음은 서글펐다. 그는 그동안 성공을 향해 앞만 보고 열심히 달렸다. 그러다 어느 날 문득 일만 하는 일벌레가 되어 있는 자신을 발견하고 무작정 여행을 떠났다. 정신을 차려 보니 자신이 어릴 적 놀던 강가에 앉아 있었다. 오늘 성운은 아버지가 너무 그리웠다.
>
> 성운의 아버지는 농사꾼으로 일생을 보냈다. 그는 남의 논밭을 빌려 농사를 지어 가난한 삶을 살면서도 성운에게 공부를 가르치려는 희망으로 힘든 줄을 모르고 살았다. 성운이 대학교를 졸업하고 작은 회사의 입사 시험에 합격했을 때 <u>성운의 아버지는 자기 아들이 무슨 큰 성공이나 한 것같이 여기며 어깨를 으쓱해했다</u>.
>
> 성운은 소매를 걷고 팔에 물을 적셔 보고 물을 만지기도 하고 얼굴에 물을 끼얹기도 했다. 조용히 흐르는 물소리가 아버지의 따뜻한 음성같이 느껴졌다. 성운의 눈에서 굵은 눈물방울이 뚝 떨어졌다.
>
> 조명희 〈낙동강〉

42. 밑줄 친 부분에 나타난 아버지의 심정으로 알맞은 것을 고르십시오.

① 당황스럽다 ② 고통스럽다

③ 자랑스럽다 ④ 후회스럽다

43. 윗글의 내용으로 알 수 있는 것을 고르십시오.

① 성운은 그동안 일을 아주 열심히 했다.

② 성운은 아버지가 그리워서 여행을 떠났다.

③ 성운은 오래전부터 계획했던 여행을 하고 있다.

④ 성운은 아버지가 돌아가신 후 자주 고향을 찾아왔다.

※ [44~45] 다음을 읽고 물음에 답하십시오. (각 2점)

유통 기한 대신 소비 기한을 제품에 표시해야 하는 '소비 기한 표시제'가 시행되었다. 유통 기한은 제품을 제조한 날짜로부터 소비자에게 유통과 판매가 허용되는 기한을 의미하는 반면, 소비 기한은 표시된 보관 조건을 준수한다면 안전하게 섭취 가능한 기한을 의미한다. 유통 기한은 영업자 중심의 표기 방식이기 때문에 기한이 경과해도 (   ), 소비자는 제품을 섭취해도 되는지 판단하기 어려워 유통 기한을 폐기 시점으로 인식하는 경우가 많았기 때문이다. 소비 기한 표시제의 도입으로 소비자들에게 안전한 식품 섭취 기준을 명확히 제시하는 한편, 식량 폐기물을 감소할 수 있을 것으로 기대된다.

44. (   )에 들어갈 말로 가장 알맞은 것을 고르십시오.

① 바로 폐기해야 하는데

② 상관없이 소비 가능하지만

③ 일정 기간 섭취가 가능하지만

④ 안전한 섭취 기간을 알 수 있지만

45. 윗글의 주제로 가장 알맞은 것을 고르십시오.

① 유통 기한 대신 소비 기한을 표시해야 한다.

② 유통 기한은 영업자 중심의 표기법이라는 문제가 있다.

③ 소비 기한은 보관 조건과 상관 없이 섭취 가능한 기간이다.

④ 소비 기한 표시제의 도입으로 소비자의 편의가 높아질 것이다.

※ [46~47] 다음을 읽고 물음에 답하십시오. (각 2점)

> 뇌가 크면 지능이 더 높을까? 뇌의 크기는 보통 무게로 나타낸다. 지금까지 알려진 사람의 뇌 가운데 가장 작은 것은 0.45kg, 가장 큰 뇌는 2.3kg인데 둘 다 지능은 보통이었다. 동물 중에서는 고래의 뇌가 5~8kg 정도로 가장 크지만, 인간보다는 지능이 훨씬 낮다. 그렇다면 뇌의 크기보다 뇌의 비율이 지능과 더 관계가 깊은 것은 아닐까? 사람의 뇌가 몸에서 차지하는 비율은 약 50분의 1로 다른 동물들보다 비율이 높은 편이다. 이 때문에 상대적인 뇌의 크기와 지능의 연관성에 주목한 주장이 많았다. 하지만 이 또한 사실은 아니다. 몸에 비해 머리가 큰 동물이라고 해서 똑똑하다는 근거는 없다. 따라서 뇌의 크기나 비율 등 단 하나의 기준만으로 지능과의 연관성을 찾기는 어려워 보인다.

46. 윗글에 나타난 필자의 태도로 가장 알맞은 것을 고르십시오.

① 뇌의 비율이 지능과 관련이 있음을 비교하며 논한다.

② 뇌의 크기나 비율이 지능과의 비례한다는 것을 부정한다.

③ 사람의 뇌 비율이 동물 중에 가장 크다는 점에 반신반의한다.

④ 사람의 지능 발전 과정을 다른 동물의 진화 과정으로 풍자한다.

47. 윗글의 내용과 같은 것을 고르십시오.

① 뇌의 크기가 가장 작은 사람은 지능이 낮았다.

② 뇌가 차지하는 비율이 높으면 지능이 높다는 근거는 희박하다.

③ 사람의 뇌가 몸에서 차지하는 비율은 상대적으로 낮은 편이다.

④ 지구에 있는 동물 중에서 뇌의 비율이 가장 큰 동물은 고래이다.

※ [48~50] 다음을 읽고 물음에 답하십시오. (각 2점)

2023년 6월부터 법률, 행정 등 여러 분야에서 나이 기준을 만 나이로 통일하는 '만 나이 통일법'이 제정되었다. 일상생활에서는 소위 한국 나이라고 부르는 '세는 나이'를 사용하지만, 대부분의 금융·법의 영역에서는 '만 나이'를 사용하고, 일부 법률에서는 현재 연도에서 출생 연도를 뺀 나이인 '연 나이'를 사용하면서 나이 해석에 각종 혼란이 있었기 때문이다. '만 나이 통일법'이 제정됨으로 인해 별도의 특별한 규정이 없으면 법률, 계약, 공문서 등에 표시된 나이를 만 나이로 해석하는 원칙이 확립되면서 불필요한 법적 다툼이 해소될 것으로 전망된다. 다만 대부분의 법률은 이전부터 만 나이를 주로 사용해 온 데다가, 군 입대나 초등학교 입학 나이 등은 (   ) 계속해서 연 나이를 기준으로 한다. 그러므로 실생활에서 만 나이로 통일되었음을 체감할 일은 많지 않아 보인다.

48. 윗글을 쓴 목적으로 가장 알맞은 것을 고르십시오.

① 만 나이 통일법의 도입을 반대하기 위해서

② 만 나이 통일법의 필요성을 강조하기 위해서

③ 만 나이 통일법 도입의 문제점을 지적하기 위해

④ 만 나이 통일법의 제정 목적과 전망을 알리기 위해

49. (   )에 들어갈 말로 가장 알맞은 것을 고르십시오.

① 기존 방식에 문제가 있어서

② 여러 현실적인 상황으로 인해

③ 만 나이 통일법의 제정으로 인해

④ 지금까지 만 나이를 사용해 왔으므로

50. 윗글의 내용과 같은 것을 고르십시오.

① 만 나이 통일법으로 불필요한 법적 다툼이 해소될지 의심스럽다.

② 그동안 세 가지의 나이 기준이 존재해서 나이 해석에 혼란이 있었다.

③ 만 나이 통일법의 제정 이후 모든 분야에서 만 나이 하나만 사용한다.

④ 별도의 특별한 규정이 있어도 법률, 계약 등에서 나이를 만 나이로 해석한다.

제9회 FINAL 실전 모의고사

实战模拟考试 第9套

TOPIK Ⅱ

1교시	듣기, 쓰기

수험번호 (Registration No.)		
이 름 (Name)	한국어 (Korean)	
	영 어 (English)	

유 의 사 항
Information

1. 시험 시작 지시가 있을 때까지 문제를 풀지 마십시오.

   Do not open the booklet until you are allowed to start.

2. 수험번호와 이름을 정확하게 적어 주십시오.

   Write your name and registration number on the answer sheet.

3. 답안지를 구기거나 훼손하지 마십시오.

   Do not fold the answer sheet; keep it clean.

4. 답안지의 이름, 수험번호 및 정답의 기입은 배부된 펜을 사용하여 주십시오.

   Use the given pen only.

5. 정답은 답안지에 정확하게 표시하여 주십시오.

   Mark your answer accurately and clearly on the answer sheet.

6. 문제를 읽을 때에는 소리가 나지 않도록 하십시오.

   Keep quiet while answering the questions.

7. 질문이 있을 때에는 손을 들고 감독관이 올 때까지 기다려 주십시오.

   When you have any questions, please raise your hand.

TOPIK Ⅱ 듣기(1번~50번)

※ [1~3] 다음을 듣고 가장 알맞은 그림 또는 그래프를 고르십시오. (각 2점)

1. ①

②

③

④

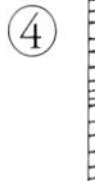

2. ①

②

③

④

3. ①

콘텐츠 이용 기기

데스크톱 (5.4%)
전자책 전용 단말기(1.7%)
노트북 (20.9%)
스마트폰 (60.5%)
태블릿 PC (11.4%)

②

콘텐츠 이용 기기

데스크톱 (5.4%)
전자책 전용 단말기(1.7%)
노트북 (11.4%)
태블릿 PC (20.9%)
스마트폰 (60.5%)

③

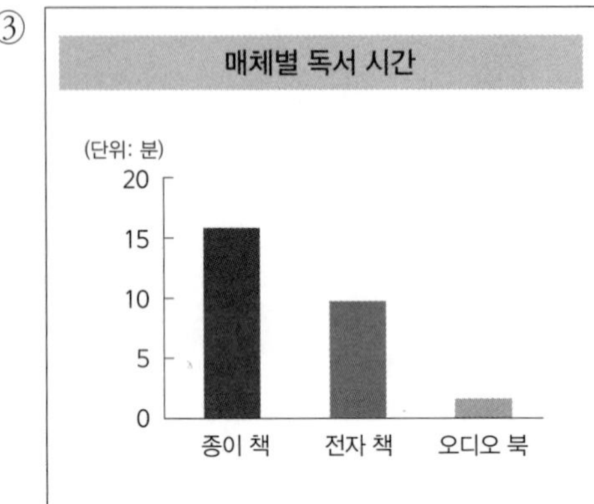

④

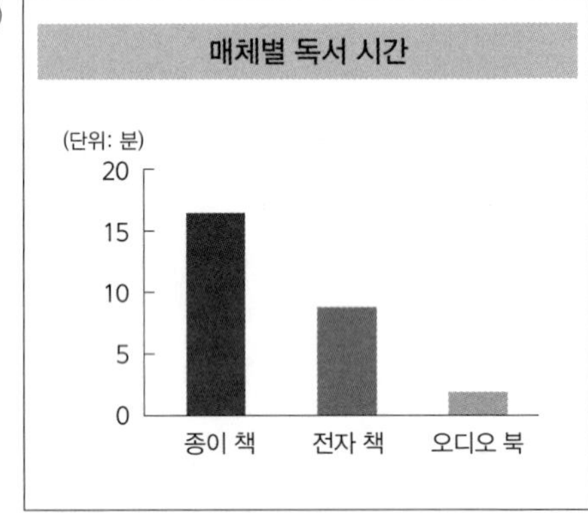

※ [4~8] 다음을 듣고 이어질 수 있는 말로 가장 알맞은 것을 고르십시오. (각 2점)

4. ① 언어가 다양해서 좋았어요.
② 저는 이해하기 쉽더라고요.
③ 다음에는 다양한 언어로 안내해요.
④ 그러면 몇 개 국어가 필요한지 알아볼게요.

5. ① 대신 주말엔 쉬도록 할게요.
② 그러면 저도 좀 쉬어야겠어요.
③ 만약에 피곤하면 말씀해 주세요.
④ 그래도 나왔으니까 열심히 해 봐요.

6. ① 수업이 들을 만했어.
② 재미있을 것 같은데.
③ 말을 타서 재미있었어.
④ 방학에 가면 좋았을 거야.

7. ① 이미 감기에 걸렸어요.
② 병원에 가는 게 좋겠어요.
③ 감기가 빨리 낫길 바라요.
④ 추울 때는 집에서 쉬세요.

8. ① 그렇게 싱거운지 몰랐어요.
② 저도 한번 만들어 봐야겠어요.
③ 그래도 밥을 먹는 게 좋겠어요.
④ 건강을 위해서는 싱겁게 먹는 게 나아요.

※ **[9~12] 다음을 듣고 여자가 이어서 할 행동으로 가장 알맞은 것을 고르십시오. (각 2점)**

9. ① 강아지 샴푸를 바꾸러 간다.
② 인터넷 애견 카페에 가입한다.
③ 동물 병원에 강아지를 데려간다.
④ 병원에서 남자에게 전화를 한다.

10. ① 신청서를 받으러 인사팀에 간다.
② 무료 영어 수업 신청을 취소한다.
③ 회사에서 무료 영어 수업을 듣는다.
④ 남자와 함께 영어 수업을 신청한다.

11. ① 인터넷에서 쿠폰을 인쇄한다.
② 우편으로 할인 쿠폰을 받는다.
③ 인터넷에서 본인 확인을 받는다.
④ 휴대 전화로 할인 쿠폰을 보여 준다.

12. ① 학교 게시판에 글을 올린다.
② 무료 식권 이벤트에 참가한다.
③ 식당 서비스에 대해 평가한다.
④ 평가 애플리케이션을 다운로드 받는다.

※ **[13~16] 다음을 듣고 들은 내용과 같은 것을 고르십시오.** (각 2점)

13. ① 학생이 아니면 공동 구매를 하기 어렵다.
② 여자는 학생 때 공동 구매를 해 본 적이 있다.
③ 공동 구매는 일반 구매보다 시간이 더 걸린다.
④ 공동 구매자가 많을수록 기다리는 시간이 길다.

14. ① 채소는 시장이 더 저렴한 편이다.
② 알뜰 시장은 주민만 사용할 수 있다.
③ 알뜰 시장의 이용 시간은 제한이 있다.
④ 알뜰 시장 수박은 배달이 불가능하다.

15. ① 뮤지컬의 이야기는 외국인이 썼다.
② 미국에서 뮤지컬 공연을 한 적이 있다.
③ 뮤지컬 의상은 실제로 옛날에 쓰던 것이다.
④ 한국적인 이야기는 보통 미국인들에게 인기가 좋다.

16. ① 인간 복세 기술은 시금 사용되고 있다.
② 인간 복제 기술로 사람들이 죽지 않는다.
③ 인간 복제의 위험성에 대한 경고가 부족하다.
④ 인간 복제 기술로 범죄율이 낮아진다는 연구가 있다.

※ **[17~20] 다음을 듣고 남자의 중심 생각으로 가장 알맞은 것을 고르십시오.** (각 2점)

17. ① 영양가 없는 라면은 먹지 말아야 한다.
② 하루 중에 점심을 가장 잘 먹어야 한다.
③ 회의가 있으면 점심을 빨리 먹어야 한다.
④ 컵라면은 간단하게 먹을 수 있어서 좋다.

18. ① 남산에 가면 야경을 봐야 한다.
② 피곤할 때는 쉬면서 여행해야 한다.
③ 여행을 왔으면 야경을 꼭 봐야 한다.
④ 여행은 야경을 볼 수 있는 곳으로 가야 한다.

19. ① 외국인과 결혼하면 많이 싸우게 된다.
② 사랑하는 마음이 있으면 문제가 없다.
③ 문화가 다른 외국인과 결혼을 하면 안 된다.
④ 국제결혼은 문화 차이가 있다는 문제점이 있다.

20. ① 온돌 문화는 외국인에게 불편한 문화이다.
② 하룻밤은 따뜻한 바닥에서 잠을 자야 한다.
③ 한국 문화를 체험하려면 바닥에서 자야 한다.
④ 해외여행을 갈 때는 주거 문화를 체험해 봐야 한다.

※ [21~22] **다음을 듣고 물음에 답하십시오.** (각 2점)

21. 남자의 중심 생각으로 가장 알맞은 것을 고르십시오.

① 상품을 많이 팔려면 지역의 특산물을 활용해야 한다.

② 지역 문화를 체험하려면 직접 지역 관광을 해야 한다.

③ 관광객이 많아지는 것은 지역 축제의 활성화 때문이다.

④ 한국 문화를 직접 체험할 수 있는 상품을 만들어야 한다.

22. 들은 내용과 같은 것을 고르십시오.

① 지역 축제에서 캐릭터 상품을 살 수 있다.

② 지역 축제와 관련된 상품은 다양한 편이다.

③ 지역 축제를 방문하는 사람들이 감소하고 있다.

④ 체험형 관광 상품뿐 아니라, 특산품도 개발해야 한다.

※ [23~24] **다음을 듣고 물음에 답하십시오.** (각 2점)

23. 남자가 무엇을 하고 있는지 맞는 것을 고르십시오.

① 다른 방법을 제안하고 있다.

② 직원들의 휴가 일정을 짜고 있다.

③ 휴가 신청 방법을 알려 주고 있다.

④ 휴가 신청할 수 없는 이유를 설명하고 있다.

24. 들은 내용과 같은 것을 고르십시오.

① 여자는 주말에 일을 했다.

② 휴가를 신청한 사람이 많다.

③ 부장님에게 신청서를 받아야 한다.

④ 여자는 마지막 주에 휴가를 내려고 한다.

※ [25~26] **다음을 듣고 물음에 답하십시오.** (각 2점)

25. 남자의 중심 생각으로 가장 알맞은 것을 고르십시오.

① 독거노인들은 사람을 많이 그리워한다.

② 주말이나 명절에 배달 봉사를 더 많이 해야 한다.

③ 노인들은 주말이나 명절에 외로움을 더 많이 느낀다.

④ 도시락을 배달할 때 독거노인들을 직접 만나서 드려야 한다.

26. 들은 내용과 같은 것을 고르십시오.

① 독거노인들에게 자식이 필요하다.

② 독거노인들이 직접 도시락을 배달한다.

③ 한번 봉사를 시작했으면 그만두면 안 된다.

④ 독거노인들의 친구가 되어 주는 것이 의의가 더 크다.

※ [27~28] **다음을 듣고 물음에 답하십시오.** (각 2점)

27. 남자가 말하는 의도로 알맞은 것을 고르십시오.

① 화장품 세일 제도의 효과를 강조하기 위해

② 화장품 세일 제도의 의문을 제기하기 위해

③ 화장품 세일 기간에 대한 정보를 얻기 위해

④ 화장품 세일 기간에 대한 소식을 알리기 위해

28. 들은 내용과 같은 것을 고르십시오.

① 화장품 가게는 모두 같은 날 세일을 한다.

② 남자는 주로 세일 기간에 화장품을 구매한다.

③ 세일 기간에 화장품을 구매하면 손해를 본다.

④ 화장품 회사는 세일 행사를 통해 얻는 이익이 없다.

※ [29~30] **다음을 듣고 물음에 답하십시오.** (각 2점)

29. 남자가 누구인지 고르십시오.

① 의사

② 방송국 PD

③ 잡지사 기자

④ 다이어트 전문가

30. 들은 내용과 같은 것을 고르십시오.

① 밥을 먹으면 거식증을 치료할 수 있다.

② 다이어트에 실패하면 거식증에 걸리지 않는다.

③ 음식을 섭취하지 않아서 다이어트에 실패한다.

④ 다이어트에 성공한 사람들이 거식증에 많이 걸린다.

※ [31~32] **다음을 듣고 물음에 답하십시오.** (각 2점)

31. 남자의 중심 생각으로 가장 알맞은 것을 고르십시오.

① 동물 실험에는 어느 정도 규제가 필요하다.

② 동물을 살아 있는 생명체로 여기면 안 된다.

③ 동물 실험은 인류의 발전을 위해 불가피하다.

④ 동물 실험을 하면 사람이 병에 걸리지 않게 된다.

32. 남자의 태도로 가장 알맞은 것을 고르십시오.

① 자신의 주장을 재확인하며 설득시키고 있다.

② 상대방의 의견을 반박하며 타협하지 않고 있다.

③ 새로운 가설에 대한 사실 정보를 제시하고 있다.

④ 앞으로 발생할 문제점을 지적하며 반박하고 있다.

※ [33~34] **다음을 듣고 물음에 답하십시오.** (각 2점)

33. 무엇에 대한 내용인지 알맞은 것을 고르십시오.

① 저렴한 제품의 인기 비결

② 사람들이 립스틱을 사는 이유

③ 불황으로 인해 바뀐 소비 경향

④ 불황인 상황에서 돈을 아끼는 방법

34. 들은 내용과 같은 것을 고르십시오.

① 불황기에 저가 화장품이 잘 팔리고 있다.

② 경기가 나빠질수록 과시 소비가 늘어난다.

③ 과시하기 위해 디저트를 사는 사람이 많다.

④ 경기가 나빠져서 사람들이 소비를 안 한다.

※ [35~36] **다음을 듣고 물음에 답하십시오.** (각 2점)

35. 남자가 무엇을 하고 있는지 고르십시오.

① 미술관의 특징에 대해 설명하고 있다.

② 미술 작품의 과거 전시 방법을 밝히고 있다.

③ 미술관 보안 시스템의 장점을 강조하고 있다.

④ 미술관 관람 시 유의 사항에 대해 말하고 있다.

36. 들은 내용과 같은 것을 고르십시오.

① 미술관 건물은 모두 4층으로 구성되어 있다.

② 미술관은 이 도시에서 가장 먼저 생긴 건물이다.

③ 이곳에서 가장 오래된 작품은 미술관 맨 위층에 있다.

④ 미술관의 보안 시스템은 이 도시에서 가장 오래되었다.

※ [37~38] 다음을 듣고 물음에 답하십시오. (각 2점)

37. 여자의 중심 생각으로 가장 알맞은 것을 고르십시오.

① 적극적 읽기를 위해 책을 많이 읽어야 한다.
② 독서 전에 체계적인 지식을 쌓는 것이 중요하다.
③ 적극적 읽기를 위해 수준에 맞는 책을 골라야 한다.
④ 글의 내용에 따라 다양한 질문을 만들 수 있어야 한다.

38. 들은 내용과 같은 것을 고르십시오.

① 독서량은 독서 능력과 비례한다.
② 적극적 읽기는 맥락을 이해하며 읽는 것이다.
③ 읽기 능력이 부족해도 적극적 읽기를 할 수 있다.
④ 요즘 부모님들은 자녀들의 책 읽기에 신경을 쓰지 않는다.

※ [39~40] 다음을 듣고 물음에 답하십시오. (각 2점)

39. 이 대화 전의 내용으로 가장 알맞은 것을 고르십시오.

① 요즘 교육계는 열린 교육이 유행이다.
② 요즘 아이들이 박물관 가는 것을 싫어한다.
③ 최근 현장 체험 학습이 점차 확대되고 있다.
④ 박물관과 교육관은 좋은 현장 체험 공간이다.

40. 들은 내용과 같은 것을 고르십시오.

① 열린 교육은 박물관에서도 이루어질 수 있다.
② 과학관과 박물관이 아이들의 놀이터로 바뀌고 있다.
③ 최근 열린 교육의 움직임은 점차 감소하는 추세이다.
④ 박물관과 과학관에 숙제를 하러 가는 아이들이 많아졌다.

※ **[41~42] 다음을 듣고 물음에 답하십시오.** (각 2점)

41. 이 강연의 중심 내용으로 가장 알맞은 것을 고르십시오.
① 나이가 어릴수록 깊은 잠을 자는 것이 중요하다.
② 어릴 때일수록 텔레비전 보는 시간을 줄여야 한다.
③ 될 수 있으면 아이들 방에는 텔레비전이 없는 게 좋다.
④ 나이가 한 살이라도 많을 때 텔레비전 시청을 끊어야 한다.

42. 들은 내용과 같은 것을 고르십시오.
① 텔레비전을 오래 보면 잠을 잘 잘 수 있다.
② 아이들은 텔레비전이 있는 방에서 잠을 더 잔다.
③ 어린 어린이들이 텔레비전으로 인해 수면 장애를 많이 겪는다.
④ 남자 어린이보다 여자 어린이가 텔레비전의 영향을 더 많이 받는다.

※ **[43~44] 다음을 듣고 물음에 답하십시오.** (각 2점)

43. 무엇에 대한 내용인지 알맞은 것을 고르십시오.
① 새로운 생물종의 조사는 전문가들이 해야 한다.
② 생물의 다양성에 대한 일반인의 관심이 많아져야 한다.
③ 대도시에서 진행하는 행사에는 많은 학생들이 참여해야 한다.
④ 대도시에서 함께 사는 생물에게 관심을 가질 수 있는 행사가 열린다.

44. 생태 탐사 행사가 유명해진 이유로 맞는 것을 고르십시오.
① 도시 한복판에서 개최된 행사라서
② 학생과 일반인까지 참여할 수 있는 행사라서
③ 다양한 생물을 아무 조건 없이 조사할 수 있어서
④ 도시 사람들에게 생물종에 대한 관심을 불러 일으켜서

※ [45~46] 다음을 듣고 물음에 답하십시오. (각 2점)

45. 들은 내용과 같은 것을 고르십시오.

① 사람들은 위험한 곳에는 로봇을 보내지 않는다.

② '뱀형 로봇'의 머리에는 각종 센서와 장치가 있다.

③ '뱀형 로봇'은 건물 잔해가 깔린 곳은 이동할 수 없다.

④ 사람들은 옛날부터 전쟁터에서 일하는 로봇을 사용해 왔다.

46. 여자의 태도로 알맞은 것을 고르십시오.

① 기준을 제시하면서 대상을 제거하고 있다.

② 안정된 논리로 청중의 협조를 구하고 있다.

③ 예리한 관찰을 통해 현상을 분석하고 있다.

④ 구체적인 사례로 자신의 의견을 제시하고 있다.

※ [47~48] 다음을 듣고 물음에 답하십시오. (각 2점)

47. 들은 내용과 같은 것을 고르십시오.

① 남자의 금메달과 한국 팀의 종합 우승은 관련이 없다.

② 기능 올림픽은 장애인에 대한 인식 개선을 목표로 한다.

③ 기능 올림픽에는 여러 나라 선수들이 참가해서 경쟁한다.

④ 기능 올림픽에는 육상과 수영 같은 운동 경기 종목이 많다.

48. 남자의 태도로 알맞은 것을 고르십시오.

① 자신의 실력을 발휘하지 못한 것에 아쉬워하고 있다.

② 전 세계의 선수들과 경쟁하는 것에 압박감을 느끼고 있다.

③ 최선을 다한 시간에 대한 보답을 받아 보람을 느끼고 있다.

④ 기능 올림픽을 통해 장애인의 권리가 강화되기를 기대하고 있다.

※ [49~50] 다음을 듣고 물음에 답하십시오. (각 2점)

49. 들은 내용과 같은 것을 고르십시오.

① 대중문화의 소비자는 용의주도하다.

② 대중문화는 소비자를 이용해 이익을 추구한다.

③ 대중문화는 전략적 마케팅이 필요한 고급문화이다.

④ 대중문화는 소비자의 욕구에 맞는 상품을 만들어 낸다.

50. 남자의 태도로 알맞은 것을 고르십시오.

① 대중문화의 변화에 대해 비관적이다.

② 대중문화의 생산자에 대해 우호적이다.

③ 대중문화의 바람직한 변화상을 제시하고 있다.

④ 대중문화의 문제를 우회적으로 비판하고 있다.

TOPIK Ⅱ 쓰기(51번~54번)

※ [51~52] 다음 글의 ㉠과 ㉡에 알맞은 말을 각각 쓰시오. (각 10점)

51.

제목: **예약을 변경하고 싶습니다.**

안녕하세요? 다음 주에 제주도 여행을 예약한 김강희입니다.
제가 회사에 급한 일이 생겨서 (㉠).
하지만 다음 달에는 시간 여유가 많아서 괜찮을 것 같습니다.
혹시 (㉡)?
갑자기 날짜를 바꾸게 되어서 죄송합니다.
여행 일정 변경에 대한 빠른 답변 부탁드립니다.

52.

음식물 쓰레기는 다른 쓰레기에 비해 처리가 힘들고, 비용도 많이 든다. 그러므로 (㉠). 음식물 쓰레기를 줄이기 위해서 가정에서 할 수 있는 방법은 다음과 같다. 우선 식품을 구매할 때 미리 (㉡). 적당한 양의 식품을 구매한 후에는 냉장고에 한 번 먹을 정도의 분량으로 나누어 담아 알아보기 쉽게 보관하는 것이 좋다. 그리고 보관된 음식을 정기적으로 정리하는 것이 필요하다. 무엇보다 한 번에 먹을 사람의 수와 양을 고려하여 적절한 양을 조리하는 것이 좋다.

53. 다음은 취업자 수 변화에 관한 자료이다. 이 내용을 200~300자의 글로 쓰시오. 단, 글의 제목을 쓰지 마시오. (30점)

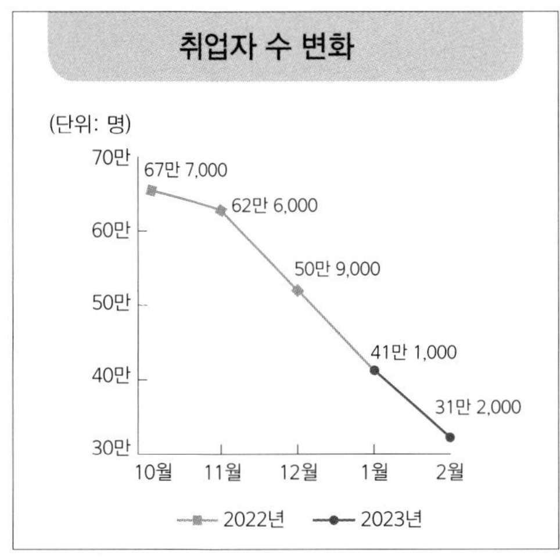

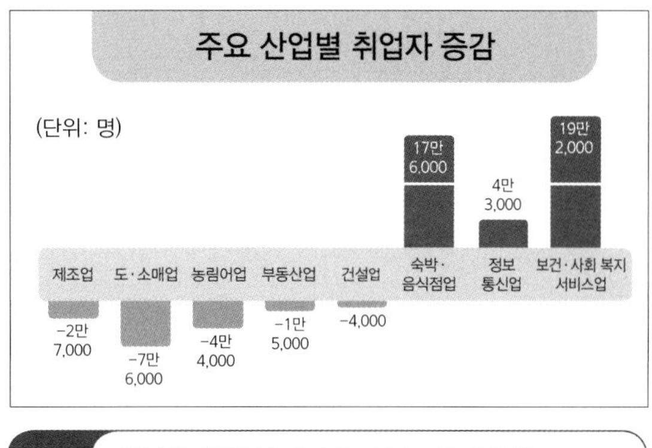

원인	청년층 취업 부진, 인구 감소, 경기 둔화
전망	앞으로 고용 시장의 불확실성이 지속될 수 있음.

54. 다음을 참고하여 600~700자로 글을 쓰시오. 단, 문제를 그대로 옮겨 쓰지 마시오. (50점)

옛날부터 발생하여 전해 내려오는 그 나라 고유의 문화를 전통문화라고 한다. 빠르게 변해 가는 현대 사회의 흐름 속에서도 전통문화를 지켜야 한다는 주장이 많다. 아래의 내용을 중심으로 '전통문화를 계승하고 보존해야 하는 이유'에 대한 자신의 생각을 쓰라.

- 전통문화에는 어떤 것들이 있습니까?
- 전통문화가 가지는 가치와 의미는 무엇인가?
- 전통문화를 계승하고 보존해야 하는 이유가 무엇인가?

* 원고지 쓰기의 예

	머	리	는		언	제		감	는		것	이		좋	을	까	?		사
람	들	은		보	통		아	침	에		머	리	를		감	는	다	.	그

제1교시 듣기, 쓰기 시험이 끝났습니다. 제2교시는 읽기 시험입니다.

제9회 FINAL 실전 모의고사

实战模拟考试 第9套

TOPIK Ⅱ

2교시	읽기

수험번호 (Registration No.)		
이 름 (Name)	한국어 (Korean)	
	영 어 (English)	

유 의 사 항
Information

1. 시험 시작 지시가 있을 때까지 문제를 풀지 마십시오.

   Do not open the booklet until you are allowed to start.

2. 수험번호와 이름을 정확하게 적어 주십시오.

   Write your name and registration number on the answer sheet.

3. 답안지를 구기거나 훼손하지 마십시오.

   Do not fold the answer sheet; keep it clean.

4. 답안지의 이름, 수험번호 및 정답의 기입은 배부된 펜을 사용하여 주십시오.

   Use the given pen only.

5. 정답은 답안지에 정확하게 표시하여 주십시오.

   Mark your answer accurately and clearly on the answer sheet.

   marking example | ① ● ③ ④ |

6. 문제를 읽을 때에는 소리가 나지 않도록 하십시오.

   Keep quiet while answering the questions.

7. 질문이 있을 때에는 손을 들고 감독관이 올 때까지 기다려 주십시오.

   When you have any questions, please raise your hand.

TOPIK Ⅱ 읽기(1번~50번)

※ [1~2] (　　)에 들어갈 말로 가장 알맞은 것을 고르십시오. (각 2점)

1. 그는 가정 형편이 어려워 (　　　　) 고등학교도 못 갔다.

① 대학교조차　　② 대학교마저
③ 대학교는커녕　　④ 대학교야말로

2. 술을 한잔하면서 친구에게 속마음을 털어 (　　　　) 마음이 가벼워졌다.

① 놓던데　　② 놓았더니
③ 놓기에는　　④ 놓는데도

※ [3~4] 밑줄 친 부분과 의미가 가장 비슷한 것을 고르십시오. (각 2점)

3. 화가 많이 났었는데 그의 이야기를 <u>듣고 보니</u> 그의 행동이 이해가 되었다.

① 듣고 나니　　② 듣는 만큼
③ 듣고 해서　　④ 듣는 사이에

4. 왜 돈을 그렇게 많이 찾아요? 그 돈을 다 어디에 <u>쓰게요</u>?

① 쓰고요　　② 쓸까요
③ 쓰려고요　　④ 쓰는지 알아요

※ [5~8] 다음은 무엇에 대한 글인지 고르십시오. (각 2점)

5.

단순한 가구가 아닙니다.
쾌적한 수면으로 당신의 아침이 달라집니다.

① 침대 ② 소파 ③ 책상 ④ 옷장

6.

봄꽃으로 꾸민 도시락 만들기
여름을 이겨 낼 수 있는 보양식 만들기

① 꽃꽂이 ② 요리 교실 ③ 미술 교실 ④ 공예 교실

7.

'나 하나쯤이야!' 하고 생각하십니까?
당신은 우리의 얼굴입니다.
질서는 우리 모두의 인격입니다.

① 안전 규칙 ② 공익 광고 ③ 상업 광고 ④ 도로 교통법

8.

• 냄새가 나거나 물이 새는 제품은 비닐로 쌉니다.
• 깨지기 쉬운 유리 제품은 종이나 스티로폼 상자에 담습니다.

① 제품 문의 ② 고객 불만 ③ 포장 방법 ④ 주문 안내

※ [9~12] 다음 글 또는 그래프의 내용과 같은 것을 고르십시오. (각 2점)

9.

주민 센터 건강 프로그램

시간 (오후)	프로그램	수강료	기간
7:00 ~ 8:00	노래 교실	45,000원	1월 ~ 3월 (3개월간)
8:00 ~ 9:00	웰빙 댄스	50,000원	
9:00 ~ 10:00	요가	40,000원	

※ 매주 일요일은 휴무

※ 대상: 희망동에 거주하는 주민

※ 복수 신청 시 프로그램당 5,000원 할인

① 모든 프로그램의 수강료가 동일하다.

② 3개월간 매일 저녁마다 프로그램이 진행된다.

③ 한 사람이 하나의 프로그램만 신청할 수 있다.

④ 희망동에 살고 있는 사람이면 누구나 신청이 가능하다.

10.

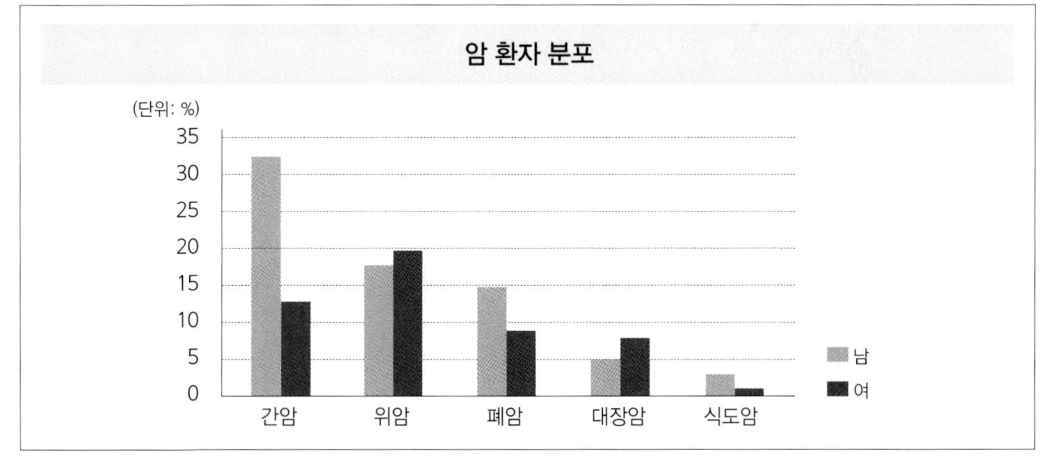

① 폐암은 남녀가 비슷한 분포를 보였다.

② 위암과 식도암은 남자보다 여자가 더 많다.

③ 남자는 다른 암보다 대장암에 많이 걸린다.

④ 남녀가 가장 큰 격차를 보인 것은 간암이다.

11.

> 매년 5월 1일은 근로자의 날이다. 근로자의 날은 근로기준법에 따라 유급 휴일로 정의된다. 따라서 5인 이상을 고용하는 사업장의 경우 5월 1일에 근무하면 평상시의 1.5배에 해당하는 휴일 수당을 지급하게 되어 있다. 하지만 이와 같은 규정은 여전히 많은 노동자에게 '그림의 떡'인 상황이다.

① 근로자의 날은 한 달에 한 번씩 돌아온다.

② 근로자의 날 관련 규정이 현장에서 잘 지켜지지 않고 있다.

③ 5월 1일에 일을 안 해도 평상시의 1.5배의 휴일 수당을 받을 수 있다.

④ 5인 이상 근무하는 사업장의 직원들이 근로자의 날에 일하면 돈을 50% 덜 받는다.

12.

> 요즘 20~30대 남자들이 똑같은 옷을 입고 사진관에 가서 '우정 사진'을 찍는 것은 이미 흔한 일이 되었다. SNS에서도 군 입대를 앞두고, 취직 기념 등 갖가지 사연을 담은 남자 단체 사진을 흔히 볼 수 있다. 과거에는 여자들만 우정 사진을 찍곤 했다. 하지만 더 이상 남자들이 자신을 꾸미고 기념 사진을 남기는 것이 낯선 일이 아닌 만큼 친구들과 기념 삼아 사진을 남기고 싶어 하는 남자들이 늘어났기 때문이다.

① SNS에 올리기 위해서 우정 사진을 찍는다.

② 우정 사진은 커플인 남자들이 찍는 사진이다.

③ 여자들보다 남자들이 먼저 우정 사진을 찍기 시작했다.

④ 요즘 젊은 남녀들은 다양한 이유로 우정 사진을 찍는다.

※ [13~15] 다음을 순서에 맞게 배열한 것을 고르십시오. (각 2점)

13.

(가) 결국 자동차 유리에 햇빛 차단 필름을 붙이게 되었다.

(나) 자동차에 유리가 부착되기 시작한 것은 1910년대부터다.

(다) 그런데 투명한 유리를 사용하니 뜨거운 태양열이 문제였다.

(라) 자동차 속도가 오르면서 공기 저항이 커지자 바람을 막는 장치로 앞이 보이는 유리가 사용되었다.

① (나)-(다)-(가)-(라) ② (나)-(라)-(다)-(가)

③ (라)-(가)-(다)-(나) ④ (라)-(다)-(나)-(가)

14.

(가) 그러나 지금은 세계인들이 모두 모여 즐기는 축제로 발전했다.

(나) 전통문화가 놀이로 바뀌어 관광객들을 끌어들이는 콘텐츠로 거듭난 셈이다.

(다) 동남아시아에는 4월부터 5월까지 물과 관련된 이색 축세가 연이어 개최된다.

(라) 원래 이 축제들은 나쁜 기운을 없애고 모두의 안녕과 풍년을 기원하는 전통 의식이었다.

① (나)-(라)-(가)-(다) ② (나)-(라)-(다)-(가)

③ (다)-(나)-(가)-(라) ④ (다)-(라)-(가)-(나)

15.

(가) 뿐만 아니라 이는 자살 시도와도 연관성이 있다.

(나) 미세 먼지나 오존 같은 대기 오염 물질은 호흡기 질환의 원인이 된다.

(다) 따라서 정부에서 자살 예방 대책을 세울 때 대기 오염과의 연관성을 고려할 필요가 있다.

(라) 미세 먼지가 많고 오존 농도가 높을수록 우울증이 심해지면서 자살로 이어질 가능성이 높다.

① (나)-(가)-(라)-(다)　② (나)-(라)-(다)-(가)

③ (라)-(가)-(나)-(다)　④ (라)-(다)-(나)-(가)

※ [16~18] (　)에 들어갈 말로 가장 알맞은 것을 고르십시오. (각 2점)

16.

피에로가 슬픈 이유는 삶의 초점이 자신의 행복이 아니라 타인의 웃음에 맞춰져 있기 때문이다. 우리가 행복하지 못한 이유는 (　　　　)에 대해 집착하기 때문이다. 모두에게 좋은 사람이 될 수는 없다. 욕먹는 것을 두려워하지 말고 각자 자신만의 행복을 찾아 나서야 한다.

① 내가 생각하는 나

② 타인이 평가하는 나

③ 솔직하고 객관적인 나

④ 인맥을 활용하지 못하는 나

17.

'영원함'을 뜻하는 다이아몬드는 세상에서 가장 단단한 물질로, 오랜 세월 수많은 연인들의 변치 않을 사랑을 약속하는 증표로 활용되어 왔다. 하지만 다이아몬드는 17세기 이전에는 (   )이었다. 따라서 다이아몬드는 17세기까지 국민들이 두려워하면서도 공경했던 왕족들의 장식물로 활용되었다.

① 권력과 허세의 상징
② 겸손과 공손의 상징
③ 지혜와 교양의 상징
④ 권위와 존경의 상징

18.

우주인이 우주선에서 달리기를 하려면 끈으로 몸을 운동 기구에 고정시켜야 한다. 무중력 상태에서는 몸이 공중에 떠서 몸에 무게가 실리지 않기 때문이다. 그런데 이렇게 하면 끈이 몸을 잡아당기기 때문에 몹시 불편하다. 그럼에도 불구하고 우주인들은 건강을 위해 정기적으로 (   ). 그렇지 않으면 근육의 밀도가 급속도로 낮아지기 때문이다.

① 무산소 운동을 해야 한다
② 체중을 줄이는 운동을 해야 한다
③ 몸에 체중이 실리는 운동을 해야 한다
④ 무중력 상태에서 떠다니는 운동을 해야 한다

※ [19~20] 다음을 읽고 물음에 답하십시오. (각 2점)

> 속담 속에 나타난 동물의 이미지를 보면 중립적인 경우가 가장 많고, 부정적 이미지, 긍정적 이미지가 그 뒤를 잇는다. (   ) 속담에서 부정적인 이미지로 묘사되는 동물이 더 많은 것은 실제 성격 때문이 아니라, 속담이 가지는 특징이 교훈성이기 때문이다. 예를 들어 한국 속담에서 개미와 벌은 근면한 동물로, 굼벵이와 늑대는 게으른 동물로 나타난다. 또한 개는 책임감 있는 동물로, 원숭이는 변덕스럽고 자만심에 가득 찬 동물로 그려진다.

19. (   )에 들어갈 말로 가장 알맞은 것을 고르십시오.

① 마침내 ② 그러면 ③ 도저히 ④ 대체로

20. 윗글의 주제로 가장 알맞은 것을 고르십시오.

① 동물의 특징을 한국 속담으로 설명할 수 있다.

② 속담에 나오는 동물은 긍정적 이미지로 나타내야 한다.

③ 한국 속담에 나오는 동물은 교훈성으로 부정적 이미지가 많다.

④ 한국 속담에서 중립적인 이미지의 동물이 가장 적게 등장한다.

※ [21~22] 다음을 읽고 물음에 답하십시오. (각 2점)

> 최근 우리 사회는 건강한 삶이 인기이다. 하지만 사람들의 관심이 대부분 건강식 섭취와 운동 등에 한정되어 있다는 점에서 우려가 된다. 타인과 비교하지 않고 자신의 삶에 만족하는 것, 주변 사람들에게 감사하는 마음을 갖는 것 등을 보통의 삶으로 만들지 않는다면 진정한 의미에서 건강한 삶을 살기란 쉽지 않기 때문이다. 경쟁이 일상화된 환경에서 (   ) 식의 살벌한 조직 생활을 하면서 유기농 야채를 먹고 꾸준히 운동한다고 해서 건강한 삶이 될 리 없다.

21. (   )에 들어갈 말로 가장 알맞은 것을 고르십시오.

① 꿩 먹고 알 먹기 ② 땅 짚고 헤엄치기

③ 죽기 아니면 까무러치기 ④ 닭 잡아먹고 오리 발 내놓기

22. 윗글의 내용과 같은 것을 고르십시오.

① 건강한 삶을 위해서는 꾸준한 운동이 가장 중요하다.

② 회사 생활에서 건강한 삶을 위한 노력을 실천해야 한다.

③ 유기농 야채를 먹고 꾸준히 운동하는 삶에는 문제가 있다.

④ 마음의 건강도 함께 챙겨야 진정한 의미에서 건강한 삶을 살 수 있다.

※ **[23~24] 다음을 읽고 물음에 답하십시오. (각 2점)**

"새로운 미래가 온다"라는 책으로 유명한 미래 학자, 다니엘 핑크가 한국을 방문했을 때의 일이다. 나는 그에 대한 기사를 쓰기 위해 그와 인터뷰를 했다. 한국의 젊은이들에게 해 주고 싶은 조언을 부탁하자 그는 이렇게 대답했다.

"계획을 세우지 마십시오."

그의 대답을 듣고 어리둥절해하는 나에게 그는 이렇게 설명했다.

"세상은 복잡하고 빨리 변해서 절대 예상대로 되지 않습니다. 계획을 세우는 대신 뭔가 새로운 것을 배우고, 새로운 것을 시도해 보는 것이 중요합니다."

그리고 그는 멋진 실수의 필요성을 강조하면서, 중요한 것은 실수를 하지 않는 것이 아니라, 어리석은 실수를 반복하지 않는 것이라는 말을 남겼다.

23. 밑줄 친 부분에 나타난 나의 심정으로 알맞은 것을 고르십시오.

① 갑작스럽다　　② 감격스럽다

③ 존경스럽다　　④ 당황스럽다

24. 윗글의 내용과 같은 것을 고르십시오.

① 나는 "새로운 미래가 온다"라는 책을 썼다.

② 실수는 하되 같은 실수를 반복하지는 말아야 한다.

③ 계획을 세우는 것보다 실수를 하지 않는 것이 중요하다.

④ 다니엘 핑크는 미래 학자로서 계획의 필요성을 강조했다.

※ [25~27] 다음 신문 기사의 제목을 가장 잘 설명한 것을 고르십시오. (각 2점)

25. '생계 외면 경영 외면', 노사 모두 최저 임금 액수에 불만

① 노동자와 사용자 모두 최저 임금 액수가 만족스럽지 않다.
② 사용자는 최저 임금이 적어서 경영하기 힘들다고 생각한다.
③ 노동자와 사용자 모두 최저 임금 액수가 너무 많다고 생각한다.
④ 사용자는 생계를 유지하는 데 최저 임금 액수가 부족하다고 생각한다.

26. 골라 태우는 콜택시, '행선지 가까우면 묵묵부답, 장거리는 바로 배차'

① 콜택시는 먼 곳에 가는 승객을 환영한다.
② 콜택시는 가까운 거리에 있는 승객을 태운다.
③ 콜택시는 일하는 시간을 자기 마음대로 결정한다.
④ 콜택시는 가까운 곳은 천천히 가고 먼 곳은 바로 간다.

27. 사이버 테러인가? 증시와 항공 줄줄이 먹통

① 사이버 테러 때문에 증시와 항공이 모두 마비되었다.
② 증시와 항공이 마비된 원인을 사이버 테러로 추측하고 있다.
③ 사이버 테러로 인해 증시와 항공이 차례대로 공격을 받았다.
④ 증시와 항공이 교대로 공격받는 이유를 사이버 테러로 확신하고 있다.

※ [28~31] (　　)에 들어갈 말로 가장 알맞은 것을 고르십시오. (각 2점)

28.

이 세상의 모든 직업에는 그 나름의 존재 이유가 있다. 그중에서도 의사라는 직업에는 특별한 뜻이 숨겨져 있다. (　　　　　) 인간의 생명을 지킨다는 것과 아픈 이웃의 상담자요, 교사가 되어야 한다는 데 있다. 이런 이유에서 누구든지 돈을 벌 목적만으로 의사가 되어서는 안 된다. 의사는 자신보다 환자를 먼저 배려해야 하고, 자기 자신에 대해 떳떳한 윤리적인 의사가 되고자 노력해야 한다.

① 의사라는 직업이 생긴 것은

② 의사라는 직업이 귀한 까닭은

③ 의사라는 직업이 돈을 못 버는 것은

④ 의사라는 직업이 인기가 있는 이유는

29.

만화는 기호를 통해 현실을 재현한다. 만화에 등장하는 인물은 영화의 연기자처럼 실재하는 인물은 아니지만, 기호를 통해 작품 속에서 살아 있는 인물이 되는 것이다. 스마일 마크가 (　　　　　) 웃는 얼굴로 받아들여지는 것처럼 만화 캐릭터는 독자들에게 친숙한 기호들을 통해 받아들여진다. 비현실적인 인물이나 사건, 배경이 독자들을 효과적으로 설득할 수 있는 것도 바로 이 때문이다.

① 장면의 전환을 통해

② 날카로운 풍자를 통해

③ 독자 자신의 경험을 통해

④ 한두 개의 선과 점을 통해

30.

요즘 텔레비전 프로그램을 보면 중간 광고가 지나치게 많아서 눈살을 찌푸릴 때가 많다. 제작비를 지원받기 위해서 프로그램 사이사이에 광고를 여러 개 삽입한 것이다. 이뿐만 아니라 간접 광고 역시 곳곳에서 찾아볼 수 있다. 하지만 여러 사람들에게 강한 영향력을 끼치는 매체인 방송이 (   ) 공익성을 지나치게 훼손할 수 있다. 방송 제작자들은 방송에는 공적 역할도 있음을 잊지 말아야 한다.

① 공정성만 따지면

② 보도 역할만 강조하면

③ 정보 전달만을 추구하면

④ 상업성만 추구하다 보면

31.

조정래는 한국에서 유명한 소설가이다. 그의 대표적인 장편소설 3편을 읽다 보면 (   ) 알 수 있다. '아리랑'은 1904년부터 1945년 광복에 이르기까지의 시기를 배경으로 당시 한민족이 겪었던 수난을 묘사한 작품이다. '태백산맥'은 1950년 6.25 전쟁과 그로 인한 분단의 아픔을 다루었다. '한강'은 1959년 이후 30년 동안 산업화를 이룬 한국인의 땀과 눈물을 증언하고 있다.

① 한국의 근현대 역사를

② 한국인의 정서와 애정관을

③ 한국인의 사상과 미래관을

④ 한국의 고대사와 고전 문화를

※ [32~34] 다음을 읽고 글의 내용과 같은 것을 고르십시오. (각 2점)

32.

> 상품의 특성에 적합한 이미지를 가진 인물이 광고를 해야 광고 효과가 좋다. 예를 들어 자동차, 카메라, 치약과 같은 상품의 경우에는 자체의 성능이나 효능이 중요하므로 전문성과 신뢰성을 갖춘 인물이 적합하다. 반면 감성적인 느낌이 중요한 보석, 초콜릿, 여행 같은 상품은 매력과 친근성을 갖춘 모델이 잘 어울린다. 그런데 유명인이 여러 상품 광고에 중복 출연하면 이미지가 분산되어 광고 효과에 부정적인 영향을 미친다.

① 카메라는 신뢰감이 느껴지는 모델이 광고하는 것이 좋다.

② 치약은 친근감을 주는 인물이 광고를 하는 것이 효과적이다.

③ 중복 출연하더라도 유명인을 광고 모델로 쓰는 것이 효과적이다.

④ 초콜릿 광고는 자체의 성능이나 효능을 중심으로 광고를 해야 한다.

33.

> 몸이 아플 때는 통증을 느끼는데 통증이 없다면 치료 시기를 놓쳐 치명적인 병에 걸릴 수 있다. 통증은 몸의 곳곳에 분포한 통점이 자극을 받아서 통각 신경을 통해 뇌로 전달될 때 느껴진다. 통각 신경은 다른 신경에 비해 굵기가 가늘어서 통증이 느리게 전달되는데, 이 문제는 촉각 신경이 보완해 준다. 그런데 피부에는 1㎠당 약 200개의 통점이 분포하고 있지만 내장 기관에는 4개에 불과하다. 폐암과 간암이 늦게 발견되는 것은 이 때문이다.

① 통증은 고통을 주기 때문에 없어야 한다.

② 인체는 다른 감각보다 통증을 빨리 감지한다.

③ 우리는 피부보다 내장 기관의 통증을 더 빨리 느낀다.

④ 인체는 촉각이 반응하여 통각의 느린 속도를 보충하고 있다.

34.

한국의 70여 개 꽃 축제의 효시가 된 에버랜드 장미 축제가 올해 40주년을 맞았다. 에버랜드는 장미 축제가 시작된 후 지금까지 총 7,000만 송이의 장미를 선보였다. 지금까지 장미 축제에 방문한 인원만 총 6,000만 명에 달한다. 올해는 에버랜드가 자체 개발한 신품종 5종을 포함해 670종의 장미 100만 송이를 선보일 예정이다. 밤에는 2만 송이 LED 장미가 빛을 내며 실제 100만 송이 장미와 어우러져 일몰 후에 찾는 사람이 더 많을 전망이다.

① 에버랜드는 야간에도 장미 축제를 한다.

② 올해 축제 방문 인원만 6,000만 명이다.

③ 에버랜드는 올해 670종의 신품종을 공개한다.

④ 에버랜드는 그동안 70여 개의 꽃 축제를 열었다.

※ **[35~38] 다음을 읽고 글의 주제로 가장 알맞은 것을 고르십시오.** (각 2점)

35.

청년 일자리 문제는 한국뿐 아니라 대부분의 나라가 공통적으로 해결해야 하는 숙제다. 대학에 가지 않더라도 숙련된 기능인이나 기술자들이 좋은 일자리를 얻을 수 있고 사회적 대우를 받는 사회가 되면 많은 젊은이가 대학 대신 생산 현장으로 뛰어들 것이다. 그러면 청년 실업 문제가 어느 정도 해소될 뿐 아니라 중소기업의 인력난, 노동시장의 구조적인 문제도 해결될 것이다.

① 숙련된 기술자에 대한 사회적 인식 변화가 필요하다.

② 좋은 일자리에 대한 인식 개선이 먼저 이루어져야 한다.

③ 대학 진학보다 생산 현장 경험을 쌓을 수 있도록 권고해야 한다.

④ 청년 실업 해소를 위해 중소기업이 나서서 일자리를 창출해야 한다.

36.

> 한자어는 한국어의 약 60%를 차지하고 있다. 따라서 한자를 몰라서 의사소통에 어려움을 겪는 경우를 종종 볼 수 있다. 한자를 외국어로 보는 사람들은 초등학교에서 한자를 교육해서는 안 된다고 주장한다. 하지만 단어의 뜻을 제대로 잘 이해하고 사용하려면 한자를 알아야 한다. 한국어는 다의어가 많기 때문에 한글만으로 의미상의 차이를 뚜렷이 구분하는 것이 쉽지 않기 때문이다.

① 한국어는 다의어가 많아서 배우기 어렵다.

② 한자어는 외국어이기 때문에 초등학교에서 가르치면 안 된다.

③ 한자어는 한국어의 대부분을 차지하므로 많이 배울수록 좋다.

④ 한국어의 정확한 이해와 표현을 위해 한자어를 가르칠 필요가 있다.

37.

> 입에서 나는 특이한 냄새는 일종의 건강 이상 신호일 수 있다. 대부분의 입 냄새는 구강 내 문제로 발생하지만 몸속에 이상이 있는 경우에도 입 냄새가 난다. 특히 당뇨병이나 신장 기능에 이상이 있을 때 구취가 발생한다. 당뇨가 있는 경우 입에서 과일 향이나 아세톤 냄새가 나며, 신장에 이상이 있는 경우에는 강한 암모니아 냄새가 날 수 있다. 따라서 입 냄새를 입안의 문제라고만 생각해서는 안 된다.

① 입 냄새를 없애려면 먼저 입안을 치료해야 한다.

② 입 냄새가 날 경우 다른 신체 질환을 의심해야 한다.

③ 입 냄새는 구강 내의 문제이므로 양치질을 잘 하면 된다.

④ 입에서 나는 과일 향과 같은 냄새는 건강하다는 증거이다.

38.

새로 지은 아파트나 주택, 건물에서는 인체에 해로운 화학 물질이 발생한다. 그래서 새집에서 생활하면 피부염, 두통, 신경성 질병 등 각종 질환에 시달리게 되는데, 이것을 '새집 증후군'이라고 한다. 그렇다면 오래된 집은 안전한 것일까? 오래된 집에서도 사람에게 해로운 대기 오염 물질이 나온다. 따라서 우리는 유해 물질을 제거해 주는 식물을 집 안 곳곳에 두고, 매일 집 안을 깨끗이 청소하고 환기를 해야 한다.

① 새로 지은 집에서 살려면 새집 증후군을 조심해야 한다.

② 오래된 집에서도 새집 증후군 예방을 위해 노력해야 한다.

③ 집 안 공기 걱정을 줄이기 위해 오래된 집에서 살아야 한다.

④ 오래된 집에 살아도 공기의 질을 개선하도록 노력해야 한다.

※ **[39~41] 주어진 문장이 들어갈 곳으로 가장 알맞은 것을 고르십시오. (각 2점)**

39.

청년 실업률이 최고치를 경신하자 정부는 청년들의 일자리 20만 개를 만들겠다고 대책을 발표하였다. (㉠) 일자리 수가 늘어나도 정규직 일자리 수는 별다른 차이가 없고, 임시직 일자리 수만 크게 증가하고 있기 때문이다. (㉡) 또한 최근의 노동자 실질 임금 상승률을 보면 매년 제자리 걸음 수준이거나 심지어 감소하기도 한다. (㉢) 청년들이 안심하고 오래 일할 곳이 충분하지 않으면 한국의 미래는 어두울 것이다. (㉣) 그러므로 청년 일자리의 질을 높이는 것이 무엇보다 시급하다고 할 수 있다.

〈보 기〉

하지만 정부의 그 많은 청년 실업 대책에도 불구하고 청년 일자리 문제는 갈수록 더 악화되고 있다.

① ㉠　　② ㉡　　③ ㉢　　④ ㉣

40.

'죽는 날까지 하늘을 우러러 한 점 부끄러움이 없기를……'은 '서시'라는 시의 첫 구절이다. (㉠) 이것은 윤동주 시인이 쓴 대표적인 시로, 짧지만 강렬한 인상을 준다. (㉡) 이 시는 시인의 어린 시절의 애틋한 추억을 되새기며, 조국의 광복을 염원하는 간절한 열망을 담고 있다. (㉢) 그는 어둡고 가난한 생활 속에서 인간의 삶과 고뇌를 사색하고, 일제의 강압에 고통받는 조국의 현실을 가슴 아프게 생각하는 시인이었다. (㉣)

〈보 기〉

즉, 윤동주의 생애와 애국심을 단적으로 암시해 주는 상징적인 작품인 것이다.

① ㉠　　② ㉡　　③ ㉢　　④ ㉣

41.

예상치 못한 일이나, 상상을 초월하는 일이 발생하여 어이가 없을 때 '어처구니없다' 또는 '어이없다'는 표현을 사용한다. (㉠) 이러한 표현의 유래에 대해서 정확하게 알려진 것은 없지만 구전되는 이야기는 있다. (㉡) 맷돌로 무엇을 갈아야 할 때 손잡이가 없다면 어떨까? (㉢) 이러한 황당하고 기막힌 상황을 빗대어 생긴 표현이 바로 '어처구니없다', '어이없다'라고 전해진다. (㉣)

〈보 기〉

'어이' 또는 '어처구니'는 맷돌을 손으로 돌릴 때 쓰는 맷돌에 달린 나무 손잡이를 말한다.

① ㉠　　② ㉡　　③ ㉢　　④ ㉣

※ [42~43] 다음을 읽고 물음에 답하십시오. (각 2점)

> 동혁이 탄 버스가 막 떠나려는데, 놓치면 큰일이나 날 듯이 뛰어오르는 한 여학생이 있었다. 그는 조금 전 발표회에서 동혁에게 큰 감동을 주었던 채영신이었다. 영신은 승객들에게 밀려서 동혁이가 앉아 있는 좌석까지 와서는 손잡이를 붙잡고 섰다. 두 사람은 무릎이 닿을 듯한 거리에서 만나게 되었다. 두 눈이 마주치자 두 사람은 눈인사를 주고받았다. 비록 오늘 저녁 발표회에서 처음 알게 된 사이지만 여러 해 사귀어 온 오래된 친구와 같이 반가웠다. 동혁은 혼자 앉아 있기가 미안해서 "이리 앉으시지요." 하고 일어서며 자리를 내주었다. 영신은 "고맙습니다. 그런데 전 서 있는 게 좋아요." 하고 사양했다.
>
> 두 사람이 서서 서로 자리를 양보하는 사이에 옆에 서 있던 승객이 냉큼 자리에 앉아 버렸다. 그리고 <u>모른 척하며 시선을 창밖으로 돌렸다</u>. 영신과 동혁은 그러한 승객의 모습을 보고 웃음을 참느라 얼굴이 빨개졌다. 버스는 한참을 달렸다. 영신이 종로에서 내리자 동혁도 영신의 뒤를 따라 종로에서 내렸다.
>
> 심훈 〈상록수〉

42. 밑줄 친 부분에 나타난 승객의 태도로 알맞은 것을 고르십시오.

① 너그럽다　　② 나태하다

③ 뻔뻔하다　　④ 초조하다

43. 윗글의 내용으로 알 수 있는 것을 고르십시오.

① 영신은 동혁이 탄 버스를 놓쳤다.

② 영신은 동혁에게 자리를 양보했다.

③ 동혁과 영신은 버스에서 처음 만났다.

④ 동혁과 영신은 같은 정류장에서 하차했다.

※ [44~45] 다음을 읽고 물음에 답하십시오. (각 2점)

정부 지원으로 난임 시술을 받은 부부 3쌍 중 2쌍은 3개 이상의 배아를 이식한 것으로 조사됐다. 쌍둥이 이상의 다태아를 낳고 싶어 하는 부모의 바람이 반영된 셈인데 다태아 출산은 조산율이 높아 주의가 필요하다. 현재 한국에는 체외 수정 시술에 대한 의학적 기준이 마련돼 있지만 단순히 지침일 뿐, 법적인 관리 기준은 없다. 반면 다른 나라의 경우 이식 배아 수를 1~2개로 제한하고 있으며, 이를 어길 경우 3년의 징역형에 처하도록 하고 있다. 따라서 (   ) 건강한 아이와 산모에 대한 관리 기준 내용이 포함되도록 해서 최소한 국가로부터 지원받는 여성에 한해서라도 과도한 배아 이식을 막아야 할 것이다.

44. (   )에 들어갈 말로 가장 알맞은 것을 고르십시오.

① 정부 지원을 신청할 때는

② 난임 부부 판정을 받을 때는

③ 출산 장려 정책을 마련할 때는

④ 육아 관련 법안을 준비할 때는

45. 윗글의 주제로 가장 알맞은 것을 고르십시오.

① 난임 부부를 위한 정책 지원을 늘려야 한다.

② 다태아 출산을 장려하는 정책이 있어야 한다.

③ 정책적으로 배아 이식 수를 제한할 필요가 있다.

④ 체외 수정 시술에 대한 의학적 기준 마련이 시급하다.

※ [46~47] 다음을 읽고 물음에 답하십시오. (각 2점)

> 고양이는 오랫동안 함께한 주인도 며칠 동안 못 보면 못 알아본다는 속설이 있다. 그래서 고양이가 개보다 머리가 나쁘다고 믿어 왔다. 그러나 최근에는 고양이가 육상 동물 중에서 침팬지 다음으로 지능이 높다는 설이 설득력을 얻고 있다. 개가 기계적인 반복을 통해 학습하여 행동하는 것에 반해 고양이는 사람이 하는 것을 보고 잘 기억했다가 그대로 따라 하기도 하고 새로운 방법을 스스로 생각해 내기도 한다. 특히 고양이는 앞발을 사용하는 데 능숙하여 서랍을 쉽게 열기도 하고 직접 선풍기를 틀어 바람을 쏘이기도 한다. 재미있는 사실은 고양이의 지능 역시 사람과 마찬가지로 유전과 환경의 영향을 모두 받는다는 것이다.

46. 윗글에 나타난 필자의 태도로 가장 알맞은 것을 고르십시오.

① 고양이에게 반복 학습의 필요성을 강조한다.

② 고양이가 개보다 똑똑하다고 예를 들어 설명한다.

③ 고양이가 환경의 영향을 받는다는 사실에 회의적이다.

④ 고양이가 스스로 새로운 방법을 생각한다는 점에 긍정적이다.

47. 윗글의 내용과 같은 것을 고르십시오.

① 고양이는 창의적인 동물이다.

② 고양이의 지능은 환경에 영향을 미친다.

③ 개는 육식 동물 중 침팬지 다음으로 지능이 높다.

④ 과거에는 고양이가 개보다 더 똑똑하다고 여겼다.

※ [48~50] 다음을 읽고 물음에 답하십시오. (각 2점)

불필요하고 현실과 거리가 있는 제도를 정해진 시점 이후에 자연스럽게 사라지도록 하는 제도를 일몰제라고 한다. 시간이 지나면 해가 지는 것처럼 일정 시간이 지나면 제도의 효력이 점차 사라진다는 뜻에서 붙여진 이름이다. 법이나 기관, 제도 등이 한번 만들어지고 나면 (　　　　　) 계속해서 존재하게 된다는 우려가 일몰법이 생긴 배경이다. 도시 공원 일몰제를 예시로 살펴보자. 한 도시에서 오래 전에 공원 조성 사업을 시행했는데, 관련 토지를 구입하고 보상하는 과정에서 전체 예산이 초기 계획보다 2천억 원이 초과하게 되었다. 사업비가 증가하면서 자금 마련이 어려워지자 20년이 넘도록 공원이 조성되지 않은 채 방치되었다. 이 문제를 해결하기 위해 헌법 재판소의 결정에 따라 공원이 조성되기로 했던 토지는 공원 지정 기간이 해제되었다. 이를 해당 토지에 대한 공원 지정 시효가 일몰되었다고도 표현한다. 이제 해당 토지는 다른 목적으로 자유롭게 이용 및 판매가 가능해진 것이다.

48. 윗글을 쓴 목적으로 가장 알맞은 것을 고르십시오.

① 헌법 재판소의 판단을 소개하기 위해서

② 일몰제로 인한 우려를 제기하기 위해서

③ 일몰제의 특징과 예시를 알리기 위해서

④ 사업비가 증가에 따른 문제를 해결하기 위해서

49. (　　)에 들어갈 말로 가장 알맞은 것을 고르십시오.

① 기대나 전망이 없더라도

② 장점이나 효과가 없더라도

③ 단점이나 문제점이 없더라도

④ 부작용이나 역효과가 없더라도

50. 윗글의 내용과 같은 것을 고르십시오.

① 사업비가 증가해서 자금 마련이 어려워지면 일몰제가 시행된다.

② 특정 시점 이후에 자연스럽게 시행되는 제도를 일출제라고 한다.

③ 지정 시효가 일몰되었다는 것은 지정 기간이 해제되었다는 의미이다.

④ 도시 공원 일몰제가 시행되어도 해당 토지는 이용 및 판매가 불가능하다.

제10회 FINAL 실전 모의고사

实战模拟考试 第10套

TOPIK Ⅱ

1교시	듣기, 쓰기

수험번호 (Registration No.)		
이 름 (Name)	한국어 (Korean)	
	영 어 (English)	

유 의 사 항
Information

1. 시험 시작 지시가 있을 때까지 문제를 풀지 마십시오.

   Do not open the booklet until you are allowed to start.

2. 수험번호와 이름을 정확하게 적어 주십시오.

   Write your name and registration number on the answer sheet.

3. 답안지를 구기거나 훼손하지 마십시오.

   Do not fold the answer sheet; keep it clean.

4. 답안지의 이름, 수험번호 및 정답의 기입은 배부된 펜을 사용하여 주십시오.

   Use the given pen only.

5. 정답은 답안지에 정확하게 표시하여 주십시오.

   Mark your answer accurately and clearly on the answer sheet.

6. 문제를 읽을 때에는 소리가 나지 않도록 하십시오.

   Keep quiet while answering the questions.

7. 질문이 있을 때에는 손을 들고 감독관이 올 때까지 기다려 주십시오.

   When you have any questions, please raise your hand.

TOPIK Ⅱ 듣기(1번~50번)

※ [1~3] 다음을 듣고 가장 알맞은 그림 또는 그래프를 고르십시오. (각 2점)

1. ① 

② 

③ 

④ 

2. ① 

② 

③ 

④ 

3. ①
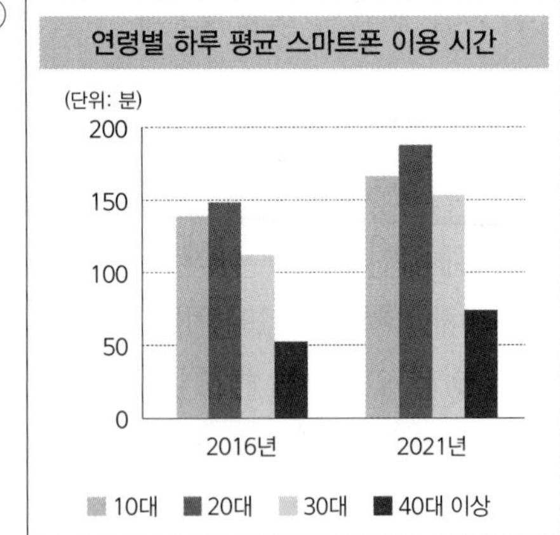

②
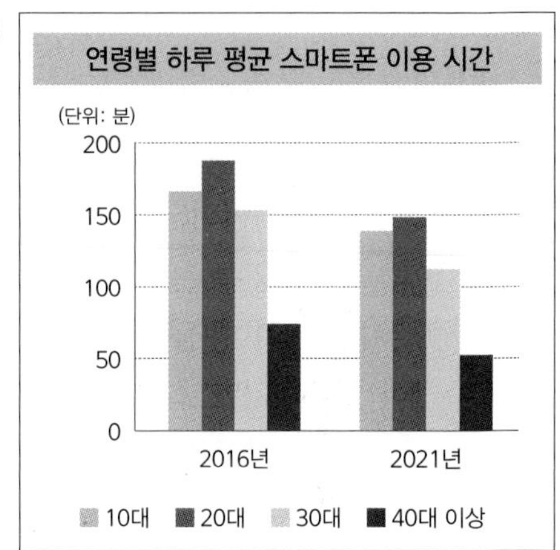

③
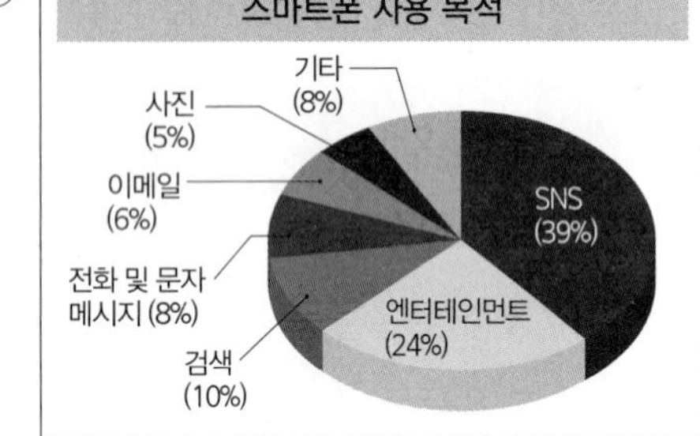

④
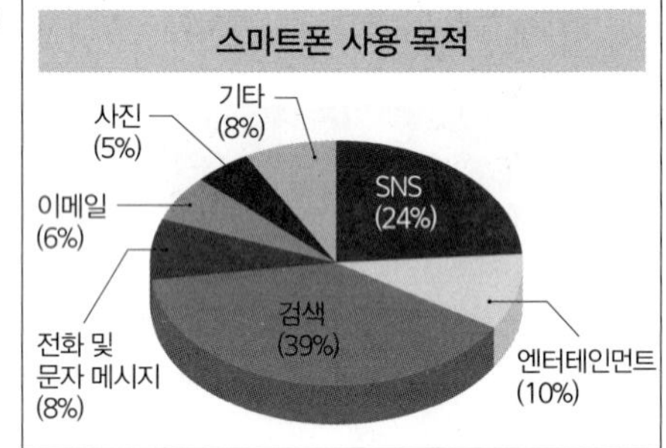

※ [4~8] 다음을 듣고 이어질 수 있는 말로 가장 알맞은 것을 고르십시오. (각 2점)

4. ① 굽이 높아서 불편했었나 봐요.
② 발이 아플까 봐 걱정되시는군요.
③ 그럼 다른 색상으로 찾아볼게요.
④ 유행하는 디자인으로 보여 드릴게요.

5. ① 갈아타는 것도 많이 어려워.
② 이참에 버스를 한번 타 볼게.
③ 그러면 아침에 조금 일찍 만나자.
④ 버스로 갈아타 보는 것도 좋을 거야.

6. ① 결석하지 않게 조심하세요.
② 생각보다 높아서 놀랐어요.
③ 출석 점수가 높으면 좋겠어요.
④ 저는 수업에 빠진 적이 없어요.

7. ① 천천히 맛있게 드세요.
② 제가 가게에서 사 올게요.
③ 배달 음식 메뉴판을 가져올게요.
④ 배달이 빨리 와서 정말 다행이에요.

8. ① 열심히 일할 걸 그랬어요.
② 정말 가고 싶은데 아쉬워요.
③ 이번 달에도 휴가를 가서 좋아요.
④ 그럼 휴가 신청서를 제출하겠습니다.

※ **[9~12] 다음을 듣고 <u>여자</u>가 이어서 할 행동으로 가장 알맞은 것을 고르십시오.** (각 2점)

9. ① 남자에게 상품을 가져다준다.
② 남자가 고른 물건을 계산한다.
③ 진열대에 상품을 채워 넣는다.
④ 창고에서 상품을 찾아서 온다.

10. ① 회식에 참가하는 인원을 파악한다.
② 식당에 전화해서 자리를 예약한다.
③ 게시판에 회식에 관한 내용을 알린다.
④ 직원들에게 먹고 싶은 메뉴를 묻는다.

11. ① 남자의 연락을 기다린다.
② 남자에게 전화번호를 묻는다.
③ 제주도 여행 상품을 예약한다.
④ 예약이 가능한 날짜를 알려 준다.

12. ① 학생회관으로 간다.
② 학교 앞 은행에 간다.
③ 학생회관에 전화한다.
④ 성적 증명서를 발급받는다.

※ [13~16] **다음을 듣고 들은 내용과 같은 것을 고르십시오.** (각 2점)

13. ① 여자는 수강료를 할인받을 수 있다.
② 여자는 학원에서 일을 한 적이 있다.
③ 남자는 학원에서 여자를 본 적이 있다.
④ 수강증이 있어야 학원에 등록할 수 있다.

14. ① 주말에는 주차장 이용이 불가능하다.
② 쇼핑을 한 고객은 주차비가 무료이다.
③ 오늘 패션쇼에 나온 옷은 신상품이다.
④ 패션쇼를 본 고객은 할인받을 수 있다.

15. ① 반드시 자기소개서를 가지고 가야 한다.
② 취업을 한 적 있는 청년은 참가할 수 없다.
③ 일자리 박람회는 당일 바로 참가가 가능하다.
④ 일자리 박람회는 청년들에 의해서 만들어졌다.

16. ① 시민들이 공원 설립을 원하였다.
② 시민들이 공원 디자인에 참여한다.
③ 이 공원은 평화의 날에 만들어진다.
④ 공터는 시민들이 이용하는 장소였다.

※ [17~20] 다음을 듣고 남자의 중심 생각으로 가장 알맞은 것을 고르십시오. (각 2점)

17. ① 취미로 외국어를 배우는 것이 좋다.
② 외국어를 배우려면 학원에 다녀야 한다.
③ 외국어를 공부하면서 시험을 봐야 한다.
④ 외국어를 공부할 때는 목표를 정해야 한다.

18. ① 스트레스는 바로바로 풀어 줘야 한다.
② 스트레스를 많이 받으면 병이 생긴다.
③ 스트레스는 풀지 않으면 더 많이 쌓인다.
④ 스트레스를 받으면 아무것도 하지 말아야 한다.

19. ① 범죄자 이름을 알면 범죄를 막을 수 있다.
② 인터넷에 범죄자의 이름을 공개해야 한다.
③ 범죄자들은 또 다른 사람에게 피해를 준다.
④ 죄 없는 범죄자 가족들은 보호해 줘야 한다.

20. ① 어린아이들은 어릴 때 부모의 관심이 필요하다.
② 전자 제품은 사용 시간을 정하고 사용해야 한다.
③ 전자 제품을 많이 쓰면 눈과 목뼈가 안 좋아진다.
④ 전자 제품을 사용할 때 좋은 습관을 가져야 한다.

※ [21~22] **다음을 듣고 물음에 답하십시오.** (각 2점)

21. 남자의 중심 생각으로 가장 알맞은 것을 고르십시오.
    ① 밤에 잠을 일찍 자는 것이 좋다.
    ② 잠들기 전에 텔레비전을 보면 안 된다.
    ③ 피곤한 이유는 밤에 잠을 못 자서이다.
    ④ 불면증을 고치려면 생활 습관을 바꿔야 한다.

22. 들은 내용과 같은 것을 고르십시오.
    ① 남자는 밤에 늦게 자는 편이다.
    ② 남자는 최근에 불면증에 걸렸다.
    ③ 여자는 요즘 생활 습관을 바꿨다.
    ④ 여자는 밤늦게까지 텔레비전을 본다.

※ [23~24] **다음을 듣고 물음에 답하십시오.** (각 2점)

23. 남자가 무엇을 하고 있는지 맞는 것을 고르십시오.
    ① 소액 결제 방법에 대해 물어보고 있다.
    ② 소액 결제의 문제에 대해 이야기하고 있다.
    ③ 휴대 전화 요금 종류에 대해 알아보고 있다.
    ④ 자신의 휴대 전화 요금에 대해 문의하고 있다.

24. 들은 내용과 같은 것을 고르십시오.
    ① 남자는 소액 결제 제도로 휴대 전화를 샀다.
    ② 남자는 이번 달에 휴대 전화로 물건을 샀다.
    ③ 남자는 소액 결제로 10만 원 이상 사용하였다.
    ④ 휴대 전화 요금보다 소액 결제 요금이 많이 나왔다.

※ [25~26] 다음을 듣고 물음에 답하십시오. (각 2점)

25. 남자의 중심 생각으로 가장 알맞은 것을 고르십시오.

① 채식을 해야 건강하게 살 수 있다.

② 경제가 발전해서 고기를 많이 먹게 되었다.

③ 짜고 매운 식단 위주의 식습관은 암을 유발한다.

④ 맵고 짠 식단은 고기를 자주 먹는 것보다 위험하다.

26. 들은 내용과 같은 것을 고르십시오.

① 경제 성장으로 인해 식습관이 변했다.

② 야채와 고기를 둘 다 먹어야 건강하다.

③ 고기를 많이 먹으면 암에 걸릴 수 있다.

④ 과거의 한국인들은 고기를 즐겨 먹었다.

※ [27~28] 다음을 듣고 물음에 답하십시오. (각 2점)

27. 남자가 말하는 의도로 알맞은 것을 고르십시오.

① 경복궁에 함께 가자고 부탁하기 위해

② 경복궁 관람의 중요성을 강조하기 위해

③ 경복궁 관람에 대한 정보를 제공하기 위해

④ 경복궁 관람 신청 방법에 대해 소개하기 위해

28. 들은 내용과 같은 것을 고르십시오.

① 경복궁은 이번에 무료로 개방한다.

② 남자는 경복궁에서 일하는 직원이다.

③ 사전 예약을 하지 않아도 들어갈 수 있다.

④ 경복궁은 매달 마지막 주 화요일이 휴궁일이다.

※ [29~30] **다음을 듣고 물음에 답하십시오.** (각 2점)

29. 남자가 누구인지 고르십시오.

① 곤충학자

② 생태학자

③ 정부 관계자

④ 문화재 연구원

30. 들은 내용과 같은 것을 고르십시오.

① 흰개미는 나무와 낙엽을 먹이로 삼는다.

② 외래종보다 국내종 흰개미가 더 위험하다.

③ 흰개미는 목조의 얕은 곳만 갉아 먹는 특성이 있다.

④ 흰개미로부터 피해를 입은 문화재의 수는 많지 않다.

※ [31~32] **다음을 듣고 물음에 답하십시오.** (각 2점)

31. 남자의 중심 생각으로 가장 알맞은 것을 고르십시오.

① 다른 과목을 줄이고 체육 수업 시간을 늘려야 한다.

② 체육 활동을 통해 학생들이 사회성을 키울 수 있다.

③ 학교는 학생들이 공부를 할 수 있게 배려해야 한다.

④ 성적이 좋은 학생들은 반드시 체육 활동을 해야 한다.

32. 남자의 태도로 가장 알맞은 것을 고르십시오.

① 앞으로 발생할 일에 대해 예상하고 있다.

② 상대방의 의견에 대한 지지를 보내고 있다.

③ 예상되는 문제점에 대해 질문을 하고 있다.

④ 상대방의 의견에 대해 강하게 반박하고 있다.

※ [33~34] 다음을 듣고 물음에 답하십시오. (각 2점)

33. 무엇에 대한 내용인지 알맞은 것을 고르십시오.

① 존중받기를 원하는 심리

② 말을 잘하는 사람의 특징

③ 사람을 대할 때 중요한 것

④ 대화법을 배워야 하는 이유

34. 들은 내용과 같은 것을 고르십시오.

① 대화 기술이 좋으면 진심은 중요하지 않다.

② 사람을 대할 때 말을 잘하는 것이 중요하다.

③ 설득하는 대화법이 어떤 것인지 이해가 필요하다.

④ 사람들은 누구나 존중받기를 원하는 심리가 있다.

※ [35~36] 다음을 듣고 물음에 답하십시오. (각 2점)

35. 남자가 무엇을 하고 있는지 고르십시오.

① 설문 조사 결과를 분석하여 안내하고 있다.

② 리서치 회사의 성장 과정을 보고하고 있다.

③ 설문지 분석 자료를 창업에 활용하고 있다.

④ 새로운 프로그램 개발에 참여를 요청하고 있다.

36. 들은 내용과 같은 것을 고르십시오.

① 지금 회사를 창업을 하면 창업 비용이 가장 많이 든다.

② 새 회사들은 비전문가를 위한 프로그램을 만들고 있다.

③ 개발자들은 응용 프로그램의 가격을 계속 높게 팔았다.

④ 비전문가들이 고급 소프트웨어를 쉽게 사용할 수 있게 되었다.

※ [37~38] **다음을 듣고 물음에 답하십시오.** (각 2점)

37. 여자의 중심 생각으로 가장 알맞은 것을 고르십시오.
    ① 한창 배울 때는 많이 먹어야 한다.
    ② 아침을 잘 먹어야 학습 능력을 발휘할 수 있다.
    ③ 편식은 영유아기 때부터 습관을 바로잡아야 한다.
    ④ 건강 비결은 평소 생활 습관을 바르게 하는 것이다.

38. 들은 내용과 같은 것을 고르십시오.
    ① 패스트푸드 음식은 안 먹는 것이 좋다.
    ② 편식은 초등학교 때부터 신경을 써야 한다.
    ③ 자녀들이 어린 시기에 충치 예방이 중요하다.
    ④ 고칼로리 음식은 성장기에 되도록 많이 먹어야 한다.

※ [39~40] **다음을 듣고 물음에 답하십시오.** (각 2점)

39. 이 대화 전의 내용으로 가장 알맞은 것을 고르십시오.
    ① 비만의 원인은 개인의 의지 부족 때문이다.
    ② 특정 유전자를 가진 사람은 비만이 되기 쉽다.
    ③ 비만의 원인은 음식 섭취와 운동의 불균형이다.
    ④ 비만은 각종 질환의 원인이 되므로 주의해야 한다.

40. 들은 내용과 같은 것을 고르십시오.
    ① 비만을 치료해야 암에 걸리지 않는다.
    ② FTO 유전자는 신진대사를 조절할 수 없다.
    ③ 유전자가 변형되지 않은 쥐는 50%나 날씬해졌다.
    ④ 비만 치료법에 대한 연구는 아직 완성되지 않았다.

※ [41~42] 다음을 듣고 물음에 답하십시오. (각 2점)

41. 들은 내용과 같은 것을 고르십시오.

① 실험에 참가한 초등학생은 모두 지능이 높았다.

② 교사들은 실험 내용에 대해 정확히 알고 있었다.

③ 무작위로 선별된 학생들이 실험의 대상이 되었다.

④ 실험에 참가한 학생들은 지능이 높아지지 않았다.

42. 이 강연의 중심 내용으로 가장 알맞은 것을 고르십시오.

① 사람들은 타인의 말에 영향을 많이 받는다.

② 타인에게 기대를 갖고 긍정적인 말을 해야 한다.

③ 사람들은 타인의 기대에 부응하려는 경향이 있다.

④ 교사는 학생들을 긍정적인 시각으로 바라보아야 한다.

※ [43~44] 다음을 듣고 물음에 답하십시오. (각 2점)

43. 멀티 태스킹이 뇌의 피로를 유발하는 이유로 맞는 것을 고르십시오.

① 일정 간격으로 일과 휴식을 반복하기 때문에

② 뇌의 과부화로 인해 기억력과 집중력이 나빠지기 때문에

③ 여러 정보 중 중요한 것을 구별해 내서 기억해 내야 하므로

④ 일정 간격으로 일과 휴식을 반복하는 것을 어렵게 만들어서

44. 무엇에 대한 내용인지 알맞은 것을 고르십시오.

① 멀티 태스킹은 주의력과 기억력을 낮춘다.

② 멀티 태스킹은 가장 효율적인 일 처리 방식이다.

③ 뇌를 효율적으로 사용하려면 중간에 휴식을 취해야 한다.

④ 멀티 태스킹은 비효율적이므로 하나씩 일 처리하는 것이 좋다.

※ [45~46] **다음을 듣고 물음에 답하십시오.** (각 2점)

45. 들은 내용과 같은 것을 고르십시오.

① 멸종 위기에 처한 동식물은 이미 희망이 없다.

② 생물 종의 복원 프로젝트는 실제로 효과가 있었다.

③ 전 세계 동식물 10만여 종이 멸종 위기에 처해 있다.

④ 생물 종 복원 프로젝트로 인해 멸종된 종이 3~4배 늘었다.

46. 여자가 말하는 방식으로 알맞은 것을 고르십시오.

① 연도별로 분류하여 해결책을 제시하고 있다.

② UN의 견해에 대해 논리적으로 반박하고 있다.

③ 청중의 동의를 구하며 자신의 주장을 펼치고 있다.

④ 연구 자료를 근거로 자신의 의견을 제시하고 있다.

※ [47~48] **다음을 듣고 물음에 답하십시오.** (각 2점)

47. 들은 내용과 같은 것을 고르십시오.

① 한국은 우울증의 치료 접근성이 가장 높다.

② 코로나로 인해 전 세계적으로 우울증을 앓는 사람이 급증했다.

③ 한국인은 자신의 우울증을 인지하고 치료하겠다는 인식이 높은 편이다.

④ 우울증을 마음의 감기라고 부르는 것은 감기처럼 혼자 이겨 낼 수 있기 때문이다.

48. 남자가 말하는 방식으로 알맞은 것을 고르십시오.

① 여자가 제시한 내용에 일부만 동의하고 있다.

② 여자가 제시한 내용에 새로운 방향을 제시한다.

③ 여자가 제시한 내용의 장단점을 분석하고 있다.

④ 여자가 제시한 내용을 근거를 들어 뒷받침하고 있다.

※ [49~50] 다음을 듣고 물음에 답하십시오. (각 2점)

49. 들은 내용과 같은 것을 고르십시오.

① 울돌목은 바다가 울기 때문에 붙인 이름이다.

② 울돌목의 유속은 보통 바다에 비해 6배 빠르다.

③ 울돌목은 이순신 장군이 전쟁에서 승리한 곳이다.

④ 울돌목에서 2012년에 연구용 조류 발전소를 건설하였다.

50. 남자가 말하는 방식으로 알맞은 것을 고르십시오.

① 한국의 물을 이용한 에너지 개발 세태를 비판하고 있다.

② 대체 에너지로서의 조력 발전의 유용성을 전망하고 있다.

③ 조력 발전소의 입지 조건에 대해 설명하면서 예를 들고 있다.

④ 조류 발전소를 설치했을 때 가져올 이점에 대해 분석하고 있다.

TOPIK Ⅱ 쓰기(51번~54번)

※ [51~52] 다음 글의 ㉠과 ㉡에 알맞은 말을 각각 쓰시오. (각 10점)

51.

고객 상담 게시판

제목: 바지를 교환하고 싶습니다.

안녕하세요? 저는 지난주 금요일에 바지를 주문했습니다. 토요일에 옷을 받았는데 바지의 색깔과 디자인은 온라인 쇼핑몰 사진처럼 예쁩니다.

그런데 (㉠). 그래서 크기가 작은 바지로 교환하고 싶습니다.

(㉡). 제 연락처는 010-2233-4455이며, 이메일 주소는 khu4455@khu.com입니다.

52.

변화는 누구에게나 낯설고 두렵게 느껴진다. 그래서 편안하고 익숙한 (㉠). 그러나 사회는 끊임없이 변화하고 있으며 변화에 적응하지 못하고 제자리에 있게 되면 더 이상의 발전을 기대하기 어렵다. 변화를 두려워하는 원인은 자기 자신에게 있기 때문에 해결책 또한 대부분 자신의 마음속에서 찾을 수 있다. 결국 변화를 가로막는 가장 큰 방해물은 자기 자신이므로 (㉡). 그렇지 않을 경우 아무것도 변화되지 않는다.

53. 다음은 60대 이상 남녀의 가장 큰 어려움과 원하는 복지 서비스에 대한 설문 조사 자료이다. 이 내용을 200~300자의 글로 쓰시오. 단, 글의 제목은 쓰지 마시오. (30점)

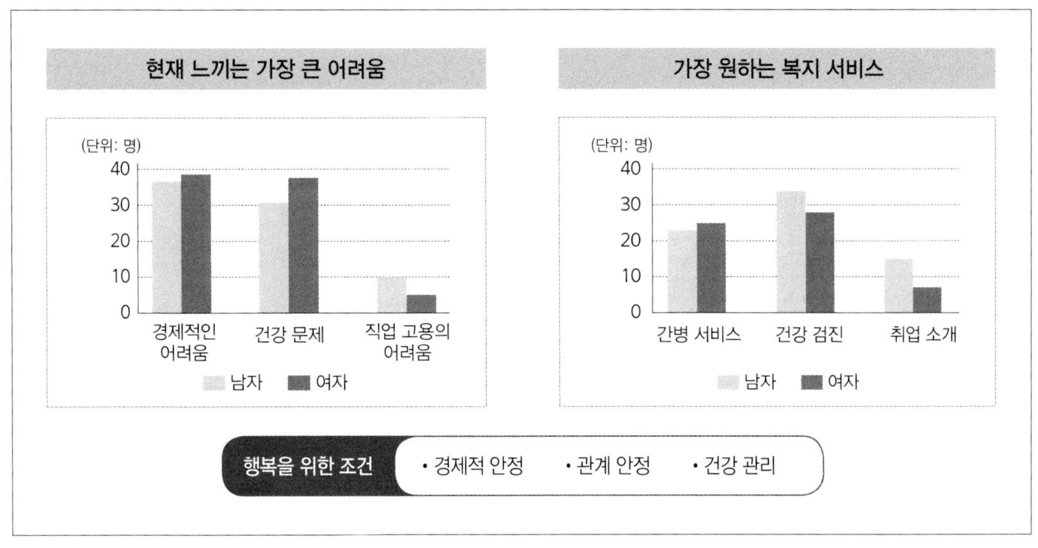

54. 다음을 참고하여 600~700자로 글을 쓰시오. 단, 문제를 그대로 옮겨 쓰지 마시오. (50점)

인터넷을 활용한 비대면 수업 방식이 활성화되면서 언제, 어디서나, 누구든지 스스로 공부를 할 수 있게 되었다. 이러한 사이버 학습은 교육의 내용과 방법 측면에서 모두 변화를 가져왔다. 아래의 내용을 중심으로 '사이버 학습의 영향과 이를 제대로 활용하는 방법'에 대한 자신의 생각을 쓰라.

- 사이버 학습이란 무엇이며 어떤 특성이 있는가?
- 사이버 학습이 기존 교육 내용과 방법에 어떤 영향을 주었는가?
- 교사와 학습자가 비대면 수업을 제대로 활용하는 방법은 무엇인가?

* 원고지 쓰기의 예

	머	리	는		언	제		감	는		것	이		좋	을	까	?		사
람	들	은		보	통		아	침	에		머	리	를		감	는	다	.	그

제1교시 듣기, 쓰기 시험이 끝났습니다. 제2교시는 읽기 시험입니다.

제10회 FINAL 실전 모의고사

实战模拟考试 第10套

TOPIK Ⅱ

2교시	읽기

수험번호 (Registration No.)		
이 름 (Name)	한국어 (Korean)	
	영 어 (English)	

유 의 사 항
Information

1. 시험 시작 지시가 있을 때까지 문제를 풀지 마십시오.

   Do not open the booklet until you are allowed to start.

2. 수험번호와 이름을 정확하게 적어 주십시오.

   Write your name and registration number on the answer sheet.

3. 답안지를 구기거나 훼손하지 마십시오.

   Do not fold the answer sheet; keep it clean.

4. 답안지의 이름, 수험번호 및 정답의 기입은 배부된 펜을 사용하여 주십시오.

   Use the given pen only.

5. 정답은 답안지에 정확하게 표시하여 주십시오.

   Mark your answer accurately and clearly on the answer sheet.

6. 문제를 읽을 때에는 소리가 나지 않도록 하십시오.

   Keep quiet while answering the questions.

7. 질문이 있을 때에는 손을 들고 감독관이 올 때까지 기다려 주십시오.

   When you have any questions, please raise your hand.

TOPIK Ⅱ 읽기(1번~50번)

※ [1~2] (   )에 들어갈 말로 가장 알맞은 것을 고르십시오. (각 2점)

1. 우리는 (   ) 자기가 할 일을 남에게 미루지 말고 스스로 해야 한다.

① 피곤하고도　　② 피곤한 탓에

③ 피곤하더라도　　④ 피곤한 대신에

2. 수학 문제가 너무 어려웠지만 포기하지 않고 끝까지 (   ).

① 파 놓았다　　② 파고들었다

③ 파나 싶었다　　④ 파는 셈 쳤다

※ [3~4] 밑줄 친 부분과 의미가 가장 비슷한 것을 고르십시오. (각 2점)

3. <u>퇴근하는 대로</u> 출발하면 7시까지 세미나 장소에 도착할 수 있다.

① 퇴근할 때　　② 퇴근하자마자

③ 퇴근하는 김에　　④ 퇴근한 다음에

4. 정부에서 서민을 위한 정책을 내놓았지만 반대에 부딪혀 <u>그만둬야 했다</u>.

① 그만두기로 했다　　② 그만둘 수밖에 없었다

③ 그만두는 것이 당연했다　　④ 그만두는 둥 마는 둥 했다

※ [5~8] 다음은 무엇에 대한 글인지 고르십시오. (각 2점)

5.

한 알로 두통, 치통, 생리통 꽉 잡았습니다!

① 진통제 ② 소화제 ③ 영양제 ④ 비타민

6.

지금 구입하시면 10% 할인에, 제품을 하나 더 드립니다.
5분이 지나면 이 모든 혜택이 사라집니다.
지금 빨리 전화 주세요.

① 백화점 ② 홈쇼핑 ③ 할인 매장 ④ 온라인 매장

7.

장마로 인하여 교통이 통제되었습니다.
다른 길로 돌아서 가십시오.

① 교통수단 ② 안전 관리 ③ 운전 방법 ④ 공사 안내

8.

더 넓은 장소에서! 새로운 모습으로!
다음 달 1일부터 맞은편 건물 2층에서 여러분을 모시겠습니다.

① 개업 안내 ② 폐업 안내 ③ 휴업 안내 ④ 이전 안내

※ [9~12] 다음 글 또는 그래프의 내용과 같은 것을 고르십시오. (각 2점)

9.

한아름 가족을 모십니다

- ■ **모집 분야**: 마케팅 분야 교육 강사
- ■ **지원 자격**: 캐나다 내 취업에 결격 사유가 없는 자 (영어 능통자 우대)
- ■ **지원 서류**: 자기소개서를 포함한 영문 및 한글 이력서
- ■ **지원 방법**: 직접 방문 접수 (자세한 사항은 홈페이지 확인)
- ■ **직원 혜택**: 캐나다 파견 근무, 숙식 제공, 필요시 영어 교육비 지원

① 뽑히면 캐나다에서 일하게 된다.

② 홈페이지에 들어가서 직접 지원하면 된다.

③ 마케팅 업무 담당 직원을 뽑는 구직 광고이다.

④ 영어를 잘하는 사람에게 영어 교육비를 지원한다.

10.

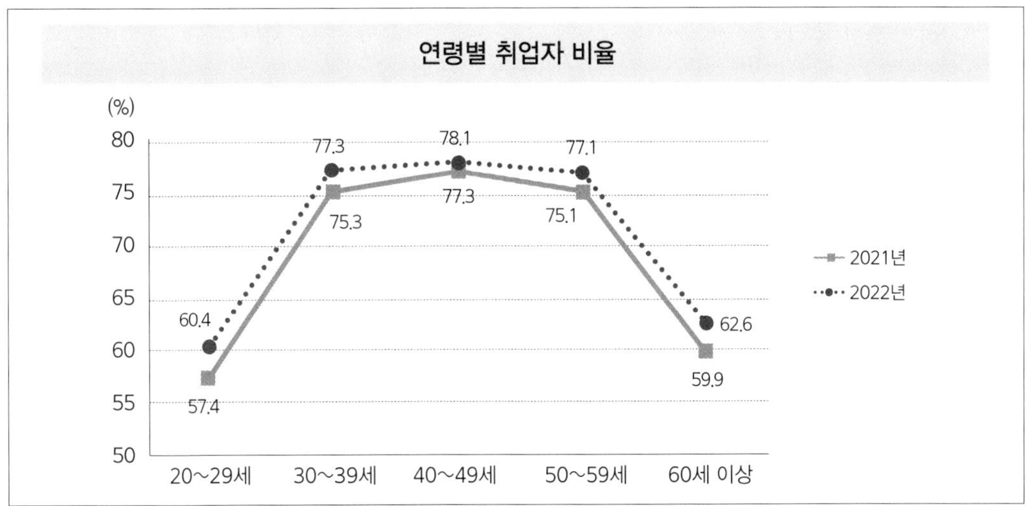

① 2022년에 60세 이상은 절반 이상이 취업자였다.

② 2022년에는 50~59세 취업자의 비율이 가장 적었다.

③ 40~49세의 취업률은 2021년이나 2022년이나 변함이 없다.

④ 40세 이상의 취업률은 감소했고, 40세 이하의 취업률은 증가했다.

11.

캠핑이 대중화되면서 많은 사람들이 캠핑을 떠나는 가운데 차박이 인기를 끌고 있다. 차박은 '차에서 숙박하는 것'을 의미하는 말로, 텐트 등 캠핑 장비에 대한 공간적, 시간적 부담을 줄여 준다는 장점이 있다. SUV 차량의 인기와 함께 차박을 선호하는 사람들도 늘고 있다. 다만 차 안에서 잘 수 있는 인원은 한계가 있고, 장기간 캠핑을 하기에는 적합하지 않다는 점에서 호불호가 나뉜다.

① 차박은 호불호 없이 모두가 선호하는 캠핑 방법이다.

② 캠핑이 대중화되면 차박이 인기를 끌 것으로 예측된다.

③ 차박을 하면 캠핑 장비에 대한 공간적, 시간적 부담이 늘어난다.

④ SUV 차량의 구입이 늘면서 차박을 하려는 사람도 늘어나고 있다.

12.

대학의 수강 신청이나 유명 가수의 콘서트 예매 때면 포털 사이트의 인기 검색어 순위에 어김없이 '원자시계'가 등장한다. 한국의 표준시와 컴퓨터의 시계를 정확하게 맞추려는 사람이 많아서 생긴 현상이다. 포털이나 이동 통신사도 원자시계를 사용하기 때문에 컴퓨터 시계를 여기에 맞추면 수강 신청이나 예매 성공 확률이 미세하나마 높아진다고 한다.

① 원자시계가 없으면 콘서트 표를 예매할 수 없다.

② 포털 사이트의 인기 검색어에는 항상 원자시계가 있다.

③ 컴퓨터 시계를 원자시계에 맞추면 예매 성공률이 급격히 높아진다.

④ 수강 신청이나 예매에 성공하려면 컴퓨터 시계를 원자시계에 맞추면 좋다.

※ [13~15] 다음을 순서에 맞게 배열한 것을 고르십시오. (각 2점)

13.

(가) 보존 과학자는 파손된 유물에 새 생명을 불어 넣는 예술가라고 할 수 있다.
(나) 조사를 마친 유물은 재질에 따라 이를 담당하는 연구실에서 복원, 보존 처리된다.
(다) 박물관에 유물이 들어오면 먼저 유물의 제작 시기, 재료, 제작 방법 등을 조사한다.
(라) 이때 연구실에서 유물을 복원하고 보존 처리를 하는 사람을 보존 과학자라고 한다.

① (가)-(다)-(나)-(라)　② (가)-(라)-(다)-(나)
③ (다)-(나)-(라)-(가)　④ (다)-(라)-(나)-(가)

14.

(가) 하지만 만 65세 이상을 노인으로 분류하는 정책이 많다.
(나) 기초연금이나 노인장기요양보험 적용 시기가 대표적이다.
(다) 따라서 노인으로 인식되는 연령은 65세 이상이라고 볼 수 있다.
(라) 현재 노인으로 규정할 수 있는 나이를 정해 놓은 국내법은 없다.

① (나)-(가)-(라)-(다)　② (나)-(다)-(가)-(라)
③ (라)-(가)-(나)-(다)　④ (라)-(나)-(다)-(가)

15.

> (가) 봄철에 자주 피곤하고 졸린 증상을 춘곤증이라고 한다.
> (나) 사람들은 보통 춘곤증이 있을 때 음식으로 해결하려고 한다.
> (다) 그러나 먹는 것보다 중요한 것은 생활 리듬을 제대로 갖춰 나가는 것이다.
> (라) 이는 겨울에 맞춰졌던 생체 리듬이 봄이 되면서 바뀌는 과정에서 발생한다.

① (가)-(나)-(라)-(다)　　② (가)-(라)-(나)-(다)
③ (나)-(다)-(라)-(가)　　④ (나)-(라)-(가)-(다)

※ [16~18] ( )에 들어갈 말로 가장 알맞은 것을 고르십시오. (각 2점)

16.

> 한국은 지진의 중심권에서 벗어나 있어서 지진이 상대적으로 자주 발생하지 않는 편이다. 하지만 지진으로부터 ( ). 현존하는 역사서인 '삼국사기'에도 지진에 관한 기록이 보이며, '조선왕조실록'에도 지진이라는 단어가 등장한다. 과거의 사실로 미래의 지진 발생 가능성을 예측할 수 있는 것이다.

① 굉장히 자유로운 곳이다
② 많은 인명 피해가 있었다
③ 완전한 안전지대는 아니다
④ 미래의 기후를 예측할 수 있다

17.

여행 배낭을 쌀 때는 먼저 목적지와 여행 일정을 생각해야 한다. 꼭 필요한 것을 빼놓아서는 안 되지만, 배낭의 무게는 자기 체중의 1/3을 넘지 않는 것이 좋다. 공부를 할 때도 마찬가지다. (   ) 공부할 내용을 정하고, 지나치게 욕심을 내어 학습량을 많이 잡지 말아야 한다.

① 목표와 주어진 시간을 고려하여

② 중요한 내용을 먼저 결정한 후에

③ 학습량과 자신의 신체 조건을 생각해서

④ 자신의 지적 능력과 학습 시간을 반영하여

18.

요즘 중년들 사이에서 보톡스 미용 시술이 인기다. 보톡스는 칼을 대는 성형 수술에 비해 비교적 안전하고 부작용이 적다는 장점이 있다. 주로 주름 개선용으로 알려진 보톡스는 사실 (   ) 활용된다. 안과에서는 양쪽 눈의 시선이 서로 다른 사시를 교정할 목적으로, 치과에서는 턱 교정과 이갈이 완화를 위해 사용한다. 비정상적으로 땀을 많이 흘리는 다한증에도 보톡스가 효과적이다. 하지만 효과가 일시적인 것이 단점이다.

① 다양한 치료에

② 여성들의 미용을 위해

③ 성형 수술 대체 물질로

④ 일시적으로 주름을 가리고 싶을 때

※ [19~20] 다음을 읽고 물음에 답하십시오. (각 2점)

한국에서 삼신할머니는 아이를 낳고 기르는 일을 주관하는 여신이다. (   ) 아이를 갖게 해 주는 신이라 하여 옛날부터 아이를 기다리는 사람들에게 숭배의 대상이 되었다. 한국에서 이러한 신앙이 자리 잡은 데에는 자손에 대한 전통 사상이 큰 역할을 했다. 대를 이을 아들을 낳지 못하는 여인들이 평생을 죄인처럼 지내야 했던 사회적 관습 속에서 아이가 없는 여인들이 무엇에라도 빌고 싶은 마음을 가지는 것은 당연한 일이었다.

19. (   )에 들어갈 말로 가장 알맞은 것을 고르십시오.

① 특히　　② 먼저　　③ 달리　　④ 한편

20. 윗글의 주제로 가장 알맞은 것을 고르십시오.

① 한국에는 삼신할머니를 모시는 전통이 있었다.
② 옛날에는 아들을 낳아야 대를 잇는다고 생각했다.
③ 삼신할머니는 아이를 양육해 주는 신으로 중요한 역할을 한다.
④ 과거에 아이가 없는 여인들은 삼신할머니께 빌어 아이를 얻고자 했다.

※ [21~22] 다음을 읽고 물음에 답하십시오. (각 2점)

늘 젊은이들로 북적이는 대림 미술관은 미술품 전시회보다 (   ) 부대 행사가 더 인기 있는 미술관이다. 홍대 앞 파티 문화를 전시장에 도입했고, 밴드 공연도 하고, DJ가 랩을 선보이기도 한다. 대림 미술관이 지향하는 이미지는 명료하다. '재미있는 미술관'이다. 사진 촬영에 제한을 두는 기존 미술관과는 달리 마음껏 사진도 찍을 수 있어 사람들은 미술관이 더 이상 멀게 느껴지지 않아서 좋다고 말한다. 대림 미술관은 앞으로 미술관이 지향해야 할 방향을 보여 주고 있는 것이다.

21. (   )에 들어갈 말로 가장 알맞은 것을 고르십시오.

① 눈 밖에 난　　② 구색을 맞춘
③ 찬물을 끼얹는　　④ 어깨를 나란히 하는

22. 윗글의 내용과 같은 것을 고르십시오.

① 대림 미술관은 부대 행사가 많아서 인기가 많다.

② 다른 미술관은 전시품뿐만 아니라 부대 행사를 진행한다.

③ 대림 미술관은 미술관이 발전한 역사를 보여 주는 곳이다.

④ 다른 미술관에서도 시민들은 언제든지 사진을 찍을 수 있다.

※ [23~24] **다음을 읽고 물음에 답하십시오.** (각 2점)

대학에서 학생들을 가르치는 즐거움 중 하나는 사시사철 변모하는 캠퍼스의 아름다움을 온몸으로 느낄 수 있다는 것이다. 아직 바람이 차가운 입학식 즈음에는 매화가, 개강을 할 때쯤에는 진달래, 개나리, 목련이 핀다. 중간고사 즈음에는 단연 벚꽃이다. 계절의 여왕, 5월에는 장미꽃이 피다가 여름 방학이 시작되면 나팔꽃, 해바라기가 보인다. 이윽고 책상 위에 꽂힌 국화를 보면서 나는 가을이 왔음을 안다. 이 꽃들 중에서 어떤 꽃이 가장 훌륭한가? 이것은 참으로 어리석은 질문이다. 가장 훌륭한 꽃이란 없다. 저마다 훌륭하다. 꽃들도 저렇게 자신이 피어야 할 시기를 잘 알고 있는데, <u>왜 인간들은 하나같이 동백처럼 초봄에 피어나지 못해 안달인가</u>?

23. 밑줄 친 부분에 나타난 나의 심정으로 알맞은 것을 고르십시오.

① 답답하다　　② 서운하다

③ 섭섭하다　　④ 허무하다

24. 윗글의 내용과 같은 것을 고르십시오.

① 나는 대학에서 꽃을 가꾸는 일을 한다.

② 중간고사를 볼 때쯤에는 장미꽃이 핀다.

③ 사람들은 동백처럼 일찍 피는 꽃을 몹시 좋아한다.

④ 계절마다 바뀌는 캠퍼스의 모습을 보는 것이 즐겁다.

※ [25~27] 다음 신문 기사의 제목을 가장 잘 설명한 것을 고르십시오. (각 2점)

25. 재미와 감동 두 마리 토끼 잡아, 늦은 시간대에도 시청률 쑥쑥

① 재미와 감동을 주기 때문에 늦은 시간에 방송되지만 시청률이 높다.
② 재미와 감동이 없어서 시청률이 낮은 시간으로 방송 시간을 옮겼다.
③ 재미와 감동이 있어서 시청률이 높은 시간으로 방송 시간이 변경되었다.
④ 재미와 감동이 없기 때문에 방송 시간을 바꾸어도 시청률이 계속 떨어진다.

26. 장밋빛만은 아니었던 이민 생활, 이주민 센터에서 위안 얻어

① 행복하지 못한 이민자가 많아서 이주민 센터가 확대되었다.
② 이주민 센터로부터 아름다운 이민 생활 방법에 대해 배웠다.
③ 이주민 센터에서 받은 위로로 행복한 이민 생활을 꿈꾸게 되었다.
④ 이민 생활을 하면서 힘들었던 마음을 이주민 센터에서 위로받았다.

27. 한 번 고장 나면 끝? 시행착오 반복하며 스스로 해법 찾는 로봇 등장

① 로봇은 한 번 고장 나면 다른 방법이 없다.
② 고장이 나면 스스로 해결하는 로봇이 나왔다.
③ 고장 났을 때 한 번에 해결 방법을 찾는 로봇이 나왔다.
④ 로봇은 시행착오를 반복하기 때문에 고장 나면 끝이다.

※ [28~31] ( )에 들어갈 말로 가장 알맞은 것을 고르십시오. (각 2점)

28.

‘눈치가 빠르다’는 말은 다른 사람의 말과 몸짓을 읽어서 포착한 정보를 분석하는 능력이 뛰어나다는 말이다. 우리의 언어생활에서 자주 쓰이는 언어 표현은 몇 가지 안 되지만 우리가 대화 중에 쓰는 표정과 몸짓은 대략 25만 가지가 넘는다. 눈치가 빠른 사람들은 ( ) 상대방의 진심을 파악하는 것이다. 눈치가 빠른 사람은 대화 상황에서 언어와 몸짓을 결합해서 민감하게 맥락을 이해한다. 그러니 입으로 거짓말을 하고 상대를 속였다고 안심하면 안 된다.

① 말과 표정을 읽어서

② 표정과 몸짓을 보고

③ 상대방의 눈치를 보고

④ 상대방의 마음을 읽어서

29.

과거에는 시청률 1위를 기록하는 드라마가 방영되는 시간대에는 수돗물 사용량과 술집 매상이 떨어졌다고 한다. 이는 당시에 텔레비전 방송이 우리 생활에서 ( ) 단적으로 보여 준다. 그런데 오늘날에는 방송 시간에 맞춰 텔레비전으로 드라마를 시청하기보다는 자신이 원할 때, 텔레비전, 태블릿 PC, 스마트폰 등 여러 기기를 통해서 편하게 드라마를 시청할 수 있게 되었다. 과거와 달리 텔레비전 방송이 사람들에게 미치는 영향력이 약화된 것이다.

① 외면당하고 있었다는 것을

② 일부분에 불과했다는 것을

③ 큰 비중을 차지했다는 것을

④ 확대될 가능성이 컸다는 것을

30.

시험 전에는 머릿속에 지식과 온갖 정보로 가득했는데 시험이 일단 끝나면 공부한 내용을 모두 잊어버려서 머리가 완전히 빈 것처럼 느껴지는 경험을 해 보았을 것이다. 이것을 '자이가르닉 효과'라고 부른다. 러시아 심리학자, 자이가르닉은 미완성된 과업이 정신적 긴장을 만든다는 이론을 만들었다. 이것은 사람들이 미완성된 과업에 대해 걱정하며 최대한 빨리 그것을 끝내려고 한다는 뜻이다. 사람들은 (   ) 동기 부여를 받는다.

① 종결을 하려는 욕구에 의해

② 새로운 시작을 하려는 열망에 의해

③ 일의 과정을 즐기려는 생각에 의해

④ 잊어버린 기억을 찾으려는 노력에 의해

31.

(   ) 살아남는 지구 최강의 생명체, 곰벌레에 대한 새로운 사실이 발견되었다. 곰벌레는 지금까지 영상 150도, 영하 273도의 온도에서도 살아남을 수 있고, 심지어 치명적인 농도의 방사성 물질에 노출되어도 죽지 않는다고 알려져 있었다. 그러나 곰벌레가 활동 상태로 고온에 장시간 노출되면 죽는다는 사실이 밝혀졌다. 인류는 지구 온도가 2도만 높아져도 멸종할 확률이 높은 만큼, 곰벌레가 고온 환경에서 어떻게 적응하는지 연구하는 것이 중요하다고 과학자들은 밝혔다.

① 극한의 환경에서도

② 주변 환경이 자신에게 잘 맞을 때만

③ 바퀴벌레가 생존하기 유리한 곳에서도

④ 생명체가 적응하기에 적합한 조건에서만

※ [32~34] 다음을 읽고 글의 내용과 같은 것을 고르십시오. (각 2점)

32.

> 이누이트인들은 이글루 안이 추울 때 바닥에 물을 뿌린다. 여름철 마당에 뿌린 물은 증발되면서 열을 흡수하기 때문에 시원하지만, 이글루 바닥에 뿌린 물은 곧 얼면서 열을 방출하기 때문에 실내 온도가 올라간다. 이글루에는 찬물보다 뜨거운 물을 뿌리는 것이 더 효과적이다. 이누이트인들이 과학적 원리를 이해하고 이글루를 짓지는 않았을 것이다. 이글루에는 극한 지역에서 살아가는 사람들이 경험을 통해 터득한 삶의 지혜가 담겨 있다.

① 여름에 마당에 물을 뿌리면 따뜻해진다.

② 이글루 안에 물을 뿌리면 실내가 추워진다.

③ 이누이트인들은 과학적 방법으로 이글루를 지었다.

④ 이누이트인들은 경험을 바탕으로 이글루를 만들어서 생활한다.

33.

> 게스트 하우스로 운영되는 독특한 한옥이 있다. 이 집은 방마다 국악기가 하나씩 놓여 있어서 손님이 직접 연주해 볼 수 있다. 방 크기는 악기 크기로 미루어 짐작할 수 있다. 가야금이 있는 방은 3명이 묵을 수 있고, 해금이 있는 방은 2명이, 피리가 있는 방은 혼자 지내기 좋다. 2만 원을 더 내면 게스트 하우스에서 7분 거리에 있는 공방에서 전통주와 떡 만들기 체험도 할 수 있기 때문에 내국인은 물론 외국인들에게도 인기가 많다.

① 해금은 가야금보다 작은 악기이다.

② 게스트 하우스에서 떡을 맛볼 수 있다.

③ 이 집에는 국악기가 있는 방이 하나 있다.

④ 추가 요금을 내면 피리가 있는 방을 사용할 수 있다.

34.

언어 예절에서는 화자가 청자를 배려하여 자신을 겸손하게 낮추는 언어 사용이 중요하다. 명령문보다는 청유문이나 의문문을 사용하면 좀 더 공손하게 표현할 수 있다. 예를 들어, 만원 버스에서 "비켜 주세요." 대신 "좀 내립시다." 또는 "내리실 거예요?"라고 하면 더 공손하다. 청자가 거절할 수 있는 여지를 남기는 말이기 때문이다. 또 "저 다음 정류장에서 내립니다."와 같이 평서문을 쓰는 것도 명령문보다 공손한 표현이다.

① 언어 예절에서는 청자가 자신을 낮추어야 한다.

② 명령문보다 평서문, 청유문, 의문문이 더 공손한 표현이다.

③ "좀 내립시다."보다 "비켜 주세요."라는 표현이 더 공손하다.

④ "비켜 주세요."는 청자가 거절할 수 있는 기회를 주는 말이다.

※ [35~38] 다음을 읽고 글의 주제로 가장 알맞은 것을 고르십시오. (각 2점)

35.

우리는 사람을 처음 만날 때 그 사람이 어떤 사람인지를 외모와 말투 등으로 빠르게 판단하게 된다. 그리고 이렇게 한번 형성된 인상은 일관성이 유지되는 경향이 강하다. 또한 어떤 사람에 대한 상반된 정보가 시간 간격을 두고 주어질 때, 먼저 습득된 정보가 뒤에 습득된 정보보다 더 큰 영향을 미친다. 따라서 처음 만날 때 좋은 인상을 주는 것이 중요하다. 사람을 소개할 때도 긍정적인 정보를 부정적인 정보보다 먼저 제시하는 것이 좋다.

① 사람의 첫인상은 쉽게 바뀌지 않는다.

② 소개할 때 솔직하게 단점을 먼저 밝혀야 한다.

③ 나중에 얻은 정보가 먼저 얻은 정보보다 중요하다.

④ 여러 번 만나야 그 사람이 어떤 사람인지 알 수 있다.

36. 사람은 음식만으로 균형 잡힌 영양소를 충분히 섭취할 수 없기 때문에 비타민을 복용한다. 비타민을 선택할 때는 한두 가지 영양소를 다량 함유한 것보다 모든 영양소가 골고루 들어 있는 제품을 골라야 한다. 영양소는 상호작용을 통해 시너지 효과를 나타내므로 영양소를 균형 있게 공급하는 제품을 선택하는 것이 좋다. 단, 좋은 영양소라도 지나치게 많으면 해로울 수 있으므로 최소의 양으로 최대의 영양소를 공급할 수 있는 것을 선택해야 한다.

① 사람은 음식만으로 충분한 비타민을 섭취할 수 있다.

② 비타민을 선택할 때는 기능이 특화된 제품을 고른다.

③ 좋은 영양소가 많이 들어 있는 비타민이 좋은 비타민이다.

④ 비타민 선택 시 모든 영양소가 포함된 것을 선택해야 한다.

37. 인공지능의 발달은 인간의 일자리를 얼마나 위협하게 될까? 이 질문에 대한 답은 관점에 따라 다양하지만, 자동화 기술의 적용 가능성이 높은 분야의 일자리를 위협할 것이라는 것에는 공감대가 형성되어 있다. 물론 자동화 기술이 적용되는 분야에서도 높은 인지력, 창의력, 판단력을 필요로 하는 고숙련 노동자가 대체되는 것은 쉽지 않을 것이다. 그러니 앞으로 우리는 인공지능이 대체할 수 없는 영역을 개발하여 기술과 보완해 일하는 법을 익혀야 할 것이다.

① 10년 뒤에는 데이터 관련 직업을 가져야 한다.

② 단순 서비스 직종은 10년 후 완전히 사라질 것이다.

③ 인공지능이 대신할 수 없는 능력을 개발할 필요가 있다.

④ 데이터 관련 직종은 뜨는 직업이고 단순 서비스 직종은 지는 직업이다.

38.

> 미국 미시간 대학교 연구팀은 성인 40명을 선발하여 낮잠이 업무 효율에 미치는 영향을 실험하였다. 무작위로 두 그룹으로 나누어 한 그룹은 낮잠을 자게 하고 다른 그룹은 비디오를 보게 한 후 업무를 주었다. 그 결과 낮잠을 잔 그룹이 비디오를 본 그룹에 비해 주어진 업무에 더 많은 시간을 할애한 것으로 나타났다. 또한 낮잠을 잔 그룹은 비디오를 본 그룹에 비해 충동적인 행동을 하는 경우가 적었다.

① 낮잠과 업무 효율은 관계가 없다.

② 낮잠은 업무의 효율을 높이는 데 효과적이다.

③ 낮잠을 자는 사람은 업무에 집중하지 못한다.

④ 낮잠은 충동적인 행동을 억제하는 데 도움이 된다.

※ [39~41] 주어진 문장이 들어갈 곳으로 가장 알맞은 것을 고르십시오. (각 2점)

39.

> 여름철마다 야생 버섯으로 인한 중독 사고가 발생하고 있으므로 채취에 주의해야 한다. (㉠) 최근 야생 버섯 사고는 모두 5건으로 12명이 피해를 입었고, 이 중 2명은 목숨을 잃었다. (㉡) 독버섯 중독 사고는 잘못된 상식이나 오해에서 비롯되는 경우가 많다. (㉢) 전문가는 "이는 전혀 근거가 없으며, 버섯의 색깔은 같은 종이라 해도 기온이나 습도 등 주변 환경에 따라 다를 수 있다."고 설명한다. (㉣)

〈보　기〉

> 대표적인 것이 '화려한 버섯은 독버섯'이라는 오해다.

① ㉠　　② ㉡　　③ ㉢　　④ ㉣

40.

앙드레 김은 한국 최초의 남성 패션 디자이너이다. (㉠) 남성 디자이너에 대한 사람들의 편견 속에서도 개성 있는 디자인으로 1966년 파리에서 한국인으로는 최초로 패션쇼를 열었다. (㉡) 한국 패션의 개척자로 평가되는 앙드레 김은 패션쇼에 당대 최고의 스타들을 모델로 등장시키는 것으로 유명하였다. (㉢) 특히 패션쇼의 마지막 부분에서 남녀 모델에게 이마를 맞대게 했는데 이 모습이 인기를 끌어 지금까지도 '앙드레 김 포즈'라고 흔히 사용된다. (㉣)

〈보 기〉

그의 무대에 서야 최고의 스타로 인정받는다는 말이 있을 정도였다.

① ㉠ ② ㉡ ③ ㉢ ④ ㉣

41.

맷돌은 곡식을 가루로 만들 때 쓰는 기구이다. (㉠) 맷돌은 곡식을 쉽게 갈 수 있도록 화강암이니 현무암처럼 단단하고 무거운 돌을 이용해서 만든다. (㉡) 맷돌은 위짝 밑부분과 아래짝 윗부분에 곡물이 잘 갈리게 도와주는 홈이 있고, 구멍이 있어 공기를 통하게 해 주어 마찰로 인한 열을 식혀 준다. (㉢) 맷돌로 곡식을 갈면 믹서와 비교했을 때 영양소의 파괴가 적어 건강에 좋은 음식을 만들 수 있다. (㉣)

〈보 기〉

맷돌은 과학적인 구조와 원리로 되어 있다.

① ㉠ ② ㉡ ③ ㉢ ④ ㉣

※ [42~43] 다음을 읽고 물음에 답하십시오. (각 2점)

커피! 좋다. 그러나 경성역 홀에 한 걸음을 들여 놓았을 때 나는 내 주머니에는 돈이 한 푼도 없는 것을 깨달았다. 아득하였다. 나는 그저 맥없이 머뭇머뭇하면서 어쩔 줄을 모를 뿐이었다. 얼빠진 사람처럼 그저 이리 갔다 저리 갔다 하면서…….

(중략)

나는 어디로 쏘다녔는지 하나도 모른다. 다만 몇 시간 후에 내가 덕수궁 벤치에 앉아 있는 것을 깨달았을 때는 거의 해가 질 무렵이었다. 덕수궁은 오늘처럼 주머니가 비어 있는 날, 내가 자주 가는 곳이다. 나는 아무 데나 주저앉아서 내 자라 온 스물여섯 해를 회고하여 보았다. 몽롱한 기억 속에서는 어떤 특별한 기억도 나지 않았다. 나는 또 내 자신에게 물어보았다. 너는 인생에 무슨 욕심이 있느냐고. 그러나 있다고도 없다고도 그런 대답은 하기가 싫었다. 나는 거의 나 자신의 존재를 인식하기조차도 어려웠다. 그러한 순간에도 내 머릿속에서 떠나지 않는 것이 있었다. 나에게는 아직 끝내지 못한 원고가 있다는 사실이다. 나는 마지못해 집을 향해 터덜터덜 걸음을 옮겼다.

이상 〈날개〉

42. 밑줄 친 부분에 나타난 나의 심리로 알맞은 것을 고르십시오.

① 심심하고 지루하다.

② 다급하고 짜증난다.

③ 난처하고 민망하다.

④ 불쾌하고 불안하다.

43. 윗글의 내용으로 알 수 있는 것을 고르십시오.

① 나는 지금 작품을 쓰고 있는 작가이다.

② 나는 치열하게 나 자신에 대해서 고민했다.

③ 나는 생각을 하고 싶을 때 덕수궁으로 간다.

④ 나는 집으로 돌아가 살아온 날을 돌이켜 생각했다.

※ [44~45] 다음을 읽고 물음에 답하십시오. (각 2점)

> 소득 불평등이 지나치게 빠른 속도로 심화되고 있다. 이런 현상이 지속되면 결국 부자와 가난한 자만 남게 된다. 중간 계층인 중산층이 줄어든다는 것은 사회적 완충 지대가 사라지면서 (   )는 것을 의미한다. 소득 불평등을 개선하는 가장 좋은 방법은 물론 양질의 일자리를 제공하는 것이다. 하지만 기업들이 당장 경기 부진으로 발목이 잡혀 있다. 따라서 우선은 급한 대로 노동 개혁이라도 서둘러 일자리를 늘릴 수 있는 여건을 만들어야 한다. 더불어 소득 재분배 효과를 높이는 방안도 나와야 한다. 적재적소에 복지 지출이 이루어질 수 있도록 지원하고 필요하면 관련 법안도 개편할 필요가 있다.

44. (   )에 들어갈 말로 가장 알맞은 것을 고르십시오.

① 소득의 양극화가 해소된다

② 계층 구조의 변화가 일어난다

③ 계층 간 소득의 재분배가 이루어진다

④ 계층 간 갈등 유발의 가능성이 커진다

45. 윗글의 주제로 가장 알맞은 것을 고르십시오.

① 앞으로는 부자와 가난한 사람만이 존재할 것이다.

② 소득 불평등을 완화할 수 있는 개선책이 요구된다.

③ 현재 소득 재분배 효과를 누릴 수 있는 방법이 없다.

④ 경기 부진에도 기업은 일자리를 제공할 수 있어야 한다.

※ [46~47] 다음을 읽고 물음에 답하십시오. (각 2점)

버뮤다 삼각 지대는 버뮤다 제도와 마이애미, 푸에르토리코를 삼각형으로 잇는 해역을 말한다. 이곳에서 비행기와 배 사고가 자주 일어났는데, 배나 비행기의 파편은 물론 실종자의 시체도 발견되지 않은 경우가 많아 풀리지 않는 수수께끼로 남아 있다. 1609년부터 현재까지 비행기 15대, 배 17척이 버뮤다 삼각 지대에서 사라졌다고 알려져 있다. 기록된 수치가 이 정도이니 실제는 이보다 더 많을 수 있다. 실종 사건이 발생하는 이유도 몇 가지 추측할 뿐이다. 아직도 버뮤다 삼각 지대는 의문에 싸여 있다. 전자파나 중력의 이상, 조류의 영향, UFO의 장난 등 그 원인에 관한 여러 가지 설이 발표되었으나 현재로서는 정확히 알 수 없다.

46. 윗글에 나타난 필자의 태도로 가장 알맞은 것을 고르십시오.

① 버뮤다 삼각 지대에서 발생한 사고 원인을 발표하고 있다.

② 버뮤다 삼각 지대의 사고 원인을 조사해야 하는지 회의적이다.

③ 버뮤다 삼각 지대에서 발생한 실종 사건에 대해 염려하고 있다.

④ 버뮤다 삼각 지대에 발생하는 사고와 그 특징에 관해 설명하고 있다.

47. 윗글의 내용과 같은 것을 고르십시오.

① 버뮤다 삼각 지대에서 일어난 사건의 증거 자료가 발표되었다.

② 버뮤다 삼각 지대의 의문은 아직까지 과학적으로 설명하지 못한다.

③ 전자파나 중력의 이상으로 버뮤다 삼각 지대에 사고가 많이 발생했다.

④ 버뮤다 삼각 지대에서 일어난 사건의 원인은 앞으로도 설명하기 힘들 것이다.

※ [48~50] 다음을 읽고 물음에 답하십시오. (각 2점)

> 저소득층 대학생을 위해 정부에서 시행하는 근로 장학금 제도가 있다. 형편이 어려운 학생들에게는 휴학을 하지 않고 (   ) 좋은 제도라고 할 수 있지만, 정작 일부 대학에선 배정된 근로 장학금 예산을 잘못 운영하고 있어서 그림의 떡이 되고 있는 실정이다. 근로 장학금은 최저 시급이 넘는 데다 학교에서 일할 수 있어서 인기가 높다. 하지만 지난해 근로 장학금을 신청한 기초 생활 수급 대상자 등 저소득층 학생 22만 명 중 학생 중 2/3가 탈락했다. 탈락한 학생들은 자신들보다 가정 형편이 나은 학생들이 선정되는 경우가 적지 않다고 말한다. 일부 학생들은 근로 장학금을 특정 학생들에게 몰아주는 경우가 많이 있다며 의문을 제기한다. 이는 학생들이 선정 결과에 대해서 납득할 만한 투명한 기준이 없기 때문이다. 근로 장학금 도입 취지대로 저소득층 학생들에게 우선적으로 혜택이 돌아가도록 각 대학이 제도를 운영해야 한다는 지적이 나온다.

48. 윗글을 쓴 목적으로 가장 알맞은 것을 고르십시오.

① 근로 장학금의 효과를 홍보하기 위해서

② 근로 장학금의 필요성을 강조하기 위해서

③ 근로 장학금 운영의 투명성을 요구하기 위해서

④ 근로 장학금 운영의 문제점을 보완하기 위해서

49. (   )에 들어갈 말로 가장 알맞은 것을 고르십시오.

① 편안하게 일할 수 있어서

② 일자리를 쉽게 구할 수 있어서

③ 공부와 병행하여 일할 수 있어서

④ 전적으로 공부에 집중할 수 있어서

50. 윗글의 내용과 같은 것을 고르십시오.

① 근로 장학금 선정 과정이 보다 더 공정하게 이루어진다.

② 근로 장학금 시급이 낮아서 많은 지원자가 포기하고 있다.

③ 근로 장학금 제도는 휴학을 하지 않고 회사에서 일할 수 있다.

④ 근로 장학금 수혜자가 소득이 많은 학생들에게도 지원되고 있다.

연습용

한국어능력시험 TOPIK Ⅱ

1 교시 (듣기)

성 명 (Name)	한 국 어 (Korean)	
	영 어 (English)	

수 험 번 호											
					8						
0	0	0	0	0		0	0	0	0	0	0
1	1	1	1	1		1	1	1	1	1	1
2	2	2	2	2		2	2	2	2	2	2
3	3	3	3	3		3	3	3	3	3	3
4	4	4	4	4		4	4	4	4	4	4
5	5	5	5	5		5	5	5	5	5	5
6	6	6	6	6		6	6	6	6	6	6
7	7	7	7	7		7	7	7	7	7	7
8	8	8	8	8	●	8	8	8	8	8	8
9	9	9	9	9		9	9	9	9	9	9

문제지 유형 (Type)	
홀수형 (Odd number type)	○
짝수형 (Even number type)	○

※결 시 확인란	결시자의 영어 성명 및 수험번호 기재 후 표기	○

※ 위 사항을 지키지 않아 발생하는 불이익은 응시자에게 있습니다.

※감독관 확 인	본인 및 수험번호 표기가 정확한지 확인	(인)

번호	답 란				번호	답 란				번호	답 란			
1	①	②	③	④	21	①	②	③	④	41	①	②	③	④
2	①	②	③	④	22	①	②	③	④	42	①	②	③	④
3	①	②	③	④	23	①	②	③	④	43	①	②	③	④
4	①	②	③	④	24	①	②	③	④	44	①	②	③	④
5	①	②	③	④	25	①	②	③	④	45	①	②	③	④
6	①	②	③	④	26	①	②	③	④	46	①	②	③	④
7	①	②	③	④	27	①	②	③	④	47	①	②	③	④
8	①	②	③	④	28	①	②	③	④	48	①	②	③	④
9	①	②	③	④	29	①	②	③	④	49	①	②	③	④
10	①	②	③	④	30	①	②	③	④	50	①	②	③	④
11	①	②	③	④	31	①	②	③	④					
12	①	②	③	④	32	①	②	③	④					
13	①	②	③	④	33	①	②	③	④					
14	①	②	③	④	34	①	②	③	④					
15	①	②	③	④	35	①	②	③	④					
16	①	②	③	④	36	①	②	③	④					
17	①	②	③	④	37	①	②	③	④					
18	①	②	③	④	38	①	②	③	④					
19	①	②	③	④	39	①	②	③	④					
20	①	②	③	④	40	①	②	③	④					

절취선

절취선

연습용 **한국어능력시험**

TOPIK II

1 교시 (쓰기)

성 명 (Name)	한 국 어 (Korean)	
	영 어 (English)	

수			험			번			호		
					8						
0	0	0	0	0		0	0	0	0	0	0
1	1	1	1	1		1	1	1	1	1	1
2	2	2	2	2		2	2	2	2	2	2
3	3	3	3	3		3	3	3	3	3	3
4	4	4	4	4		4	4	4	4	4	4
5	5	5	5	5		5	5	5	5	5	5
6	6	6	6	6		6	6	6	6	6	6
7	7	7	7	7		7	7	7	7	7	7
8	8	8	8	8	●	8	8	8	8	8	8
9	9	9	9	9		9	9	9	9	9	9

문제지 유형 (Type)	
홀수형 (Odd number type)	○
짝수형 (Even number type)	○

※결 시 확인란	결시자의 영어 성명 및 수험번호 기재 후 표기	○

※ 위 사항을 지키지 않아 발생하는 불이익은 응시자에게 있습니다.

※감독관 확 인	본인 및 수험번호 표기가 정확한지 확인	(인)

주관식 답안은 정해진 답란을 벗어나거나 답란을 바꿔서 쓸 경우 점수를 받을 수 없습니다.
(Answers written outside the box or in the wrong box will not be graded.)

51	㉠
	㉡
52	㉠
	㉡

53 아래 빈칸에 200자에서 300자 이내로 작문하십시오 (띄어쓰기 포함).
(Please write your answer below; your answer must be between 200 and 300 letters including spaces.)

50

100

150

200

250

300

※ **54번은 뒷면에 작성하십시오.** (Please write your answer for question number 54 at the back.)

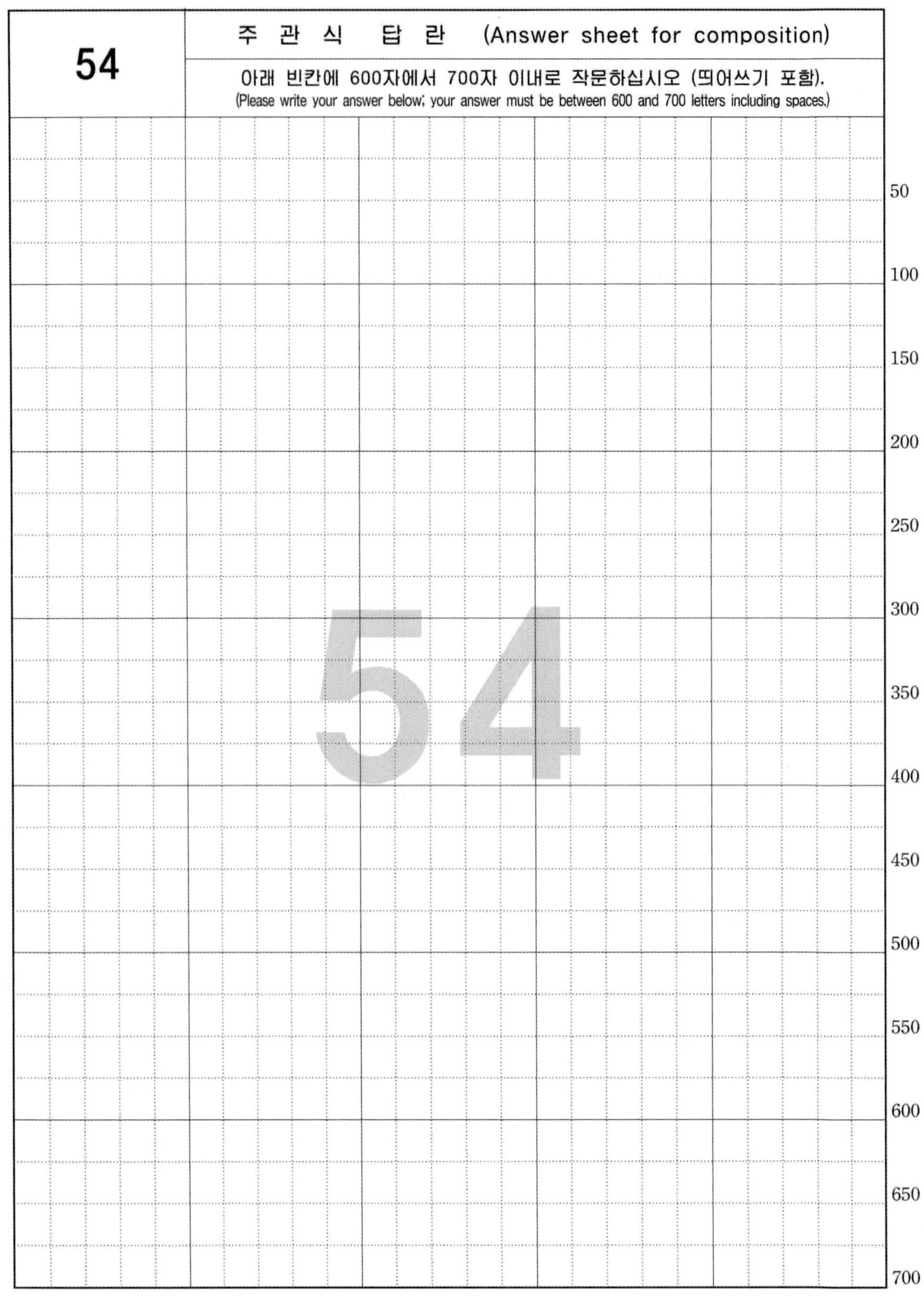

54	주 관 식 답 란 (Answer sheet for composition)
	아래 빈칸에 600자에서 700자 이내로 작문하십시오 (띄어쓰기 포함). (Please write your answer below; your answer must be between 600 and 700 letters including spaces.)

※ 주어진 답란의 방향을 바꿔서 답안을 쓰면 '0' 점 처리됩니다.
(Please do not turn the answer sheet horizontally. No points will be given.)

절취선

연습용 **한국어능력시험 TOPIK II**

2 교시 (읽기)

성 명 (Name)	한 국 어 (Korean)	
	영 어 (English)	

수	험	번	호							
					8					
⓪	⓪	⓪	⓪	⓪		⓪	⓪	⓪	⓪	⓪
①	①	①	①	①		①	①	①	①	①
②	②	②	②	②		②	②	②	②	②
③	③	③	③	③		③	③	③	③	③
④	④	④	④	④		④	④	④	④	④
⑤	⑤	⑤	⑤	⑤		⑤	⑤	⑤	⑤	⑤
⑥	⑥	⑥	⑥	⑥		⑥	⑥	⑥	⑥	⑥
⑦	⑦	⑦	⑦	⑦		⑦	⑦	⑦	⑦	⑦
⑧	⑧	⑧	⑧	⑧	●	⑧	⑧	⑧	⑧	⑧
⑨	⑨	⑨	⑨	⑨		⑨	⑨	⑨	⑨	⑨

문제지 유형 (Type)	
홀수형 (Odd number type)	○
짝수형 (Even number type)	○

※결 시 확인란	결시자의 영어 성명 및 수험번호 기재 후 표기	○

※ 위 사항을 지키지 않아 발생하는 불이익은 응시자에게 있습니다.

※감독관 확 인	본인 및 수험번호 표기가 정확한지 확인	(인)

번호	답		란	
1	①	②	③	④
2	①	②	③	④
3	①	②	③	④
4	①	②	③	④
5	①	②	③	④
6	①	②	③	④
7	①	②	③	④
8	①	②	③	④
9	①	②	③	④
10	①	②	③	④
11	①	②	③	④
12	①	②	③	④
13	①	②	③	④
14	①	②	③	④
15	①	②	③	④
16	①	②	③	④
17	①	②	③	④
18	①	②	③	④
19	①	②	③	④
20	①	②	③	④

번호	답		란	
21	①	②	③	④
22	①	②	③	④
23	①	②	③	④
24	①	②	③	④
25	①	②	③	④
26	①	②	③	④
27	①	②	③	④
28	①	②	③	④
29	①	②	③	④
30	①	②	③	④
31	①	②	③	④
32	①	②	③	④
33	①	②	③	④
34	①	②	③	④
35	①	②	③	④
36	①	②	③	④
37	①	②	③	④
38	①	②	③	④
39	①	②	③	④
40	①	②	③	④

번호	답		란	
41	①	②	③	④
42	①	②	③	④
43	①	②	③	④
44	①	②	③	④
45	①	②	③	④
46	①	②	③	④
47	①	②	③	④
48	①	②	③	④
49	①	②	③	④
50	①	②	③	④

절취선

연습용 **한국어능력시험**

TOPIK II

1 교시 (듣기)

성 명 (Name)	한 국 어 (Korean)	
	영 어 (English)	

수 험 번 호											
					8						
0	0	0	0	0		0	0	0	0	0	0
1	1	1	1	1		1	1	1	1	1	1
2	2	2	2	2		2	2	2	2	2	2
3	3	3	3	3		3	3	3	3	3	3
4	4	4	4	4		4	4	4	4	4	4
5	5	5	5	5		5	5	5	5	5	5
6	6	6	6	6		6	6	6	6	6	6
7	7	7	7	7		7	7	7	7	7	7
8	8	8	8	8	●	8	8	8	8	8	8
9	9	9	9	9		9	9	9	9	9	9

문제지 유형 (Type)	
홀수형 (Odd number type)	○
짝수형 (Even number type)	○

※결 시 확인란	결시자의 영어 성명 및 수험번호 기재 후 표기	○

※ 위 사항을 지키지 않아 발생하는 불이익은 응시자에게 있습니다.

※감독관 확 인	본인 및 수험번호 표기가 정확한지 확인	(인)

번호	답		란	
1	①	②	③	④
2	①	②	③	④
3	①	②	③	④
4	①	②	③	④
5	①	②	③	④
6	①	②	③	④
7	①	②	③	④
8	①	②	③	④
9	①	②	③	④
10	①	②	③	④
11	①	②	③	④
12	①	②	③	④
13	①	②	③	④
14	①	②	③	④
15	①	②	③	④
16	①	②	③	④
17	①	②	③	④
18	①	②	③	④
19	①	②	③	④
20	①	②	③	④

번호	답		란	
21	①	②	③	④
22	①	②	③	④
23	①	②	③	④
24	①	②	③	④
25	①	②	③	④
26	①	②	③	④
27	①	②	③	④
28	①	②	③	④
29	①	②	③	④
30	①	②	③	④
31	①	②	③	④
32	①	②	③	④
33	①	②	③	④
34	①	②	③	④
35	①	②	③	④
36	①	②	③	④
37	①	②	③	④
38	①	②	③	④
39	①	②	③	④
40	①	②	③	④

번호	답		란	
41	①	②	③	④
42	①	②	③	④
43	①	②	③	④
44	①	②	③	④
45	①	②	③	④
46	①	②	③	④
47	①	②	③	④
48	①	②	③	④
49	①	②	③	④
50	①	②	③	④

절취선

절취선

연습용 **한국어능력시험**

TOPIK II

1 교시 (쓰기)

성 명 (Name)	한 국 어 (Korean)	
	영 어 (English)	

수	험	번	호								
					8						
0	0	0	0	0		0	0	0	0	0	0
1	1	1	1	1		1	1	1	1	1	1
2	2	2	2	2		2	2	2	2	2	2
3	3	3	3	3		3	3	3	3	3	3
4	4	4	4	4		4	4	4	4	4	4
5	5	5	5	5		5	5	5	5	5	5
6	6	6	6	6		6	6	6	6	6	6
7	7	7	7	7		7	7	7	7	7	7
8	8	8	8	8	●	8	8	8	8	8	8
9	9	9	9	9		9	9	9	9	9	9

문제지 유형 (Type)	
홀수형 (Odd number type)	○
짝수형 (Even number type)	○

※결 시 확인란	결시자의 영어 성명 및 수험번호 기재 후 표기	○

※ 위 사항을 지키지 않아 발생하는 불이익은 응시자에게 있습니다.

※감독관 확 인	본인 및 수험번호 표기가 정확한지 확인	(인)

주관식 답안은 정해진 답란을 벗어나거나 답란을 바꿔서 쓸 경우 점수를 받을 수 없습니다.
(Answers written outside the box or in the wrong box will not be graded.)

51	㉠	
	㉡	
52	㉠	
	㉡	
53	아래 빈칸에 200자에서 300자 이내로 작문하십시오 (띄어쓰기 포함). (Please write your answer below; your answer must be between 200 and 300 letters including spaces.)	

53

50
100
150
200
250
300

※ **54번은 뒷면에 작성하십시오.** (Please write your answer for question number 54 at the back.)

54	주 관 식 답 란 (Answer sheet for composition)
	아래 빈칸에 600자에서 700자 이내로 작문하십시오 (띄어쓰기 포함). (Please write your answer below; your answer must be between 600 and 700 letters including spaces.)

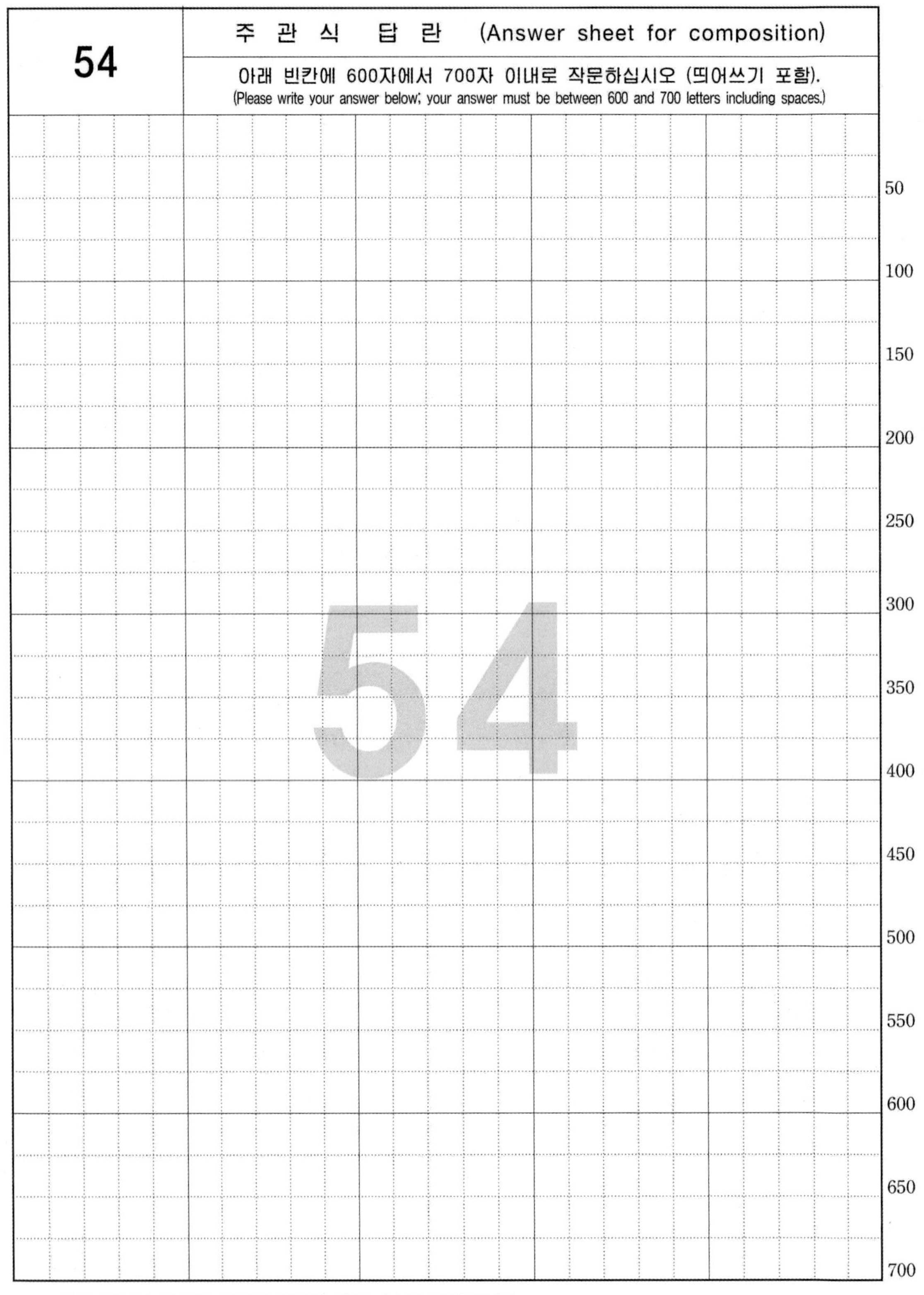

※ 주어진 답란의 방향을 바꿔서 답안을 쓰면 '0'점 처리됩니다.
(Please do not turn the answer sheet horizontally. No points will be given.)

절취선

연습용

한국어능력시험 TOPIK II

2 교시 (읽기)

성 명 (Name)	한 국 어 (Korean)	
	영 어 (English)	

수	험	번	호								
					8						
0	0	0	0	0		0	0	0	0	0	0
1	1	1	1	1		1	1	1	1	1	1
2	2	2	2	2		2	2	2	2	2	2
3	3	3	3	3		3	3	3	3	3	3
4	4	4	4	4		4	4	4	4	4	4
5	5	5	5	5		5	5	5	5	5	5
6	6	6	6	6		6	6	6	6	6	6
7	7	7	7	7		7	7	7	7	7	7
8	8	8	8	8	●	8	8	8	8	8	8
9	9	9	9	9		9	9	9	9	9	9

문제지 유형 (Type)	
홀수형 (Odd number type)	○
짝수형 (Even number type)	○

※결 시 확인란	결시자의 영어 성명 및 수험번호 기재 후 표기	○

※ 위 사항을 지키지 않아 발생하는 불이익은 응시자에게 있습니다.

※감독관 확 인	본인 및 수험번호 표기가 정확한지 확인	(인)

번호	답			란
1	①	②	③	④
2	①	②	③	④
3	①	②	③	④
4	①	②	③	④
5	①	②	③	④
6	①	②	③	④
7	①	②	③	④
8	①	②	③	④
9	①	②	③	④
10	①	②	③	④
11	①	②	③	④
12	①	②	③	④
13	①	②	③	④
14	①	②	③	④
15	①	②	③	④
16	①	②	③	④
17	①	②	③	④
18	①	②	③	④
19	①	②	③	④
20	①	②	③	④

번호	답			란
21	①	②	③	④
22	①	②	③	④
23	①	②	③	④
24	①	②	③	④
25	①	②	③	④
26	①	②	③	④
27	①	②	③	④
28	①	②	③	④
29	①	②	③	④
30	①	②	③	④
31	①	②	③	④
32	①	②	③	④
33	①	②	③	④
34	①	②	③	④
35	①	②	③	④
36	①	②	③	④
37	①	②	③	④
38	①	②	③	④
39	①	②	③	④
40	①	②	③	④

번호	답			란
41	①	②	③	④
42	①	②	③	④
43	①	②	③	④
44	①	②	③	④
45	①	②	③	④
46	①	②	③	④
47	①	②	③	④
48	①	②	③	④
49	①	②	③	④
50	①	②	③	④

第三版

TOPIK MASTER

TOPIK II · 中高级

解答集

著作人 多乐园韩国语研究所
翻译 卢鸿金、金英子
第三版 2024年 1月
修订版第 1 版発行 2024年 1月
发行人 郑圭道
编辑 李淑姬、白茶欣
校对 钱兢
封面设计 尹智映、许汶喜
内部设计 尹智映、许汶喜
插图 AFEAL
配音 辛昭玧、金来焕、丁玛丽、车真旭

DARAKWON
地址: 韩国京畿道坡州市文发路 211，邮编: 10881
电话: 02-736-2031，传真: 02-732-2037
(销售部 分机: 250~252，编辑部 分机: 420~426)

ISBN: 978-89-277-3331-7 14710
978-89-277-3330-0 (set)

※ 可登录DARAKWON网站查阅其他出版物及书籍介绍并免费下载MP3音频。

http://www.darakwon.co.kr
http://koreanbooks.darakwon.co.kr

中文版

第三版

TOPIK MASTER

TOPIK II · 中高级

解答集

DARAKWON

서문 序言

K-POP과 K-콘텐츠의 인기에 힘입어 한국 문화에 대한 많은 관심으로 한국어 학습 수요 역시 꾸준히 늘고 있다. 이에 따라 국내는 물론 해외에서도 많은 학습자들이 한국어능력시험에 관심 갖고 응시를 하고 있다. 더불어 한국어 강의를 개설한 해외 초·중등 교육 기관이나 한국어 과목을 대학 입학 시험에 채택하는 국가도 증가하는 추세이기 때문에 한국어능력시험에 대한 높은 수요는 앞으로도 계속될 것으로 예상한다.

이런 상황에서 다양한 한국어능력시험 대비서가 출간되고 있는데, 그중에서도 TOPIK MASTER 시리즈를 아껴 주신 여러분들에게 먼저 감사하다는 말씀을 전하고 싶다. 여러분들의 성원에 힘입어 최신 문항과 문제 유형 등 최근 경향을 반영하여 전면 개정한 "TOPIK Master Final 실전 모의고사 - 3rd Edition" 시리즈를 출간하였다. 기존에 공개된 기출 문제뿐만 아니라 개편된 한국어능력시험 체제에 관한 보고서와 예시 문항에 대한 철저한 검토를 바탕으로 성심성의껏 책을 만들었다.

"TOPIK Master Final 실전 모의고사 - 3rd Edition"은 문항의 각 유형별로 제시된 자세한 문제풀이 전략을 통해 학습자들이 문제 출제 의도를 파악하고 고득점에 다가갈 수 있도록 하였다. 또한, 10회분의 실전 모의고사를 통해 충분히 연습하고 실전 감각을 익힐 수 있다. 그리고 직접 강의하듯 설명해 주는 친절하고 자세한 해설을 통해 수험생 스스로 실력을 점검하고 부족한 부분을 보완할 수 있으며, 추가 어휘 및 표현을 학습하며 TOPIK 시험에 더욱 철저히 대비할 수 있다. 모의고사의 모든 지문과 문제풀이 전략 및 해설, 추가 어휘 및 표현은 모두 영어로도 번역되어 있어 외국인 수험생이 더욱 쉽게 내용을 이해하고 시험을 준비할 수 있도록 했다.

다년간 TOPIK 대비서를 출간한 경험을 바탕으로 오랫동안 준비한 끝에 최근의 경향을 반영하여 전면 개정한 TOPIK 실전 모의고사 시리즈를 출간할 수 있었다. 이 책으로 한국어능력시험에 응시하는 분들의 한국어 능력이 향상되고 시험에서 목표로 한 등급을 얻을 수 있기를 바란다. 뿐만 아니라 한국어능력시험 대비 강의를 담당하시는 선생님들께도 많은 도움이 되었으면 한다.

다락원 한국어 연구소

得益于K-POP和K-Contents的广受欢迎，对韩国文化加以关注、乃至于对韩国语的学习需求正持续增加。因此，不仅是在韩国国内，在海外也有很多学习者对韩国语能力考试感兴趣并实际参加考试。同时，开设韩国语课程的海外小学、初中教育机关和将韩国语科目纳入大学入学考试的国家也呈增加趋势，因此预计对韩国语能力考试的高需求今后还将持续下去。

在这种情况下，多样韩国语能力考试准备书籍陆续出版，其中首先要对喜爱TOPIK MASTER系列的各位表示感谢。在大家的支持下，根据最新题目和题型等最近倾向，出版了全面修订的“TOPIK Master Final 实战模拟考试-第三版”系列。不仅是过去公开的真题，还针对改编后的韩国语能力考试体制的报告书和例题进行了彻底的讨论，以此为基础，我们诚心实意地制作本书籍。

“TOPIK Master Final 实战模拟考试-第三版”通过题目的各种题型，提出了详细的解题战略，让学习者掌握出题的意图，以期让考生获得高分。另外，通过10次的实战模拟考试，考生可以充分练习，掌握实战感觉。并且，通过像亲自授课一样亲切、详细的解说，考生可以自己检查实力，弥补不足之处，学习增加词汇和表现，更加彻底地应对TOPIK考试。模拟考试的所有例题、解题战略及解说、增加词汇及表现都翻译成英语，使外国考生更容易理解内容并准备考试。

以多年来出版TOPIK应考书的经验为基础，经过长时间的准备，终于能够出版反映最近倾向的全面修订版TOPIK实战模拟考试系列。希望通过这本书，参加韩国语能力考试的人能够提高韩国语能力，并在考试中获得目标等级。不仅如此，也希望能对负责韩国语能力考试备课的老师们起到帮助作用。

多乐园韩国语研究所

이 책의 구성 및 활용 本书的构成和使用

'TOPIK MASTER Final 실전 모의고사 – 3rd Edition' 시리즈는 한국어능력시험(TOPIK)의 체계를 따른다. TOPIK II 문제집에는 총 10회분의 듣기·쓰기·읽기 모의고사 문제를 수록하였고, 문제 형식 및 유형은 최근 TOPIK 기출 문제를 기준으로 하였다. 해설집에는 정답과 함께 각 문제에 대한 상세한 해설, 듣기 및 읽기 지문을 중국어 번역과 함께 제시하였다.

실전 모의고사

개편된 TOPIK에 대한 샘플 문항과 공개된 기출 문제를 바탕으로 한 모의고사 10회분을 수록하여 학습자들이 사전에 시험에 충분히 대비할 수 있도록 하였다. 다양한 주제와 시사 정보에 관한 지문을 학습함으로써 실전 경험을 높여 실제 시험에서 목표한 점수를 얻을 수 있도록 하였다.

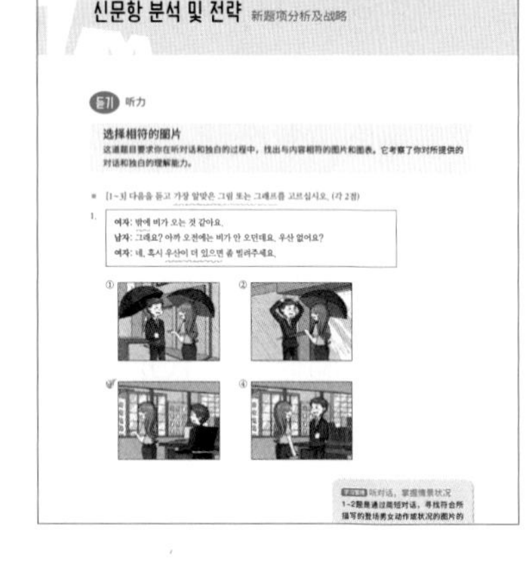

신문항 분석 및 전략

개편된 TOPIK의 출제 경향을 분석한 후 유형별로 제시, 설명하여 전체적인 시험 경향을 파악할 수 있도록 하였다. 그리고 영역별로 각 유형의 문제를 어떻게 준비하고 공부해야 하는지에 대한 학습 전략도 제시하였다.

정답 및 해설

문제집과 별도로 구성되어 있는 해설집으로 모의고사에 수록된 문제의 정답과 함께 상세한 해설을 제공하고 있다. 또한 〈듣기〉와 〈읽기〉 문제에 대한 이해도를 높일 수 있도록 모든 지문을 영어 번역과 함께 제시하였다. 〈쓰기〉는 간략한 해설과 모범 답안을 제시하였다. 문제 풀이 후 해설집을 꼼꼼히 학습함으로써 문제 풀이 능력이 향상될 수 있도록 하였다.

"TOPIK MASTER Final 实战模拟考试-第三版"系列遵循韩国语能力考试(TOPIK)的体系。TOPIK II 的题集共收录了10套听力、写作和阅读的模拟试题，并考试题型和类型是基于最近的TOPIK真题。解答集里并提供正确答案和对各题目的详细解说、听力及阅读例题的汉语翻译。

TOPIK Ⅱ 듣기(1번~50번)

※ [1~3] 다음을 듣고 가장 알맞은 그림 또는 그래프를 고르십시오. (각 2점)

实战模拟考试

编纂并收录了10套以改编后的TOPIK所给出的样题和已考试题为基础所出的模拟试题，可使学生们在考前做好充分准备。通过对多样性的主题和时事相关内容的学习积累实战经验，能够在实际考试中达到预期的目标。

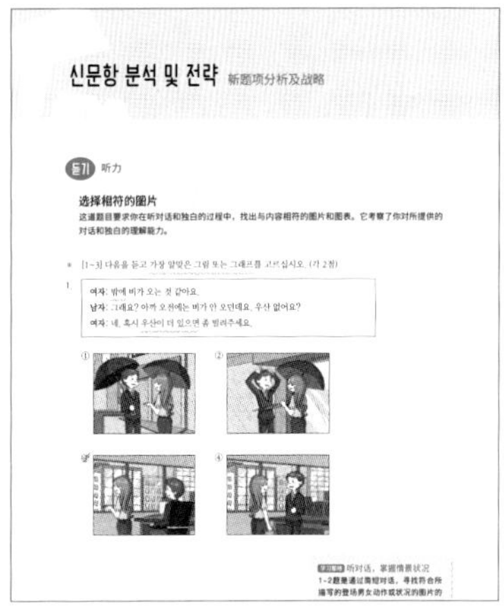
신문항 분석 및 전략 新题项分析及战略

듣기 听力

选择相符的图片

新题项分析及战略

针对新改编的TOPIK出题倾向进行整体分析后，按照类型进行提示、说明，有助于把握考试的整体倾向。同时根据不同领域为考生提供了应该如何备考的学习战略。

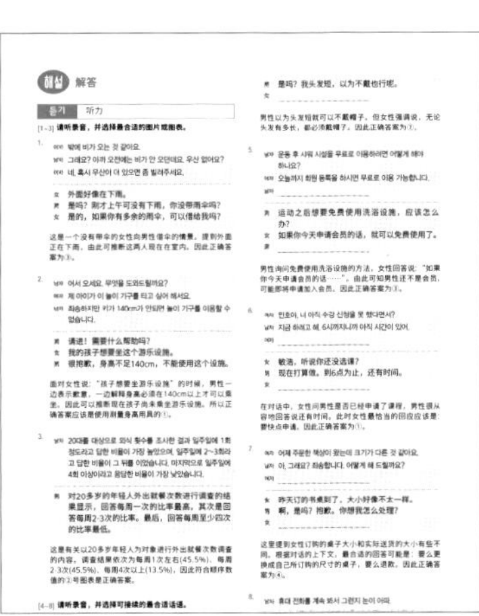
해설 解答

듣기 听力

答案和解说

与试题集分离、内容包括模拟试题中收录的所有问题的答案和详细解说。并且为了帮助大家对〈听力〉和〈阅读〉问题的理解，所有原文都附有中文译文。对〈写作〉本书给出了精炼的说明和范文解题后仔细阅读解答集可以大大提高解题能力。

차례 目录

제5회 FINAL 실전 모의고사 实战模拟考试 第5套

제6회 FINAL 실전 모의고사 实战模拟考试 第6套

제7회 FINAL 실전 모의고사 实战模拟考试 第7套

제8회 FINAL 실전 모의고사 实战模拟考试 第8套

제9회 FINAL 실전 모의고사 实战模拟考试 第9套

제10회 FINAL 실전 모의고사 实战模拟考试 第10套

한국어능력시험 TOPIK 안내

1. 시험의 목적

- 한국어를 모국어로 하지 않는 외국인 및 재외 동포의 한국어 학습 방향 제시 및 한국어 보급 확대
- 한국어 사용 능력을 측정 · 평가하여 그 결과를 유학 및 취업 등에 활용

2. 응시 대상

한국어를 모국어로 하지 않는 재외 동포 및 외국인으로서

- 한국어 학습자 및 국내 대학 유학 희망자
- 국내외 한국 기업체 및 공공 기관 취업 희망자
- 외국 학교 재학 중이거나 졸업한 재외국민

3. 유효 기간

성적 발표일로부터 2년간 유효

4. 시험 주관 기관

교육부 국립국제교육원

5. 시험의 활용처

- 외국인 및 재외동포의 국내 대학(원) 입학 및 졸업
- 국내/외 기업체 및 공공기관 취업
- 영주권/취업 등 체류 비자 취득
- 정부 초청 외국인 장학생 프로그램 진학 및 학사 관리
- 국외 대학의 한국어 관련 학과 학점 및 졸업 요건

6. 시험 시간표

구분	교시	영역	한국			시험 시간(분)
			입실 완료 시간	시작	종료	
TOPIK I	1교시	듣기 읽기	09:20까지	10:00	11:40	100
TOPIK II	1교시	듣기 쓰기	12:20까지	13:00	14:50	110
	2교시	읽기	15:10까지	15:20	16:30	70

※ TOPIK I은 1교시만 실시함.

※ 해외 시험 시간은 현지 접수 기관에 문의하시기 바랍니다.

7. 시험 시기

■ 연 6회 시험 실시

■ 지역별 • 시차별 시험 날짜 상이

8. 시험의 수준 및 등급

– 시험 수준: TOPIK I, TOPIK II

– 평가 등급: 6개 등급(1~6급)

– 획득한 종합 점수를 기준으로 판정

구분	TOPIK I		TOPIK II			
	1급	2급	3급	4급	5급	6급
등급 결정	80~139	140~200	120~149	150~189	190~229	230~300

※ 35회 이전 시험 기준으로 TOPIK I은 초급 TOPIK II는 중 · 고급 수준입니다.

9. 문항 구성

(1) 수준별 구성

시험 수준	교시	영역(시간)	유형	문항수	배점	총점
TOPIK I	1교시	듣기(40분)	선택형	30	100	200
		읽기(60분)	선택형	40	100	
TOPIK II	1교시	듣기(60분)	선택형	50	100	300
		쓰기(50분)	서답형	4	100	
	2교시	읽기(70분)	선택형	50	100	

(2) 문제 유형

– 선택형 문항(4지선다형)

– 서답형 문항(쓰기 영역)

• 문장 완성형(단답형): 2문항

• 작문형: 2문항(200~300자 정도의 중급 수준 설명문 1문항, 600~700자 정도의 고급 수준 논술문 1문항)

10. 쓰기 영역 작문 문항 평가 범주

문항	평가 범주	평가 내용
51–52	내용 및 과제 수행	– 제시된 과제에 맞게 적절한 내용으로 썼는가?
	언어 사용	– 어휘와 문법 등의 사용이 정확한가?
53–54	내용 및 과제 수행	– 주어진 과제를 충실히 수행하였는가? – 주제에 관련된 내용으로 구성하였는가? – 주어진 내용을 풍부하고 다양하게 표현하였는가?
	글의 전개 구조	– 글의 구성이 명확하고 논리적인가? – 글의 내용에 따라 단락 구성이 잘 이루어졌는가? – 논리 전개에 도움이 되는 담화 표지를 적절하게 사용하여 조직적으로 연결하였는가?
	언어 사용	– 문법과 어휘를 다양하고 풍부하게 사용하며 적절한 문법과 어휘를 선택하여 사용하였는가? – 문법, 어휘, 맞춤법 등의 사용이 정확한가? – 글의 목적과 기능에 따라 격식에 맞게 글을 썼는가?

11. 문제지의 종류: 2종(A · B형)

종류	A형	B형 (홀수, 짝수)
시행 지역	미주 · 유럽 · 아프리카 · 오세아니아	아시아
시행 요일	토요일	일요일

12. 등급별 평가 기준

시험 수준	등급	평가 기준
TOPIK I	1급	• '자기소개하기, 물건 사기, 음식 주문하기' 등 생존에 필요한 기초적인 언어 기능을 수행할 수 있으며 '자기 자신, 가족, 취미, 날씨' 등 매우 사적이고 친숙한 화제에 관련된 내용을 이해하고 표현할 수 있다. • 약 800개의 기초 어휘와 기본 문법에 대한 이해를 바탕으로 간단한 문장을 생성할 수 있다. • 간단한 생활문과 실용문을 이해하고, 구성할 수 있다.
	2급	• '전화하기, 부탁하기' 등의 일상생활에 필요한 기능과 '우체국, 은행' 등의 공공시설 이용에 필요한 기능을 수행할 수 있다. • 약 1,500~2,000개의 어휘를 이용하여 사적이고 친숙한 화제에 관해 문단 단위로 이해하고 사용할 수 있다. • 공식적 상황과 비공식적 상황에서의 언어를 구분해 사용할 수 있다.
TOPIK II	3급	• 일상생활을 영위하는 데 별 어려움을 느끼지 않으며, 다양한 공공시설의 이용과 사회적 관계 유지에 필요한 기초적 언어 기능을 수행할 수 있다. • 친숙하고 구체적인 소재는 물론, 자신에게 친숙한 사회적 소재를 문단 단위로 표현하거나 이해할 수 있다. • 문어와 구어의 기본적인 특성을 구분해서 이해하고 사용할 수 있다.
	4급	• 공공시설 이용과 사회적 관계 유지에 필요한 언어 기능을 수행할 수 있으며, 일반적인 업무 수행에 필요한 기능을 어느 정도 수행할 수 있다. • '뉴스, 신문 기사' 중 평이한 내용을 이해할 수 있다. 일반적인 사회적·추상적 소재를 비교적 정확하고 유창하게 이해하고, 사용할 수 있다. • 자주 사용되는 관용적 표현과 대표적인 한국 문화에 대한 이해를 바탕으로 사회·문화적인 내용을 이해하고 사용할 수 있다.

	5급	• 전문 분야에서의 연구나 업무 수행에 필요한 언어 기능을 어느 정도 수행할 수 있다. • '정치, 경제, 사회, 문화' 전반에 걸쳐 친숙하지 않은 소재에 관해서도 이해하고 사용할 수 있다. • 공식적, 비공식적 맥락과 구어적, 문어적 맥락에 따라 언어를 적절히 구분해 사용할 수 있다.
	6급	• 전문 분야에서의 연구나 업무 수행에 필요한 언어 기능을 비교적 정확하고 유창하게 수행할 수 있다. • '정치, 경제, 사회, 문화' 전반에 걸쳐 친숙하지 않은 주제에 관해서도 이용하고 사용할 수 있다. • 원어민 화자의 수준에는 이르지 못하나 기능 수행이나 의미 표현에는 어려움을 겪지 않는다.

13. 성적 발표 및 성적 증명서 발급

(1) 성적 발표 및 성적 확인 방법

홈페이지(www.topik.go.kr) 접속 후 확인

※ 홈페이지에 접속하여 성적을 확인할 경우 시험 회차, 수험 번호, 생년월일이 필요함.

(2) 성적 증명서 발급 대상

부정행위자를 제외하고 합격 • 불합격 여부에 관계없이 응시자 전원에게 발급

(3) 성적 증명서 발급 방법

인터넷 발급

※ TOPIK 홈페이지 성적 증명서 발급 메뉴를 이용하여 온라인 발급(성적 발표 당일 출력 가능)

14. 접수 방법

(1) 원수 접수 방법

구분	개인 접수	단체 접수
한국	개인별 인터넷 접수	단체 대표자에 의한 일괄 접수
해외	해외 접수 기관 방침에 의함.	

※ 접수 시 필요한 항목: 사진, 영문 이름, 생년월일, 시험장, 시험 수준

(2) 응시료 결제

구분	주의사항
신용 카드	국내 신용 카드만 사용 가능
실시간 계좌 이체	외국인 등록 번호로 즉시 결제 가능 ※ 국내 은행에 개설한 계좌가 있어야 함.
가상 계좌 (무통장 입금)	본인에게 발급된 가상 계좌로 응시료 입금 지원자마다 계좌 번호를 서로 다르게 부여하기 때문에 타인의 가상 계좌로 입금할 경우 확인이 불가능하므로 반드시 본인에게 주어진 계좌 번호로만 입금해야 함. - 은행 창구에서 직접 입금 - ATM, 인터넷 뱅킹, 폰뱅킹 시 결제 확인 필수 - 해외 송금 불가

15. 시험 당일 응시 안내

홈페이지(www.topik.go.kr) 접속 후 확인

韩国语能力考试 TOPIK 介绍

1. 考试目的：

- 向不以韩国语为母语的海外侨胞和外国人指明韩国语学习方向，扩大并普及韩国语
- 检测和评价韩国语使用能力，并把其结果应用于在韩国大学留学及就业等

2. 应试对象：

不以韩国语为母语的海外侨胞和外国人

- 学习韩国语的人及希望到韩国大学留学的人
- 希望在韩国企业及公共机构就业的人
- 在外国学校上学或毕业的海外公民

3. 有效期限：

从发布成绩之日起两年

4. 主办机构：

教育部国立国际教育院

5. 用途：

- 外国人及在外同胞的韩国国内大学(院)入学及毕业
- 国内、外企业及公共机关就业
- 取得永久居住权/就业等滞留签证
- 作为政府邀请的外国人奖学金项目参考，包括升学及在学校诸般事宜
- 国外大学韩语相关学系学分及毕业条件

6. 考试时间表：

类别	节次	考试领域	韩国			考试时间(分钟)
			进考场截止时间	开始	结束	
TOPIK I	第一场	听力 阅读	09:20后 禁止入场	10:00	11:40	100
TOPIK II	第一场	听力 写作	12:20后 禁止入场	13:00	14:50	110
	第二场	阅读	15:10后 禁止入场	15:20	16:30	70

※ TOPIK I只考第一场。

※ 在韩国以外的国家的考试时间，请向所在国家(地区)施行机构询问。

7. 考试时期：

■ 每年实行6次考试。

■ 因时差关系，各地区考试日期不同

8. 水平及等级：

- 水平：TOPIK I、TOPIK II
- 评价等级：6个级别(1～6级)
- 根据取得的综合分数判定

类别	TOPIK I		TOPIK II			
	1级	2级	3级	4级	5级	6级
分数线	80~139	140~200	120~149	150~189	190~229	230~300

※ 以第35届之前的考试为准，TOPIK I相当于初级水平、TOPIK II相当于中高级水平。

9. 试题的构成：

(1) 按各水平试题的构成：

水平	场次	考试领域和答题时间	类型	小题数	分数	总分数
TOPIK I	第一场	听力(40分钟)	客观题	30	100	200
		阅读(60分钟)	客观题	40	100	
TOPIK II	第一场	听力(60分钟)	客观题	50	100	300
		写作(50分钟)	主观题	4	100	
	第二场	阅读(70分钟)	客观题	50	100	

(2) 试题类型：
- 客观题(四选一式)
- 主观题(写作)

■ 填空(简答)：2道题

■ 作文(中级水平200～300字左右说明文一题、高级水平600～700左右的议论文一题)：2道题

10. 写作领域作文题的评价范畴：

试题	评价范畴	评价内容
51-52	内容及课题的执行	- 是否按提出的主题填写适当的内容。
	语言的使用	- 是否正确使用词汇和语法等。
53-54	内容及主题的执行	- 是否忠实地完成提出的主题。 - 内容是否与所给主题有关。 - 内容表达是否丰富、多样化。
	展开的结构	- 文章的组织结构是否明确而具有逻辑性。 - 段落构成是否与文章内容相符。 - 是否准确使用有助于逻辑表达的谈话标志。
	语言的使用	- 是否正确而多样地使用词汇和语法等。 - 语法、词汇、拼写是否使用正确。 - 是否根据文章的目的和功能按格式进行写作。

11. 试卷种类：2种(A、B类)：

种类	A类	B类(奇数，偶数)
地区	美洲、欧洲、非洲、大洋洲	亚洲
考试日期	星期六	星期日

12. 各级别的评价标准：

水平	级别	评价标准
TOPIK I	1级	• 达到‘自我介绍、买东西、点菜’等生存所需的基础语言表达能力，并可以理解和表达出‘自己、家庭、兴趣、天气’等与个人或与熟悉的话题相关的内容。 • 可以基于约800个基本词汇和对基础语法的理解进行简单的造句。 • 可以理解和组织简单的生活句子和实用句子。
	2级	• 达到‘打电话、拜托事情’等日常生活及使用‘邮局、银行’等公共设施所需的语言表达能力。 • 可以利用约1,500～2,000个单词按段落理解和使用与个人相关或熟悉的话题。 • 可以区分和使用在正式场合和非正式场合使用的语言。
TOPIK II	3级	• 日常生活不会感到有困难，达到使用各种公共设施和保持社会关系所需的基础语言表达能力。 • 可以按段落理解或表达熟悉而具体的题材以及自己熟悉的社会题材。 • 可以区分口语和书面语的基本性质并理解和使用。
	4级	• 达到使用各种公共设施和保持社会关系所需的语言表达能力及执行一般业务所需的一定程度的语言表达能力。 • 可以理解‘新闻、报刊文章’中比较简单易懂的内容。可以比较正确而流利地理解和使用一般的社会、抽象题材。 • 基于对经常使用的惯用语和具有代表性的韩国文化的理解，可以理解和使用社会、文化内容。

	5级	• 达到执行专业领域的研究或业务所需的一定程度的语言表达能力。 • 对‘政治、经济、社会、文化’等领域的不熟悉的题材也可以理解和使用。 • 可以根据正式和非正式、口语和书面语语境(上下文等)区分和使用适当的语言。
	6级	• 达到执行专业领域的研究或业务所需的比较正确而流利的语言表达能力。 • 对‘政治、经济、社会、文化’等领域的不熟悉的主题也可以理解和使用。 • 虽然未能达到说韩国语的本地人水准，但在语言能力和表达方面不会感到有困难。

13. 发布成绩及发成绩单：

(1) 成绩发布日期和成绩查询方法：

登录网站(www.topik.go.kr)查询或确认收到的成绩单。

※ 登录网站查询成绩时需要输入届次、考号以及出生日期。

(2) 成绩单发放对象：

除了作弊行为者以外，无论合格或不合格，将发放给所有考生。

(3) 成绩单发放方法：

网上发放

※ 通过TOPIK网站的发成绩单菜单在网上发放成绩单(可以在发布成绩之日当天打印)。

※ 选择邮寄：发布成绩之日起三天之后(以工作日为准)。

14. 报名方法：

(1) 报名方法：

地区	个人报名	团体报名
韩国	由个人在网上报名	由团体代表人统一报名
国外	根据指定海外机构受理申请的政策。	

※ 报名时需要提供的资料：照片、英文名、出生日期、考点、报名的考试等级等

(2) 交纳报名费

交纳方法	注意事项
信用卡	只能使用韩国信用卡
实时网上转账	可以使用外国人登陆证号码即时支付 ※ 要有在韩国银行开户的账户。
虚拟账号(无存折存款)	一定要汇款至发给本人的虚拟账号。 因发给每个申请者的虚拟账号各不同，所以若汇款至他人的虚拟账号，则无法确认本人，因此必须汇款至发给本人的虚拟账号。 - 到银行窗口汇款。 - 通过ATM(自动存取款机)、网上银行、电话银行汇款时必须确认是否收到汇款。 - 不能在国外汇款。

15. 考试当天应试指南：

请参照网页(www.topik.go.kr)。

第三版

TOPIK MASTER

TOPIK Ⅱ • 中高级

- 신문항 분석 및 전략
  新题项分析及战略
- 실전 모의고사 1~10회 정답 및 해설
  实战模拟考试 第1~10套 答案及解答

신문항 분석 및 전략 新题项分析及战略

듣기 听力

选择相符的图片

这道题目要求你在听对话和独白的过程中，找出与内容相符的图片和图表。它考察了你对所提供的对话和独白的理解能力。

※ [1~3] 다음을 듣고 가장 알맞은 그림 또는 그래프를 고르십시오. (각 2점)

1.

여자: 밖에 비가 오는 것 같아요.
남자: 그래요? 아까 오전에는 비가 안 오던데요. 우산 없어요?
여자: 네, 혹시 우산이 더 있으면 좀 빌려주세요.

①

②

③

④

学习策略 听对话，掌握情景状况

1~2题是通过简短对话，寻找符合所描写的登场男女动作或状况的图片的题项。应该在听内容之前尽快了解图片中对话发生的场所和状况。

3.

남자: 20대를 대상으로 외식 횟수를 조사한 결과 일주일에 1회 정도라고 답한 비율이 가장 높았으며, 일주일에 2~3회라고 답한 비율이 그 뒤를 이었습니다. 마지막으로 일주일에 4회 이상이라고 응답한 비율이 가장 낮았습니다.

①
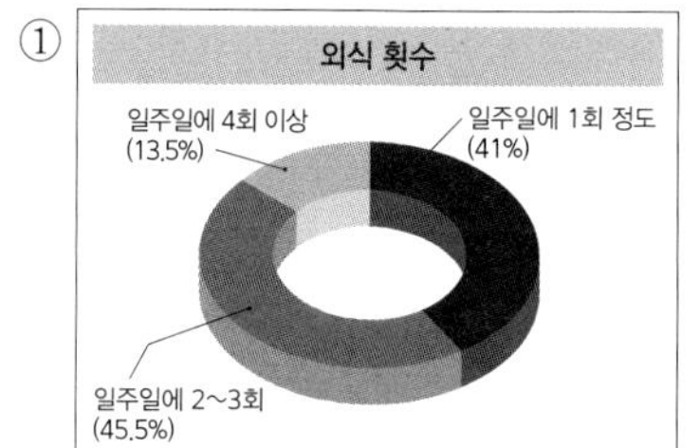

②
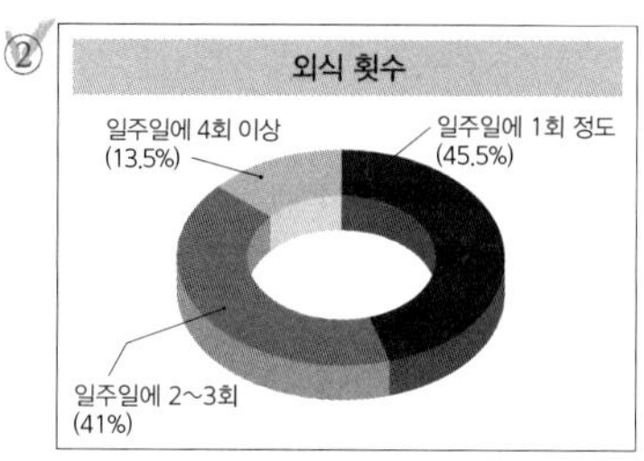

③
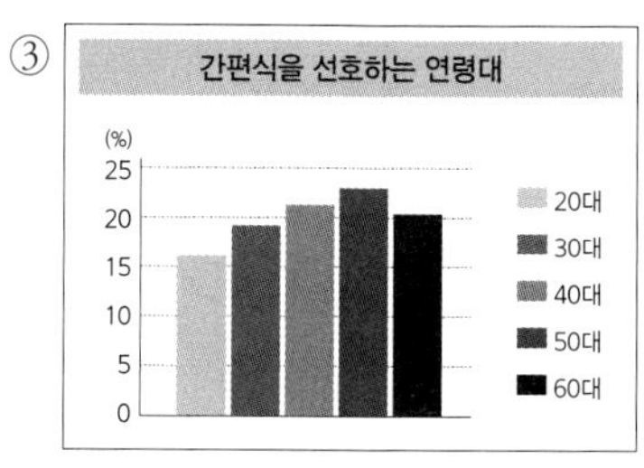

④
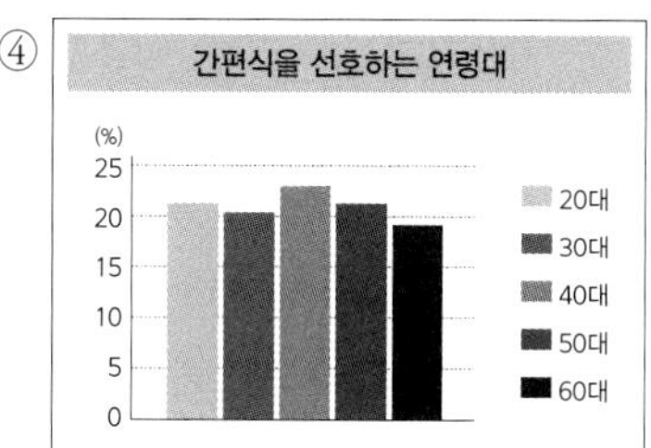

学习策略 听独白，获取信息

第3题是听独白，然后从提供的选项中找出与说明相符的图表。该独白主要介绍了一项问卷调查的结果。在听独白之前，你需要先理解图表的标题以及横向和纵向各表示的项目。

选择衔接的下一句

这是一道简短听力题，旨在找出与下一句内容相符的选项。
它考察了你对所提供的问题、委托、建议、确认、命令、信息等内容的理解能力。

※ [4~8] 다음을 듣고 이어질 수 있는 말로 가장 알맞은 것을 고르십시오. (각 2점)

4.

여자: 잠깐만요. 요리하기 전에 모자를 꼭 써야 해요.
남자: 그래요? 저는 머리카락이 짧아서 안 써도 되는 줄 알았어요.
여자: ____________________

① 머리카락이 짧아서 안 돼요.
② 그래도 모자를 꼭 써야 해요.
③ 요리 후에 모자를 써도 돼요.
④ 요리하려면 머리를 잘라야 해요.

学习策略 听对话，获取信息

这些对话都发生在日常生活、学校以及公共机构（银行、旅行社、邮局等）中。请特别注意对话末尾部分，理解最后发言者所述内容。

选择接下来要进行的动作

这是一道简短听力题，旨在找出女性将要执行的动作选项。你需要根据男性的话语来确定女性的行动，因此这要求你能够准确地理解男性说的最后内容。

※ [9~12] 다음을 듣고 여자가 이어서 할 행동으로 가장 알맞은 것을 고르십시오. (각 2점)

9.

여자: 자전거를 탈 만한 색다른 장소가 없을까?
남자: 자전거 동호회에 가입하는 건 어때? 자전거 타기 좋은 곳을 알 수 있을 거야.
여자: 좋은 생각이다. 그럼 혹시 아는 동호회라도 있어?
남자: 선배 중에 가입한 사람이 있어. 내가 그 선배에게 사이트 주소를 물어볼게.

① 선배에게 주소를 물어본다.
② 자전거 동호회에 가입한다.
③ 남자와 자전거를 타러 간다.
④ 선배에게 자전거를 구입한다.

学习策略 掌握对话内容
第9至11题主要涉及日常生活和校园生活中的对话，而第12题则涉及正式场合的对话。在辨别男女对话内容的基础上，推测女性接下来的行动，即可找到答案。

选择与对话内容相符的选项

这是一道听简短对话和独白的题目，要从提供的选项中选择与内容一致的选项。这项任务考察了对对话内容准确理解的能力。

※ [13~16] 다음을 듣고 들은 내용과 같은 것을 고르십시오. (각 2점)

13.

여자: 미국에서 친구가 놀러 오는데 갈 만한 데가 없을까?
남자: 다음 주부터 고궁을 야간에도 볼 수 있대. 외국인뿐만 아니라 한국인들에게도 인기가 정말 많다는데?
여자: 정말? 그럼 빨리 표를 예약해야겠다.
남자: 현장에서 살 수도 있지만 예약을 하는 게 더 좋을 거야.

① 밤에는 고궁을 열지 않는다.
② 고궁은 한국인들에게만 인기가 많다.
③ 고궁 입장표는 현장에서 구매할 수 없다.
④ 예약을 하지 않아도 고궁에 입장할 수 있다.

学习策略 理解细节内容
第13题是关于信息告知的对话；第14题是广播通知；第15题是信息介绍；第16题是采访内容。与其追求与所听内容完全一致的句子，不如寻找与内容相近或使用类似表达方式陈述的选项。

选择主要观点

这是一道听对话的题目，要从提供的选项中选择出男性的主要观点。这个任务考察你是否能够准确把握男性的主要观点。

※ [17~20] 다음을 듣고 남자의 중심 생각으로 가장 알맞은 것을 고르십시오. (각 2점)

17.

남자: 집에 컵이 많네요. 왜 이렇게 많아요?
여자: 저는 외국으로 여행을 가면 기념으로 그 나라의 이름이 새겨진 컵을 꼭 사요. 컵을 안 사면 왠지 허전하더라고요.
남자: 돈은 좀 들겠지만 컵을 보면 여행했던 기억이 떠올라서 기념이 되겠어요. 저도 이제부터 컵을 모아 봐야겠어요.

① 나라 이름의 새겨진 컵을 사야 한다.
② 외국으로 여행을 가면 컵을 사야 한다.
③ 여행에서 컵을 사기 위해 돈을 모아야 한다.
④ 기념품을 보면 여행했던 기억을 떠올릴 수 있다.

20.

여자: 축하드립니다. 고객들이 뽑은 '이 달의 우수 서비스 사원'에 선정되셨어요. 고객들에게 어떻게 감동을 주셨나요?
남자: 감사합니다. 저는 서비스를 할 때 고객의 입장에서 생각했기 때문에 고객분들에게 칭찬을 많이 받았던 것 같습니다. 그리고 저희 매장에는 할머니나 할아버지 손님들이 많으신데 그분들을 시골에 계신 저의 할머니와 할아버지라고 생각하고 진심으로 대해 드렸습니다. 그래서 정말 저를 좋아해 주셨어요.

① 칭찬을 받기 위해 서비스를 해야 한다.
② 할머니와 할아버지께 더 잘해 드려야 한다.
③ 고객이 만족할 때까지 서비스를 해야 한다.
④ 서비스할 때 고객의 입장에서 생각해야 한다.

学习策略 把握主要观点

在听男女对话时，要明确男性的主要观点。在此过程中，不仅要理解整体内容，还要特别关注男性的发言。你需要区分男女双方的对话内容，注意不要将细节内容错误地认为是主要观点。

一段对话包含两个问题

这是一道听对话和采访内容的题目，要从选项中选择正确的答案。每段对话都有两个问题。问题类型包括：把握主要观点、获取特定信息、理解意图/态度、了解职业等。所有问题都涉及理解细节内容。这项任务考察了你是否准确掌握对话和采访内容的能力。

※ [21~22] 다음을 듣고 물음에 답하십시오. (각 2점)

여자: 와, 이 강아지 좀 봐. 정말 귀엽다. 이참에 나도 강아지를 키워 볼까?
남자: 근데 너 혹시, 지금 가족들과 함께 살고 있어?
여자: 아니. 혼자 사니까 좀 외로워서 강아지라도 키우면 좋을 것 같아서.
남자: 네가 요즘 집을 비우는 시간이 많으니까 강아지를 키우지 않는 게 좋을 것 같아. 나도 예전에 키워 봤는데 강아지가 집에 혼자 있는 시간이 많으면 불쌍하더라고.

21. 남자의 중심 생각으로 가장 알맞은 것을 고르십시오.
① 가족과 함께 강아지를 키워야 한다.
② 외로울 때 강아지를 키우는 것이 좋다.
③ 혼자 살 때는 집을 비우지 말아야 한다.
④ 집 비우는 시간이 많으면 강아지를 키우는 것이 좋지 않다.

22. 들은 내용과 같은 것을 고르십시오.
① 남자는 현재 혼자 살고 있다.
② 여자는 가족들과 함께 살고 있다.
③ 여자는 집을 비우는 시간이 많다.
④ 남자는 강아지를 키워 본 적이 없다.

学习策略 理解细节内容：共同题目
这道题目要求从选项中选择与内容相同的问题答案，因此需要详细理解细节内容。选项中大部分与对话内容相似，但可能含有错误信息，所以在解题时要使用排除法。

※ [23~24] 다음을 듣고 물음에 답하십시오. (각 2점)

남자: 총무과죠? 이번 주에 회의실을 빌리려고 하는데 예약할 수 있나요?
여자: 어떡하죠? 이번 주는 이미 예약이 다 차 있네요. 언제 사용하실 건데요?
남자: 이번 주 금요일 오전이요. 갑자기 회의가 잡혔는데 빈 회의실이 없으면 큰일이네요.
여자: 다른 예약이 취소될 수도 있으니까 일단 신청서를 작성해서 총무과로 보내 주세요. 빈 회의실이 생기면 제가 바로 연락드릴게요.

23. 남자가 무엇을 하고 있는지 고르십시오.

① 회의실 대여를 문의하고 있다.
② 회의를 할 날짜를 정하고 있다.
③ 회의실 사용 방법을 알아보고 있다.
④ 회의실 위치에 대해서 물어보고 있다.

学习策略 推测对话情境
通过对话了解男性正在做什么。注意理解整个对话的脉络，对话的开始部分通常包含行动原因、目的等细节内容，因此请特别注意对话开始部分。

※ [27~28] 다음을 듣고 물음에 답하십시오. (각 2점)

남자: 요즘에 학생들이 학교에 늦게 가는 것 같더라?
여자: 응. 대부분의 학교에서 오전 9시까지 학교를 가도록 하는 9시 등교제를 실시하고 있잖아.
남자: 과연 9시 등교제가 좋을까? 차라리 학교에 일찍 가서 자습을 더 하는 게 효율적인 것 같은데.
여자: 9시 등교제 실시 이후에 학생들의 수면과 건강에 긍정적인 영향을 끼쳤다는 반응이 많았어.
남자: 그래? 맞벌이 가정 등을 고려하지 않은 획일적인 정책은 아닐까? 9시 등교제 때문에 오히려 다른 부작용들도 생겼을 것 같아.

27. 남자가 말하는 의도로 알맞은 것을 고르십시오.

① 9시 등교제에 대해 비판하고 있다.
② 9시 등교제 폐지를 설득하고 있다.
③ 9시 등교제에 대한 의문을 제기하고 있다.
④ 9시 등교제의 문제점에 대해 조언하고 있다.

学习策略 理解说话者的意图和目的
要确定男性在对话中表达了什么样的意图和目的。注意理解整个对话的脉络，对话中强调的观点和意图通常会集中在对话的结尾部分，因此请特别关注最后部分的内容。

※ [29~30] 다음을 듣고 물음에 답하십시오. (각 2점)

> **여자:** 하나의 토지에 두 가구가 거주하는 땅콩집에 관심 있는 분이 많으실 텐데요. 땅콩집에 대해 설명 부탁드립니다.
>
> **남자:** 땅콩집은 두 가구가 공동으로 토지를 구매해서 건물을 짓고, 공간을 분리하여 거주하는 주택을 말합니다. 땅콩집은 공사 비용을 절약할 수 있어서 경제적이라는 것이 가장 큰 장점입니다. 무엇보다 제가 땅콩집을 설계할 때 가장 고려하는 점은 난방비와 같은 관리비인데요. 창문 크기를 최대한 줄이고 친환경적인 방법으로 열을 차단해서 기존 아파트보다 난방비가 적게 들도록 합니다. 하지만 두 주택이 붙어 있는 형태로 인해 사생활 침해 문제가 발생하기도 합니다.

29. 남자는 누구인지 고르십시오.

① 공인 중개사 ② 건축 설계사 ✔
③ 주택 전문가 ④ 공사장 감독관

学习策略 推论男性的职业

这道题目要求你推论男性的职业。在采访对话中，会反复涉及与男性职业相关的词汇和内容，你可以根据这些线索推测男性的职业。

※ [31~32] 다음을 듣고 물음에 답하십시오. (각 2점)

> **여자:** 요즘 소비자들에게 혼란을 주는 광고가 많은데, 과장된 광고는 어느 정도 제한을 두어야 한다고 생각합니다.
>
> **남자:** 네, 요즘 과장된 광고가 없다고 할 수는 없습니다. 하지만 광고의 목적이 사람들의 시선을 끌기 위한 것인 만큼 어느 정도의 과장도 필요하다고 봅니다.
>
> **여자:** 하지만 그런 과장으로 인해 소비자들이 피해를 보는 경우도 적지 않습니다.
>
> **남자:** 물론 그럴 수 있지만 과장의 기준이라는 것이 모호하기 때문에 소비자 스스로 광고의 정보를 분별하고, 파악하는 것도 중요합니다.

31. 남자의 중심 생각으로 가장 알맞은 것을 고르십시오.

① 과장의 기준을 정할 수 있다.
② 요즘에는 과장된 광고가 없다.
③ 광고 때문에 혼란스러운 소비자가 많다.
④ 소비자가 광고의 정보를 분별할 수 있어야 한다. ✔

学习策略 推论男性的观点

这是一道通过对话了解男性观点的题目。在对话中，男女双方对同一个话题分别表达了各自的看法，所以你需要分别听好。重要的是不要混淆女性和男性的观点。

※ [33~34] 다음을 듣고 물음에 답하십시오. (각 2점)

여자: 인간은 보고 싶은 것만 보고 믿고 싶은 것만 믿는다는 흥미로운 연구 결과가 공개되었습니다. 즉, 우리의 뇌는 착각과 현실을 구분하지 못한다고 합니다. 우리가 오감을 통해 받아들이는 정보는 1초에 천백만 개입니다. 하지만 이 중에 40개 정도만 저장을 하는데요. 뇌가 우리도 모르게 보고 들은 것들을 편집하는 것입니다. 이때 생기는 생각의 오류가 착각입니다. 결국 내가 원하는 것, 내가 생각하는 것, 내가 믿는 것만 남게 되는 것이지요. 사람들은 이렇게 자신이 믿는 것을 확신하지만 이런 믿음이 착각이라는 것을 알려 주는 특정 뇌 부위는 존재하지 않습니다.

33. 무엇에 대한 내용인지 알맞은 것을 고르십시오.

① 착각의 문제점
② 신비로운 인간의 뇌
③ 기억을 잘하는 방법
④ 착각을 일으키는 이유

学习策略 把握主要内容
这是确定演讲的主要话题的题目。首先要理解整体内容，然后找出其中蕴含的核心内容。

※ [35~36] 다음을 듣고 물음에 답하십시오. (각 2점)

남자: 오늘 이렇게 우리 도서관의 '독서 나눔 프로그램'을 알리게 되어 기쁩니다. 독서 나눔은 단순히 현직에서 은퇴한 어르신들의 지식과 경험을 활용하는 차원을 넘어 사회적 일자리를 창출하는 사업입니다. 이 프로그램에서는 먼저 어르신들에게 아동 독서 지도법에 대해 교육을 실시한 후 각 보육 기관에 강사로 파견할 예정입니다. 그러면 어르신들은 각 보육 기관에서 아이들에게 동화 구연과 독서 활동을 지도하게 됩니다. 앞으로 이 프로그램은 아이들에게 올바른 독서 습관을 길러 주고 즐거움을 전하며 더 나아가 세대 간 친밀감 회복에 앞장설 것으로 기대합니다.

35. 남자가 무엇을 하고 있는지 고르십시오.

① 보육 기관의 강사에 대해 설명하고 있다.
② 더 많은 사회적 일자리를 요청하고 있다.
③ 독서 나눔 프로그램의 의의를 밝히고 있다.
④ 독서 교육 프로그램의 필요성을 강조하고 있다.

学习策略 通过正式问候推测对话背景
在这个问题中，理解说话者所处的情境至关重要。由于说话者在正式场合发言，且目的明确，你需要着重关注涉及情感、态度和目标的表达。

一段对话包含两个问题 2

问题37至44会呈现不同类型的话语，包括教育节目、对话、讲座和纪录片等。每篇内容都会附带两个问题，因此建议在事先阅读问题的基础上，更有效地找到答案。

※ [39~40] 다음을 듣고 물음에 답하십시오. (각 2점)

여자: 그렇게 엄청난 양의 기름이 일부 국가에만 매장되어 있다는 사실이 참 불공평하다는 생각이 드는데요. 그러면 이런 점이 원유 가격 조정 실패의 주된 원인이 되는 건가요?

남자: 사실 더 심각한 이유로 볼 수 있는 것은 원유 생산 국가의 가격 결정에 숨어 있는 의도입니다. 세계 원유 시장에서 원유 가격은 원유 매장량이 풍부한 몇몇 국가들에 의해 결정됩니다. 이들 국가들이 의도적으로 생산량을 줄이면 가격이 올라가게 되고, 결국 원유가 귀해지는 거죠. 그러면 전 세계적으로 원유가 꼭 필요한 나라들이 경제적으로 큰 타격을 받게 됩니다. 자연스럽게 산유국의 의도에 따라 세계 경제가 움직일 수밖에 없는 거죠. 따라서 이들 일부 산유국들의 의도에 따라 원유 가격이 좌우되지 않도록 국제기구에 의해 가격이 결정되어야 한다고 생각합니다.

39. 이 대화 전의 내용으로 가장 알맞은 것을 고르십시오.

① 세계적으로 원유 가격 결정의 문제가 심각하다.
② 세계 원유 매장량 중 많은 양이 일부 국가에 집중되어 있다.
③ 세계 원유 시장에서는 몇몇 국가들의 주도로 가격이 결정된다.
④ 원유 생산량을 줄이면 원유가 필요한 국가는 경제적 피해가 크다.

40. 들은 내용과 같은 것을 고르십시오.

① 산유국들은 이윤을 위해 원유를 대량 생산한다.
② 원유 가격이 오르면 국제기구가 시장에 개입한다.
③ 국제기구는 원유가 나지 않는 나라에 원유를 싸게 공급한다.
④ 원유 생산국의 원유 생산량에 의해서 세계 경제가 움직인다.

学习策略 推论前后内容

在推论前面内容的题目中，是主持人在进行对话的同时，于谈话中整理前面的内容，并进入下一个提问的形式。在推论后面内容的题目中，是主持人整理前面的内容，并提出疑问后，要求对其进行补充说明的形式。亦即必须通过主持人的话，掌握前面进行了什么对话，或者后面将要求什么内容。对话前、后的内容是通过主持人的话语展开，因此必须集中聆听主持人的说话内容。

※ [43~44] 다음을 듣고 물음에 답하십시오. (각 2점)

여자: 한국의 복지 서비스의 종류가 300개가 넘는다고 하는데요. 이렇게 많은 복지 서비스 사이에서 자신이 받을 수 있는 서비스를 찾아 내서 이용할 수 있을까요? 사실상 쉽지 않은 일입니다. 이처럼 몰라서 복지 서비스를 이용하지 못하는 경우가 없도록 이용자의 편의성을 높인 제도가 바로 맞춤형 급여 안내입니다. 복지 멤버십이라고도 불리는 이 제도는 처음에 한 번 신청하기만 하면, 신청한 개인 또는 가구의 소득과 재산 등의 특성을 분석해서 해당되는 복지 서비스를 맞춤형으로 알려 줍니다. 복지 멤버십에 가입하기 위해서는 웹사이트나 어플을 통해 온라인으로 신청하거나, 전국의 주민 센터 어디에서든 신청할 수 있습니다. 지금 바로 복지 멤버십에 가입해 보세요.

43. 무엇에 대한 내용인지 알맞은 것을 고르십시오.

① 많은 복지 서비스 중에서 필요한 복지 서비스를 찾는 것은 어렵다.
② 복지의 사각 지대에 놓여 힘들어하는 사람들이 많다는 문제점이 있다.
③ 맞춤형 급여 안내를 받을 수 있도록 복지 멤버십에 가입하는 것이 좋다.
④ 현재 안내 대상 서비스의 종류가 충분하지 않으므로 확대해 나가야 한다.

44. 맞춤형 급여 안내 제도를 도입하게 된 이유로 맞는 것을 고르십시오.

① 생애 주기에 맞는 복지 서비스의 숫자를 확대하기 위해서
② 복지 서비스를 몰라서 이용하지 못하는 문제점을 해결하기 위해서
③ 필요할 때마다 간편하게 신청할 수 있는 서비스를 제공하기 위해서
④ 선착순으로 제공되는 서비스를 빠르게 신청할 수 있도록 안내하기 위해서

学习策略 把握详细信息

这个问题考察你是否能够准确理解纪实报道中的详细内容。务必在听内容之前先阅读问题，以免在听的过程中错过解题所需的信息。

听一段录音，回答两个问题 3

问第45到50题是听取授课或对话，推论话者的态度或说话方式，掌握详细内容的问题。考生必须先阅读问题，然后听取例题，解决掌握内容的问题。然后以整体内容为基础，推论话者的态度或说话方式，解答剩余的问题。

※ [45~46] 다음을 듣고 물음에 답하십시오. (각 2점)

남자: 최근 초등학교 고학년 여학생 가운데 화장을 하는 어린이가 늘고 있다고 합니다. 이런 현상에 대해 부모님들의 걱정이 많다고 하는데, 저는 아름다움을 추구하는 것은 개인의 자유이기 때문에 어린이들에게 화장을 하지 못하게 하는 것은 지나친 간섭이라고 생각합니다.

여자: 저는 적절한 관여라고 생각합니다. 전문가들이 초등학생에게 화장을 권하지 않는 이유는 어릴 때부터 화장품을 사용하면 화장품 속의 색소나 보존제 등의 첨가물이 알레르기나 피부 질환을 일으킬 수 있기 때문입니다. 게다가 식품의약품안전처에서 '화장품 안전 사용 7계명'을 제시할 정도로 어린이는 안전한 화장품을 구입하고 사용하는 방법에 대해 잘 알지 못하는 경우가 많습니다. 여전히 많은 어린이들이 문구점에서 파는 불량 화장품을 구입하고 있는 게 현실입니다. 그러므로 단순히 개인의 자유에 맡겨서는 안 되며, 어린 나이에 화장품을 사용하는 것에 대해 부모님의 주의가 더욱 필요하다고 생각합니다.

45. 들은 내용과 같은 것을 고르십시오.

① 색소나 보존제 등의 첨가물이 없는 화장품을 사용해야 한다.
② 어린이를 위한 안전한 화장품 사용법이 아직 마련되지 않았다.
③ 아직도 많은 어린들이 문구점에서 파는 불량 화장품을 구입한다.
④ 전문가들은 초등학생의 피부에 맞는 화장품을 사용할 것을 권한다.

46. 여자의 태도로 알맞은 것을 고르십시오.

① 화장품 속 첨가물과 피부 질환의 상관관계를 설명하고 있다.
② 어린이의 화장품 사용에 부모님의 주의가 필요함을 주장하고 있다.
③ 연령보다 아름다움을 추구하려는 자유가 더 중요함을 설득하고 있다.
④ 안전한 화장품 판매를 위해 식품의약품안전처의 협조를 요청하고 있다.

学习策略 理解话者的态度及说话方式

为了回答这个问题，最好能熟悉告知话者态度和说话方式的动词，例如"비판하다(批评)、설득하다(劝说)、의문을 제기하다(提出疑问)、조언하다(建议)、전하다(传达)、알려 주다(告知)、반박하다(反驳)、주장하다(主张)、설명하다(说明)、지적하다(指出)、지지하다(支持)、제시하다(提出)、반대하다(反对)"等。

※ [49~50] 다음을 듣고 물음에 답하십시오. (각 2점)

남자: 그럼 다시 작가 연구로 돌아가서, 역사·전기적 접근 방법론을 써서 어떻게 작품을 해석할 수 있는지 예를 한번 들어 볼까요? 1930년대에는 시인이면서 동시에 평론 활동도 같이했던 김기림이라는 사람이 있었습니다. 이 사람은 신문 기자를 하다가 선생님이 돼서 학생들을 가르치기도 했고 과수원을 경영하기도 했었습니다. 이렇게 직업을 자주 바꾸는 걸 보면 이 사람은 늘 새로운 변화를 추구하는 경향이 강했다는 걸 알 수 있겠죠? 이처럼 새로운 변화를 적극적으로 수용하는 그의 세계관을 〈기상도〉라는 시에서 읽을 수 있는 거죠. 예를 하나 더 들어볼까요? 식민지 때 소설을 썼던 이효석이라는 작가 얘깁니다. 이 사람은 1930년대에 이미 가족 전체가 침대 생활을 했으며 피아노를 사서 연주도 했다고 합니다. 커피의 맛과 향도 사랑했죠. 이렇게 이효석은 서구 문화에 흠뻑 빠져 있었습니다. 이런 서구 지향적 생활 태도는 이 사람의 작품에서도 쉽게 읽을 수 있습니다.

49. 들은 내용과 같은 것을 고르십시오.

① 김기림은 신문사에서 일을 한 적이 있다.
② 이효석은 과수원을 직접 경영한 적이 있다.
③ 이효석은 1930년대에 〈기상도〉라는 시를 썼다.
④ 김기림은 서구 지향적 생활 태도를 지닌 사람이다.

50. 남자의 말하기 방식으로 알맞은 것을 고르십시오.

① 작가의 서구 문화에 대한 인식을 분석하고 있다.
② 작가와 작품의 공통점을 중심으로 설명하고 있다.
③ 역사·전기적 접근 방법을 예를 통해 설명하고 있다.
④ 역사·전기적 접근 방법의 부정적 특성을 강조하고 있다.

学习策略 理解话者的态度及说话方式

第50题也把焦点放在话者的态度和说话方式上，但通常使用更正式的说话方式。仔细聆听，掌握主题后，认知话者如何强调主题是很重要的。最好熟悉“N을 중심으로 설명하다(以N为中心说明)”、“예를 들어 설명하다(举例说明)”、“원인 규명을 촉구하다(敦促查明原因)”、“대책을 강구하다(寻求对策)” 等呈现说话方式的动词。

写作

填写符合上下文的句子

这个问题考察你是否能够根据前后文脉填写出意思连贯的句子的能力。

※ [51~52] 다음 글의 ㉠과 ㉡에 들어갈 말을 각각 쓰시오. (각 10점)

51.

- 잃어버린 휴대 전화를 찾습니다 -

지난 8월 5일에 도서관에서 잃어버린 휴대 전화를 찾습니다. 오전 11시쯤 책상 위에 휴대 전화 두고 잠깐 화장실에 다녀왔는데 휴대 전화가 없어졌습니다. 그 안에는 (㉠). 그리고 제가 여행하면서 찍은 사진들도 들어 있습니다. 제 휴대 전화는 한국전기에서 나온 흰색 휴대 전화입니다. 저에게는 정말 중요한 물건입니다. 찾아 주신 분께는 사례하겠습니다. 가져가신 분은 꼭 돌려주시고, 혹시 제 휴대 전화를 (㉡)

• 이름: 박수미 • 전화번호: 010-2828-8390

学习策略 完成有特定格式要求的文章

第51题涉及邀请函、信件、电子邮件、公告、传单（宣传画）等应用文形式。通常题目集中在揭示文章作用的中心部分，因此理解与文章类型相符的作用/目的是至关重要的。在填写答案之前，务必确认括号后是句号还是问号，以便选择合适的结尾形式。

52.

우리는 모든 것을 다 잘할 수는 없다. 만일 모든 것을 다 잘하려고 한다면 (㉠). 그러므로 모든 것을 잘하려고 애쓰기보다는 내가 꼭 해야 하는 것과 내가 가장 잘할 수 있는 것을 몇 가지 정하고, 원하는 목표를 이루기 위해 실천하는 것이 중요하다. 이렇게 하면 (㉡)

学习策略 完成段落

第52题采用说明文的形式呈现。填写空格的关键在于把握中心内容。首先需要明白括号所在的位置是在文章的开头、中间还是结尾部分，然后根据中心内容进行填写。通常在文章中间部分会有具体的解释，而在文章末尾则可能进行总结。如果括号内的句子带有连接副词，最好以这一线索来完成句子。

根据所提供的信息撰写说明文

这个问题考察你是否能够根据问卷调查结果、统计等资料撰写出说明文。

53. 다음은 '60세 이후에 행복하게 사는 것'에 대한 설문 조사 자료이다.
이 내용을 200~300자로 쓰시오. 단, 글의 제목은 쓰지 마시오. (30점)

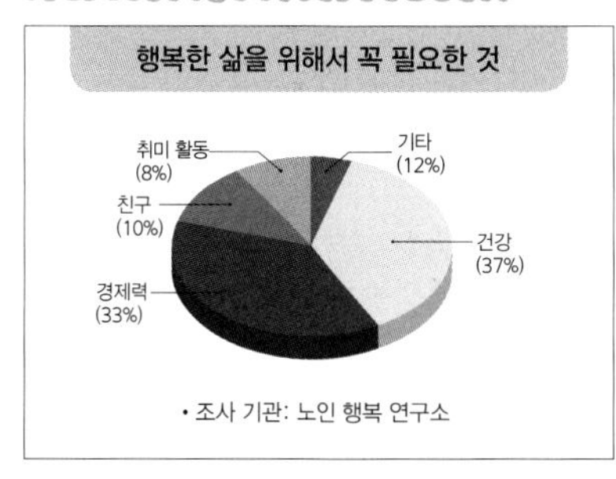

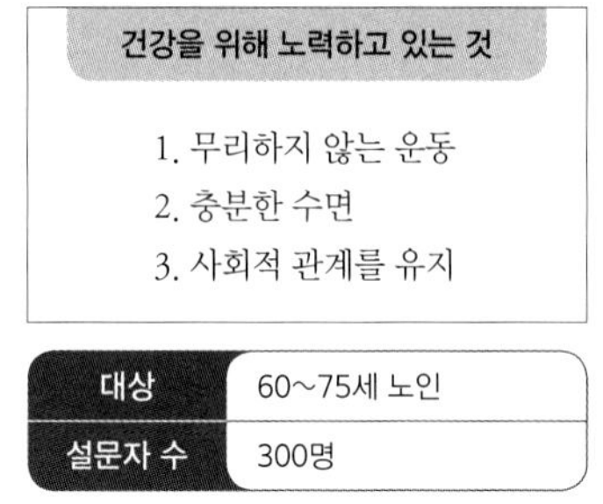

대상	60~75세 노인
설문자 수	300명

学习策略 撰写对比文

第53题提供了一个简略图格和图表，展示了问卷调查的结果。要根据提供的信息写出对比文章。首先，重要的是构思文章的结构。在文章的开头，介绍这次问卷调查的背景和现状；在中间部分，对比所提供的信息进行分析。最后，结尾部分可以进行简要的总结或概述。在撰写过程中，与其仅仅罗列信息，不如使用连接词来构建复句，使文章更加连贯。

围绕主题表达个人观点的文章

这个问题考察你是否能够就特定主题撰写文章，表达自己的观点。请务必注意文章长度的限制。

54. 다음을 참고하여 600~700자로 글을 쓰시오. 단, 문제를 그대로 옮겨 쓰지 마시오.(50점)

현대 사회는 여러 요인으로 인해 출산율이 빠르게 감소하고 있다. 이러한 출산율의 변화는 미래 사회에 다양한 영향을 미칠 것이다. 아래의 내용을 중심으로 출산율 감소 현상에 대한 자신의 생각을 쓰라.

- 출산율이 감소하는 원인이 무엇인가?
- 출산율의 감소가 사회에 미치는 영향은 무엇인가?
- 출산율을 높이기 위해 어떤 노력을 해야 한다고 생각하는가?

学习策略 撰写规定的文章

第54题要求以议论文的形式，围绕给定的主题陈述个人观点。问题中包含三个要点，在构建文章结构（论点/论据/结论）时需要合理地安排这三个要点。建议多进行一些常见逻辑表达的练习，以增强文章的逻辑性。

- 绪论表达方法
  ① 定义：N(이)란 N이다/-(으)ㄴ/는 것을 말한다.
  ② 现状：최근 -고 있다/-아/어지고 있다.
- 论据表达方法
  ① 罗列：N은/는 다음과 같다, 첫째, 둘째, 셋째/우선(먼저), 다음으로, 마지막으로
  ② 举例：예를 들면, 실례로, 가령,
  ③ 根据：그 이유는/왜냐하면 N 때문이다. 그 이유(원인)을 살펴보면 다음과 같다.
  ④ 因果：N로 인해서, 이로 인해, 그 결과, N(으)로 말미암아
- 结论表达方法：이와 같이 N은/는 -해야 한다/N이다/N이라 할 수 있다.

읽기 阅读

选择与句子相符的词汇或表现

评鉴中级水平需要了解的核心词汇和语法。建议将常用的词汇分组学习搭配用法，这样会更有效果。

※ [1~2] ( )에 들어갈 말로 가장 알맞은 것을 고르십시오. (각 2점)

1. 오전에는 비가 많이 ( ) 지금은 날씨가 맑게 개었다.

✔① 오더니　② 오더라도
③ 와 가지고　④ 오는 대신에

学习策略 掌握适合括号内内容的词汇和语法
第1~2题要求根据句子内容选择与括号内相符的词汇或表达方式。你需要理解句子的意思，然后选出与句子脉络相匹配的选项。在选项中，一些带有连接词尾的语法结构也会出现，建议仔细研究并学习。

选择类似含义的表現

评鉴在中级水平需要了解的类似含义的表现。如果不能把具有相似意义和功能的表现一起记住的话，很容易发生混淆，所以一定要记住。

※ [3~4] 밑줄 친 부분과 의미가 가장 비슷한 것을 고르십시오. (각 2점)

3. 취업 준비생의 70% 이상이 면접시험 준비를 할 때 외모로 인하여 고민해 본 적이 있다고 말했다.

① 외모에 따라서　② 외모를 비롯해서
✔③ 외모로 말미암아　④ 외모에도 불구하고

学习策略 掌握表达方式
3~4题是关于词汇和语法的问题。在阅读句子时，要寻找与句子脉络相符的表达方式的选项。要选出与下划线部分意思相近的表达方式。避免混淆的方法之一是学习一些意义和功能相似的表达方式。

选择核心内容

此题型要求阅读功能性试题，掌握文本所指的对象。主要提示广告、公告、产品或服务方面的说明。为了掌握中心内容和详细信息，仔细阅读题目非常重要。

※ [5~8] 다음은 무엇에 대한 글인지 고르십시오. (각 2점)

5.

창문 열기 두려운 황사철
우리집 주치의
가습과 제습 기능은 기본, 온도 조절까지!

① 제습기　② 가습기
③ 온도계　④ 공기 청정기

学习策略 掌握广告的对象和目的
第5~7题涉及广告文本的内容，内容涵盖商品、公共设施、公益广告等。关键是通过列举名词性短语来把握需要说明的对象。

8.

★★★★★
매우 만족

가격 대비 품질이 좋네요.
디자인도 마음에 쏙 들고요.
방송에서 본 것보다 훨씬 예뻐요.

① 이용 방법　② 사용 후기
③ 문의 사항　④ 상품 설명

学习策略 把握其他应用文体的对象和目的
第8题涉及说明书、介绍、商品评价等内容，这些题目通常属于日常生活中常见的文体。请留意并学习日常生活中这些常见文章的韩国语表达方式。

选择与所提供的内容相一致的选项 1

考核对所提供内容的理解程度，题目通常以介绍、图表、新闻报道等形式出现。

※ [9~12] 다음 글 또는 그래프의 내용과 같은 것을 고르십시오. (각 2점)

9.

○회 부산 국제 영화제

- **일시:** 10.02(목) ~ 10.11(토)
- **장소:** 영화의 전당, 센텀시티 백화점 및 해운대 일대, 남포동 상영관
- **개막식 사회자:** 이준수, 엠마 스미스
- **폐막식 사회자:** 다이스케 사토, 박진아
- **기타:** 79개국의 314편 작품을 상영
  영화제 기간 중 행사장 주변 교통 통제

① 개막식에서 박진아 씨가 사회를 본다.
② 79개의 나라에서 영화를 1편씩 출품했다.
③ 영화의 전당에서 314편의 작품이 상영된다.
④ 영화제 기간에는 해운대 일대의 교통이 통제된다.

学习策略 掌握详细内容
第9题是关于介绍的。通常以活动、展览会的海报形式出题。先阅读选项的内容，再对照原题进行解答。如果是有关活动介绍，先记住所用词汇，可以迅速找到答案。

10.

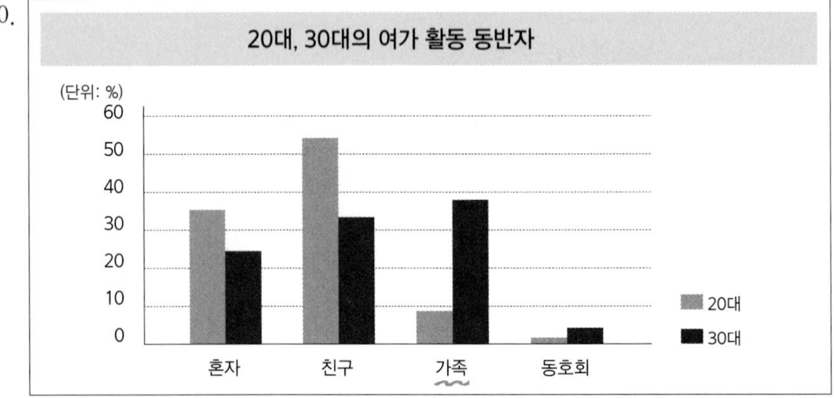

① 30대는 20대보다 동호회 활동을 더 싫어한다.
② 20대, 30대 모두 혼자 보내는 시간이 제일 많다.
③ 20대는 친구보다 가족과 더 많은 여가 시간을 보낸다.
④ 가족과 함께 보내는 시간을 중요하게 생각하는 것은 30대이다.

学习策略 掌握细节内容
第10题是关于分析图表的题目。需要掌握各种图表（如饼图、柱状图、折线图）的内容。最好多做通过图表标题以及横向、纵向分类参数来理解图表内容的练习。

11\. 한국도로공사가 최근 졸음운전과의 전쟁을 발표했다. 그래서 졸음운전의 위험성을 알리는 문구를 눈에 잘 띄는 곳에 모두 붙였다. 도로공사에 따르면 지난해 121명이 졸음운전으로 인한 교통사고로 사망했다고 한다. 그동안 방송을 통해 광고를 내보냈지만 그다지 효과가 없었는데 이번에 하는 대대적인 캠페인은 효과가 있을 것으로 기대된다.

① 이번에 시행하는 캠페인의 성공을 바라고 있다.
② 졸음운전을 예방하는 방송 광고를 내보낼 예정이다.
③ 지난해 교통사고로 사망한 사람의 수는 모두 121명이다.
④ 한국도로공사는 졸음운전 예방에 소극적인 태도를 취하고 있다.

学习策略 掌握细节内容
第11~12题是以新闻报道形式呈现介绍和传达信息的文章。在掌握整篇文章内容的同时，需要找出与文章内容一致的选项。选项通常不会直接采用原文的词汇，而是会用类似的表达方式进行替换，注意不要选错。

选择排列顺序

这个问题类型在评鉴按上下文顺序组织四个句子的能力。在四个句子中，因为可以成为文章起始部分的句子被固定为两种，所以重要的是找出哪一句必须是第一句，以期符合顺序。

※ [13~15] 다음을 순서에 맞게 배열한 것을 고르십시오. (각 2점)

13\.
(가) 그동안 국세청은 세금을 걷는 곳이라고만 생각했다.
(나) 하지만 이제부터 국세청을 창업 도우미로 생각해도 된다.
(다) 국세청에는 지역별 업종 현황에 대한 자세한 정보가 있다.
(라) 창업하기 전에 국세청 홈페이지에서 이런 자료를 확인하면 실패 확률을 줄일 수 있다.

① (가)-(나)-(다)-(라)　② (가)-(다)-(라)-(나)
③ (다)-(나)-(라)-(가)　④ (다)-(라)-(나)-(가)

学习策略 掌握文章的逻辑关系
要注意文中反复使用的表现、指示代词(这、对此、那个等)、连接副词(还有、所以、但是、因此、但是、相反、因此、还有等)，掌握句子顺序。这些语言的线索提供了句子之间的逻辑和连接关系的暗示。

选择符合语境的内容 1

这个问题考核阅读并根据语境推断内容的能力。先掌握整个语境，才能推断出细节内容。

※ [16~18] 다음을 읽고 ( )에 들어갈 말로 가장 알맞은 것을 고르십시오. (각 2점)

16.

> 이번 사진 찍기 강좌에서는 '봄꽃 축제에서 멋진 사진을 찍는 방법'을 가르쳐 준다. 벚꽃 나무를 배경으로 예쁘게 사진 찍는 법은 물론 셀프 사진을 멋있게 찍는 방법도 배운다. ( ) 사진 찍는 법을 배우다 보면 빛과 각도 등 과학과 관련된 상식이 저절로 풍성해질 것이다.

① 멋있는 포즈를 배우면서
② 배경 사진을 감상하면서
③ 봄꽃의 명칭을 공부하면서
④ 사진의 원리를 이해하면서

学习策略 推断细节内容

掌握括号前后的内容，找出能够使句子自然连接的合适词汇。最好先了解整篇文章的内容。

阅读完一篇文章要解两个问题 1

第19~20题是要在阅读完一篇文章后回答两个问题。这些问题考核了对细节内容的掌握能力以及通过上下文进行推断的能力。

※ [19~20] 다음을 읽고 물음에 답하십시오. (각 2점)

> 취업난으로 인해 합격의 기쁨을 누리는 구직자는 소수에 그치고 있다. 불합격자들은 채용 과정의 공정성과 신뢰성 확보를 위해 불합격 사유를 공개할 것을 요구한다. ( ) 회사 측에서는 채용 평가에는 객관화하기 힘든 부분이 많기 때문에 불합격 이유를 구체적으로 알려 주기가 곤란하다고 말하고 있다. 그렇지만 불합격자들에게 불합격 사유를 알려 줘야 다음 응시 때 이를 보완해서 지원할 수 있으므로 꼭 필요하다고 본다.

19. ( )에 들어갈 말로 알맞은 것을 고르십시오.

① 아마　② 결국
③ 반면　④ 마침

学习策略 掌握符合上、下文的副词、连接副词

选择符合文脉的副词、连接副词的题型。通过文章整体的内容掌握括号前后的关系非常重要。必须学习多种副词、连接副词的意义和功能。

20. 윗글의 주제로 가장 알맞은 것을 고르십시오.

① 직업을 구하고 있는 사람이 별로 없다.
② 취업난 속에서도 수많은 합격자가 나오고 있다.
③ 회사에서는 불합격 사유를 공개하는 것을 꺼린다.
④ 불합격자의 다음 지원을 위해 불합격 사유를 알려 줘야 한다.

学习策略 掌握主题

选择主题的题型。首先要掌握全部内容，寻找涵盖全部内容的核心内容是什么。大部分文章的前半部分和后半部分都提示了核心内容，所以要留心阅读。

※ [21~22] 다음을 읽고 물음에 답하십시오. (각 2점)

> 우리는 병을 치료하기 위해 약을 먹는다. 하지만 그 약 때문에 더 큰 병이 생긴다면 차라리 약을 먹지 않는 것이 더 낫다. 과학도 이와 같다. 과학이 다수를 위해 옳게 사용될 때는 인류의 문제를 해결해 주는 고마운 존재가 되겠지만, 특정 소수의 불순한 이익을 위해 사용될 때는 무서운 결과를 가져올 것이다. 과학은 (　　　　)과 같은 존재이다.

21. (　　)에 들어갈 말로 가장 알맞은 것을 고르십시오.

① 양날의 칼　　② 양손의 떡
③ 그림의 떡　　④ 떠오르는 별

学习策略 掌握惯用表达方式
第21题是选择与语境相符的俗语或惯用语的问题。由于很难从字面上理解其含义，因此需要单独学习常出现在中高级考题中的惯用语部分。熟悉经常出现的惯用语将有助于你按照语境选出正确的答案。

22. 윗글의 내용과 같은 것을 고르십시오.

① 과학은 다수에게 약이 될 수도 있다.
② 병을 고치기 위해서 약을 안 먹는다.
③ 약 때문에 또 다른 병이 생길 수 있다.
④ 과학은 무서운 결과를 낳으므로 사용하면 안 된다.

学习策略 掌握细节：共同
阅读一个题目并回答两个问题的形式是共同出现的类型。大部分是与题目内容相似，但包含错误信息的选项，因此除了错误的选项之外，加以正确回答问题。特别是题目中重要的内容通常会在起始或结尾部分加以提示，因此要关注这一部分。

※ [23~24] 다음을 읽고 물음에 답하십시오. (각 2점)

> 나는 매일 지하철로 등교한다. 지하철을 타고 가다 보면 여러 사람들의 다양한 모습을 보게 된다. 그런데 일주일에 서너 번 눈살을 찌푸리게 만드는 광경을 본다. 젊은 사람들이 자신의 자리인 양 '노약자석'에 앉아 휴대폰을 보고 있고, 노약자들은 그 앞에서 비에 맞은 나무처럼 힘겹게 서 있는 모습이다. 그런 광경을 볼 때마다 나는 얼굴이 화끈거린다. 오늘도 지하철에 앉아 오늘도 지하철에 앉아 휴대폰으로 세상을 보는 당신, 당신이 무심코 앉은 자리가 혹시 노약자를 위한 자리는 아닌지 확인해 보라. 노약자석은 우리 이웃을 위한 최소한의 배려이다. 신문이나 잡지로 세상을 보기 전에 주변을 먼저 보는 마음을 가지는 것을 어떨까?

23. 밑줄 친 부분에 나타난 '나'의 심정으로 알맞은 것을 고르십시오.

① 어색하다　　② 창피하다
③ 감격스럽다　　④ 자랑스럽다

学习策略 掌握情绪/心情
第23-24题是随笔的文体。为了掌握划线部分的笔者心情，理解前后情况非常重要。因为摘录了长篇文章的一部分，所以很难掌握全部内容，但只要根据提示的题目解题即可。仔细察看指定的题目，就能找到表现笔者情绪或心情的具体句子。

掌握题目的意义

这个问题中提示新闻报道的题目。阅读题目，评价能否掌握其意义。要仔细阅读标题，理解其核心想法或想要传达的内容。

※ [25~27] 다음 신문 기사의 제목을 가장 잘 설명한 것을 고르십시오. (각 2점)

25.

얼어붙은 건축 시장에 봄바람, 소형 아파트가 경기 주도

① 건축 시장 상황이 안 좋아서 소형 아파트도 안 팔린다.
② 소형 아파트가 잘 팔리면서 건축 경기가 살아나고 있다.
③ 겨울이 지나고 봄이 오면 건축 시장이 활성화될 것이다.
④ 봄이 되자 건축 회사들이 주로 소형 아파트를 짓고 있다.

学习策略 **掌握题目的细节内容**

新闻报道题目通常以名词的形式出现，而不是完整的句子。由于省略的部分较多，需要根据所提供的信息进行推测。要特别注意学习新闻报道题目中经常出现的词汇（汉字词）以及表达方式。

选择符合语境的内容 2

第16~18题这种类型通常涉及较陌生的主题，词汇和语法难度较高。考核的是掌握符合上下文内容的能力。

※ [28~31] (　　)에 들어갈 말로 가장 알맞은 것을 고르십시오. (각 2점)

28.

'아모니카'라는 악기는 서로 다른 양의 물로 채워진 유리컵들이다. 각각의 컵의 테두리를 손가락으로 문지르면 소리가 난다. 소리는 파동의 형태로 퍼지는데 짧은 파동이 높은 음을 만들어 내는 반면, 긴 파동은 낮은 음을 만들어 낸다. 적은 양의 물이 담긴 유리컵에는 긴 파동을 만들어 낼 만한 공간이 많이 남아 있어서 낮은 음을 만들어 낸다. 물이 거의 가득 찬 유리컵은 공간이 적어서 (　　　　).

① 파동은 짧아지고 음은 높아진다
② 파동은 길어지고 음은 높아진다
③ 파동은 짧아지고 음은 낮아진다
④ 파동은 길어지고 음은 낮아진다

学习策略 **推论细节内容**

要掌握文章的整体内容和文章的结构。通过连接副词了解文章的关系，特别集中于括号前后的句子。

选择相一致的内容 2

这种题型常常与第9~12题相似，但会以较陌生而专业的主题出题，词汇和语法难度相对较高。

※ [32~34] 다음을 읽고 글의 내용과 같은 것을 고르십시오. (각 2점)

32. 할랄(Halal) 식품은 이슬람 율법에 따라 무슬림들이 먹을 수 있는 식품을 말한다. 높은 출산율 때문에 2060년에는 무슬림 인구가 약 30억 명에 달할 것이라고 한다. 또한 주로 기독교와 천주교를 믿는 선진국보다 무슬림 국가들의 경제 성장 속도도 빠르다. 그래서 다국적 기업들은 일찍 할랄 전쟁에 뛰어들어 할랄 식품 시장의 80%를 장악하고 있다. 할랄을 특수한 종교 문화로 치부하지 않고 사업적 관점에서 시장을 공략한 결과이다.

① 할랄 식품은 무슬림이 먹어서는 안 되는 식품을 말한다.
② 2060년에는 무슬림이 세계 인구의 과반수를 차지하게 될 것이다.
③ 무슬림 국가는 인구 증가뿐만 아니라 경제 성장 속도 또한 빠르다.
④ 다국적 기업들은 할랄을 특수한 종교 문화로 받아들이고 활용했다.

学习策略 掌握细节
首先了解全部文本，然后与选项进行比较，仔细分析细节。如果依靠背景知识回答问题，可能会导致错误，因此应避免发生此问题。要彻底比较文本和选项并进行确认。

33. 같은 내용이라도 글씨체에 따라서 다른 느낌을 준다. 명조체는 눈에 잘 띄지는 않지만 가독성이 높고 편안한 느낌을 준다. 그래서 부드러운 느낌을 주고 싶을 때 명조체를 사용한다. 반면 12세기에 이탈리아에서 처음 사용된 고딕체는 선이 굵고 균일하기 때문에 강인하고 단정한 느낌을 준다. 눈에 쉽게 들어오는 고딕체는 간판이나 포스터에 주로 이용된다. 서로 다른 이 두 글씨체를 혼합하면 새로운 이미지의 글씨체를 얻을 수 있다.

① 명조체는 강인하고 단정해 보인다.
② 명조체는 가독성이 높아서 눈에 쉽게 들어온다.
③ 고딕체는 눈에 잘 띄어서 간판에 많이 사용된다.
④ 고딕체는 다른 글씨체와 혼합하면 어울리지 않는다.

掌握文章的主题

这个问题在评鉴推论主题的能力。与只需理解文本的特定部分就能解决问题的TOPIK I不同，必须理解整体内容，掌握主题。

※ [35~38] 다음을 읽고 글의 주제로 가장 알맞은 것을 고르십시오. (각 2점)

35.

숙면을 방해하는 대표적 원인은 잘못된 수면 자세이다. 사람들은 각자 잠잘 때 편안한 자세가 따로 있는데 편안한 자세가 숙면을 방해하는 경우가 많다. 엎드리거나 옆으로 누워서 자는 자세가 몸에 통증을 유발한다. 옆으로 누워서 자면 똑바로 누울 때보다 허리에 약 3배의 압력이 더해지고, 엎드려서 자게 되면 머리의 무게가 목에 그대로 전해져 목과 어깨에 부담을 준다. 따라서 잠을 잘 때는 천장을 바라보고 반듯하게 누워서 자야 숙면할 수 있다.

① 숙면을 취한다면 엎드려서 자도 괜찮다.
② 편안한 자세보다는 올바른 자세로 자야 한다.
③ 평상시 잘못된 자세는 잠을 자는 자세에도 영향을 미친다.
④ 숙면을 취하기 위해서는 무엇보다도 허리 건강이 중요하다.

学习策略 推断主题

文章主题涉及相当专业的内容。通常可以在文章的开头句或结尾句中找出主题，但内容较难时，常常难以找到。因此，在练习中要注意通过全文内容找出主题句。

36.

주택 가격이 계속 상승할 것이라는 불안감에 무리하게 대출을 받아 집을 구입한 사람들이 위기에 빠질 것이라는 걱정이 현실로 나타났다. 주택 담보 대출을 받은 사람의 절반 이상이 집값이 떨어지고, 금리가 상승하면서 원리금을 제대로 갚지 못해 하우스 푸어로 전락했기 때문이다. 급격한 집값 하락과 금리 인상은 대부분의 서민들에게 재앙이다. 정부는 과연 이런 재앙을 해결할 수 있는 대책을 갖고 있는지 묻지 않을 수 없다.

① 무리한 대출을 받아 집을 구입한 사람들이 많다.
② 하우스 푸어 문제를 해결할 정부 대책이 필요하다.
③ 집값이 떨어지고 소득이 줄면 하우스 푸어가 된다.
④ 주택 가격의 상승으로 대출을 받는 사람들이 늘고 있다.

按脉络置入句子

这个问题以给予的脉络为基础，评鉴正确置入句子的能力。重要的是要理解题目的内容和方向，决定遗漏句子的适当位置。掌握主题的逻辑进行和句子之间的连接，就可以根据适当的位置选择提示的句子。

※ [39~41] 주어진 문장이 들어갈 곳으로 가장 알맞은 것을 고르십시오. (각 2점)

39.

> 서울의 한 대학 연구팀이 중·고등학생 4,000명을 대상으로 수면 시간과 우울증 및 자살 충동과의 관련성을 조사했다. (㉠) 이는 주중 수면 시간이 적어 주말에 보충하는 것으로 해석된다. (㉡) 또한 수면 시간이 짧을수록 자살 충동이 많아지는 것으로 나타났다. (㉢) 7시간 미만으로 수면 하는 학생들이 7시간 이상 자는 학생들보다 우울감이 더 강하고 자살 사고 위험이 더 큰 것으로 나타났다. (㉣)

〈보 기〉

> 중·고등학생들은 평일에는 평균 7시간, 주말에는 8시간 51분을 자는 것으로 나타났다.

① ㉠　　② ㉡　　③ ㉢　　④ ㉣

学习策略 推论文章的逻辑关系

为了正确安排在这类问题上提示的句子，正确理解文章的方向非常重要。遗漏的句子通常起到补充重要信息或进一步发展主题的作用，因此理解整体内容是必须的。注意连接副词和其他连接表达，有助于判断遗漏句子的适当位置。

40.

> '피겨스케이팅 여왕'으로 불리는 김연아 선수는 2010년 밴쿠버 동계 올림픽에서 세계 신기록을 세웠다. (㉠) 김연아 선수가 전 세계 사람들의 사랑을 받은 이유는 완벽한 점프와 탁월한 연기력에 있다. (㉡) 그뿐만 아니라 속도, 높이 모두 탁월하다는 평가를 받았다. (㉢) 또한 영화 〈007〉의 음악에 맞춰 관객의 반응을 이끌어 낸 그녀의 연기에 감동하지 않은 사람이 없었다. (㉣)

〈보 기〉

> 그녀의 점프는 '점프의 교과서'라고 불릴 정도로 정교하다.

① ㉠　　② ㉡　　③ ㉢　　④ ㉣

阅读一篇文章，回答两个问题 2

第42-43题将提示小说。一个题目将出两个问题，并提出推论小说中人物的态度或感情的问题，以及推论具体细节的问题。

※ [42~43] 다음을 읽고 물음에 답하십시오. (각 2점)

> 남편은 국이 없으면 밥을 잘 먹지 못한다. 그래서 그런지 특별히 반찬 투정은 하지 않으나 국에 대한 집착이 강한 편이다. 장맛이 좋기로 유명한 우리 집인데 올해는 웬일인지 장이 맛없게 되었다. 간장, 된장이 싱거우니 김칫국, 미역국 등 만드는 국마다 영 맛이 나질 않았다. 국을 만들 때 소금을 더 넣어도 진한 간장이나 된장으로 간을 할 때와는 그 맛이 전혀 달랐다. 남편은 열심히 요리를 한 내 입장을 생각해서 입 밖에 말을 꺼내지는 않았으나 국을 먹다가 이마가 살짝 찡그려지면서 수저의 놀림이 차츰 늦어지다가 숟가락을 놓곤 하는 때가 종종 있었다. 그럴 때면 나는 입안의 밥알이 갑자기 돌로 변하는 것을 느끼며 슬며시 고개를 돌리곤 했다. 어떤 때 남편은 식욕을 충동시키고자 국에 고춧가루를 한 숟가락씩 떠 넣었다. 그럴 때면 매워서 눈이 빨개지고 이마에 주먹 같은 땀방울이 맺히곤 하였다. 오늘도 국에 고춧가루를 넣는 남편을 보면서 "고춧가루는 왜 그렇게 많이 넣어요?" 하는 말이 입에서 나오다가 그만 입이 다물어지고 말았다.
>
> 강경애 〈소금〉

42. 밑줄 친 부분에 나타난 '나'의 심정으로 가장 알맞은 것을 고르십시오.

① 기가 막히다 ② 면목이 없다
③ 가슴이 벅차다 ④ 마음이 홀가분하다

学习策略 掌握态度/心情
通过划线部分前后的文脉来推测登场人物的心情。需要注意学习表示登场人物心情或态度的词汇。

43. 이 글의 내용과 같은 것을 고르십시오.

① 간장, 된장이 맛이 없으면 국도 맛이 없다.
② 남편은 국이 맛이 없어서 나에게 화를 냈다.
③ 국을 만들 때 소금으로 간을 하면 맛이 있다.
④ 남편은 꼭 국에 고춧가루가 들어가야 먹는다.

阅读一篇文章，回答两个问题 3

第44和45题涉及说明文或论说文，必须阅读一篇文章，回答两个问题。以文章的脉络为基础，推论置入空格的内容，同时推论文章的主题是什么。

※ [44~45] 다음을 읽고 물음에 답하십시오. (각 2점)

연구 보고서에 따르면 직원들에게 직장에서 오전 10시 이전에 근무하도록 강요하면 직원들의 건강을 심각하게 망치게 된다고 한다. 인간의 하루 동안의 생체 리듬을 자세히 분석했더니, 16세는 오전 10시 이후에, 19세 이상 대학생들은 오전 11시 이후에 공부를 시작하는 것이 집중력과 학습 효과가 가장 높았다는 결과가 나왔다. 마찬가지로 직원들에게 (　　　) 작업의 효율을 해치고, 신체 기능과 감정에도 부정적 영향을 끼쳐서 직원들의 생체 시스템에 손상을 줄 수 있다. 그러므로 직장과 학교에서는 인간의 자연스러운 생체 시계에 맞도록 시간대 조정을 할 필요가 있다.

44. (　　)에 들어갈 말로 가장 알맞은 것을 고르십시오.

① 업무 시간을 조정하는 것은
② 이른 시간에 근무를 강요하는 것은
③ 과도한 업무를 하도록 지시하는 것은
④ 근무 시간 외의 근무를 요구하는 것은

45. 이 글의 주제로 알맞은 것을 고르십시오.

① 인간의 생체 리듬을 정밀 분석해 봐야 한다.
② 근무 시간은 인간의 감정에 악영향을 미친다.
③ 생체 리듬에 맞게 출근 및 등교 시간을 조절해야 한다.
④ 오전 10시 이전에 근무하는 것은 심신에 위협이 될 수 있다.

学习策略 推论主题

为了掌握某篇文章的主题，寻找提出笔者主张的主要句子——主题句非常重要。例如在给予的文章中，主题文章写道："因此，职场和学校有必要调整时间，以适应人类自然的生物时钟。"通过阅读文章，练习区分主题句的技术，可以提高推论文章主题的能力。

阅读一篇文章，回答两个问题 4

第46-47题将提示论说文。此类型将会出现阅读题目后推论笔者态度的问题和理解细节内容的问题。

※ [46~47] 다음을 읽고 물음에 답하십시오. (각 2점)

엘니뇨는 원래 에콰도르와 페루의 어민들이 쓰던 말에서 비롯되었다. 몇 년에 한 번씩 바닷물의 흐름이 평소와 반대로 바뀌고 따뜻한 해류가 밀려오면서 엘니뇨가 발생한다. 엘니뇨는 기상 현상에도 큰 영향을 끼치는데, 엘니뇨로 인해 어획량이 줄어드는 것이 대표적인 현상이다. 하지만 엘니뇨가 기상 현상에 끼치는 영향이 언제나 비슷한 것은 아니다. 어떨 때는 가볍게 지나가기도 하고, 또 어떨 때는 해수면 온도가 지나치게 높아져 엄청난 양의 에너지가 대기로 쏟아져 나오면서, 세계 곳곳에서 폭염, 홍수, 가뭄, 폭설 등의 이상 기후가 나타나기도 한다. 그러나 엘니뇨가 발생하는 원인에 대해서는 아직까지도 정확히 밝혀지지 않은 부분이 많다.

46. 윗글에 나타난 필자의 태도로 가장 알맞은 것을 고르십시오.

① 엘리뇨로 인한 경제적 피해에 대해 걱정하고 있다.
② 엘리뇨의 발생과 기상에 미치는 영향을 설명하고 있다.
③ 엘리뇨 현상을 여러 형태의 기상 현상과 비교하고 있다.
④ 엘리뇨라는 단어가 어디에서 시작되었는지 밝히고 있다.

学习策略 掌握笔者的态度

这是了解笔者如何陈述文章的态度的问题。首先要了解表示态度的动词的意义，要学习选项中经常出现的谓语“걱정하다 (担心), 설명하다 (说明), 비교하다 (比较), 밝히다 (阐明), 역설하다(竭力主张), 강조하다 (强调), 부정하다 (否定), 적극적이다 (积极)”等动词。接下来必须找出文章的核心内容，只要掌握内容和谓词是否正确连接即可。

47. 이 글의 내용과 같은 것을 고르십시오.

① 엘니뇨가 발생하면 따뜻한 해류로 인해 어획량이 증가한다.
② 최근 과학자들은 엘니뇨 발생 원인에 대해 명확하게 밝혀냈다.
③ 엘니뇨로 해수면 온도가 높아지면 많은 에너지가 대기로 나온다.
④ 폭염, 홍수, 가뭄 등 이상 기상 현상으로 인해 엘니뇨가 발생한다.

阅读一文，回答三个问题

第48-50题将提示论说文，主题也是专业领域的抽象、特殊内容，词汇和语法的难度最高。可以说是整体问题中最难的文本。一个文本出三道题，需要对内容进行深入的理解和分析。

※ [48~50] 다음을 읽고 물음에 답하십시오. (각 2점)

'예금자 보호 제도'에 대해 잘 모르는 사람들이 많다. 이는 금융 기관이 고객의 금융 자산을 반환하지 못할 경우, 예금 보호 기금을 통해 일정 금액 한도 내에서 예금을 돌려주는 제도이다. 어떤 사람들은 은행의 실패를 정부에서 보조해 주는 제도라고 부정적으로 말하기도 한다. 하지만 나라에서 이 제도를 갖추고 있는 이유는 금융 회사가 고객의 예금을 지급하지 못하게 되면 예금자의 가계 생활이 불안정해지고 나아가 나라 전체의 금융 안정성도 큰 타격을 입게 되기 때문이다. 일반적으로 저축은 원금 손실의 위험이 매우 작아 이율이 높지 않은 대신 안정적으로 이자 수입을 얻어 돈을 늘려 갈 수 있는 방법이다. 이는 은행 등의 금융 회사가 영업 정지나 파산 등으로 인해 고객의 예금을 지급하지 못할 경우에 대비하여 예금자를 보호하는 법과 제도가 운영되고 있기 때문에 가능한 것이다. 현재 금융 회사가 (   ) 예금보험 공사가 예금자 보호법에 의해 예금자에게 돌려줄 수 있는 보호 금액은 1인당 최고 5,000만 원이다.

48. 윗글을 쓴 목적으로 가장 알맞은 것을 고르십시오.

① 예금자 보호 제도에 대해 알려 주기 위해서
② 예금자 보호 제도의 폐해를 지적하기 위해서
③ 예금자 보호 제도의 필요성을 주장하기 위해서
④ 예금자 보호 제도의 안정성을 강조하기 위해서

学习策略 掌握文章的目的
这是寻找笔者写作目的的问题。了解整篇文章的内容，需要找出笔者主张的是什么。文章的前半部分通常揭示现象或状况，后半部分则是对其进行批判、反对、支持等不同意见的陈述，因此在后半部分中寻找答案非常重要。

49. (   )에 들어갈 내용으로 알맞은 것을 고르십시오.

① 고객의 개인정보를 보호하지 못할 경우
② 고객의 금융 자산을 지급하지 못할 경우
③ 고객의 원금 손실의 위험을 막지 못할 경우
④ 고객의 예금으로 이자 수입을 얻지 못할 경우

第三版
TOPIK MASTER

FINAL 실전 모의고사 1회

实战模拟考试 第1套

정답 答案

1교시: 듣기, 쓰기

듣기

1. ③	2. ①	3. ②	4. ②	5. ③	6. ①	7. ④	8. ④	9. ②	10. ④
11. ①	12. ④	13. ④	14. ④	15. ③	16. ③	17. ④	18. ①	19. ③	20. ④
21. ④	22. ③	23. ①	24. ①	25. ③	26. ②	27. ③	28. ④	29. ②	30. ④
31. ④	32. ①	33. ④	34. ①	35. ③	36. ④	37. ③	38. ③	39. ②	40. ④
41. ④	42. ③	43. ③	44. ②	45. ③	46. ②	47. ②	48. ②	49. ①	50. ③

쓰기

51. ㉠ (5점) 제 가족과 친한 친구들의 전화번호가 들어 있습니다
(3점) 많은/중요한 전화번호가 있습니다

㉡ (5점) 보신 분은 아래 번호로 연락해 주십시오
(3점) 보신 분은 연락 주십시오/연락바랍니다

52. ㉠ (5점) 어느 하나도 완벽하게/제대로 할 수 없을 것이다
(3점) 완벽하게/제대로 할 수 없다/없을 것이다

㉡ (5점) 가장 중요한 것들을 놓치지 않을 수 있을 것이다
(3점) 원하는 것을/목표를 이룰 수 있다/있을 것이다

2교시: 읽기

읽기

1. ①	2. ③	3. ③	4. ④	5. ④	6. ①	7. ①	8. ②	9. ④	10. ④
11. ①	12. ③	13. ①	14. ②	15. ②	16. ④	17. ③	18. ②	19. ③	20. ④
21. ①	22. ③	23. ②	24. ③	25. ②	26. ③	27. ④	28. ①	29. ④	30. ①
31. ②	32. ③	33. ③	34. ②	35. ②	36. ②	37. ④	38. ③	39. ④	40. ②
41. ③	42. ②	43. ①	44. ②	45. ③	46. ②	47. ③	48. ①	49. ②	50. ②

53. 〈样板答卷〉

노인 행복 연구소가 60~75세의 노인 300명을 대상으로 '60세 이후에 행복하게 사는 것'에 대해 설문 조사를 실시하였다. 행복한 삶을 위해 꼭 필요한 것으로 37%가 건강을, 33%가 경제력을, 10%가 친구를 꼽았다. 그리고 건강을 위해 노력하고 있는 것으로 첫째는 무리하지 않는 운동을, 둘째는 충분한 수면을, 셋째는 사회적 관계 유지라고 답했다. 이를 통해 답변자들은 60세 이후에 건강이 가장 중요하다고 생각하며, 건강 관리를 위해 노력하고 있음을 알 수 있다.

54.〈样板答卷〉

현대 사회는 출산율이 빠르게 감소하고 있다. 개인적 요인으로 결혼관의 변화, 자녀 양육에 대한 부담, 미래에 대한 경제적 불안 등을, 사회적 요인으로 사회적 지원의 부족, 고용 불안 등을 원인으로 볼 수 있다.

이러한 출산율의 감소는 인구의 감소로 이어지는데, 무엇보다 큰 문제점은 경제 활동을 해야 하는 젊은 인구가 급격히 감소하는 반면, 노년층의 수는 여전히 많은 비중을 차지한다는 것이다. 이러한 젊은 층과 노년층의 인구 불균형은 장기적으로 국가의 경제를 어렵게 만든다. 출산율의 감소를 막기 위해서는 미혼 남녀가 결혼할 수 있도록 다양한 지원을 해야 한다. 최근 고용 불안과 집값 상승 등의 경제적 문제로 인해 결혼 준비 기간이 길어지면서 결혼을 포기하는 사람이 늘고 있다. 그러므로 우선 좋은 일자리를 늘려 고용의 질을 높이고 주택 공급 가격을 낮춰야 한다. 결혼을 하더라도 양육 환경에 대한 부담 때문에 출산을 미루거나 한 자녀로 만족하는 경우도 많다.

따라서 출산을 한 사람들에게 적절한 경제적 지원을 하고, 어린이집이나 유치원 등 보육 환경을 마련해서 지속적으로 사회적 지원을 제공해야 한다. 이와 같은 지원이 다양하게 이루어진다면 출산율의 감소를 막는 데 도움이 될 것이다.

해설 解答

듣기 听力

[1~3] 请听录音，并选择最合适的图片或图表。

1.
여자 밖에 비가 오는 것 같아요.
남자 그래요? 아까 오전에는 비가 안 오던데요. 우산 없어요?
여자 네, 혹시 우산이 더 있으면 좀 빌려주세요.

女 外面好像在下雨。
男 是吗？刚才上午可没有下雨，你没带雨伞吗？
女 是的，如果你有多余的雨伞，可以借给我吗？

这是一个没有带伞的女性向男性借伞的情景。提到外面正在下雨，由此可推断这两人现在在室内。因此正确答案为③。

2.
남자 어서 오세요. 무엇을 도와드릴까요?
여자 제 아이가 이 놀이 기구를 타고 싶어 해서요.
남자 죄송하지만 키가 140cm가 안되면 놀이 기구를 이용할 수 없습니다.

男 请进！需要什么帮助吗？
女 我的孩子想要坐这个游乐设施。
男 很抱歉，身高不足140cm，不能使用这个设施。

面对女性说："孩子想要坐游乐设施"的时候，男性一边表示歉意，一边解释身高必须在140cm以上才可以乘坐。因此可以推断现在孩子尚未乘坐游乐设施。所以正确答案应该是使用测量身高用具的①。

3.
남자 20대를 대상으로 외식 횟수를 조사한 결과 일주일에 1회 정도라고 답한 비율이 가장 높았으며, 일주일에 2~3회라고 답한 비율이 그 뒤를 이었습니다. 마지막으로 일주일에 4회 이상이라고 응답한 비율이 가장 낮았습니다.

男 对20多岁的年轻人外出就餐次数进行调查的结果显示，回答每周一次的比率最高，其次是回答每周2-3次的比率。最后，回答每周至少四次的比率最低。

这是有关以20多岁年轻人为对象进行外出就餐次数调查的内容。调查结果依次为每周1次左右(45.5%)、每周2-3次(45.5%)、每周4次以上(13.5%)，因此符合顺序数值的②号图表是正确答案。

[4~8] 请听录音，并选择可接续的最合适话语。

4.
여자 잠깐만요. 요리하기 전에 모자를 꼭 써야 해요.
남자 그래요? 저는 머리카락이 짧아서 안 써도 되는 줄 알았어요.
여자 ____________________

女 等等！做饭之前一定要戴帽子。
男 是吗？我头发短，以为不戴也行呢。
女 ____________________

男性以为头发短就可以不戴帽子。但女性强调说，无论头发有多长，都必须戴帽子。因此正确答案为②。

5.
남자 운동 후 샤워 시설을 무료로 이용하려면 어떻게 해야 하나요?
여자 오늘까지 회원 등록을 하시면 무료로 이용 가능합니다.
남자 ____________________

男 运动之后想要免费使用洗浴设施，应该怎么办？
女 如果你今天申请会员的话，就可以免费使用了。
男 ____________________

男性询问免费使用洗浴设施的方法，女性回答说："如果你今天申请会员的话……"。由此可知男性还不是会员，可能即将申请加入会员。因此正确答案为③。

6.
여자 민호야, 너 아직 수강 신청을 못 했다면서?
남자 지금 하려고 해. 6시까지니까 아직 시간이 있어.
여자 ____________________

女 敏浩，听说你还没选课？
男 现在打算做。到6点为止，还有时间。
女 ____________________

在对话中，女性问男性是否已经申请了课程，男性很从容地回答说还有时间。此时女性最恰当的回应应该是：要快点申请。因此正确答案为①。

7.
여자 어제 주문한 책상이 왔는데 크기가 다른 것 같아요.
남자 아, 그래요? 죄송합니다. 어떻게 해 드릴까요?
여자 ____________________

女 昨天订的书桌到了，大小好像不太一样。
男 啊，是吗？抱歉。你想我怎么处理？
女 ____________________

这里提到女性订购的桌子大小和实际送货的大小有些不同。根据对话的上下文，最合适的回答可能是：要么更换成自己所订购的尺寸的桌子，要么退款。因此正确答案为④。

8.
남자 휴대 전화를 계속 봐서 그런지 눈이 아파.
여자 눈이 아플 때는 30분씩 눈을 쉬어 주는 것이 좋대.
남자 ____________________

男 可能是一直盯着手机看的原因，眼睛很疼。
女 听说眼睛疼的时候，休息30分钟比较有好处。
男 ____________________

男性长时间盯着手机导致眼睛疼痛。当他听到女性的建议后，最适当的反应应该是④。而眼睛每次休息需要30分钟的说法与之前是否休息无关，因此③是不正确的。

[9~12] 请听录音，并选择最适合女性接下来会做的行动的选项。

9.

여자 자전거를 탈 만한 색다른 장소가 없을까?

남자 자전거 동호회에 가입하는 건 어때? 자전거 타기 좋은 곳을 알 수 있을 거야.

여자 좋은 생각이다. 그럼 혹시 아는 동호회라도 있어?

남자 선배 중에 가입한 사람이 있어. 내가 그 선배에게 사이트 주소를 물어볼게.

女 没有能骑自行车的不同寻常的场所吗？

男 加入自行车车友会怎么样？能知道很多骑自行车的好地方。

女 好主意。那有你知道的车友会吗？

男 前辈里有加入的人。我向那位前辈问问网站的地址。

男性劝女性加入自行车俱乐部，女性则让男性推荐她所知道的俱乐部。由此可以推断：一旦男性告诉女性俱乐部的网站地址，她很可能会加入。因此正确答案为②。而①是男性将要进行的行动，所以不正确。

10.

남자 정아 씨, 이번에 해외 연수 왜 안 가요?

여자 저도 정말 가고 싶은데 연수 기간이 너무 길어서요.

남자 3개월짜리 단기 연수도 있어요. 회사 홈페이지에서 한번 알아봐요.

여자 정말요? 몰랐어요. 바로 확인해 봐야겠어요.

男 正雅，这次海外研修为什么没去？

女 我也特别想去，可研修时间太长了。

男 也有3个月的短期研修。上公司网页上好好了解一下吧。

女 真的？我不知道，这就确认一下。

女性原本由于研修期限的问题并没有打算参加研修。听了男性的建议后，她打算上公司的网页来确认短期研修的期限信息，因此正确答案为④。

11.

여자 이 의자가 플라스틱인데 재활용 쓰레기로 버릴 수 있을까요?

남자 글쎄요. 크기가 커서 잘 모르겠네요. 이따가 관리실에 전화해 봐요.

여자 아까 관리실에 전화해 봤는데 점심시간이라 그런지 안 받더라고요.

남자 그러면 우리도 점심 먹고 와서 다시 전화해 봐요.

女 这把椅子是塑料的，能当作可回收垃圾扔掉吗？

男 是的，尺寸太大了，我也不太确定，等一下我给管理室打电话问问。

女 刚才已经给管理室打电话了，可能因为是午休时间，没人接。

男 那我们就等吃完午饭再打电话吧。

女性想知道这把椅子是否可以作为可回收垃圾丢弃，于是给管理室打了电话。然而，因为是午休时间，电话没有人接听。最后，男性提议等吃完午饭后再打电话。因此正确答案为①。

12.

여자 저……, 이 보고서를 찾고 싶은데요. 어디에 있나요?

남자 이 보고서는 오래된 논문이라 여기에 없어요. 인터넷에서 검색해 보세요.

여자 인터넷 말고 종이로 볼 수 있는 다른 방법은 없나요?

남자 다른 대학교 도서관에 신청하면 돼요. 여기에 도서 신청서가 있습니다.

女 我……想找这篇报告，能在哪里找到吗？

男 这是一篇相当旧的论文，这里没有。你可以上网查查。

女 不想使用网络，还有没有其他方法可以看到纸质论文？

男 你可以向其他大学的图书馆申请。这里有图书申请书。

女性要找的报告是一篇相当旧的论文。为了能看到纸质的论文，必须向其他大学的图书馆提出申请。此时，男性正在递给女性图书申请书。因此，正确答案为④。

[13~16] 请听录音，并选择与听到的内容相同的选项。

13.

여자 미국에서 친구가 놀러 오는데 갈 만한 데가 없을까?

남자 다음 주부터 고궁을 야간에도 볼 수 있대. 외국인뿐만 아니라 한국인들에게도 인기가 정말 많다는데?

여자 정말? 그럼 빨리 표를 예약해야겠다.

남자 현장에서 살 수도 있지만 예약을 하는 게 더 좋을 거야.

女 朋友从美国来旅游，有什么值得去的地方吗？

男 我听说从下周开始，故宫晚上也可以参观了。这不仅对外国游客，听说对韩国人也很受欢迎呢。

女 真的吗？那我们真得快点订票了。

男 虽然也可以现场购买，但最好还是提前预订。

现在故宫夜间开放，外国游客和韩国游客都很喜欢。门票可以现场购买，但预订门票更加方便快捷。因此，正确答案为④。

14.

여자 손님 여러분, 오늘도 저희 6호선을 이용해 주셔서 감사합니다. 이번에 내리실 역은 합정역입니다. 다음 정거장은 상수역입니다. 2호선으로 갈아타실 분은 이번 정거장에서 내리시기 바랍니다. 이 열차의 종착역은 신내역입니다.

女 各位顾客，非常感谢您今天选择搭乘我们的6号线。下一站将抵达合井站，紧随其后的是上水站。如果有乘客需要转乘2号线，请在此站下车。本次列车将在新内站作为终点站停靠。

根据“本次列车的终点站是新内站”的信息，可以确定这趟列车是前往新内站的。因此，答案是④。

15.
남자 여러분, 설거지를 깨끗이 하고 나도 영 찝찝하셨죠? 아무리 깨끗이 씻어 내도 혹시 그릇에 세제가 남아 있는 건 아닌지 걱정되셨을 것입니다. 이번에 저희 회사에서 개발한 친환경 세제는 몸에 해로운 화학 성분을 확 낮추어 인체에도 해롭지 않고, 환경에도 좋습니다. 오늘만 특별히 한 개를 구입하시면 한 개를 더 드리겠습니다. 어서 오세요.

男 各位，洗完碗后还是觉得不放心吧？不管再怎么干净清洗，大家还是会担心碗里是不是还留下洗碗精。这次我们公司研发的环保洗碗精，可以大大降低对身体有害的化学成分，对人体无害，对环境也有好处。如果您今天特意购买一瓶，我们会再赠送您一瓶。欢迎光临。

男性公司研发的环保洗碗精可以大幅降低对身体有害的化学成分，对人体无害，对环境也有好处，因此选项③是正确答案。

16.
여자 이번 영화에서는 소방관 역을 연기하셨다는데 영화 촬영은 어떠셨어요?

남자 우선 개봉 전인데도 많은 분들이 관심을 가져 주셔서 정말 기쁩니다. 이번 영화에서는 제가 소방관이 되어 실제로 불을 끄는 연기를 하는 게 가장 힘들었어요. 소방관들이 얼마나 힘들게 일하는지도 느끼게 되었고요. 많은 분들이 이 영화를 보고 열심히 일하시는 소방관들에게 고마움을 느꼈으면 좋겠어요.

女 听说您在这部电影中饰演了消防官的角色，您对电影的拍摄效果有什么看法？

男 首先，我很高兴在首映前就受到了这么多人的关注。在这部电影中，我扮演一名消防官，在一场实际的灭火演出中，确实感到非常辛苦。这让我深切体会到了消防官所从事的艰辛工作。希望通过观看这部电影，能够让更多人对辛勤工作的消防官们心怀感激。

男性提到在即将上映的电影中，他饰演消防官并进行了实际的灭火表演，过程中非常辛苦。所以答案为③。

[17~20] 请听录音，并选择最适合男性中心想法的选项。

17.
남자 집에 컵이 많네요. 왜 이렇게 많아요?

여자 저는 외국으로 여행을 가면 기념으로 그 나라의 이름이 새겨진 컵을 꼭 사요. 컵을 안 사면 왠지 허전하더라고요.

남자 돈은 좀 들겠지만 컵을 보면 여행했던 기억이 떠올라서 기념이 되겠어요. 저도 이제부터 컵을 모아 봐야겠어요.

男 家里的杯子好多啊，为什么这么多？

女 我每次去外国旅行都会买一些带有那个国家名字的杯子，作为纪念。不买的话总觉得有点空空的。

男 虽然花费不少钱，但看到这些杯子就能勾起旅行的回忆，真是不错的纪念品。看来我以后也要开始收集杯子了。

听到女性说每次去外国旅行都会买带有国家名字的杯子作为纪念，男性也觉得这样的纪念品能勾起旅行时的回忆，确实是个很好的方式。所以答案是④。

18.
남자 아까 그 책, 오늘 꼭 봐야 하는 책 아니었어?

여자 응, 맞아. 그런데 내가 거절을 못해서 친구한테 빌려줬어.

남자 그럴 때는 거절을 해야지. 거절할 때는 확실히 거절을 하고 거절하는 이유를 정확하게 말해 주는 게 좋아. 그렇다고 네가 나쁜 사람이 되는 것은 아니야.

男 刚才那本书不是今天必须要看的吗？

女 嗯，对。但是我不太擅长拒绝，就借给朋友了。

男 那个时候应该要坚定地拒绝，拒绝的时候要明确表达，最好解释清楚拒绝的原因。即使拒绝了，也不会因此成为坏人。

面对不能拒绝别人的女性，男性坦率地表达了自己的看法，即要在拒绝时明确表达，最好附带适当的解释。因此，答案为①。

19.
남자 요즘 아파트를 사는 것보다 집을 짓는 게 유행이래.

여자 직접 집을 지으면 관리하기가 힘들지 않을까?

남자 좀 힘들 수도 있지만 오히려 집주인이 관리를 하니까 더 꼼꼼히 잘할 수 있어. 그리고 자신에게 필요한 시설만 지으니까 불필요한 비용이 들지 않을 수도 있고 말이야.

여자 나는 그래도 아파트 생활이 더 편리할 것 같아.

男 最近大家都说盖房子比住公寓更流行。

女 自己盖房子的话，管理起来不会太麻烦吗？

男 可能会有些麻烦，不过房主会更加用心管理。而且只修建自己需要的设施，也可能会减少不必要的开支。

女 不过我还是觉得住公寓更方便些。

男性认为自己盖房子住，自己亲自管理能够更好地管理。因此，正确答案为③。

20.
여자 축하드립니다. 고객들이 뽑은 '이 달의 우수 서비스 사원'에 선정되셨어요. 고객들에게 어떻게 감동을 주셨나요?

남자 감사합니다. 저는 서비스를 할 때 고객의 입장에서 생각했기 때문에 고객 분들에게 칭찬을 많이 받았던 것 같습니다. 그리고 저희 매장에는 할머니나 할아버지 손님들이 많으신데 그분들을 시골에 계신 저의 할머니와 할아버지라고 생각하고 진심으로 대해 드렸습니다. 그래서 정말 저를 좋아해 주셨어요.

女 恭喜你！在顾客评选中，你被选为“本月最佳服务员”。你是怎么打动顾客的呢？

男 谢谢！在服务过程中，我总是站在顾客的立场上考虑问题，因此才能够得到顾客们的好评。而且我们店里有很多年长的顾客，我会把他们当作自己的乡下奶奶和爷爷来真诚对待。因此，他们也对我充满了真心喜爱。

男性认为他之所以获得了好的结果，是因为他在为顾客提供服务时始终站在顾客的立场考虑。因此，答案为④。

[21~22] 请听录音，并回答问题。

여자 와, 이 강아지 좀 봐. 정말 귀엽다. 이참에 나도 강아지를 키워 볼까?

남자 근데 너 혹시, 지금 가족들과 함께 살고 있어?

여자 아니. 혼자 사니까 좀 외로워서 강아지라도 키우면 좋을 것 같아서.

남자 네가 요즘 집을 비우는 시간이 많으니까 강아지를 키우지 않는 게 좋을 것 같아. 나도 예전에 키워 봤는데 강아지가 집에 혼자 있는 시간이 많으면 불쌍하더라고.

女 哇！快看，小狗！真可爱！就这个机会，我也考虑养只狗试试？

男 不过你或许现在和家人一起住吧？

女 没有，因为一个人住有些孤独，所以才觉得养只狗不错。

男 你最近不在家的时间挺多的，还是不要养狗比较好。我以前也养过，总是让狗独自在家，感觉很可怜。

21. 男性认为让狗独自在家很可怜。所以正确答案为④。

22. 女性说她现在一个人生活，从男性的回答可以得知，她经常不在家。因此正确答案是③。

[23~24] 请听录音，并回答问题。

남자 총무과죠? 이번 주에 회의실을 빌리려고 하는데 예약할 수 있나요?

여자 어떡하죠? 이번 주는 이미 예약이 다 차 있네요. 언제 사용하실 건데요?

남자 이번 주 금요일 오전이요. 갑자기 회의가 잡혔는데 빈 회의실이 없으면 큰일이네요.

여자 다른 예약이 취소될 수도 있으니까 일단 신청서를 작성해서 총무과로 보내 주세요. 빈 회의실이 생기면 제가 바로 연락드릴게요.

男 是总务科吧？这个星期想借会议室，能预订吗？

女 怎么办呀，这周已经都订满了，您想什么时候用？

男 这个星期五上午。突然决定开会，没有空会议室可麻烦了。

女 其它预订也可能会取消，先填写申请书交到总务科吧。有空会议室出来，我马上联系你。

23. 男性给总务科打电话询问这周五是否能预订会议室。所以答案是①。

24. 男性想要预订会议室。然而女性告诉他这周的会议室已经全部预订满了，但如果有空出来的会议室的话，她会立即联系他。由此可知男性最终没有成功预订上。所以答案是①。

[25~26] 请听录音，并回答问题。

여자 인사부에서 오랫동안 근무하시면서 많은 자기소개서를 읽어 보셨을 텐데 어떤 자기소개서가 잘 쓴 자기소개서인가요?

남자 자기소개서는 기업에 지원자 자신을 홍보하는 도구나 다름없습니다. 그렇기 때문에 아무리 사소한 이야기라도 꾸밈없이 담아내는 게 좋아요. 자신의 성장 과정이나 실제 경험했던 일들을 진정성 있게 서술하면서 그 경험을 통해 무엇을 느끼고 배웠는지에 초점을 맞춰서 작성해야 합니다. 또 지원자들의 나이가 대부분 20대 중후반이기 때문에 인생에서 큰 사건을 겪은 사람들은 많지 않아요. 그렇기 때문에 이야기를 쓸 때 너무 부담 갖지 않아도 됩니다.

女 您在人事部工作了很长时间，一定见过许多自我介绍。您认为哪种自我介绍写得比较好呢？

男 我认为自我介绍就好像是向公司展示应聘者自己的工具一样。因此，即使是微小的细节，也最好以未加修饰的方式呈现出来。真实地叙述自己的成长经历和实际经历，并强调通过这些经历获得的感悟或学习。另外，大部分应聘者的年龄都在20岁中、后半段，有过重大经历的人相对较少。所以，在写作时无需有太多压力。

25. 男性认为在写自我介绍时，即使是小事情也应该坦率地表达，不需要过多修饰。所以正确答案为③。

26. 由于前文中女性提到了“在人事部工作很久”的话，所以正确答案是②。此外，文中还提到20岁的尾巴的人在人生中经历重大事件的较少，所以④不正确。

[27~28] 请听录音，并回答问题。

남자 요즘에 학생들이 학교에 늦게 가는 것 같더라?

여자 응, 대부분의 학교에서 오전 9시까지 학교를 가도록 하는 9시 등교제를 실시하고 있잖아.

남자 과연 9시 등교제가 좋을까? 차라리 학교에 일찍 가서 자습을 더 하는 게 효율적인 것 같은데.

여자 9시 등교제 실시 이후에 학생들의 수면과 건강에 긍정적인 영향을 끼쳤다는 반응이 많았어.

남자 그래? 맞벌이 가정 등을 고려하지 않은 획일적인 정책은 아닐까? 9시 등교제 때문에 오히려 다른 부작용들도 생겼을 것 같아.

男 最近学生们好像上学很晚啊？

女 嗯，大部分学校都在实行9点到校的“9点上学制”。

男 9点上学制真的好吗？还不如早点去学校自习还更有效率呢。

女 实行9点上学制以后，很多人觉得学生的睡眠和健康形成了正面影响。

男 是吗？是不是没有考虑双职工家庭等的划一政策呢？因为9点上学制，好像反而产生了其他副作用。

27. 男性认为“9点上学制”可能是没有考虑双职工家庭等的划一政策，反而产生了其他副作用，对“9点上学制实施”提出了疑问，因此答案是③。

28. 从女性说明大部分学校实施上午9点到校的“9点上学制”来看，答案是④。

[29~30] 请听录音，并回答问题。

여자 하나의 토지에 두 가구가 거주하는 땅콩집에 관심 있는 분이 많으실 텐데요. 땅콩집에 대해 설명 부탁드립니다.

남자 땅콩집은 두 가구가 공동으로 토지를 구매해서, 건물을 짓고 공간을 분리하여 거주하는 주택을 말합니다. 땅콩집은 공사 비용을 절약할 수 있어서 경제적이라는 것이 가장 큰 장점입니다. 무엇보다 제가 땅콩집을 설계할 때 가장 고려하는 점은 난방비와 같은 관리비인데요. 창문 크기를 최대한 줄이고 친환경적인 방법으로 열을 차단해서 기존 아파트보다 난방비가 적게 들도록 합니다. 하지만 두 주택이 붙어 있는 형태로 인해 사생활 침해 문제가 발생하기도 합니다.

女 一个土地上住着两户人家的花生房引起了许多人的兴趣。关于这个花生房，请您解释一下。

男 花生房是指两户人家一起购买土地，共同建造房屋，然后按照划分好的空间居住。花生房可以节省工程费用，其经济性是最大的优势。在设计花生房时，我最关注的问题是管理费用，如取暖费用等。为了最大程度地减小窗户和门的尺寸，我采用了环保的方式隔热，与传统公寓相比，取暖费用降低到了最低。然而，两户人家紧挨着生活也可能会导致私人生活受到侵扰的问题。

29. 男性向大家说明了他在设计花生房时所考虑的问题。因此答案是②。

30. 男性介绍了盖花生房时的考虑，与以往的公寓相比，他在设计中减小了窗户的面积，并采用了环保的隔热方法，从而降低取暖费用。所以答案是④。

[31~32] 请听录音，并回答问题。

여자 요즘 소비자들에게 혼란을 주는 광고가 많은데, 과장된 광고는 어느 정도 제한을 두어야 한다고 생각합니다.

남자 네, 요즘 과장된 광고가 없다고 할 수는 없습니다. 하지만 광고의 목적이 사람들의 시선을 끌기 위한 것인 만큼 어느 정도의 과장도 필요하다고 봅니다.

여자 하지만 그런 과장으로 인해 소비자들이 피해를 보는 경우도 적지 않습니다.

남자 물론 그럴 수 있지만 과장의 기준이라는 것이 모호하기 때문에 소비자 스스로 광고의 정보를 분별하고, 파악하는 것도 중요합니다.

女 最近有很多让消费者感到困惑的夸大广告。我认为应该在某种程度上限制一下这种夸大宣传。

男 是的，不能说最近没有夸大广告，但是广告的目的就在于吸引人们的注意。在我看来，一定程度的夸张也是需要的。

女 但是因为这种夸张，导致消费者受损的情况也不少。

男 尽管可以这样做，因为界定夸张的标准很模糊，所以消费者自己分辨和掌握广告信息的能力也很重要。

31. 通过男性最后提到的观点可以得出答案是④，即强调提升消费者自身分辨和掌握广告信息的能力。

32. 男性承认女性提到的存在夸大广告的观点，但同时也反驳道，广告在吸引人们注意方面确实需要一定程度的夸张。因此，正确答案是①。

[33~34] 请听录音，并回答问题。

여자 인간은 보고 싶은 것만 보고 믿고 싶은 것만 믿는다는 흥미로운 연구 결과가 공개되었습니다. 즉, 우리의 뇌는 착각과 현실을 구분하지 못한다고 합니다. 우리가 오감을 통해 받아들이는 정보는 1초에 천백만 개입니다. 하지만 이 중에 40개 정도만 저장을 하는데요. 뇌가 우리도 모르게 보고 들은 것들을 편집하는 것입니다. 이때 생기는 생각의 오류가 착각입니다. 결국 내가 원하는 것, 내가 생각하는 것, 내가 믿는 것만 남게 되는 것이지요. 사람들은 이렇게 자신이 믿는 것을 확신하지만 이런 믿음이 착각이라는 것을 알려 주는 특정 뇌 부위는 존재하지 않습니다.

女 人们总是会看自己想看的事物，相信自己想相信的事物，有趣的研究结果已经公开。也就是说，我们的大脑无法分辨错觉和现实。我们每秒钟通过五官接收的信息高达1百1十万个，但其中只有大约40个被储存下来。大脑会不自觉地对所见所听进行编辑。这种情况下产生的错误想法被称为错觉，最终留下的只是我所期待、所想象、所相信的东西。像这样，人们只会坚信自己相信的事物，但是能够告诉我们这种信任是一种错觉的特定大脑区域并不存在。

33. 这里对导致我们的大脑产生错觉的原因进行了说明。所以正确答案是④。

34. 这里提到大脑在我们不知情的情况下会对所看到、听到的内容进行编辑。所以正确答案是①。

[35~36] 请听录音，并回答问题。

남자 오늘 이렇게 우리 도서관의 '독서 나눔 프로그램'을 알리게 되어 기쁩니다. 독서 나눔은 단순히 현직에서 은퇴한 어르신들의 지식과 경험을 활용하는 차원을 넘어 사회적 일자리를 창출하는 사업입니다. 이 프로그램에서는 먼저 어르신들에게 아동 독서 지도법에 대해 교육을 실시한 후 각 보육 기관에 강사로 파견할 예정입니다. 그러면 어르신들은 각 보육 기관에서 아이들에게 동화 구연과 독서 활동을 지도하게 됩니다. 앞으로 이 프로그램은 아이들에게 올바른 독서 습관을 길러 주고 즐거움을 전하며 더 나아가 세대 간 친밀감 회복에 앞장설 것으로 기대합니다.

男 今天能够以这样的方式让更多人了解我们图书馆的“读书分享活动”，我感到非常高兴。这项活动超越了仅仅传承公司退休的老年人的知识和经验，它代表着一项为社会创造就业机会的事业。这个活动首先会为老年人提供儿童读书指导法的培训，之后他们将作为讲师前往各个保育机构。在那里，这些老年人将为孩子们讲述童话故事，指导阅读活动。我们希望这个活动能够培养孩子们正确的阅读习惯，传递快乐，更进一步地，它将成为弥合代沟、重建亲情的先驱。

35. 男性正在说明这次的"读书分享活动"，并且介绍了活动的意义。所以答案是③。

36. 文中提到将学习了儿童读书指导法的老年人派往保育机关作为讲师。所以答案是④。

[37~38] 请听录音，并回答问题。

남자 작가님이 저술하신 '딸과 함께하는 요리 시간'이 요즘 화제를 모으고 있는데요. 아직 읽어 보지 않은 분들을 위해 소개 좀 해 주시겠습니까?

여자 '딸과 함께하는 요리 시간'은 하루하루 열심히 살아가는 딸에게 너의 모든 하루가 소중하다는 응원을 보내는 책입니다. 매 순간 즐거울 수는 없는 삶에서 딸이 그날의 아픔을 극복할 수 있기를 희망하며 딸과 엄마가 함께 요리한 내용을 담았습니다. 스트레스를 많이 받은 날에는 매콤한 '떡볶이'를, 기운이 없고 지친 날에는 '닭죽'을, 혼자 있고 싶은 날에는 '콩나물 김치 라면'을 함께 만들면서 힘들고 지친 마음을 위로받을 수 있도록 했습니다. 또한 이 책을 통해, 살다 보면 힘든 순간도 있지만 맛있는 음식을 먹으며 기분을 전환하고 새로운 에너지를 얻게 해 주고 싶었습니다.

男 作家您的著作"和女儿共享料理时间"最近成了话题的焦点。您能为那些还没读过的人介绍一下吗?

女 《和女儿共享料理时间》是一本致力于为每天奋斗的女儿们加油的书。通过这本书，我们希望让女儿们意识到她们的每一天都是宝贵的。尽管生活中不是每个瞬间都充满快乐，但我们希望女儿们能够克服日常的困难。书中记载了女儿和母亲一起烹饪的情景。在压力重重的日子里，一起做辣炒年糕，当感到疲惫不堪时，一起煮鸡粥，而在渴望独处的时候，可以享受豆芽辛奇拉面。这些料理不仅滋养了身体，也抚慰了疲惫的心灵。此外，我们希望通过这本书，让女儿们在生活中遇到困难和伤感的时候，可以通过品尝美食、调整心情，获取新的能量。

37. 女性说她写这本书的目的是希望女儿们在品尝美食的同时，能够调整心情，获取新的能量。所以答案为③。

38. 作家在书中推荐给女儿，在不同状态下或希望转换心情时做不同的料理。所以答案为③。

[39~40] 请听录音，并回答问题。

여자 그렇게 엄청난 양의 기름이 일부 국가에만 매장되어 있다는 사실이 참 불공평하다는 생각이 드는데요. 그러면 이런 점이 원유 가격 조정 실패의 주된 원인이 되는 건가요?

남자 사실 더 심각한 이유로 볼 수 있는 것은 원유 생산 국가의 가격 결정에 숨어 있는 의도입니다. 세계 원유 시장에서 원유 가격은 원유 매장량이 풍부한 몇몇 국가들에 의해 결정됩니다. 이들 국가들이 의도적으로 생산량을 줄이면 가격이 올라가게 되고, 결국 원유가 귀해지는 거죠. 그러면 전 세계적으로 원유가 꼭 필요한 나라들이 경제적으로 큰 타격을 받게 됩니다. 자연스럽게 산유국의 의도에 따라 세계 경제가 움직일 수밖에 없는 거죠. 따라서 이들 일부 산유국들의 의도에 따라 원유 가격이 좌우되지 않도록 국제기구에 의해 가격이 결정되어야 한다고 생각합니다.

女 听到只有少数几个国家储藏了相当多的原油，感觉很不公平。那么这仅仅因为这一点就足以成为原油价格调整失败的主要原因吗?

男 当然，像这样主要集中在某些国家储存的情况确实是一个重要问题，但事实上，更大、不为人知的原因在于原油生产国家的价格决策中隐藏的意图。世界原油市场上的价格是由拥有丰富原油储备的几个国家来决定的。这些国家有意识地减少产量，从而推高价格，最终使原油更加珍贵。这会对全球需要原油的国家造成严重经济冲击，整个世界经济也会按照产油国的意图而变动。因此，我认为为了避免让部分产油国的意图左右原油价格，应该由国际机构来制定价格。

39. 女性认为只有少数几个国家埋藏了相当多的原油这一事实很不公平。所以答案为②。

40. 内容提到：原油生产国有意减少生产量，给一些需要原油的国家经济带来冲击。所以答案为④。

[41~42] 请听录音，并回答问题。

남자 우리는 '인간만이 생각하는 존재다'라는 착각 속에 삽니다. 동물은 본능적으로 움직이고 인간은 생각하고 움직인다는 고정관념은 사실과 다르므로 버려야 합니다. 동물도 사람처럼 그리워하는 감정을 느끼고 심지어 상대방을 속이기도 합니다. 그럼 사람과 다를 바 없는 동물의 새로운 모습을 살펴봅시다. 예를 들어, 코끼리는 물과 풀을 찾아 먼 거리를 이동하는 습성이 있습니다. 이동 중 동족의 뼈를 발견하면 냄새를 맡고 이리저리 뼈를 굴립니다. 특히 코끼리는 이동하다가도 자기 어머니의 두개골이 놓인 곳을 잊지 않고 찾아와 한참 동안 그 뼈를 굴립니다. 즉, 감정이 있다는 증거죠. 한편 동물도 자신의 목적을 위해 상대를 속이기도 하는데요. 영국에서 발견된 파리의 한 종류는 짝짓기를 할 때 수컷이 암컷에게 먹이를 선물로 줍니다. 암컷이 먹이를 먹는 동안 짝짓기를 할 수 있기 때문입니다.

男 我们生活在"只有人类才是思考的存在"的错觉中。动物依靠本能行动，而人依靠思考行动，这种固有观念与事实不符，应该被丢弃。动物和人一样能够体会思念的情感，甚至会进行欺骗。因此，让我们来看看与人类没有太大不同的动物的新面貌。举例来说，大象因为要寻找水源和食物，具有长距离移动的习性。在移动中，如果发现同族的骨骼，它们会去嗅探并将骨骼从一处滚动到另一处。尤其是在移动过程中，大象也不会忘记妈妈头盖骨的位置，会花很长时间将骨头滚动过来。这些行为都是表现出它们具有情感。另一方面，动物为了达到自己的目的也会欺骗对方。在英国发现一种苍蝇，雄性苍蝇在交配时会把食物当作礼物送给雌性苍蝇，因为雌性苍蝇在进食时可以同时交配。

41. 男性认为动物和人类之间并没有太大的区别，动物也能够体会情感，因此应该摒弃与事实不符的旧观念。所以答案是④。

42. 文中提到大象因为要寻找水源和食物而具有长距离移动的习性。因此，答案是③。

[43~44] 请听录音，并回答问题。

여자 한국의 복지 서비스의 종류가 300개가 넘는다고 하는데요. 이렇게 많은 복지 서비스 사이에서 자신이 받을 수 있는 서비스를 찾아내서 이용할 수 있을까요? 사실상 쉽지 않은 일입니다. 이처럼 몰라서 복지 서비스를 이용하지 못하는 경우가 없도록 이용자의 편의성을 높인 제도가 바로 맞춤형 급여 안내입니다. 복지 멤버십이라고도 불리는 이 제도는 처음에 한 번 신청하기만 하면, 신청한 개인 또는 가구의 소득과 재산 등의 특성을 분석해서 해당되는 복지 서비스를 맞춤형으로 알려 줍니다. 복지 멤버십에 가입하기 위해서는 웹사이트나 어플을 통해 온라인으로 신청하거나, 전국의 주민 센터 어디에서든 신청할 수 있습니다. 지금 바로 복지 멤버십에 가입해 보세요.

女 听说韩国的福利服务种类超过300个。在这么多的福利服务中，能找到自己享受的服务并使用吗？其实这不是件容易的事。为了防止因不知道而无法使用福利服务的情况发生，提高其方便性的制度就是具有针对性的工资分析。该制度也被称为福利会员制，只要一开始申请一次，就会分析申请的个人或家庭的收入和财产等特性，有针对性地告知相应的福利服务。为了加入福利会员资格，可以通过网站或应用程序在线申请，或者在全国各地的居民中心申请。现在马上加入福利会员吧。

43. 女性说明只要申请一次福利会员资格，就可以得到具有针对性的福利，并建议加入福利服务，因此适当的答案是③。

44. 为了防止因不知道而无法使用福利服务的情况，提高方便性的制度就是具有针对性的工资分析制度，因此引进该制度的理由是②。

[45~46] 请听录音，并回答问题。

남자 최근 초등학교 고학년 여학생 가운데 화장을 하는 어린이가 늘고 있다고 합니다. 이런 현상에 대해 부모님들의 걱정이 많다고 하는데 저는 아름다움을 추구하는 것은 개인의 자유이기 때문에 어린이들에게 화장을 하지 못하게 하는 것은 지나친 간섭이라고 생각합니다.

여자 저는 적절한 관여라고 생각합니다. 전문가들이 초등학생에게 화장을 권하지 않는 이유는 어릴 때부터 화장품을 사용하면 화장품 속의 색소나 보존제 등의 첨가물이 알레르기나 피부 질환을 일으킬 수 있기 때문입니다. 게다가 식품의약품안전처에서 '화장품 안전 사용 7계명'을 제시할 정도로 어린이는 안전한 화장품을 구입하고 사용하는 방법에 대해 잘 알지 못하는 경우가 많습니다. 여전히 많은 어린이들이 문구점에서 파는 불량 화장품을 구입하고 있는 게 현실입니다. 그러므로 단순히 개인의 자유에 맡겨서는 안 되며, 어린 나이에 화장품을 사용하는 것에 대해 부모님의 주의가 더욱 필요하다고 생각합니다.

男 听说最近小学高年级女生中化妆的孩子正在增加。对于这种现象，父母们很担心。我认为追求美丽是个人自由，所以不让孩子们化妆是过分的干涉。

女 我觉得应该适当地参与。专家们之所以不建议小学生化妆，是因为从小开始使用化妆品的话，化妆品中的色素或保存剂等添加剂会引发过敏或皮肤疾病。再加上食品医药品安全处提出了“化妆品安全使用7戒律”，很多儿童对购买和使用安全化妆品的方法并不了解，真实的情况是仍然有很多儿童在文具店购买不良化妆品。因此，不能单纯地把个人自由交给孩子，我认为父母更需要注意小小年纪就使用化妆品的情况。

45. 据女性介绍，现实中仍然有很多儿童在购买文具店贩卖的不良化妆品，因此正确答案是③。

46. 女性针对儿童在幼小的年纪使用化妆品，说明了父母需要注意的理由，并主张父母需要参与。因此正确答案是②。

[47~48] 请听录音，并回答问题。

여자 세계인의 축제라 불리는 '월드컵'은 모두 들어 보셨을 텐데요. 그러면 AI 로봇 축구팀이 대결하는 '로보컵(RoboCup)'에 대해 들어 본 적 있으신가요? AI 로봇 축구팀은 2050년까지 로보컵에서 인간 축구 대표팀과의 대결에서 승리하는 것을 목표로 한다고 하는데요. 이 야심찬 AI 로봇 축구팀에 대해 스포츠 전문 기자에게 들어 보겠습니다.

남자 네. AI 로봇이 월드컵에 참가한다면 인간 선수와의 경기에서 승리할 수 있을까요? 1997년에 설립된 후 매년 열리고 있는 로보컵은 세계에서 가장 오래되고 큰 규모의 AI 로봇 대회입니다. 몇 가지 경기 영역 중에서 축구 경기가 가장 인기가 많습니다. 어떻게 사람과 AI 로봇이 축구 경기를 할 수 있을지 궁금하실 텐데요. 인간과 유사한 형태의 로봇이 직접 경기하는 방식도 있지만, 인간의 형체가 아니거나 가상의 공간에서 경기하는 방식도 있습니다. 로봇 선수는 기계 학습 모델을 사용해 지속적인 훈련을 받고 있는데, 특히 경기 중에 발생하는 돌발 상황에 대처하는 법과 같은 팀 선수와 협력하는 방법 등에 중점을 맞추어 훈련 중이라고 합니다. 이들이 2050년에는 정말로 인간 선수의 실력을 넘어설 수 있을지는 앞으로의 AI 기술의 발달 속도에 달려 있습니다. AI 로봇 선수들의 활약을 기대하겠습니다.

女 被称为世界人类庆典的“世界杯”，相信大家应该都听过吧。那么，您听说过AI机器人足球队对决的“机器人杯(RoboCup)”吗？AI机器人足球队的目标是到2050年为止，在机器人杯比赛中，与人类足球代表队的对决中获胜。让我们来听听专业体育记者对这个雄心勃勃的AI机器人足球队所作的介绍。

男 是的，如果AI机器人参加世界杯，在与人类选手的比赛中能够获胜吗？1997年成立后，每年举行的机器人杯是世界上历史最悠久、规模最大的AI机器人大赛。在几个比赛领域里，足球比赛最受欢迎。大家应该很好奇人类和AI机器人如何进行足球比赛。虽然也有与人类类似形态的机器人直接比赛的方式，但也有不是人类形态或在虚拟空间中比赛的方式。机器人选手使用机器学习模式接受持续训练，特别是把重点放在应对比赛中发生的突发情况的方法等与球队选手合作的方法等。他们能否在2050年真正超越人类选手的实力，取决于今后AI技术的发展速度，期待AI机器人选手们的活跃。

47. 据该男性介绍，机器人杯是世界上最古老、规模最大的AI机器人大赛，所以正确答案是②。

48. 男性解释说，机器人杯自1997年成立以来，每年都会举行，他并叙述了比赛方式和训练方法。因此正确答案是②。

[49~50] 请听录音，并回答问题。

남자 그럼 다시 작가 연구로 돌아가서, 역사·전기적 접근 방법론을 써서 어떻게 작품을 해석할 수 있는지 예를 한번 들어 볼까요? 1930년대에는 시인이면서 동시에 평론 활동도 같이했던 김기림이라는 사람이 있었습니다. 이 사람은 신문 기자를 하다가 선생님이 돼서 학생들을 가르치기도 했고 과수원을 경영하기도 했었습니다. 이렇게 직업을 자주 바꾸는 걸 보면 이 사람은 늘 새로운 변화를 추구하는 경향이 강했다는 걸 알 수 있겠죠? 이처럼 새로운 변화를 적극적으로 수용하는 그의 세계관을 〈기상도〉라는 시에서 읽을 수 있는 거죠. 예를 하나 더 들어 볼까요? 식민지 때 소설을 썼던 이효석이라는 작가 얘깁니다. 이 사람은 1930년대에 이미 가족 전체가 침대 생활을 했으며 피아노를 사서 연주도 했다고 합니다. 커피의 맛과 향도 사랑했죠. 이렇게 이효석은 서구 문화에 흠뻑 빠져 있었습니다. 이런 서구 지향적 생활 태도는 이 사람의 작품에서도 쉽게 읽을 수 있습니다.

男 那么我们再回到对这位作家的研究上来。如何运用“历史·传记型接近方法论”来解释他的作品呢？我们通过举例来说明。在1930年代，有一位名叫金起林的人，他不仅是诗人，还从事评论活动。他曾经是新闻记者，后来成为了教师教授学生，还经营过果园。从他频繁更换职业的经历来看，可以断定他是一个有着强烈追求新变化倾向的人。而积极接纳这种新变化的世界观在他的诗《气象图》中可以得以体现。再来看另一个例子，这是一个名叫李孝石的作家，在殖民地时期写过小说。在1930年代，他的整个家庭已经在床上睡觉了，据说他甚至买了钢琴来演奏。此外，他还喜欢咖啡的味道和香气。李孝石完全沉浸在西方文化之中，这种崇尚西方生活的态度在他的作品中也能很容易地察觉到。

49. 男性提到金起林曾经担任过新闻记者。因此答案是①。

50. 通过金起林和李孝石的例子，对“历史·传记型接近方法论”进行了解释。因此，答案是③。

쓰기 书写

[51~52] 请阅读下文，分别写出符合㉠和㉡的一句话。

51. ㉠：这里必须有为何要找寻物的内容出现。

㉡：在（ ㉡ ）后出现物主的名字和电话号码。应该以这部分的内容为中心，有按这个号码联系的内容。

→ 这是寻物启示。文章中要有丢失了何物、为何要找寻等内容。还应该有可以让保存物品的人联系的联络方式，偶尔也会有提供报偿的内容。3分的答案适用于使用初级语法和词汇进行表达的情况。

52. ㉠：在前句中讲了不可能面面俱到。然后又做了：“假如想都做好的话”的假设，所以这里必须有与前句相反的内容出现。

㉡：内容提到“那样做的话”，所以必须是当进行了与前句内容相同的动作之后出现的结果进行的说明。

53. 以下是就关于“超过60岁幸福生活”的问卷调查资料。请将此内容写成200-300字的文章，但请勿书写文章的题目。

【概略】

序论：整理问题提到的内容(介绍调查内容)

本论：– 为了幸福生活所必需的事项（健康、经济实力、朋友、兴趣爱好）

– 为了健康而努力的事项（适度运动、充足睡眠、保持社交关系）

结论：整理

54. 请参考以下内容，写一篇600-700字的文章，但请勿将问题原封不动地抄写下来。

【概略】

序论：低生育率的原因

本论：① 低生育率对社会产生的影响

② 为提高生育率的努力

结论：整理自己的主张

읽기 阅读

[1~2] 请选择最适合置入（ ）的选项。

1. 上午雨还很（　　），现在天晴了。

问题类型 **选择适合句子的语尾(连接/生活文)**

要表示现在的天气与上午不同，所以答案为①。

–더니:

① 表示理由。

例 매일 도서관에서 공부하더니 대학교에 합격했구나!

② 表示过去与现在状态的对比。

例 어릴 때는 키가 작더니 지금은 키가 큰 편이다.

③ 表示接续的事实。

例 그녀는 갑자기 창문을 열더니 소리를 질렀다.

注意 "-더니" 后面的句子中，不使用未来型、命令句和共动句。

- -더라도: 表示即便假设或认同前面的内容，也与后句内容无关，或不受影响。

例 기홍이는 좀 힘들더라도 공부를 끝까지 해야 한다고 생각했다.

- -아/어 가지고:

① 用来表示维持前句出现的行动结果或状态。

例 해외여행을 가셨던 부모님이 내 선물을 사 가지고 오셨다.

② 用来表示前句出现的行动或状态是后句的原因、手段或理由。是-아/어서的口语型。

例 어제 잠을 못 자 가지고 아주 피곤해요.

- -는 대신에:

① 表示不做前面的动作，而用其它动作来替代。

例 재미있는 영화가 없어서 영화를 보는 대신에 공연을 보았다.

② 表示对前句出现的行动用其它相应的方式进行补偿。

例 나는 일찍 출근하는 대신에 일찍 퇴근한다.

2. 秀民说："太累了，今天早点回家(　　)"。

问题类型 选择适合句子的语尾(终结/短文)

表达的是：因为累，希望早些回家休息的个人愿望，所以答案为③。

-아/어야지:

① 表示话者的决心或意志。

例 오늘부터 일찍 자고 일찍 일어나야지.

② 用于向朋友或晚辈表示应该做某事或应该处于某种状态的时候。

例 농구 선수가 되려면 키가 커야지.

注意 "-아/어야지" 出现在句子中间时，表示必备的条件。

例 한국어 실력이 좋아야지 그 회사에 들어갈 수 있다.

- -(으)ㄹ걸:

① 表推测或预测意义的终结语尾。

例 아마 이번 주말에는 비가 올걸.

② 表对某事的一些后悔或遗憾时的终结语尾。

例 한 시간만 더 빨리 왔으면 좋았을걸.

- -더라: 用来转达自身经历而发现某种事实时的终结语尾。

例 어제 친구 집들이에 갔었는데 집이 정말 좋더라.

- -기도 하다: 用来表示偶尔也会有那种情况的时候。

例 보통은 기숙사에서 공부하지만 주말에는 도서관에 가기도 해요.

[3~4] 请选择与下端划线的部分意义最相似的选项。

3. 70%以上的待业生说：准备面试时曾因为外貌感到过苦恼。

问题类型 选择适合句子的语尾(连接/短文)

提到准备面试时曾因为外貌感到过苦恼，因此表示理由的③为正确答案。

N(으)로 인하여:

用于因为前句内容，才出现了后句结果的时候。

例 환경 오염으로 인하여 여러 가지 문제가 생기고 있다.
많은 학생들이 학업에 대한 스트레스로 인하여 고통받는다.

注意 "-(으)로 인하여" 基本用于正式场合或文章，后句中不可使用命令句或共动句。可与-(으)로 인해(서)和 "-(으)로 말미암아" 替换使用。

- N에 따라서: 表示依据某种状况或基准。

例 대통령은 법과 원칙에 따라(서) 국가를 운영하겠다고 강조했다.

- N을/를 비롯해서: 用来表示在众多事项中，第一次提及此内容并包括以此内容为中心的其它事项。

例 나를 비롯해서 회의에 참석한 모든 사람들이 그 안건에 찬성했다.

- N로 말미암아: 当某物或某种现象是原因或理由时的表达方法。主要用于书面语。

例 이번 장마로 말미암아 많은 사람들이 집을 잃었다.

- N에도 불구하고: 用来表示前句所期待的事件没有发生，或伴随着出现了另一种事实的时候。

例 가정 형편이 어려운 상황임에도 불구하고 기홍이는 항상 밝고 씩씩하다.

4. 考试期间学习的学生很多，所以图书馆的灯几乎通宵亮着。

问题类型 选择适合句子的语尾(终结/短文)

提到：考试期间学习的学生很多，所以图书馆的灯几乎通宵亮着，所以表示持续意义的④为正确答案。

-아/어 놓다:

用于表示维持某种行为结束时的状态或强调要维持前面状态的时候。

例 외출할 때 난방을 꺼 놓았다.
요리를 한 후에 환기를 하려고 창문을 열어 놓았다.

注意 "-아/어 놓다" 可与 "-아/어 두다" 替换使用。

- -아/어야 하다: 用来表示前面的内容是为了实现或达到某一目标所必需的义务性行动或必备的条件。

例 시간이 늦어서 이만 집에 가야 해.

- -곤 하다: 表示同一状况的反复出现。这是 "-고는 하다" 的简称。

例 정진이는 방학만 되면 서울에 있는 할머니 댁에 놀러 가곤 했다.

- -게 하다: 用于使他人做某种行动或使某物进行某种运转的时候。

例 나는 배탈이 나서 친구에게 나 대신 약속 장소에 가게 했다.

- -아/어 두다: 用来表示结束前句行动并维持着这一结果的时候。

例 손님이 오기 전에 미리 식탁에 음식을 차려 두었다.

[5~8] 请选择下面是关于什么的文章。

5.

不敢开窗的黄沙季节
我们家的主治医生
从最基本的加湿和除湿功能到温度调节！

问题类型 掌握文章的题材/类型(广告文)

此广告的核心词汇是“황사철(黄沙季节)”。首先必须与这一词汇有关系，是具备了加湿和除湿温度调节功能的机器，即：空气净化器，因此正确答案为④。

- 주치의[主治医]：负责治疗某人疾病的医生。

6. 不知道在哪里，现在也发生着火灾。
不要打玩笑电话了！

问题类型 掌握文章的题材/类型(广告文)

这篇文章的核心词汇为“화재(火灾)”，与火灾相关的地方就是消防队。这是消防队告诫不要打玩笑电话的内容，因此答案为①。

7. 每月一次请记住困难孩子们的梦想吧！
您寄送的钱将被用于没有父母的孩子们的福利及教育事业。

问题类型 掌握文章的题材/类型(广告文)

这个广告的核心词汇为“보내 주신 돈(寄来的钱)”。寄来的钱将用于孩子们的福利和教育事业，因此答案为①。“교육비”指的是用于教育的钱。

- 보증금[保证金]：签订契约时，作为担保支付的钱。
- 생계비[生计费]：用于生活所必需的钱。

8. ★★★★★
非常满意。　和价格比，质量极佳。
款式非常中意。
比播放时看到的漂亮得多。

问题类型 掌握文章的题材/类型(介绍文)

这是购物使用后，在网上登载使用后记的形式和内容。所以答案为②。

[9~12] 请选择与下文或图表内容相同的选项。

9. O届釜山国际电影节

- 时间：10.02(星期四) – 10.11(星期六)
- 场所：蒲山电影的殿堂，城市中心百货商店及海云台一带、南浦洞电影院
- 开幕式主持人：李俊秀，艾玛·史密斯
- 闭幕式主持人：大辅佐藤，朴真雅
- 其它：上映79个国家的314部作品
电影节期间会场及周边实施交通管制

问题类型 选择与文章相同的一项(介绍文)

内容提到：“영화제 기간 중 행사장 주변 교통 통제”，因此电影节期间“영화의 전당, 센텀시티 백화점 및 해운대 일대, 남포동 상영관”附近实行交通管制。所以答案为④。

① ~~开幕式~~由朴真雅主持。→ 闭幕式

② 有来自~~79个国家的各一部~~电影出品。
→ 79个国家的314部

③ 在~~电影的殿堂~~上映314部作品。→ 电影的殿堂、城市中心百货商店及海云台一带、南浦洞电影院

10.

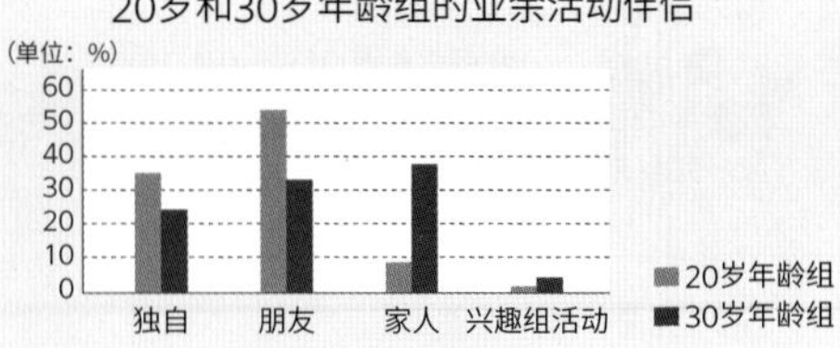

问题类型 选择与图表相同的一项

30岁年龄组回答与家人一起参加业余活动的最多，所以答案为④。

① 30岁年龄组比20岁年龄组更~~回避~~兴趣组活动。
→ 参加得更多

② 20岁年龄组和30岁年龄组~~独自~~打发时间的最多。
→ 20岁年龄组和朋友；30岁年龄组和家人

③ ~~和朋友比~~，20岁年龄组~~和家人~~共度业余时间的更多。
→ 和家人比，和朋友

11. 韩国道路公社最近宣布与疲劳驾驶做斗争，为此，在醒目的地方贴上了告知疲劳驾驶危险的句子。据道路公社透露，去年有121人因疲劳驾驶而死于交通事故。虽然之前通过广播展开过活动，但效果并不明显，但此次大规模广告有望取得效果。

问题类型 选择与文章相同的一项(报道)

因为有“期待这次会有效果”的内容，所以①是正确的答案。

② ~~计划开展~~预防疲劳驾驶的广播活动。
(→ 过去一直在开展广播活动。)

③ 去年因~~交通事故~~死亡的人数共达121人。
(→ 因疲劳驾驶引起的交通事故)

④ 韩国道路公社对预防疲劳驾驶抱持~~消极的~~态度。
(→ 积极的)

12. 空洞是指包括道路在内的地面由于瞬间发生塌陷出现空洞的现象。这种不在特定区域，而是在地球随处发生的空洞与地震不同，没有预告地突然发生、而形成的形状和大小及其多样。韩国在这期间一直认为是空洞的安全地带，但最近到城市中心随处出现的这种现象确实需要有的解决对策。

问题类型 选择与文章相同的一项(报道)

内容提到：“한국은 그동안 싱크홀 안전지대라고 생각해 왔지만 최근에는 도심 곳곳에서 나타나”，所以答案为③。

① 空洞基本上~~在一定区域内~~发生。→ 不在特定区域，而在地球处处

② 韩国~~一直在努力预防空洞~~。→ 需要对策

④ 空洞~~发展很慢，可以预测~~。→ 因为地面瞬间塌陷，是没有预告、突然发生的，所以无法预测。

[13~15] 请选择正确按顺序排列的选项。

13. (가) 其间一直认为：国税厅只是收税的地方。
(나) 但现在可以把国税厅想成是创业助手。
(다) 国税厅里有各地区工种现状的详细信息。

(라) 创业之前在国税厅网页上获得这些资料的话，可以减少失败的几率。

问题类型 排列文章顺序

内容提到不能只把国税厅想成是收税的地方，也可以想成是创业助手，并陈述了理由。首先出现的是有其间把国税厅只想成是收税之地内容(가)，之后应该是以“하지만”开始的也可想成创业助手的(나)，再后就是陈述之所以这么想的理由(다)，最后的(라)中提到事前如果掌握了这些资料(各地区工种现状)就可以降低失败的几率，因此正确答案为按照(가)-(나)-(다)-(라)顺序排列的①。

14. (가) 最近对多种“APP TECH”关注的人呈增加趋势。
(나) “APP TECH”是智能手机应用程序(APP)和理财的合成词，是指利用智能手机应用程序进行理财。
(다) 其方式是通过步行、游戏、观看广告等获得现金性积分，并将其兑换成现金或礼品券等。
(라) 像这样，只要有智能手机就可以简单地参与，在高物价时代作为有用的理财手段备受关注。

问题类型 排列文章顺序

最自然的顺序是从提及目前对“APP TECH”关注日益高涨趋势的(가)开始，其次是定义APP TECH是什么的(나)。接下来是具体说明使用智能手机应用程序理财方式的(다)，最后是从“像这样”开始，说明为什么应用程序技术受到关注的(라)。因此正确答案是②。

- APP: 是表示应用软件的用语，也被称为应用程序。

15. (가) 全州韩屋村有梧木台、殿洞圣堂等很多可观览的地方。
(나) 不仅有即做即吃的特色饮食，还有包括各种糕点在内的点心，独具魅力。
(다) 虽然可观览的东西很多，但是韩屋村最吸引人的还是因为能享受美味旅行。
(라) 特别受欢迎的是丰年制果的手工可可糕点，丰年制果是全国5大糕点店中的一家。

问题类型 排列文章顺序

这里介绍的是全州韩屋村值得看和值得吃的东西。首先是说到全州韩屋村可看的东西很多的(가)，其次是(다)说到“虽然看的东西多”，但是这之外还有受欢迎的美食旅行，接下来就是介绍美食的(나)，最后是以“특히(特别是)”开始的介绍具体食品(手工可可糕点)的(라)。因此最自然的排序应该是以(가)-(다)-(나)-(라)排列的②。

[16~18] 请选择最适合置入(　)的选项。

16. 这次摄影讲座讲的是“在春花庆典上拍摄精美照片的方法”。不仅教你怎样以樱花树为背景拍照，还可以学习拍摄精美自拍照的方法。学习了(　　　)照片拍摄的方法，与光线和角度等科学相关的常识也会自然而然地丰富起来了。

问题类型 选择符合文脉的内容

学习了拍摄方法，光线和角度等科学常识就会自然而然地丰富起来。理解了照片的原理，可以知道光线和角度，因此答案为④。

17. 善终指的是有准备的死亡、美丽的死亡。善终是为了实现“人生全过程的善始善终”，它与康乐的意思相通。从最终为达到在有生之年完美度过余生这一点上，善终的目的可以说就在于(　　　)。

问题类型 选择符合文脉的内容

这是对善终的质疑。括号前面部分因为有“在有生之年可以珍惜生活完美度过余生这一点”的内容，所以作为答案，②比③更恰当。②不是善终的目的而是它的意思。

18. 根据对各国咖啡年消费量进行调查的统计结果显示，韩国以367杯位居世界第二位，这是全世界平均161杯的两倍多。换句话说，韩国人每天喝一杯以上的咖啡。而且从每100万人中咖啡专卖店数的统计来看，韩国有1,384家，与排名第二的日本的529家相比(　　　)，呈现出韩国人对咖啡的热爱。

问题类型 选择符合文脉的内容

在每100万人中咖啡专卖店数的统计中，韩国有1,384家，是日本529家的2倍以上，可以看出呈现压倒性的差异。因此②是正确答案。

- 압도적[压倒的]: 用更优越的力量或才艺压制别人，让人无法动弹或超越

[19~20] 请阅读题目并回答问题。

因就业困难而享受录取喜悦的求职者只有少数，未获录取者为了确保招聘过程的公正性和信赖性，要求公开不合格的理由。(　　　)公司方面表示：“在招聘评价中，很难客观化，因此很难具体告知不合格的理由。”但是，只有告诉未获录取者不合格的理由，才能在下次应试时加强，然后再报名，因此我认为这是必须的。

19. **问题类型** 选择符合文脉的内容

在前句中陈述了落选者的立场。后句中讲述了公司方面的立场。所以用来连接前句和另一方面内容的③为正确答案。

- 아마: 用于无法准确判断或大概推测的时候。
  例 그는 아마 지금쯤 서울에 도착했을 것이다.
- 결국[结局]: 最终
  例 일주일을 견디다가 철수는 결국 그 일을 포기하고 말았다.
- 반면[反面]: 用来表示后句内容与前句内容正好相反的时候。
  例 그 회사는 월급을 많이 준다. 하지만 늦게까지 일을 시킨다.
  = 그 회사는 월급을 많이 주는 반면, 늦게까지 일을 시킨다.
- 마침: 表示恰好与某种机会吻合时。
  例 물어볼 것이 있어서 지금 전화를 하려고 했는데 마침 잘 왔다.

20. 问题类型 掌握中心想法
上文说，在招聘过程中，只有向未获录取者告知不合格的理由，才能在下次应试时加强，然后再报名。因此④是正确答案。

[21~22] 请阅读题目并回答问题。

我们为了治病而吃药。但是假如因为那药的缘故，反而得了更大的病，那倒不如不吃药为好。科学也与之相同。科学如果被多数人正确使用时，会成为解决人类问题的令人感激的东西，然而被用于少数不纯的利益时，就会带来可怕的结果。科学是和(　　　)一样的存在。

21. 问题类型 选择符合文脉的俗语
内容提到：科学可以帮助人类，也可以伤害人类，所以答案为①。
- 양날의 칼: 双刃剑，表示即可成为利，也可成为害。
  例 정부의 주택 담보 대출 정책은 양날의 칼이다. 잘 사용하면 주택 시장에 안정을 가져올 수 있지만 자칫 잘못하면 엄청난 빚을 진 사람들만 잔뜩 양산할 것이다.
- 양손의 떡: 双手糕，用来形容拥有两个好东西的话。主要用于二者难以抉择的时候。
  例 미영이는 회사와 대학원에 모두 합격했다. 어느 곳을 선택할지 양손에 떡을 쥐고 고민하고 있다.
- 그림의 떡: 画中之饼，形容再中意也无法使用或拥有的时候。
  例 돈이 하나도 없는 나에게 진열장 안의 만두는 그림의 떡이었다.
- 떠오르는 별: 升起的星，用来形容在某一领域暂露头角的人。
  例 그는 연극계의 떠오르는 별이다.

22. 问题类型 掌握细节内容
科学被误用时会产生可怕的结果，比喻为药物会导致更大的疾病。因此与上文内容相同的是③。
① 科学~~有可能成为多数人的良药~~。
　→ 只有在大多数人正确使用药物时，它才会成为值得感激的存在。
② ~~为了治病不吃药~~。
　→ 如果因为药而得了大病，那还不如不吃药。
③ 科学会产生可怕的结果，所以~~不能使用~~。
　→ 我们必须防止将其用于特定少数人的不良利益。

[23~24] 请阅读题目并回答问题。

我每天坐地铁上学。坐地铁去可以观察到人们各自不同的面貌。但是一周会有三、四次看到让人皱眉的景象。年轻人像坐在自己的专座上一样，坐在“老弱者专席”上看着网络新闻等，而老弱者们却站立他旁边，像艰难地矗立在风雨中的树木。每当看到这样的光景，我都会觉得脸发烧。今天还仍在地铁上坐着看网络新闻通晓天下的您，仔细看一下您无心坐的座位会不会就是为老弱者、残疾人特设的座位。老弱者席是为我们的邻里最小的眷顾。在通过报纸和杂志了解这世界之前，先预备一颗巡视周围的心，怎么样？

23. 问题类型 掌握心情(随笔)
表达的是当看到年轻人坐在老弱者席上，而旁边就站着老年人时的心情。所以答案为②。
- 얼굴이 화끈거리다: 脸在发烧，瞬时间感到羞愧和惭愧，脸会变红。
  例 내 실수임을 알고 얼굴이 화끈거려 고개를 들 수 없었다.
- 눈살을 찌푸리다: 皱眉，当感觉不满意时会皱起眉头。
  例 그의 무례한 행동은 저절로 눈살을 찌푸리게 했다.

24. 问题类型 掌握细节内容(一致/随笔)
通过第六行中：要先确认一下，您无心坐的座位会不会就是为老弱者、残疾人特设的座位的内容可知，你所坐的座位很有可能就是老弱专座。因此答案为③。
① ~~我~~在地铁上看手机。→ 年青人
② ~~老弱者们~~要有一颗留意周边的心。→ 年轻人在你通过看网络新闻通晓天下之前，要准备一颗环视周围的心。
④ ~~每天~~都能看到年青人坐在老弱席上。→ 每周三、四次

[25~27] 请选择最能说明下列新闻的标题。

25. 吹向冻结的建筑市场的春风：小型公寓主导形势

问题类型 掌握简化的句子(报道文)
作为叙述随着小型公寓销售的增加给建筑经济注入了活力，为建筑市场吹来了春风等内容的新闻报道主题，最恰当的答案为②。
- 경기[景气]: 买卖或贸易等经济活动的状况，可分为经济活动的“호황(良好局面)”和相反的“불황(不良局面)”。
- 주도[主导]: 作为中心引领某种事物
- 봄바람이 불다: 吹来春风，用于表示景气复苏的意思。

26. 广告上宣扬的百货商店打折，品质一般

问题类型 掌握简化的句子(报道文)
这是报道百货商店打折促销，广告做得很热闹，但质量并不好的新闻报题目，因此答案为③，内容中并没有说做广告的所有商品质量都不好，因此①不正确。
- 요란하다[摇乱-]: 热闹，过度地杂乱和喧闹。

27. 午睡的青少年保护法，无处可去的青少年

问题类型 掌握简化的句子(报道文)
作为报道由于没有快些制定出青少年保护法，以至离家出走的青少年不能得到保护的新闻报道标题，正确答案为④。
- 낮잠 자다: 午睡，用来形容物质被闲置浪费或人不务正业。

[28~31] 请选择最适合置入(　)的选项。

28. “玻璃杯琴”这种乐器是由盛有不同量水的一些玻璃杯组成的。用手指摩擦个个杯子的边缘就可以发出声响。声音按不同的波动形态传播，波长短的发出

高音，相反波长长的发出低音。盛有少量水的玻璃杯由于有足够的空间制造长波，所以能发出低音。而基本装满水的玻璃杯由于空间少，(　　　)。

问题类型 选择符合文脉的内容

由于提到“적은 양의 물이 담긴 유리컵은 파동이 길고 음이 낮다.”，由此可知：装满水的玻璃杯波长短会发出高音，因此答案为①。

29.

构成一篇文章的最基础元素是词汇。这些词汇组合起来可以构成句子，而几个句子在一起则构成段落；而几个段落在一起就组成了一篇文章。我们把如此构成的文章做为阅读对象，随着阅读的过程，会进行多样性的活动，结果阅读了一篇文章的概念指的是(　　　)了解内容、得出推论、进行批判、甚至进行扩展或重新构思等活动。

问题类型 选择符合文脉的内容

内容提到：“단어들이 모여서 문장을 이루고, 여러 개의 문장이 모여 문단을 이루며, 문단이 여러 개가 모여 한 편의 글이 된다.”，由此可知，词汇、句子、段落是构成文章的最基本要素，因此答案为④。

30.

韩国的年青人工作问题正在接近于西班牙、意大利等欧洲国家。首先大学毕业生的人数大幅增加，而提供给他们的优质就业岗位极为不足。大企业和中小企业、正式员工和合同工之间的两极分化也不亚于南欧洲国家。劳动者间劳务费产生的巨大差异致使求职者从一开始就瞄准年薪高的大企业正规岗位的现象日趋严重。这正是青年人的(　　　)扩大的原因。

问题类型 选择符合文脉的内容

求职者开始就希望寻找年薪高的大企业正规岗位的现象越来越严重。即便中小企业有就业岗位，求职者们也不去，可以说是自发性的失业。因此答案为①。

31.

都说人们在爱上别人的时候，都会感觉到一点不安。根据研究发现这与血清素有关。 对陷入爱河的恋人们进行了血清素指标检测，发现他们比一般人的要低40%。就是它使人感到不安和忧郁，使人陷入爱河的。然而一年之后对这些恋人们重新进行检测发现，他们的血清素指标已经恢复到了正常值。因此很多恋人1年后(　　　)也就不是让人惊异的事。

问题类型 选择符合文脉的内容

内容提到：血清素指标变低就会使人感到不安、忧郁、陷入爱河。所以血清素指标恢复正常时就会出现相反的结果，因此答案为②。

[32~34] 请阅读题目，并选择与文章内容相同的选项。

32.

清真(Halal)食品是指穆斯林根据伊斯兰律法可以食用的食品。据悉，由于高出生率，在2060年，穆斯林人口将达到约30亿人。另外，穆斯林国家的经济增长速度也比主要信仰基督教和天主教的发达国家快。因此，跨国企业很早就投入清真食品战争，占领了清真食品市场的80%。这是不把清真食品视为特殊的宗教文化，而是从商业角度出发攻占市场的结果。

问题类型 掌握细节内容(一致)

因为内文中有“穆斯林出生率高，经济增长速度也快”，所以③是正确答案。

① 清真食品是指穆斯林~~不能食用的~~食品。→ 可以吃的

② 在2060年，穆斯林将占~~世界人口的一半以上~~。
→ 约三十亿人口

④ 跨国企业将清真食品~~视为特殊的宗教文化~~。
→ 不认为是特殊的宗教文化，而是从商业的角度攻占市场。

33.

即使内容相同，但字体的不同会给人不同的感觉。明朝体不很显目，然而可视性高，给人舒适的感觉。因此想给人温和感觉的时候使用明朝体。相反，12世纪从意大利开始使用的黑体字线条粗黑均匀，给人强悍、端庄的感觉。醒目的黑体多用于标志板或招贴画。将这两种截然不同的字体混合书写的话，就可能得到一种新型的字体。

问题类型 掌握细节内容(一致)

提到：“눈에 쉽게 들어오는 고딕체는 간판이나 포스터에 주로 이용된다.”，因此答案为③。

① ~~明朝体~~显得强悍、端庄。→ 黑体

② ~~明朝体~~可视性高，醒目。→ 黑体

④ ~~黑体与其他字体混合很不相协调~~。→ 明朝体和黑体混合书写的话，就可能得到一种新型的字体。

34.

1950年朝鲜战争当时为了那些挨饿的战争孤儿和失去丈夫的女人们设立了世界宣明会。40多年来一直接受外援的韩国在1991年决定援助世界邻国，开始了自发性的集资运动“爱心面包运动”。面包形状的存钱罐将硬币以惊人的速度积攒了起来，这些钱被用于了世界邻邦的儿童援助、保健事业、教育事业等方面。现在世界宣明会由全世界的100多个会员国组成。

问题类型 掌握细节内容(一致)

内容提到：“월드비전은 1950년 한국전쟁 당시에 굶주린 전쟁고아와 남편을 잃은 여인들을 위해 설립되었다.”。所以答案为②。

① 世界宣明会从1991年起开始~~销售爱心面包~~。
→ 爱心面包运动

③ 世界宣明会开始是~~为援助世界儿童建立的~~。→ 为在韩国战争中挨饿的战争孤儿和失去丈夫的女人们

④ 世界宣明会~~用募集的资金~~开始了爱心面包运动。
→ 以自发的集资运动

[35~38] 请阅读题目，并选择最适合文章主题的选项。

35. 影响睡眠的最有代表性的原因就是不良睡眠姿势。每个人睡觉的时候都有自己感觉舒服的姿势，它就是妨得睡眠的因素。趴着睡觉或者侧卧着睡觉的姿势会诱发身体痛症。侧卧着睡觉比平躺着睡觉对腰部的压力要大三倍、趴着睡觉会使头部的重量全部传递下来，给颈部和肩部带来负担。所以睡觉时只有仰面朝天平躺着睡，才可以熟睡。

问题类型 **掌握中心想法**
内容提到：每个人都有各自舒服的睡姿，而睡姿要正确才行，因此答案为②。

36. 由于担心住宅价格会持续上涨，盲目贷款购买住宅的人将陷入危机的忧虑成为了现实。因为一半以上获得住宅担保贷款的人房价下降，利率上升，无法正常偿还本息，沦落为房奴。房价急剧下跌和利率上调对大部分老百姓来说是个灾难。我们不得不问政府是否真的有解决这种灾难的对策。

问题类型 **掌握中心想法**
说明过度贷款的人陷入危机的现实，并向政府询问是否有解决房奴问题的对策，因此②是正确答案。

37. 人们会有因为没有时间或认为麻烦间断运动，只靠减少食物摄取来减肥的时候。但这种时候反倒会陷入食物中毒。食物在我们的大脑中被认为是快乐的事，而经常采用饥饿减肥的人对进食的快乐感觉更强烈。因为平时不常进食，所以摄取食物的时候就会去寻找更大的心理补偿。所以经常采用饥饿减肥时，大脑的补偿系统就会出现问题。

问题类型 **掌握中心想法**
内容提到：进行饥饿减肥的时候，反倒会形成食物中毒，因此答案为④。

38. 著名的汽车公司的尾气排放造假风波震撼了整个世界。因为一向以生产符合全球环境标准的汽车而闻名的公司实际上是却为了获取经济利益，全然没有顾及到地球的环境及消费者的健康。对于这家以良好形象赢得信任的公司，消费者感到的背叛感超出了想像。假如这家公司不全部公开事实，只想渡过当前危机的话，就不可能挽回消费者的心。

问题类型 **掌握中心想法**
内容提到：如果不将事实全部表明的话，就不可能挽回感觉到受到背叛的消费者的心。因此答案为③。

[39~41] 请选择最适合的句子能置入的地方。

39. (㉠)首尔一所大学的研究小组以4000名初、高中学生为对象进行了睡眠时间与忧郁症和自杀冲动关系的调查。(㉡)调查的结果：发现睡眠时间越短，自杀冲动越强烈。(㉢)而睡眠时间不足7小时的学生比超过7小时的学生忧郁程度更严重，出现自杀事故的危险性就越高。(㉣)虽然在周末也进行补充，但它根本没有足够。

〈提示〉
发现初、高中学生平日睡眠6小时、周末8小时51分。

问题类型 **插入符合文脉的句子**
文章中的：虽然在周末也进行补充，但它根本没有足够的这句话正是对提示句的解释。所以提示句放在最好在(㉣)最自然，所以答案为④。

40. 被称作是“花样滑冰女王”的金妍儿选手在2010年温哥华冬季奥运会上创下了新记录。(㉠)金妍儿选手之所以能受到全世界人的喜爱就在于她完美的跳跃和卓越的表演力。(㉡)不仅如此，她的速度和高度也得到了卓越的评价。(㉢)没有不被她伴随着电影007的音乐赢得观众巨大反响的演技所感染的人。(㉣)

〈提示〉
她的跳跃被称作为“跳跃的教科书”，极为精巧。

问题类型 **插入符合文脉的句子**
提示的句子说的是金妍儿的跳跃。所以它跟在金妍儿之所以受人喜爱的理由是跳跃的内容之后比较自然。并且提示的句子放在由“不仅如此”开头、对她的跳跃进行评价内容之前比较自然。因此答案为②。

41. 油茶面是用几种对身体有益的谷物在最大限度地不破坏其营养成份的条件下炒制后磨成的粉。(㉠)大部分人只知道油茶面是夏季的饮料，(㉡)但实际上油茶面是一年四季都可用来替代餐饭的卓越食品。(㉢)所以可以得到与吃一碗杂谷饭相同的效果。(㉣)特别是极少的量可以充分替代进餐，因此正在减肥的女性吃是再好不过的。

〈提示〉
油茶面中含有身体必需的各种营养成分、给身体补气，使胃有饱满感。

问题类型 **插入符合文脉的句子**
油茶面含有人体需要的各种营养成分，可以补气、可使胃充实，是很卓越的食品。所以它后面跟着：可以得到和吃一碗杂谷饭相同的效果的内容比较恰当。因此答案为③。

[42~43] 请阅读题目并回答问题。

老公没有汤就不能吃饭。可能就因为如此他从不计较小菜，但对汤却有着很强地执著。我们家一直以酱味好而出名，可不知为什么今年的酱一点也不好吃。酱油、大酱很淡，做出的辛奇汤、海带汤等所有的汤完全不对味。老公考虑到我做饭辛苦，虽然没有把话说出来，但有几次吃着吃着汤，就把眉头皱起、放慢了拿勺的速度，甚至还有放下汤勺的时候。
每到那个时候<u>我嘴里的饭粒就好像突然变成了石头、</u>

会把头悄悄地扭向一边。有时候老公会为提高食欲，往汤里放一大勺辣椒面，那时候因为辣就会使眼睛发红、额头就会渗出拳头大的汗珠。今天我看着往汤里放辣椒面的老公真想问一句“为什么放那么多辣椒面？”可话到嘴边还是闭上了嘴。

姜敬爱《盐》

42. **问题类型** 掌握心情/态度(小说)
看着因为我做的汤没味，吃不下饭的老公，我的心情应该是“无法堂堂面对”，因此答案为②。

43. **问题类型** 掌握细节内容(一致/小说)
从笔者说：“올해는 웬일인지 장이 맛없게 되었다. 간장, 된장이 싱거우니 김칫국, 미역국 등 만드는 국마다 영 맛이 나질 않았다.”，由此推断答案为①。
② 老公因为汤不好吃~~冲我发火~~。→ 考虑到我的立场，没把话说出来
③ 汤里~~一定要放辣椒面~~，老公才吃。→ 有时候往汤里放辣椒面
④ 做汤的时候往汤里放盐调味就~~好吃~~。→ 不好吃

[44~45] 请阅读题目并回答问题。

有研究报告说：职场要求上午十点之前工作就如同让职员们的健康和疲劳、压力恶化的拷问行为一样。对人类在24小时的生理节奏进行精密分析的结果表明：16岁的学生在上午10点以后、大学生上午11点以后开始学习时，精力集中程度和学习效果可达到最高潮。与此相仿，(　　　)在职场不仅对职员的工作效率有影响、在肉体活动和情感上也会产生不好的影响、会给生物系统造成损伤。因此有必要按照人类自然的生物钟去调整职场和学校开始工作、学习的时间。

44. **问题类型** 插入符合文脉的句子
括号前面由“이와 마찬가지로”作为句子的开始；括号后说“작업 능률을 해치고 생체 시스템에 손상을 가져온다.”，所以答案为②。

45. **问题类型** 掌握中心想法
内容提到：学生和上班族的生理节奏，并提到开始工作、学习的时间有必要进行调节，所以答案为③。

[46~47] 请阅读题目并回答问题。

厄尔尼诺暖流原本是位于太平洋沿岸的厄瓜多尔和秘鲁的渔民们使用的一句话。随着海水每年一次的逆流，温暖的海流覆盖这附近，就会发生厄尔尼诺暖流，对气象也会产生影响。如果因天气变化导致捕捞量下降，该地区的渔民将面临经济困难。但是厄尔尼诺暖流的发生对气象的影响并不总是固定的，虽然有时会轻松度过，但如果厄尔尼诺暖流导致太平洋海平面温度异常升高，就会将大量的能量释放到大气中，因此世界各地也会出现酷暑、洪水、干旱、暴雪等多种形态的异常气象。关于厄尔尼诺暖流发生的原因，科学家们还有很多尚未查明的地方。

46. **问题类型** 选择笔者的态度(议论文)
文章中具体说明了厄尔尼诺暖流是如何发生的，以及对气象产生什么样的影响，因此②是正确答案。

47. **问题类型** 掌握细节内容(一致/议论文)
内容提到：厄尔尼诺会使太平洋海面温度异常上升，由此巨大的能量就会排向大气，因此答案为③。
① 发生厄尔尼诺由于温暖的海流使捕鱼量~~增加~~。→ 减少
② 最近科学家们就厄尔尼诺发生的原因~~做了明确的说明~~。→ 还有很多无法解释的部分
④ ~~由于酷暑、洪水、干旱等异常气象现象导致厄尔尼诺的发生~~。→ 厄尔尼诺对气象产生影响

[48~50] 请阅读题目并回答问题。

很多人不了解“储户保护制度”，这是金融机构不能返还顾客的金融资产时，通过存款保护基金在一定金额限度内返还存款的制度。一些人负面地称其为政府向失败的银行提供援助的制度。但国家之所以具备保护储户存款的制度，是因为如果金融公司不能支付顾客的存款，储户的家庭生活就会变得不稳定，进而整个国家的金融稳定性也会受到很大的打击。一般来说，储蓄是本金损失的危险非常小，利率虽不高，但可以稳定地获得利息收入，增加资金的方法。这是因为为了应对银行等金融公司因停止营业或破产等原因，无法支付顾客存款的情况，以之保护储户的法律和制度。目前，金融公司(　　　)根据储户保护法，存款保险公司可以返还给存款人的保护金额为每人最高5,000万韩元。

48. **问题类型** 掌握目的(议论文)
第一行中提到：“예금자 보호 제도에 대해 잘 모르는 사람들이 많다.”，由此可知写此文章的目的在于提供有关储户保护制度的信息。所以答案为①。

49. **问题类型** 掌握符合文脉的内容(议论文)
储户保护制度指的是：一旦金融公司无法返还顾客的金融资产，可以通过存款保护基金在一定限额内返还给顾客，因此答案为②。

50. **问题类型** 掌握细节内容(一致/议论文)
国家之所以具备保护储户存款的制度，是因为如果金融企业不能支付顾客的存款，储户的生活就会变得不稳定，这也会对国家金融产生影响。因此②是正确答案。
① 储户可以获得~~高额~~储蓄利息收入。
→ 储蓄损失本金的风险很小, 稳定的利息收入
③ 即使银行关门，储户也~~可以收回所有存款~~。
→ 存款人保护法规定的保护金额为每人最高5000万韩元。
④ 即使金融公司不能支付存款，~~国家财政稳定性不会受到打击~~。
→ 整个国家的金融稳定性也将受到巨大打击。

第三版
TOPIK MASTER

FINAL 실전 모의고사 2회

实战模拟考试 第2套

정답 答案

1교시: 듣기, 쓰기

듣기

1. ②	2. ④	3. ③	4. ④	5. ④	6. ③	7. ④	8. ④	9. ③	10. ③
11. ③	12. ④	13. ④	14. ①	15. ③	16. ②	17. ④	18. ①	19. ②	20. ③
21. ③	22. ③	23. ④	24. ④	25. ①	26. ②	27. ①	28. ③	29. ④	30. ①
31. ②	32. ④	33. ③	34. ②	35. ④	36. ④	37. ③	38. ④	39. ④	40. ④
41. ①	42. ①	43. ④	44. ③	45. ③	46. ③	47. ④	48. ②	49. ④	50. ④

쓰기

51. ㉠ (5점) 함께 지낼/사실 분을 구합니다/찾습니다/구하려고 합니다/찾고 있습니다
(3점) 같이 살 사람을 구합니다

㉡ (5점) 학교와 가까워서 편하고/편할 뿐만 아니라 건물이 매우 깨끗합니다
(3점) 편하고 깨끗합니다

52. ㉠ (5점) 어떤 일을 결정하는 데 큰 도움을 받을 수 있다
(3점) 도움이 된다/될 수 있다

㉡ (5점) 지나간 과거의 결정을 통해서 같은 실수를 반복하지 않으면 되는 것이다
(3점) 같은 실수를 안 하는 것이 중요하다

2교시: 읽기

읽기

1. ①	2. ①	3. ①	4. ③	5. ①	6. ③	7. ②	8. ④	9. ③	10. ③
11. ②	12. ②	13. ②	14. ③	15. ①	16. ②	17. ③	18. ①	19. ③	20. ③
21. ①	22. ②	23. ①	24. ③	25. ③	26. ②	27. ②	28. ①	29. ④	30. ③
31. ④	32. ③	33. ④	34. ④	35. ④	36. ③	37. ①	38. ④	39. ③	40. ①
41. ①	42. ③	43. ②	44. ②	45. ①	46. ①	47. ③	48. ②	49. ③	50. ④

53. 〈样板答卷〉

한국의 대학 진학률은 2010년에 80%였던 것과 달리, 2022년에 73.3%로 감소하였다. 그리고 4년제 대학 졸업자의 취업률 역시 2010년에 67%였던 것에 비해, 2022년에는 56.1%로 감소하였다. 한국의 대학 진학률이 감소한 것에는 학령 인구의 감소와 함께, 취업난이 원인이 된 것으로 보인다. 대학에 진학하더라도 취업하기 쉽지 않은 현실이기 때문이다. 따라서 앞으로도 한국의 대학 진학률은 꾸준히 감소할 것으로 전망된다.

54.〈样板答卷〉

흡연은 가벼운 호흡기 질환부터 폐암, 후두암과 같은 심각한 질병을 유발할 수 있다. 담배에는 인체에 해로운 타르나 니코틴, 일산화탄소 등이 있기 때문에 흡연자의 건강에 해로운 영향을 준다. 또한 담배 연기에도 이러한 성분이 포함되어 있기 때문에 흡연자뿐만 아니라 주변에서 담배 연기를 마시게 되는 간접 흡연자에게도 건강상의 피해를 줄 수 있다.

흡연으로 인한 피해를 줄이기 위해 흡연율을 낮추는 방안 중 하나로 담뱃값을 인상하는 방안이 있다. 담뱃값이 비싸지면 경제적인 부담을 느껴 담배를 피우는 사람이 줄어들 수 있기 때문이다. 실제로 여러 나라에서 담뱃값을 인상하여 흡연율이 감소했다는 결과가 있다.

그러나 담배는 개인의 선호도에 따른 선택 사항이기 때문에 비용을 높여 강제적으로 피울 기회를 줄이는 것을 차별이라고 생각하는 사람도 있다. 경제적으로 여유가 있는 사람에게는 담뱃값의 인상이 흡연 습관에 영향을 주지 않을 수 있기 때문이다. 결국 담뱃값 인상이 빈부의 차별을 일으키게 된다는 것이다.

그럼에도 불구하고 담뱃값을 인상하게 되면 많은 사람들이 담배가 저렴할 때보다 편하게 담배를 사서 피울 수 없게 되고, 그 결과 흡연율은 어느 정도 감소할 수밖에 없다. 그러므로 담뱃값 인상은 흡연율의 감소에 영향을 준다고 할 수 있다.

 解答

듣기 听力

[1~3] 请听录音，并选择最合适的图片或图表。

1.
남자 어서 오세요. 오시느라 고생했지요?
여자 아니에요. 집이 정말 좋네요. 이거 받으세요.
남자 감사해요. 이쪽으로 와서 앉으세요.

男 请进！一路辛苦了。
女 不辛苦！您家可真好啊！请收下这个！
男 谢谢！来这边坐吧！

这是女性应邀来男性家，进屋之前将礼物递给男性的情形。所以答案为②。

2.
여자 혹시 오늘 퇴근 후에 약속 있어요?
남자 아뇨, 퇴근길에 카페에 들러서 잠깐 동생을 만나기만 하면 돼요.
여자 그럼 저랑 뮤지컬 보러 같이 갈래요?

女 你下班后有约会吗?
男 没有，只是回家路过咖啡厅，见我弟弟一面就行。
女 那跟我一起去看音乐剧不?

女性问男性下班后的计划，因此对话场所为办公室。现在女性正向下班没有什么计划的男性提议一起去看音乐剧，所以答案为④。

3.
남자 서울 시민을 대상으로 출근할 때 이용하는 교통수단을 조사한 결과, 지하철 이용객이 가장 많았으며 다음으로 버스 이용객이 많은 것으로 조사되었습니다. 그 뒤를 이어 시민들이 자가용을 이용해 출근하는 것으로 나타났습니다.

男 以首尔市民为对象进行的上下班所使用的交通工具的调查结果显示：乘坐地铁的人最多，其次是乘坐公交车的，再就是开私家车的。

这是对上下班时所使用的交通工具的调查内容。调查显示结果是按照地铁、公交车、私家车的顺序选择出行的。因此选择最符合这一结果的图表即可。所以答案为③。

[4~8] 请听录音，并选择可接续的最合适话语。

4.
여자 다음 주에 워크숍을 갈 거래요. 어디인지 아세요?
남자 회사에서 가까운 곳이라고 들었어요.
여자 ______________________

女 下周我要参加研讨会，知道在哪儿吗?
男 听说是在离公司很近的地方。
女 ______________________

女性向男性询问了下周研讨会的地点，男性回答说离公司很近。所以下文说近处路上不用太多时间的内容比较恰当。所以正确答案是④。

5.
남자 다음 주부터 온도가 떨어지면서 바람이 많이 분대요.
여자 그래요? 감기 조심해야겠네요.
남자 ______________________

男 听说从下周起要降温，还要刮大风呢。
女 是吗？要小心感冒了。
男 ______________________

听到天气即将变冷，注意别感冒的女性的话，男性最恰当说法应该是穿暖和些，别感冒。所以答案为④。

6.
남자 오늘 강의 시간이 2시로 바뀌었어.
여자 그래? 그러면 다음 수업에 늦을까 봐 걱정인데.
남자 ______________________

男 今天上课时间改成2点了。
女 是吗？那样的话，我担心下一节课会晚。
男 ______________________

上课时间的变更使女性担心下一节课会迟到。此时男性最自然的说法是不会迟到的。所以答案为③。

7.
여자 손님, 주문한 커피 나왔습니다. 따뜻한 커피 맞으시죠?
남자 아니요. 저는 차가운 커피를 주문했는데요.
여자 ______________________

女 顾客，您要的咖啡好了，是热咖啡，对吧?
男 不是，我要的是冷咖啡。
女 ______________________

男性要的是冷咖啡，可女性做的是热咖啡。因此女性应该按照男性的要求重新做才对。所以答案为④。

8.
여자 이 회사에 들어와서 하고 싶은 일은 무엇입니까?
남자 현장에 나가서 많은 경험을 쌓고 싶습니다.
여자 ______________________

女 你来这个公司想做的事是什么?
男 我想去现场多积累些经验。
女 ______________________

男性说以后想在公司积累更多经验，所以最恰当的回答是④。

[9~12] 请听录音，并选择最适合女性接下来会做的行动的选项。

9.
여자 손님, 식사는 어떤 걸로 하시겠습니까? 닭고기와 해산물이 있습니다.
남자 지금은 좀 자고 싶어요. 한 시간 뒤에 먹을 수 있어요?
여자 그러면 제가 메모를 해 놓고 한 시간 뒤에 깨워 드리겠습니다.

남자 고마워요. 한 시간 뒤에 닭고기 요리로 주세요.

女 顾客，准备吃点什么？有鸡肉和海鲜。
男 现在想睡觉，可以一小时以后吃吗？
女 那我记下来，一小时以后叫醒您。
男 谢谢。一小时后给我鸡肉餐吧。

和吃饭比，男性现在更想睡觉。女性说要记下来，一小时以后再把饭拿来。所以答案为③。

10.
여자 부장님, 프린터 잉크가 다 떨어졌나 봐요.
남자 그래요? 서랍 안에 있는 잉크를 사용해 봐요.
여자 제가 확인해 봤는데 다 쓴 잉크였어요. 가게에서 새로 사 올까요?
남자 가게에 가기 전에 인터넷에서 더 싼 것이 있는지 찾아 봐요.

女 部长！打印机油墨好像都用完了。
男 是吗？用抽屉里面的油墨吧。
女 我看了，都是用过的。要不从店里买新的来？
男 去商店之前在网上看看有没有更便宜的。

男性建议女性在出去买打印油墨之前，在网上看看有没有更便宜的。所以答案为③。

11.
여자 이번 생일 때 카페에서 친구들과 잔치를 하려고 해.
남자 그러면 미리 예약을 해야 될 것 같은데?
여자 응. 어제 예약했어. 지금 집에 가는 길에 들러서 예약금을 내야 해. 같이 갈래?
남자 그래. 그럼 나 은행에 갔다 올 동안 조금만 기다려 줘.

女 这次生日准备在咖啡厅和朋友们一起庆祝。
男 那好像得提前预订吧？
女 嗯。昨天预订好了。我现在回家，路过那儿去交下订金，一起去不？
男 好，那稍微等我一下，我去趟银行。

女性希望和男性一起去咖啡厅交订金。男性要去趟银行，说让女性稍等。所以答案为③。

12.
여자 전공이 나와 맞지 않아서 다른 전공으로 바꿔야 할 것 같아.
남자 전과 신청을 하기 전에 먼저 교수님과 상담을 해 봐.
여자 음……. 그래야겠다. 교수님 연구실이 어디인지 알아?
남자 학과 사무실에 전화해서 물어봐.

女 专业和我不符，好像得换个专业。
男 申请转系之前先和教授谈谈吧。
女 嗯……。是该那样做。知道教授的研究室在哪儿吗？
男 给系办公室打电话问问吧。

不知道教授研究室位置的女性得给系办公室打电话询问，所以正确答案为④。

[13~16] 请听录音，并选择与听到的内容相同的选项。

13.
여자 아이들 방에 책상을 하나 두려고 하는데 사이즈가 맞는 게 없어요.
남자 요즘에는 스스로 사이즈를 재고, 디자인할 수 있는 맞춤 가구가 유행이래요. 우리도 해 볼까요?
여자 저도 들어 본 적 있어요. 그런데 너무 복잡하지 않을까요?
남자 초보자도 쉽게 할 수 있대요. 가격도 훨씬 저렴하니까 오늘 한번 알아봐요.

女 想在孩子的房间里放一张桌子，可大小没有合适的。
男 听说最近很流行自己量尺寸、自行设计的定制家具。我们也试试？
女 我也听说过。可会不会太麻烦了？
男 听说生手也能做。价格也便宜得多，今天就打听打听吧。

男性最后说定制家具价格会便宜很多，所以答案为④。

14.
여자 안내 말씀드리겠습니다. 잠시 후 두 시부터 2층에서 무료 전시 해설이 시작됩니다. 외국어 해설 서비스가 필요하신 분은 1층 안내 데스크에 신청해 주시기 바랍니다. 또 어린이 관람객을 위한 체험 행사가 박물관 외부에서 진행되고 있습니다. 많은 참여 바랍니다.

女 下面广播通知。稍后，从2点开始2层将免费进行展览解说。需要外国语解说服务的人请在1层服务台申请。另外，在博物馆外面还为儿童参观者举办体验活动。希望大家多多参与。

内容提到：需要外国语解说服务的人要在1层服务台申请。所以答案为①。

15.
남자 외국인이 뽑은 좋은 전통 시장으로 성안길시장이 선정되었다. 외국인 관광객이 가장 많이 찾는 성안길시장은 한국의 전통 시장 모습 그대로이다. 앞으로 더 많은 외국인 관광객을 모으기 위해 외국어 안내판 설치, 환전소 설치 등을 통해 필수 관광 코스가 될 수 있도록 여러 가지 방안이 검토되고 있다.

男 城安路市场被外国人评选为了最佳传统市场。外国游客最喜欢光顾的城安路市场保存着韩国传统市场的原貌。为了日后招揽更多的外国游客，探讨出了设置外文指示牌、设立换汇点，使之成为必选旅游线路等多种方案。

内容提到：城安路市场已被外国人评选为了最佳传统市场。所以答案为③。

16.
여자 다양한 재능 기부를 하신다고 하셨는데요. 재능 기부에 대해 자세히 설명 좀 해 주시겠어요?
남자 재능 기부는 자신의 재능을 이용하여 봉사를 하거나 기부를 하는 것입니다. 생각보다 전혀 어렵지 않아요. 저와 같은 대학생들도 방학을 이용하여 다양한 재능 기부를 하고 있습니다. 암 환자를 돕기 위해 자신의 영화 출연료를 기부한 배우의 이야기가 바로 잘 알려진 재능 기부 사례라고 할 수 있습니다.

女 听说您要捐赠多种才能。能详细说明一下才能捐赠吗?

男 才能捐赠是指利用自己的才能进行志愿服务或捐赠，没有想象中那么难，一点都不难。像我这样的大学生也能利用假期进行多种才能捐赠。为了帮助癌症患者而捐赠自己电影片酬的演员的故事就是众所周知的才能捐赠事例。

男性说才能捐赠没有想象中那么难，像自己一样的大学生也能利用假期进行多种才能捐赠，因此②是答案。

[17~20] 请听录音，并选择最适合男性中心想法的选项。

17.

남자 이번에도 월급의 절반을 저금했다면서?

여자 응. 나는 저금을 안 하면 조금 불안해. 미래에 어떤 일이 생길지도 모르잖아.

남자 미래보다는 현재가 중요한 것 같아. 가끔, 사고 싶은 것을 사는 것도 나쁘지 않아. 아직 생기지도 않은 미래의 일 때문에 많은 기회를 놓치고 있는 것일 수도 있어.

男 听说你这次又把一半工资存起来了?

女 嗯，我不存点钱就会不安，谁都不知道未来会发生什么事。

男 和未来比，现在好像更重要，偶尔买些想买的也不错。就因为那些还没发生的未来之事很可能会错过很多机会呀。

面对将一半工资都做了储蓄的女性，男性说现在比未来更重要。所以答案为④。另外男性虽然说了想买就买也不错的话，但不是“항상”而是“가끔”，由此可推断③不正确。

18.

남자 이 복사기 수리하기로 했죠?

여자 네. 그런데 김 대리님께서 고칠 수 있다고 해서 아직 수리 센터에 맡기지 않았어요.

남자 그래도 전문가한테 맡기는 게 낫지 않아요? 돈은 아낄 수 있겠지만 괜히 우리 같은 비전문가가 고쳤다가 완전히 망가질 수도 있잖아요.

男 这台复印机决定要修理了吧?

女 是的。不过金代理说能修，所以一直没送到修理中心去。

男 送给专业人员修不是更好吗? 非要让我们这样的非专业人事修理，虽然能省点钱，但弄不好会完全修砸了的。

男性认为与其金代理修理，不如送到专门修理的人那里更好。所以答案为①。

19.

남자 아까 전철에서 어떤 아주머니가 큰 소리로 오랫동안 통화를 해서 너무 불쾌했어.

여자 맞아. 전철에 사람들이 정말 많았는데 말이야.

남자 많은 사람들이 있는 장소에서는 나보다는 남을 좀 더 생각해서 배려할 필요가 있어. 퇴근하는 길에 조용히 쉬면서 집에 가고 싶은데 전화 내용을 듣고 싶지 않아도 계속 듣게 되니까 정말 불편했어.

여자 그러게 말이야. 나도 조심해야겠어.

男 刚才在地铁里有一位大婶大声打了很长时间电话，烦透了。

女 就是。地铁上人还特别多。

男 在人多的地方不能只顾自己，应该多为别人着想才对。下班路上都希望安安静静地回家，却不得不听她的电话内容，确实很不舒服。

女 真是的。我也得注意了。

男性讲了因为有人在地铁里大声通话，感到不快的经历，并且强调在公共场所应该多为别人着想的话。所以答案为②。

20.

여자 교수님께서 이번에 청소년을 위한 책을 내셨다고 들었어요. 어떤 내용인지 설명 부탁드립니다.

남자 요즘 청소년들은 공부는 잘하지만 자신의 마음을 어떻게 표현하는지를 모르더라고요. 정말 중요한 것이 무엇인지 잘 모르는 것 같아요. 그래서 부모님과 대화도 잘 하려고 하지 않죠. 이 책은 요즘 청소년들이 자신들의 마음을 어떻게 표현해야 하는지 방법을 알려 줍니다.

女 听说教授您为青少年们写了一本书，请您介绍一下这本书的内容吧。

男 近来，青少年们学习都很好，但是不知道怎样表达自己的内心所想，好像不知道什么是更重要的。因此，也不想和父母进行对话。这本书主要是告诉青少年们应该如何表达自己的心声。

男性叙述了自己写书的理由，说现在的青少年们不知道表述内心的方法。还说通过自己的书可以掌握表达心声的方法。所以答案是③。

[21~22] 请听录音，并回答问题。

여자 세탁기가 고장이 났나 봐요. 빨래가 깨끗하게 되지 않네요.

남자 세탁기의 성능만 믿으면 안 돼요. 혹시 세탁기에 빨래를 넣기 전에 더러운 부분을 먼저 안 빨았어요?

여자 네, 요즘에는 세제가 좋으니까 더러운 부분을 먼저 빨 필요가 없을 것 같아서요.

남자 아무리 세제나 세탁기가 좋아도 직접 손으로 빤 것만 못하죠. 빨래를 하기 전에 더러운 부분은 미리 빤 다음에 세탁기에 넣도록 해요.

女 洗衣机好像出故障了，衣服洗不干净。

男 所以不能只相信洗衣机的性能。另外，把衣服放进洗衣机之前，没把脏的地方洗洗吗?

女 没有，因为现在的洗涤剂很好，没有必要事先去洗脏的地方。
男 洗涤剂或洗衣机再好，也不如直接用手洗的。洗之前先把脏的地方洗一下，再放进洗衣机里去吧。

21. 男性对认为衣服洗不干净的女性说：洗涤剂或洗衣机再好也不如手洗的干净。所以答案为③。

22. 女性说了衣服洗不干净，所以答案为③。

[23~24] 请听录音，并回答问题。

여자 손님, 지금 적금을 중단하기에는 조금 아까운 것 같아요. 왜 적금을 중단하려고 하세요?
남자 이 상품은 이자율이 좀 낮은 것 같아서요. 대신 이자율이 높은 상품을 추천해 주세요.
여자 손님께서 적금 기간이 짧은 것을 원하신다면 지금 이 상품이 제일 좋아요. 이자율이 좋은 것은 적금 기간이 길어요. 그래도 바꾸시겠어요?
남자 네. 사실 이자가 얼마 안 되니까 돈이 필요할 때마다 자꾸 깨게 되더라고요. 적금 기간이 길더라도 이자율이 높은 것으로 보여 주세요.

女 顾客，现在中断存款好像有点可惜。您为什么要中断存款呢?
男 这个商品的利率好像有点低，请推荐利息高的商品。
女 如果您想要存款时间短的话，现在这个商品是最好的。利息好的商品存款时间要比较长。您愿意更改吗?
男 是的，其实利息没多少，所以每次需要钱的时候总是会领出来。请让我看一下虽然存款时间长，但利率高的商品。

23. 通过女性的话可知，男性现在要中止现在的零存整取。所以答案为④。

24. 男性为了换成存期长、利率高的产品正在中止零存整取。所以答案为④。
- 적금을 들다: 整存整取，在银行办零存整取

[25~26] 请听录音，并回答问题。

여자 스님, 요즘 절에서 하룻밤을 자고, 절 문화를 체험해 보는 어린이 템플스테이가 인기인데요. 인기의 비결이 무엇이라 생각하십니까?
남자 아이들은 경험을 통해 배우고 자란다고 생각합니다. 그래서 어렸을 때 많은 경험을 해 보는 것이 중요한데요. 요즘 사회가 워낙 경쟁이 치열하고 빠른 것을 추구하는 편이라 아이들이 정신적인 스트레스를 많이 받는 편이잖아요. 그래서 부모가 아이에게 요즘 시대와는 다른 문화를 경험하게 해 줄 수 있어서 주목을 받는 것 같습니다. 아이에게 하루쯤은 느린 삶을 경험하게 해 주면서 전통 예절도 함께 교육을 시켜 주니까 부모님들의 만족도가 높더라고요.

女 大师！最近来寺庙里睡一宿，体验寺院生活的儿童寺院宿很受欢迎。您认为受欢迎的秘诀是什么呢?
男 我认为孩子们通过体验学习和成长。所以小时候多方面的体验很重要。现在的社会竞争激烈，追求快速，孩子受到很多精神压力。因为能让孩子们体验到与现在社会不同的文化，所以才会得到父母们的瞩目。让孩子们经历一天慢节奏的生活，还可以学习传统礼仪，所以父母们的满足度很高。

25. 男性认为孩子们要在体验中学习成长。寺院宿受欢迎可能是因为能体验与众不同的生活。所以答案为①。

26. 通过女性的话可知：寺院宿指的是在寺院里住一宿的体验。所以答案为②。通过寺院宿只可以体验到寺院文化，并不能体验多样文化。因此④不正确。

[27~28] 请听录音，并回答问题。

남자 주차할 자리가 여기 밖에 없는데 공간이 좁아서 그런지 주차하기가 너무 어려워.
여자 이럴 때는 옆의 거울만 보지 말고 창문을 내려서 바깥을 보면서 주차를 하는 게 더 좋아. 한번 해 봐.
남자 알겠어. 그런데 자꾸 옆의 차에 부딪힐 것 같아서 걱정이 돼. 네가 내려서 주차하는 것을 좀 봐 주면 안 될까?
여자 아직은 네가 초보라서 주차가 어렵게 느껴지는 거야. 앞으로 주차를 잘하려면 이런 상황에서 혼자 연습해 보는 게 좋아.
남자 그래도 혹시 사고가 날까 봐 너무 걱정이 돼. 연습은 차가 없는 다른 곳에서 해 볼게.

男 能停车的地方只有这里了，可空间太小，停车很困难。
女 这种时候不要只看侧灯，把窗户摇下来，看着外面停车更好。试试看。
男 知道了。但总担心碰到旁边的车。你下车帮我看看行不行?
女 你还是觉得自己是新手才觉得难的。以后要想停好车，这种时候还是自己练习的好。
男 那倒是，就担心万一出事故。练习我会在别的没车的地方练的。

27. 男性因为担心停车时出事故，请求女性帮忙。所以答案为①。

28. 女性对新司机的男性说：要想停好车，最好独自练习。所以答案为③。

[29~30] 请听录音，并回答问题。

여자 요즘 드라마에서 출연자들이 사용하는 제품의 브랜드가 그대로 방송되면서 시청자들에게 자연스럽게 노출되고 있는데요. 이런 식의 제품 협찬은 어떤 효과가 있나요?
남자 특정 제품을 드라마 속에 자연스럽게 노출시켜 주는 대가로 협찬비를 받는데요. 저희 입장에서는 제작비가 많을수록 완성도 높은 드라마를 제작할 수 있기 때문에 많은 도움이 됩니다. 또 물건뿐만 아니라 드라마에 제공되었던 장소는 관광지로 개방되어 관광객 유치에 큰 몫을 하기도 해서 지역 경제에도 큰 영향을 미치지요. 하지만 한편으로는 이런 간접 광고가 너무 많아진다면 예술로서의 드라마, 영화와 광고의 경계가 모호해질 수 있다고 생각합니다.

女 最近电视剧中，直接播出演员们使用的产品，产品品牌也就很自然地暴露给观众了。用这种方式进行产品赞助有什么效果吗?

男 在电视剧中自然地暴露特定商品是要收赞助费的。以我们的立场来看制作费越多，制作出好电视剧的完成度越高，是很有帮助的。另外不仅是产品，为电视剧提供的场所可作为观光场所开放，为维持游客人数起着很大作用，对地区经济也有很大影响。但从另一面考虑，这样的间接广告太多，就会使作为艺术的电视剧、电影与广告的界线搅乱电视剧与电影间的界限。

29. 男性以制作者的立场讲了能够拍摄出完成度很高的电视剧。所以答案为④。

30. 通过为拍摄电视剧提供的场所可以作为观光名所的话可知，他们也接受场所赞助。所以答案为①。

[31~32] **请听录音，并回答问题。**

여자 올해 신호 위반이나 주차 위반 등과 같은 교통 범칙금이 두 배나 인상이 되었는데요. 이렇게 단순히 범칙금만 인상하는 것은 근본적인 해결책이 아니라고 봅니다.

남자 하지만 저는 범칙금 인상이 가장 쉽고 확실한 해결책이라고 생각합니다. 실제로 범칙금이 인상되면서 교통 규칙 위반 사례가 줄어들지 않았습니까?

여자 단순히 눈앞의 일만 생각하지 말고 좀 더 멀리 봐야 합니다. 범칙금 인상만으로 돈이 많은 사람들은 교통 규칙을 위반해도 돈으로 모든 것을 해결할 수 있다고 생각할 것입니다.

남자 하지만 범칙금을 올린 다른 나라의 사례들을 살펴보면 그런 경우는 생각보다 많지 않다는 것을 알 수 있습니다. 또 범칙금이 세금으로 사용되니까 사회 복지적인 측면에서도 도움이 될 것입니다.

女 今年像违反信号或违章停车等的违章罚款提高了2倍。我认为像这样单纯提高罚款额度不是解决根本问题的方法。

男 但是我觉得提高罚款是最简单最实际的解决方法。事实不也是提高罚款额度以后，违反交规的事减少了很多吗?

女 不要只单纯地想眼前的事，得看得远些。只提高罚款额度，那些有钱的人就会认为违反交规也可以用钱来解决。

男 但是从其它国家提高罚款后的事例来看，那种情况并没有想像的多。而且罚款可以作为税金使用，从社会福利的侧面来讲也是有益处的。

31. 男性说为了减少违反交通规则的现象，提高罚款是最简单的方法。所以答案是②。

32. 男性讲，提高了罚款额度后，违反交规的事少了很多。因此答案是④。

[33~34] **请听录音，并回答问题。**

여자 요즘 젊은이들은 주변 환경을 탓하면서 시작하는 것조차 포기하는 경우가 많습니다. 그러나 수많은 전쟁의 역사가 보여 주듯이 병사나 무기가 많다고 해서 무조건 승리하는 것은 아닙니다. 누구도 전쟁의 결과를 알 수 없듯이 미래도 예측할 수 없는 것입니다. 성공적인 전쟁의 전략이 싸워 보기 전에는 미리 구상될 수 없듯이 우리의 미래도 책상에 앉아서 고민한다고 해서 해결되지 않습니다. 세상에는 전쟁처럼 예상하지 못한 변수들이 많기 때문입니다. 성공은 마음먹기에 달려있습니다. 자, 이제 책상을 벗어나 세상이라는 전쟁터로 가십시오.

女 近来很多年青人总是埋怨周围环境，甚至都不敢去尝试。行动之前就断定不行，回避挑战。但就像很多战争史中看到的一样，即使士兵、武器再多，也不能保证会绝对胜利。正如没有人能知道战争的结果一样，我们也无法预测未来。成功的战争战略是无法在战争之前构想出来的，我们的未来也不是坐在书桌前苦思冥想就能解决的。这是因为在这世上有很多像战争一样无法预测的变数。成功决定于你的决心。好，现在就让我们离开课桌，走向世界这个战场吧。

33. 女性将生活比喻为战争，希望年青人做好心理准备。因此答案是③。

34. 女性认为战争的结果是无法预测的，也不法提前构想赢得战争的战略。因此答案是②。

[35~36] **请听录音，并回答问题。**

남자 정기 모임에 참석해 주신 여러분, 진심으로 환영합니다. 오늘 이 모임은 정부의 '청년 일자리 창출' 계획에 기업의 적극적인 참여를 부탁드리고자 마련한 자리입니다. 청년 일자리 창출 사업은 정부가 청년 실업 문제를 해결하고 국가 경제 활성화를 위해 추진하는 사업입니다. 이 사업은 청년들의 구직 가능성을 높이고 기업의 안정적인 인재 확보에 기여할 것으로 기대됩니다. 또한 불안정한 사회 환경을 바꾸는 계기도 될 것이라고 봅니다. 여러분의 적극적인 참여를 기대하겠습니다.

男 真心地欢迎来参加定期聚会的各位来宾！政府推出了“创造青年人就业机会”的计划，今天的这个聚会就是为拜托企业的积极参与而举办的。为青年人创造就业机会的事业是政府为了促进解决青年人失业问题、搞活国家经济的一项事业。期待这项事业能够提高青年人的就业可能性，确保企业能够拥有稳定的人才。而且也可以成为改变不稳定的社会环境的契机。我们期待各位的积极参与。

35. 男性正以企业为对象做创造青年就业机会的事业说明。最后一句说到，期待积极参与。所以答案是④。

36. 内容提到今天的聚会就是为了拜托企业们能积极参与“创造青年就业机会”的事业。所以答案为④。内容提到是政府推出的创造青年就业机会的计划，由此可知这是由政府主导的事业。因此②不正确。

[37~38] 请听录音，并回答问题。

남자 시장님, '독서 경영'이라는 말이 조금은 생소한데요. 이 사업이 어떤 것인지 소개 좀 해 주시겠습니까?

여자 말 그대로 책 속에서 정보를 얻어 세상 경영에 도움을 받는 것입니다. 책을 읽는 과정에서 얻는 간접 경험을 통해 자연스럽게 길러진 상상력이 세상을 이겨 낼 역량이 됩니다. 이 역량은 어떤 상황에서도 이겨 낼 힘을 가져다줍니다. 그런 역량을 지닌 사람은 기술이 아무리 발달해도 두려울 것이 없습니다. 우리 시가 '독서 경영' 사업을 통해 지역 사회 독서 문화를 확산시키고 실천하는 데 앞장서려고 합니다. 앞으로도 '독서 경영'을 통해 우리 시를 문화와 경제가 모두 조화롭게 발전하는 도시로 만들어 시민 누구나 행복한 삶을 살도록 할 것입니다.

女 市长！人们对"读书经营"的这个说法感到生疏。您能给我们介绍一下这是个怎样的事业吗？

男 正如话中所说，从书中获取信息，用于世间的经营。在读书的过程中，通过获取的间接经验，自然而然地培养想像力能成为战胜世界的力量。这个力量无论你身处何地都能给你带来胜出的力量。拥有这种力量的人即使技术再发达也不会惧怕。我市希望通过"读书经营"，带头推广和实践地区社会的读书文化。今后也希望通过图书经营，将我市变成文化和经济协调发展的城市，让所有市民都能享受幸福的生活。

37. 男性认为通过读书经营能使全市得到发展。所以答案是③。这里是对读书经营事业的说明，而不是在主张选定事业。所以④不正确。

38. 男性主张从读书经营中获得力量的人，无论技术多么发达也不会惧怕。因此答案为④。

[39~40] 请听录音，并回答问题。

여자 농촌이 자연 생태를 보호하고 녹색 혁명을 주도하고 있다니 생각하지 못했던 점입니다. 그럼 박사님, 농촌이 가지고 있는 또 다른 기능에는 뭐가 있을까요?

남자 농촌이 환경을 보호하고 녹색 혁명을 주도하고 있는 것 외에 사회·문화적 기능도 있습니다. 전통문화를 계승하고 지역 사회 유지 또는 휴양 및 레저 공간을 제공하는 거죠. 농촌의 이런 기능은 앞으로도 중요하다고 생각합니다. 이런 사회·문화적 기능을 강화하기 위해서 농촌 체험 교육과 의료·문화 시설을 확충해야 합니다. 또 지역 문화재를 발굴·보호하고, 정서적 휴식 및 휴양 공간을 확대해 농촌의 사회·문화적 기능에 대한 홍보를 더욱 더 강화해야 한다고 생각합니다.

여자 농촌의 사회·문화적 기능이 이렇게 중요한지 몰랐네요. 그럼 농촌에서 자체적으로 홍보를 할 수 있는 방법으로 뭐가 있을까요?

女 没想到农村也在提倡保护自然生态、主导绿色革命。那么，博士，农村还拥有什么特殊的功能吗？

男 农村除了提倡保护自然生态、主导绿色革命之外，还拥有社会、文化功能。继承传统文化、维护地区文化，再就是提供休养和休闲空间。我认为农村的这些功能今后也会很重要。为了强化这种社会、文化功能，就必须扩充农村体验教育和医疗、文化设施。另外发掘和保护地区文化遗产，扩大精神调养和休息空间，强化对农村的社会、文化功能的宣传。

女 没想到农村的社会、文化功能竟然这么重要。那么在农村可以自行宣传的方法有哪些呢？

39. 因为女性询问了在农村可以自行进行的宣传方案，所以最恰当的回答是④。

40. 男性说为了强化农村的社会、文化功能，必须扩充农村体验教育等方面。所以答案是④。

[41~42] 请听录音，并回答问题。

남자 여러분, '머피의 법칙'을 들어 본 적이 있나요? 이 법칙은 1949년에 미국 항공기 엔지니어였던 에드워드 머피 대위가 발견한 우연의 법칙입니다. 이 법칙은 잘못될 가능성이 있는 것은 어김없이 잘못된다는 거죠. 그런데 정말 이런 현상을 '법칙'이라고까지 말할 수 있을까요? 사실 세상의 모든 좋은 일과 나쁜 일은 각각 50%씩의 가능성을 갖고 있습니다. 그런데 왜 나쁜 일만 계속 일어난다고 생각하는 걸까요? 그것은 아마도 좋은 일보다 나쁜 일이 더 충격을 주기 때문일 것입니다. 기쁜 일보다는 슬픈 일이 더 오래 기억되는 것이죠. 그래서 우리는 이런 법칙을 믿지 말아야 합니다. 실제로 그런 법칙은 없기 때문입니다. 우리의 생각이 행복보다는 불행, 기쁨보다는 슬픔, 보람보다는 아픔 쪽에 더 민감한 반응을 보이기 때문에 일어나는 착각에 불과합니다. 이런 미신에 의존하지 말고 주도적으로 여러분의 삶을 이끌어 가길 바랍니다.

男 各位，你们听说过"墨菲定律"吗？这个定理是1949年一位美国飞机工程师爱德华墨菲大尉发现的偶然的定律。这个定律说的是有错误可能性的事一定会出现错误。但是真能把这种现象称之为"定律"吗？事实上世上的所有好事和坏事都带有50%的可能性。好事不会总有，也没有总遇到坏事的人。但为什么会总觉得坏事不停地发生呢？那也许是因为和好事比，人们更容易受到坏事冲击的缘故。和高兴的事比，伤心的事会记得更长久。所以我们不要相信这样的定律。因为实际上也没有这样的定律。因为不幸的比幸福的、难过的比开心的、伤痛比收获对我们思想的影响会带来更敏感的反应，这只不过是产生的一种错觉罢了。所以不要依赖这种迷信，希望能积极主动地引领开拓我们的生活。

41. 男性认为不幸、或伤心、痛苦等对我们的思想会产生更敏感的反映。所以正确答案是①。

42. 男性举墨菲定律为例，希望大家不要依赖迷信，要主动开拓生活。所以正确答案是①。

[43~44] 请听录音，并回答问题。

여자 여러분은 펀드에 관심이 있으신가요? 펀드는 자산 운용 회사가 여러 투자자들의 자금을 주식, 채권 등 상품에 투자한 후 그 결과를 돌려주는 간접 투자 상품입니다. 그중에서도 보통 사람들이 비교적 쉽게 접근할 수 있는 대표적인 펀드 상품에는 '상장 지수 펀드(ETF)'가 있습니다. 상장 지수 펀드란 특정 지수의 움직임을 따라가도록 만들어진 펀드 상품이며, 주식처럼 실시간으로 사고 팔 수 있다는 특징이 있습니다. 한두 가지의 종목에 투자하는 것이 아니라서 분산 투자 효과가 큰 편이며, 장기적으로 보유했을 때 개별 주식에 투자하는 것보다 안정적인 수익을 확보할 수 있다는 장점이 있습니다. 다만 간접 투자 상품이므로 수수료에 주의해야 합니다. 자주 사고 팔다 보면 수익을 얻기보다 수수료를 더 많이 낼 수도 있기 때문입니다.

女 大家对基金感兴趣吗？基金是资产运营公司将多个投资者的资金投资到股票、债券等商品后返还结果的间接投资商品。其中，普通人比较容易接近的代表性基金商品有“上市指数基金(ETF)”，上市指数基金是指跟随特定指数的动向而制作的基金商品，具有像股票一样可以实时买卖的特点。因为不是投资一两个项目，所以分散投资效果比较大，长期持有时，比投资个别股票更能确保稳定的收益。只是因为是间接投资商品，所以要注意手续费。因为如果经常购买和卖出，比起获得收益，可能会支付更多的手续费。

43. 女性在说明上市指数基金的概念和特点时解释说，一方面有优点，另一方面也有缺点，所以要注意。因此正确答案是④。

44. 上市指数基金是基金的一种，是资产运营公司运用投资金后返还结果的间接投资商品。因此③是正确答案。
① 与股票~~不同~~，~~不能~~实时买卖。
→ 像股票一样可以实时买卖。
② 分散投资效果~~低，要小心投资~~。
→ 分散投资效果较大。
④ 因为手续费不高，~~所以在投资上不是需要注意的事项~~。
→ 如果经常购买和卖出，比起获得收益，可能会支付更多的手续费，因此要注意。

[45~46] 请听录音，并回答问题。

여자 앞에서 잠깐 말했듯이 현대 사회를 일컬어 '정보의 시대'라고 합니다. 우리가 살고 있는 이 시대는 우주를 탐사할 정도로 과학과 기술이 매우 발달했는데, 왜 과학의 시대나 기술의 시대라고 하지 않고 굳이 정보의 시대라고 부르는 걸까요? 그것은 현대 사회가 정보와 지식을 바탕으로 운영되고 있기 때문입니다. 물론 과거에도 정보와 지식은 사회 전체를 이끌어 나가는 매우 중요한 요소였습니다. 하지만 지금은 그 어느 때보다 정보가 차지하는 자리가 크고 중요합니다. 예를 들어 옛날에는 돈을 부치기 위해 직접 은행에 가야만 했지만 요즘에는 스마트폰의 '모바일 뱅킹'을 이용하여 그 자리에서 모든 것을 해결할 수 있게 되었습니다. 그러나 이러한 정보를 모르는 사람들은 여전히 은행에 직접 가야 하는 불편함을 감수해야 합니다. 이렇듯 정보의 부재는 신체적 불편함뿐만 아니라 시간의 낭비, 금전적 낭비로 이어지기도 합니다. '정보의 시대'의 도래로 인해 개인은 물론 국가의 힘도 정보의 크기로 결정된다 해도 과언이 아닐 것입니다.

女 正如前面所说现代社会可以称为“信息时代”。我们生活的这个时代的科学和技术已经发达到了能探索宇宙的程度，那为何不称作科学时代或技术时代，偏偏要称作信息时代呢？因为现代社会是以信息和知识为基础运营的。过去信息和知识也是引领整个社会前进的重要因素，但是现在和任何时候比，信息所处的位置更大更重要。比如说，过去为了寄钱必须亲自去趟银行才行，但最近使用智能手机的“网上银行”在手里就能解决所有事。但是不知道这种信息的人依然还要忍受亲自去银行的不便。像这样不掌握信息不仅会给身体带来不便，还浪费时间，甚至还会导致金钱的浪费。由于“信息时代”的到来，信息量的多少不仅对个人，说它可以决定一个国家的国力也并不为过。

45. 内容中提到信息时代信息量的多少可以决定一个国家的国力。所以正确答案是③。

46. 女性解释了为什么称现代社会为“信息时代”，还举例说明了信息的重要性。因此正确答案是③。

[47~48] 请听录音，并回答问题。

여자 최근 공교육의 문제점이 부각되면서 학교에 가지 않고 집에서 공부하는 홈스쿨링에 대한 관심이 높아지고 있는데요, 이에 아이들의 교육에 대한 어머님들의 고민도 늘어나고 있습니다. 그래서 오늘은 이 분야의 전문가 한 분을 모시고 의견을 들어 보겠습니다. 교수님, 최근 홈스쿨링이 유행하는 것에 대해 어떻게 생각하십니까?

남자 요즘 여러 문제로 탈학교 운동이 일어나고 있는 것은 사실입니다. 그렇지만 대안 학교에 보내는 것도, 집에서 직접 아이를 가르치는 것도 근본적인 해결책은 아닙니다. 가장 중요한 것은 아이에게 자기 주도 학습 능력을 길러 주는 것입니다. 그러나 자기 주도 학습이라고 해서 혼자 해야 하는 것은 아닙니다. 오히려 초기에는 이 학습법에 익숙해지도록 부모님이나 선생님의 지도가 반드시 필요합니다. 그다음에 아이 스스로 목표를 정하고, 계획도 세우고, 그에 맞춰 실천해 나가도록 해야 합니다. 틀림없이 말씀드릴 수 있는 건 이렇게 훈련을 받은 학생들은 반드시 좋은 성과를 낸다는 것입니다.

女 随着最近公教育问题的突出，对不去学校，在家里学习的家庭课堂的关注越来越高。对此因为孩子们的教育问题，妈妈们的苦恼也越来越多。所以今天请来了这一领域的一位专家，我们来听听他的意见。教授，对于最近流行的家庭课堂您怎么想？

男 最近因为各种问题引发脱校运动的事确是事实。但是把孩子送到替代性学校，在家直接教孩子都不是根本的解决之策。最重要的是要教会孩子自主学习的能力。虽说是自主学习，这并不意味着就要独自去做，相反在初期为了让孩子熟悉这种学习方法必须有父母或老师的指导。之后要让孩子自己确定目标、制定计划，并按照计划不断实施下去才行。这才是真正的自主学习。我敢说接受了这样训练的孩子肯定会取得好的成果的。

47. 内容中提到由于公教育的问题，最近人们对在家里学习的家庭课堂关注越来越多了。所以正确答案是④。

48. 男性确信接受了自主学习训练的学生们肯定会取得好成果的。所以正确答案是②。

[49~50] 请听录音，并回答问题。

남자 인간은 유전자와 환경 가운데 어느 쪽의 영향을 더 많이 받을까요? 답을 말하기가 쉽지 않습니다. 복제 인간의 경우 유전자에 관심이 집중될 수밖에 없습니다. 그렇다면 복제 인간은 체세포 제공자를 어느 정도나 닮게 될까요? 일종의 '복제 인간'이라 할 만한 일란성 쌍둥이를 예로 들어 보겠습니다. 쌍둥이를 연구하는 과학자들에 따르면, 일란성 쌍둥이의 경우 키나 몸무게 같은 생물학적 특징뿐 아니라 심지어 이혼 패턴과 같은 비생물학적 행동까지도 유사하다고 합니다. 그렇다면 아인슈타인을 복제하면 복제 인간도 아인슈타인과 똑같은 천재가 될까요? 과학자들은 이 같은 질문에 대부분 '아니다'라고 말합니다. 일란성 쌍둥이는 비슷한 환경에 놓이는 반면 복제 인간과 체세포 제공자는 완전히 다른 환경에 놓일 수 있기 때문에, 환경 변수로 인해 서로 다른 특징을 가질 확률이 일란성 쌍둥이의 경우보다 훨씬 클 것입니다. 그래서 과학자들은 유전자가 동일하더라도 복제 인간이 체세포 제공자와 생각보다 비슷하지 않을 거라고 예상합니다.

男 人类在遗传基因和环境之中，受哪一方的影响更多呢？回答起来不太容易。就拿克隆人来说，它也不可避免地要把注意力集中在遗传基因上。那么克隆人的长相与提供人体细胞的捐献者会有多大程度相像呢？我们拿称得上一种“克隆人”的一卵性孪生子举例来看吧。根据研究孪生子的科学家阐述，卵性孪生子不仅在身高和体重这些生物学特征上相似，甚至像离婚模式这样的非生物学行动上也很相似。但是如果克隆了爱因斯坦，那克隆人也会和爱因斯坦一样能成为天才吗？科学家们对这个问题的回答大部分是“不会”。与生活在相似环境中的一卵性孪生子相反，克隆人可能会被放置在与人体细胞提供者完全不同的环境里，因为环境的变数作用，他们具有不同特征的几率就会比一卵性孪生子要多得多。所以科学家们认为即使遗传基因相同，克隆人与人体细胞提供者也不会比想象的更相似。

49. 内容提到环境的影响对克隆人的作用比对一卵性孪生子的作用更大。所以正确答案为④。

50. 男性在提出了人的特性受遗传基因影响大还是受环境影响大的质疑之后，用事例做了说明。所以正确答案是④。

쓰기 书写

[51~52] 请阅读下文，分别写出符合㉠和㉡的一句话。

51. ㉠：告示的题目是“寻求”，前面提到同屋要毕业了。所以要写出过寻求同屋的内容。

㉡：前面提到这个房间在距学校步行5分钟的距离，也是新建的大楼，由此可知括号中需要强调这个事项。

→ 这是寻求同屋的告示。这里必须有介绍房间构造和使用状况的说明，以及具体位置等内容。还应该有能让别人联系的联络方式。3分的答案适用于使用初级语法和词汇进行表达的情况。

52. ㉠：要写出过去所做的决定对现在这种关键时刻有什么影响等内容。

㉡：前句中写到：过去不过是过去了的事，“与其后悔”，所以后面应该写与其相反的意见。

53. 以下是就关于“韩国大学入学率变化”的资料。请把此内容写成200-300字的文章，但请勿书写文章的题目。

【概略】
序论：介绍韩国大学入学率变化内容
本论：4年制大学毕业生就业率的变化介绍
结论：大学入学率变化的原因和展望

54. 请参考以下内容，写一篇600-700字的文章，但请勿将问题原封不动地抄写下来。

【概略】
序论：整理问题提到的内容(吸烟所致的危害)
本论：① 烟价上涨给吸烟率以影响和理由
② 对烟价上涨反对意见
结论：整理自己的意见

읽기 阅读

[1~2] 请选择最适合置入(　)的选项。

1. 健全人都不容易(　　　)用这种不便的身体爬高山，真是个了不起的人。

问题类型 选择适合句子的语尾(连接/生活文)
用于推测“对健全人来说都不容易”的意思，并引出下一种状况，因此答案为①。

-(으)ㄹ 텐데: 前句为话者的推测，其内容为后句的根据时使用。
例 버스가 곧 출발할 텐데 서두르세요.
내일은 바쁠 텐데 다음에 만나는 게 어때요?

- -(으)ㄹ까 봐: 用来表示担心或害怕会出现前句所说的状况。
  例 숙제를 안 해 온 민아는 선생님께 야단을 맞을까 봐 무서웠다.
- -(으)ㄹ 테니까:

① 前面内容作为后句的条件，用来表示话者对某种行为

或事的态度。

例 제가 선생님께 말씀드릴 테니까 걱정하지 말고 병원에 갔다 가 오세요.

② 前面内容作为后句内容的条件，用来表示话者坚定的推测。

例 오늘 회의가 늦게 끝날 테니까 기다리지 마세요.

- –(으)ㄴ 데다가: 表示前句状态或行动的基础上又附加了其它状态或行动，使程度加深的意思。

例 도시는 사람이 많은 데다가 교통도 복잡해서 싫다.

2. 以后天气慢慢变暖，山慢慢(　　)绿绿的。

问题类型 选择适合句子的语尾(终结/短文)

要表达的是：以后天气慢慢变暖，山会慢慢变绿的。所以用来表示“某种行为或状态、以及那种变化在持续进行着”的①为正确答案。

> –아/어 가다: 表示某种行为或状态、和那种变化在持续进行着。
>
> 例 아이가 아빠를 점점 닮아 갔다.
> 다 먹어 가니 잠시만 기다려.
>
> 注意 从过去到现在一直持续着的话，使用“–아/어 오다”；现在开始持续到未来则使用“–아/어 가다”。
>
> 例 우리는 오래 전부터 친하게 지내 온 이웃이야.
> 그 선생님은 평생 제자들을 키워 오셨다.

- –아/어 오다: 用来表示前句出现的行动或状态一直向着某一基准靠近，并不断持续进行着的意思。

例 인기 가수였던 그는 오랫동안 팬들의 사랑을 받아 왔다.

- –아/어 보다: 表示前句出现的行动是某种试验性的行动。

例 오늘 광장에서 큰 행사가 있으니 구경 한번 와 보세요.

- –아/어 대다: 表示前句中出现的行动不断反复或反复进行的行动程度越加严重的意思。

例 여자는 남자에게 잔소리를 하며 쏘아 댔다.

[3~4] 请选择与下端划线的部分意义最相似的选项。

3. 为了入职考试能合格，朋友送来了饴糖和年糕。

问题类型 选择适合句子的语尾(连接/短文)

“–도록”作为“목적(目的)”使用时可以和“–게”替换使用，所以答案为①。

> –도록:
>
> ① 作为后句的目的。
>
> 例 내일 지각하지 않도록 일찍 잠을 자야겠다.
>
> ② 用来表示后面出现的行为方式或程度。
>
> 例 그는 몸살이 나도록 열심히 일했다.
>
> ③ 表示一直到某一时刻的意思。
>
> 例 12시가 다 되도록 집에 돌아오지 않았다.

- –게: 前句是后面所指事情的目的或结果、方式、程度等时的连接词。

例 아침에 일찍 일어나게 알람을 맞추어 놓았다.

- –거든: 表示“假如某事为事实或变成事实的话”的连接语尾。

例 혹시 비가 오거든 꼭 빨래를 걷어라.

- –(으)려고:

① 表示具有行动的意图或动机的连接语尾。

例 책을 읽으려고 안경을 찾고 있다.

② 表示某事即将发生或状态变化的连接语尾。

例 상처에 새살이 돋으려고 한다.

- –(으)ㄹ 만큼: 表示后句内容以前句内容成比例或与前面内容程度或数量相当时。

例 모두 깜짝 놀랄 만큼 성적이 향상되었다.

4. 一个国家的未来因着那个国家的教育政策的不同而不同。

问题类型 选择适合句子的语尾(终结/短文)

指的是：一个国家的未来是由那个国家的教育政策所决定的，因此答案为③。

> N에 따라 다르다: 表示结果会因为什么而不同的意思。
>
> 例 그 사람 기분은 날씨에 따라 다르다.
> 말하기 성적은 평가하는 사람에 따라 달랐다.
>
> 注意 与“언제(何时)，누구(谁)，어디(哪里)，무엇(什么)，얼마나(多少)”等疑问词一起使用时，使用“–느냐에 따라 다르다”形态。
>
> 例 인생의 성공은 얼마나 노력하느냐에 따라 달라진다.

- N이/가 되다:

① 表示具有新的身份或地位。

例 명수는 자라서 국회의원이 되었다.

② 表示更换或变成了另一个。

例 진수는 과거와 다른 사람이 되었다.

- N일 수가 있다: 表示有可能出现前面所说的事。

例 그는 꼼꼼한 사람이므로 이번 일은 실수일 수가 있다.

- N에 달려 있다: 表示某事是由这个来决定的，非常重要。

例 행복은 마음에 달려 있다.

- N(으)로 인한 것이다: 表示前句内容是某事的原因或理由。

例 비만은 잘못된 식습관으로 인한 것이다.

[5~8] 请选择下面是关于什么的文章。

5.

“爱就是答案”
身为精神科医生生活了30年的
作家传递的幸福智慧书

问题类型 掌握文章的题材/类型(广告文)

这个广告的核心词汇为“행복 지혜서(幸福智慧书)”中的“서(书)”指的是图书，因此答案为①。

6.

没有去学院的时间吗？
在你希望的时间，方便的场所
由国内最好的讲师授课！

问题类型 掌握文章的题材/类型(广告文)

指的是可以在你希望的时间和方便的场所上课的意思，所以答案为③。

7.

被污染的大海没有海水浴，也没有海产品。
杀死大海的习惯！救活大海的习惯！
您要如何选择？

问题类型 掌握文章的题材/类型(广告文)
这里强调的是不使大海污染的习惯、拯救大海的习惯，所以答案为②。

8.

5月30日

- 双子座：需要理性判断的日子。有难事就求助于周边的人。
- 处女座：准备好了的事，最好付诸行动。可以期待好的结果。
- 天秤座：身心疲惫，加油！只要努力就会有好结果的。

问题类型 掌握文章的题材/类型(介绍文)
双子座、处女座、天秤座都是星座的名称。这里说的是星座运势，所以答案为④。

- 점[占]：占卜，用非科学的方法猜测过去的事或预测现在或未来的命运的事。
- 사주[四柱]：利用人出生的年、月、日、时来了解人运势的占卜方法。
- 운세[运势]：早已确定了的未来之事。

[9~12] 请选择与下文或图表内容相同的选项。

9.

韩友利 建筑博览会

- 时间：2024年 8月26日～8月29日
- 场所：住宅展示馆1层
- 特别展示馆："韩屋建筑的所有"点滴角运营
- 特征：亚洲最大规模的世界绿色建筑博览会和网上建筑博览会同时进行

(通过网上建筑博览会还可以搜索去年展览内容)

问题类型 选择与文章相同的一项(介绍文)
内容提到了运营"韩屋建筑的所有"，所以答案为③。

① ~~只有亚洲的企业才~~可以参加的博览会。
→ 世界的企业都

② 去年展览过的内容重新在~~这次展览会~~上展出。
→ 网上建筑博览会

④ ~~网上建筑博览会~~是亚洲规模最大的。
→ 绿色建筑博览会

10.

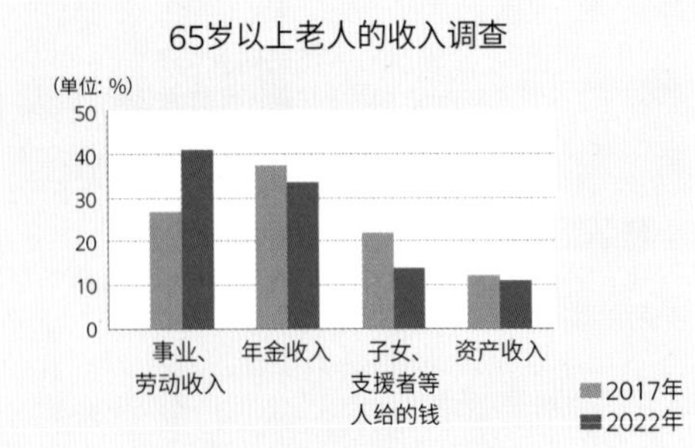

问题类型 选择与图表相同的一项
只有事业、劳动收入从2017年的26.9%增加到2022年的41.3%，其余的都为之减少，所以③是正确答案。

① 工作挣钱的老人~~减少~~。→ 增加

② ~~在两个年度中，年金比率~~都最高。
→ 2017年是年金收入比率最高，2022年是事业、劳动收入比率最高。

④ 2017年资产收入，2022年~~劳动收入~~比例最低。
→ 资产收入

11.

最近，有一个明显的趋势，学生们更偏向于选择与医学相关的领域。调查结果显示，超过一半理科学生表示有意在医学领域追求职业。特别是，在国立首尔大学的新生中，有6%的学生选择在入学后立即休学，而如果仅考虑工程学专业的学生，这个数字大约是7.5%。据估计，这些学生中的大多数打算利用这段时间重新申请医学院或牙科学院。

问题类型 选择与文章相同的一项(报道)
从文章第一句和最后一句内容可知：非理工科学生也可以选择工大为副专业。所以答案为②。

① 学生们对医学相关的领域的偏向程度~~与过去相似~~。
→ 与过去不同，最近有一个明显的趋势。

③ 理科学生中有意在医学领域追求职业的学生占~~少数~~。
→ 过半数

④ 学生选择在入学后立即休学的原因估计为~~学业的困难~~。→ 利用这段时间重新申请医学院或牙科学院

12.

人体的70%是水。肌肉的75%、大脑的80%、骨骼的50%是水份。所以水份不足，就说明肌肉会变得僵硬、大脑功能下降、骨骼会失去力量。水份不仅在人体中占据的比重高，在功能上也起着重要的作用。水份有着循环血液、调节体温、输送营养的功能。

问题类型 选择与文章相同的一项(报道)
内容提到：水份不足就意味着骨骼将失去力量，所以答案为②。

① ~~营养输送水份~~。→ 水份输送营养

③ 水份在人体中起着~~营养成份的作用~~。
→ 运送营养的功能

④ ~~肌肉比大脑~~含有更多的水份。→ 大脑比肌肉

- 비중[比重]：相互比较时所占重要性的程度。

[13~15] 请选择正确按顺序排列的选项。

13.

(가) 话题是用纸纤维制作的衣服。
(나) 作为功能性服装有着最好的条件。
(다) 这件衣服虽然像纸一样薄和轻，但却不会被水打湿或撕裂。
(라) 更惊人的是透气性。水虽不能浸透，但空气可以疏通。

问题类型 排列文章顺序
内容讲的是利用纸纤维制作的衣服成为话题的原因。利用纸纤维制作的衣服成为了话题的(가)之后应该是由"이

옷은”开始的介绍衣服功能的(다)，其后应该是由“더욱 놀라운 것은”开始的对功能进行补充说明的(라)，最后是最(다)和(라)所述内容进行整理的(나)。所以答案为按照(가)-(다)-(라)-(나)排序的②。

- 통기성[透气性]: 空气透过的性质或程度。

14.
(가) 最近具备多种功能、便于清洗的产品也越来越多。
(나) 推荐给开始独居的人“空气炸锅”的情况很多。
(다) 预计今后空气炸锅作为必备家电产品也会很受欢迎。
(라) 因为如果使用空气炸锅，即使几乎不用油，也能快速、简便地制作酥脆的料理。

问题类型 排列文章顺序
本文介绍空气炸锅的特点和优点。在(나)中提到空气炸锅经常被推荐给开始独居的人，在(라)中说明了推荐的理由。之后(가)说明最近的趋势，(다)提出未来展望。因此最自然的排列是(나)-(라)-(가)-(다)，答案是③。

- 세척[洗涤]: 清洗干净。

15.
(가) 有一个想休息的时候就请假常去的地方。
(나) 现在需要休息的时候，不必非去日本不可了。
(다) 是位于日本目白站周边的一个很幽静、普通街区的小街。
(라) 最近知道了在韩国也有一条和那条胡同相似的路。

问题类型 排列文章顺序
介绍的是一处常去的度假场所。文章从想休息就常去的地方(가)开始，下面就是介绍场所所在何处的(다)，然后是讲最近得知韩国也有了一条类似的小街内容的(라)，最后讲的是结果，即：今后不去日本也可以的(나)。所以答案为按照(가)-(다)-(라)-(나)排序的①。

- 한적하다[闲寂－]: 悠闲且安静

[16~18] 请选择最适合置入(　)的选项。

16.
钠(　　　)高血压、心脏疾患、骨质疏松等疾病。要降低以钠为主要成份的食盐的摄取量也正因为此原因。但是钠是我们人体中必需的。因为它与我们体内的调节心脉、调节体内水分含量、肌肉收缩等生理技能有关。

问题类型 选择符合文脉的内容
括号后写有“나트륨이 주성분인 소금의 섭취를 줄여야 하는 것은 그 때문이다.”的话。因此括号中应该写钠的副作用等内容，因此内容为“会引发高血压、心脏疾患、骨质疏松等疾病”较为自然。所以答案为②。

- 주범[主犯]: 导致某事不好结果的主要原因。

17.
首尔美术馆星期六4点正在放映一部好电影。自从首尔美术馆开始免费放映电影之后，(　　　)。自然而然地将脚步迈向美术馆，也打破了“美术难”的偏见。从此美术馆不再是难以接近的地方正在变成地区居民的文化福利空间。

问题类型 选择符合文脉的内容
括号后面提到“自然而然地将脚步迈向美术馆”、“美术馆正变成地区居民的文化福利空间”，所以答案为③。

- 편견[偏见]: 不公平、带有倾向性的想法。

18.
“T商”指的是将电视与网络连接，通过遥控器买卖商品的一种服务。消费者可以用遥控器选购、结算T商中的产品。“T商”在同一时间只介绍一种的(　　　)，顾客们可以像网上检索一样随意购买各种商品。

问题类型 选择符合文脉的内容
在同一时间只介绍一种产品的是“T商”。但即使不知道何为“T商”，也有解开此题的方法。括号前面的内容为同一时间只介绍一种产品的形式、括号后的内容为可以随意购买各种商品，由此可知括号前、后句子要说明的内容应该具有不同的性质。所以选项中有“다르다(不同)”内容的①是正确答案。

[19~20] 请阅读题目并回答问题。

每星期排便次数不足3次则为便秘。便秘的平均发病率约为16%。所以寻找便秘药的人很多，但长期服用会降低肠道的敏感性，使(　　　)症状恶化。此时试试用按摩肚脐周围，使之温暖发热来替代用药吧。那样就可以使排便的次数增加到每周两次以上。

19. **问题类型** 选择符合文脉的内容
提到服药会使症状恶化，所以表示“与期待的相反、与期待完全不同”意义的③为正确答案。

- 드디어: 终于，期盼的事到了结尾、结局。
  例 긴 학기가 끝나고 드디어 여름 방학이 시작되었다.
- 게다가: 并且，在此基础上。
  例 날씨가 춥고 게다가 비까지 내려서 감기에 걸렸다.
- 오히려: 反而。
  ① 出现了与一般想像或期待的结果完全不同或相反的结果。
  例 너무 잘하려고 애쓰다 보면 오히려 실패하기 쉽다.
  ② 那样的话倒不如……
  例 맛없는 음식을 먹을 바에야 오히려 안 먹는 게 낫다.
- 반드시: 一定，肯定会
  例 기홍이는 정확한 사람이라 약속 시간은 반드시 지킨다.
- 민감성[敏感性]: 对某种刺激的反应具有相当敏锐、迅速的性质。

20. **问题类型** 掌握中心想法
便秘时，比起长期服用便秘药，按摩肚脐周围并加热的话，排便次数会增加，因此③是最合适的答案。

[21~22] 请阅读题目并回答问题。

最近人们最大的特征之一就是人们认识到了视觉要素的重要性。正如“百闻不如一见”这句话所说：听一百遍也不如一次强烈的视觉形象在头脑中的留下的记忆更久。应对这种趋势，企业在做广告时应该把注意力放在视觉要素上。最好准备出在短时间消费者的(　　　)的照片和影像。

21. **问题类型** **选择符合文脉的惯用语**
包含有括号的句子应该有：要准备那些能够在短时间吸引消费者关注的照片或影像，所以答案为①。
- 시선을 끌다: 吸引视线，使人们的注意力或兴趣集中。
  例 이번 전시회에서 가장 시선을 끄는 작품은 어떤 것입니까?
- 눈치를 보다: 看脸色，观察他人的心里和态度。
  例 미숙이는 용돈을 받으려고 엄마의 눈치를 살피고 있었다.
- 발길이 잦다: 经常往来。
  例 명동은 번화가라서 사람들의 발길이 잦다.
- 손길이 가다: 做些帮助他人的事。
  例 엄마가 없는 민정이에게 나도 모르게 자꾸 손길이 갔다.

22. **问题类型** **掌握细节内容**
企业也表示，制作广告时要注意视觉因素，因此②是正确的答案。
① ~~比起影像，消费者对声音更感兴趣~~，记忆更久。
→ 比起声音，影像，视觉上的要素
③ 最近企业致力于~~制作~~照片或~~较长的影像广告~~。
→ 在短时间内给消费者留下深刻印象的视觉
④ 人们~~喜欢多听几遍，而不是只看一遍~~。
→ "百闻不如一见"：看一次比听一百次更好。

[23~24] 请阅读题目并回答问题。

我的小儿子应该是去年上小学一年级的年龄。但到现在他连学校附近都没去呢。这个孩子患上一种少见的疾病，可这已经是两年前的事了。当时孩子的状态很不一般。孩子总是高烧不退，我们夫妇知道孩子的病如果复发，以当今医学是没有治疗方法的。拉着孩子的手走进医院大门的时候，我们夫妇的<u>心里就像压着一块大石头一样</u>，呼吸都觉得困难。但是预想不到的结果出现了。孩子只是得了感冒，过去的病就像假话一样地全好了。我们夫妇太惊讶了，好久都不能动弹了。

23. **问题类型** **掌握心情(随笔)**
"무거운 돌이 가슴을 누르다."的说法表达了"担心的事多，很压抑难过"的意思。这里表示担心孩子的病会复发，所以答案为①。

24. **问题类型** **掌握细节内容(一致/随笔)**
提到：出现了预想不到的结果，所以答案为③。
① 孩子的病~~复发了~~。→ 好了
② 说病全好了的话~~是谎话~~。→ 是事实
④ 孩子1年前~~上小学了~~。→ 没能入学

[25~27] 请选择最能说明下列新闻的标题。

25. 家用灭火器在火灾初期相当于一辆消防车的效果

问题类型 **掌握简化的句子(报道文)**
标题内容说的是：火灾初期，家用灭火器具有一辆消防车的效果，所以答案为③。
- 맞먹다: 表示数量或大小等的程度相当。

26. 无痛的划时代脑手术方法，全世界瞩目

问题类型 **掌握简化的句子(报道文)**
标题内容说的是：无痛的新型脑手术方法引起了全世界人的瞩目，所以答案为②。

27. 和女儿沟通相对良好、与儿子无法对话

问题类型 **掌握简化的句子(报道文)**
标题内容为：儿子和女儿相比，和女儿对话要比和儿子对话相对容易，所以答案为②。
- 양호하다[良好－]: 很好

[28~31] 请选择最适合置入(　)的选项。

28. 从来没见过警察对违反"指定车行线"原则的车辆进行管制。司机原本遵守的"指定车行线制度的三大原则"为"超车必须走左侧车道、超车后立即回到原来车道、行车速度要比左侧车道慢、比右侧车道快"。如此简单的原则却不遵守的原因就是因为没有积极管制。大坝也会毁于蚁穴。(　　　)彻底管制才能够维持交通秩序。

问题类型 **选择符合文脉的内容**
括号前讲到："큰 댐도 개미구멍 하나에 무너질 수 있다."，这指的是大错也是从起初的小错开始的，所以答案为①。

29. 过去我们的祖先认为树木很神圣，把树林当成神圣的场所。祈祷全家平安或村庄安宁的场所就是树木和树林。但是(　　　)不砍伐树木。需要的时候伐树是可以的，但是砍伐大树和古树，以及这些人们崇拜的树木是被忌讳的。我们的祖先认为：砍伐了那些树木，会有坏事发生。

问题类型 **选择符合文脉的内容**
括号前提到：认为树木很神圣。而括号前的"하지만(但是)"表示与前句内容相反，所以答案为④。
- 신성하다[神圣－]: 珍贵而伟大，不可随意接近。

30. 无论谁一定都听到过肚子发生的咕噜噜的声音。这种声音是肠道压碎食物的过程中发出的声音。肠道是食物从胃里出来之后去的场所。为了更好地将食物消化，肠道通过运动将食物压碎。即使没进食，肠道也在随时蠕动着。肚子饿的时候，肠道空空，咕噜噜的声音就感觉更大。咕噜噜的声音不是什么特别的东西，只不过是一种(　　　)罢了。

问题类型 **选择符合文脉的内容**
咕噜噜的声音是肠道压碎食物的过程中发出的声音，肠道通过运动将食物压碎，即使没进食，也在蠕动着。所以答案为③。

31. 伊索寓言“蚂蚁和蚂蚱”称赞了蚂蚁的诚实。但是研究结果发现不是所有的蚂蚁都是努力工作的“工蚁”。在蚂蚁社会中也有一类是像蚂蚱那样贪玩的。最近在“动物行动”这本国际学术杂志中就提到“通过对工蚁观察，发现45%的工蚁什么事也不做”。和蚂蚁一起(　　　)蜜蜂也一样。对蜜蜂的观察结果发现：20%的蜜蜂做着一半以上的工作。

问题类型 选择符合文脉的内容

前面部分提到在伊索寓言中蚂蚁很诚实，而后面又说有研究发现不是所有的蚂蚁都在努力工作。并且在括号前有“和蚂蚁一起”，括号后提到蜜蜂也一样的话。所以答案为④。

- 우화[寓话]：将动植物或物品当作主人公编写的含有教训、讽刺意义的故事。
- 마찬가지：表示两个以上的物品的模样或事情的状态彼此相同。

[32~34] 请阅读题目，并选择与文章内容相同的选项。

32. 随着步入高龄化社会，如何平安变老越发重要了。即便是老人，一直坚持运动就能不亚于年青人维持自己的健康。充足的睡眠是年轻的钥匙。英国皮肤病学协会的研究结果支持这样的说法：每天不足5小时的人和每天睡眠7~9个小时的人比，皮肤抗紫外线的能力要低。并且比什么都重要的是自信心。只顾遮掩皱纹和白发，反而适得其反。倒不如化个淡妆、将白发理成时尚的发型更好。

问题类型 掌握细节内容(一致)

提到每天不足5小时的人和每天睡眠7~9个小时的人比，皮肤抗紫外线的能力要低 。所以答案为③。

① ~~将白发染成黑色看起来显年轻~~。
　→ 将白发理成时尚的发型更好

② 一直坚持运动~~就能变得青年一样的外貌~~。
　→ 与外貌无关，可以不亚于年轻人，维持自身健康

④ 有自信心，~~大胆化妆，皱纹就看不出来~~。
　→ 化淡妆更好

- 역풍[逆风]：指刮与行船方向相反的风，用来比喻事情与期待的相反，遇到困难、没能顺利进行。

33. 平常我们喝的牛奶是将原奶进行热处理，去除了微生物之后的。对原奶进行热处理的方法有三种。有用63度的温度进行30分钟的“低温杀菌法”、用75度温度进行15秒热处理的“低温瞬间杀菌法”和用134度的温度进行2~3秒的热处理“超高温处理法”。用“低温杀菌法和低温瞬间杀菌法”处理过的牛奶的有效期限为5天左右。与之相反，经过超高温处理过的牛奶可以长期保存1个月以上。

问题类型 掌握细节内容(一致)

按照超高温处理法--低温瞬间杀菌法——低温杀菌法的顺序进行的热处理温度很高，但按照超高温处理法——低温瞬间杀菌法——低温杀菌法进行热处理需要的时间短，所以答案为④。

① ~~低温瞬间杀菌法~~需要的时间最多。
　→ 低温杀菌法

② 用~~低温杀菌法处理~~过的牛奶保质期最长。
　→ 超高温处理法

③ 经过热处理的牛奶进行除去微生物，~~对健康有益~~。
　→ 人们可以喝

34. “伪科学”多指那些不具备科学性却打着“科学”名义的意思。广为人知的“血型心理学”就属于这种伪科学。将与血型完全无关的个人性情或性格与血型结合起来说明的血型心理学已经形成了一种理论。没有任何统计数字、尽管有很多人与用血型心理学解释的性格特征完全不符，看它仍然无视这些证据。

问题类型 掌握细节内容(一致)

尽管个人性情或性格与血型完全无关、没有任何统计结果的依据、实际性格特性与按照血型解释的完全不符的人很多，但它似乎还是形成了一种理论。所以答案为④。

① 伪科学~~解释着科学现象~~。→ 多指毫无科学性的东西被说成是科学的

② 血型心理学是~~用统计数字证明了的~~。→ 没有任何统计结果值

③ 个人性情或性格与血型~~有关~~。→ 完全无关

[35~38] 请阅读题目，并选择最适合文章主题的选项。

35. 所有地铁站都在安装站台安全门。这是因为最近随着连续发生的乘客坠落线路事故和自杀事故，作为预防手段，在站台安装安全门已成义务化。要注意的一点是在发生火灾等特殊状况时，为保障乘客们能顺利逃脱，站台上的安全门都必须安装手动开关装置。为了安全才安装的门如果只能自动开闭的话，危急时刻反倒会妨碍乘客的脱逃，那还不如不安更好些。

问题类型 掌握中心想法

中间部分有这样的主题内容：在发生火灾等特殊状况时，为保障乘客们能顺利逃脱，站台上的安全门都必须安装手动开关装置。还讲到为了安全才安装的门如果只能自动开闭的话，危急时刻反倒会妨碍乘客的脱逃，那还不如不安更好些。所以答案为④。

- 개폐되다[开闭－]：开和关。

36. 戒烟失败的人很多，使用戒烟辅助器会对戒烟有帮助。作为戒烟辅助器有电子烟和尼古丁戒烟贴、戒烟口香糖等。电子烟尽管有效，但比其它戒烟辅助器给经济带来的负担相对大些；尼古丁戒烟贴是通过皮肤向体内慢慢提供尼古丁的戒烟辅助器；含有一定量的戒烟口香糖和尼古丁戒烟贴一样是用来维持体内尼古丁浓度的产品。

问题类型 掌握中心想法

内容提到：使用戒烟辅助器可对戒烟有帮助，并介绍了各种戒烟辅助器，所以答案为③。

37. 其间宣传要控制使用一次性塑料袋的活动一直都在进行着。对此塑料袋的拥护论者们反驳说：塑料袋和其它替代材料相比，生产费用低、可以回收利用，对环境没有多大害处。反倒是纸袋的生产和运输要消费掉大量原油和木材，对环境有很大危害。问题是即使回收了塑料袋，每年不能自然分解的40亿个塑料袋都要作为垃圾扔掉。

问题类型 掌握中心想法

在转达了塑料袋拥护者意见之后，又对此进行了反驳。反驳的理由是因为大量塑料袋被当作垃圾扔掉，但却没有提及垃圾处理的内容。所以作为主题的答案为①。

38. 致使减肥失败的最不好的习惯就是快吃。用餐速度快就会招致过量或暴食。慢慢进餐即使吃得不多也会有饱满感，可以减少食量。但是进餐时间过长也会起到相反的效果。长时间进餐不仅会使人忘记正在吃饭的事实，也感觉不到已经吃过量了的事实。因此可能的话在1个小时之内进餐是最好的。

问题类型 掌握中心想法

笔者认为进餐速度过快是使减肥失败的最不好的习惯，但是又提出"用餐时间过长会起反效果"。所以答案为希望以适当的速度用餐的④。

[39~41] 请选择最适合的句子能置入的地方。

39. (㉠)食感和味道极佳的黄豆芽可以使人找回食欲、提高因酷暑疲惫不堪的体力。(㉡)因为黄豆芽中含有丰富的维生素C。(㉢)并且还可以防止进入体内的病毒侵入细胞、提高免疫功能。(㉣)而且东医宝鉴中说黄豆芽"在身体沉重或疼痛时可以用于治疗、退烧效果极佳"。

〈提示〉
维生素C不仅能缓解疲劳，还有助于预防感冒和贫血。

问题类型 插入符合文脉的句子

提示句子说的是维生素C的功效，所以应该放在"黄豆芽富含维生素C"的内容之后。但是(㉢)和(㉣)中分别使用了"그리고(而且)"和"또한(并且)"应该是在这两句之前，所以答案为③。

- 보강하다[补强－]: 为比原来更结实进行帮助或补充。

40. 历史人物中作为小说或电影主人公登场的人很多。(㉠)她在历史上被评价为具有美貌和才能、并且极具挑战精神的女性。(㉡)拥有漂亮的外貌加之文学、音乐才能的她尽管出身低贱，却和当时的很多有识之人平等结交。(㉢)特别是黄真伊留下的诗中有好几首被编入"诗人们推崇的最佳诗篇"中，具有极高的文学作品性。(㉣)

〈提示〉
其中能够像黄真伊那样深受大众喜爱的人物并不多。

问题类型 插入符合文脉的句子

提示的句子是由"그중에(其中)"开始的，所以前面一定提到了很多人。所以应该放在"~ 사람이 많이 있다"的内容之后。并(㉠)的后面没有指明具体人名，只使用了"그녀"，所以"황진이"的名字应该出现在它前面。所以答案为①。

- 충만하다[充满－]: 充满。

41. 大米是韩国人的主食，也是世界上最重要的谷物中的一种。(㉠)由于地球环境变化，今年上半年地球气温达到了有史以来最高记录。(㉡)根据对气候变化的主要研究结果发现：地球每升高1度，大米的收获量就会减少10%。(㉢)不久的将来，大米就会面临前所未有过的无法适应的气候。(㉣)带着责任和慧眼，我们要努力保护大米。

〈提示〉
但是在食粮安保问题上，大米也同样处在危险的境地。

问题类型 插入符合文脉的句子

提示的句子中提到"식량 안보에 있어 쌀 또한 위험에 처해 있다."，因此应该放在介绍大米的重要性(㉠)的后面。所以答案为①。

[42~43] 请阅读题目并回答问题。

这是在从大邱到首尔来的火车上发生的事。我对面的位子上坐着一位男士。他一刻不停地跟坐在旁边的女士说话。<u>他完全不顾那女性抱着胳膊、紧闭双眼、分明是不爱搭理的样子还在不停地搭讪。</u>连续几次自问自答之后一看没有反应，这次又转过目光向我投来了微笑。我避开了他的视线。他暂时闭上了嘴，茫然地望向窗外、可能是不说话就无法忍耐似的突然转向我用庆尚道口音问道："为什么事来大邱啊?"，我硬邦邦地回答："来出差，现在往回走呢。""啊，是吗? 我在大邱生活过，移民到美国15年了，回来一看变化太大了。故乡好像不存在了。"听到他这番话，觉得怪可怜的，于是把身体朝向他坐好，问："想见的人见到了吗?"

玄镇健《故乡》

42. **问题类型** 掌握态度(小说)

正确答案为符合尽管发出了不爱搭理的信号还是不停地搭讪内容的③。

- 가식적[假饰的]: 假意地说话或行动。
  - 例 그 사람의 눈물이 가식적으로 보였다.
- 냉소적[冷笑的]: 用冰冷的态度嘲笑。
  - 例 그 사람은 세상에 대해 냉소적이었다.
- 눈치가 없다: 没眼色儿
  - 例 내 친구는 눈치가 없어서 분위기에 안 맞는 말을 할 때가 있다.
- 사려[思虑]가 깊다: 把某事想得很深、很谨慎。
  - 例 나는 그의 사려 깊은 태도가 마음에 들었다.

43. **问题类型** 掌握细节内容(一致/小说)

从一直和坐在旁边对自己没有好感女性和我搭话的情形看，那个男性很想和别人说话。所以答案为②。

① 我是去大邱~~出差的路上~~。→ 出差返回的路上
③ 坐在男性旁边的女性看起来对男性~~很感兴趣~~。

→ 不感兴趣

④ 我~~从一开始就~~对坐在对面的男性~~很满意~~。
→ 开始并不满意

[44~45] 请阅读题目并回答问题。

产后忧郁症正如(　　　)忧郁症。很多产妇在产后很短一段时间里会感觉有些忧郁，这是极其正常的症状。但是产后女性中有10-20%左右出现的产后忧郁症会导致将新生儿放置不管、致死等严重问题的发生。产后忧郁症通常是由于惧怕养育问题、睡眠不足、家务劳动负担等很多原因引起的，但最根本的原因是由于雌性荷尔蒙的极度低下。产后如果出现头痛、腹痛、食欲不振等症状，最好留意一下是不是产后忧郁症。另外，虽然需要专业的治疗，但最重要的是家人的支持。应该减轻产妇所经历的各种负担，理解心情变化，与家人一起解决。

44. **问题类型** 插入符合文脉的句子
内容提到“많은 산모들이 출산 후 짧은 기간 동안 약간의 우울감을 느끼는데”，由此可知这说的是有关生完孩子之后和忧郁症的内容。所以答案为②。

45. **问题类型** 掌握中心想法
本文强调产妇家人的作用与专业治疗一样重要，主张通过减少家务和育儿负担的方式，是整个家庭需要解决的问题。①是最恰当的回答。

[46~47] 请阅读题目并回答问题。

火星表面有液状的水流动的证据被发现以后，对火星上生命探查的热度又提高了一成，与此同时，如何防止地球物质对火星的污染就成了一个新问题。因为有人提出随火星探查船一起登上火星的地球物质可能会给火星造成污染。防止地球发出的探查船对其它行星造成污染的规定早就存在，作为国际机构的国际宇宙空间研究委员会在1967年就制订了名为“保护行星”的规定。探查在其它行星上生活的生命体固然重要，但比什么都更重要的是要进行不给其它行星造成污染的探查。

46. **问题类型** 选择笔者的态度(议论文)
笔者担心，如果探测火星的地球探测器被污染，可能会污染其他行星的生命体，并强调我们的探测器必须干净，因此①是最合适的答案。

47. **问题类型** 掌握细节内容(一致/议论文)
内容提到：探查在其它行星上生活的生命体固然重要，但比什么都更重要的是要进行不给其它行星造成污染的探查。所以答案为③。

① 发现了~~火星上生活着生命体的~~证据。
→ 火星表面有液态水流动的

② 火星被地球物质~~所污染已成~~问题。→ 可能会被污染

④ 国际社会~~准备制订~~防止其它行星污染的规定。
→ 1967年制订了

[48~50] 请阅读题目并回答问题。

工资封顶制是为了使劳动者能够连续受雇、劳动者与用人单位之间通过协商以一定年龄为基准调整工资、保证在所定期限内雇佣的制度。换句话说，就是减少达到一定年龄的劳动者工资，但确保他们得以受雇到退休，减少下来的工资可以用来雇佣新人，创造新的工作岗位。支持工资峰值制度的人认为，站在企业们立场上减少人工费，站在劳动者立场上有(　　　)的优点。企业们主张：这样减少下来的工资的相当一部分用来聘用轻年人、有助于提高轻年人就业率。但另一面又担心这种制度会不会被人利用以低工资、榨取熟练劳动者的劳动力。我认为基于年龄来降低工资是不公平的。并且随着退休年龄的推迟，退休人员减少，其结果会难以实现新人聘用。减少的工资果真能用于新人聘用就成了疑问。

48. **问题类型** 掌握目的(议论文)
笔者与企业的观点相反，指出了工资峰值制度的缺点，认为基于年龄降低工资是不公平的做法，并且存在被恶意利用的可能性很高。所以答案为②。

49. **问题类型** 掌握符合文脉的内容(议论文)
站在劳动者立场上讲了工资高峰制的优点。并在前面讲了“소정의 기간 동안 고용을 보장하는 제도”，所以答案为③。

50. **问题类型** 掌握细节内容(一致/议论文)
笔者对于减少的工资是否真的能用于新人聘用表示了怀疑。因此可以看出④是正确的答案。

① 工资封顶制是~~资方提出的~~制度。
→ 通过劳资协议实施的

② 有了工资峰值制度，甚至在达到退休年龄后也能~~以同样的工资~~工作。
→ 以减少的工资

③ 工资封顶制随着退休年龄的推迟，有助于~~青年失业率~~的上升。
→ 青年就业率上升

第三版
TOPIK MASTER

FINAL 실전 모의고사 3회

实战模拟考试 第3套

정답 答案

1교시: 듣기, 쓰기

듣기

1. ②	2. ④	3. ④	4. ①	5. ①	6. ④	7. ②	8. ④	9. ③	10. ①
11. ③	12. ④	13. ③	14. ④	15. ②	16. ②	17. ④	18. ③	19. ②	20. ③
21. ④	22. ③	23. ②	24. ①	25. ②	26. ③	27. ①	28. ③	29. ②	30. ③
31. ③	32. ④	33. ④	34. ③	35. ②	36. ④	37. ④	38. ④	39. ④	40. ①
41. ④	42. ③	43. ④	44. ③	45. ①	46. ③	47. ②	48. ③	49. ③	50. ④

쓰기

51. ㉠ (5점) 강아지를 기르실 분을 구합니다/강아지를 분양하려고 합니다
(3점) 강아지를 가져가실 분을 찾습니다

㉡ (5점) 온순하고 착하기 때문에/온순하고 착해서 (수식어 두 가지 이상, '아/어서, -기 때문에'와 같은 표현과 함께 사용하면 5점)
(3점) 하나만 작성할 경우 3점

52. ㉠ (5점) 삶의 균형이 깨지기 마련이다/삶의 균형을 유지할 수 없다
(3점) 삶이 불균형해진다

㉡ (5점) 행복해지기 위해서는 삶의 균형을 유지하는 것이 중요하다/행복해지려면 삶의 균형을 유지해야 한다
(3점) 행복하려면 삶의 균형이 중요하다

2교시: 읽기

읽기

1. ④	2. ①	3. ③	4. ①	5. ②	6. ③	7. ④	8. ④	9. ④	10. ③
11. ③	12. ④	13. ①	14. ④	15. ②	16. ②	17. ④	18. ④	19. ③	20. ③
21. ④	22. ③	23. ①	24. ②	25. ④	26. ④	27. ③	28. ②	29. ①	30. ①
31. ④	32. ③	33. ③	34. ④	35. ②	36. ②	37. ②	38. ②	39. ④	40. ④
41. ③	42. ②	43. ③	44. ③	45. ④	46. ④	47. ③	48. ③	49. ②	50. ②

53. 〈样板答卷〉

한국 중·고등학생을 대상으로 하루 평균 인터넷 이용 시간과 이용 유형에 대해 조사하였다. 그 결과 하루에 1~3시간 정도 인터넷을 사용하는 청소년이 55%로 가장 높게 나타났으며, 1시간 이내로 이용하는 학생이 20%로 그 뒤를 이었다. 또한 하루에 5시간 이상을 이용하는 학생도 5%를 차지하였다. 인터넷 이용 유형의 경우 청소년의 56.4%가 온라인 게임을 하기 위해서, 17.4%는 채팅을 하기 위해서 사용하는 것으로 조사되었다. 이처럼 청소년들은 주로 사교 및 여가 시간을 보내기 위한 목적으로 인터넷을 사용하고 있음을 알 수 있다.

54.〈样板答卷〉

고령화란 65세 이상인 노령 인구의 비율이 현저히 높은 것을 말한다. 고령화 사회가 되면 경제적, 사회적 문제가 발생할 수 있다. 먼저 경제적으로는 노동력이 부족해서 생산성이 감소할 것이다. 또한 돈을 벌어 세금을 내는 인구층은 감소하고 노인층을 위한 복지 예산이 늘어나야 하므로 국가 재정에 어려움이 생길 수 있다. 사회적으로는 나라를 지켜야 할 청년층이 감소하므로 국력이 약해져 다른 나라의 위협을 받을 수도 있다. 이러한 경제적, 사회적 문제로 인해 나라 전체가 어려움에 처할 수 있다.

이를 해결하기 위해서 우선 저출산 문제를 해결해야 한다. 출산율 감소는 장기적으로 청년층의 감소와 노년층의 증가로 이어지기 때문이다. 다음으로 근로 정년을 연장하고, 노인들을 위한 일자리를 제공하여 사회적으로 부족한 노동력을 보충할 뿐만 아니라, 노년층의 경제적인 어려움을 해소할 수 있도록 해야 한다. 노년층이 제2의 직업과 인생을 살아갈 수 있도록 지원한다면 급증할 복지 예산을 줄이고 사회를 안정시키는 데 도움이 될 것이다. 마지막으로 외국인을 받아들이는 개방적인 근로 환경을 만드는 것이 필요하다. 이를 통해 노동력 부족 문제를 어느 정도 해결할 수 있을 것이다.

고령화 사회는 경제적, 사회적 문제를 발생시켜 국가에 부정적인 영향을 주게 된다. 하지만 이에 대해 위와 같은 대책을 세워 미리 준비한다면 극복할 수 있을 것이라 생각한다.

 解答

듣기 听力

[1~3] 请听录音，并选择最合适的图片或图表。

1.
남자 이 옷 좀 봐 주세요. 유행이 지난 것 같아요?
여자 아니요, 괜찮은데요. 요즘에도 많이 입는 디자인이에요.
남자 그럼 이 옷에 어울리는 바지도 좀 찾아 주세요.

男 给我看看这件衣服。好像过时了吧?
女 没有，还可以。是最近很多人穿的款式。
男 那再给我挑一件和这件衣服相配的裤子吧。

男性询问女性他选择的衣服是否还时尚，并请求她找到与那些衣服相配的裤子。所以答案为②。

2.
여자 환자 분, 어떠세요? 아직도 많이 아프세요?
남자 네, 자전거 타다가 넘어졌는데 이렇게 많이 다칠 줄 몰랐어요. 아직 좀 아프네요.
여자 그럼 약을 좀 드릴게요. 수술은 잘 되어서 괜찮을 거예요.

女 患者，怎么样? 现在还很疼吗?
男 是的，骑自行车摔倒了，没想到伤得这么重。现在还疼。
女 那再给您开点药。手术做得不错，会好的。

这是男性骑自行车碰伤手术后的情形。女性向男性询问手术后的恢复状态。所以答案为④。

3.
남자 서울 시민이 서울을 떠나는 이유를 조사한 결과, 이동의 가장 큰 이유는 주택 문제와 직장 문제 순이며, 그다음으로 가족 문제도 이동의 주된 원인으로 조사되었습니다. 또 전문가들은 앞으로 서울 밖으로 이동하는 인구수가 더 늘 것으로 예상했습니다.

男 根据针对首尔市民离开首尔的原因所做的调查，搬迁的主要原因是住房问题，其次是与工作相关的问题，接着是家庭问题。此外，专家预测未来离开首尔的人口将继续增加。

听力材料中并没有提及基于搬迁原因的具体人口数量，因此必须在代表搬迁原因百分比分布的图表③和图表④之间选择。调查结果显示搬迁原因依次是住房问题、工作问题和家庭问题，所以正确答案是图表④。

[4~8] 请听录音，并选择可接续的最合适话语。

4.
여자 오늘 외출하지 말까요? 미세 먼지 때문에 하늘이 흐리게 보여요.
남자 일기 예보에서 오늘 공기가 매우 안 좋대요. 만약 외출을 하게 되면 마스크를 꼭 쓰세요.
여자 ______________

女 今天我不应该出去，对吧? 因为雾霾的原因，天看起来很暗。
男 天气预报说今天空气特别不好。如果出去，一定要戴口罩。
女 ______________

内容提到：外出之前，女性向男性讲了雾霾的问题。男性向女性提议外出要戴口罩。所以答案为①。

5.
남자 이거 환불하고 싶은데 어떻게 해야 하지?
여자 왜? 어제 인터넷에서 싸게 샀다고 아주 좋아했잖아.
남자 ______________

男 我想要退货，怎么办?
女 为什么? 你昨天不是还说在网上买得很便宜，还挺高兴的吗?
男 ______________

男性虽然在网上买了东西，但现在想退货。从对话的内容脉络来看，陈述退货理由的话最恰当的答案为①。

6.
여자 봉사 동아리에 가입하면 특별한 혜택이 있나요?
남자 우선 가장 큰 혜택은 봉사 활동을 통해서 다양한 경험을 쌓을 수 있다는 것이에요.
여자 ______________

女 加入义务服务小组有什么特别福利吗?
男 首先最大的福利就是通过义务服务可以积累各种经验。
女 ______________

女性在问男性加入义务服务小组有什么特别好处。女性想知道的是有关福利的内容。所以答案为④。

7.
남자 좀 더 이자가 높은 저축 상품은 없나요?
여자 이 상품은 어떠세요? 이자가 높아서 직장인들이 많이 가입하는 상품이에요.
남자 ______________

男 没有利息再高些的储蓄商品吗?
女 这个商品怎么样? 利息高，是很多在职人员利用的商品。
男 ______________

男性正在问女性有关高利息的储蓄商品问题。女性推荐了利息高的储蓄商品，所以男性最恰当的话为②。

8.
여자 저는 주로 맨손으로 설거지를 하는 편이에요.
남자 설거지를 할 때는 고무장갑을 꼭 끼세요. 위생적이고 손이 트는 것을 막아 준대요.
여자 ______________

女 我基本上是用手洗碗。
男 洗碗的时候一定要带胶皮手套。又卫生还可以防止手裂。
女 ______________

男性对女性说戴手套洗碗既卫生又防止手裂很好的新信息，此时女性最恰当的回答应为④。

[9~12] 请听录音，并选择最适合女性接下来会做的行动的选项。

9.
여자 서점 갔더니 김 작가님 책이 3주 연속 베스트셀러였어요.
남자 그러면 이번엔 김 작가님과 인터뷰를 해 봐야겠어요.
여자 그럼 작가님께 이메일을 보내 봐요. 제가 인터뷰 장소를 알아볼게요.
남자 네. 이메일을 보내기 전에 작가님께 전화를 먼저 해 볼게요.

女 去了趟书店，金作家的书连续3周为最畅销图书。
男 那这次得采访金作家了。
女 那给作家发个电子邮件吧。我来负责采访地点。
男 好。发邮件之前先给作家打个电话。

男性和女性决定要采访的对象，女性说要找采访的地点。所以答案为③。

10.
여자 부장님, 휴가 날짜를 변경하고 싶습니다.
남자 그래요? 아마 다른 사원과 휴가 날짜를 바꿔야 할 거예요.
여자 저와 김민수 씨가 휴가 날짜를 바꾸기로 했습니다.
남자 그러면 이 서류에 변경한 내용을 적고 나에게 가져와요.

女 部长，我想换一下休假日期。
男 是吗？可能得和其他职员的休假日期换了。
女 休假日期我和金民秀说好换了。
男 那在这个材料上写上变更内容交给我。

女性想更换休假日期，并说好和金民秀换。还要把写好变更内容的材料交给男性，所以答案为①。

11.
남자 오늘 저녁에 어제 본 식당에 가자.
여자 근데 그 식당은 예약을 해야 할 거야. 예약할까?
남자 내가 이미 예약을 했어. 식당에 전화해서 예약 확인을 해 줘.
여자 알았어. 확인하고 다시 너한테 연락할게.

男 今天晚上去昨天看到的餐厅吧。
女 但那家餐厅好像要预订。预订吗？
男 我已经预订好了。你给餐厅打个电话确认一下。
女 知道了。确认之后再和你联系。

男性说已经预订好了餐厅，希望女性进行确认。所以答案为③。

12.
남자 여기에 공부방 신청서를 내면 돼요?
여자 네. 그런데 친구들 생년월일을 모두 적어야 해요.
남자 친구들 생년월일은 잘 몰라요. 다시 물어보고 적을게요.
여자 네. 그리고 공부방은 2시부터 이용 가능해요.

男 把学习教室申请书交这儿可以吗？
女 可以。但是朋友们的出生年月日都要写。
男 我不知道朋友们的出生年月日。我问问再写。
女 好。另外学习教室2点以后可以使用。

男性不知道朋友们的出生年月日，打算问过之后写在学习教室申请书上。所以答案为④。

[13~16] 请听录音，并选择与听到的内容相同的选项。

13.
여자 우리 이번 주말에는 새로 생긴 캠핑장에 가는 게 어때요?
남자 좋아요. 인터넷에서 봤는데 시설이 아주 좋더라고요. 대신 음식을 준비해 가야 해요.
여자 네. 제가 준비할게요. 캠핑장 사용 신청은 당일에 할 수 있죠?
남자 주말에는 당일 신청이 안 돼요. 제가 오늘 예약할게요.

女 我们这个周末去新建的野营地怎么样？
男 好啊！在网上看到过，设施很不错，就是吃的得准备了去。
女 好，我来准备。野营地当天可以申请吧？
男 周末当天不行，我今天预订。

这是男性和女性计划周末去野营场的情形。男性在最后说周末不可以当天申请，所以答案为③。

14.
여자 잠시 후, 한 시부터 모의시험이 시작됩니다. 모의시험은 듣기 평가가 끝난 후 바로 읽기 평가가 진행됩니다. 듣기 평가가 시작되면 자리에서 일어날 수 없습니다. 시험 중에 화장실에 가고 싶은 분은 조용히 손을 들어 감독관에게 알려 주십시오. 지금부터 모의시험을 시작하도록 하겠습니다.

女 稍后从1点开始进行模拟考试。模拟考试在听力考试结束后，紧接着进行阅读考试。听力考试一旦开始，则不许在座位上站立，考试期间想去洗手间的人请安静地举手告诉监考老师。下面模拟考试开始。

内容说听力考试结束后紧接着进行阅读考试，即：中间没有休息时间。所以答案为④。

15.
남자 올해 초 인기를 끌었던 추억 여행 콘서트가 많은 사람들의 요청으로 이번 달부터 다시 공연을 시작합니다. 많은 분들의 사랑을 받아 5개월로 늘어난 콘서트 기간도 주목을 받고 있습니다. 특히 이번에는 서울뿐만 아니라 지방에서도 콘서트를 즐길 수 있습니다. 현장 구매보다 더욱 저렴한 인터넷 예매를 추천합니다.

男 今年年初曾深受欢迎的追忆旅行演唱会在很多人的邀请下从本月起又开始演出了。深受众人的喜爱，延长至5个月的演唱会期限也很引人注目。特别是这次不仅在首尔，在地方也可以观赏演唱会。现在推荐比现场购票更优惠的网上订票。

内容提到特别是这次，不仅首尔可以，在地方也可以欣赏到演唱会。由此可知上次只在首尔开了演唱会。所以答案为②。

16.
여자 여기 이분이 바로 국내 최초로 양심 계산대를 운영하시는 카페 사장님이십니다. 사장님, 양심 계산대란 무엇입니까?

남자 양심 계산대란 종업원 없이 손님이 스스로 커피값을 내고 거스름돈을 가져가는 계산대예요. 처음엔 제대로 돈을 내는 손님들이 적었어요. 그런데 이렇게 모인 돈을 가난한 어린이를 돕는 데 사용한다는 사실을 알고 오히려 돈을 더 내는 손님도 생길 정도로 인기가 많아요. 다음 주에는 수원시에 3호점을 개업하려고 합니다.

女 这边这位就是国内最早使用良心结算台运营的咖啡厅社长。社长，良心结算台是什么？

男 良心结算台指的是：没有服务员，客人们自己交纳咖啡费用自己拿回零钱的结算台。开始时认真交钱的人很少，可当大家知道了这钱是用来帮助有困难的孩子们，甚至还出现了多交钱的人，很受欢迎。下周在水原的3号店就要开业了。

良心结算台是在没有服务员的情况下，客人们自己交钱、自己找零的结算台。所以答案为②。

[17~20] 请听录音，并选择最适合男性中心想法的选项。

17.
남자 어제 식당에서 여자 친구와 음식값을 똑같이 나누어서 냈는데 기분이 좀 이상했어요.

여자 왜요? 각자 먹은 음식값은 각자가 내는 게 좋지 않아요?

남자 저는 데이트할 때 남자가 돈을 내는 게 보기 좋더라고요. 이렇게 각자 나누어서 내니까 별로 친하지 않다고 느껴졌어요.

男 昨天在餐厅饭钱和女朋友平均分开付的，觉得心情怪怪的。

女 为什么？各自付自己吃的费用不好吗？

男 我觉得约会的时候由男的付钱，看上去好些。像这样分开各付各的显得一点儿不亲近。

男性认为约会时男性付款更好。所以答案为④。

18.
남자 이번에 새로 나온 노트북을 샀어.

여자 와, 예쁘다. 그런데 이거 신제품이라 비싸지 않아? 한 달 후면 가격이 떨어질 텐데 그때 사지 그랬어.

남자 신제품이라 좀 비싸기는 하지만 난 남들보다 더 빨리 새로운 제품을 써 볼 수 있다는 게 좋아. 그리고 가격이 많이 떨어지기 전에 중고로 팔고 또 다른 신제품을 살 수 있어.

男 这次买了新出的笔记本电脑。

女 哇，真漂亮！不过这可是新产品，不贵吗？一个月后价格就会降下来，应该那时侯再买。

男 新产品是有些贵，但是能比别人更早用上新产品，我高兴。并且还可以在价格大幅下降之前卖二手，然后再买新产品。

男性认为：新产品贵，但是能比别人更早用上很高兴。所以答案为③。

19.
남자 요즘 청소년들을 보면 화장을 많이 하는 것 같아.

여자 맞아. 어른들보다 화장을 더 잘하는 청소년도 있더라고.

남자 청소년은 화장을 안 해도 될 것 같아. 청소년들이 너무 싼 화장품을 쓰니까 피부에 화장품이 해롭기도 하고, 또 연예인을 따라서 무분별하게 화장을 하니까 학생답지 않고 다들 어른 같아 보이던걸?

여자 맞아. 사실 청소년 때는 화장을 안 해도 예쁜데 말이야.

男 看最近的青少年中化妆的特别多。

女 没错。还有比大人化妆化得还好的青少年呢。

男 青少年不化妆也可以。青少年们使用廉价的化妆品，而化妆品对皮肤有害，另外追随演艺人，不加区别地化妆，一点不像学生，看起来都像大人。

女 就是，事实上青少年时期不化妆也好看。

男性陈述着青少年们不化妆也可以的理由，认为不化妆更好。所以答案为②。

20.
여자 팬들의 사랑을 많이 받았던 수영 선수셨는데 이렇게 은퇴를 하게 돼서 정말 아쉽습니다. 후배들에게 해 주고 싶은 말이 있나요?

남자 무리하지 않고 훈련하는 것도 중요한데요. 정말 중요한 것은 은퇴 후 미래 계획입니다. 저는 어렸을 때는 다른 생각은 안 하고 수영만 했어요. 그리고 국가 대표가 된 후 훈련이 끝나면 미래를 생각해서 틈틈이 공부를 했는데, 그게 은퇴 후에 많이 도움이 될 것 같아요.

女 作为备受粉丝们喜爱的游泳选手，就这样退役，真的很可惜。你有什么想对后辈说的吗？

男 不要过分训练也很重要。真正重要的是退役后的未来规划。小时候我只想游泳，成为国家队选手后开始考虑未来，在训练之余抽空学习，这对未来的帮助很大。

男性说，当他是国家队选手时，考虑到未来，在训练之余抽空学习，这对于退役后非常有帮助。他认为应该尽早规划退役后的计划，因此答案是③。

[21~22] 请听录音，并回答问题。

여자 요즘 스마트폰으로 전자책을 읽고 있는데 종이 책보다 저렴하고 편리해요.

남자 맞아요. 전자책이 편하긴 해요. 책을 무겁게 가지고 다니지 않아도 되고요.

여자 그런데 민호 씨는 왜 전자책을 안 보고 종이책을 봐요?

남자 저는 종이로 된 책을 읽어야 정말 책을 읽고 있다는 느낌이 들어서요. 책을 읽다가 느낀 점을 책에 적어 두는 것도 좋아하고요.

女 最近在用智能手机看电子书，比纸质书要便宜方便。

男 对，电子书确实方便。用不着拿着沉重的书走路了。
女 但是民浩为什么不看电子书，却看纸质书呢？
男 我觉得只有看纸质书才有读书的感觉。我还喜欢看书时有什么感受就写在书上。

21. 男性觉得只有看纸质书才有读书的感觉。所以答案为④。

22. 男性虽然更喜欢纸质书，但对电子书的优点也表示有同感，即，不否定电子书。对话开始说到女性在用智能手机看书，所以答案为③。

[23~24] 请听录音，并回答问题。

여자 김 대리님, 이번에 회사에서 업무 평가제를 한다던데, 업무 평가제가 뭐예요?
남자 업무 평가제는 사원들의 업무 능력을 평가하는 거예요. 원래는 상사가 부하 직원을 평가하는 건데 이번에는 구분 없이 서로를 평가하기로 했대요.
여자 그럼 제가 상사를 평가할 수도 있는 거네요? 어쩐지 좀 부담스러워요.
남자 그래도 익명으로 진행되니까 너무 부담 갖지 마세요. 그동안 같이 일하면서 느꼈던 점을 솔직하게 적으면 돼요.

女 金代理，听说这次公司实施业务评价制，业务评价制是什么？
男 业务评价制是对职员们的业务能力的评价。以前都是上级对部下职员进行评价，但这次说是决定不做划分，相互进行评价。
女 那我也能对上属进行评价啦？怎么办，感到有些负担。
男 那也是，都是不记名进行的，不用有什么负担。这段时间一起工作，感觉到什么就直率写下来就行。

23. 女性向男性询问什么是"业务评价制"，男性在向女性介绍最新更换的有关的业务评价制的相关内容。所以答案为②。

24. 女性对业务评价制感到有负担，男性对她说因为是不记名的，不用有什么包袱。所以答案为①。

[25~26] 请听录音，并回答问题。

여자 시장님, 결혼 이주민 여성들을 위한 찾아가는 교실이 인기인데요. 찾아가는 교실을 만드신 이유가 무엇입니까?
남자 조사에 의하면 결혼 이주민 여성들의 가장 큰 고민은 낮은 한국어 실력이었습니다. 그래서 다문화 센터의 한국어 강의를 늘렸는데 강의에 잘 오지 않더라고요. 이유를 알아봤더니 결혼 이주민 여성들 대부분이 집에서 아이를 돌보거나 살림을 해야 해서 센터에 올 시간이 없다는 사실을 알게 되었습니다. 그래서 직접 가정으로 찾아가서 한국어를 가르쳐 주는, '찾아가는 교실'을 만들었습니다.

女 市长，听说为了结婚移民女性办的上门教室很受欢迎。开办上门教室的理由是什么呢？
男 据调查，结婚移民女性们最大的苦恼是韩国语水平低。所以将多文化中心的韩国语讲座延长了，但她们却不常来。经了解才知道结婚移民女性们大部分都要在家带孩子或管理家务，没有时间来中心。于是就开办了直接去家里教韩国语的"上门教室"。

25. 男性因为考虑到结婚移民女性们没有来中心的时间，无法学习韩国语，所以开办了"上门教室"，所以答案为②。

26. 内容说结婚移民女性们大部分都没有时间来中心，因为要在家带孩子或管理家务，所以答案为③。

[27~28] 请听录音，并回答问题。

여자 이번에 스마트 시계가 새로 나왔던데 본 적 있어?
남자 난 어제 텔레비전 광고로 봤는데 스마트 시계 광고가 정말 멋져서 나도 사고 싶은 생각이 들더라고.
여자 요즘 자신에게 필요 없는 물건인데도 불구하고 신제품이 나오면 무조건 사고 싶어 하는 사람들이 많은 것 같아.
남자 응, 맞아. 신제품이 나오면 처음에는 관심 없다가도 주변 사람들이 많이 사면 나도 사야겠다는 마음이 들어.
여자 스마트 시계 같은 경우에는 가격이 저렴한 편도 아닌데 그냥 남들이 사니까 따라서 사는 것은 좀 아닌 것 같아.

女 这次智能手表新上市，你见过吗？
男 我昨天看广告了，智能手表广告真漂亮，我也有心想买了。
女 现在的人里有很多人明明都是自己不需要的东西，可一出新产品，就无条件地要买。
男 嗯，就是。新产品出来，我开始还无动于衷，可看周围的人都买了，才觉得我也该买。
女 像智能手表这样的东西，价格也不便宜，只是别人都买，我也跟着买的做法，我觉得不好。

27. 女性觉得明明不需要，只因为是新产品就一定要买的这种消费现象不好。所以答案为①。

28. 男性说昨天看了电视上的智能手表广告，想买智能手表了。所以答案为③。

[29~30] 请听录音，并回答问题。

여자 요즘 지하철을 타면 스마트폰을 통해 웹툰을 보는 사람들이 정말 많아졌더라고요. 요즘 많이 바쁘시죠?
남자 저의 이야기를 보면서 울고 웃는 사람들이 정말 많다고 들었어요. 정말 감사하게 생각합니다. 웹툰은 출판 만화와는 다르게 독자들과 댓글로 직접 소통한다는 점이 정말 좋아요. 원래 만화 기획을 할 때 전체적인 이야기의 흐름을 계획하고 작업을 하지만, 가끔 독자들의 의견을 반영하여 다음 회를 그린 적도 있어요. 또 웹툰은 일주일에 한 번, 정해진 요일에 만화를 완성해서 인터넷에 올려야 하기 때문에 힘든 점도 있지만 그만큼 독자의 반응을 빨리 접할 수 있어서 좋아요.

女 最近坐地铁时用智能手机看漫画的人真的多起来了。最近很忙吧？

男 听说看着我的故事又哭又笑的人很多。真觉得很感谢。网络漫画和出版漫画不同，可以和读者用跟帖的形式直接对话，这一点特别好。原来做漫画设计的时候，设计整个故事脉络，操作，偶尔也有根据读者们意见，画下一集内容的时候。而网络漫画需要每周一次在规定好的日子将漫画上传到网上，有难处，但可以马上得到读者的反馈非常好。

29. 男性作为网络漫画家转达着对读者的感谢，也讲了网络漫画连载的好处和困难。所以答案为②。

30. 男性讲要每周一次在规定好的日子将漫画上传到网上，所以答案为③。

[31~32] **请听录音，并回答问题。**

여자 저출산 문제를 해결하기 위한 방안으로 결혼하지 않은 미혼에게 세금을 부과하는 싱글세 도입에 대해 적극 검토해야 한다고 생각합니다.

남자 물론 저출산 문제가 심각하지만 싱글세 도입은 국가가 개인의 의사 결정권을 침해하는 행위라고 생각합니다. 결혼은 개인의 선택인데 국가에서 결혼을 강요하는 것과 다름없습니다.

여자 하지만 몇 년 내에 저출산 문제가 해결되지 않는다면 국가 경제에 위기가 올 수 있습니다.

남자 그러면 저출산 문제를 해결하기 위한 근본적인 방안을 검토해야 합니다. 뚜렷한 해결 방안 없이 결혼을 강요하고, 세금을 도입한다면 국민들이 강하게 반발할 겁니다.

女 作为低生育率问题的解决方案我认为应该积极探讨一下推出独身税，即：向不结婚的未婚者收缴税金的问题。

男 当然低生育率问题很严峻，但是推出独身税，我认为这是国家侵害个人的意识决定权的行为。结婚是个人选择，这和国家强制结婚没有差别。

女 但是如果几年内低生育率问题不解决的话，就会出现国家经济的危机。

男 那就应该讨论解决低生育率问题的根本方案。没有明确的解决方案，强制结婚，收取税金的话，民众是会强烈反对的。

31. 男性认为实行独身税是国家侵害个人意识决定权的行为。所以答案为③。

32. 男性反驳女性的意见，认为实行独身税的话，民众是会强烈反对的。所以答案为④。

[33~34] **请听录音，并回答问题。**

여자 만약에 운동 경기장에서 맨 앞줄에 앉아 있는 사람이 경기 상황을 더 잘 관람하기 위해 일어선다면 어떻게 될까요? 아마도 뒷줄에 앉아 있던 관람자들이 모두 일어서게 되고, 결국 모두가 불편한 상태에서 경기를 제대로 관람하지 못하게 될 것입니다. 이런 상황을 경제 용어로 '구성의 모순'이라고 합니다. 경제적으로 구성의 모순이 발생하는 사례로 저축을 들 수 있습니다. 개인이 저축을 많이 하면 미래의 소득이 늘어나지만, 모든 국민이 소비하지 않고 저축한다면 오히려 물건이 팔리지 않아 재고가 쌓이고 국민 소득이 감소해서 경기가 침체될 것입니다.

女 假如在运动赛场坐在第一排的人为了更好地观看比赛站起来的话，会怎么样呢？可能坐在后排的观众也会站起来，最终所有人都会陷入不便状态，也无法好好观看比赛。这种情况用经济用语称“结构矛盾”。我们举个储蓄的例子作为发生经济构成矛盾的实例。个人储蓄多的话，未来的所得会增加，但所有国民不消费都去储蓄的话，东西卖不出去，造成积压，国民所得减少，经济就会停滞。

33. 男性以储蓄为例，讲述着结构矛盾。所以答案为④。

34. 内容中提到：所有国民都只储蓄的话，就会减少国民所得，造成经济停滞。所以答案为③。

[35~36] **请听录音，并回答问题。**

남자 우리 한국그룹이 '이웃 사랑' 방송 프로그램과 함께하기로 약속한 지 벌써 10년이 되었군요. 10년 전, 이 방송 프로그램의 제작비를 전액 후원하게 된 것은 기업의 사회적 공헌이라는 회사 이념을 실천하기 위해서였습니다. 단순히 유명인을 써서 수익을 창출하는 광고를 만들기보단 기업의 사회적 역할을 강화해 가는 것이 더 필요하다고 판단했기 때문입니다. 특히 이 후원 활동은 우리 한국그룹이 진행한 첫 사회 공헌 활동이었다는 점에서도 의미가 깊다고 생각합니다.

男 我们韩国集团约定与“邻里爱心”电视节目的合作已经有10年了。10年前，为这个电视节目制作费给予全额赞助是为了实现企业社会贡献的公司理念。因为和制作那些单纯使用名人获取收益的广告比，我们更需要强化企业的社会作用。特别是这一赞助活动是我们韩国集团进行的第一个社会贡献活动，就这一点它的意义及其深远。

35. 从男性说“우리 한국그룹”来看，他是代表韩国集团的。而且讲述了过去10年赞助节目制作费的理由以及韩国集团的社会贡献活动。所以答案为②。

36. 男性说赞助节目是韩国集团的第一个社会贡献活动，意义更为深远。所以答案为④。

[37~38] **请听录音，并回答问题。**

남자 오늘은 김 박사님을 모시고 상하수도 연구소에서 어떤 연구를 하는지 이야기를 들어 보겠습니다. 박사님, 말씀해 주시죠.

여자 저희 상하수도 연구소에서 주로 하는 일은 상수도를 만들어서 깨끗한 물을 공급하고 하수도로는 우리가 쓴 더러운 물을 처리하는 것입니다. 그리고 가장 중요한 것은 환경 보전을 위한 자원 재생 연구입니다. 바로 더러운 물을 정화하여 깨끗한 물을 공급하는 방법을 연구하는 것이죠. 사람들이 많이 모여 사는 도시의 식수가 오염된다면 많은 사람들이 병에 걸리기 쉽습니다. 반대로 상하수도 시설이 잘 되어 있다면 시민들의 건강을 안전하게 지킬 수 있죠. 우리가 사는 환경과 무심코 마시는 물도 상하수도 시설을 통해 나온 것이라는 것을 잊어서는 안 됩니다.

男　今天请来了金博士，听他讲一讲在“上下水道研究所”从事什么研究。博士，请讲。

女　我们“上下水道研究所”主要从事的事是修建上水道输送干净的水，用下水道将我们使用过的污水进行处理。并且最重要的是为了保护环境进行的资源再生的研究。即：研究污水净化，提供干净的水的方法。如果人口集中的城市食用水被污染的话，就会很容易得病。相反，如果上下水道设施完备，就可以安全保障市民的健康。一定不能忘记我们生活的环境和不经意间喝的水全都是通过上下水设施流出来的。

37. 女性说：如果上下水道设施完备，就可以安全保障市民的健康。所以答案为④。

38. 内容中说：上下水道研究所从事的是为了保护环境进行的资源再生的研究，所以答案为④。

[39~40] 请听录音，并回答问题。

남자 영화감독에서 올림픽 개폐회식 총감독으로 정말 활약이 대단하신데요. 그런데 앞에서 이야기하신 것처럼 계속 사양하시다가 왜 갑자기 생각을 바꾸신 건가요?

여자 사실 영화감독이라는 직업에 만족하며 열중해 왔던 제 자신이 자랑스러웠습니다. 그런데 되돌아보니 저는 항상 제 경력에 도움이 되는 일에만 열중하고 있다는 것을 깨닫게 되었습니다. 그래서 사회에 공헌할 수 있는 활동을 생각하고 있던 중에 전 세계인이 체육으로 하나 되는 올림픽에서 개회식과 폐회식 공연을 맡아 달라는 요청을 받게 되었습니다. 이번에야 말로 사회적으로 뭔가 해야 할 시점이 아닐까 하는 생각이 들었습니다. 그래서 개인 활동을 접고 개폐회식 총감독직에 응하게 되었습니다. 제가 공연 예술 기획은 처음이라 아직 어려움이 있지만 국가의 상징이 되는 공연인 만큼 꼭 성공적인 개폐회식을 만들도록 노력하겠습니다.

男　您从电影导演到奥运会开幕式、闭幕式总导演，真是能量太大了。但正如前面提到的，您一直都在推辞，为什么突然改变想法了呢?

女　事实上我很满足电影导演这个职业，并为一直热衷于工作的自己感到很自豪。但是回顾过去我发现自己热衷的只是对自己经历有帮助的事。所以就在思考有哪些是对社会有贡献的活动的时候，得到了让我负责以运动将全世界人结为一体的奥运会开幕式和闭幕式演出的邀请。我觉得这才真正是为社会做些什么的时刻。所以我放下了个人活动，答应了做开闭幕式总导演。做演出艺术策划我是第一次，还有很多困难，但是作为国家象征的演出，我一定要努力作出一个成功的开闭幕式。

39. 根据男性问女性的话，“但就像之前提到的一样，您一直在推辞，为什么突然改变了想法呢?”可以推断之前的对话涉及她多次拒绝担任奥运会开闭幕式导演的职位。所以答案为④。

40. 女性正在思考有哪些是对社会有贡献的活动的时候答应了此事。所以答案为①。女性中断了一直感到很满足的原有工作，开始了演出艺术的工作。她并没有放弃电影导演的工作只是暂时中断，做演出艺术方面的工作。所以③和④不正确。

[41~42] 请听录音，并回答问题。

남자 완벽한 결혼식을 위한 조건이 무엇이라고 생각하십니까? 한국에선 결혼식에 하객이 많이 참석하는 것이 중요하다고 생각하는 경향이 있는데요. 이 때문에 한국의 결혼식은 두 집안의 정성을 손님들에게 보여 줘야 하는 행사이기도 해서 결혼식 날 하루에 쓰는 비용이 엄청난 편입니다. 이런 현상은 한국 사람들의 '겉치레' 문화와 연관이 있습니다. 다른 사람의 시선과 체면을 가장 중요시하기 때문에 결혼식, 장례식, 취업 등 많은 일들을 남들 보기에 어떤지를 기준으로 결정하게 됩니다. 이로 인해 한국에는 남들보다 더 나아 보여야 한다는 압박감을 느끼는 사람들이 많습니다. 하지만 최근에는 작은 결혼식이 자연스러워지면서 비싼 예복이나 예식장 대신, 소박한 예복을 입고 소수의 지인들만 초대하여 결혼식을 올리는 것도 괜찮다는 인식이 퍼져 나가고 있습니다. 남의 시선을 기준으로 하기보다 자신의 만족을 중시한다는 점에서 긍정적인 현상이라고 봅니다.

男　为了一个完美的婚礼，你认为需要满足哪些条件?在韩国存在这样的一种倾向，认为婚礼的重要性在于参加婚礼的人数是否足够多。因此，韩国的婚礼可以说是向客人们展示两个家庭诚意的日子，所以婚礼当天的费用非常高。这种现象与韩国人排场文化有关。由于注重他人观感和面子，因此婚礼、葬礼、就业等很多事情都以别人的看法为标准。正因为如此，韩国人总是有一种压力，希望自己看起来比别人好一些。但最近，随着小型婚礼的兴起，人们更趋向于自然简约的方式，不再追求昂贵的礼服或豪华场地，穿着朴素的服装，只邀请少数熟人参加婚礼的趋势也在逐渐传播。这种转变更注重个人满足感，而不是他人观感，这可以被视为一个积极的现象。

41. 男性以婚礼为例，说明了韩国的排场文化，并提到最近的认识发生了变化，小规模婚礼变得更加自然。男性认为这是一种正面积极的现象，因此该讲座的主题最合适的是④。

42. 据该男性介绍，最近随着小规模婚礼变得更加自然，比起举办给别人看的活动，更喜欢优先考虑自己满意的婚礼的人正在增加。因此正确的答案是③。

[43~44] 请听录音，并回答问题。

여자 여러분은 비타민에 대해 얼마나 알고 있나요? 비타민은 소량이지만 우리 몸에서 큰 역할을 맡고 있습니다. 비타민을 미량 영양소라고도 하는데요. 미량 영양소란 아주 소량이지만 우리 몸에 필요한 영양소를 의미합니다. 이 영양소는 우리 몸의 뇌 활동, 기억력, 생각하는 능력 및 감정에 큰 영향을 끼치고 신체의 성장을 돕는 핵심적인 역할을 하고 있습니다. 좀 더 자세히 살펴보면, 비타민 B군은 우리 몸의 에너지를 만들 때 이를 돕는 역할을 합니다. 비타민 B군이 충분한 상태가 되면 에너지를 만드는 공장이 활발하게 돌아갈 수 있는 확률이 높아집니다. 한 의학 전문의에 의하면 개나 고양이 등은 비타민 C를 직접 만들 수 있지만 인간은 체내에서 비타민 C를 만들 수 없다고 합니다. 그렇기 때문에 음식에서 비타민 섭취가 부족하면 다른 형태로라도 섭취를 해야 한다고 합니다.

女 大家对维生素了解多少呢？维生素量虽少，但在我们体内起着相当大的作用。维生素虽然量少，但在我们体内扮演着相当重要的角色。我们也把维生素称为微量营养素。微量营养素指的是虽然数量很少，但却是我们体内必需的营养物质。这些营养物质对我们的大脑活动、记忆力、思维能力和情感产生重大影响，对身体的生长发育也起着核心的辅助作用。进一步了解的话，维生素B有助于我们的身体产生能量，在人体中维生素B充足时，可以增加能量生成的概率。根据医学专家的说法，狗和猫等动物可以直接制造维生素C，但人类身体无法自行合成维生素C。因此，如果从饮食中摄取的维生素不足，就需要从其他途径补充。

43. 对微量营养素和它的作用作着说明，并强调维生素是人体必需的元素。所以答案为④。

44. 女性说，维生素虽然量少，但在我们体内扮演着相当重要的角色。她还将维生素称为微量营养素作了解释。因此答案为③。所以答案为③。

[45~46] **请听录音，并回答问题。**

여자 우리는 앞에서 기후 변화의 원인 두 가지를 알아봤습니다. 하나는 태양과 지구의 관계에서 비롯되는 것이었고 또 하나는 수증기나 이산화탄소와 같은 온실 기체로 인한 온실 효과였지요. 그렇다면 둘 중에 어느 것이 지구 기후 변화에 더 큰 영향을 끼칠까요? 네, 그렇습니다. 여러분도 아시다시피 지구 기후에 가장 많은 영향을 끼치는 것은 바로 온실 기체에 의한 변화입니다. 인간이 자동차를 몰 때, 또는 음식을 조리하거나 불을 켜기 위해 연료를 태울 때면 대표적인 온실 기체인 이산화탄소가 배출됩니다. 이러한 인간의 활동이 바로 이산화탄소를 만들어 내고 결국에는 지구 온난화 같은 기후 변화를 일으키는 것입니다. 좀 더 자세히 설명하면, 대기에서 온실 효과를 가장 잘 일으키는 것은 수증기입니다. 그런데 대기 중에 이산화탄소가 많아지면 대기가 따뜻해지면서 수증기를 더 많이 포함할 수 있습니다. 이로 인해 온도가 더욱 상승하는 것입니다.

女 前面我们就两个气候变化的原因做了了解。一个是从太阳和地球的关系造成的，另一个是由于水蒸气或像二氧化碳这样的温室气体造成的温室效应。那么这两种中哪个对地球气候的变化影响更大呢？对，没错！正如大家也都知道的，对地球气候影响最大的就是由温室气体带来的变化。当人们开车、做饭、为了点火点燃燃料的时候就会产生最有代表性的温室气体二氧化碳。这种人类活动直接制造出二氧化碳，其结果就是造成地球温暖化这样的气候变化。再进一步细说，大气中最能引起温室效果的是水蒸气。但是大气中的二氧化碳增加的话，大气变暖，就会含有更多的水蒸气。因此就会使温度升得更高。

45. 但是大气中的二氧化碳增加、大气变暖，就会含有更多的水蒸气，导致温度升高。所以答案为①。

46. 男性在对气候变化的原因做说明，讲到人类活动对气候变化的影响。所以答案为③。

[47~48] **请听录音，并回答问题。**

여자 박사님은 옛 문헌 중에서도 일상에서 주고받은 편지를 주로 연구해 오셨습니다. 왜 편지에 관심을 가지시는지, 또 그것을 연구하는 일이 현대에 어떤 의미가 있는지 궁금합니다.

남자 제가 연구하고 있는 편지들은 주로 양반들끼리 주고받았던 편지들입니다. 당시 일반 대중들은 글을 잘 몰랐기 때문에 일반 대중들이 썼던 편지는 몹시 드문 편입니다. 하지만 온전히 남아 있는 몇 안 되는 귀한 자료라는 점에서 중요도는 어느 것에도 뒤지지 않습니다. 장르도 다양해서 연애편지나 부모와 자식 간에 서로의 삶을 걱정하는 글, 상업용 문서, 편지 작성법을 모아 놓은 실용서 같은 것들이 있습니다. 대표적으로 퇴계와 고봉의 편지글은 학문적 가치도 높습니다. 이런 자료들을 통해서 옛 사람들의 삶을 구체적이고 사실적으로 복원할 수 있는데요. 이것은 문헌 연구뿐만 아니라 문화와 사상의 연구라는 큰 틀에 있어서도 아주 중요한 활동이라고 생각합니다.

女 在众多旧文献中，博士您一直主要研究的是日常往来的信件。我很想知道您为什么对信件这么关注、另外研究它对现代有何等意义。

男 我所研究的信件基本上是贵族们之间相互传递的信件。当时普通百姓还不识字，所以普通百姓写的信件非常少见。但是作为完整地保留下来的少数几件贵重资料它的重要程度不亚于任何文献。类型多种多样，有情书或父母与子女间相互担心对方生活的信件、商业文书、将书信写法汇总下来的实用书那样的信件。最有代表性的如：退溪和高峯的书信内容的学术价值很高。通过这些资料就可以具体地、写实地还原过去人们的生活。我认为这不仅仅是文献研究，在文化和思想研究的大范围里也是一项很重要的活动。

47. 内容说到当时普通百姓的信件很少，因此还是有的。所以答案为②。

48. 内容对过去信件内容的价值做了说明，并提到旧书信对文献研究和文化及思想研究都起着重要作用。所以答案为③。

[49~50] **请听录音，并回答问题。**

남자 한 결혼정보회사가 결혼한 지 2년 이내의 신혼부부를 대상으로 한 조사에 따르면, 작년에 결혼 비용으로 평균 2억 9천만 원 정도를 지출했다고 합니다. 그런데 최근 대졸 신입사원의 평균 나이는 31세로, 취업 후에 각각 결혼 비용을 모으기 위해서는 평균적으로 약 7년이라는 시간이 걸립니다. 부모님의 도움을 받지 않고 결혼하려면 현실적으로 30대 중반 이후가 되어야 한다는 것입니다. 전문가들은 요즘 청년들이 결혼 시기를 늦추거나 결혼을 하지 않는 현상에는 취업 시기와 결혼 비용 같은 물리적인 한계가 큰 영향을 끼치고 있다고 보았습니다. 한국의 출산율은 결혼 비율과 밀접한 관련이 있는 만큼, 출산율을 높이기 위해서는 이러한 물리적 한계를 해결하는 것이 관건이라는 것입니다. 반면 결혼 비율이 낮아지는 것에 반드시 물리적인 요인만 있는 것은 아니라는 의견도 있습니다. 작년에 통계청이 실시한 사회 조사에 따르면 국민의 46.8%가 결혼을 하지 않아도 괜찮다고 답했다고 합니다. 특히 결혼을 해야 한다고 답한 비율이 미혼 남자의 36.9%, 미혼 여자의 22.1%에 그쳤습니다. 다시 말해 청년들이 결혼 시기를 늦추거나 결혼하지 않는 현상을 의식의 변화로 인한 결과라고도 해석할 수 있습니다.

男 据某婚介公司以结婚2年以内的新婚夫妇为对象进行的调查结果显示，去年平均支出了2亿9千万韩元左右的结婚费用。但是最近大学毕业新职员的平均年龄是31岁，就业后为了存下结婚费用，平均需要7年的时间。如果不想得到父母的帮助而结婚，实际上必须是35岁以后。专家们认为，最近青年推迟结婚时间或不结婚的现象，就业时间和结婚费用等物理性限制产生了很大的影响。韩国的出生率与结婚比率密切相关，因此为了提高出生率，解决这种物理性局限是一个关键。相反地，也有意见称结婚比率下降不一定只有物理因素。据统计厅去年实施的社会调查结果显示，46.8%的国民回答不结婚也没关系。特别是回答应该结婚的比率是未婚男性的36.9%，未婚女性的22.1%。换句话说，青年推迟结婚时间或不结婚的现象也可以解释为意识变化的结果。

49. 该男性主张，要想在没有父母帮助的情况下结婚，必须在35岁以后。因此正确答案是③。
① 韩国的出生率与结婚比率~~没有~~密切关系。
→ 有。
② 调查结果显示，46.8%的国民回答~~应该结婚~~。
→ 不结也没关系
④ 青年们推迟结婚时间或不结婚~~只存在物理上的局限性~~。
→ 意识的变化也产生影响。

50. 男性通过“结婚费用统计、大学毕业生平均年龄、统计厅实施的社会调查结果”对最近青年推迟结婚时间或不结婚的现象进行了说明，因此正确答案是④。

쓰기 书写

[51~52] 请阅读下文，分别写出符合㉠和㉡的一句话。

51. ㉠：这里讲述的是不能和小狗一起生活的理由，所以括号中应该是写此文章的目的。
㉡：前面有“性格”，这里应该是介绍小狗性格的内容。后面部分提到了：在一起没有什么可难的，因此这里最好使用多种陈述小狗善良、温顺性格的词汇来描写小狗的性格。
→ 这是寻求喂养小狗主人的启示。这里必须有不能喂养小狗的原因，以及小狗的品种、小狗年龄、性格或特性等内容。还应该有想喂养小狗的人可以联络的联系方式等内容。3分的答案适用于使用初级语法和词汇进行表达的情况。

52. ㉠：应该把因为工作不得已减少了与家人在一起的时间、对自己所拥有的感到不满足所出现的后果与生活的均衡联系起来。前面提到生活的均衡很重要，后面是与生活不均衡相关的内容，所以写的时候最好参考前后内容。
㉡：前句中讲了因为生活不均衡带来的问题，因此应该写出解决这些问题的方法。注意要围绕本文的主题。

53. 以下是韩国青少年每天平均上网时间和上网类型的调查资料。请将此内容写成200-300字的文章，但请勿书写文章的题目。

【概略】
序论：介绍调查内容
本论：说明青少年日平均上网时间和上网使用类型
结论：青少年使用互联网的目的总结

54. 请参考以下内容，写一篇600-700字的文章，但请勿将问题原封不动地抄写下来。

【概略】
序论：高龄化的定义和它给社会的影响
本论：① 解决低生育率
② 解决劳动力匮乏
③ 造成开放的工作环境
结论：整理自己的意见

읽기 阅读

[1~2] 请选择最适合置入（ ）的选项。

1. 今年水果产量（ ），水果价格大体上下降了。

问题类型 选择适合句子的语尾（连接/生活文）
括号后提到“水果价格下降了”，由此可推测答案为④。

-아/어서인지: 表示前面的行为或状态有可能是后句状态的原因，用于对此无法准确说明的时候。
例 아이가 피곤해서인지 앉은 채로 졸고 있었다.
영화가 재미없어서인지 자는 사람들이 많았다.
注意 “-아/어서인지”可以与“-아/어서 그런지”替换使用。

- -ㄴ/는다면: 表示对某种事实或状况进行假设时的连接语尾。
例 네가 이번 시험에 합격한다면 네가 원하는 선물을 사 줄게.
- -아/어야:
① 表示前句内容是后句内容的必要条件时的连接语尾。
例 영호는 아직 어려서 부모님의 허락을 받아야 여행을 갈 수 있다.
② 表示前面假设的内容对结局没有任何影响时的连接语尾。
例 아무리 노력해 봐야 결과가 달라지지 않는다.

• –ㄴ/는다거나:

① 用于罗列若干个例子进行说明时。

例 교실에서 큰 소리로 떠든다거나 냄새 나는 음식을 먹으면 안 된다.

② 用来表示选择相互对立的两个以上行为中某一个的时候。

例 기다리는 동안 책을 읽는다거나 영화를 보면 되겠네.

2. 医生对胃炎患者( )食量。

问题类型 选择适合句子的语尾(终结/短文)

医生对胃炎患者最自然的说法为：要注意调节食量，因此答案为具有“使动”含义的①。

> –게 하다: 用于某人使其他对象做某事的时候。
>
> 例 선생님이 학생들에게 책을 큰 소리로 읽게 했다.
> 비가 와서 엄마는 아이를 밖에 나가지 못하게 했다.
>
> 注意 使动的“–게 하다”可以与“–도록 하다”替换使用。

• –(으)려고 하다:

① 表示前句出现行动的意图或意向。

例 영호는 모든 책임을 혼자 다 끌어안으려고 했다.

② 表示前句中的事会马上发生或开始。

例 우리 학교 홈페이지 방문자 수가 십만 명을 넘으려고 한다.

• –게 되다: 表示会成为前句中的状态或状况。

例 전에는 몰랐는데 시간이 지나면서 자연스럽게 알게 되었다.

[3~4] 请选择与下端划线的部分意义最相似的选项。

3. 把金钟花插进花瓶摆在桌上，就好像春天来了。

问题类型 选择适合句子的语尾(连接/短文)

表示：把金钟花插进花瓶，再把它放在桌子上的意思，所以答案为③。

> –아/어다가: 表示用做完某事后的结果去做后句行为的意思。
>
> 例 도서관에서 책을 빌려다가 읽었어요.
> 은행에서 돈 좀 찾아다가 주시겠어요?

• –(으)ㄹ 뿐: 表示除了现在的状况之外没有任何可能性或状况的意思。

例 미숙이는 가만히 앉아 있을 뿐 아무것도 하지 않았다.

• –기에: 表示前句内容是后句的原因或根据时的连接语尾。

例 오늘은 바람이 심하기에 창문을 꼭 닫아 두었다.

• –아/어 가지고:

① 表示维持着前句出现的行动的结果或状态。

例 여행을 갔던 친구가 내 선물을 사 가지고 왔다.

② 表示前句出现的行动或状态是后句的原因或手段、理由。

例 영호는 늦게 일어나 가지고 학교에 지각하고 말았다.

• –는 바람에: 表示前句的行动是后句状况的原因或理由。

例 길이 너무 막히는 바람에 늦었어요.

4. 尽管有政府的努力，国家经济状况仍然没有好转，实在另人惋惜。

问题类型 选择适合句子的语尾(终结/短文)

内容是指：政府努力也没有使国家经济好转，只是令人遗憾。所以答案为①。

> –(으)ㄹ 따름이다: 表示除现在的状况之外没有其它可能性或状况，排除别的选择的意思。
>
> 例 나는 내가 해야 할 일을 했을 따름이다.
> 나는 먹으라고 해서 먹었을 따름이다.

• –(으)ㄹ 뿐이다: 表示除现在的状况之外没有其它可能性或状况，别无选择的意思。

例 유미는 물만 먹었을 뿐인데 왜 살이 찌는지 모르겠다고 야단이다.

• –(으)ㄹ 정도이다: 表示与前面内容成比例或与前面内容的程度或数量相当。

例 방이 넓어서 학생 20명이 공부할 수 있을 정도였다.

• –(으)ㄹ 수 있다: 用来表示前句涉及事的可能性。

例 공휴일이라서 식당에 사람들이 많을 수 있다.

• –(으)ㄹ 리가 없다: 话者用来表示绝对不可能出现前句中所说的理由或可能性。

例 유명한 디자이너가 만들어 준 옷인데 예쁘지 않을 리가 없지.

[5~8] 请选择下面是关于什么的文章。

5. 她清新香气的秘诀！
闪耀健康亮光的茂密发质！

问题类型 掌握文章的题材/类型(广告文)

此广告的核心词汇为“머릿결(发质)”，这是介绍如何使头发成为散发清香的健康发丝的方法，所以答案为②。

• 비결[秘诀]: 世上不知道的属于个人的独特方法。

6. 特级交通网！舒适宜人的自然环境！
小区内具备读书室、最高档的居住条件。

问题类型 掌握文章的题材/类型(广告文)

此广告的核心词汇为“주거 조건(居住条件)”指具备最好的居住条件。所以答案为③。

• 완비[完备]: 没有遗漏地完全具备。

7. 不是一张，是两张。背面也和前面一样。

问题类型 掌握文章的题材/类型(广告文)

核心内容为“不是一张”、“背面也一样”。这表示纸的背面也和前面一样可以利用的意思。所以答案为④。

8. • 被烫伤时请用冷水冷却后再去医院！
• 眼睛里进东西时，请用清水洗！

问题类型 掌握文章的题材/类型(介绍文)

这里说的是被烫伤在去医院前应该做的事和眼睛里进了灰尘应该怎么做。所以答案为④。

• 화상[火伤]을 입다: 被火或热的东西和化工药品烧伤。

[9~12] 请选择与下文或图表内容相同的选项。

9.

希望电话129

– 手语咨询服务使用指南 –

- 服务内容：专业手语咨询师通过画面进行烦恼咨询。
- 使用时间：平日上午9点到下午6点
- 申请方法：– 连接保健福利客服中心(www.129.go.kr)进行申请
  – 如果不方便使用129电话进行咨询服务时，请打：070-7947-3745, 6 (需要网络和视频电话。)

问题类型 选择与文章相同的一项(介绍文)

上文写道“专业手语咨询师通过画面进行烦恼咨询”因此可以看出这是利用视频通话的咨询服务。④是最恰当的回答。

① 这是~~教手语~~的服务。→ 用手语提供咨询的

② 该服务~~只能在网络上申请~~。→ 可通过网络或拨打070-7947-3745、6进行申请。

③ 如果想申请这项服务，~~可以拨打129~~。→ 连接网络

● 수어(手语)：听觉或沟通困难的人之间通过手或身体的动作进行沟通的方式

10.

最终能源使用现状

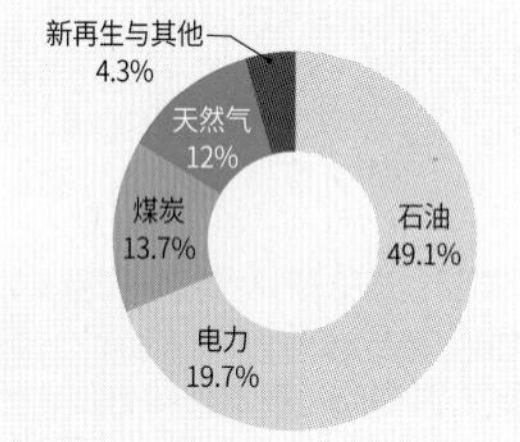

问题类型 选择与图表相同的一项

煤炭(13.7%)、天然气(12%)、新再生及其他(4.3%)加在一起占45.4%，因此③是正确的答案。

① ~~电力~~使用得最多。→ 石油

② 煤炭和天然气的使用量~~差距很大~~。→ 几乎不存在差异。

④ 与新再生能源及其他能源相比，天然气所占比率~~更低~~。→ 更高

11.

据调查，去年不履行金融债务者共有74万7,299名。从年龄段来看，20多岁的有8万2,327名，30多岁的有13万1,757名，40多岁的有18万8,843名，50多岁的有19万1,531名，60岁以上者有15万2,841名。其中20多岁的不履行债务者中，500万韩元以下的贷款者最多，占41.8%，他们贷款的主要原因是筹措生活费。

问题类型 选择与文章相同的一项(报道)

20多岁不履行债务者中有41.8%是500万韩元以下的贷款者，因此20多岁不履行债务者10人中有4人贷了500万韩元以下的小额贷款。所以正确答案是③。

① 不履行金融债务者人数最多的是~~30多岁的人~~。
→ 50多岁的人

② 在整个年龄层贷款的主要原因是~~购房~~。
→ 整个年龄层的主要贷款理由无法通过本文得知。

④ 20多岁不履行债务者获得贷款的主要原因是~~筹集学费~~。→ 筹措生活费

12.

随着电子书市场的增长，可以以一个月为单位借阅书籍的“电子书订阅型服务”很受欢迎，电子书图书馆运营也多种多样。据统计，电子书阅读率成人19%，学生49.1%，与两年前相比，成人和学生分别增加了2.5%和11.9%。由此可见，以学生和20多岁的青年层为中心，形成了使用电子书读书的习惯。

问题类型 选择与文章相同的一项(报道)

以学生和20多岁的青年层为中心，可以看出使用电子书读书的习惯已经形成，因此④是正确的答案。

① 电子书~~不可出借~~。
→ 可以以一个月为单位借阅，也可以使用电子书图书馆。

② ~~在书店买书~~的人正在增加。
→ 利用电子书

③ 电子书阅读率~~成人增加了11.9%，学生增加了2.5%~~。
→ 成人和学生分别为2.5%和11.9%

[13~15] 请选择正确按顺序排列的选项。

13.

(가) 但是随着实学者们的出现，这种视角变了。

(나) 朝鲜时代人们轻视渔业，重视农业。

(다) 特别有代表性的实学者丁若铨写的“兹山鱼谱”将人们的注意力转向了大海。

(라) 这本记录了155种海洋生物的书籍在当时是世界上罕见的展示科学探索方法。

问题类型 排列文章顺序

这里介绍了丁若铨写的“兹山鱼谱”。介绍朝鲜时代人们并不认为渔业重要的内容(나)在前，其后是由：“그런데(但是)”开始的的内容：随着实学者们的出现，视角发生了变化的(가)。然后是由“특히(特别是)”开始的讲“兹山鱼谱”起了重大作用内容的(다)，最后是以“이 책은(这本书)”为主语的(라)，所以答案为以(나)-(가)-(다)-(라)排序的①。

● 실학[实学]：指从17世纪后叶开始到朝鲜时代末期流行起来的旨在提高实际生活水平改善社会制度的学问。

● 시각[视角]이 바뀌다：指改变对问题理解和判断的观点。

14.

(가) 过量摄取糖，韩国也不例外。

(나) 对于碳水化合物摄取量高的韩国人来说糖就和盐一样危险。

(다) 看上去量很多，看实际上只相当于喝一瓶可乐摄取的量。

(라) 美国保健当局劝告说每天糖的摄取量要限制在200kcal之内。

问题类型 排列文章顺序
这里说的是有关每天糖的摄取量的内容。美国保健当局劝告每天糖摄取量的内容(라)在前，然后是有“꽤 많아 보이는 양이지만 이는(200kcal)”内容的(다)，之后是说不仅美国，韩国也不例外的(가)，最后应该是(나)介绍对韩国人来说糖很危险的理由。所以答案为按照(라)-(다)-(가)-(나)排序的④。

15. (가) 化妆品公司们最近都热衷于与其它领域间的协作。
(나) 用化妆品外壳的设计来吸引他们的关注。
(다) 这是为了赢得挑剔的女性们的欢心所选择的战略。
(라) 时装、电影、动画等大众艺术的艺术家们联手的公司在不断增加。

问题类型 排列文章顺序
讲的是有关化妆品公司与其它领域间合作的内容。首先是介绍化妆品公司们最近都热衷于与其它领域间的协作的内容的(가)，然后是举例陈述的(라)。之后是由“이는(这是)”开始的陈述(라)理由的(다)，最后是陈述(다)理由的(나)。所以答案为按照(가)-(라)-(다)-(나)排序的②。
- 손잡다: 携手，比喻齐心合力共事的意思。

[16~18] 请选择最适合置入(　)的选项。

16. “推敲”指的是对写完的文章重新审视，有错修正、有不足补充的整理工作。推敲做的好坏(　　　)。因此文章写完之后最好重新看看，确认一下主题和素材的明确性、内容的准确性、语法和拼写的精确度。

问题类型 选择符合文脉的内容
括号后讲了文章写完后一定要重新检查“주제와 소재의 명확성, 내용의 정확성, 문법과 맞춤법”，为提高文章的水准进行查验。所以答案为②。

17. 并非是电影演员或歌手等演艺人、而是由周边居民为模特登场的公寓广告常常映入眼帘。这是因为建设公司们在市内到处张贴了以地方居民为模特拍的广告宣传画的缘故。在公寓认购的热潮中，建设公司以对本地区公寓有需求的当地居民为对象(　　　)，强化了接近地区的营销。

问题类型 选择符合文脉的内容
括号后面提到的“지역 밀착형 마케팅”指的是不使用演艺人，而用附近居民为广告模特的事。以附近居民为模特是为了让人有亲近感，所以答案为④。
- 등을 돌리다: 形容（某人对其他人）排斥或断绝关系。
  例 그는 가난한 사람들에게서 등을 돌렸다.
- 밀착[密着]: 表示相互的关系很密切。

18. 为了让小提琴发出悠扬的声音，必须把挑选好的能做乐器的好木材用很长时间进行干燥。制造弦和弓时也一样，要融入人的真诚和努力才能造出声音悠扬的名品。当然(　　　)。不具备会聆听的耳朵的人怎么能做出让别人悦耳的乐器呢?

问题类型 选择符合文脉的内容
内容讲的是制造出好小提琴的条件。括号后有“要有会听的耳朵”的内容，讲了音乐感觉的必要性。所以答案为④。
- 물론[勿论]: 表示没有再说什么的必要。
  例 물론 월급은 매월 말에 지급될 것이다.
  물론 이 방법이 누구에게나 똑같이 좋은 효과를 낼 수는 없다.
- 현[弦]: 弦乐器中发声的细长的弦。
- 현악기[弦乐器]: 像小提琴、大提琴等通过拉弦或弹弦发声的乐器。

[19~20] 请阅读题目并回答问题。

观察动物的睡眠很有意思。有像蝙蝠一样每天睡眠超过18个小时的动物，也有像长颈鹿或斑马一样每天只睡2个小时的动物。但是(　　　)没有不睡觉的动物。只是人类觉得它们看起来没有睡着而已。最具代表性的是海豚每隔5分钟到10分钟两侧的脑轮流睡一次，睁一只眼，并且移动着睡觉。

19. **问题类型** 选择符合文脉的内容
空格后面提示否定式的表达“没有不睡觉的动物”的内容。因此，总是被用作否定含义的③是最恰当的答案。

20. **问题类型** 掌握中心想法
本文说明：“睡眠的持续时间和方法多种多样，但所有动物都需要睡眠”。因此，正确答案是③。
① 动物的睡眠时间~~相似~~。→ 多样
② 人和动物的睡眠~~有相似之处~~。
→ 本文未对人和动物睡眠进行比较。
④ ~~越是发达的动物，睡眠时间越长~~。
→ 没有特别提到发达的差异。

[21~22] 请阅读题目并回答问题。

在滑冰时摔倒负伤的人中，娴熟的高手反倒比初学者要多得多。开车时也一样，开了一年以上的老司机们的交通事故要比刚开始开车的新手多。这是由于自己能力有了，也就自然骄傲起来的缘故。(　　　)正如有这样的话，需要有自我戒备的姿态。

21. **问题类型** 选择符合文脉的俗语
内容提到：有必要告诫自己不要随着能力的增加，产生自满心理。所以答案为④。
- 교만[骄慢]: 指自以为是、无视别人、说话或行动很傲慢。
- 고생 끝에 낙이 온다: 表示经历磨难之后一定会有好事出现。同“苦尽甘来”。
  例 가: 10년 동안 일해서 드디어 빚을 다 갚았어요.
  나: 고생 끝에 낙이 온다더니 정말 축하해요!
- 떡 본 김에 제사 지낸다: 形容利用偶然的机会做了早想做的事。

例 가: 엄마, 왜 이렇게 음식을 많이 했어요?
나: 떡 본 김에 제사 지낸다고 귀한 손님이 온 김에 잔치 기분 좀 내려고.

22. 问题类型 **掌握细节内容**

滑冰和驾驶的领域中，具有经历的人都比初学者受伤更多，交通事故也更多。因此③是正确的答案。

① 滑冰选手~~不会受伤~~。
→ 虽然是熟练的实力者，但受伤反而比初学者更多。

② 有实力的驾驶人要~~小心交通事故~~。
→ 有经验的人经常出交通事故，没有提到应该小心。

④ 实力增强的有经验者~~也需要骄傲的态度~~。
→ 需要警戒骄傲的态度。

[23~24] 请阅读题目并回答问题。

在电视里看到了皮影戏，想起了小时候和爸爸一起玩的影子游戏。通过变换手形可以弄出可爱的小兔子、也可以弄成小鸭子。和影子游戏同时清晰地回想起来的还有爸爸讲的从前的故事。那时躺在床上听着爸爸讲的故事，不知不觉就会进入甜蜜的梦乡。但是现在对这种游戏已经完全没有兴趣。因为有更有趣的电脑游戏。现在想想自从我开始玩上了电脑游戏，好像和爸爸越来越远了。今天很想和爸爸一起玩影子游戏，那就可能重新和爸爸亲近起来，可以重温过去的回忆。

23. 问题类型 **掌握心情(随笔)**

提到小时候和爸爸一起玩过的影子游戏和爸爸讲的过去的故事，所以答案为①。

- 그림자놀이: 影子游戏，利用近处灯光通过移动手形将各种影子图形反射到墙壁会窗户上的游戏。

24. 问题类型 **掌握细节内容(一致/随笔)**

内容提到：因为有了电脑游戏对小时候玩过的失去了兴趣，所以答案为②。

① 小时候经常~~玩着玩着影子游戏~~就睡着了。
→ 听着爸爸讲的故事

③ ~~现在也玩用影子做兔子和鸭子的游戏~~。
→ 现在已经完全没兴趣

④ 过~~电脑游戏~~可以拉近我和爸爸间的距离。
→ 影子游戏

[25~27] 请选择最能说明下列新闻的标题。

25.

香烟价格上涨禁烟政策成功？香烟销售量再次增加

问题类型 **掌握简化的句子(报道文)**

这是介绍由于香烟价格上涨，以为禁烟政策成功了，然而香烟的销售量却再次增加了的新闻报道标题，所以答案为④。

26.

外出就餐而不是在家做饭，与10年前相比家常饭比例减少了27%！

问题类型 **掌握简化的句子(报道文)**

这个标题的意思是与10年前相比，烹饪家常饭的比例减少了27%，因为更多的人喜欢外出就餐而不是在家烹饪。所以答案为④。

27.

中年层人气爆发、电影节上反映中年人生活的获奖作品签约竞争

问题类型 **掌握简化的句子(报道文)**

这是写：反映中年层人气爆发、电影节上引人注目的反映中年人生活的获奖作品签约竞争激烈内容的报道标题，所以答案为③。

- 입상작[入赏作]: 获奖作品。

[28~31] 请选择最适合置入(　　)的选项。

28.

随着名品综合症席卷整个社会，各企业也使用了名品这个词汇，(　　　)。国民所得增加了，追求名牌的名品族的增加似乎也是很自然的事。但是忘记自身现实，被企业的商业战略所迷惑，只埋头购买名牌，问题极为严重。由此导致的问题不仅使个人破产，也将会扩大为一个社会问题。

问题类型 **选择符合文脉的内容**

因为提到“기업의 상업 전략”，可知企业是使用起名品这个词汇，煽动消费心理。所以答案为②。

- 파산[破产]: 失去全部财产，失败。
- 소비 심리[消费心理]: 人们的消费意识或心理。

29.

古代希腊人和罗马人用亲吻嘴、眼睛、手、甚至膝盖或脚的方式表示对人的尊敬或问候。起初基督教人见面时也是相互在嘴唇上送上“圣洁之吻”高兴得来表达心意。亲吻的习惯虽然仍在延续，但今天大部分人认为亲吻是“示爱的方法”。但是(　　　)亲吻原有的用途现在也常见。国家领导人见面时常常会用相互亲吻脸颊的方式表示问候。

问题类型 **选择符合文脉的内容**

从文章开始部分来看，亲吻的原始用途为“表示尊重或问候”、是“圣洁的表示”。而括号后面提到亲吻原来的用途现在也常见，并举了国家领导人见面时的问候为例。所以答案为①。

30.

板索里(清唱)界小说指的是板索里的内容写成小说的形式，充满了对当时社会或统治阶层的讽刺内容。所以能够看出在板索里内容中出现的恶人和一般古典小说作品中登场的恶人的形象是有差异的。后者属于那种计谋和计划性的恶，相反，前者即使是恶人，与其说我们会憎恶，属于(　　　)类型的。

问题类型 **选择符合文脉的内容**

括号前有“与其说憎恶”说明后面一定是说即使是恶人，也有可肯定的地方。所以答案为①。

- 풍자하다[讽刺－]: 在文学作品中用比喻嘲笑的方法描写对现实中不如意的东西或不符合义理的事。
- 판소리: 按照鼓声的长短将故事用唱和说的方式加上动作进行表演的韩国民俗音乐。

31. 炸酱面是中国移民者根据韩国人的口味制作的拌面。仔细观察炸酱面的来历，就会发现中国近代史的发展趋势。实现中国人不受西方强国的影响，打造强大、富裕国家的愿望并非易事。在此过程中，民众的痛苦非常严重，失去家园的人中的一部分离开了故乡，定居在异地韩国。因此炸酱面可以说是克服苦难的(　　　)象征。

问题类型 选择符合文脉的内容

文章开始部分提到中国人经历苦难的内容，括号前出现的“고난을 극복해 온”可知中国人具有很坚韧的生命力。所以答案为④。

- 내력[来历]: 至今为止的过程或经历。

[32~34] 请阅读题目，并选择与文章内容相同的选项。

32. 有一种在夏季能看到的小苍蝇，它就是果蝇。喜欢酒的果蝇具有能分解酒精的酵素。果蝇容易生长，寿命为一周，由于非常短暂而且产卵数量多，容易进行统计处理，所以很久以来都是很受欢迎的优良试验对象。果蝇也用于对糖尿、癌、免疫、老化等相关医学的研究，因为它与人有75%诱发疾病的遗传基因是相似的。

问题类型 掌握细节内容(一致)

内容提到：果蝇“알을 많이 낳아 통계 처리가 용이하기 때문에”，所以答案为③。

① 和人类具有相同遗传基因的果蝇~~可诱发糖尿病和癌症~~。
　→ 也用于与糖尿、癌、免疫、老化等相关医学的研究
② 果蝇容易生长，~~寿命长~~，作为试验对象很受欢迎。
　→ 寿命短暂
④ 果蝇繁殖力强~~最近开始用~~于试验对象。
　→ 作为试验对象长久以来一直深受欢迎。

- 용이하다[容易－]: 不难很方便。
- 한살이: 生物体的生命存活期间。

33. 全球招聘难正在加剧，制造业招工难尤其严重。据美国制造业研究所发表的报告书显示，制造业中的210万个工作岗位到2030年也无法找到合适的员工。预计这种招聘难会导致生产中断等，对收益性产生很大的影响。回答问卷调查的36%的制造业公司表示，与5年前相比，在寻找人才方面更加吃力。从这种招工难现象越来越严重这一点来看，不少人表示担忧。

问题类型 掌握细节内容(一致)

招聘难导致生产出现差池等，对收益性产生巨大影响，因此可以预测，由于招聘难，制造业的收益性将恶化。所以③是正确的答案。

① 特别是很难找到在制造业工作的~~地方~~。→ 人
② 在世界范围内，人们~~求职~~遇到了困难。→ 求人
④ 预计到~~2030年将新增210万个工作岗位~~。→ 预计到2030年，210万个工作岗位也不会找到合适的员工。

· 구인난[求人难]: 很难找到想工作的人。
· 애를 먹다: 非常辛苦。

34. 在人的本性中，造成纷争的主要原因有三个。即：竞争心、小心性、名誉欲。竞争心是为了获利、小心性是为了得到安全保障、名誉欲是为的得到好的评价而试图伤害他人。竞争心能够使人在将他人的财务据为己有的过程中、小心性在对自己的防御过程中、名誉欲是维护不仅自身、还有家族、同事、民族等的尊严的过程中使用暴力。

问题类型 掌握细节内容(一致)

内容提到：“명예욕은 자신뿐만 아니라 가족, 동료, 민족 등의 존엄성을 지키는 과정에서 인간으로 하여금 폭력을 사용하도록 만든다.”，所以答案为④。

① 竞争心、小心性、名誉欲促进~~人类的发展~~。
　→ 纷争的主要原因
② 因为~~小心~~所以很在意别人对自己的评价。→ 名誉欲
③ 为了保护自己使用暴力是因为~~竞争心~~的缘故。
　→ 小心性

- 분쟁[纷争]: 互不让步、激烈争吵。

[35~38] 请阅读题目，并选择最适合文章主题的选项。

35. 利用育儿休假制度和妻子一同分担育儿负担的爸爸们增加了。如果担心因为休假会造成经历中断的话，还有可以利用在育儿期间缩短工作时间制度的方法。男性利用缩短育儿期间工作时间制度不仅对本人和家庭，对企业也有帮助。减少的职员们的压力、提高工作满意度、由于工作方式的变化提高工作效率，最终能够提高企业的生产率。

问题类型 掌握中心想法

内容提到：男性利用缩短育儿期间工作时间制度不仅对本人和家庭，对企业也有帮助。所以答案为②。

- 경력 단절[经历断绝]: 不能延续、中断之前的学业、职业、业务和相关经验。

36. 年级越高数学是学生们觉得最难的科目之一。尤其按照教育过程修订，比起计算能力，更看重思考能力和解决问题的能力。所以有必要从以往那种反复解题的学习方法中摆脱出来，进行思考能力的强化训练。为此必须通过各种教具的应用活动和发表、讨论等这种发表活动，不断地对自身的思考内容进行审视，对错误的概念进行矫正，确实掌握正确的概念和原理。

问题类型 掌握中心想法

内容讲到：为了培养思考能力和解决问题的能力，必须确实掌握概念和原理。所以答案为②。

- 교구[教具]: 为了有效地教和学使用的除教材之外的道具。

37. 从中东、非洲冒着生命危险逃往欧洲的难民残酷的现实已不是昨天和今天的事了。难民的规模也是2次世界大战以来最大的。面对难民收容问题表现出分歧的欧洲各国被愤怒的言论所迫，表现出了退让一步的姿态。为了逃避政治上的指责不得已收容

难民的做法是不能解决问题的。对于这些为保住生命，强行逃离死亡的人是不能置之不理的。

问题类型 掌握中心想法

内容提到：为了逃避政治上的指责不得已收容难民的做法是不能解决问题的，对于这些为保住生命，强行逃离死亡的人是不能置之不理的。所以答案为②。

- 난민[难民]: 因为战争或灾害失去了家和财产的人。
- 마지못하다: 不想做，但又不能不做。
- 한발 물러서다: 放弃对立，稍作让步。

38. 一般人们都认为应该在饭后服药。但是每种药服用的时间都不一样。像血压药那样一天服用一次的药大部分早上吃才有效。因为早上起床时血压最高，那时服药效果最好。相反，像综合感冒药、鼻子感冒药等会出现困倦、无力、精神集中障碍等副作用，所以在结束了日常生活的晚上服药最好。

问题类型 掌握中心想法

内容介绍了像血压药那样一天服用一次的药早上吃好，而像综合感冒药、鼻子感冒药等晚上服药最好。所以答案为②。

- 약효[药效]: 药的效果。
- 장애[障碍]: 挡在前面，妨碍事情的发展。

[39~41] 请选择最适合的句子能置入的地方。

39. 蘑菇在东医宝鉴的记载中有恢复体力、增进食欲、强化胃肠的作用。(㉠)蘑菇作为降低胆固醇、防止肥胖、预防癌症的健康食品都很受人欢迎。(㉡)如上这些效果的核心是叫做β-葡聚糖的成分，这种成分可以降低我们体内的胆固醇，抗癌效果卓越。(㉢)此外蘑菇的90%是水分，植物纤维丰富。(㉣)

〈提示〉

若因水分不足，被便秘困扰的话，最好经常摄取些蘑菇。

问题类型 插入符合文脉的句子

提示句子由“따라서 수분이 부족해서 변비로 고생한다면”开始，因此这句话应该放在“버섯은 90% 이상이 물”的说明之后最自然，所以答案为④。

- 탁월하다[卓越-]: 比其他明显卓越。

40. (㉠)随着恶战结束时取得冠军的高尔夫选手朴世利的形象被实况转播，一直陷入IMF救济金融时代失意状态的韩国人重新看到了希望。(㉡)在父亲的劝说下开始了高尔夫的朴世利选手从小学开始，小小年龄就独自留在训练场上训练，直到凌晨2点，为了成为世界上最好的选手接受了严格的训练。(㉢)在“朴世利的成功神话”之后在全国增加了很多积极学习高尔夫的少年儿童。(㉣)

〈提示〉

这个时期开始高尔夫取得成功的几位女性高尔夫选手都被称为“朴世利孩子”。

问题类型 插入符合文脉的句子

“이 무렵”指的是朴世利选手成功神话之后，学习高尔夫的少年儿童突增的时期。所以答案为④。

- 악전고투[恶战苦斗]: 非常艰苦困难的条件下全身心投入战斗。

41. 资本主义初期企业根本没有必要区分追求什么短期利益还是长期利益。(㉠)因为小资本之间在自由竞争状态下，无论是短期、还是长期，抛弃利益的瞬间就等于从竞争中掉下来。(㉡)因此企业为了在激烈的竞争中生存，最大效率地利用所给的资源，用最低廉的价格提供商品。(㉢)在这个阶段企业的所有者就是经营者，企业的目的集中在了追求资本家的利益上。(㉣)

〈提示〉

这就是说追求企业的利用，其结果就意味着增加整个社会的利益。

问题类型 插入符合文脉的句子

提示句子是由“이는(它)”开始的。这指的是前一句讲的内容。“사회 전체의 이익”是指企业以低廉的价格提供商品，所以提示句放在(㉢)上最自然。所以答案为③。

[42~43] 请阅读题目并回答问题。

如果是去年和应五一起去秋收的朋友就不要再问啦。一年里心是紧张着的，精心照看的水稻丰收在望，人人都激动不已。从大清早开始干活也不觉得难受了。<u>但是当夜幕降临，脱完粒，向地主缴完了租地税时，剩下的就只有后背留下的冷汗了。</u>一起帮助脱粒的朋友眼睁睁地看着呢，让他们空手回家实在是最羞愧的事了。忍了很久，终于应五的眼中流下了眼泪。
说是丰年的去年也是那样，更何况今年上凶年呢。稻子在狂风和大雨中几乎都倒伏了。等于秋收还在干着，就没有吃的了。债都好像没有还清。只好放弃秋收，随它去吧！收获稻子，万一消息传出，地主还不得全部拿走。
但是那稻田里的水稻消失了，应五的哥哥、应七被怀疑成了犯人。因为本来是为了弟弟去请求少收些租金，争执到最后他打了地主的耳光。

金裕貞《厚颜无耻的人》

42. **问题类型 掌握心情/态度(小说)**

把一年耕种的稻子抖出来后，除去向土地主人借地的代价，发现没有剩下的，所以②是正确的答案。

- 만족스럽고 뿌듯하다(满足满意)
- 절망스럽고 허탈하다(绝望空虚)
- 겁에 질리고 초조하다(畏惧焦急)
- 당황스럽고 죄책감을 느끼다(惶然内疚)

43. **问题类型 掌握细节内容(一致/小说)**

内容中有“收获稻子，万一消息传出，地主还不得全部拿走”，所以答案为③。

① 应五在~~自己的土地~~上种地。→ 别人的地

② 应五~~收获子水稻，把债务还清子~~。→ 不打算收割
④ ~~应五和地主相互帮助着种地~~。
→ 应五种地，地主只是在秋后收租子
• 추수[秋收]：秋天将稻田和农田里熟透了的粮食或作物收起来。

[44~45] 请阅读题目并回答问题。

帕金森病是以英国的詹姆斯帕金森医生的名字命名的一种神经退化性疾病中的一种。帕金森病是由于给大脑神经输送脑神经传导物质的多巴胺分泌减少所致。帕金森病患者说话不清、由于身体僵直，他们都有着相似的表情。另外由于身体颤抖(　　)、神经系统出现了异常，不仅是流汗，还流很多口水。人类随着年龄的增长，像汗、唾液等身体的分泌物会逐渐减少。因此即使没有其它什么症状出现，随着年龄增长，只要比同龄人汗或唾液流得多，最好尽快去医院接受检查。

44. 问题类型 **插入符合文脉的句子**
要选择由于身体颤抖出现的症状。所以答案为③。

45. 问题类型 **掌握中心想法**
内容提到帕金森病有过多流汗和唾液的症状。随着年龄增长，只要比同龄人汗或唾液流得多，最好尽快去医院接受检查。所以答案为④。

[46~47] 请阅读题目并回答问题。

在YouTube和社交媒体上，总结电影和电视剧的视频越来越受欢迎。原因是人们可以在不花费太多时间、避免观看令人沮丧的冲突场景的情况下，快速了解热门电影和电视剧的内容。甚至有些人会以加速或多倍速观看。长时间保持注意力的困难程度上升是一个原因，但另一个原因是一些人把观看视频内容作为与他人交流的一种手段。相较于完全享受整个内容，渴望快速浏览主要情节是推动这一现象的动力。然而，将这种观看方式作为习惯可能会带来一个缺点，即可能降低理解长视频的能力。

46. 问题类型 **选择笔者的态度(议论文)**
笔者解释了总结电影和电视剧的视频为何变得流行，并强调了当这种观看方式成为习惯时可能出现的潜在问题。因此，正确答案是④。
• 기승전결[起承转结]：将一篇文章组织成连贯而引人入胜的结构。

47. 问题类型 **掌握细节内容(一致/议论文)**
笔者指出电影和电视剧的总结视频之所以变得受欢迎是因为观众不必观看令人沮丧的冲突场景，这就是为什么答案是③。
① 电影和电视剧的总结视频受到了~~批评~~。
→ 欢迎
② 有越来越多的人~~希望充分享受内容的高潮部分~~。
→ 更倾向于迅速观看内容的主要部分，而不是完全享受内容的高潮部分。
④ 养成观看总结视频的习惯~~可以提高~~理解长视频的能力。
→ 可能降低

[48~50] 请阅读题目并回答问题。

根据地方公务员法第63条第7款，公务员可以为了职务相关研究课题或自我开发的学习、研究等，使用自我开发休假。以工作5年以上的职员为对象，休职期间为在职1年以内。但是休假期间不能从事获得金钱代价的工作或被特定机关聘用。该制度是为了通过多种自我开发，提高公务员的能力，并提高职场内的学习氛围而引进的。公务员对该制度的反应是正面的，因为即使不是疾病、生育及育儿、看护等原因，也有机会休息工作，进行必要的学习。但是到目前为止，使用自我开发休假的职员并不多，因此实际上使用休假有很多现实性的困难。为了不成为(　　)制度，需要地方自治团体的鼓励。

48. 问题类型 **掌握目的(议论文)**
上文中介绍了公务员自我开发休假的对象、期限、目的等内容，因此③是正确的答案。
• 맹위[猛威]：凶猛的气势。
• 편향적[偏向的]：有偏向一方的倾向。

49. 问题类型 **掌握符合文脉的内容(议论文)**
该制度因现实上的困难，实际使用者不多，因此空格中应该包含“不要成为表面上看来似是而非、没有实际效用的制度”的内容。因此②是正确的答案。

50. 问题类型 **掌握细节内容(一致/议论文)**
到目前为止，使用自我开发休职的职员并不多，因此实际上使用休职有很多现实性的困难，②是正确的答案。
① 自我发展休假可以使用~~超过5年~~。
→ 1年以内
③ 自我发展休假可以用于~~生育和育儿~~事由。
→ 职务相关研究课题或自我开发的学习、研究等
④ 在休假期间~~若要从事有金钱代价的工作，需另行申请~~。
→ 不能从事获得金钱代价的工作或被特定机关聘用

第三版
TOPIK MASTER

FiNAL 실전 모의고사 4회

实战模拟考试 第4套

정답 答案

1교시: 듣기, 쓰기

듣기

1. ④	2. ②	3. ②	4. ④	5. ④	6. ③	7. ④	8. ④	9. ①	10. ①
11. ②	12. ②	13. ③	14. ①	15. ①	16. ④	17. ④	18. ④	19. ②	20. ②
21. ②	22. ④	23. ②	24. ③	25. ②	26. ③	27. ①	28. ②	29. ④	30. ②
31. ④	32. ③	33. ④	34. ③	35. ④	36. ④	37. ②	38. ④	39. ②	40. ③
41. ③	42. ②	43. ②	44. ④	45. ④	46. ③	47. ②	48. ②	49. ①	50. ③

쓰기

51. ㉠ (5점) 아래의/다음의 일정을 참고하시기 바랍니다
(3점) 다음 내용을 보십시오/보시기 바랍니다

㉡ (5점) 날씨가 추울 수도 있으니(까)
(3점) (날씨가) 추우니(까)

52. ㉠ (5점) 지나치게 남과 비교를 하게 되면
(3점) 남과 비교를 하면

㉡ (5점) (자신을 긍정적으로 바라보며) 자신감을 가지는 것이/게 중요하다
~는 것이/게 필요하다, 자신감을 가지는 게 좋다
(3점) 자신을 긍정적으로 바라봐야 한다/자신감을 가져야 한다

2교시: 읽기

읽기

1. ②	2. ①	3. ④	4. ④	5. ③	6. ①	7. ②	8. ②	9. ②	10. ①
11. ③	12. ③	13. ④	14. ①	15. ④	16. ④	17. ②	18. ④	19. ②	20. ④
21. ③	22. ②	23. ①	24. ②	25. ③	26. ①	27. ③	28. ③	29. ③	30. ④
31. ①	32. ②	33. ④	34. ②	35. ①	36. ②	37. ③	38. ②	39. ②	40. ③
41. ④	42. ①	43. ④	44. ③	45. ③	46. ③	47. ③	48. ②	49. ①	50. ③

53. 〈样板答卷〉

평균 소비 성향 그래프에 따르면 2018년에 78.9였던 소비 성향이, 2020년에는 68로, 2022년에는 67.3으로 꾸준히 감소했다. 같은 해에 물가 상승률은 2018년에 1.5%에서 2022년에 3.8%로 상승했다. 이를 통해 물가 상승률이 상승하면 평균 소비 성향이 감소하는 경향이 있음을 알 수 있다. 물가 상승으로 인해 노동자의 실질 임금이 감소하게 되고, 경기 불황이 계속되면서 소비 심리가 위축되는 것이다.

54.〈样板答卷〉

우리 사회는 장애인을 위한 편의 시설이 부족하여 장애인들이 일상생활에 많은 고통을 겪고 있다. 그들이 겪는 불편함은 생각보다 매우 크다. 비장애인에게는 일상적이고 문제가 되지 않는 많은 일들이 장애인들에게는 힘들고 어려운 일이기 때문이다. 예를 들어 횡단보도 건너기, 건물의 엘리베이터나 계단 이용하기, 교통 기관 이용하기, 화장실과 같은 시설의 이용 등 어느 하나도 쉽지 않다.

이 사회는 장애인과 비장애인이 함께 살아가는 공간이다. 비장애인이 사회의 편의 시설을 자유롭게 이용하듯이 장애인들도 그렇게 할 수 있도록 장애인 편의 시설이 충분히 갖춰져야 한다.

이를 위해 장애인에게 관심을 가지고 그들의 입장에서 가장 필요한 시설이 무엇인지를 충분히 조사해야 한다. 그리고 이러한 시설을 확충하기 위한 시행 계획을 세워야 한다. 만약 시설을 만드는 데 경제적 어려움이 있다면 장애인 시설을 짓기 위한 모금 운동 등을 통해서 비용을 마련할 수도 있을 것이다.

장애인들은 우리 주변 가까이에 있다. 그리고 누구나 장애인이 될 수 있다. 장애인들이 같은 사회의 일원으로 살아가는 데 불편함이 없도록 편의 시설을 충분히 갖춰 사회생활에서 겪을 어려움을 줄일 수 있도록 노력해야 할 것이다.

 解答

듣기 听力

[1~3] 请听录音，并选择最合适的图片或图表。

1.
여자 여행 계획은 다 세웠어요?
남자 아직 세우고 있는 중이에요. 영신 씨는 영국에 가 봤죠? 맛있는 식당 좀 추천해 주세요.
여자 그럼 이 책을 볼래요? 제가 빌려드릴게요.

女 旅行计划都做好了吗?
男 还没，正在做。永新去过英国吧? 推荐几处好吃的餐厅吧。
女 那你要不要看看这本书? 我借给你。

男性为了做旅行计划问女性有什么好吃的餐厅。女性打算借书给男性。所以答案为④。

2.
남자 손님, 이곳 동물들에게는 음식을 주면 안 됩니다.
여자 죄송합니다. 몰랐어요. 너무 귀여워서요.
남자 동물들이 병에 걸릴 수도 있어요. 사람이 먹는 음식을 주면 안 됩니다.

男 顾客，这里不能给动物们投食。
女 对不起! 我不知道。太可爱了。
男 会导致动物们得病的。不能给它们吃人类的食物。

男性是动物园中工作的职员，正在制止女性给动物投递食物。所以答案为②。

3.
남자 지난해 가구당 월평균 통신비를 조사한 결과 2년 연속 평균 전화 요금이 높아진 것으로 나타났습니다. 월 평균 통신비가 증가한 요인에 대해 전문가들은 데이터 사용량의 증가와 함께 새로운 요금제의 도입 때문으로 예측하고 있습니다.

男 去年对每户家庭的月平均通信费进行调查的结果显示，平均电话费连续两年上涨。对于月平均通信费增加的原因，专家预测是随着数据使用量的增加，以及引入新的资费制度所致。

对每个家庭的月平均通信费进行调查的结果显示，平均电话费连续两年上涨，因此从2020年到2022年月平均通信费持续增加的图表①将成为答案。

[4~8] 请听录音，并选择可接续的最合适话语。

4.
여자 이 식탁, 아직 버리기는 아까운 것 같은데 어떡하죠?
남자 중고 시장에 팔까요? 요즘 많은 사람들이 중고 시장을 이용한다고 들었어요.
여자 ______

女 这个餐桌，扔了还很可惜，怎么办?
男 卖给二手市场? 听说最近很多人都利用二手市场。
女 ______

女性因为扔餐桌的问题很苦恼，男性向女性提供了二手市场的信息，所以最恰当的答案为④。

5.
남자 2인용 자전거를 빌리고 싶은데요.
여자 공원 이용 규칙이 바뀌면서 자전거 대여 서비스는 없어졌어요. 대신에 공원 열차를 이용해 보세요.
남자 ______

男 我想借一辆双人自行车。
女 公园使用规则变了，没有租借自行车服务了。不过，利用公园火车吧。
男 ______

男性想在公园借自行车，得知租车服务取消了，所以接下来最恰当的答案为④。

6.
여자 우리 MT 장소가 좀 좁을 것 같아서 다시 정해야겠어.
남자 왜? 이미 예약했다고 했잖아. 교통도 편리하던데.
여자 ______

女 我们MT的场所好像有点小，得重新订。
男 为什么? 不是已经预订了吗? 交通也很方便。
女 ______

女性已经预订了MT场所，但想重订。通过女性讲好像有点小的内容来看，参加MT的人数多的回答应该最恰当。所以答案为③。

7.
여자 이 드라마는 재미있지만 아이들이 보기에는 너무 폭력적인 것 같아요.
남자 하지만 요즘에 이 드라마를 안 보면 대화를 할 수가 없어요.
여자 ______

女 这个电视剧有意思，可是孩子们看好像有些太暴力了。
男 但是最近不看这个电视剧的话，没法儿对话。
女 ______

女性看了电视剧后，觉得太暴力了。女性担心这种暴力性内容会对孩子们有影响。所以最恰当的答案是④。

8.
남자 요즘엔 밥값보다 커피값이 더 비싼 것 같아요.
여자 맞아요. 건강을 위해서라도 커피 대신 차를 마시는 것이 좋을 것 같아요.
남자 ______

男 最近咖啡价格好像比饭费还贵。
女 就是。即使是为了健康，也是用喝茶代替喝咖啡的好。
男 ______

男性就昂贵的咖啡价发言，女性表示赞同，并提议喝茶比较好。所以答案为④。

[9~12] 请听录音，并选择最适合女性接下来会做的行动的选项。

9.
남자 열이 많으시네요. 주사를 맞는 게 좋겠어요.
여자 네. 그런데 혹시 약을 일주일 치 처방해 주시면 안 되나요?
남자 일단 약을 3일 동안 먹어 보고 결정하죠. 3일 뒤 다시 오세요. 이제 주사실로 가세요.
여자 네. 알겠습니다.

男 烧得很高呀！最好打针。
女 好，但是药不能给开一个星期的吗？
男 先吃3天的药看看再决定。3天以后再来吧。现在去注射室吧。
女 好，知道了。

通过这两人的对话可知，女性是患者，男性是医生。女性希望男性多开些药，但是男性劝说先吃3天看，让女性去注射室。所以答案为①。

10.
여자 김 대리, 호텔 예약했어요?
남자 네. 그런데 이번에 출장이 이틀 정도 더 길어질 것 같습니다.
여자 그럼 호텔에 연락해서 날짜를 더 연장해 보세요. 저는 출장 일정표를 찾아 보고 수정할게요.
남자 네. 제가 부장님께도 말씀드리겠습니다.

女 金代理，宾馆预订了吗？
男 是的。但是这次出差好像得延长两天。
女 那跟宾馆联系把日期再延长一下。我找出差日程表修改一下。
男 好。我还要报告给部长。

女性让男性和宾馆联系延长日期，自己要找出出差日程表进行修改。所以答案为①。

11.
여자 이곳에 주차하기 힘들 것 같아.
남자 그래? 옆 차가 잘못 주차해서 그런 것 같은데. 저쪽에 다시 주차하자.
여자 저기는 장애인 전용 주차라서 안 돼. 다른 곳에 주차할 수 있는지 찾아 볼게.
남자 알았어. 그동안 나는 옆 차 주인에게 전화해 볼게.

女 这地方停车有点难。
男 是吗？旁边的车停得不好才那样的。还是去那边停吧。
女 那边是残疾人车位，不行。看看有没有其它地方能停车。
男 知道了。这段时间我给旁边这辆车的主人打个电话。

男性所指的地方是残疾人车位，不能停车，女性要找其它地方，所以答案为②。

12.
여자 이번 축제 때 사용할 옷은 도착했어?
남자 응. 아까 전공 사무실에 도착했다고 전화 왔어.
여자 오전에 가 봤는데 없더라고. 지금 전공 사무실에 가면 바로 가져올 수 있어?
남자 응. 가면 조교님이 주실 거야.

女 这次庆典需要的衣服到了吗？
男 嗯。刚才系办公室来电话说到了。
女 上午去看了，还没有呢。现在去系办公室能直接拿来吗？
男 嗯，去的话，助教会给的。

庆典时使用的衣服到系办公室了。通过内容可知，现在去可从助教那里拿到衣服，所以答案为②。

[13~16] 请听录音，并选择与听到的内容相同的选项。

13.
여자 이번에 '블랙핑크'의 새로 나온 노래 들어 봤어?
남자 그럼. 요즘 가게마다 이 노래가 안 나오는 곳이 없어.
여자 오늘 당장 앨범을 사러 가야겠어. 너는 샀어?
남자 응 그럼. 그건 그렇고 오늘 강남에 있는 서점에서 블랙핑크의 사인회를 한대.

女 这次“BLACKPINK”新出的歌听了吗？
男 当然，最近所有商店没有不放那首歌的。
女 我今天当场就要去买。你买了吗？
男 嗯，当然。不说那个，听说今天在江南的书店有BLACKPINK的签名会。

男性最后说今天BLACKPINK在江南的书店有签名会，可由此推测答案为③。

14.
여자 고객 여러분께 알려 드립니다. 오늘 마트 1층에서 오만 원 이상 상품을 구매하신 영수증을 보여 주시면 사은품을 드리고 있습니다. 더불어 오늘 고객 카드를 만드시면 다음 쇼핑 때 사용할 수 있는 할인 쿠폰을 받으실 수 있습니다. 행복마트에서 즐거운 쇼핑 되십시오.

女 顾客们请注意！今天在超市1层如果出示购买5万韩元以上商品的收据，将送您赠品。不仅如此，今天申请顾客卡的话，可得到下次购物时能够使用的优惠券。祝您在幸福超市快乐购物！

广播说提供购买5万韩元以上商品的收据，就发给赠品。所以答案为①。

15.
남자 청주시에서는 50세 이하 시민들로 구성된 시민 안전 근무조를 만들 예정입니다. 안전 근무조에 지원한 시민들은 소방관에게 안전 교육을 받은 후 휴가철에 물놀이 위험 구역을 담당하게 됩니다. 또한 물놀이 사고 예방을 위해 초등학생을 대상으로 청주시가 선발한 전문가들이 물놀이 안전 교육을 실시할 예정입니다.

男 清州市将组织有50岁以下市民组成的市民安全

勤务组。加入安全勤务组的市民要在接受了消防员的安全教育之后，在假期将负责戏水危险的区域。并且为了预防戏水事故的发生，清州市准备选拔专业人士以小学生为对象实施戏水安全教育。

内容说由50岁以下市民构成的市民安全勤务组在接受了消防员安全教育之后，在假期负责戏水危险的区域，所以答案为①。

16.

여자 시장님, 종로 전통거리의 새로운 발전 방향에 대해서 설명을 부탁드립니다.

남자 종로 전통 거리는 전통이 잘 지켜져서 시장이 활성화된 반면에 시민들이 즐길 거리가 좀 부족했었지요. 그래서 이번에 거리 예술단을 만들려고 합니다. 거리 예술단의 공연 활동을 지원해 주어서 예술가들에게는 재능을 펼칠 기회를 주고 일반 시민들에게는 다양한 무료 공연을 즐길 수 있도록 할 예정입니다.

女 市长，请您对钟路传统街道新的发展方向做个说明。

男 钟路传统街道很好地保存了传统，活跃了市场，但从反面来看，让市民们享乐的街道有些不足。因此，这次打算组织一个街道艺术团。我们准备支援街道艺术团的演出活动，给艺术家们展示才能的机会，让普通市民免费欣赏多样化的演出。

男性说钟路传统街道里没有可供享乐的街道，因此要组织街道艺术团。所以答案为④。

[17~20] 请听录音，并选择最适合男性中心想法的选项。

17.

남자 수미 씨, 또 커피를 마셔요?

여자 네, 요즘 너무 피곤해서 커피를 안 마시면 일에 집중할 수가 없어요.

남자 그래도 앞으로는 커피 대신 건강 음료를 마시도록 해요. 커피는 가격도 비싼 데다가 많이 마시면 건강에도 안 좋잖아요.

男 秀美，又喝咖啡?

女 是啊，太累了，不喝咖啡的话，工作集中不起来。

男 那也是，以后别喝咖啡，喝些健康饮料吧。咖啡不仅价格贵，喝了对健康也不好。

男性认为咖啡对健康不好，劝女性别喝咖啡，喝其它健康饮料。所以答案为④。

18.

남자 요즘에는 사람들이 명절에 해외로 여행을 간다면서요?

여자 네, 명절에 가족들과 함께 여행을 가니까 더 의미가 있는 것 같아요.

남자 그런데 한편으로는 전통적인 명절이 사라지는 것 같아 좀 아쉽네요. 몇 년 후에는 명절 분위기가 완전히 달라질 것 같아요.

男 都说最近人们过节都去海外旅行?

女 是的。过节和家人一起旅行好像更有意义。

男 但从另一面讲，传统节日可能会消失，有些遗憾。几年后节日气氛好像完全会改变。

男性说节日去海外旅行会导致传统节日的消失，觉得有些遗憾。所以答案为④。

19.

남자 요즘 연예인들은 충분히 예쁜데도 계속 성형 수술을 하는 것 같아.

여자 연예인이라는 직업의 특성상 계속 관리를 하고 예뻐져야 하니까 그렇지.

남자 연예인이라고 해서 무조건 예뻐야 할 필요는 없는 것 같아. 오히려 개성이 더 중요하다고 생각해. 연예인들 때문에 보통 사람들도 위험한 성형 수술을 많이 하잖아.

여자 그렇지만 성형 수술이 꼭 나쁜 것만은 아니야.

男 最近艺人们已经很漂亮了却好像还不停地做美容手术似的。

女 艺人嘛，职业特性上就要求不断管理、要更漂亮。

男 我觉得艺人也没有必要一定要漂亮，有个性反而更重要。就因为艺人，现在普通人也去做很多危险的美容手术。

女 可是美容手术不一定坏。

男性认为和艺人的外貌比，个性更重要，并讲了美容手术的负面影响。所以答案为②。

20.

여자 사장님께서는 최근에 젊은 나이에 성공한 사업가로 주목을 받고 있는데요. 청년들에게 한마디 부탁드립니다.

남자 많은 사람들이 실패할 거라는 두려움 때문에 도전을 포기하는 것 같아요. 저는 스무 살 때 처음 사업을 시작했는데 그때는 실패에 대한 두려움이 없었어요. 도전이 없다면 발전도 없습니다. 나이가 적을수록 많은 경험이 필요한데 실패도 좋은 경험이 될 수 있습니다. 청년 여러분, 두려워하는 마음을 버리고 도전하십시오.

女 最近社长您作为年轻的成功事业家正在受人瞩目。请您给年轻人讲一句话。

男 很多人因为害怕失败就会放弃挑战。我20岁时开始创业，那时侯没有害怕过失败。没有挑战就没有发展。年纪越小越需要经验，失败也能成为很好的经验。青年朋友们，丢开恐惧的心，去挑战吧。

没有挑战就没有发展，通过男性的这句话，我们知道他认为不惧怕失败很重要。所以答案为②。

[21~22] 请听录音，并回答问题。

여자 '간헐적 단식'이라고 들어 봤어? 정해진 시간에만 음식을 먹고 나머지는 공복을 유지한대.

남자 나도 텔레비전에서 본 적 있어. 그런데 주변에 하는 사람도 없고 건강에 도움이 되는지도 모르겠어.

여자 미국 연구팀이 연구해 보니 체중도 감소하고 혈압도 낮아졌다고 하던데.

남자 사람에 따라 부작용도 있을 것 같아. 텔레비전에서 이렇게 검증되지 않은 방법을 그냥 내보내면 안 되는 거 아닌가? 무작정 따라 하는 사람들이 많아지면 문제가 될 텐데.

女 你听说过“间歇性断食”吗？只在规定的时间内吃东西，剩下的时间保持空腹。

男 我也在电视上看过，但是周围没有人做，也不知道对健康有没有帮助。

女 美国研究小组研究后发现，体重减轻，血压也下降了。

男 我觉得依据个人不同，有人会有副作用。电视里是不是不能把这种未经检验的方法直接播放出去？盲目地跟着做的人多了的话，就会成为问题。

21. 男性认为电视台播放没有验证的方法会有危险。所以答案为②。

22. 通过女性的话可以知道，有研究认为间歇性断食导致体重减少，血压也降低，因此④是答案。

[23~24] **请听录音，并回答问题。**

여자 뭘 좀 여쭤보려고요. 제가 비밀번호를 세 번 틀렸는데 이제 로그인을 할 수 없대요. 어떻게 해야 해요?

남자 비밀번호를 잘못 누르신 건가요? 비밀번호가 기억나신다면 로그인할 수 있도록 제한을 풀어 드릴게요. 홈페이지를 다시 열어서 로그인해 보세요.

여자 아무래도 비밀번호를 잊어버린 것 같아요. 기억이 잘 안 나네요.

남자 그러면 비밀번호 찾기를 누르세요. 그다음 지금 제가 문자로 보내 드리는 인증 번호를 입력하시고 비밀번호를 변경해야 해요.

女 我想问点事。我的密码错了三次，现在无法登录了，怎么办呀？

男 是输错了密码吗？如果能记住密码的话，我帮你解开限制让你登录。重新打开网页登录一下吧。

女 好像是忘记密码了。想不起来了。

男 你按找回密码键。然后输入我现在给你发的验证码修改一下密码。

23. 女性忘记了密码，请求男性帮助，男性正在告诉她找回密码的方法。所以答案为②。

24. 男性为了帮女性找回密码，准备发验证码。所以答案为③。

[25~26] **请听录音，并回答问题。**

여자 이번 방학 때 부산에서 출발하여 서울까지 걸어가는 국토 대장정에 참가한다고 들었는데요. 이렇게 힘든 도전을 하려는 이유가 무엇입니까?

남자 대학교에 와서 처음 맞이하는 방학인데 긴 시간을 의미 있게 보내고 싶었어요. 그러다가 인터넷에서 국토 대장정을 알게 되었는데 대학생 때가 아니면 두 번 다시 도전할 기회가 없을 것 같았습니다. 대학생 때는 이렇게 조금은 무모한 도전을 해도 괜찮을 거라 생각을 했고 실패해도 좋으니 여러 가지 도전을 해야 된다고 생각했거든요. 또 전국 각지에서 모인 여러 사람들을 만나면서 다양한 친구들도 사귈 수 있고, 다양한 경험을 쌓을 수 있을 것 같아서 신청했습니다.

女 听说你这个假期参加从釜山走到首尔的国土大长征。你挑战这么辛苦的事的理由是什么呢？

男 这是我进入大学后迎来的第一个假期，这么长的时间我想过得更有意义些。正在此时从网上知道了国土大长征，我想如果不是大学时期，很可能没有第二次挑战的机会了。在大学时期还可以做这种轻率的挑战，失败了也没关系，我认为应该做多种多样的尝试。并且还可以见到来自全国各地的人，结交各类朋友，积累各类经验，所以就申请了。

25. 男性认为大学时代做这种轻率挑战还是可以的，参加国土大长征也是因为这样的考虑参加的。所以答案为②。

26. 男性认为通过国土大长征可以结识来自全国各地的朋友，所以答案为③。

[27~28] **请听录音，并回答问题。**

남자 이번에 학교에서 '걸어서 등교하기 운동'을 하던데 우리도 이번에 같이 동참해 볼까?

여자 '걸어서 등교하기 운동'? 그게 뭔데?

남자 한 달 동안 등교를 할 때 대중교통을 이용하지 않고, 모은 교통비를 가난한 사람들에게 기부하는 운동이야.

여자 그래도 아침부터 걸어서 등교를 하면 너무 힘들지 않을까?

남자 힘은 좀 들겠지만 건강을 위해서 운동한다고 생각하면 될 것 같아. 우리 학교가 집에서 먼 거리는 아니지만 걸어 다니기에는 좀 힘드니까 자전거를 타면 괜찮겠다.

男 步行上学运动？那是什么？

女 这次学校号召“步行上学运动”，这回我们也响应吧，好吗？

男 那也是，一大早就走路上学，会不会太累？

女 一个月期间上学时不坐公共交通，将积攒的交通费全部捐献给救助有困难的人的运动。

男 是会有些累。不过把它当成是为了健康而运动就可以了。我们学校虽然不算远，步行还是有些累，所以骑车还不错。

27. 男性向女性解释“步行上学运动”，并劝说女性一同参加。所以答案为①。

28. 内容说通过“步行上学运动”要将一个月期间积攒下来的交通费捐助给有困难的人。所以答案为②。

[29~30] **请听录音，并回答问题。**

여자 전 세계적으로 청년 실업 문제가 심각해지고 있는데요. 선생님, 청년 실업 문제의 원인과 대처 방안에는 무엇이 있을까요?

남자 해마다 늘어가는 청년 실업의 가장 큰 이유로 기업은 청년의 눈높이를, 청년층은 기업의 노력 부족을 가장 먼저 꼽으면서 의견차를 보였습니다. 기업과 정부에서는 청년들이 눈높이를 낮추면 청년 실업 문제가 해결될 거라고 하는데요. 제 생각에는 대학 기관과 기업의 연계를 통해 구직자가 실무적인 업무 능력을 키울 수 있고 이를 통해 취업도 할 수 있는 프로그램을 개발해야 한다고 봅니다. 요즘 취업 센터로 찾아오는 많은 대학생들과 이야기해 보면 자신의 전공과 원하는 업무와의 연관성을 못 찾는 경우가 많거든요.

女 现在全球性的青年人失业问题愈加严重。老师，什么是青年人失业问题的原因、有什么解决对策吗?

男 企业认为是年青人的眼高，年青人认为企业的努力不足，这两个有相互差异的原因被首推是造成青年人失业年年增加的最大原因。企业和政府认为年青人要把眼光放低就可以解决年青人失业问题。我认为应该通过大学机构和企业联合培养求职者实际业务能力，开发能通过这些得以就业的项目。最近和许多来就业中心的大学生们谈了谈，发现很多专业和想做的业务没有关联性。

29. 男性说话，并举了来就业中心的大学生为例，所以答案为④。

30. 男性说专业和想做的业务没有关联性的情况很多。所以答案为②。

[31~32] 请听录音，并回答问题。

여자 버림받는 동물이 많아지면서 인간도 피해를 입는 등 문제가 심각한 상황입니다. 그래서 저는 유기견 안락사에 동의하는 바입니다.

남자 유기견이 많아지는 이유는 바로 인간의 편의주의와 이기심 때문입니다. 인간의 편의를 위해 생명체를 죽이는 것은 매우 이기적인 생각입니다.

여자 하지만 유기견 보호소의 수가 매우 부족한 상태입니다. 정부와 지자체가 동물 유기 근절에 힘을 쓰지 않는다면 안락사는 불가피한 일입니다.

남자 동물들이 유기되는 것은 사람의 책임이 가장 큰데도 유기견들이 희생을 하는 것은 말이 안 됩니다. 유기견들도 생명체로 존중해서 안락사 외에 다른 방안을 찾아봐야 할 것입니다.

女 随着被遗弃动物的增加，人类受到株连的问题也愈加严重。因此我赞同对流浪犬实行安乐死。

男 流浪犬增多的原因就是因为人类的便利主义和自私心理。我认为为了人类方便而扼杀生命是非常自私的想法。

女 但是流浪犬保护所的数量严重不足。政府和地方自治团体如果不出力杜绝遗弃动物的话，实行安乐死是不可避免的事。

男 动物流浪主要责任在人，让流浪犬们做牺牲，这太不像话了。流浪犬也应该作为生命来尊重，应该找出安乐死之外的其它方法来。

31. 男性认为动物被遗弃是因为人类的便利主义和自私心理，并反对对流浪犬实行安乐死。所以答案为④。

32. 男性认为对流浪犬实施安乐死是因为人类的便利主义和自私心理，责任在人，所以答案为③。

[33~34] 请听录音，并回答问题。

여자 1774년에 출간된 소설 '젊은 베르테르의 슬픔'은 남자 주인공인 베르테르가 권총으로 삶을 마감한다는 결론으로 끝나는데요. 당시 이 책이 큰 인기를 끌면서 많은 젊은 사람들이 베르테르의 마음에 공감하며 자살하는 일이 벌어졌습니다. 현대에도 이와 비슷하게 유명인의 자살 소식이 알려지면 일반인들의 자살률이 높아지는 현상을 보고 '베르테르 효과'라고 부르게 되었습니다. 자살이 마치 바이러스처럼 전염되는 현상입니다. 모방 자살이라고도 하는 이 '베르테르 효과'는 유명인의 자살이 일반인에게 미치는 영향력이 얼마나 큰지를 보여 주는 사례입니다.

女 1774年出版的小说“少年维特的烦恼”以男主人公用手枪结束生命为尾声。当时这本书引起了很大轰动，很多年青人与维特的想法产生同感，自杀事件屡屡发生。现代也类似，当有名人自杀的消息传播出来，就会出现普通人自杀率上升的现象，我们称之为“维特效果”。自杀就如同是病毒，是能够传染的现象。模仿自杀的这种“维特效果”就是名人自杀给普通人带来极大影响的事例。

33. 内容对维特效果做了说明，并且说到名人自杀于普通人自杀的关联性。所以答案为④。

34. 内容提到，随着书受人瞩目，很多人与维特产生心灵共鸣而自杀。所以答案为③。

[35~36] 请听录音，并回答问题。

남자 오늘 이렇게 우리 박물관의 고서적 전시실 개관을 알리게 되어 기쁩니다. 이 전시실은 조선 시대 의학 발전에 대해 교육할 목적으로 마련되었습니다. 조선은 한국 역사상 가장 많은 의학 서적을 남긴 나라였습니다. 또한 조선뿐만 아니라 주변 나라의 의학을 정리해 백과사전 형식으로 편찬하였으며, 그 자료를 보존하기 위해 큰 노력을 기울였습니다. 새로 문을 연 고서적 전시실은 조선 시대 의학 서적의 편찬 절차, 보존법에 대한 자료와 허준의 동의보감 같은 대표적인 의학 서적들을 전시하고 있습니다. 이 공간이 시민들과 청소년들을 위한 의학 교육의 장으로 널리 이용되기를 기대합니다.

男 很高兴今天能以这种方式宣传我们博物馆古书籍展室的开馆消息。这个展室是为的是进行对朝鲜时代医学发展方面的教育而准备的。朝鲜是韩国历史上留下最多医学书籍的国家。而且，不仅是朝鲜，还将周边国家的医学整理编纂成了百科全书的形式，为保存那些资料付出了极大的努力。新开放的古书籍展室中展示的有朝鲜时代医学书籍的编纂程序、保存方法的相关资料和像许俊的东医宝鉴那样具有代表性的医学书籍。我们期待它能成为向市民和青少年进行医学教育的场所而被广泛使用。

35. 男性一边宣布古书籍展室开放，一边表明其目的是为了进行朝鲜时代医学发展方面的教育。所以答案为④。

36. 内容中提：到新开张的古书籍展室可以了解朝鲜时代医学书籍的编纂程序。所以答案为④。

[37~38] **请听录音，并回答问题。**

여자 평생을 교사로, 어린이 문화 운동가로 활동하신 선생님의 시집이 요즘 화제를 모으고 있는데요. 아직 읽어 보지 않은 분들을 위해 소개 좀 해 주시겠습니까?

남자 이 시집은 아이들이 자신의 마음을 건강하게 표현할 수 있는 계기가 되었으면 하는 마음으로 쓴 책입니다. 요즘 시를 읽는 분들이 많지 않은데 시는 짧은 글로 사람들의 마음을 움직이는 힘이 있다고 생각합니다. 이 시집에는 제가 10년 동안 학생들과 상담을 마친 후, 아이들 한 명 한 명에게 주었던 시들이 수록돼 있습니다. 책 이름을 '시를 피우다'라고 한 까닭은 제자들이 앞으로 어떤 일을 하더라도 자신의 꿈을 당당하게 꽃피우기를 바라는 마음으로 썼기 때문입니다. 아울러 자신이 어떤 삶을 살아야 할지 몰라 방황하는 제자들과 함께 지었던 시와 제 삶에 좋은 영향을 주신 분들께 드리는 헌시도 실려 있습니다.

女 一生以教师和儿童文化运动家活动的老师的诗集最近成了集中的话题，您能给那些还没有读过的人介绍一下吗？

男 这本诗集是出自于希望它能成为让孩子们健康地表达自己心声契机的心愿而写的。近来读诗的人不多了，但我觉得诗虽然简洁，却有着动人心弦的力量。这本诗集收集了我在10期间与学生们交谈后分别写给他们的所有诗。之所以给书命名为“让诗歌绽放”是衷心希望学生们不论将来从事什么工作，都应该让自己的梦想堂堂地开出花朵。同时还收录了和那些不知道该怎样生活还在彷徨的弟子们一起写的诗以及写给那些曾对我人生产生良好影响的人的献诗。

37. 男性认为诗尽管简短，却有着动人心弦的力量。所以答案为②。

38. 男性给这本书取名为“让诗歌绽放”，寄托了他对学生们未来工作成功的希望。因此，答案应该为④。

[39~40] **请听录音，并回答问题。**

남자 한국과 북한의 경제적인 불균형이 크다는 건 물론 큰 문제입니다. 하지만 더 심각한 이유로 볼 수 있는 것은 통일에 대한 한국과 북한 젊은이들의 인식의 차이입니다. 한국의 젊은이들은 '통일이 반드시 필요한가?'라는 질문에 대해서 '그렇다'와 '그렇지 않다'라고 반반의 비율로 응답한 반면, 북한을 탈출하여 한국에 정착한 젊은이들은 '반드시 필요하다'고 응답하였습니다. 또한 북한에서 온 젊은이들은 '정부 차원에서는 교류가 없어도 민간 차원에서는 꾸준히 교류가 필요하다'고 대답한 반면, 한국의 젊은이들은 '북한과의 교류는 정부와 민간이 함께 해 나가야 한다'고 대답하였습니다. 따라서 통일을 위한 전제 조건은 이러한 인식의 차이를 극복하는 것이라고 할 수 있습니다.

여자 한국과 북한 젊은이들의 인식이 이렇게까지 차이 난다는 사실이 저는 좀 충격인데요. 그렇다면 교수님, 이런 인식 차이를 줄이기 위한 방안으로는 어떤 것이 있을까요?

男 当然经济上严重不均衡的事实是个大问题。实际上还有一个更重要的原因就是在统一的问题上，韩国和北韩年轻人的意识上的差异。对于统一是否有必要的问题，韩国的年青人的回答是“需要”和“不需要”的比率各占一半，而那些逃离北韩在韩国定居的年青人的回答是：必须的。北韩的年青人回答说即使没有政府范围内的交流，也需要于民间不间断的交流。相反，韩国年轻人则认为，与北韩间的交流必须由政府和民间共同进行。因此实现统一的先决条件就是克服这种认识上的差异。

女 韩国和北韩年轻人的认识有这么大的差异，这让我有点震惊。那么教授，为了减少这种认识差异，有什么方案呢？

39. 女性向教授提问，如何减少韩国和北韩之间的认识差异，因此答案是②。

40. 男性认为统一的前提条件是要克服意识间的差异。所以答案为③。

[41~42] **请听录音，并回答问题。**

남자 여러분, 아빠의 스킨십이 자녀를 바꾼다는 말을 들어 본 적 있습니까? 유교 사상의 영향으로 한국인들은 엄마의 이미지를 떠올릴 때 너그럽고 편한 이미지를 떠올리는 반면, 아빠는 어렵고 무서운 이미지를 떠올리는 편입니다. 하지만 자녀에게는 엄마의 사랑만큼 아빠의 사랑도 중요하다는 연구 결과가 발표됐는데요. 영국의 한 대학교에서 같은 해에 태어난 아이 7천 명을 대상으로 33살까지 성장 과정을 관찰한 결과, 자녀의 발달과 교육에 적극적으로 관심을 보이는 아빠의 자녀가 그렇지 않은 아빠를 둔 자녀보다 성공적인 사회생활과 결혼 생활을 한다는 결과가 있었습니다. 또 미국의 심리학 연구팀에서 100쌍의 부모를 대상으로 조사를 한 결과, 1세부터 6세 때까지 아빠가 자주 목욕시킨 아이들의 3%만이 10대가 돼서 친구를 사귀는 데 문제를 겪은 반면, 아빠와 목욕을 한 적이 없는 아이들의 30%가 친구를 사귀는 데 어려움을 겪었다고 합니다. 이 두 연구 결과는 모두 아빠의 스킨십이 자녀에게 긍정적 영향을 준 사례들입니다. 이런 사례들에 비춰봤을 때 매일 아침에 안아 주기 등, 쉽게 실천할 수 있는 것부터 시작해서 가부장적인 아빠들이 달라져야 한다고 생각합니다.

男 各位，听说过父亲的肢体接触可以改变孩子的话吗？由此可知爸爸的肢体接触有多重要。受儒教思想的影响，韩国人一想到妈妈，基本上就会浮现出宽厚安详的形象，相反，爸爸的却是难以沟通、可怕的形象。有调查结果表明：对子女来说，父爱和母爱一样重要。英国的一所大学以同一年出生的7千名孩子为对象进行了长达33年的成长过程观测，结果发现有积极关怀子女发育和教育的父亲的子女比没有能那样做的子女在社会生活和婚姻生活上更加成功。另外美国的心理学研究小组对100对父母为对象进行调查的结果发现，从1岁到6岁，经常由爸爸洗澡的孩子中，只有3%的孩子在10几岁时会遇到了交友的困难，相反，没有和爸爸洗过澡的孩子中有30%在交友时遇到了困难。这两个研究结果都是说明父亲的肢体接触对子女能产生积极影响的事例。对照这些事例，家长式的爸爸们应该有所改变了，就从每天清晨的拥抱这样容易做到的事情开始吧！

41. 男性陈述了对父亲的肢体接触给予肯定的调查结果，并希望家长式的父亲们要从容易做到的事情开始做起，改变自己。所以答案为③。

42. 有研究结果说明，对子女来讲，父爱也和母爱一样重要。所以答案为②。

[43~44] 请听录音，并回答问题。

여자 집이 인간의 전유물일까요? 그렇지 않습니다. 동물도 집을 지을 수 있습니다. 동물들은 우리의 생각보다 훨씬 오래전부터 집을 지어 왔습니다. 또 동물들은 인간들보다 훨씬 다양한 재료들을 이용하여 집을 짓습니다. 전문가다운 실내 장식 솜씨를 뽐내는 동물이 있는가 하면 남이 애써 만든 집을 차지하는 뻔뻔한 동물도 있습니다. 이처럼 동물들이 집을 짓는 이유는 거친 야생으로부터 자신을 보호하기 위해서입니다. 그래서 대부분의 동물들은 본능적으로 눈에 잘 띄지 않는 안전한 곳에 집을 짓습니다. 예를 들어, 북아메리카의 야심만만한 건축가인 비버는 단단한 나무로 튼튼한 성을 만드는데 이 성은 물에 둘러싸여 있어 매우 안전합니다. 그리고 지푸라기와 진흙을 바른 두꺼운 벽 덕분에 아주 견고한 편입니다.

女 房子是人类的专利品吗？不是。动物也可以盖房子。而且是从远远超出我们想像的时候起，动物们就开始盖房子了。而且和人类比，动物们使用更多样的材料盖房子。如果说有具有专家级室内装饰能力的动物的话，也有专门把别人辛苦搭建的房子占为己有的无耻动物。像这样动物们盖房子的理由是为了在残酷的野生环境中保护自己。因此大部分动物都会本能地在不招眼的安全地带盖房子。例如，北美最有野心的建筑师海狸才用坚硬的木头建筑坚固的城池，这座城被水环绕非常安全。而且有用稻草和黄泥涂抹起来的厚实的墙壁，非常坚固。

43. 通过女性讲动物们都会本能地在不被天敌看到的安全地带盖房子，所以答案为②。

44. 女性说了动物盖房子的理由是为了在残酷的野生环境中保护自己。所以答案为④。

[45~46] 请听录音，并回答问题。

여자 여러분, 미래에는 자신이 원하는 유전자로 만든 아이를 가질 수 있을까요? 네. 가질 수 있다고 합니다. 미래에는 부모가 원한다면 우수한 유전자만을 조합해 키도 크고, 지능 지수도 높으며, 병에 걸릴 위험도 적은 아이만 태어나게 하여 '슈퍼 신인류'가 나타날 수도 있다고 합니다. 하지만 우수한 유전자를 조합하는 것은 위험한 일이 될 수 있습니다. 사람의 몸은 각 부분이 알맞게 균형을 이루고 있고, 그 균형에 맞춰서 에너지도 분배됩니다. 그런데 평범한 사람보다 뇌의 기능을 더 높이거나, 근육이 더 발달하도록 조작한다면 다른 부분에서는 기형이 나타날 가능성을 무시할 수 없습니다. 또한 유전 형질이 뛰어난 사람들만 사는 세상이 온다면 경쟁은 더 치열해지고, 사람들 사이에서 유대감도 약해질 수 있겠지요. 완벽한 것이 반드시 최선이라고는 할 수 없습니다. 생명 공학이 발전하면서 유전자를 이용한 다양한 치료법과 연구가 진행되고 있지만, 발전된 기술로 인해 나타날 사회적인 영향도 우리가 대비해야 할 중요한 문제라고 생각합니다.

女 各位，未来有可能拥有使用我们希望的遗传基因培养出的孩子吗？是的。是可以拥有的。未来只要父母希望，可以对优秀的遗传基因进行组合，生出个子高、智商高、没有患病危险的孩子，有可能出现"超级新人类"。但是对优秀遗传基因的组合可能会是件危险的事。人体的各部分都是均衡构成的，能量也是按照这种均衡分配的。但是如果想制造出比平凡人的大脑的机能更强、或肌肉更发达的人的话，就不可忽视其它部位出现畸形的可能性。另外如果这世上只有那些具有超强遗传体质的人生活的话，竞争就会更激烈、人和人之间的纽带关系也会越加减弱。完美的东西并不一定意味着幸福。随着生命科学的发展，尽管开展了多种利用遗传基因进行治疗的方法上的研究，但我认为由于不断发展的技术问题造成的社会影响也是我们必须防备的必要问题。

45. 内容中提到如果这世上只有那些具有超强遗传体质的人生活，竞争就会更激烈。所以答案为④。

46. 女性一边设想着随着遗传基因的制造呈现的未来景象，一边陈述了负面观点。所以答案为③。

[47~48] 请听录音，并回答问题。

여자 최근 한 언론에서 녹색 채소를 많이 먹으면 다이어트에도 도움이 되고 건강에도 도움이 된다고 했는데요. 박사님께서는 이에 대해 어떻게 생각하시는지요?

남자 그건 잘 모르고 하시는 말씀입니다. 여러분도 자주 들어서 알고 있듯이 녹색 채소에는 동물성 식품 재료보다 식이성 섬유가 풍부하여 변비 예방에 좋으며 콜레스테롤 수치를 낮게 하는 효과가 있습니다. 하지만 몸에 좋다고 많이 먹으면 오히려 해가 될 수도 있습니다. 녹색 채소를 많이 먹으면 비타민 A 섭취는 늘어나지만 간에 안 좋을 수도 있습니다. 따라서 무조건 많이 먹을 것이 아니라 몸에 맞게 적절히 먹는 것이 중요합니다. 다이어트를 위해 식사 대용으로 녹색 채소를 주스로 만들어서 마시는 사람도 있는데요. 이 경우 하루 적당량을 여섯 번에서 일곱 번으로 나눠서 먹는 것이 좋습니다. 하지만 채소를 분쇄할 때 영양소와 섬유소가 파괴될 수 있습니다. 그러므로 섬유소가 거의 제거된 맑은 액체 상태로 주스를 마시는 것은 몸에 이로운 섬유소가 낭비되는 것임을 주의해야 합니다.

女 最近一家报社说多吃绿色蔬菜不仅有助于减肥，还有助于健康。博士，对此您有什么见解？

男 这都是外行人说的话。正如大家也常听说的一样，绿色蔬菜和动物性食材比，含有更丰富的植物纤维，具有预防便秘和降低胆固醇指数的效果。但是就因为对身体好就过量食用的话，反而会对身体有害。多吃绿色蔬菜虽然可以增加维生素A的摄取量，但可能会对肝不利。因此不能盲目多吃，重要的是要根据身体需求适当食用。听说还有些人为了减肥将绿色蔬菜做成菜汁喝来替代饮食。这种情况最好将一天的量分成6、7次食用。但是将蔬菜绞碎时有可能破坏其营养成份和纤维组织。因此要注意的是饮用了基本上不含纤维组织的纯液体蔬菜汁就会浪费掉对我们身体有益的纤维组织。

47. 男性谈到绿色蔬菜具有降低胆固醇的功能。所以答案为②。

48. 男性就报社发表的绿色蔬菜功能阐述了它的副作用，所以答案为②。

[49~50] 请听录音，并回答问题。

남자 요즘 지구촌 곳곳에 자원 부족 문제로 심각한 고통을 겪고 있는 나라들이 많습니다. 이제 곧 자원 부족 시대가 도래할 것이라는 예상이 전 세계적으로 많은 관심의 대상이 되고 있는데요. 이러한 관심은 신재생 에너지에 대한 관심으로 이어지고 있습니다. 신재생 에너지는 신에너지와 재생 에너지를 합쳐 부르는 말입니다. 신재생 에너지는 화석 에너지에 비해 경제적 효율성은 떨어지지만, 환경 친화적이면서 화석 에너지의 고갈 문제와 환경 오염 문제를 해결할 수 있습니다. 또한 앞으로 신재생 에너지는 불안정한 유가와 기후 변화 협약에서 규제한 내용 등에 대한 대응책으로 그 중요성이 점차 커지게 될 것입니다. 이에 한국은 공급 비중 면에서 폐기물이 가장 많고 태양광·풍력 등은 아직 적은 편이기 때문에 신재생 에너지를 만들기 위해 체계적이면서도 정책적인 지원을 아끼지 않아야 할 것입니다.

男 最近地球村各处有很多由于资源不足饱受痛苦的国家。预测一个资源匮乏的时代即将到来，这正在成为令全世界共同关心的对象。这种关心延伸到了对新再生能源的关心。新再生能源是新能源和再生能源的统称。新再生能源与化石能源比，尽管经济效率低，但是保护环境，能够解决化石能源枯竭和环境污染的问题。并且未来新再生资源可以作为限制不安定油价和气候变化合约的对策，发挥越来越重要的作用。对此，从韩国的供应比重来看，废弃物最多，太阳能、风力等还很低，为了制造更多的新再生能源，应该不遗余力地给予系统的政策支持。

49. 内容提到，新再生能源可以解决化石能源枯竭问题和环境污染问题。所以答案为①。

50. 男性谈了新再生能源的现状和对未来的预测，并提议出台政策。所以答案为③。

쓰기 书写

[51~52] 请阅读下文，分别写出符合㉠和㉡的一句话。

51. ㉠: 应该以下面“다음”的内容为中心，写出对它进行确认的内容。
㉡: 括号前说到山，括号后提到让准备暖和一些的衣服，因此一定是陈述其理由的内容。
→ 这是公司要进行郊游的公告。内容中有举办郊游的目的和郊游日程的简单介绍。通常在“다음”中有出发日期和时间、场所、费用等说明、还有一些注意事项。3分的答案适用于使用初级语法和词汇进行表达的情况。

52. ㉠: 前面介绍了和别人比，自己的优点，紧接着就是由“그러나”开始的句子，句子陈述的应该是与前面内容相反的概念，所以在写答案是应该考虑使用“-(으)면 -기 마련이다”的句型。
㉡: 要考虑本文的主题是什么。应该围绕自信心或用肯定态度评价自己的内容写。

53. 以下是关于“平均消费倾向与通货膨胀率关系”的资料。请将此内容写成200-300字的文章，但请勿书写文章的题目。

【概略】
序论：介绍平均消费倾向统计图表的内容
本论：介绍通货膨胀率统计图表的内容
结论：平均消费倾向与通货膨胀率之间的关系终结

54. 请参考以下内容，写一篇600-700字的文章，但请勿将问题原封不动地抄写下来。

【概略】
序论：整理问题提到的内容（残疾人服务设施现况）
本论：① 要建设残疾人服务设施的原因
② 为建设不足的设施的方法
结论：整理自己的意见

읽기 阅读

[1~2] 请选择最适合置入(　)的选项。

1. 看了他的行动，他(　　　)不能相信的人。

问题类型 选择适合句子的语尾(连接/生活文)
从他的行动上来看，是个不能相信的人。即：想信也不能相信的意思，所以答案为②。

> -(으)려야: 用“-(으)려야 -(으)ㄹ 수가 없다”的形式表示抱着某种意图要做某事，后面通常是与其意图相反的状况出现，使结果无法达成。
> 例 영호의 장점을 찾으려야 찾을 수가 없었다.
> 注意 “-(으)려야”是“-(으)려고 하려야”的缩略型，通常与副词“도저히”一起使用。
> 例 그는 도저히 믿으려야 믿을 수가 없는 사람이다.

- -아/어도: 表示假设或承认前面内容，但这对后句内容没有关系或不能造成影响的连接词尾。

例 영호는 몸이 아파도 학교에 결석하는 일이 없었다.

- –더라도: 表示假设或承认前面内容，但这对后句内容没有关系或不能造成影响的连接词尾。

  例 부모들은 아이들 물건을 살 때 조금 비싸더라도 좋은 것을 사려고 한다.

- –는 통에: 表示前面内容是导致后句不良结果出现的状态或原因。

  例 아이들이 시끄럽게 떠드는 통에 아기가 깼어요.

2. 从看护我的妈妈的手中(   )爱。

问题类型 选择适合句子的语尾(终结/短文)

内容为从看护我的妈妈的手中感受到了爱，所以答案为有被动意义的①。

> –아/어지다: (接在动词后) 表示使某种行为进行或某种动作的发生出现了某种状态。
>
> 例 반이 둘로 나누어졌다.
> 접시를 떨어뜨려서 접시가 깨어졌다.
>
> 注意 形容词后接"–아/어지다"表示"状态的变化"。

- –아/어 보다:

① 表示前句出现的行动是尝试性的动作。

例 오늘 광장에서 큰 행사가 있으니 구경 한번 와 보세요.

② 表示前句出现的行动以前曾经做过。

例 너는 유명한 사람한테 사인 받아 봤니?

- –는 듯하다: 表示对前句内容的推测。

  例 아직 이 일은 아무도 모르는 듯하다.

- –(으)ㄹ 정도이다: 指具有与其相当的程度或量。

  例 너무 많이 웃어서 배가 아플 정도예요.

[3~4] 请选择与下端划线的部分意义最相似的选项。

3. 为了进入韩国的大学来韩国的留学生们正在日益增多。

问题类型 选择适合句子的语尾(连接/短文)

内容是以上大学为目的来韩国的留学生在增加，所以答案为表示目的的④。

> –고자: 表示前句内容为后句行为的目的。
>
> 例 당신을 만나고자 여기까지 왔습니다.
> 나는 지금까지 좋은 선생님이 되고자 노력해 왔다.
>
> 注意 主要用于正式场合或文章，后句中不能使用命令型或共动型。"–고자"可与"–(으)려고"、"–기 위해서"交替使用。使用"–고자 하다"也可表示话者的意图或希望。
>
> 例 오늘은 환경 문제에 대해서 말씀드리고자 합니다.

- –고서:

① 强调前句的事和后句的事是按时间先后出现时的连接语尾。

例 기홍이는 점심을 먹고서 잠시 쉬고 있었다.

② 表示前句内容是后句内容的条件时使用的连接语尾。

例 직접 겪어 보지 않고서 그들의 심정을 이해할 수 없다.

③ 表示前后内容呈相反的事实时的连接语尾。

例 영호는 밤새 낚시를 하고서 한 마리도 잡지 못했다.

- –아/어 봤자: 表示前句行动即便实施了，也不会有什么作用的意思。

  例 공부도 안 하는데 도서관에 가 봤자 시간만 아깝죠.

- –자마자: 表示前句出现的事件或状况出现后马上出现后句的事件或状况时使用的连接语尾。

  例 나는 너무 피곤해서 소파에 앉자마자 잠이 들었다.

- –기 위해서: 用于表示做某事的目的或意图的时候。

  例 살을 빼기 위해서 운동을 시작했어요.

4. 凡事都是开始的时候难。

问题类型 选择适合句子的语尾(终结/短文)

凡事在开始的时候当然难的意思。所以答案为④。

> –는 법이다: 表示当然会出现那样的结果的意思。
>
> 例 기대가 클수록 실망도 큰 법이다.
> 다른 사람에게 한 만큼 받는 법이다.
>
> 注意 "–는 법이다"可以与"–는 게 당연하다"和"–기 마련이다"替换使用。

- –아/어도 되다: 用来表示同意或允许做某种行动。

  例 여기 앉아도 되나요?
  교실 청소 끝냈으면 집에 가도 돼.

- –기만 하다:

① (接于动词后) 表示不做其它事，只做一种行动的时候。

例 기홍이는 묻는 말에는 대답하지 않고 웃기만 한다.

② (接于形容词后) 表示与某对象相关联的其它状况无关，用来陈述保持着某种状态或强调那种状态。

例 나는 아직 할아버지가 무섭기만 하다.

- –는 모양이다: 用于通过看到的其它事实或状况推测现在会出现那种事或某种状态。

  例 빗소리가 들리는 걸 보니 밖에 비가 오는 모양이에요.

- –기 마련이다: 表示这种事的出现是必然要出现的。

  例 어떤 일도 시간이 지나면 잊히기 마련이다.

[5~8] 请选择下面是关于什么的文章。

5. 超高网速、真实通话音质、一握在手的尺寸

问题类型 掌握文章的题材/类型(广告文)

可以上网、可以通话、可以握在手里的大小，所以答案为③。

6. 与冬夜相呼应的电视剧主题歌
同时观赏话题场景的时间
邀请各位共享感动的时间

问题类型 掌握文章的题材/类型(广告文)

这篇介绍的核心词汇为"드라마 주제가"，提到可以电视剧主题歌可以剧情场景一同欣赏，所以答案为①。

7. 历史、环境等17个主题直接观看、聆听、感受!
教室授课失去兴趣的孩子们、表现出好奇心，又集中

问题类型 **掌握文章的题材/类型(广告文)**

从"历史、环境等17个主题直接观看、聆听、感受！对教室授课失去兴趣的孩子们、有好奇心，也集中"的内容上来看，答案为②。

8.

- 不跑也不走。
- 在黄色安全线以内乘车。
- 抓好扶手。

问题类型 **掌握文章的题材/类型(介绍文)**

这篇提示文的核心词汇为"노란색 안전선、손잡이"。说的是在搭乘滚梯时的注意事项，所以答案为②。

[9~12] 请选择与下文或图表内容相同的选项。

9.

陶瓷展览入场交换券

- 有效期：2024年 12月 31日
- 本券限在售票处交换入场券时使用。
- 被盗或遗失时，本公司概不负责。
- 不可兑换或退还现金。
- 每张限2人使用。
- 咨询电话：骊州陶瓷展览馆

问题类型 **选择与文章相同的一项(介绍文)**

有效期到2024年12月31日为止，所以答案为②。

① ~~用交换券可以直接入场~~。
　→ 要在售票处交换成入场券。

③ 4个人要去陶器庆典的话~~需要4张交换券~~。
　→ 1张可以2人入场，所以需要2张

④ ~~丢失的话，可以在展览会场重新领取~~。
　→ 被盗或丢失，展览会场不负责。

- 도난[盗难]：被盗。

10.

100岁以上男女的长寿秘诀

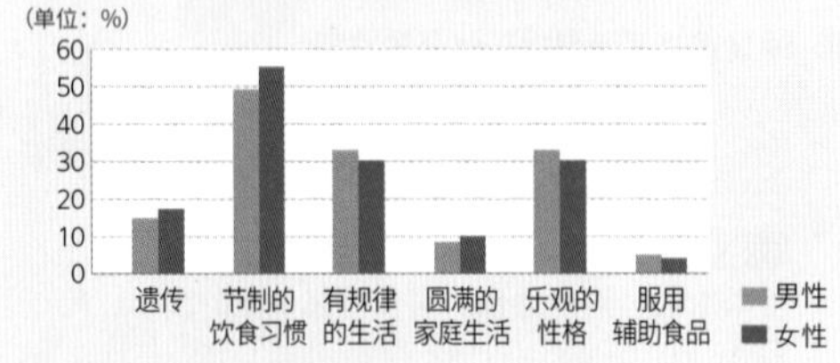

(单位：%)

60
50
40
30
20
10
0

遗传　节制的饮食习惯　有规律的生活　圆满的家庭生活　乐观的性格　服用辅助食品

男性
女性

问题类型 **选择与图表相同的一项**

作为长寿秘诀回答节制的饮食习惯的人最多。所以答案为①。

② 服用辅助食品的人中女性比男性~~多~~。→ 少

③ 男女都认为长寿的最大秘诀是~~规律的生活~~。
　→ 节制的饮食习惯

④ 女性认为和~~遗传比，圆满的家庭生活~~更重要。
　→ 遗传比圆满的家庭生活

- 절제되다[节制－]：不超出程度，适当地调节、控制。
- 원만하다[圆满－]：事情进行的顺利。
- 낙천적[乐天－]：把世界和人生想得快乐、美好。

11.

最近首尔出租车的基本费用从3,800韩元上调到4,800韩元，上调了1,000韩元。而且出租车的基本距离也从2.2公里减少到1.6公里，减少了400米，市民们感受到的费用上调幅度更大。根据时间段的不同，附加40%的深夜时间段的基本费用将上调到6,700韩元，预计深夜乘坐出租车的人的负担将大幅增加。

问题类型 **选择与文章相同的一项(报道)**

出租车基本距离也减少了400米，市民们感受到的费用上调幅度更大，因此③是正确的答案。

① ~~全国~~出租车起步价上调了一千元。
　→ 首尔的

② 出租车基本距离~~没有调整，保持不变~~。
　→ 从2.2公里减少到1.6公里，减少了400米。

④ 深夜打车的人负担会~~减轻~~。
　→ 增加

- 할증[割增]：在一定的价格上再增加

12.

南大门市场是有着600年历史和传统的地方。南大门市场有1万2千多个店铺、每天向40万名顾客销售1,700多种商品。外国顾客也达1万人之多。这里夜间营业的商店在晚上10:30开始开门，到凌晨2点时，就会形成由零售商们构成盛况的韩国最大的综合市场。

问题类型 **选择与文章相同的一项(报道)**

内容提到：每天向40万名顾客销售商品。所以答案为③。

① 凌晨2点左右零售商们~~最少~~。→ 构成盛况

② 南大门市场~~上午~~10：30开门。
　→ 夜间营业的商店在晚上

④ ~~在南大门市场具有600年历史的店铺就有1200个~~。
　→ 南大门市场是有600年历史的地方，现在市场里有1万2千家店铺。

[13~15] 请选择正确按顺序排列的选项。

13.

(가) 最近围绕电视购物行业的情况就是这样。
(나) 因为营业利润比去年急剧减少，再加上电视信号送出手续费也增加之故。
(다) 有句话说"雪上加霜"，这意味着不幸的事情接连发生。
(라) 现在是电视购物企业以销售利润高的产品为中心，培养竞争力的时候了。

问题类型 **排列文章顺序**

正在谈论最近电视购物业界的情况和电视购物企业今后的发展方向。在解释"雪上加霜"这句话的意义时，将引出话题的(다)放在最前面，接着是最近电视购物业界的情况正好是这样（雪上加霜）的内容(가)。接下来是具体说明电视购物业界情况的(나)，最后是提示解决方向的(라)。因此按照(다)-(가)-(나)-(라)顺序的④是正确的答案。

14\. (가) 因为在高处，上去很不容易。
(나) 南汉山城是被海拔达500米高的南汉山围着的城。
(다) 但是一旦进入城中，就能知道这是个自然景观出众的天然要塞。
(라) 南汉山城拥有这样的地理条件，城池的建筑技术也很卓越，已被登载为世界文化遗产里。

问题类型 排列文章顺序
内容讲的是南汉山城被登载为世界文化遗产的理由。首先应该是介绍：南汉山城是被海拔达500米高的南汉山围着的城的内容(나)，然后是讲因为座落在高处（海拔500米）不容易上去的短处的(가)，这之后是由“하지만”开始介绍长处（天然要塞）内容的(다)，最后是由“이러한 지리적 조건(天然要塞)”开始的对南汉山城成为世界文化遗产理由的整理(라)。所以答案为按照(나)-(가)-(다)-(라)排序的①。
- 천혜[天惠]: 上天赐予的恩惠，或自然的恩惠。
- 요새[要塞]: 国防重地，修筑坚固的防御设施。

15\. (가) 但这存在以平均步行速度为基础的问题。
(나) 例如，30米的人行横道在30秒内加上7秒的预备时间，达到37秒。
(다) 步行信号是通过在人行横道每米长1秒的步行时间加上7秒的备用时间来确定的。
(라) 应该考虑到不能快走的人，人行横道的步行信号时间应该比这稍微宽裕一些。

问题类型 排列文章顺序
本文提出了人行横道上的行人信号时间应该更长的意见。(다)说明步行者的信号时间是如何决定的，所以应该放在最前面。(나)对(다)中说明的内容提出了实例，因此应接在其后方。而(가)强调步行者信号时间以平均步行速度为准，因此（가)应该在此位置。最后，(라)因为主张在人行横道上增加行人信号时间的必要性，所以最后出现，(다)-(나)-(가)-(라)或④是正确答案。

[16~18] 请选择最适合置入(　)的选项。

16\. 企鹅虽然要在大海里觅食，但却对跳入大海很犹豫。这是因为要警戒不知是否有藏在大海中天敌。但是一群中只要有一只先投身大海，剩下的企鹅也会跟着跳进大海觅食。无论什么事(　　)。

问题类型 选择符合文脉的内容
括号前的句子中讲到：企鹅群中只要有一只先投身大海，剩下的企鹅也会跟着跳进大海，由此可推断括号内容为：开始很重要，所以答案为④。

17\. 电脑如果不能正常运作或在网络游戏中不能按照意愿进行的时候，就按动按键重新设置。这被称为“重置”，错误地认为现实中也可以“重置”的症状被称为“重置综合症”。初始化综合症的表现为一遇到难事就像给电脑重置一样，(　　)轻易地连接或断绝与他人的关系。

问题类型 选择符合文脉的内容
内容讲的是当事情不能如愿解决的时候就想重新开始的重置综合症的问题。所以答案为②。

18\. 根据伦敦商业学校的研究，成功的企业家中相当部分人对自己的成功秘诀首选：注意力缺乏多动症。这是一种以注意力分散、动作过度、冲动为主要症状的精神疾病，在克服这一病症的时候就培养出了注意力集中或应对状况能力等其它能力。人无完人。(　　)更需要的是将它作为人生动力来提升的决心。

问题类型 选择符合文脉的内容
内容提到：“장애를 극복하는 과정에서 집중력이나 상황 대처 능력 같은 다른 능력을 키울 수 있었다.”、“완벽한 사람은 없다.”所以需要有将自己的不足进行发展的决心。所以答案为④。

[19~20] 请阅读题目并回答问题。

过去看到网上上传的普通人的照片后，部分网民认为是“好看(Ulzzang)”，因而成为话题，从此开始了好看文化。问题是随着好看文化的急速扩散，在社会各处都植入了外貌最重要的狭隘价值观。最初是网络游戏文化之一的好看文化，现在结合了商业主义、外貌至上主义等，扩大成为社会问题。(　　)外貌有那么重要吗?

19\. **问题类型** 选择符合文脉的内容
这里问到：外貌真是那么重要的吗？所以答案为具有“对于结果真是”意思的②。
- 괜히: 没有任何理由或实际的东西。
  例 그 사람을 보면 나도 모르게 괜히 화가 난다.
- 과연[果然]:
① 原想的一样。
  例 퀴즈 대회에서 일등을 하다니 승규는 과연 똑똑하다.
② 对于结果真是。
  例 이 방법이 과연 효과가 있을지 모르겠네요.
- 하필[何必]: 用于询问为什么一定要那样做的理由时。
  例 하필 왜 나에게 이런 일이 생겼을까?
- 대개[大概]: 一般情况下。
  例 화장품 광고는 대개 피부가 좋은 사람이 모델을 한다.

20\. **问题类型** 掌握中心想法
提到尽管“好看(Ulzzang)”文化的趋势始于互联网游戏文化，但随着其与商业化和外貌崇拜相结合，已经扩展成为一个社会问题。因此，④是最佳答案。

[21~22] 请阅读题目并回答问题。

在我们社会中对美术品收藏家的的看法是不太好的。购买美术品的行为属于一种非常奢侈的消费形态。因为一说起购买美术品脑海里就会闪出购买的是名作家昂贵的名作。但是那个(　　)的事，大概大部分都不过是些平凡的美术作品。而且有钱也不是所有都能买画的，只有对艺术感兴趣的人才能获得他们真正欣赏的画作。

21. **问题类型** 选择符合文脉的俗语

内容要说的是：购买名家昂贵名作的时候很少，大部分都是些平凡的美术作品，所以答案为③。

- 꿈도 못 꾸다: 认为一定做不了，完全想不出该做什么。
  - 例 영호는 가난한 살림에 아이들 학원 보내는 것은 꿈도 못 꾸었다.
- 색안경을 끼고 보다: 凭主观或过去的印象进行不好的判断。
  - 例 아버지는 연예인이라면 무조건 색안경을 끼고 보셨다.
- 가뭄에 콩 나듯 한다: 表示非常罕见。(俗谈)
  - 例 요즘에는 출산율이 낮아져서 아기 있는 집이 가뭄에 콩 나듯 한다.
- 다람쥐 쳇바퀴 돌듯 한다: 没有好转，一直处于原状态的意思。
  - 例 그들은 같은 주장만을 다람쥐 쳇바퀴 돌듯 되풀이할 뿐 실질적인 대안은 내놓지 못했다.

22. **问题类型** 掌握细节内容

内容要说的是：大部分都不过是些平凡的美术作品，因此②是最合适的答案。

① ~~非富人~~买不起画。
→ 有钱不一定都能买到画。

③ 艺术收藏家更多地购买~~昂贵的杰作~~。
→ 平凡的美术作品

④ 人们普遍认为购买艺术品是一种~~朴素~~的消费行为。
→ 奢侈

[23~24] 请阅读题目并回答问题。

那是我小学3年级的时候。夏天的某一天，爷爷把我领到屋顶，给我望远镜，说："过来，找找新罗排骨店的招牌吧。找到了的话，明天给你买猪排。"我把镜头四下里转动，对着焦距，认真地找着排骨店的招牌。但是找了半天也没看到招牌。爷爷说："总想往远处看，当然看不见了。"让我在近处找找。离屋顶不到20米的地方，排骨店大大的牌子就挂在那儿。瞬间感到一阵茫然。20年过去了，今天我还保存着这个望远镜。因为我的贪心让我感觉到我自身不足的时候，我总是会想起那天，让我去认识我身旁的、我所拥有的东西的价值。

23. **问题类型** 掌握心情(随笔)

内容展示了当醒悟到自己只顾看远处，却看不见眼前的愚蠢时的心情。所以答案为①。

- 어이없다: 遇到意想不到的事，感到很无语。

24. **问题类型** 掌握细节内容(一致/随笔

内容提到："이십 년이 지난 지금도 나는 그 망원경을 가지고 있다."。所以答案为②。

① 我很容易就~~找到了~~排骨店的招牌。→ 没有找到

③ 排骨店的招牌在~~离屋顶很远的地方~~。
→ 不过20米开外的距离

④ 爷爷告诉我看~~远处~~很重要。→ 在近处的东西

[25~27] 请选择最能说明下列新闻的标题。

25. 不景气的时代、口袋变轻，可消费心理依旧

问题类型 掌握简化的句子(报道文)

这是讲由于不景气，虽然没有钱，看想购物的心理还和从前一样的报道内容的题目，所以答案为③。

- 불황[不况]: 经济活动绝大部分处于停滞状态。
  近 불경기

26. 生态界被破坏、主犯为外来鱼种食人鱼

问题类型 掌握简化的句子(报道文)

这是阐述生态界被破坏了，而主要原因为外来鱼种食人鱼内容的报道题目，所以答案为①。

- 식인[食人] 물고기: 食人鱼。
- 요란하다[摇乱－]: 热闹，过度地杂乱和喧闹。

27. 岗位不足、动员各种超出想像的方法也无济于事。

问题类型 掌握简化的句子(报道文)

这是介绍为解决岗位不足的问题，动员了所有可以说超出想像的方法也毫无用处的新闻报道题目。所以答案为③。

- 허사[虚事]: 无用之事。

[28~31] 请选择最适合置入(　)的选项。

28. 我们看到某个商店对某种特定产品打折的时候，就会认为一定能节约很多钱。但是到购物结束时就会发现买的东西比计划买的多了很多。这就是"特价"的力量。只求薄利甚至赔本也销售特价商品的目的就是为了吸引更多顾客来商店(　　　)。所以特价商品总是特意摆在最有力的位置上。

问题类型 选择符合文脉的内容

内容提到：要来买低价"특가품"的顾客总会比原计划要买的东西多，所以答案为③。

29. 成人通常每分钟要眨10到15下眼睛。但是婴儿在相同时间内只眨1、2下眼睛。谁都不知道它准确的原因。有的人说：这是因为婴儿的眼睛比成人的小，眼睛里落进导致我们眨眼的灰尘或土的几率小的结果。还有人说：婴儿每天要睡15个小时，所以眼睛变得干燥的可能性小。原因不论是什么(　　　)正常。

问题类型 选择符合文脉的内容

内容讲的是：婴儿比成人眨眼次数少的原因。所以答案为③。

30. 行动和结果之间(　　　)行动就是一种学习。例如斯金纳在安装了能够按照一定时间间隔自动往箱子里投放食物的装置，老鼠偶然发现在爬墙时会有

食物正好下来，从那以后，老鼠就学会了爬墙的行动。即：老鼠得到了只要爬墙就有食物出来的确信。像这样因为错觉也可以完成学习。

问题类型 选择符合文脉的内容

内容讲的是：因为偶然造成了错觉，因为错觉实现了学习过程，所以答案为④。

- 착각[错觉]：对某种事物或事实产生的与事实不同的错误认识或感觉。

31.

地图中蕴含着人类生活空间的大量信息，这些信息也就是当代人生活的意义。我们通过各种地图不仅可以认识到我们自身、还可以见到过去活着的人、和在没去过的地方生活的人，接近他们的生活。在这些方面，地图可以(　　　)。我们通过地图理解世界的时候，地图就成为一本很有价值的书。

问题类型 选择符合文脉的内容

有括号的句子里提到的“이런 점”是指：通过地图可以接近生活在过去的人、和在没去过的地方生活的人，接近他们的生活。所以答案那为①。

[32~34] 请阅读题目，并选择与文章内容相同的选项。

32.

为脑瘫残疾人或重症残疾人的康复运动“室外地滚球戏(Boccia)”是残疾人奥运会的正式项目，但很多人对此并不了解。室外地滚球戏是接近目标白色球的球越多则获胜的比赛。虽然与冬季运动冰壶相似，但不分男女进行比赛这一点有所不同。根据残疾程度分等级进行比赛，依据选手的指示帮助投球的辅助人员在比赛进行期间只能看到选手所在的方向，不能看球场方向。

问题类型 掌握细节内容(一致)

本文的第一部分表示，室外地滚球戏对普通人来说是陌生的运动。因此②是最合适的答案。

① 室外地滚球戏是~~冬季运动冰壶的别名~~。
→ 与冰壶相似的运动

③ 投球辅助员~~把球场那边的情况告诉选手~~。
→ 不能看球场方向。

④ 室外地滚球戏比赛不分男女，~~无论残疾程度如何~~。
→ 根据残疾程度划分等级

33.

有记载说：2008年开张的巴林世界贸易中心是世界上最早使用风力发电的建筑物。这座建筑在两座50层的建筑中间安装了风力发电用的大型风力涡轮。从3个直径为29米的涡轮获得的能量能够为这座建筑提供所需电力的15%。设计者们为了提高风从建筑之间通过时的风速，将建筑物设计成了飞机机翼那样的流线型。

问题类型 掌握细节内容(一致)

通过“从3个风力涡轮获取的能力为这座建筑提供了15%的所需电力”的内容可知：每个涡轮可为这座建筑提供5%的所需电力。所以答案为④。

① 巴林世界贸易中心是世界最早的~~亲环境建筑~~。
→ 风力发电的建筑

② 巴林世界贸易中心由~~3座~~50层的建筑构成。→ 2座

③ ~~风力涡轮的扇叶~~是按照能够提高风速的样子设计的。
→ 建筑

34.

即使词汇的概念相同，如果有些是带有肯定的、褒义的词汇的话，也有些是带有否定、贬义含义的词汇。“占卜师”的工作显得很文雅，但“算命的”所做的就显得很低贱。“夫人”或“内人”就比“老婆”更受尊重。前面作为比较对象的这些词汇，它们的意思虽然相同，但情感色彩却完全不同。随着社会的变化，尽管概念相同，但情感色彩不同的词汇会越来越多的。

问题类型 掌握细节内容(一致)

内容提到“점술가”比“점쟁이”显得文雅，“부인”比“마누라”更受尊重。所以答案为②。

① ~~概念相同的话，情感色彩也会相同的~~。
→ 概念相同，情感色彩也会不同

③ ~~内人~~和老婆是含有否定和贬义的词汇。
→ 内人是含有肯定和褒义的词汇

④ 夫人和老婆的~~概念虽然不同但情感上的意思相同~~。
→ 观念虽然相同，感情色彩不同

[35~38] 请阅读题目，并选择最适合文章主题的选项。

35.

无论谁都有想法。但不是谁都能听有创意的话。由于惧怕失败，就会对新的尝试犹豫不决。只追求效率，个人和社会就不会有发展。为了获得创意性的结果，我们必须接受试错过程。再卓越的想法如果不能战胜由于失败造成的时间浪费、金钱浪费、名义损失所带来的恐惧，向它挑战的话，我们只会继续停留在现在。

问题类型 掌握中心想法

内容强调的是要战胜失败的恐惧，并进行挑战，所以作为主题的答案为①。

- 시행착오[试行错误]：为了实现某个目标，在反复的尝试和失败中找到适当的方法的事。

36.

据保健福利部公布的资料显示，充分喝足每天要喝的水量的人正在减少。虽然水充分摄取量根据年龄和性别不同而相异，但共同的是每天摄取量不到1L。尽管如此，通过饮料代替水摄取水分的倾向还是呈现出来。通过饮料补充水分的话，会摄取过多的糖分，还会发生能量过剩等问题。另外，如果喝咖啡或喝酒，体内水分反而会减少。

问题类型 掌握中心想法

笔者提到通过饮料代替水来摄取水分的趋势，并对通过饮料补充水分可能产生的潜在问题提出了警告。因此上文的主题是②。

- 섭취[摄取]：吸收营养素及其他物质进入体内。
- 과잉[过剩]：需要以上的过度的量或多余的量。

37. 未经过原作者许可，暗地将他人创作的文章、绘画、音乐、照片等创作品当做自己的进行发表或写作的行为被称作“剽窃”。剽窃行为随着大众媒体和印刷文化的发展，不仅是文学作品、播放的电视剧、广告、大众歌曲等也都广范围地盛行起来。但是剽窃是违法行为。由于侵害了他人的著作权，将依据著作权法给予处罚。

问题类型 掌握中心想法
内容提到，因为剽窃是违法行为，因此将根据著作权法给予处罚。所以答案为③。
- 저작권[著作权]: 创作作品的作者或继承拥有此权利的人对于创作作品所拥有的权利。

38. 要想不被蚊子叮咬，最重要的就是不要让蚊子进屋。蚊子哪怕有一点缝隙都会扭曲着身体挤进来。所以要提前检查一下家里窗户上的纱窗有没有小洞。另外它也会顺着水池、下水道等地方爬上来，所以晚上要用盖子盖好。它会贴在门上，只要人一开门，它就会趁机进来，所以将灭蚊药洒在大门周围也会有帮助。

问题类型 掌握中心想法
本文介绍的是防止被蚊子叮咬的几种方法（检查纱窗有没有洞、给水池和下水口加盖子、在大门口喷洒灭蚊药）都是防止蚊子进入家里的方法。所以答案为②。
- 방충망[防虫网]: 为防止蚊虫进入，在窗户等处安装的网。
- 유입[流入]: (钱、文化、病毒等) 侵入。

[39~41] 请选择最适合的句子能置入的地方。

39. 运动时，何时喝水最好？很多人认为没有必要在运动前喝水。(㉠)为了预防脱水，最好在运动前30分钟喝水。(㉡)在运动期间保持水分摄入是很重要的。(㉢)如果在锻炼过程中感到口渴，不要忽视这个感觉，在锻炼期间间断性地饮水很重要。(㉣)并且由于在激烈运动后，很多水份会随着汗排出，运动后一定要补充水份。

〈提示〉
提前补充200cc以上的水，还可以防止运动中发生头痛。

问题类型 插入符合文脉的句子
提示句讲了运动前喝水的效果，所以放在最好在运动前30分钟喝水的句子后(㉡)最自然，所以答案为②。

40. 施特劳斯作曲的“采碧内塔的歌”是要以无休止的高音歌唱而出名的高难度曲目。(㉠)当时施特劳斯认为人类不可能唱这首曲子，因此修改了部分乐谱。(㉡)即便修改了，能唱出它的声乐家也不多。(㉢)这首被判定为世界上最难的曲目竟被曹秀美用原调唱出来。(㉣)对此，音乐家们评价她是超出评判的存在。

〈提示〉
但是1994年在法国发生了让全世界震惊的事。

问题类型 插入符合文脉的句子
提示句子应该放在具体陈述让世界震惊的事件内容之前的(㉢)之前，所以答案为③。

41. 文件夹或CD里怎么会容纳数十万张以上的画面呢？这是每个用电脑看动画的人都想知道的问题。(㉠)动画作为连续画面的集合，要想将所有画面整理起来容量是很大的。(㉡)因此要想将硕大的动画内容中最需要的信息保留下来，就需要将容量压缩到数百分之一的技术。(㉢)这种技术被称为动画压缩。(㉣)

〈提示〉
在动画压缩中通常利用画面间重复、像素间重复、统计重复等。

问题类型 插入符合文脉的句子
提示句子是关于动画压缩技术的内容，应该放在影像压缩技术介绍部分之后，所以答案为④。

[42~43] 请阅读题目并回答问题。

长篇小说要在报纸上连载半年，稿费能拿到很大一笔钱。在拿到稿费之前，我连续几天不能入睡，翻来覆去地想了又想：拿这钱干些什么呢？想过把家里的家具全部换掉、还想过用漂亮的衣服和饰品把我打扮打扮。终于稿费到我手上了。我高兴得不知该怎么好了。那天晚上我为了听听丈夫怎么说，于是问到：“用这钱干点什么好呢？”
“是啊……，你也知道我朋友恒植吧？本来生活很窘迫…听说他女儿病得很严重需要手术，可因为没手术费，就没让手术。”
<u>我被这出乎意料的话惊呆了，心里突发了一种不详的感觉。</u>好像从来也没想到过：结婚的时候，就连别人都送的戒指都没送一个。我什么话也没说，拿着外套出来，顶着寒风在飘着雪花的路上不停地走着。开始是觉得要把我辛苦挣的钱给别人的老公太讨厌，心里像要爆炸了一样，但随着时间的过去，恒植年幼女儿的脸却又总在眼前晃动。

姜敬爱《稿费200韩元》

42. **问题类型 掌握心情/态度(小说)**
前部分写有高兴地想像这笔稿费要怎么花的内容、划线部分后面又提到：“남들이 다 하는 결혼반지 하나 못 사 주었으면서 그런 것은 생각에도 없는 모양이었다.”，由此可知，笔者对丈夫怀有怨气，觉得很可气。所以答案为①。

43. **问题类型 掌握细节内容(一致/小说)**
内容中有：“결혼할 때 남들이 다 하는 결혼반지 하나 못 사 주었으면서”，所以答案为④。
① 丈夫用稿费~~帮助子~~朋友。→ 想要帮助
② ~~丈夫~~为报纸写了6个月的文章。→ 我
③ 我拿到稿费换了家具，~~买了~~衣服。→ 想像着买
- 연재[连载]: 在报纸或杂志上连续登载文章或漫画等。

- 딱하다: 所处的状况或处境很可怜。

[44~45] 请阅读题目并回答问题。

在25-34岁的韩国人当中，专科大学以上的高等教育进修率约为70%，在OECD国家中占据最高比率。10名青年中有7名大学毕业，因此没有选择上大学的人相对容易被忽视。大部分情况下，高中生的前途咨询都是以大学升学咨询为中心，政府的福利政策也是以升入大学的青年为基础。换句话说，就是对没有进入大学的青年的(　　　)。为了不让剩下的10人中有3名青年在青年政策或升学咨询等方面被排除在外，需要细心的支援。

44. 问题类型 插入符合文脉的句子

根据本文，每10名青年层中就有3名不选择上大学，但为了不让这些人被排除在青年政策或职业咨询之外，需要周密的支援。这表明目前社会对未进入大学的青年的支援不足，因此正确的答案是③。

- 안전망[安全网]: 为了防止不让人受伤所使用的网

45. 问题类型 掌握中心想法

笔者强调，没有选择上大学的人很容易被社会排斥，并强调在青年政策和职业咨询等方面需要细心的支援。因此本文适宜的主题是③。

[46~47] 请阅读题目并回答问题。

问卷调查显示，长期以来由于经济不景气，不得已抛弃就业、结婚、生育等年轻一代所处的经济环境导致了1人家庭数量的激增。(㉠)根据统计，一人家庭增加的速度已经到了无法控制的地步。1人家庭激增的现象是由于社会不能很快解决老人问题、青年失业问题、生产、育儿、教育问题等长期存在的社会问题所导致的必然结果。(㉡)特别是各种税制、福祉、住房政策等都是围绕4人家庭设计的，相对来讲1人家庭被孤立在外了。(㉢)1人家庭所承受的心理上、经济上的不安感也是个大问题。(㉣)对1人家庭社会的基础和认识要转换。

46. 问题类型 选择笔者的态度(议论文)

笔者认为独居者面临许多困难，独居家庭的支持不足，必须得到改善。因此，答案是③。

47. 问题类型 掌握细节内容(一致/议论文)

根据文本内容，因为长期的经济衰退导致年轻一代放弃就业、婚姻和生育，这种经济环境造成了独居家庭的迅速增加。因此，答案是③。

① ~~为单人家庭制定了福利和住房政策~~。
　→ 各种税收、福利和住房政策等都以四人家庭为中心设计

② 单人家庭的激增~~加剧了~~老年人问题和青年失业问题。
　→ 是未能解决老年人问题和青年失业问题的必然结果

④ ~~因为贫困和心理不安，结婚的人数正在增加~~。
　→ 单人家庭所面临的心理和经济不安是一个重要问题

[48~50] 请阅读题目并回答问题。

名誉指对某个人在人性和社会价值方面的社会评价。最近随着网络的发达，人们能够自由利用网络，在网络上毁损他人名誉的事已经成了一大问题。网络名誉毁损指的是：为达到诽谤他人的目的，通过信息通讯网(　　　)对他人进行名誉毁损的行为。网络名誉毁损的条件首先是要证明对方有防御人的目的。另外，要有对他人人格的社会价值或评价有一定程度的侵害可能性的证据。因此，在网络上对于一个人的社会价值的外部评价进行毁损的行为就是网络名誉毁损罪。在网上自由阐述自己的观点固然好，但要杜绝毁损他人名誉的事。

48. 问题类型 掌握目的(议论文)

内容介绍了网络名誉毁损的定义和条件、以及说网络名誉毁损属于犯罪。所以答案为②。

49. 问题类型 掌握符合文脉的内容(议论文)

内容说的是：即使说实话如果它在网络上对于一个人的社会价值的外部评价进行毁损的行为就是网络名誉毁损罪。名誉毁损罪包括不是瞎话而是实话，所以答案为①。

50. 问题类型 掌握细节内容(一致/议论文)

网络名誉毁损的条件要有诽谤他人的证据，因此③是正确的答案。

① 网络名誉毁损~~需要比现在更严厉的处罚~~。
　→ 没有提到需要比现在更严厉的处罚。

① ~~即使不具备条件~~，也可以以网络名誉毁损进行处罚。
　→ 必须具备条件

④ 为了表达意见的自由，~~在一定程度上允许网络上的名誉毁损~~。
　→ 自由表达意见固然很好，但不能发生这样的事情。

第三版
TOPIK MASTER

FINAL 실전 모의고사 5회

实战模拟考试 第5套

정답 答案

1교시: 듣기, 쓰기

듣기

1. ①	2. ③	3. ④	4. ④	5. ④	6. ③	7. ④	8. ③	9. ②	10. ①
11. ③	12. ②	13. ②	14. ②	15. ②	16. ④	17. ④	18. ②	19. ④	20. ④
21. ③	22. ①	23. ③	24. ④	25. ②	26. ①	27. ①	28. ②	29. ③	30. ③
31. ②	32. ④	33. ①	34. ②	35. ②	36. ②	37. ④	38. ③	39. ②	40. ②
41. ①	42. ④	43. ③	44. ④	45. ①	46. ④	47. ②	48. ③	49. ②	50. ④

쓰기

51. ㉠ (5점) 얼굴과 손의 사진을 찍어 제출해 주십시오
(3점) 사진을 제출해/내 주십시오

㉡ (5점) 통장 사본도/을 제출해 주십시오
(3점) 통장 번호가 필요합니다/통장 사본이 필요합니다

52. ㉠ (5점) 자존감을 높여 주고 사회에 도움이 되는 것에 보람을 느낄 수 있도록 한다
(3점) 자신감을 갖고, 보람을 느끼게 된다

㉡ (5점) 개인적, 사회적 측면에서 모두 의미 있는 활동이다
(3점) 개인과 사회를 위해 도움이 된다

2교시: 읽기

읽기

1. ②	2. ④	3. ④	4. ②	5. ③	6. ③	7. ①	8. ②	9. ②	10. ③
11. ①	12. ①	13. ①	14. ④	15. ①	16. ①	17. ③	18. ②	19. ①	20. ④
21. ④	22. ④	23. ③	24. ④	25. ④	26. ②	27. ③	28. ④	29. ①	30. ③
31. ④	32. ④	33. ③	34. ①	35. ②	36. ④	37. ②	38. ③	39. ②	40. ③
41. ②	42. ④	43. ②	44. ④	45. ②	46. ②	47. ①	48. ②	49. ④	50. ④

53. 〈样板答卷〉

30~50대 남성의 하루 평균 근무 시간은 2018년에 8.1시간에서 2022년에 7.9시간으로 감소하였다. 근무 시간 외에 시간을 활용하는 방법에는 수면 6.3시간, 취미 및 여가 시간 3.4시간, 집안일 1.1시간, 기타가 5.3시간으로 조사 되었다. 4년 전에 비해 근무 시간이 줄어들기는 했지만 여전히 OECD 평균 근무 시간인 7.3시간보다 더 많이 일하고, OECD 평균 수면 시간인 8.37시간보다 훨씬 적게 수면하고 있음을 알 수 있다.

54. 〈样板答卷〉

표절이란 다른 사람이 창작한 글이나 영화, 음악, 디자인 등의 일부나 전부를 원작자의 동의 없이 임의로 사용하는 것을 말한다.

표절을 하게 되는 이유는 힘든 창작의 과정 없이 쉽게 다른 사람의 창작물을 사용하여 성과를 얻을 수 있다는 편리함 때문이다. 또한 표절이 다른 사람의 결과물을 훔치는 범죄 행위라는 점을 사람들이 인식하지 못하는 데에도 그 원인이 있다. 그래서 끊임없이 표절 문제가 발생하고 있다. 한편 표절 시비가 벌어지는 경우도 많은데 이것은 표절의 범위를 정하기가 쉽지 않기 때문이다. 창작물의 일부 중 어디까지를 표절로 봐야 하는지에 대한 기준이 분명하지 않기 때문이다.

원작자를 밝히고 거기에서 아이디어를 얻어 새로운 창작물을 만드는 것은 환영할 만하며 그렇게 함으로써 발전을 가져올 수 있다 그러나 표절은 다른 사람의 것을 자기 것인 양 내세우는 것으로, 원작자들의 오랜 노력을 헛되게 만드는 일이다. 이러한 일이 반복되면 새로운 창작물을 만드는 이들은 더 이상 창작 의욕을 갖지 못하게 될 것이다.

표절 문제를 해결하기 위해서 우선 모두가 표절이 범죄임을 분명히 인식해야 한다. 아울러 각 분야별로 사람들이 납득할 만한 표절 기준을 확실히 하는 것이 시급하다. 기준이 마련된 후에는 표절 행위에 대한 제재나 규제가 필요하다. 이를 통해 창작자의 권리를 보호하고, 올바른 창작 문화를 확립할 수 있기 때문이다.

해설 解答

듣기 听力

[1~3] 请听录音，并选择最合适的图片或图表。

1.
여자 저는 이 하얀색 모자가 마음에 드는데, 혹시 다른 디자인도 있나요?
남자 네, 두 가지가 있는데, 여자분들에게는 지금 이 디자인이 더 인기가 많습니다.
여자 다른 디자인도 한번 보여 주세요.

女 我最喜欢白色的帽子，可还有其它款式的吗？
男 有，有两种。现在这种款式更受女士们欢迎。
女 再给我看看别的吧。

女性正在店铺里拿着已经中意的帽子问男性还有没有其它款式的。女性说让男性拿其它款式的看看，由此可知男性手里还没有拿着帽子。所以答案为①。

2.
남자 내일 저녁 일곱 시에 네 명 자리를 예약하고 싶은데요.
여자 죄송합니다. 예약이 다 되어 자리가 없습니다. 취소하시는 분들이 생기면 예약 가능 여부를 알 수 있을 것 같습니다.
남자 음, 그럼 내일 자리가 있으면 연락 주시겠어요?

男 我想预订明晚7点4个人的座位。
女 对不起，预订都满了，没有空位。如果有人取消的话还有可能。
男 那明天有位子了的话，请跟我联系。

男性为了预订餐厅座位正在向女性询问。所以答案为③。

3.
남자 각 나라의 평균 수면 시간을 조사한 결과 수면 시간이 가장 긴 나라는 프랑스, 미국, 스페인 순으로 나타났으며 수면 시간이 가장 적은 나라는 한국으로 조사되었습니다. 이러한 수면 시간 부족은 근무 시간과는 관련이 없는 것으로 나타났습니다.

男 对各国的平均睡眠时间进行调查的结果，睡眠时间最长的国家以法国、美国、西班牙为序排列，睡眠时间最短的国家是韩国。而且显示这种睡眠不足与工作时间是没有关系的。

这里陈述的是有关各国平均睡眠时间的调查结果。结果显示为法国(12小时)、美国(9小时)、西班牙(7小时)、韩国(5小时)，所以答案为④。并且谈到这与工作时间没有关系，因此①和②不正确。

[4~8] 请听录音，并选择可接续的最合适话语。

4.
남자 주인공들이 연기를 정말 잘하네요. 또 보고 싶어요.
여자 네, 저도요. 다음 공연은 저희 부모님과 함께 봐야겠어요.
남자 ______________

男 主角们的演技真好啊！还想再看一遍。
女 是的，我也是。下次演出得和我父母一起看。
男 ______________

男性和女性看过演出后互相谈论着感想。女性说下次要和父母一起看，此时最恰当的回答应该是④。

5.
남자 이번 휴가는 어디로 가는 게 좋을까? 아직 못 정했어.
여자 국내 기차 여행은 어때? 외국도 좋지만 요즘엔 기차 여행도 많이 가더라고.
남자 ______________

男 这次休假去哪儿好？还没定下来呢。
女 国内的火车旅行如何？外国虽然也好，可最近去火车旅行的也很多。
男 ______________

男性在为定休假地点而苦恼，女性推荐他去火车旅行。男性请听了女性意见后最恰当的回答应该是④。

6.
여자 선배, 이번 주말에 봉사 활동 같이 갈 수 있어요?
남자 하루는 갈 수 있어. 봉사자 명단에 내 이름이 있는지 모르겠다.
여자 ______________

女 前辈，这个周末能一起去义务服务吗？
男 去一天还行。不知道志愿者名单里有没有我的名字。
女 ______________

男性在想志愿者名单里有没有自己的名字。所以最恰当的回答应该是③。

7.
여자 야채를 골고루 먹어야 하는데 다 먹기가 쉽지가 않아요.
남자 그러면 야채를 갈아서 주스로 마셔 보는 건 어때요? 간편하게 먹을 수 있어요.
여자 ______________

女 蔬菜是应该均衡地吃，可都吃到却不容易。
男 那就把蔬菜绞成汁喝怎么样？吃起来很简便。
女 ______________

女性认为蔬菜要想均衡吃有些麻烦，男性建议榨汁喝，所以最恰当的答案是④。

8.
여자 근무 시간 중에 낮잠 시간이 있으면 좋겠어요.
남자 저도 그렇게 생각해요. 하지만 퇴근 시간이 더 늦어질 수도 있어요.
여자 ______________

女 工作时间中有午睡时间就好了。
男 我也那么想。但是下班时间可能就更晚了。
女 ______________

女性想要是上班有午睡时间就好了，所以最恰当的答案是③。

[9~12] 请听录音，并选择最适合女性接下来会做的行动的选项。

9.

여자 인터넷 시장에서 물건을 팔고 싶은데 물건은 어떻게 등록하는 거야?

남자 먼저 홈페이지에 상인 등록을 해야 해. 그리고 파는 물건에 대한 정보를 쓰면 돼.

여자 그다음 내가 파는 물건 사진도 찍어야 하지?

남자 응. 사진을 찍고 그다음 물건을 등록하면 돼.

女 想在网上市场卖东西，可东西怎么登录上去呢?

男 首先要先在网页上申请电商(电子网络商店)。然后把要卖的商品信息写上去就行。

女 然后还要把要卖的东西拍成照片吧?

男 嗯。照完像之后就可以进行商品登录了。

女性想在网上市场卖东西。男性告诉她要在网上卖东西必须先申请电商。所以答案为②。

10.

여자 기획서에 설문 조사를 넣으려면 마케팅 팀과 회의를 해 봐야 할 것 같습니다.

남자 그러면 마케팅 팀에 연락해서 회의 날짜를 잡고 이번 주까지 회의를 진행하세요.

여자 알겠습니다. 그리고 설문 조사를 도와줄 아르바이트생도 필요해요.

남자 그건 내가 인터넷에서 구해 볼게요.

女 要想在计划里放进问卷调查，好像应该和市场组一起开个会。

男 那么就和市场组联系订一下会议日期，在这周内开会。

女 知道了。另外还需要帮助做问卷调查的打工生。

男 那个我在网上找找。

为了在计划里放进问卷调查就要和市场组开会。男性为此指示女性定会议日期。所以答案为①。

11.

남자 이제 책장을 여기에 두면 돼요?

여자 잠깐만요. 바닥에 먼지가 너무 많은 것 같아요. 먼저 닦아야겠어요.

남자 그럼 정아 씨가 빗자루로 바닥을 쓸고 있을 동안, 제가 걸레를 빨아 와서 닦을게요.

男 现在把书柜放在这里行吗?

女 稍等！地上土好像太多了。得先擦一擦。

男 那正雅用笤帚扫地时，我洗个抹布来擦擦。

男性和女性打算在挪动书柜前把地板打扫一下。决定男性洗抹布、女性用笤帚扫地。所以答案为③。

12.

여자 이번 학기 동아리 모임 시간을 바꾸려고 하는데 어때?

남자 그러면 동아리 회의 시간에 이야기해 보자. 내가 사람들에게 문자 메시지를 보낼게.

여자 나에게 동아리 부원 명단이 있어. 메일로 보내 줄게.

남자 명단은 나도 있어. 너는 회의실을 예약해 줘.

女 这个假期想更改一下社团活动时间，怎么样?

男 那就在社团开会的时候说说吧。我给大家发个短信。

女 我这里有社团人员名单，用电邮给你。

男 名单我也有，你预订会议室吧。

女性想给男性发名单，可男性也有。男性让女性预订会议室。所以答案为②。

[13~16] 请听录音，并选择与听到的内容相同的选项。

13.

여자 대학생 때 이 식당에 왔었는데 그때랑 음식 맛이 다른 것 같아.

남자 최근에 식당 주인이 바뀌었대. 그래서 분위기도 많이 바뀐 것 같아.

여자 아, 그렇구나. 나쁘지 않은 것 같아. 아르바이트생도 더 많아졌어.

남자 응, 맞아. 그리고 음식도 지금이 더 맛있는 것 같아.

女 读大学时来过这个餐厅，饭菜味道和那时好像不一样了。

男 最近餐厅主人换了。所以气氛也改变了很多。

女 啊，是这样啊！不错。打工的学生也多了。

男 嗯，是的。并且饭菜也好像是现在的更好吃。

男性和女性对这家大学时期来过的餐厅变化给予了好评。所以答案为②。

14.

여자 고객 센터에서 안내 말씀 드립니다. 분실물을 찾고 있습니다. 백화점 3층 여자 화장실에서 빨간색 지갑을 분실하였습니다. 빨간색 지갑을 주우신 분께서는 1층 안내 데스크로 가져다주시기 바랍니다. 또는 지갑의 위치를 알고 계시는 분은 고객 센터로 전화 주시기 바랍니다.

女 顾客中心通知。现在寻找丢失物品。在百货商店3层女洗手间丢失了一个红色钱包。有捡拾到红色钱包的人请交到1层服务台来。此外有知道钱包位置的人请给顾客中心打电话。

广播说在3层女卫生间丢失了一个红色钱包，希望保管钱包或知道钱包位置的人联系，所以答案为②。

15.

남자 이번 사진전은 그동안 친형과 함께 활동하며 사진전을 열어왔던 작가가 단독으로 여는 첫 사진전입니다. 작가의 사진에는 작가의 고향인 제주도에서의 삶을 생생히 담아내고 있습니다. 특히 제주도의 아름다운 바닷가 풍경은 여러 외국인들의 눈길을 사로잡고 있습니다. 이번 사진전은 서울에서 열흘간 진행될 예정입니다.

男 这次摄影展是由其间一直和亲哥哥一起活动、一起举办摄影展的作者首次单独举办的摄影展。作者的照片将作者在故乡济州岛的生活生动地表现了出来。特别是济州岛美丽的海滨风景吸引了很多外国人的目光。这次摄影展预计要在首尔举办10天。

内容说以前都是和哥哥一起活动，这次是作者单独举办的摄影展。所以答案为②。

16.
여자 원래 나이보다 열 살은 어려 보이시는데 도대체 비법이 무엇입니까?

남자 하하…… 제 얼굴이 처음부터 어려 보이는 얼굴은 아니었습니다. 제 얼굴의 비법은 바로 운동과 아내가 만든 천연 팩에 있습니다. 매일매일 운동은 안 하더라도 천연 팩은 꼭 하는 편이에요. 또 날마다 긍정적으로 생각하려고 노력합니다. 부정적인 생각을 하면 얼굴을 찡그리게 돼서 주름이 생기는 것 같더라고요.

女 您看上去要比自己实际年龄年轻十岁，您的秘诀到底是什么？

男 哈哈……我的脸不是一开始就显年轻的。我脸的秘诀就是运动和妻子制作的天然面膜。即使不每天运动，天然面膜也是一定要敷的。并且每天努力想些积极的东西，总想消极的东西就会愁眉苦脸，就好像会长出皱纹似的。

内容提到：和年龄比，男性看上去年轻的秘诀之一就是每天乐观思考。所以答案为④。

[17~20] 请听录音，并选择最适合男性中心想法的选项。

17.
남자 이번에 졸업하면 바로 취업할 거야?

여자 응. 그런데 어떤 일을 하고 싶은지 아직 모르겠어. 내 전공대로 취업하자니 일이 재미없을 것 같아.

남자 꼭 전공대로 취업할 필요는 없지. 바로 취업을 하려고 하기보다는 여러 가지 경험을 쌓는 것도 나쁘지 않은 것 같아.

男 这次毕业以后马上就业吗？

女 嗯。但是还不知道想做什么工作。找符合我专业的工作好像没有意思。

男 没有必要一定要符合专业。与其马上就业，不如积累点多方面的经验更好。

男性认为毕业后马上就业不如积累些经验更好。所以答案为④。

18.
남자 유나 씨는 쇼핑하는 시간이 참 긴 것 같아요.

여자 아, 저는 쇼핑할 때 유통 기한과 원산지를 꼼꼼히 확인하는 편이거든요.

남자 와, 정말 좋은 쇼핑 습관을 가지고 있네요. 시간은 좀 걸리지만 좋은 쇼핑 습관이 있으니까 합리적인 쇼핑을 할 수 있을 것 같아요.

男 佑娜购物的时间好像很长。

女 啊，我购物时是要仔细确认流通期限和原产地的。

男 哇，真养成了好的购物习惯。购物时间可能会长些，有好的购物习惯就可以合理购物了。

男性称赞女性的购物习惯好，认为有好的购物习惯就可以合理购物。所以答案为②。

19.
남자 이번 주 금요일에 회식이 있대요.

여자 네, 저도 들었어요. 근데 요즘 회식이 너무 늦게 끝나니까 주말에 너무 피곤해요.

남자 회식 시간이 길기는 하지만 회식을 하다보면 동료들끼리 편안한 마음으로 이야기할 수 있어서 좋은 것 같아요.

여자 그래도 금요일에는 회식을 안 했으면 좋겠어요.

男 说这周五有会餐。

女 是的，我也听说了。但是最近会餐结束得太晚，周末很累。

男 会餐时间是长，但是通过会餐可以让同事之间畅所欲言，我觉得很好。

女 反正要是星期五不会餐就好了。

男性认为会餐的好处是可以让同事间畅所欲言，所以答案为④。

20.
여자 오늘은 건강 빵으로 유명해진 빵집 사장님과 이야기를 나눠 보겠습니다. 사장님께서는 이 빵집만의 경쟁력이 무엇이라 생각하십니까?

남자 우리 빵집은 빵을 만들 때 건강을 제일로 생각합니다. 또 저희 빵집은 양심적으로 건강에 좋은 재료로만 빵을 만듭니다. 자극적인 맛을 빼서 맛이 조금 싱겁기는 하지만 다이어트를 하시는 분들이나 환자분들에게 인기가 좋습니다. 요즘 너무 달거나 짠 음식이 많은데 하루에 한 끼 정도는 자극적이지 않은 건강한 음식을 먹는 게 좋다고 생각합니다.

女 今天请以健康面包闻名的面包店社长讲几句话。社长您认为这家面包店的竞争力是什么？

男 我们面包店认为在制作面包健康是第一位的。另外我们面包店凭良心只使用对健康有益的材料制做面包。没有刺激性的味道显得口感有些平淡，但是很受减肥的人或患者们欢迎。近来有很多很甜或很咸的食品，我认为最好每天吃一次没有刺激性的健康食品。

男性认为制作面包最重要的是考虑健康。所以答案为④。

[21~22] 请听录音，并回答问题。

여자 이 식당이 바로 방송에 나와서 유명해진 식당이에요. 오늘 우리가 먹은 메뉴도 유명하다고 했어요.

남자 그래요? 그런데 저는 음식이 별로 맛없는 것 같아요.

여자 그러게요. 방송에서 사람들이 맛있다길래 한 시간 동안 줄 서서 기다렸는데 보람이 없네요.

남자 방송을 너무 믿으면 안 돼요. 방송에서 맛있다고 하는 사람들 중에는 부탁 받아서 거짓으로 말하는 사람도 많대요.

女 这家餐厅就是在广播播出后才出名。今天吃的菜也说是很有名的。
男 是吗？但是我觉得饭菜不怎么好吃。
女 就是啊。就因为人们在电视上说好吃，才排了一个小时的队，真不值得。
男 也不能太相信广播。听说在广播中说好吃的人中有很多是受雇说假话的。

21. 男性说广播里也有说假话的人，不能太相信广播。所以答案为③。

22. 对于男性说餐厅饭菜不好吃的话，女性也表示同意，并说来餐厅等没有意义。所以答案为①。

[23~24] 请听录音，并回答问题。

여자 이 유리컵 환불해 주세요. 영수증은 여기 있어요.
남자 손님, 죄송하지만 이 제품은 어제 진행된 이벤트에서 싸게 파는 상품이었기 때문에 환불이나 교환을 해 드리기가 어렵습니다.
여자 교환도 안 된다고요? 하지만 어제 이 유리컵을 살 때 그런 말을 들은 적이 없어요.
남자 환불에 대해서는 어제 행사장에서 여러 번 방송이 나갔습니다. 그리고 여기 영수증에 보면 환불이 불가하다고 적혀 있습니다.

女 这个玻璃杯请给我退货。这是收据。
男 顾客，不好意思，这个产品是昨天进行的活动中廉价销售的商品，不可以退货或换货。
女 换也不行吗？但是昨天买杯子时没听到过那样的话。
男 对于退货昨天活动场所广播了很多次，并且这张收据上也写了恕不退货。

23. 女性要求退货，男性仔细解释了不予退货的理由，所以答案为③。

24. 女性说昨天买减价的玻璃杯时没听到有关与退货相关的广播。所以答案为④。

[25~26] 请听录音，并回答问题。

여자 요즘 해외 사이트에서 물건을 직접 구매하는 사람들인 해외 직구족이 점점 늘어나고 있는데요. 해외 직구는 어떤 장단점이 있습니까?
남자 배송 기간이 오래 걸리는 단점이 있는데도 불구하고 해외 직구를 하는 가장 큰 이유는 역시 저렴한 가격 때문이죠. 배송료를 더 지불하더라도 같은 브랜드를 국내에서 사는 것보다 해외 사이트에서 주문을 하는 게 더 저렴한 편이에요. 물론 사이트가 외국어로 되어 있기 때문에 주의 사항을 잘못 읽어서 생기는 문제도 있지만 가격 경쟁력 측면에서 뛰어나기 때문에 소비자들의 마음을 사로잡은 것 같습니다.

女 最近在海外网站上直接购物的海外直购的人越来越多了。海外直购有什么优缺点吗？
男 尽管有配送时间长的缺点，人们采用海外直购的最大的理由就是低廉的价格。即使支付配送费，在海外网站上订购时也比在国内购买相同品牌的东西更便宜。当然，由于是外文，也会有因为没读懂注意事项出现的问题，但因为超强的价格竞争力才赢得了很多消费者的心。

25. 海外直购的问题尽管很多，但人们仍然在海外网上购物最大的理由是价格部分。所以答案为②。

26. 男性认为在海外网站购物因为看不懂外文注意事项，才会出现问题。所以答案为①。

[27~28] 请听录音，并回答问题。

남자 요즘 피아노 학원에 다니기 시작했다면서?
여자 응. 취미로 피아노를 배우고 싶어서 다녔는데 연습할 시간도 없고, 너무 어려워서 이번 달까지만 할까 해.
남자 그래도 기왕 한번 시작한 김에 더 해 봐. 나도 처음에 악기를 배울 때 힘들어서 포기하고 싶었는데 기초만 다 배워도 점점 재미있어지더라고.
여자 정말? 난 어른이 돼서 피아노를 처음 배우니까 확실히 더 어렵게 느껴지는 것 같아.
남자 그건 그렇지. 하지만 지금이 아니면 나중에는 배우고 싶어도 배울 시간이 더 없을지도 몰라.

男 听说你最近开始去钢琴学院了？
女 嗯。想作为爱好学学钢琴，可没有练习的时间，也太难，想就学到这个月。
男 那也是，既然开始了就多学一段时间下吧。我开始学乐器时，太辛苦也想放弃过，哪怕只把基础学完，也会慢慢觉得有意思了。
女 真的？我长大才第一次学钢琴，确实感觉得更困难。
男 那当然。但假如不是现在，以后再想学，也许就更没有学习的时间了。

27. 男性听说女性要放弃钢琴学院学习，劝说她最好继续学习，所以答案为①。

28. 从男性对女性说：开始学乐器的时候，因为太辛苦，曾想放弃的话可知：她学过乐器。所以答案为②。

[29~30] 请听录音，并回答问题。

여자 폭염은 매우 심한 더위를 말하는데요. 이번 주에 폭염 주의보가 발표되었다고 합니다. 어떻게 해야 폭염 기간을 잘 보낼 수 있나요?
남자 우선 가장 더운 시간인 낮 12시부터 오후 3시 사이에는 가급적 외출을 자제하는 게 좋습니다. 그리고 충분한 수분 섭취를 통해 땀을 흘리면서 손실된 몸의 수분을 보충해야 합니다. 또 균형 있는 식사를 하고, 음식이 쉽게 상할 수 있으니까 냉장고에 음식을 보관해야 합니다. 냉장고에 보관하더라도 음식을 오래 두지 않도록 해야 합니다. 저희도 수시로 변하는 기온을 확인하여 신속하게 보고하도록 하겠습니다. 또 폭염이 물러간 뒤에는 장마가 올 예정이니 장마 대비에도 유념하시기 바랍니다.

女 酷热指的是非常严重的暑热。听说这周下达了酷热预警。怎么样才能很好地度过这段酷热时间呢？

男 首先尽量避免在最热的时间每天12点到下午3点这段时间外出。并且通过摄取足够的水分，把由于排汗损失的体内水分保护起来。并且保证均衡饮食，由于食物容易腐坏，一定要放在冰箱里保管。即使放在冰箱里保管了，也尽量不要存放时间过长。我们也会随时注意温度变化，及时通报。另外在酷热结束后就会是梅雨季节，希望大家也要注意防备雨季。

29. 男性说要随时注意温度变化，及时通报。所以答案为③。

30. 男性说酷热之后雨季就要到来，希望做好雨季防备。所以答案为③。

[31~32] 请听录音，并回答问题。

여자 옷은 사람의 개성을 표현해 주는 중요한 도구입니다. 학교가 학생들에게 똑같은 옷을 입도록 강요하는 것은 학생들의 자유를 침해하는 것입니다.

남자 물론 학교가 학생들의 자유를 침해하면 안 되겠죠. 하지만 교복을 입으면 또래 집단에서 동질성과 소속감을 느낄 수 있다는 장점도 있습니다. 또 옷 걱정 없이 학생들이 학업에만 열중하게 할 수 있고요.

여자 하지만 학생들이 모두 똑같은 옷을 입게 되면 우리도 모르게 학생들의 자유로운 사고와 상상력을 제한할 수도 있습니다.

남자 좋은 지적입니다. 그러나 단순히 교복을 입는다고 해서 자유로운 사고를 못 하게 된다는 것은 지나친 우려라고 생각합니다.

女 衣服是表现人个性的最重要的道具。学校要求学生穿统一服装是对学生们自由的侵犯。

男 当然学校不能侵犯学生的自由。但是穿校服有在同龄人中找到共性和所属感的长处。此外也可以使学生们不为服装分心，集中精力在学习上。

女 但是学生们穿着统一服装，我们也可能会不自觉地限制学生们的自由思考能力和想像力。

男 这是个很好的指责。但是我觉得只因为让学生们统一着装，就会影响自由想象的发挥实属过分忧虑。

31. 男性认为穿校服具有能够感觉共性和所属感的长处。所以答案为②。

32. 男性很尊重女性校服侵害了学生自由的意见，同时也讲了校服的长处。所以答案为④。

[33~34] 请听录音，并回答问题。

여자 여러분들은 성공을 위해 어떤 조건이 필요하다고 생각하십니까? 현대 사회에는 노력보다는 환경이 성공을 좌우한다는 생각이 팽배합니다. 그러나 역대 미국 대통령들이 젊은 시절에 아이스크림 가게나 주유소 등에서 아르바이트를 했다는 사실이 알려지면서 '대통령들이 높은 자리에 오른 건 자신이 처한 상황에서 열심히 일하며 한 단계씩 밟아 올라간 덕분'이라는 평가가 나오고 있습니다. 이런 사례를 통해 성공을 하기 위해서는 주어진 환경에서 노력하는 것이 중요하다는 것을 알 수 있습니다. 또 현재에 안주하기보다는 미래 지향적인 사고방식이 필요하다는 것을 말씀드리고 싶습니다.

女 各位，你们认为成功需要具备哪些条件？在现代社会中和努力比起来，环境左右着成功的想法呼声更高。但是当知道了历代美国总统在年轻时节也在冰激凌店或加油站打过工的事实，才得出这样的评价：总统们之所以能登上高位是因为在所处的环境中努力工作，一步步提升的结果。通过这种事例可以得知，为了成功，重要的是在所处的环境中努力。我还想告诉大家，和目前的安居相比，更需要未来指向型的思考方式。

33. 女性举了历代美国总统的事例说明努力的重要性。所以答案为①。

34. 内容中提到：和目前的安居相比，更需要未来指向型的思考方式。所以答案为②。

[35~36] 请听录音，并回答问题。

남자 4월이 되려면 아직 보름이나 더 있어야 하는데 벌써부터 날씨가 화창하고 기온이 높습니다. 이번 주말은 예년 이맘때와 달리 날씨가 덥겠습니다. 기온은 섭씨 20도까지 올라갈 것으로 예상됩니다. 국립기상센터는 한국의 서부 지역에 형성된 고기압으로 인해 예년 이맘때와 달리 비와 구름이 먼 북쪽 지역에 머무를 것이라고 전망했습니다. 하지만 다음 주 초에는 이런 상황이 변할 것 같습니다. 토요일에 고기압이 약화되기 시작하여, 구름이 다시 한국으로 몰려와 현재의 높은 기온이 12도 정도로 떨어질 것으로 예상하고 있습니다. 다음 주 주말 나들이를 계획하신 분들은 두꺼운 옷을 준비하시기 바랍니다. 이상 이번 주말의 날씨였습니다.

男 离4月还得有半个月呢，可天气已经缓和，气温很高了。与往年此时不同，这个周末天气会很热。预计气温将升到摄氏20度。国家气象中心预测说受韩国的西部地区形成的高气压影响，与往年此时不同，雨和云将停留在北部地区。但是从下周初开始这种现象将发生改变。周六高气压开始减弱、云团再次移动到韩国，预计现在的高温将下降的12度左右。计划下个周末出游的人，请准备厚些的衣服。以上是这个周末的天气。

35. 男性正在对现在的气温与去年此时的气温做比较，并讲了有关这周和下个周末的天气。所以答案为②。

36. 男性讲到这个周末与往年此时不同，很热。所以答案为②。

[37~38] 请听录音，并回答问题。

남자 박사님이 발표하신 축구 심판과 관중에 대한 연구가 많은 화제가 되고 있습니다. 어떤 연구인지 소개 부탁드립니다.

여자 한국에는 붉은 악마라는 응원단이 있는데요, 이 응원단을 '12번째 선수'라고 부르는 이유가 있습니다. 혹시 열광적인 함성이 심판을 기죽게 한다는 말을 들어 본 적 있으신가요? 실제로 그런 일들이 축구 경기장에서 자주 나타납니다. 축구 경기에서 검정색 옷을 입고 경기장을 누비는 심판들은 보통 5개의 까다로운 시험을 통해 선발되지만 가끔은 상황에 휘둘려 공정하지 못한 판정을 하는 경우가 있습니다. 영국 월버햄프턴 대학교의 연구팀이 축구 심판들을 두 그룹으로 나누어 흥미로운 실험을 했습니다. 한 그룹에게는 응원 함성이 들리는 태클 장면을 보여 주고, 다른 한 그룹에게는 소리 없이 영상만을 보여 줬습니다. 그러자 응원 함성을 들은 심판들은 그렇지 않은 심판들보다 반칙으로 판정하는 정도가 무려 15%나 낮았습니다. 이렇듯 관중의 함성이나 야유가 판정에 영향을 미칠 수 있다는 내용의 연구입니다.

男 博士您最近对于足球裁判和观众所做的研究成了谈论的话题。能介绍一下是什么研究吗?

女 在韩国有被称为红魔的拉拉队。这支拉拉队被叫做"第12位选手"是有理由的。或许听到过"狂热的呐喊让裁判失去了锐气"的话吗? 事实上这样的事在足球场上是经常出现的。在足球场上身着黑色服装横穿于球场的裁判们通常是要通过5项艰难的考试选拔出来的，但偶尔也会遇到被环境所迫作出不公正判定的时候。英国伍尔弗汉普顿大学的研究小组将足球裁判们分成2个组进行了一项有趣的试验。给一组看了包括拉拉队喊声的抢球场面，而另一组只看场面。结果听到拉拉队喊声的裁判们和没听到喊声的裁判比，判定犯规的程度竟然低了15%。所以我认为正如此，观众的喊声或嘲弄会对判定产生影响的。

37. 女性提到：通过实际试验，在背景中有观众喊声或嘲弄声，会对判定产生影响。所以答案为④。

38. 内容提到：听到拉拉队喊声的裁判们对犯规的判定程度会降低15%。所以答案为③。

[39~40] 请听录音，并回答问题。

여자 어린이집에 감시 카메라 설치를 하는 것의 필요성에 대해서는 공감합니다. 그런데 유치원에까지 감시 카메라를 의무적으로 설치해야 할까요? 저는 유치원 교사의 사생활 침해가 발생할 가능성이 높다는 생각이 듭니다.

남자 물론 감시 카메라 설치로 인해 유치원 교사들의 사생활에 어느 정도 지장을 줄 수 있다는 것은 인정합니다. 하지만 감시 카메라 설치는 유치원 교사들에게도 장점이 있다고 생각합니다. 안전사고나 아동 학대가 의심되는 상황이 발생했을 때 감시 카메라가 오히려 교사를 보호하는 역할을 할 수 있기 때문입니다. 그리고 감시 카메라 설치는 영유아의 안전을 위한 최소한의 안전 장치입니다. 감시 카메라 설치로 인해 발생할 수 있는 문제점은 이를 방지할 수 있는 대책을 수립하면 될 일입니다. 감시 카메라의 설치 범위 및 열람에 관한 규정을 확실히 하고 지속적으로 감시하는 식으로 보완해 나가야 할 것입니다.

女 我同意在托儿中心强制安装监控摄像头的必要性。不过，幼儿园里也应该强制安装监控摄像头吗? 我认为这很可能侵犯幼儿园教师的隐私。

男 当然，我承认安装监控摄像头在一定程度上可能侵犯幼儿园教师的隐私。但我也认为，幼儿园教师在安装监控摄像头方面有一些优势。当出现可疑的安全事件或儿童虐待时，监控摄像头实际上可以保护教师。此外，安装监控摄像头是为了幼儿的最低安全措施。任何由安装监控摄像头引发的问题都可以通过建立预防措施来解决。监控摄像头的范围和访问权限应有明确的规定，并进行持续监控以解决此类问题。

39. 女性开始就说同意在托儿中心强制安装监控摄像头的必要性，所以答案为②。

40. 内容提到，由于男性提到安装监控摄像头是为了幼儿的最低安全措施，可以得出正确答案是②。

[41~42] 请听录音，并回答问题。

남자 동물들은 그저 본능에 의한 생존 법칙대로 살아가는 존재라고 생각하는 분들이 많으실 텐데요. 과연 그렇기만 할까요? 이 질문에 대한 답을 찾을 수 있는 재미있는 실험이 있어 소개합니다. 애착이란 인간을 비롯한 모든 동물이 사랑하는 대상과 가까이 하고, 이를 유지하려는 행동을 말합니다. 미국의 심리학자인 해리 할로우는 애착에 대한 실험을 했습니다. 먼저 우리 안에 두 개의 어미 원숭이 모형을 만들어 두었습니다. 어미 원숭이 모형 중 하나는 딱딱한 철사를 감아 만들어 우유병을 달았고, 또 하나는 우유병을 달지 않고 부드러운 천으로 만들었습니다. 결과가 어떻게 나왔을까요? 놀랍게도 아기 원숭이는 우유를 먹을 때 빼고는 줄곧 부드러운 천으로 만든 어미 원숭이 모형에 안겨 있었습니다. 무서울 때도 주저 없이 부드러운 원숭이 모형으로 달려가 안겼습니다. 실험 전, 대부분의 사람들은 아기 원숭이가 당연히 우유병을 달고 있는 모형에 애착을 느낄 거라고 생각했지만 아기 원숭이의 행동은 그 반대였습니다. 이 실험을 통해 동물들도 먹이보다 어미와의 스킨십에 애착을 갖는다는 것을 알 수 있었습니다.

男 很多人认为大部分动物只是出于本能按照生存法则存活。真是那样的吗? 我来介绍一下为了寻找这个问题的答案做的一项有趣的试验。爱恋指的是包括人类在内的所有动物希望靠近和维系所爱的对象而付诸的行动。美国的心理学家亨利哈罗进行有关爱恋的试验。首先，他制作并放置了两只代孕猴妈妈在一个笼子里。其中一只猴妈妈模型是用硬硬的铁丝团起来做的，身上挂了个奶瓶、另一只没挂奶瓶，却是用柔软的布做的。会出现怎样的结果呢? 令人惊讶的是除了喝奶的时间，小猴子都是让用软布做的猴模型抱着的。害怕的时候也会毫不犹豫地跑向柔软的猴子让它抱。试验前，大部分人想小猴子肯定会从挂着奶瓶的模型身上感受到爱恋，但是小猴子的行动恰恰相反。通过这个试验我们知道了比起食物，动物们也希望从和妈妈的身体接触中感受到爱恋。

41. 男性讲了对猴子进行的一项爱恋试验，结果与人们预料的不同，动物们也有爱恋。所以答案为①。

42. 通过试验发现小猴子除了吃奶的时候，都是让用柔软的布做成的猴妈妈抱着的。所以答案为④。

[43~44] 请听录音，并回答问题。

여자 우리는 왜 열대야에 잠을 이루지 못하는 걸까요? 먼저 불면증의 원인에 대해 알아보겠습니다. 불면증은 정신적 스트레스가 심해서 이틀에서 일주일 정도 잠을 못 자는 급성 불면증, 특별한 유발 요인 없이 한 달 이상 지속되는 일차성 불면증, 다른 질환이나 유발 요인이 있는 이차성 불면증으로 나뉩니다. 하지만 여름에 발생하는 불면증은 이와는 달리 외부적 요인에 의해 숙면을 취하기 힘든 경우가 많습니다. 이러한 현상이 나타나는 제1의 원인은 무엇일까요? 네, 여러분이 이미 짐작했듯이 지나치게 높은 온도입니다. 사람은 잠들기 시작하면 몸 안의 열을 체외로 내보내며 체온이 0.5℃ 정도 떨어지게 됩니다. 그러면 자연스럽게 잠이 들며 숙면을 취하게 되는데, 여름에는 밖의 온도가 너무 높기 때문에 쉽게 체온이 떨어지지 않습니다. 특히 밤 최저 기온이 25℃ 이상인 열대야가 되면 사람들이 잠드는 데 어려움을 겪습니다. 여러분도 불면증의 원인을 잘 파악하여 최적의 수면 환경을 만들어 더운 여름에 숙면을 취하길 바랍니다.

女 我们为什么在热带夜会难以入眠呢？我们先来了解一下失眠的原因。失眠分由于严重精神压力造成的2天到一周程度不能入睡的急性失眠、没有特别原因持续一个月以上的一次性失眠和由其它疾病或其它诱因导致的二次性失眠。但是夏天发生的失眠与这些不同，很多是由于外部原因让人难以休眠。出现这种显现的第一个原因是什么呢？对了，就是大家猜到的高温。人开始进入睡眠，身体里的热量会向体外排出，体温会下降0.5°C左右。这样人就会自然入睡进入睡眠状态，夏天由于外面温度高，很难使体温下降。特别是当夜晚的气温在25°C以上的热带夜，人们很难入睡。希望大家能了解失眠的原因，营造最适合的睡眠环境，在炎热夏季也能做到有良好的睡眠。

43. 女性对有热带夜造成的失眠做了说明，并劝大家了解原因在夏季更好地睡眠。所以答案为③。

44. 夏季夜晚外面温度高，体温不容易降低，给入睡造成困难。所以答案为④。

[45~46] 请听录音，并回答问题。

여자 현대 생활은 과학이 없으면 제대로 돌아가지 않을 정도입니다. 우리는 시계와 달력이 있어서 시간을 지키며 살아갈 수 있고, 매일 텔레비전을 통해 전 세계에서 벌어지고 있는 일들을 생생하게 알 수 있습니다. 이 모든 것은 우주 공간에 떠서 지구 여러 곳에서 오는 신호를 받아 전송하는 인공위성이 없었다면 꿈도 꾸지 못했을 일입니다. 인공위성은 전화나 데이터 통신에도 큰 역할을 하고 있으니, 우주 과학 기술이 없다면 세계가 제대로 돌아가지 않는다는 말도 더 이상 과장이 아닙니다. 또 과학을 통해 집을 쾌적하게 하는 일도 가능합니다. 집을 지을 때 흔히 사용되는 단열재도 과학의 발명품 중 하나입니다. 단열재는 추운 겨울에는 집 안의 열이 밖으로 나가는 것을 막고, 더운 여름에는 바깥의 열이 집 안으로 전달되는 것을 막아 주는 역할을 합니다. 뿐만 아니라 화재로부터 집을 지켜주는 화재 경보기와 깨끗한 물을 마실 수 있게 하는 정수기 역시 과학 발전의 결실입니다.

女 如果没有科学现代生活中就几乎完全无法运转。我们每天通过电视可以清晰地了解全世界发生的事。假如没有置于宇宙空间的人工卫星转送来自地球各个角落发出的信号的话，根本是连做梦都做不到的事。现在人工卫星对电话和网络通信也起着巨大的作用。没有宇宙科学技术，世界就无法正常运转的话绝不是夸大其词。而且因着科学我们生活的家才可能洁净、才可能舒心做事。修建房屋时常用的隔热材料就是科学发明品中的一个。这种隔热材料起着在寒冷的冬天防止屋里的热量外散、炎热的夏天有防止外面的热量传到屋内的作用。不仅如此守护我们住宅的火灾警报器和用水守护我们身体的净水机也可以说是科学发展的成果。

45. 女性在最后讲火灾报警器也是一项科学成果。所以答案为①。净水机可让我们喝上洁净的水，隔热材料可以在炎热夏季隔断外部热量传递进来，因此③和④不正确。

46. 女性举了天气预报、电话、网络通信的例子说明，活用宇宙科学的发明品是现代生活中不可缺少的必需品。所以答案为④。

[47~48] 请听录音，并回答问题。

여자 어떤 전문가들은 현재의 기술로는 로봇이 사람보다 냄새를 구별할 수 있는 가짓수가 적기 때문에 로봇에 달린 코는 전혀 쓸모가 없다고 주장합니다. 박사님께서는 어떻게 생각하시는지요?

남자 절대로 그렇지 않습니다. 지금 단계만으로도 로봇의 코는 효용성이 아주 높습니다. 사람의 코는 1만 가지 정도의 냄새를 가려낼 수 있지만, 냄새의 강도를 정확하게 구분할 수는 없습니다. 그렇지만 로봇은 냄새의 강도를 수치로 나타낼 수 있는 장점이 있습니다. 이런 능력을 잘 이용하면 물질의 종류와 양을 손쉽게 구별할 수 있습니다. 로봇 코의 장점은 여기서 그치지 않습니다. 사람은 해로운 기체의 냄새에 계속 노출될 경우 정신을 잃거나 심한 경우 사망할 수도 있습니다. 하지만 로봇 코는 유독 가스의 냄새에 장시간 노출되어도 문제없습니다. 그렇기 때문에 로봇이 폭발 사고나 유독 물질 누출 사고 등이 일어난 현장에 투입되어 어떤 물질들이 문제가 되었는가를 조사할 수 있다면 인명 피해를 줄일 수 있을 거라 예상합니다.

女 有些专家主张以现在的技术，机器人分辨气味的种类比人类要少，因此安装在机器人身上的鼻子完全是无用之物。博士，您对此是怎么想的？

男 绝对不是那样。就现阶段而言，电子鼻的实效性相当高。人的鼻子虽然能辨别出1万种左右的气味，但气味的强度是无法精确区分出来的。然而机器人具有把气味强度数字化的优点。有效地利用这种能力就可以轻松地区分物质的种类和量。电子鼻的优点还远不仅这些。当人置身于有害气体的气味中时很可能发生昏厥，严重时会导致死亡。但是机器人即使长时间处于有毒气体的气味中也没有问题。因此可以设想当出现爆炸事故或有毒物质泄露事故时，如果将机器人投入现场调查到底是什么物质引发的问题，就可以减少人员伤亡。

47. 内容提到了机器人具有将气味强度数字化的优点。所以答案为②。

48. 针对个别专家主张的依现在技术，机器人分辨气味的种类比人类少，因此安装在机器人身上的鼻子完全是无用之物的说法，男性一边对电子鼻和人类的鼻子进行比较，一边反驳，并针对其实效性做说明。所以答案为③。

[49~50] 请听录音，并回答问题。

남자 최근 비만 청소년의 수가 빠르게 늘었습니다. 건강보험심사평가원의 자료에 따르면 5년 전에 비해 비만으로 인해 진료를 받은 청소년의 수가 2배 이상 증가한 것으로 나타났습니다. 10대 미만 환자 수가 3,102명으로 5년 전에 비해 205.9% 증가했고, 10대 환자 수가 4,457명으로 5년 전에 비해 263.2% 증가했습니다. 이처럼 비만 청소년의 수가 증가한 까닭은 무엇일까요? 전문가들은 그 원인을 인스턴트 및 배달 음식 섭취의 증가와 함께 운동 부족 현상의 심화에서 찾고 있습니다. 게다가 영양 결핍으로 진료를 받은 청소년의 수 역시 5년 전보다 확연히 증가했는데요. 10대 미만 환자 수가 7,822명으로 5년 전에 비해 99.1% 증가했고, 10대 환자 수가 13,522명으로 5년 전에 비해 181.6% 증가했습니다. 전문가들은 성장하는 시기에 있는 청소년들이 바른 식습관과 신체 활동을 통해 영양을 골고루 섭취하고 비만에서 벗어날 수 있도록 가정과 학교에서 특별한 지도가 필요하다고 강조했습니다.

男 最近肥胖青少年的数量迅速增加。根据健康保险审查评价院的资料显示，与5年前相比，因肥胖接受治疗的青少年人数增加了2倍以上。未满10岁患者3,102人，比5年前增加205.9%，10多岁的患者有4,457人，比5年前增加263.2%。肥胖青少年人数如此增加的原因是什么呢？专家正从速食和外卖食品摄入量增加、运动不足现象的加剧中寻找原因。而因营养不足接受治疗的青少年人数也比5年前明显增加。未满10岁患者有7,822人，比5年前增加99.1%，10多岁的患者为13,522人，比5年前增加181.6%。专家们强调，为了让处于成长时期的青少年通过正确的饮食习惯和身体活动，均衡摄取营养，摆脱肥胖，家庭和学校需要特别的指导。

49. 专家表示，为了解决青少年的肥胖和营养不足问题，家庭和学校需要特别的指导，因此答案是②。

① 肥胖青少年问题~~只要增加运动量~~就可以解决。
→ 必须减少速食和外卖食品的摄取，增加运动量

③ 肥胖青少年虽然有所增加，但缺乏营养的青少年人数却~~有所减少~~。
→ 二者均增加。

④ 肥胖和营养不足的患者人数来说，~~未满10岁的患者都比10多岁~~的人多。
→ 比起未满10岁，10多岁的患者人数更多

50. 男性以健康保险审查评价院的资料为基础，通过肥胖青少年和营养缺乏青少年的急剧增加来掌握问题的严重性和原因，因此答案是④。

쓰기 书写

[51~52] 请阅读下文，分别写出符合㉠和㉡的一句话。

51. ㉠：后面提到需要照片，所以应该写与照片相关的内容。并且后面提到应该注意观察脸和手的动作，可知这是有关脸和手的照片。

㉡：前面提到实验报酬通过银行账户支付、后面提到务必将材料拿来，由此可知括号中需要有银行账号以及相关材料的内容。

→ 本文是募集参加实验学生的告示。因此内容中要有实验的目的和参加实验的对象、实验日期和时间、以及实验场所等。还有参加实验的学生需要准备的事项以及参加试验的报酬。还应该有能让希望参加实验的人联系的电话号码和电邮信箱。3分的答案适用于使用初级语法和词汇进行表达的情况。

52. ㉠：文章以个人的角度陈述着志愿服务的意义。因此，要陈述以个人的观点来看的优点。

㉡：前面分别从个人和社会的角度对志愿服务进行了说明。因此要围绕本文的主题将内容整理出来。

53. 以下是针对30至50岁男性工作时间和时间利用方式的调查资料。请将此内容写成200-300字的文章，但请勿书写文章的题目。

【概略】
序论：介绍针对30至50岁男性工作时间的调查内容
本论：介绍针对30至50岁男性时间利用方式的调查内容
结论：与2022年OECD平均工作时间与睡眠时间的比较

54. 请参考以下内容，写一篇600-700字的文章，但请勿将问题原封不动地抄写下来。

【概略】
序论：整理问题提到的内容（抄袭的定义和现状）
本论：① 抄袭的原因
② 因抄袭发生的问题
结论：处理抄袭问题的努力

읽기 阅读

[1~2] 请选择最适合置入(　)的选项。

1. 在针对老人就业的问卷调查中，超过半数的回答是只要健康(　　)就想继续工作。

问题类型 选择适合句子的语尾(连接/生活文)

因为它有"在健康允许的条件下"的意思，所以正确答案表示条件的②。

> -는 한: 在这样的条件下。
> 例 내가 살아있는 한 너를 끝까지 지켜 줄게.
> 음식을 많이 먹는 한 절대 살을 뺄 수 없다.
> 注意 和"-(으)면"意思一样，在表示非常强烈的条件情况的时候使用。

- 길래: 是"-기에"的口语形式。表示前句是产生后句行为的原因或根据。
  例 날씨가 흐리길래 우산을 가지고 나왔다.
- -(으)ㄹ지라도: 提示某种情况，或者假设与之无关的某种情况，或者接下来会出现相反情况的时候使用的连接词尾。
  例 영호는 나이는 어릴지라도 꿈이 큰 소년이었다.
- ㄴ/는다고 해도: 假定前面的内容，但是与后句内容无关，或者对后句不造成任何影响的时候使用。
  例 지금 출발한다고 해도 늦을 거예요.

2. 善英对美雅发火说:"美雅，你为什么这么晚？我不是(　　)你一点钟开始吗?"

问题类型 选择适合句子的语尾(终结/短文)

善英在问美雅说过1点钟开始，为什么还迟到。所以答案为④。

> -잖아요: 陈述听者已知道的理由，多用于口语。
> 例 가: 한국 사람들은 왜 등산을 많이 해요?
> 나: 등산이 건강에 좋잖아요.
> 也在表示确认的时候使用，这个时候，如果是用非常强硬的语气说的时候，多数听上去像是在发火。
> 例 가: 전화번호가 몇 번이에요?
> 나: 또 잊어버렸어요? 내가 여러 번 말했잖아요.
> 注意 在说明理由的时候，如果是对方已经知道的内容，那么就用"-잖아요"，如果是对方不知道的内容就用"-거든요"。
> 例 그 남자 배우가 요즘 인기가 많아요. 잘생겼거든요.

- -거든요: 表示话者针对前面的内容陈述自己的理由、原因或根据。
  例 오늘 약속을 못 지킬 것 같아요. 고향에서 친구가 오거든요.
- -다니요: 表示因为意外而感到惊讶或感叹。
  例 기홍이가 벌써 이렇게 컸다니요?
- -더군요: 对过去亲身经历的事实和对新了解的事实表示感叹时使用的表达方法。
  例 오랜만에 미영이를 만났는데 정말 날씬해졌더군요.

[3~4] 请选择与下端划线的部分意义最相似的选项。

3. 这栋公寓既视野好、又交通方便，所以很有人气。

问题类型 选择适合句子的语尾(连接/短文)

提到"이 아파트는 전망도 좋거니와 교통도 편리해서 인기가 많다."所以答案为④。

> -거니와: 表示既认定前一事实，也认定后一事实。相当于汉语"既……又……"。
> 例 그는 일도 열심히 하거니와 운도 좋아서 하는 일마다 큰 성공을 거둔다.
> 선희는 얼굴도 예쁘거니와 마음까지 착해서 인기가 최고다.
> 注意 "-거니와"如果接在"다시 말하다"，"다시 설명하다"之后，表示要重复与后文相关的内容。
> 例 다시 말하거니와, 이번 경기는 매우 중요하니 모두 최선을 다해 주시기 바랍니다.

- -은/는데도: 表示后句情况的出现与前句状况无关。
  例 나는 할 일이 많은데도 계속 텔레비전만 보고 있다.
- -은/는 만큼: 表示后句内容与前句内容成比例，或与前句内容的程度或数量相当。
  例 넓은 집으로 이사해서 좋지만 넓은 만큼 청소하기가 힘들기도 해요.
- -은/는 체하다: 虽然实际上并不那样，但是假装成做某种行为或状态。
  例 나는 영호의 말에 기분이 나빴지만 옆에 사람들이 있어서 괜찮은 체했다.
- -(으)ㄹ 뿐만 아니라: 表示不仅前句内容，补充的后句内容也适用。
  例 기홍이는 성격이 좋을 뿐만 아니라 무엇이든 열심히 하기 때문에 배울 점이 많다.

4. 在选择专业课的时候，要是深思熟虑之后再选择就好了。

问题类型 选择适合句子的语尾(终结/短文)

内容表示了"在选择专业课的时候，本应该深思熟虑之后再选择，但是却没那么做，感到很遗憾"的后悔之意。所以答案为②。

> -(으)ㄹ 걸 그랬다: 表示对某事感到后悔或遗憾的时候使用。
> 例 방학 때 놀지만 말고 숙제도 할 걸 그랬다.
> 몸이 피곤해서 영화 보러 안 갔는데 나도 갈 걸 그랬다.

- -은/는 듯하다: 表示对前句内容的猜测。
  例 요즘 영호에게 안 좋은 일이 있는 듯하다.
- -았/었어야 했다: 表示对某事后悔或者遗憾。
  例 친구가 여행 갈 때 따라갔어야 했다.
- -는 셈 치다: 表示推迟的假定。虽然没做某事，但是当成已经做过了。
  例 가: 미안해요. 선물을 준비했는데 버스에 놓고 내렸어요.
  나: 괜찮아요. 받은 셈 칠게요.
- -고 보다: 表示判断。
  例 나는 민주가 결정을 참 잘했다고 본다.

[5~8] 请选择下面是关于什么的文章。

5.

隔离紫外线指数最高
请每两小时涂抹一次

问题类型 掌握文章的题材/类型(广告文)
这个广告的核心词是“隔离紫外线指数”，隔离紫外线指数高，并且是涂抹的东西。所以答案为③。

- 자외선[紫外线]: 来自太阳、肉眼看不见的波长很短的光。
- 자외선 차단 지수[紫外线遮断指数]: 用数值表示隔离紫外线的程度。

6.

以实际情况为话题的原著
评论家们称赞其超越原著
现在请在屏幕上确认吧!

问题类型 掌握文章的题材/类型(广告文)
这个广告的主要核心词是“스크린”，“원작을 넘어서다”，“스크린에서 확인하다”。所以答案为③。

- 평론가[评论家]: 进行专业评论的人。
- 평론[评论]: 评价事物的价值、长、短处以及优秀之处与 不足之处的话或文章。

7.

期望寿命快速增加
退休比发达国家快7~8年

问题类型 掌握文章的题材/类型(广告文)
主要核心词是“은퇴”。从寿命增加，但是退休变快的内容可以看出，内容对退休后的生活表示担忧。所以答案为①。

- 선진국[先进国]: 比起其他国家，在政治、经济、文化等方面都发达超前的国家。

8.

产品购入后，一周内可以。
摘除商标后不可以。

问题类型 掌握文章的题材/类型(介绍文)
“产品购入后一周之内可以，摘除商标后不可以”说的是换货或者退货。但是本题是以介绍信息形式给出的。所以答案为②。

- 제거하다[除去-]: 去除

[9~12] 请选择与下文或图表内容相同的选项。

9.

首尔市儿童照片大奖赛

- 征集对象：抚养孩子的首尔市民(无年龄限制)
- 征集时间：2024年9月1号－2024年9月30号
- 征集方法：接受网上邮件(edepal1026@saver.com)

※ 未满周岁的儿童照片 /1人1张

- 公布及颁奖：2024年10月5号，上午10点－下午5点
  在光化门广场，进行市民贴纸投票活动之后，现场公布及颁奖

问题类型 选择与文章相同的一项(介绍文)
内容提到“광화문 광장에서 시민의 스티커 투표 진행”，可知儿童照片是市民直接选拔的。所以答案为②。

① 征集~~超过一周岁~~的儿童照片。→ 未满周岁
③ 大奖赛上被选拔的人，~~活动之后在网页上~~公布。
→ 活动之后，在现场
④ ~~首尔市民~~，与年龄无关，谁都可以应征。
→ 正在抚养孩子的首尔市民

10.

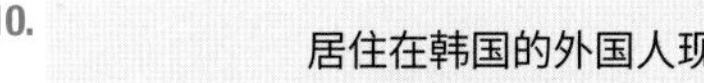

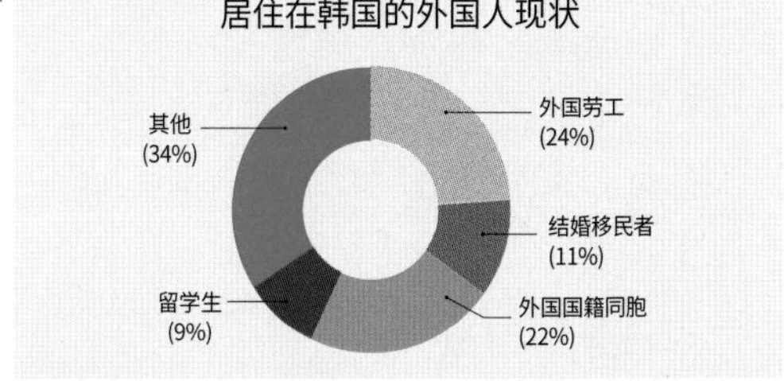

问题类型 选择与图表相同的一项
外国劳工的比率为24%，高于外国国籍同胞的比率22%，因此可以推测人数更多。所以③是正确的答案。

① 结婚移民人数和留学生人数~~相同~~。→ 不同
② 外国劳工占一半~~以上~~。→ 以下
④ 外国劳工以外的其他外国人比率~~没有~~太大差异。
→ 很大

11.

“初中自由学期制”是以初中课程中的一个学期期间让学生们不用担心考试，自主地度过学校生活为宗旨制定的政策。不考试并不意味着不学习教科书。上午听国语、英语、数学等课程，下午进行多种体验活动。

问题类型 选择与文章相同的一项(报道)
因为有“这是为了让学生们在一个学期期间不用担心考试，能自主地度过学校生活而制定的政策”的内容，所以①是正确的答案。

② ~~初中将实行~~自由学期制。
(→ 已经实行了初中自由学期制。)
③ 自由学期~~不学习教科书~~，而是进行体验活动。
(→ 也学习教科书)
④ ~~学校毕业后~~可以选择自由学期制。
(→ 在初中课程中的一个学期里)

- 취지[趣旨]: 作为某事根本的目的或非常重要的意义。

12.

大部分非洲的形象都是千篇一律地倾向一边。世界其它国家也一样，对于非洲我们也需要均衡的理解。就像我们不能认为同属于亚洲大陆的韩国和菲律宾，以及印度、阿富汗相同一样，非洲也如此。非洲大陆比我们想象的更大，也更多姿多彩。

问题类型 选择与文章相同的一项(报道)
内容提到:“대부분 아프리카의 이미지가 천편일률적이고 한쪽으로 치우쳐 있다.”，意思就是大部分人对非洲持有偏见。所以答案为①。

② 非洲的国家比我们想象的~~单纯~~。→ 更大和更多姿多彩
③ 人们对非洲的认识~~多种多样~~。→ 千篇一律的

④ 非洲大陆的国家具有~~相似的特征~~。→ 多种多样
- 천편일률적[千篇一律的]：没有各自的特性，所有都差不多。

[13~15] 请选择正确按顺序排列的选项。

13.
(가) 在一般的常识中，与事实不同的情况不少。
(나) 喝酒之后，酒精使血管扩张，温暖的血液就会涌向皮肤表面。
(다) 例如，众所周知酒能使身体变得温暖，但这只是错觉。
(라) 所以，只是一时产生的温暖感觉，反而会夺走体内的热量，使人处于危险当中。

问题类型 排列文章顺序
举了很多具体例子来说明在一般常识中与事实不同的事。首先应该是叙述一般常识中与事实不相同的事不少的(가)，其次是举例说明的(라)，接着是说明喝酒后出现的症状的(나)，最后是以"그래서"开头来说明结构的(다)。所以答案为按照(가)-(라)-(나)-(다)排序的①。

14.
(가) 核心秘诀在于使人吃惊的作业的力量。
(나) 所以，以5万名美国人为对象开始了关于家庭中日常的"学习习惯研究"。
(다) 罗伯特博士想通过对那些把子女培养成了优秀人才的家庭的研究找到新的教育方法。
(라) 通过为期三年的研究，发现了在学业，情绪，社会性等方面获得过成功的孩子们的共同点。

问题类型 排列文章顺序
本文讲述了罗伯特博士对于"学习习惯的研究"。首先应是说明罗伯特博士研究目的的(라)，其次为以"그래서"开始的"学习习惯研究"的(나)，再接着是在研究中发现共同点的(다)，最后是发现结果的(가)，所以答案为按照(라)-(나)-(다)-(가)排序的④。

15.
(가) 开始了将挂号邮件放入邮筒发送的服务。
(나) 到目前为止，只有亲自到邮局结算费用才能发送挂号信。
(다) 现在，在应用程序上完成事前受理和结算后，填写受理号码，放入邮箱即可。
(라) 当然，邮筒的大小不大，只能发送小尺寸的内容物件，但预计用户的便利性会提高。

问题类型 排列文章顺序
本文讨论了开始将挂号邮件放入邮筒发送的服务。首先从(가)开始，提供有关服务的说明。接下来是(나)从"到目前为止"开始，描述该服务开始之前的过去情况。接着从(다)到"现在"开始，说明与过去相比的未来变化，将两者进行对比。最后提出(라)，以"当然"结束，虽然存在几个缺点，但说明该服务将提高顾客的便利性是很自然的。正确的答案是(가)-(나)-(다)-(라)或①。
- 기재하다[记载—]：将特定事实记录在案或上传

[16~18] 请选择最适合置入(　)的选项。

16.
妈妈在给两个孩子分披萨的时候，如果让一个孩子切披萨，最好是让另外一个孩子(　　　)。如果切披萨的孩子知道自己会最后选择披萨，那他就会最大限度公平地切披萨。而不切披萨的孩子因为获得了优先选择权，没有什么不满。

问题类型 选择符合文脉的内容
从括号后因为有"피자를 자른 아이가 피자를 나중에 선택한다는 걸 알면"，可看出正确答案为①。

17.
一个樵夫在努力地砍伐树木，但是越砍越费力，树木也不能很快砍倒。樵夫没有察觉到是因为斧刃太钝的原因。樵夫继续吃力地砍伐树木，直到累得筋疲力尽坐下来。(　　　)不是说只要一味努力就什么都能实现的。

问题类型 选择符合文脉的内容
就像用钝了的斧头，不管怎么努力都不能砍到树木；只有磨好斧头才能砍倒树木一样，只有解决了根本问题，才能做好一件事情。所以正确答案为③。

18.
因为道路交通量的增加和汽车超速行驶，导致野生动物因交通事故死亡的案例持续发生。为了阻止这样的事情发生，虽然建设了生态通路(　　　)，没有达到期待的成果。想要防止野生动物交通事故的发生，必须首先对动物为了寻找食物、为了生产幼子的本能移动的特性进行研究。

问题类型 选择符合文脉的内容
后面写到"먹이를 구하기 위해, 새끼를 낳기 위해 동물들이 본능적으로 움직이는 성향에 대한 연구가 먼저 이루어져야 한다."所以答案为②。
- 성향[性向]：根据性质的行动倾向。

[19~20] 请阅读题目并回答问题。

现如今，青少年们成为了最大最重要的文化消费层。所以，媒体和文化产业动用了所有广告和销售战略来蛊惑青少年。(　　　)放下心来，就很容易被广告战略所迷惑。最近在街上经常看到外貌相似，穿着相似产品的青少年。现在正是青少年们需要独立思考，保持自身个性的时代了。

19. **问题类型** 选择符合文脉的内容
括号前面讲到，媒体和文化产业正在蛊惑青少年，后又讲到很容易被广告战略所迷惑。所以答案为含有"조금이라도(哪怕一点)"或"아차하면(稍不留神)"之意的①。
- 자칫：(表示某事正在错误地进行下去）稍微不慎，差一点。
  例 젊은이들은 자칫 이상과 현실을 혼동하기 쉽다.
- 미처：(与"못하다"、"않다"、"없다"、"모르다"一起连用）表示还没到达某种程度。
  例 얼마나 바쁘던지 손님들에게 미처 감사 인사도 하지 못했다.

- 역시:

① 在那基础上，又

例 이번 일도 역시 잘 안 될 것 같아.

② 怎么想也

例 한국인에게는 역시 한국적인 것이 잘 어울린다.

③ 正如判断或预料的

例 이번 시험에서도 역시 1등을 했구나!

- 절대: (用于否定句) 发生什么事都……

例 나는 절대 너랑 같이 가지 않을 거야.

20. **问题类型** **掌握中心想法**

作为文化消费层的青少年们说被文化产业广告战略所骗，失去了个性，④是正确答案。

[21~22] 请阅读题目并回答问题。

去年，韩国的年工作时间为1,915小时，是OECD成员国平均水平的3倍。这在38个成员国中排在第5位，因此实际上工作和家务劳动，(　　　)非常困难。再加上问卷调查结果显示，上班族的平均上下班时间约为1小时24分钟。也就是说，下班后可以让个人使用的时间不多。据推测，韩国人的平均睡眠时间经常在OECD成员国中排名倒数第一，是因为有上述因素。

21. **问题类型** **选择符合文脉的俗语**

内容要说的是："公司的工作和家务劳动这两者都想做好是非常难的。" 所以答案为含有 "二者都想兼得" 意思的④。

- 두 손을 들다: 表示降服或者屈服。

例 너에게 두 손 들었으니, 네 요청을 받아 주마.

- 활개를 펴다: 形容意气扬扬独自随心玩耍。

例 성규는 돈을 많이 벌더니 자기 세상을 만난 듯 두 활개를 펴고 다닌다.

- 두 다리를 쭉 뻗다: 形容无忧无虑地安逸地生活。

例 이제 걱정이 없어졌으니 두 다리를 쭉 뻗고 잘 수 있겠다.

- 두 마리 토끼를 잡다: 形容一次获得两种利益。

例 이 영화는 재미와 감동, 두 마리 토끼를 잡았다.

22. **问题类型** **掌握细节内容**

韩国人的平均睡眠时间总是在OECD成员国中倒数第一，因此④是正确的答案。

① 工作和家务劳动都做得好~~并不难~~。
　→ 非常辛苦

② 韩国的年工作时间在OECD成员国中排名~~第三~~。
　→ 第五位，是OECD成员国平均水平的3倍

③ 韩国人下班后可以个人使用的时间比较~~多~~。
　→ 不多

[23~24] 请阅读题目并回答问题。

去年冬天，由于费用负担过重，所以略过了孩子的流感疫苗接种，结果对患上流感没能上学的女儿感到非常抱歉。下定决心今年一定要接种疫苗，和女儿一起去了医院。回到家对女儿说："今天要好好休息，也不能洗澡。" 听到这句话，妈妈说："你也不像以前了，经常感冒……。" "妈妈，去年连孩子都没打预防针。我又不是小孩子。" 听到我生硬的回答，母亲说："你啊，不要这样对我女儿。你也是我唯一的孩子。" 瞬间心里咯噔一下。一直只认为自己是孩子的母亲，也是一个大人的我，其实对母亲来说一直都是令她担心的孩子。

23. **问题类型** **掌握心情 (随笔)**

笔者听到母亲的话后，意识到自己既是孩子的母亲，也是一个大人，但对母亲来说，自己是一个经常令她担心的孩子，受到了冲击，因此正确答案是③。

24. **问题类型** **掌握细节内容 (一致/随笔)**

因为说 "去年冬天，因为费用负担太大，所以略过了孩子的流感预防接种"，因此④是正确的答案。

① 我~~以前~~经常感冒。→ 最近

② ~~今年~~女儿得了流感，没能上学。→ 去年

③ ~~除了母亲以外~~，~~家人都~~接种了疫苗。
　→ 只有孩子接种了疫苗

[25~27] 请选择最能说明下列新闻的标题。

25. 企业的业务形态变化。书面报告消失，由在线报告代替。

问题类型 **掌握简化的句子 (报道文)**

新闻报道的题目意义是 "企业业务形态发生了变化，是由在线报告代替了书面报告。" 所以正确答案为④。

- 서면 보고[书面报告]: 研究或者调查结果写成书面形式进行汇报。

26. 春天搬家季接近尾声。押金上升趋势停止。

问题类型 **掌握简化的句子 (报道文)**

新闻报道题目的意思是，春天这个搬家季节已结束，押金上升趋势将停止。所以答案为②。

- 주춤: 犹豫或因为轻微震惊而忽然迟疑或踌躇的摸样。

27. 一口之家增多，快餐股票攀升

问题类型 **掌握简化的句子 (报道文)**

新闻报道题目的意思是，随着一口之家的增多，与快餐相关的股票上涨了。所以正确答案为③。

- 쑥쑥: 突然生长或变大的样子。
- 들썩: 粘在某处的东西很容易向上拿起的状态
- 가구[家口]: 生活在一个家庭里面的所有人的群体。

[28~31] 请选择最适合置入(　)的选项。

28. 因法布尔昆虫记而广为人知的昆虫——蜣螂只以动物的排泄物为食。那蜣螂喜欢什么样的粪便? 每个物种的口味不同。许多物种更喜欢食草动物的粪便，然而它们中有的也寻找肉食动物的。这些它们是(　　　)。蜣螂是从沙漠到树林都要打扫的清扫夫。扮演着通过吃或者埋藏其他动物的排泄物找回土壤养分的角色。

问题类型 选择符合文脉的内容

内容提到：蜣螂是“사막부터 숲까지 청소하는 청소부”、“토양에 영양분을 되돌려 주는 역할을 한다.”。所以答案为④。

29\. 电影是通过荧幕随着时间流逝的艺术，而话剧则是在舞台这一被限定的场所内随着时间变得形象化的艺术。从两种艺术都是(　　　)的这点上可以知道，和其它领域的艺术，它们彼此更加接近。并且电影和话剧也不像文学和美术那样仅仅靠一个人的创造努力来实现的，它是把许多部分的艺术综合起来而完成的艺术。从这点也可以看出电影和话剧是相通的。

问题类型 选择符合文脉的内容

“영화는 스크린이라는 곳을 통해 시간적으로 흐르는 예술이며, 연극 또한 무대라는 제한된 장소에서 시간적으로 형상화되는 예술이다.” 由此可知答案为①。

30\. 在我们周围能够见到的动物当中，最常接触到的，并且与人类关系最密切的动物之一就是狗。狗是性格最温顺，最伶俐，对主人最忠诚的动物。所以在以前的故事里出现的狗的形象无一例外全部都是(　　　)的形象。最具代表性的故事就是“獒树的狗”。这个故事讲的是喝醉酒正在田野里睡觉的主人，田野突然起火，狗为了救处于危险当中的主人，在扑灭火的过程中死去的故事。

问题类型 选择符合文脉的内容

以“田野突然失火，狗为了救处于危险当中的主人在扑灭火的过程中而死。”的故事为例，可知答案为③。

31\. 最近，哈弗大学研究小组以法官为对象进行的调查，结果发现：有女儿的法官的判决会对女性更有利。即使是男性或是有保守倾向的法官，有女儿的情况下，都会给予女性更亲和的判决。这件事告诉我们，通过亲近的持续的关系，能够学到对于不同立场的人的理解和共感能力。最终(　　　)会对判决产生影响。

问题类型 选择符合文脉的内容

“有女儿的法官的判决有对女性更有利的倾向。这件事告诉我们，通过持续的关系，能够学到与他人的共感能力。”由此可知答案为④。

- 보수적[保守的]：反对新生事物，努力坚持传统制度或方法。

[32~34] 请阅读题目，并选择与文章内容相同的选项。

32\. 每种动物喜欢的天气都不一样，蝙蝠因为能利用超声波的声音准确找到食物的位置，所以不喜欢下雨或者刮风。相反，青蛙却很喜欢能使皮肤变得湿润的下雨天；苍蝇喜欢炎热的闷热天气；北极熊喜欢下雪的寒冷的日子；眼睛看不太清楚、但是嗅觉敏锐的黄鼠狼则喜欢气味能长久遗留、细小的声音都能听得见的有雾的天气。

问题类型 掌握细节内容（一致）

内容提到“파리는 푹푹 찌는 무더운 날씨를 좋아하고 북극곰은 눈이 펑펑 내리는 추운 날씨를 좋아한다.”，所以答案为④。

① 黄鼠狼的~~视觉和嗅觉~~很发达。→ 视觉发达

② ~~一般来说，动物都喜欢晴朗的天气~~。
　→ 每种动物喜欢的天气都不一样

③ 蝙蝠和青蛙喜欢的天气~~一样~~。→ 不一样

33\. “日用粮食”是收录在“远美洞”短篇集里面的11篇作品之一。作品的空间背景是在首尔外围的一个叫远美洞的小村庄，时间背景是有线广播开始流行的1980年代的冬天。这部作品让我们产生这样的错觉，好像就是在谈论我们家、邻居家以及整个村子的小卖部的故事。因为在这部作品里面记载的就是像我们这种小市民的日常生活。

问题类型 掌握细节内容（一致）

内容提到：“이 작품은 우리 집, 옆집 그리고 우리 동네의 슈퍼 얘기를 하는 듯한 착각을 불러일으킨다.” 由此可知，答案为③。

① 这部作品以~~繁华的村庄~~为背景写的。
　→ 首尔外围小城市

② 这部作品是以~~我们村庄~~的故事为素材写的。
　→ 远美洞的

④ 这部作品是登载有11篇作品的~~短篇集的标题~~。
　→ 短篇集中收录的11篇作品中的一篇

- 유선 방송[有线放送]：通过在一定区域内安装的有线发射给几个频道的电视广播。
- 번화가[繁华街]：商业活动蓬勃发展，吸引大量人群的城市拥挤而充满活力的街道。

34\. 仔细听的话，常会发现人们在日常生活中说话时的发音是错误的。因为人们更注重写文章的时候使用语法的正确性，而说话的时候则不然。例如，“곳곳에서”读成[곧꼬데서]、“뜻있는”读成[뜨신는]的人很多，而[곧꼬세서]和[뜨딘는]才是正确的发音。习惯性的发音最终也会反映在写作里，所以应该引起注意。

问题类型 掌握细节内容（一致）

内容提到：“습관화된 발음은 결과적으로 쓰기에도 반영되는 경우가 많으므로”所以答案为①。

② “뜻있는”的正确发音是~~[뜨신는]~~。→ [뜨딘는]

③ ~~写不正确的话，发音也会出错~~。
　→ 不能正确发音的话，写也会出错

④ 努力~~想按~~照语法~~发音~~的人很多。→ 想写文章

[35~38] 请阅读题目，并选择最适合文章主题的选项。

35\. 现在在加班或出差等突然发生事情时，只要在所需时间2-3小时前申请，就可以使用照顾孩子的时间制服务。照顾孩子服务是政府根据使用者的收入类型支援费用，由照顾孩子的人前往儿童的家，提供一对一照顾服务的制度。也就是说，可以应对紧急需

要照顾的情况，在上学、放学等短时间内需要照顾的情况下也可以使用该服务。

问题类型 **掌握中心想法**

笔者说明什么是照顾孩子的服务，也告知随着此次出现时间制照顾服务，用户的便利性得到了提高。因此答案是②。

36. 最近，连周岁左右的孩子都在使用教育用的智能机器。因为智能机器的集中度和活用度很高，被经常使用，但是稍不注意，也会给孩子的视力发育带来不良影响。仔细观察孩子可以发现，只要一给他们看平板电脑，马上就会坐下来集中到电脑画面上。集中在画面上的孩子的眨眼次数每分钟仅1次。这明显少于看书时眨6次眼的数值。

问题类型 **掌握中心想法**

内容提到：对看平板电脑时和看书时的眨眼次数进行了比较，发现智能机器会给孩子视力发育带来不良影响。所以答案为④。

37. 最近政府表示，将在地方大学中选定30所大学，提供相当规模的支援金。因为在高中毕业生人数急剧减少的现在，想要进入地方大学的学生人数更是迅速减少。当然，大学的整体结构改革也是必要的。预计20年后，全体大学的70%左右将关门，如果地方大学同时关门，将对地区经济产生负面影响，因此有必要对此进行应对。

问题类型 **掌握中心想法**

笔者强调，政府应支持地方大学，大学要进行整体结构改革，否则地方大学同时关门，将对未来地区经济产生负面影响。因此正确的答案是②。

38. 如果身体需要的能量不足的话，我们大脑就会发出“肚子饿了”的信号，从而诱导我们摄取食物。但有时热量并不缺乏，大脑也会发出肚子饿的信号，这就是假性肚子饿。如果不区分到底是真饿、还是假饿，只要一感到饿就吃食物的话，脂肪就不能分解，会不断在体内堆积。结果就会得肥胖和糖尿病等慢性病。

问题类型 **掌握中心想法**

“如果不区分到底是真饿还是假饿，只要一感到饿了就吃食物的话，脂肪就不能分解，会不断在体内堆积。这就是得肥胖和糖尿病这样的慢性病。”所以答案为③。

- 만성병[慢性病]：症状不严重也不能很快好的病。

[39~41] 请选择最适合的句子能置入的地方。

39. 豆腐是人人都爱吃的食物，是用被称为“田里的牛肉”的豆子做成的。(㉠)这种高蛋白低卡路里的食物，因为能防止脂肪在体内堆积，所以作为减肥食品有很高的人气。(㉡)因为豆腐具有大量的蛋白质，所以，如果吃得太多，会诱发蛋白质消化不良。(㉢)并且长期大量摄取蛋白质，会对肾脏造成一定的负担。(㉣)豆腐每天摄取100～150g比较合适。

〈提示〉

即使是对身体有益的健康食品，吃得太多，也会产生副作用。

问题类型 **插入符合文脉的句子**

提示的句子以“하지만”开头，讲述了豆腐的缺点是会产生副作用。所以，这是很自然地出现在讲述豆腐好处之后的。并且提示句里，因为写到会产生副作用，所以出现在“大量摄取豆腐时的副作用”之前也是理所当然的。所以答案为②。

- 유발하다[诱发-]：指某种东西作为原因，导致其它事件或现象的发生。

40. 朴泰桓选手在5岁的时候，为了治疗哮喘开始游泳。(㉠)幼年的朴泰桓很害怕水，但他战胜了恐怖，成为了光耀韩国的世界级游泳选手。(㉡)他在韩国男性自由泳这块不毛之地上获得了金牌，实现了韩国游泳长期以来的梦想。(㉢)尽管恶劣环境与支援与其他国家有很大差距，但是对站在世界顶峰的他付出的努力和汗水还是被认可的。(㉣)

〈提示〉

游泳专家将尽管处境困难却获得金牌的朴泰桓称为“以努力为基础的天才”。

问题类型 **插入符合文脉的句子**

提示句放在游泳专家称朴泰桓选手为“以努力为基础的天才”的原因之前。而且提示句后面要更详细地说明朴泰桓选手战胜的恶劣条件（与其他国家存在明显差距的恶劣环境和支持），所以答案是③。

- 불모지[不毛地]：比喻再开发也没有发展的地方或状态。

41. 滑雪板是怎么移动的呢？(㉠)身体的重心放在要前进的那侧，轻轻地把力放在行进方向那侧的脚上，当行进方向和滑雪板方向一致时即可向前滑行。(㉡)具体来说，就是反方向那侧的脚在前，滑雪板的方向与行进方向垂直，使摩擦力增加，速度就会慢慢减下来直至停止。(㉢)也就是说，行进方向那侧的脚相当于油门，反方向那侧的脚相当于刹车的角色。(㉣)。

〈提示〉

相反，如果想停下来的话，就要把力放在与行进方向相反的脚上。

问题类型 **插入符合文脉的句子**

提示的句子，以“반대로”开头，讲述了停止滑雪板方法，因此将其放在叙述前进方法的句子之后最为自然。并且，提示的句子叙述的是停止方法，而由“자세히 말해서”开始的句子是对停止方法的具体叙述，所以应放在提示句之后。所以正确答案为②。

[42~43] **请阅读题目并回答问题。**

"我们也应该像别人那样生活啊!"
一向以艺术家的妻子感到自豪的妻子轻易是不会说出这种话的。但是一旦受到了什么刺激就忍无可忍地说出了这样的话。每当听到这些话，我也会生出"也该那样"的同情心，但今天不知怎么地心情不怎么好。这次也一样，那样的妻子虽然能理解，但却难以抑制不快的想法。片刻之后，我露出了不愉快的神色，说到："突然说让找个赚钱的方法，这是什么话！慢慢会有那个时候的。"
"哎哟。还说什么慢慢，算了吧！要等到哪个千年呀……"
妻子的脸变得通红，甚至用从未有过的语调说了这些话。仔细一看，眼里还含着眼泪。
那一瞬间我的火直往上冒，再也忍不住了。
狂吼道："就该嫁给会赚钱人，谁让你嫁给我了!
做我这种艺术家的妻子算个什么呀!"

玄镇健《贫妻》

42. **问题类型** 掌握心情/态度(小说)
内容提到：妻子的心情虽然能理解，却也对希望像其他人那样生活的妻子感到失望，并且忍耐不住地发了火。所以答案为④。

43. **问题类型** 掌握细节内容(一致/小说)
从妻子的话，"우리도 남과 같이 살아 봐야지요!"可以看出，妻子希望丈夫能像其他人那样，赚来钱，过平凡的生活。所以答案为②。
① 妻子常常~~这样抱怨~~。→ 轻易不说这样的话
③ 妻子~~对作为艺术家的丈夫感到很羞耻~~。
→ 对作艺术家的妻子感到很自豪
④ 对于妻子的话我~~完全不能理解~~。
→ 虽然能理解，但心情很不好
• 자부심[自负心]：自豪感，充分相信自身价值或能力的心理。
• 차차[次次]：逐渐，表示事或物的状态或程度的变化随着时间的推移慢慢继续。

[44~45] **请阅读题目并回答问题。**

老人们由于身体方面的疾病、老化、死亡、与他人来往断绝等挫伤自尊心的很多因素暴露无遗，所以很容易导致抑郁症的发生。通过药物治疗虽然能改善抑郁症症状，但是如果同时服用其它药物，或很多人患有慢性疾病，服药就要特别注意了。这个时候，比起服用药物，结交各种各样的人，或者做一些轻微运动会更好。并且最好多吃对精神健康有益的像豆类、坚果类、鸡胸肉之类的(　　)食物。除此之外，像睡眠不足、吸烟、肥胖等也是引发抑郁症的主要原因。所以，要通过积极努力，去掉这些因素。

44. **问题类型** 插入符合文脉的句子
讲了对预防抑郁症有益的食物，括号前面又提到"对精神健康有好处"。所以答案为④。

45. **问题类型** 掌握中心想法
内容讲了药物治疗上的问题，也讲了能预防抑郁症的生活习惯。所以答案为②。

[46~47] **请阅读题目并回答问题。**

对于因为就业难和昂贵的学费等经济问题经受磨难的20～30多岁年龄层人的称呼又有了新叫法："3弃世代"、"5弃世代"或"N弃世代"。(㉠)5弃世代是指在3弃的基础上再加上放弃购买房子和人际关系。N弃世代是指要放弃N种事情的世代，这个词 汇正好反映了被青少年失业问题困扰的20～30多岁的韩国年轻人的惨淡现实。(㉡)当然，最早出现的词是3弃世代。它指的是20～30多岁的人不轻易谈恋爱、即使谈了恋爱也忌讳结婚、即使结了婚也不生孩子的这种社会现象。(㉢)随着人们放弃的东西越来越多，就产生了"5弃世代，N弃世代"这个词。(㉣)

46. **问题类型** 选择笔者的态度(议论文)
笔者具体说明因经济问题出现了"三弃、五弃、N弃世代"的用语，以及该用语的具体意义，因此②是正确的答案。

47. **问题类型** 掌握细节内容(一致/议论文)
内容中3弃世代的说法最早出现，渐渐要放弃的东西越来越多，就产生了"N弃世代"这个词。所以答案为①。
② 3弃世代的3是指~~恋爱，准备房子和人际关系~~。
→ 指恋爱，结婚，生孩子
③ N弃世代增加~~不是社会问题，而是个人问题~~。
→ 不是个人问题，而是社会问题
④ ~~由于经济问题，遭遇困难的人~~就是我们说的N弃世代。
→ 被青年失业问题困扰的20~30多岁的韩国年轻人

[48~50] **请阅读题目并回答问题。**

因为移民女性形成的双语讲师的雇佣不稳定，正成为多文化教育的绊脚石。双语讲师制度的主要内容就是培养那些毕业于四年制大学以上的结婚移民女性为(　　)讲师，使其能在学校工作。某大学的研究小组对在小学教韩语和越南语的3名双语讲师进行了面谈，分析发现非正规雇佣不稳定的根本原因在于很难适应学校的生活。通常签约期为一年，为了续签，有要承受过重业务量的倾向。并且与其他老师沟通、研修机会也很有限。同时也指出了：双语讲师制度与开始计划的不同，是在随意运行着的。双语讲师制度能够决定多文化教育的成败与否，所以应该提高待遇、确保雇佣稳定性、明确业务范围。

48. **问题类型** 掌握目的(议论文)
本文讲述了与3位双语教师面谈的结果，发现了双语教师制度的问题。所以答案为②。

49. **问题类型** 掌握符合文脉的内容(议论文)
讲述的是双语教师扮演的角色部分。从"이중 언어 강사"这个名字就可以知道，通过"모 대학의 연구팀은 초등학교에서 한국어와 베트남어를 가르치는 이중 언어 강사 3명을 면담”的内容可知他们是教韩国语语的讲师。所以答案为④。

50. **问题类型** **掌握细节内容(一致/议论文)**

在本文中提到，双语讲师制度是决定多文化教育成败的重要制度，双语讲师们在面谈中回答说，由于雇佣不稳定，学校生活出现困难。因此④是正确的答案。

① 双语讲师~~只要是结婚移民女性~~就可以聘用。
　→ 4年制大学毕业以上的结婚移民女性

② 双语讲师制度~~根据情况自由运营~~。
　→ 与当初的计划不同，运营得非常随便

③ 双语讲师在学校~~工作1年后可以转换为正式员工~~。
　→ 以一年为单位签订雇佣合同。

第三版 TOPIK MASTER

FINAL 실전 모의고사 6회

实战模拟考试 第6套

정답 答案

1교시: 듣기, 쓰기

듣기

1. ①	2. ②	3. ④	4. ③	5. ④	6. ④	7. ②	8. ④	9. ②	10. ②
11. ④	12. ③	13. ④	14. ③	15. ④	16. ②	17. ③	18. ②	19. ③	20. ①
21. ③	22. ①	23. ③	24. ④	25. ②	26. ①	27. ④	28. ②	29. ①	30. ③
31. ③	32. ②	33. ③	34. ①	35. ③	36. ③	37. ④	38. ①	39. ④	40. ③
41. ④	42. ④	43. ③	44. ④	45. ①	46. ④	47. ③	48. ④	49. ①	50. ④

쓰기

51. ㉠ (5점) 회사에 들어오기(가) 불편합니다(힘듭니다)
(3점) 걸어오기가 어렵습니다

㉡ (5점) 회사에 주차 공간을 더 만들어 주실 것을
(3점) 주차 공간을 만드는 것을

52. ㉠ (5점) 상대방의 의견을 경청하는 것이 중요하다
(3점) 상대방의 의견을 들어야 한다

㉡ (5점) 각자 자신의 의견을 말할 기회를 가져야 한다
(3점) 각자 의견을 제시한다

2교시: 읽기

읽기

1. ③	2. ③	3. ④	4. ①	5. ②	6. ④	7. ②	8. ①	9. ②	10. ③
11. ③	12. ④	13. ④	14. ③	15. ②	16. ④	17. ①	18. ④	19. ①	20. ④
21. ①	22. ④	23. ②	24. ③	25. ④	26. ②	27. ④	28. ③	29. ④	30. ①
31. ③	32. ③	33. ②	34. ①	35. ③	36. ②	37. ③	38. ②	39. ④	40. ②
41. ③	42. ①	43. ④	44. ②	45. ①	46. ④	47. ③	48. ②	49. ④	50. ③

53.〈样板答卷〉

남성 육아 휴직자 수는 2021년에 110,555명에서 2022년에 131,087명으로 18.6% 증가했다. 전체 육아 휴직자 중 남성의 비율은 28.9%로 조사되었다. 아직은 71.1%를 차지하는 여성 육아 휴직자에 비해 적은 비율이기는 하지만, 과거에 비해 남성 육아 휴직자 수가 증가할 수 있었음을 알 수 있다. 그 원인은 새로운 육아 휴직제와 육아 휴직 급여 인상 등의 정책 덕분으로 보인다. 사람들의 인식 변화와 관련 정책이 계속해서 뒷받침된다면 앞으로도 남성 육아 휴직자 수가 계속해서 늘어날 것으로 전망된다.

54. 〈样板答卷〉

최근 스마트 기기의 편리함 때문에 스마트 기기를 손에서 놓지 못하고, 심지어 스마트 기기가 없으면 불안을 느끼는 사람들이 늘고 있는데 이러한 현상을 스마트 기기 중독이라고 한다.

이러한 스마트 기기의 중독은 다양한 문제점을 유발한다. 우선 작은 화면을 계속 봐야 해서 눈이 아프고, 손가락 질병 등 신체적 문제가 나타날 수 있다. 걸어가면서 스마트 기기를 사용할 경우, 주변 상황을 인식하지 못해 사고가 나기도 한다. 심지어 스마트 기기가 없으면 불안해하는 심리적 증상이 생기기도 한다. 또한 빠르게 변하는 내용을 이해하기 위해 짧은 순간의 집중에만 익숙해지므로, 깊게 생각하거나 오래 집중해야 하는 일을 잘 못할 수 있다.

스마트 기기 중독에서 벗어나기 위해서 먼저 스마트 기기의 사용 시간을 서서히 줄이는 것이 중요하다. 사용 시간과 빈도를 급격하게 줄이는 것은 어렵기 때문이다. 그리고 스마트 기기와 관련이 없는 새로운 취미를 가지는 것이 필요하다. 책 읽기, 산책하기, 운동하기 등과 같은 취미 활동을 통해 자기만의 시간을 가지게 되면 점차 스마트 기기가 없는 삶에 익숙해져 중독에서 벗어날 수 있을 뿐만 아니라 삶도 풍요로워질 것이다.

스마트 기기가 꾸준히 발전하고 있어 스마트 기기가 없는 생활을 상상하기는 더 어려워지고 있다. 그러므로 더욱 스마트 기기에 중독되지 않도록 주의할 필요가 있다.

해설 解答

듣기 听力

[1~3] 请听录音，并选择最合适的图片或图表。

1\.
여자 이 가방은 새 상품이 없나요?
남자 네, 손님. 지금은 전시된 상품밖에 없고 새 상품은 내일 들어옵니다.
여자 그럼 새 상품이 들어오면 전화로 꼭 알려 주세요.

女 这个包没有新商品吗?
男 是的，顾客，只有现在陈列的商品，新商品明天到。
女 那等新商品进来一定打电话告诉我。

现在女性在店铺指着陈列的包并询问有没有新商品，所以答案为①。②是不正确的，因为女性指向的地方是一个空的展示区。

2\.
여자 컴퓨터가 고장 난 것 같아요. 화면이 멈췄어요.
남자 전원을 다시 껐다가 켜 보세요. 오늘 오후에 수리하는 분이 온다고 했어요.
여자 오늘까지는 꼭 고쳐야 하는데…….

女 电脑好像坏了。画面锁住了。
男 把电源关上，再重开一下。说修理的人今天下午来。
女 今天必须得修好才行……

现在男性和女性在出故障的电脑前谈论修理电脑的事。所以答案为②。

3\.
남자 조사에 따르면 제로 칼로리 탄산 음료의 시장 규모가 계속해서 늘어나고 있는 것으로 나타났습니다. 반면 당분이 건강에 좋지 않다는 의식이 확산되면서 과채 음료의 시장 규모는 과거와 달리 꾸준히 감소하는 모습을 보였습니다.

男 调查显示，零热量碳酸饮料的市场规模不断扩大。相反地，随着糖分不利于健康的意识扩散，果蔬饮料的市场规模与过去不同，呈现出持续减少的趋势。

发表内容为零热量碳酸饮料市场规模和果蔬饮料市场规模变化调查结果。零热量碳酸饮料的市场规模在不断上升，果蔬饮料的市场规模在不断缩小，因此正确答案是④。

[4~8] 请听录音，并选择可接续的最合适话语。

4\.
여자 부장님, 제가 오늘 몸이 안 좋아서요. 좀 일찍 들어가도 될까요?
남자 알겠어요. 회사 일은 걱정하지 말고 병원에 들러서 꼭 치료를 받으세요.
여자 ____________________

女 部长，我今天身体不好，能早点回去吗?
男 知道了，不用担心公司的事，去趟医院，一定要接受治疗。
女 ____________________

身体状态不佳的女性问男性可否提前回去，对此男性让她一定去医院，表示了对女性健康状态的担忧，这里最恰当的回答③。

5\.
남자 요즘 살이 많이 쪘나 봐. 옷이 다 안 맞아.
여자 나도 그래. 우리 아침에 만나서 운동할까? 줄넘기가 다이어트에 좋대.
남자 ____________________

男 最近好像长胖了很多。衣服都不合适。
女 我也是。我们早上见面运动好吗? 都说跳绳对减肥很好。
男 ____________________

男性和女性因为长胖了很多，打算今后一起减肥。对说要运动的女性的话，男性最恰当的回答为④。

6\.
남자 책을 반납하려고 하는데요. 여기서 반납하면 돼요?
여자 네. 그런데 연체료가 있네요. 여기에 학생 이름을 적고 연체료를 내면 돼요.
남자 ____________________

男 我打算还书，放在这里行吗?
女 行，可是你有过期罚款，在这里写上学生的姓名，把过期罚款交了就行。
男 ____________________

女性告诉男性有过期罚款。而后询问罚款有多少的内容最恰当。所以答案为④。

7\.
여자 취미로 배운 사진이 이렇게 재미있는 줄 몰랐어.
남자 사진 정말 잘 찍었던데 인터넷에 한번 올려 봐.
여자 ____________________

女 没想到只是作为爱好学的摄影，竟这么有意思。
男 照片真的拍得不错，往网上传一次看看吧。
女 ____________________

男性劝女性将照片上传到网上，因此后面应该是与上传照片相关的内容。所以答案为②。

8\.
남자 다음 주 회의 참석자 명단입니다. 최종 확인 부탁드리겠습니다.
여자 고생했어요. 그런데 참석자 모두에게 확인 전화는 했나요?
남자 ____________________

男 这是下周参加会议的名单。请最后确认一下。

女 辛苦了。但是要给每位参会者都打电话确认吗？

男 ________________

女性问男性要给下周会议的参加人员打确认电话吗，所以最恰当的答案为④。

[9~12] 请听录音，并选择最适合女性接下来会做的行动的选项。

9.

여자 저……. 운전 면허증을 신청하려고 하는데요.

남자 지금은 사람이 많아서 한 시간은 기다려야 해요. 증명 사진은 가져왔어요?

여자 아니요. 먼저 접수하고 사진관에 가서 사진을 찍어도 되죠?

남자 네, 그럼 그렇게 하세요.

女 我……想申请驾照。

男 现在人多，要等一个小时。证件照拿来了吗？

女 没有，先报名，然后去照相馆照照片行吧。

男 可以，那就那样做吧。

女性因为等候的人多，要先报名再去照相馆，所以答案为②。

10.

남자 과장님. 여기 말씀하신 서류입니다.

여자 수고했어요. 그런데 여기 틀린 것이 있네요? 수정한 거 맞아요?

남자 죄송합니다. 다시 수정해서 드리겠습니다.

여자 지금 부서 회의에 참석해야 하니까 이메일로 보내세요.

男 科长，这是您说的文件。

女 辛苦了，不过这里有错误，真是修改过的吗？

男 对不起，重新改过后再给您。

女 现在得参加部门会议，用电子邮件发吧。

女性现在要参加部门会议，让男性用电邮发送文件。所以答案为②。

11.

남자 집 청소가 다 끝났는데 이 책상은 어디에 놓을까요?

여자 그 책상은 버리고 오늘 새 책상을 사러 갈 거예요.

남자 이런 큰 가구를 버리려면 먼저 경비실에 신고해야 하는 거 알죠? 돈도 내야 해요.

여자 아, 정말요? 그럼 먼저 경비실에 연락할게요.

男 屋子清扫都结束了，但这张书桌放哪里呀？

女 这张书桌扔掉，今天要去买新书桌。

男 你知道吧？要扔掉这样的大家具，得先向保卫室申请，还要交钱。

女 啊！真的？那先跟保卫室联系。

女性在最后说为了扔掉书桌得先跟保卫室联系，所以答案为④。

12.

여자 어쩌지? 요가 수업을 신청하고 싶은데 전공 수업이랑 시간이 겹쳐서 하나를 포기해야 해.

남자 그래? 그러면 요가는 학원에 등록하는 게 어때? 학생 할인도 받을 수 있대.

여자 정말? 학교 시간표를 다시 확인해 보고 다른 시간이 없으면 학원에 등록해야겠다.

남자 참, 학생 할인 받으려면 학생증을 꼭 가져가야 해.

女 怎么办？很想申请瑜伽课，可是和专业课的时间冲突了，得放弃一个。

男 是吗？那瑜伽向学院申请怎么样？还可以得到学生优惠。

女 真的？我再确认一下学校时间表，要是没有其它时间，就得向学院申请了。

男 对了，要想得到到学生优惠一定要拿着学生证来。

女性说要再确认确认学校时间表，如果没有其它时间的瑜伽课，就申请学院。所以答案为③。

[13~16] 请听录音，并选择与听到的内容相同的选项。

13.

여자 저……. 이 카메라를 수리 받으려고 하는데요. 전원 버튼이 안 눌러져요.

남자 혹시 전에 카메라를 떨어뜨렸어요? 여기 이 부분이 깨져 있네요.

여자 아, 정말이네요. 잘 안 보였어요. 수리비는 얼마예요?

남자 원래는 이십만 원인데 보증 기간이 남아서 무료예요.

女 我……我想修理一下这个照相机。电源按钮按不下去了。

男 你之前或许摔过照相机吗？这里这个部分碎了。

女 啊，真的吗？没看出来，修理费是多少？

男 本来是20万韩元，但还在保质期里，所以免费。

照相机出现故障的原因是因为之前女性摔过照相机，所以答案为④。这里虽说照相机碎了，但没有说是电源按钮，因此③不正确。

14.

여자 안내 말씀 드립니다. 잠시 후 세 시에 예정이었던 강연회는 작가의 사정으로 인해 한 시간 뒤인 네 시에 진행될 예정입니다. 강연회 이후에는 예정대로 작가의 사인회가 진행될 예정입니다. 사인회는 서점 일 층에서 진행될 예정이니 관심 있는 고객님들의 많은 참여 바랍니다.

女 通知。预计稍后3点开始的演讲大会由于作家的原因将于一小时后的4点开始。演讲会之后按计划举行作家的签名会。签名会将在书店1层进行，希望关注的顾客们多多参与。

演讲会由于作家个人原因从三点推迟到了四点。所以答案为③。

15.
남자 다음은 경제 소식입니다. 현재 무려 50여 개에 달하는 간편 결제 서비스가 국내에서 서비스 중인데요. 앞으로 간편 결제 서비스 간에 더욱 치열한 경쟁이 있을 것으로 예상됩니다. 가맹점과 카드사는 수수료, 보안 등 여러 어려움이 있겠지만, 고객들은 편의성이 높은 서비스를 선택할 수 있어 소비자는 선택권이 늘어날 것으로 보입니다.

男 接下来是经济消息。现在足足有50多个简便结算服务在国内提供服务，预计未来快捷支付服务之间会有更激烈的竞争。加盟店和信用卡公司虽然存在手续费、保安等多种困难，但顾客可以选择便利性高的服务，因此消费者的选择权将会增加。

由于简便结算服务之间的竞争，消费者的选择权将会增加，因此④是正确的答案。

16.
여자 시장님, 이번에 노인들을 위한 문화 시설을 새로 만드는 공사가 진행 중인 것으로 아는데요. 자세한 설명 부탁드립니다.

남자 네. 그동안 시의 다양한 정책 중에서 노인을 위한 정책이 많이 부족했던 것 같습니다. 노인 문화 시설에는 노인들뿐만 아니라 가족들도 함께 이용할 수 있는 체육 시설도 포함될 예정입니다. 이제 육 개월 뒤에 공사가 끝나면 일 년 동안 공들여 준비했던 노인 프로그램들을 시작할 수 있습니다.

女 市长，我们知道新建老年人文化设施的工程正在进行当中。请您做个详细说明。

男 好。这段时间在市里的各种政策当中，针对老年人的政策显得非常不足。有了老年人文化设施，还要建设不仅适用于老年人、还有能与家人们一起利用的体育设施。再有6个月工程结束的话，精心准备了一年的老年人活动就将开始实施。

新建的老年人文化设施不仅老年人，还要营造适合家人们一同利用的体育设施。所以答案为②。

[17~20] 请听录音，并选择最适合男性中心想法的选项。

17.
남자 오늘 저녁은 뭘 먹을까?

여자 먹고 싶은 게 따로 없으면 뷔페에 갈까? 다양하게 먹을 수 있잖아.

남자 음……. 난 뷔페에 가면 너무 과식을 하게 되더라고, 소화도 잘 안돼서 다음 날까지 고생했었어.

男 今天晚上吃什么?

女 没有特别想吃的的话，就去吃自助? 可以吃的花样多些。

男 嗯……我去自助餐厅总是吃得太多，消化不了，第二天都难受。

男性提到去自助餐厅就会吃得过多，消化不了。所以答案为③。

18.
남자 이번에 휴학하면 뭐 할 계획이야?

여자 휴학하면 아르바이트해서 돈을 모으고 싶긴 한데 아직 특별한 계획은 없어.

남자 돈을 모으는 것도 좋지만 휴학할 때는 계획을 잘 세우는 게 좋아. 괜히 시간만 낭비할 수 있거든.

男 这次休学计划做什么?

女 休学的话，想打工攒点钱，可还没有什么特别的计划。

男 攒钱是好，但休学时最好好好做下计划，不然会白白浪费时间。

男性认为弄不好会浪费时间，所以做个休学计划很重要。所以答案为②。

19.
여자 요즘 스트레스를 너무 많이 받는데 좋은 해소 방법이 없을까요?

남자 그럼 계획 없이 그냥 여행을 떠나 보는 건 어때요? 생각과 계획이 많다 보면 오히려 더 스트레스를 받기 마련이거든요.

여자 계획 없이 가면 조금 무서울 것 같은데요?

남자 그래도 이참에 한번 그냥 떠나 보세요. 생각보다 좋을 수 있어요.

女 最近感到压力太大，没有什么好的释放方法吗?

男 那也不用计划，直接出去旅行怎么样? 想法和计划太多的话，压力反而会更大。

女 无计划出行，好像会感到害怕的。

男 那也顺便试试就出去一次。会比想象的好。

男性认为作为一种解压方法，无计划出行比较好。所以答案为③。

20.
여자 지금부터 취업에 성공한 선배를 모시고 이야기 나눠 보겠습니다. 선배님, 후배들에게 취업에 대해 조언 부탁드려요.

남자 요즘에 많은 대학생들은 학점을 잘 받는 것만 생각하는 것 같아요. 물론 전공 공부도 중요하지만 외부 경험들을 통해 사회생활을 체험해 보는 것이 더 중요해요. 사회생활을 미리 체험해 보면 나중에 입사 원서를 쓸 때도 도움이 되고 새로운 적성을 찾을 수도 있어요. 적성에 안 맞는 일을 하면 정말 불행해질 수 있거든요. 또 사회생활 체험을 통해 배우는 것도 정말 많을 거예요.

女 现在开始我们就请成功就业的前辈来说几句。前辈，在就业的问题上请给后辈们几句忠言。

男 最近很多大学生好像只想好好拿学分。专业学习固然重要，但更重要的是通过外部经验去体验社会生活。提前体验社会生活，日后在写入职申请时会很有帮助，可能会找到新的趣向。从事不喜爱的工作会很不幸的。并且通过社会生活的体验真可以学到很多东西。

男性认为通过外部经验体验社会生活，非常好。所以答案为①。

[21~22] 请听录音，并回答问题。

여자 하루 종일 회사에만 있으니까 운동할 시간이 없네요. 헬스클럽에 등록해야겠어요.

남자 회사에서 틈틈이 운동을 하면 되잖아요. 굳이 돈을 들여서 운동할 필요는 없는 것 같아요.

여자 그래도 돈을 내고 운동을 하면 돈이 아까워서라도 열심히 운동을 하죠.

남자 에이, 그러지 말고 엘리베이터 대신 계단을 이용하는 것처럼 일상생활에서 간단히 할 수 있는 운동을 해 봐요.

女 一整天都在公司里，没有时间运动。得申请个健身俱乐部了。

男 在公司抽空运动不就行了，好像没必要非花钱运动。

女 那也是，花钱运动的话，因为心疼钱也会好好运动的。

男 哎呀，别那样，就像用爬楼代替乘电梯一样，在日常生活中做些简单的运动吧。

21. 男性认为和花钱运动相比，在日常生活中抽空运动更好。所以答案为③。

22. 女性开始说全天都在公司里，没有运动的时间，所以答案为①。

[23~24] 请听录音，并回答问题。

여자 이제 PC방 안의 흡연석도 전부 없어진다던데 비흡연자인 저로서는 매우 만족스러워요.

남자 흡연 공간을 모두 없애기만 하는 건 방법이 아니라고 생각해요. PC방의 손님이 줄어들 수밖에 없고요.

여자 흡연석 문을 열고 닫을 때마다 담배 냄새가 났었는데 이제 쾌적하게 이용할 수 있잖아요. 비흡연자 손님들이 오히려 늘어날 것 같은데요.

남자 예전에 전면 금연 제도를 실시했을 때 매출이 반토막 났어요. 이번에도 손님이 줄어들고 흡연석 철거 비용도 들 텐데 이런 부담을 자영업자에게만 지우는 것은 불합리해요.

女 听说现在网吧里的吸烟席也全没了，作为不吸烟者的我很满意。

男 我认为光消除所有吸烟空间不是办法，网吧的客人必然会减少。

女 每次打开和关上吸烟席的门时，都会有烟味，现在不是可以舒适地使用了吗？不吸烟的客人反而会增加。

男 以前实行全面禁烟制度的时候，销售额减少了一半。这次客人也会减少，吸烟席的拆除费用也会增加，所以只让个体户承担这种负担是不合理的。

23. 男性预测，由于“废除网吧内的吸烟席”，客人减少，拆除吸烟席的费用也会增加，个体户的负担也会增加。因此答案是③。

24. 以前实施全面禁烟制度时，销售额减少了一半，因此④是答案。

[25~26] 请听录音，并回答问题。

여자 오늘은 골목길 벽화 봉사단의 단장님과 이야기를 나눠 보겠습니다. 단장님, 벽화 봉사에 대해서 소개 부탁드립니다.

남자 같은 골목길이라 해도 벽에 그림이 있느냐 없느냐에 따라서 느껴지는 기분은 정말 달라요. 어두운 골목길에 벽화를 그려서 사람들이 그 골목길이 무섭게 느껴지지 않게 할 수도 있지요. 이렇게 벽화 작업은 밋밋한 벽에 생명을 불어넣는 일이에요. 저희 벽화 봉사 단원들 중에 미술을 공부한 사람은 많지 않아요. 그냥 그림을 좋아하는 사람들이 모여서 도시의 골목길을 아름답게 만드는 것에 보람을 느끼고 있습니다. 또 저희는 수시로 봉사 단원을 모집하고 있어요. 많이 지원해 주세요.

女 今天我们请胡同壁画奉献团的团长来说几句话。团长，请介绍一下壁画奉献的内容。

男 即使是相同的胡同，墙壁上有没有画给人的感觉完全不同。阴暗的胡同画上壁画，人们就可能不会感觉害怕了。这种壁画作业就是给平凡的墙壁注入生命的事。我们壁画奉献团团员中学过绘画的人不多，只是喜欢画的人聚在一起，通过美化胡同来感受自身的价值。并且我们随时招募志愿团员。希望踊跃申请。

25. 男性说即使是相同的胡同，墙壁上有没有画给人的感觉完全不同。还说他们通过美化胡同来感受自身的价值。所以答案为②。

26. 男性说和壁画奉献者们一起画城市胡同内的壁画。所以答案为①。

[27~28] 请听录音，并回答问题。

남자 이것 좀 봐. 요즘 유행하는 브랜드의 디자인이랑 똑같이 생겼어.

여자 정말이네. 대신 가격을 저렴하게 팔고 있어.

남자 그런데 이렇게 디자인을 똑같이 만들어도 되는 건가?

여자 디자인은 같은데 가격은 더 저렴한 편이니까 우리 같은 소비자들은 좋지 뭐.

남자 그래도 이건 정말 너무한 것 같아. 인기가 있다고 해서 남의 디자인을 함부로 베끼는 행동은 좀 아닌 것 같아.

男 看看这个。和最近流行的名牌款式完全一样。

女 真的呀！只是卖价便宜。

男 但是像这样款式做的完全一样也可以吗？

女 款式一样，但价格很低廉，对我们这样的消费者来说好啊！

男 那也是，这有点太过分了。就因为受欢迎把别人的设计随便拿来仿制的行动可不怎么样 。

27. 男性对仿制销售流行款式产品的现象进行了批判。所以答案为④。

28. 女性对款式相同，但价格低廉的产品抱有好感。所以答案为②。

[29~30] 请听录音，并回答问题。

여자 최근 자신의 감정을 숨긴 채 고객을 상대해야 하는 감정 노동자들에 대한 이야기가 관심을 끌고 있는데요. 감정 노동은 어떤 문제가 있나요?

남자 감정 노동자들은 주로 서비스직에 종사하는 사람들이 많은데요. 자신의 감정을 드러나게 하지 않는 것을 업무의 한 부분으로 여기고 일을 해야 합니다. 최근에 상담소에 찾아오는 사람들 대부분이 감정 노동자들인데요. 이분들은 업무를 할 때 고객들의 폭언과 무리한 요구에도 불구하고 자신의 감정을 억눌러야만 하기 때문에 과도한 스트레스에 시달리고 있습니다. 문제는 많은 고객들이 감정 노동의 가치를 잘 모른다는 것과 회사에서는 이런 상황을 모른 척한다는 것입니다.

女 将自身情感深藏心底，却要面对顾客的情感劳动者的话题最近正在引起热议。情感劳动有什么问题呢？

男 情感劳动者基本上是从事服务行业的人。工作时要把不外露自身的情感当作工作的一部分来做。最近前来商谈所的人大部分都是情感劳动者。这些人工作时面对顾客们的恶言恶语和无理要求，也要遏制自己的情感，因此承受着极大的心理压力。问题是很多顾客根本不了解情感劳动者的价值，公司也对这种状况熟视无睹。

29. 男性正在讲述前来自己的心理咨询室的情感劳动者的事情。所以答案为①。

30. 内容提到：大部分情感劳动者是从事服务性工作的。所以答案为③。

[31~32] 请听录音，并回答问题。

여자 역사는 한 나라와 민족의 정체성을 알려 주기 때문에 매우 중요합니다. 그러므로 현재의 역사 교육을 더욱 강화해야 한다고 생각합니다.

남자 역사 교육이 중요하다는 의견에는 저도 동의하는 바입니다. 그러면 어떤 방법으로 역사 교육을 강화하자는 의견이십니까?

여자 우선 역사 수업 시간을 늘리는 것입니다. 그리고 대학 입학시험에 반영되는 비중을 높여야 한다고 봅니다. 그러면 자연스럽게 학생들이 역사를 열심히 공부하게 될 것입니다.

남자 물론 역사 과목의 반영 비중이 높아진다면 학생들이 공부를 열심히 하겠죠. 하지만 저는 평가 수단으로서의 역사 교육 강화에는 찬성하지 않습니다. 평가를 위한 역사 공부는 기억에 오래 남지 않기 때문입니다.

女 历史是宣传一个国家和民族性的非常重要的东西。因此，我认为应该强化现在的历史教育。

男 我也同意历史很重要的见解。那您的意见是要采用什么方法来强化历史教育呢？

女 首先是要增加历史课课时。并且如果把它指定为大学入学考试的必修科目的话，学生们就会自然而然地努力学习历史了。

男 当然如果考历史的话，学生们肯定会努力学习。但是我并不赞成作为考评手段而强化历史教育。因为为了考评而学的历史是不会被长久记住的。

31. 男性说他不赞成作为考评手段而强化历史教育。所以答案为③。

32. 他对女性提出要强化历史教育的建议表示赞同，并且发表自己的见解。所以答案为②。

[33~34] 请听录音，并回答问题。

여자 요즘 특정한 상품을 많은 사람들이 구입하면 희소성이 떨어진다고 생각하여 남들과 다른 차별화를 주기 위해 다른 상품을 구매하려는 사람들이 증가하고 있다고 합니다. 이러한 현상을 '백로 효과'라고 부르기도 하는데, 이는 우아한 백로처럼 남들과 다르게 보이려는 심리를 반영한다고 해서 붙여진 이름입니다. 흔히 희귀한 미술품, 고급 가구, 의류나 한정판으로 제작되는 상품을 돈을 더 주고서라도 구입하려는 현상을 말합니다. 이러한 소비는 남과 차별화를 두기 위해 하는 소비인 만큼 사치성 소비로 이어질 수 있다는 문제점이 있습니다.

女 最近如果购买了很多人都买的特定商品，就会被认为缺少稀有性，所以越来越多的人为了有别于他人就去购买其它产品。这种现象被称为："白鹭效果"，这就好像优雅的白鹭希望自己看上去与众不同的一种心理变化从而得名。就好比我们常见的珍贵艺术品、高级家具或衣类等以限量版制作的商品，哪怕多花钱也要买到的现象。这样的消费是为了与众不同，因而可能会出现奢侈消费的问题。

33. 女性就白鹭效果做了解释。所以答案为③。

34. 女性解释了白鹭效果的概念，并提出与他人不同的差别化消费会构成奢侈性消费。所以答案为①。

[35~36] 请听录音，并回答问题。

남자 이번에 새롭게 단장한 미술관의 재개관식을 찾아 주셔서 감사드립니다. 6개월간의 공사를 마친 후 시설은 현대화되었고, 주차장은 기존보다 2배 더 확장되었습니다. 또한 편의를 위해 건물에 엘리베이터를 설치하였습니다. 작품을 관람하시는 데 보다 더 편리하고 쾌적하게 즐기실 수 있도록 하였습니다. 더불어 이번 재개관을 하면서 저희 미술관은 두 가지 특별한 계획을 세웠습니다. 첫째로 지역의 음악가들과 예술가들을 초청하는 미술관 콘서트 시리즈를 준비하고 있습니다. 둘째로는 미술관에서 여러 지역 사회 프로그램을 진행하는 것을 계획하고 있습니다. 앞으로도 저희 미술관은 여러 지역민들과 함께 하겠습니다.

男 首先感谢前来参加本次美术馆重装后的再开馆仪式。结束了6个月的工程，设施更现代化了，停车场比以前扩大了2倍。另外为了方便还在建筑物里安装了电梯，可以让您更方便快捷地愉快地参观作品。并且这次重新开馆我们美术馆推出了两个特别计划。第一，准备邀请地区的音乐家们和美术家们举办系列美术馆音乐会。第二，计划在美术馆举办这种地区社会活动。今后我们美术馆也将和各个地区的人士同在。请给予我们不断地关注。

35. 男性在美术馆开馆仪式上，对变化了的部分和新推出的计划做说明。所以答案为③。

36. 男性提到：为了方便观览安装了电梯。所以答案为③。

[37~38] **请听录音，并回答问题。**

남자 오늘은 김혜정 박사님을 모시고 '백만 불짜리 습관, 절약'에 대해 이야기를 들어 보겠습니다.

여자 절약은 필요 없는 것을 쓰지 않는 것인 반면에 낭비는 필요 없는 것을 쓰는 것입니다. 그런데 소비 자체보다 더 중요한 것이 있습니다. 바로 낭비의 기준입니다. 전 낭비의 기준은 한계가 정해져 있는 것이 아니라 양심의 명령으로부터 나오는 것이라고 생각합니다. 공중화장실이나 회사 사무실, 관공서에는 '절약'이라는 단어가 붙어 있는 경우가 많은데요. 이것이 바로 양심의 명령과 관련이 있습니다. 낭비는 내 것이 아니라고 생각해서 마음대로 사용하는 것에서 시작합니다. 예를 들어, 수도꼭지를 잠그지 않거나 공원 화장실에서 휴지를 마구 쓰는 경우입니다. 따라서 필요 없는 것을 쓰지 않는 절약도 중요하지만 무엇보다도 양심의 명령에 따라 다 같이 사용하는 것에 대한 낭비를 줄이는 것이 중요하다고 생각합니다.

男 今天请来了金惠贞博士来谈谈“百万美元的习惯，节约”。

女 节约指的是没有必要就不用，相反，浪费指的是没有必要也用。但是就消费本身而言有更重要的。就是浪费的基准。我认为浪费的基准是没有界限规定的，是来自良心的命令。公用卫生间或公司办公室、公共机关里贴着“节约”词汇的情况有很多。这就和良心指令相关连。浪费都是从不是我的，可以任意使用的想法开始的。例如：水龙头的水关不紧、公园卫生间的手纸滥用的情况。因此没有必要就不用的节约固然重要，但我认为更重要的是执行良心指令，在大家共同使用的东西上减少浪费。

37. 女性解释了不必要就不用的节约和按照良心指令执行的节约，并在最后提到应该按照良心指令去做，自然减少浪费。所以答案为④。

38. 女性提到浪费的基准是没有界限规定的，是来自良心的命令。所以答案为①。

[39~40] **请听录音，并回答问题。**

여자 물론 전자파가 사람에게도 피해를 줄 수 있습니다. 최근 프랑스 보르도대학교의 공공보건연구소 연구팀이 관찰한 결과, 휴대 전화를 많이 사용하면 뇌종양에 걸릴 가능성이 높아진다고 합니다. 이 연구팀은 건강한 사람과 뇌종양에 걸린 환자 400명을 비교했는데, 그 결과 한 달에 15시간 이상 휴대 전화를 사용한 사람들이 그보다 적게 사용한 사람들보다 뇌종양에 걸릴 확률이 2배 높은 것으로 나타났습니다. 전자파가 동물뿐 아니라 사람에게도 나쁜 영향을 미친다는 것이죠. 연구팀은 잠잘때 휴대 전화를 머리맡에 두는 습관도 좋지 않다고 설명하고 있습니다.

남자 그렇다면 박사님, 전자파를 어떻게 하면 줄일 수 있을까요? 휴대 전화를 사용하지 않을 수는 없는데 말이죠.

女 当然电磁波对人也是会带来危害的。根据最近法国的波尔多大学公共保健研究所的研究小组观察的结果，经常使用手机会提高患脑肿瘤的可能性。这个研究小组对健康人和400名患有脑肿瘤的患者进行了比较。结果显示，一个月使用15小时以上手机的人比少于15小时的人患脑肿瘤的几率高2倍。就是说，电磁波不仅对动物、对人也会带来很不好的影响。研究小组还指出，不仅是手机，睡觉时将手机放在头下面的习惯也不好。

男 听说电磁波对人也有影响，真可怕。那么博士，怎样才能减少电磁波呢？不能不用手机啊。

39. 男性对电磁波对人产生影响的事实感到惊讶，并向博士询问减少电磁波的方法，因此答案是④。

40. 内容提到：法国大学研究结果说，一个月使用15小时以上手机的人比少于15小时的人患脑肿瘤的几率高2倍。所以答案为③。

[41~42] **请听录音，并回答问题。**

남자 여러분, 거품으로 부드러운 맛을 내는 음식에는 무엇이 있을까요? 우리 주변에서 흔히 볼 수 있는 프랑스 과자인 머랭과 마카롱 그리고 카스텔라, 케이크, 커피가 있습니다. 이 중에서 머랭과 마카롱은 둘 다 달걀흰자로 만든 것입니다. 달걀흰자에 설탕을 넣어 거품을 낸 다음 저온에서 구워 낸 것이지요. 또한 부드럽고 달콤한 카스텔라나 케이크도 달걀흰자로 충분히 거품을 낸 다음 밀가루를 넣어 구워서 만든 것입니다. 마지막으로 커피가 있습니다. 카푸치노 아시죠? 카푸치노는 풍성한 우유 거품이 특징인 커피인데요, 이때 우유 거품은 커피 위에 막을 만들어 열을 차단해서 오랫동안 따뜻함을 유지하는 역할을 합니다. 커피의 거품은 7~8℃의 차가운 우유에서 재빨리 수증기로 만드는 것이 중요합니다. 이렇게 거품은 부드러운 식감을 내는 요리에서 빠질 수 없는 중요한 요소라고 할 수 있습니다.

男 各位，有哪些饮食是由泡沫提味的呢？我们周边常见的法国糕点就有：蛋白霜饼和杏仁饼，还有长崎蛋糕、蛋糕、咖啡。其中蛋白霜饼和杏仁饼都是用鸡蛋清制作的。是在鸡蛋清里放进白糖，打出泡沫后用低温烘烤而成。再有松软甜香的长崎蛋糕或蛋糕也是将鸡蛋清充分搅拌成泡沫状加入面粉烘烤而成的。最后还有咖啡。知道卡布奇诺吧？卡布奇诺就是以丰富的牛奶泡沫为特征的咖啡，此时牛奶泡沫在咖啡上面形成盖子隔热，起到长时间保温的作用。咖啡的泡沫最重要的是要将7~8°C的冷牛奶快速制成水蒸气。可以说这样的泡沫在具有松软口感的食品中是不可缺少的要素。

41. 卡布奇诺中使用的牛奶泡沫在咖啡上面形成盖子隔热，可以长时间保温。所以答案为④。

42. 男性认为泡沫在具有松软口感的食品中是不可缺少的要素。所以答案为④。

[43~44] **请听录音，并回答问题。**

여자 인류는 과연 지구를 떠나서 살 수 있을까요? 지구 온난화로 인한 오존층 파괴를 비롯한 환경 오염 문제 등으로 인류는 제2의 지구를 찾기 위한 우주 탐사를 진행하고 있습니다. 인류가 살 수 있는 환경에는 반드시 몇 가지 필요한 조건이 있는데요, 지구에는 생명체의 생명 유지에 꼭 필요한 물과 산소가 포함된 공기가 있습니다. 하지만 지구에서 가깝고 크기도 비슷한 금성에는 육지는 있지만 산소와 물이 없습니다. 만약에 물이 있는 행성을 발견한다면 그곳은 제2의 지구가 될 가능성이 매우 높습니다. 생명체의 구성 성분 중 수분이 70% 이상이기 때문에 물 없이 생명의 유지는 불가능하기 때문입니다.

女 人类真的可以离开地球生存吗？由于地球温暖化导致了包括臭氧层破坏等环境污染问题，人类正在进行寻找第二个地球的宇宙探查。人类可以生存的环境有几项必须具备的条件。地球上有维持生命体生命所必须的富含水和氧气的空气。但是在离地球很近、大小相当的金星上虽然有陆地，但是没有氧气和水。假如发现了有水的行星的话，那里成为第二地球的可能性最高。由于生命体的构成成份中水份占70%以上，因此没有水，要想维持生命是不可能的。

43. 内容是由人类离开地球能否生存的提问开始的。由于提到了没有发现有水的行星，所以答案为③。

44. 内容提到：假如发现了有水的行星，那里成为第二地球的可能性最高。还说：没有水，要想维持生命是不可能的。所以答案为④。

[45~46] **请听录音，并回答问题。**

여자 대기 오염은 지구가 앓고 있는 심각한 병입니다. 대기 오염의 주범으로 자동차를 빼놓을 수 없는데, 석유를 태우며 달리는 자동차는 이산화황 같은 오염 물질과 함께 이산화탄소를 내보냅니다. 도시 사람들이 자동차를 하루만 타지 않아도 소나무를 76만 그루나 심는 효과가 있다고 하니, 자동차의 배기가스를 줄이는 일이 얼마나 중요한지 알겠지요? 그래서 대안으로 나온 자동차가 '하이브리드 자동차'와 '수소 자동차'입니다. 하이브리드 자동차는 석유로 작동하는 엔진뿐만 아니라 전기를 사용하는 모터로도 움직일 수 있는 자동차를 말합니다. 천천히 달릴 때는 모터를 사용하다가 빨리 달릴 때는 엔진을 사용하는 것이지요. 이렇게 전기와 석유를 번갈아 사용하면 오염 물질이 비교적 적게 나오고, 연료 효율성도 좋다고 합니다. 그리고 수소 자동차는 수소를 이용해 에너지를 얻기 때문에 직접적으로 대기 오염 물질을 배출하지 않습니다.

女 大气污染是地球患的严重疾病。作为大气污染的罪魁祸首，汽车是逃不掉的，通过燃烧汽油，奔跑的汽车将和二氧化硫这样的污染物质一样的二氧化碳排出。都是人即使一天不开车，就相当于种植了76万棵松树的效果，因此可以知道减少汽车尾气的工作有多么重要？所以作为对策新出了"混合动力汽车"和"氢动力汽车"。混合动力汽车不仅有由汽油启动的发动机，还有使用电动机移动的汽车。缓慢行驶时，使用电动机，快速行驶时使用煤油发动机。这样轮换使用电和汽油，就可以相对减少污染物质的排放，提高燃料的效率。此外，氢动力汽车利用洁净的氢气获得能量，对环境完全不会造成污染。

45. 女性提到汽车是大气污染的罪魁，燃烧汽油奔跑时，就会排除污染物质。所以答案为①。由于文中未提供混合动力汽车与氢能汽车的燃油效率比较，所以③是不正确的。

46. 女性讲了汽车造成了大气污染，作为对策，他举了"混合动力汽车"和"氢动力汽车"这样的例子进行了说明。所以答案为④。

[47~48] **请听录音，并回答问题。**

여자 보통 병원에 가면 수술을 하는 의사들이 모두 초록색 가운을 입고 있는 것을 볼 수 있습니다. 그런데 왜 초록색 수술복을 입을까요? 한국병원 김 박사님께 그 이유를 들어 보겠습니다.

남자 네. 우리의 눈은 빛의 자극이 사라진 뒤에도 시각 기관에 어떤 흥분 상태가 남아 있습니다. 이런 현상을 '잔상 효과'라고 합니다. 붉은색을 30초 정도 응시하다가 흰 종이를 바라보면 초록색 잔상이 남고, 반대로 초록색을 응시하다가 흰 종이를 보면 붉은색 잔상이 남습니다. 이렇게 서로 보색 관계에 있는 색이 잔상으로 남는 것을 보색 잔상이라고 합니다. 대부분의 수술에서는 출혈이 생기게 됩니다. 그런데 의사가 강한 조명 아래에서 오랫동안 수술을 하면서 붉은 피를 계속 보게 되면 빨간색을 감지하는 세포가 피로해지면서 집중력이 떨어지거나 판단력이 흐려질 수 있습니다. 그래서 수술실에서는 붉은 피에 의한 잔상이 눈에 남지 않도록 초록색 가운을 입는 것입니다. 충분한 설명이 됐나요?

女 一般去医院的话会看到做手术的医生们都穿着草绿色的大褂。但是为什么穿草绿色的手术服呢？我们来听听韩国医院的金博士陈述的理由。

男 好。我们的眼睛在光线的刺激消失之后仍然会处于视觉感官的某种兴奋状态之中。这种现象叫做"残像效果"。凝视红色30秒之后再看白纸时会出现草绿色的残像，相反，凝视草绿色后看白纸会出现红色的残像。像这样相互具有补色关系的颜色呈现的残像称作补色残像。手术服使用草绿色就是利用了补色残像原理。大部分手术会有出血，而医生在强光照明下长时间实施手术，要持续看红色的血，这样感知红颜色的细胞会出现疲劳，就会降低注意力，模糊判断力。所以为了在手术室中不至因为红色的血造成眼睛的残像出现，所以要穿草绿色大褂。不知道我讲清楚了没有？

47. 男性介绍说手术的医生穿草绿色手术服是为了防止眼睛出现由红血造成的残像现象。所以答案为③。

48. 男性讲了有关身着草绿色手术服的理由和"残像现象"和"补色残像"等用语的定义。所以答案为④。

[49~50] 请听录音，并回答问题。

남자 "얕은 내도 깊게 건너라"는 속담이 있습니다. 쉬워 보이는 일도 신중하게 하라는 뜻인데요. 그런데 이 속담 속에 아주 흥미로운 과학적 현상이 숨어 있습니다. 여러분, 냇가나 강가에서 물의 깊이를 어림해 보면 실제보다 얕아 보일 수 있습니다. 여름철에 수영을 하러 물에 뛰어들었다가 생각보다 깊은 물이라는 것을 알고 당황했던 경험이 한 번쯤은 있죠? 그럼 왜 물의 깊이는 실제보다 얕아 보이는 걸까요? 그것은 빛이 공기 중에서 물속으로, 혹은 물속에서 공기 중으로 진행할 때 방향이 꺾이면서 우리 눈이 착각을 일으키기 때문입니다. 물속의 젓가락이 꺾여 보이는 현상, 수영장에서 다리가 짧아 보이는 현상, 물속의 물고기가 실제보다 크고 가깝게 보이는 현상들이 모두 같은 원리에 의한 것입니다. 이와 같이 빛이 한 물질에서 다른 물질로 진행할 때 방향이 꺾여 보이는 것을 '굴절 현상'이라고 부릅니다.

男 有句俗谈说：再浅的溪水，也要当深水来涉。这指的是看起来再容易的事也要慎重为之的意思。但是在这俗谈中隐藏这一个非常有意思的科学现象。各位，在溪水边或江边估计水深会比实际水深要浅。夏季游泳跳入水中才发现水比想像的深，从而感到惶恐的时候谁都会有过。那么为什么水深看上去会比实际的要浅呢？那时因为光线从空气进入水中，或从水中进入空气中时方向折射，使我们的眼睛产生错觉的缘故。水中的筷子看起来是折断的的现象，游泳场里腿显得很短的现象，水中的鱼看起来比实际的大或看上去很近的现象都源于相同的原理。和这些一样，光线从一种物质进入到另一种物质中时看上去方向发生改变的现象称为"折射现象"。

49. 男姓讲了"再浅的溪水，也要当深水涉"这句俗谈的意思指：看起来再容易的事也要慎重为之。所以答案为①。

50. 男性用很有趣的科学现象来解释了俗谈的意义，所以答案为④。

쓰기 书写

[51~52] 请阅读下文，分别写出符合㉠和㉡的一句话。

51. ㉠：由于"N때문에"用于陈述理由，因此要写出"由于那些停着的车"所发生的事。前面提到"走着上班"，可知说的是与上班相关的内容，因此以它为中心写即可。

㉡：前面提到出现的问题都是由于停车位不足所引起的，所以括号中应该是与它有关的解决办法或结论。电子邮件开始部分揭示了建议事项，所以结合这些部分写即可。注意此时应该使用针对问题进行提议时的"N은/는 것을 건의하다"的表达方式。

→ 这是给公司提建议的电子邮件。内容首先要写清自己工作的部门和姓名，然后是建议的具体内容。此时必须写清楚提此建议的背景或状况，还有今后应该如何办理的对策或自己希望的事项。电子邮件必须采用郑重的格式体，使用如："N을 건의합니다, -해 주시면 감사하겠습니다, 감사합니다"这样的词汇，注重书写礼仪极为重要。3分的答案适用于使用初级语法和词汇进行表达的情况。

52. ㉠：后面提到："听到了对方的意见后"，所以以它为中心即可，括号中要写与它相关的内容。

㉡：和㉠一样，由于后面有"对于各自所提的意见"，所以要围绕这个中心写即可。

53. 以下是关于男性育儿休假人数变化的资料。请将此内容写成200-300字的文章，但请勿书写文章的题目。

【概略】

序论：介绍调查内容(男性育儿休假人数变化以及男性在整体育儿休假人数中的比例)

本论：通过统计可以得知的内容总结：

- 目前男性育儿休假者的比例仍然较少，相比女性育儿休假者
- 与过去相比，男性育儿休假者的数量有所增加

结论：现象的原因和展望

54. 请参考以下内容，写一篇600-700字的文章，但请勿将问题原封不动地抄写下来。

【概略】

序论：整理问题提到的内容(何为智能设备中毒)

本论：① 智能设备中毒的问题

② 如何解决智能设备中毒

结论：整理自己的意见

읽기 阅读

[1~2] 请选择最适合置入(　)的选项。

1.

好不容易哄孩子睡着了，因为电话铃(　　　)，孩子醒来又哭了

问题类型 选择适合句子的语尾(连接/生活文)

提到：孩子醒来哭的原因是电话铃响。所以答案为表示原因、理由的③。

> -(으)ㄴ/는 탓에: 因为前句的原因，导致后句出现不好的结果。
>
> 例 눈이 많이 온 탓에 비행기가 출발을 못 하고 있다.
> 회사 일이 바쁜 탓에 아이들과 놀아 주지 못한다.
>
> 注意 "-(으)ㄴ/는"也可以使用"-(으)ㄴ/는 탓이다"的形态。
> 例 시험에서 떨어진 것은 공부를 열심히 하지 않은 탓이다.
> "-(으)ㄴ/는 탓에"后面不能使用命令，共动句型。

- -고서야:

① 强调由于前面的行为，导致后面状况的出现。

例 김 부장은 커피를 마시고서야 일을 시작한다.

② 强调以前句的条件很难发生后句的状况。

例 그 영화를 다 보지 않고서야 만들 수 없는 작품이다.

- -는 김에: 做某件事的同时，利用做某事的机会做其它事。

例 도서관에 가는 김에 내 책도 반납해 줄 수 없겠니?

• -(으)ㄹ 테니까:

① 表示话者以前句内容为条件做某行动或事的意志。

例 오늘 저녁까지 못 먹을 테니까 지금 많이 먹어.

② 表示话者以前句内容为根据进行强烈的推测。

例 지금쯤 공항에 도착했을 테니까 전화해 보세요.

2. 裕娜下决心说："好好努力，这次一定要(　　　)!"

问题类型 选择适合句子的语尾(终结/短文)

提到：下决心好好努力，这次一定要合格。可以看出，表达了强烈的决心和意志。所以答案为③。

-아/어야지:

① 表示话者的决心和意志的终结词尾。

例 이번에 좋은 기회가 오면 반드시 잡아야지.

② 表示话者或其他人应该做某事或者维持某种状态的终结词尾。

例 이렇게 시간을 낭비하지 말고 너도 다른 일을 찾아야지.

• -거든:

① 表示话者考虑前句内容时的理由、原因或根据的终结词尾。

例 저녁은 조금만 먹을래. 낮에 간식을 먹었거든.

② 表示告知后续内容的前提，用来引出后续内容的终结词尾。

例 내일이 내 생일이거든. 무슨 선물을 받을지 기대가 돼.

• -다니: 表示对意外的事感到惊讶或感叹的终结词尾。

例 나하고 만나기로 해 놓고 약속을 안 지키다니!

• -는구나: 用来表达对新发现的某种事实的感觉的连接词尾。

例 아이들은 키가 금방 자라는구나.

[3~4] 请选择与下端划线的部分意义最相似的选项。

3. 大家众所周知，最近的世界经济状况不太好。

问题类型 选择适合句子的语尾(连接/短文)

本题大意是"和大家知道的一样，最近世界经济不好"，所以答案为④。

-다시피:

① 表示"和……的一样"的意思，连接词尾。

例 아시다시피 제가 요즘 건강이 안 좋습니다.

② 表示"几乎与……相同"的连接词尾。

例 범인이 도망치다시피 그 집을 뛰쳐나왔다.

• -든지:

① 用来表示两种事实当中，选择一种的连接词尾。

例 죽든지 살든지 둘 중에 하나야.

② 用来表示许多事实当中，选择哪一个都没关系的终结词尾。

例 내가 어떻게 사용하든지 넌 상관하지 마.

• -더라도: 用来表示虽然假设或者承认前句内容，但是都与后句内容无关或者不造成影响的连接词尾。

例 학교에 조금 늦더라도 밥을 먹고 가야겠다.

• -는 반면: 表示前句和后句内容相反。

例 수미는 미술을 잘하는 반면에 체육은 못하는 편이다.

• -는 것처럼: 表示状态或者行为相似或者一样。

例 너도 미숙이가 하는 것처럼 해 봐.

4. 大学毕业，最好先工作积累些经验，再读研究生比较好。

问题类型 选择适合句子的语尾(终结/短文)

"-(으)면 좋겠다"表示希望或者愿望。所以①为正确答案。

-(으)면 좋겠다: 表示希望或者愿望的时候使用。

例 나도 복권에 당첨되면 좋겠다.
저 사람이 내 친구면 좋겠다.

注意 "-(으)면 좋겠다"能与"-았/었으면 좋겠다/싶다/하다"，"-ㄴ/는다면 좋겠다"互换使用。

例 나도 복권에 당첨됐으면 좋겠다/싶다/한다.

• -고 싶다: 表示想要做前句的行动。

例 나는 한국 회사에 취직하고 싶다.

• -(으)ㄹ 리(가) 없다: 表示对前句内容，话者确信没有那样的理由或可能性。

例 내가 토픽 만점을 받다니 그럴 리가 없어.

• -고자 하다: 表示话者怀着的某种目的、意图、或希望。

例 환경 문제에 대해서 글을 쓰고자 한다.

• -(으)ㄹ지도 모르다: 表示对不确定事实的推测或猜测。

例 보통 때는 길이 안 막히는데 오늘은 비가 와서 막힐지도 모른다.

[5~8] 请选择下面是关于什么的文章。

5. 让大海的鲜味呈现在各位的餐桌！
为防止变质，使用冷藏箱包装送达。

问题类型 掌握文章的题材/类型(广告文)

这篇广告的主要核心词是"바다의 신선함, 아이스박스"。说的是用冷藏箱包装大海的鲜味，所以说的应是水产品。因此正确答案是②。

6. 买空调的话，能去济州岛？
抽签送济州岛旅游券、最新电影观赏券。
抽签日：9月5日 15点

问题类型 掌握文章的题材/类型(广告文)

这篇介绍文的主要核心词是"에어컨"。里面写道，如果买空调，将会得到很多优惠。可以看出这是电子产品商店的广告文。所以答案为④。

7. 游动的音乐会
带给文化疏远地区低收入层儿童希望的礼物

问题类型 掌握文章的题材/类型(广告文)

主要核心词是"저소득층 아동、선물"。从给低收入层带去希望的礼物可知答案为②。

8.
- 去除身体里的毒素
- 有助于防止老化、保护视力
- 增强对各种细菌的抵抗力

问题类型 掌握文章的题材/类型（介绍文）
这是对药效的说明。所以答案为①。
- 용법[用法]: 使用方法。
- 용량[用量]: 使用量。

[9~12] 请选择与下文或图表内容相同的选项。

9.
等待让奥运场馆充满热情的志愿者！
- 招募领域：翻译人员、活动进行人员
- 申请期间：2024年3月1日-3月30日
- 申请方法：通过奥运会官方网站申请
- 申请资格：20-30岁的大学生和一般人士

※ 能说外语者优待

奥运会组织委员会

问题类型 选择与文章相同的一项（介绍文）
因为说“通过奥运会官方网站申请”，所以正确答案是②。
① 提出了对外语好的人~~不利的~~条件。→ 有利的
③ 计划在~~下届奥运会举行之前~~选拔志愿者。
→ 2024年3月1日起至3月30日为止
④ ~~31岁英~~语好的大学生可以应聘翻译人员。
→ 20-30岁的

10.
家庭规模变化展望

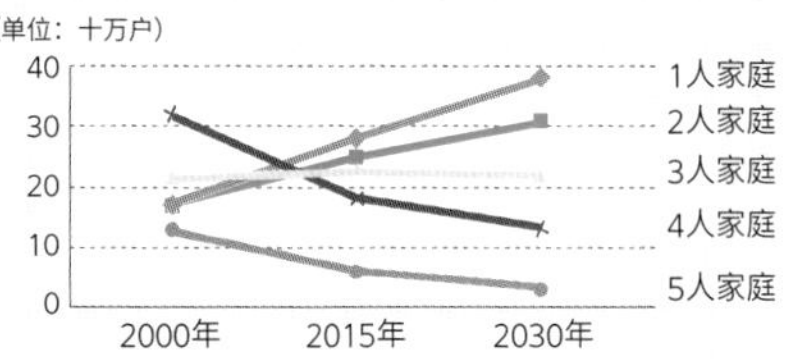

问题类型 选择与图表相同的一项
从图表来看，3人以上家庭的比例预计都会减少，所以③是合适的答案。
① 四口之家所占比例~~将增长最大~~。
→ 将持续减少
② 整体家庭中只有~~单人家庭~~会增加比例。
→ 单人家庭和双人家庭都是
④ 三口之家的比率在~~30年内不会有特别的变化~~。
→ 将持续减少。

11.
2016年联合国教科文组织人类非物质文化遗产代表目录中登载了济州海女文化。海女是指没有特别装备就进入水中采集海产品的女人。目前剩下的济州岛海女有3,226名左右，由于大部分都是高龄，所以数量每年都在减少。为了维持人类珍贵的文化遗产海女文化，应该持续培养海女，改善现有制度的问题。

问题类型 选择与文章相同的一项（报道）
因为内容中有“2016年联合国教科文组织人类非物质文化遗产代表目录中登载了济州海女文化”，因此③是正确的答案。
① 海女大多由~~年轻人~~组成。→ 高龄者
② 济州岛的海女~~增加~~到了3,226名。→ 减少
④ 海女是~~带着特殊装备~~采集海产品的女人。
→ 没有特别装备

12.
在短时间内，轻微的压力可以大幅提高人的注意力和学习能力。另外讲话时的语气高低、节奏有变的话，会使听者紧张，从而记住更多的内容。因此适当的压力可以成为发展的原动力，生活的活力素。

问题类型 选择与文章相同的一项（报道）
从文中“말의 높낮이나 리듬에 변화를 주면 듣는 사람을 긴장시켜 훨씬 많은 내용을 기억하게 한다고 한다.”可知④为正确答案。
① 压力会~~阻碍发展~~。→ 成为发展的原动力
② 暂时的压力会使~~生活变得有意思~~。
→ 在短时间内，轻微的压力可以提高人的学习能力
③ ~~长期~~适当的压力能提高学习能力。→ 短期的

[13~15] 请选择正确按顺序排列的选项。

13.
(가) 问题在于，他们也不被分类为失业者。
(나) 因为将“虽然进行了求职活动，但4周内没有工作的人”定义为失业者。
(다) 如果不包括在统计中的非经济活动人口增加，肯定会出现各种问题。
(라) 上个月没有进行求职活动或就业准备，回答“休息了”的青年人数创下了历史最高值。

问题类型 排列文章顺序
这题是在说没有进行求职活动或就业准备，回答“休息了”的青年人数增加的问题。上个月没有进行求职活动或就业准备，回答”休息了”的青年人数创下了历史最高值的内容(라)最先出现，指出(라)问题的(가)接续出现。补充说明(가)问题的理由的(나)接着出现，最后预测因为这种现象会出现各种问题的(다)出现。因此，按照(라)-(가)-(나)-(다)的顺序，即④是正确的答案。

14.
(가) 另一个共同点是，源泉技术都是诞生于国防部。
(나) 美国政府对在国防部开发技术的专利权，并不多加干涉。
(다) 机器人、无人车都具备引领未来产业的共性。
(라) 由于这种新技术可以在民间自由使用，所以新的产业总是出现于美国。

问题类型 排列文章顺序
本文讲述了在美国经常出现新产业的原因。首先出现的应是讲述机器人和无人车所具有的共同点（以后都将引领未来产业）的(다)；接下来应该是讲述另一个共同点（源泉技术都是产生于国防部）的(가)；然后应是讲述美国政府对在国防部开发的技术，不多加干涉的(나)；最

后是由“이렇게”开始的说明很多新兴的产业都出现于美国的(라)。所以正确答案为按照(다)-(가)-(나)-(라)排序的③。

- 특허권[特许权]：发明或者研发新技术的人或团体对其发明或技术享有独占的权利。

15.

(가) 治疗感染性疾病的新药开发的可能性已被打开。
(나) 西方化的生活方式，使卫生状态得到改善，对于预防疾病起到了重要的作用。
(다) 但是在那个过程中也会减少我们身体有益的细菌，导致新的感染性疾病的增加。
(라) 亚马逊土著居民身上携带的细菌比西方人多出两倍的研究结果有着相当大的意义。

问题类型 排列文章顺序

本文讲的是利用亚马逊土著居民携带的细菌进行新药物开发的可能性。首先应是讲述西方化生活的长处（通过卫生状态的改善，预防疾病）的(나)出现；其次以“하지만”开头，讲了(다)因为(나)出现的问题点；接着(라)讲述了（在这种情况下）亚马逊土著居民拥有多种细菌这种研究结果是很有意义的；最后是说明(라)的研究结果的意义的(가)出现。所以答案为按照(나)-(다)-(라)-(가)排序的②。

- 감염성 질환[感染性疾患]：病菌进入人体扩散后产生的疾病。

[16~18] 请选择最适合置入(　)的选项。

16.

以前我们通常认为小时工就是在我们寻找稳定的工作之前，暂时花点时间赚点零钱的工作。但是，最近被堵在就业门外的青年们(　　　)性质正在被改变。学校毕业的青年们，在最恶劣的就业寒潮中，不得以被赶往小时工这条路。

问题类型 选择符合文脉的内容

第一句话提到了小时工的原始定义（暂时花点时间赚点零钱的过程）。然后以“하지만”开头，讲述了括号性质正在被改变。所以括号里出现的应该是与小时工本来的性质不同的内容。接着括号后面的句子提到“취업 한파에 억지로 아르바이트로 내몰리고 있는 것”。所以答案为④。

- 한파[寒波]：冬季气温突然下降的现象。
- 취업 한파[就业寒波]：把就业难比喻成寒潮。
- 내몰리다：从本来的位置上驱逐到外面。

17.

田野里盛开的各种各样的花，使春天更加美丽。用各种各样的的颜色把山峰染上色的枫叶使秋天更加富饶。自然就是像这样不同的事物之间互相调和而形成的美丽的世界。但是，我们会出现有(　　　)偏见的时候。“不同”不是“错误”。承认“不同”的社会，就是像花一样美丽的社会。

问题类型 选择符合文脉的内容

解说：“自然就是不同的事物之间互相调和而形成的美丽的世界”这句话后面，是接的以“하지만”开始的包含括号的内容。从这里可以看出，括号里的内容应是与前句内容相反的内容。并且后一句也说到“다름(不同)”不是“틀림(错误)”。所以答案为①。

18.

大部分人都认为：机器是不能感觉到情感的。连人工智能学者对于机器人拥有感情也(　　　)。但是实际上，调节情感的大脑作用，某种程度上在信息处理层面也适用。合理地利用情感调节原理，电脑不久也将会具有情感。

问题类型 选择符合文脉的内容

括号后面以“그러나”作为开头，讲的就是与前句内容相反的内容。后面部分讲到，如果调节情感的大脑作用能适用于信息处理的话，电脑不久也将具有情感。所以包括括号的这句话的内容应该讲的是连人工智能学者也不相信电脑具有情感。并且，看前面的文正也能推论出来，前面说的是大部分的人认为，机器是不能感觉到情感的，接着又说了“连学者也。”，可以推论出，连学者也同意大部分人的意见。所以正确答案是④。

- 호의적[好意的]：认为某个东西好。
- 회의적[怀疑的]：对某件事表示怀疑。
- 조차：助词，表示一般很难想象的极端的情况也包括。

[19~20] 请阅读题目并回答问题。

南极拥有庞大的生物资源和地下资源。(　　　)过去的变化被完整地记录下来，所以有很大的研究价值。最近关于数千年期间南极环境变化的研究材料就是沉在海里的堆积物。因为根据气候和水温的不同，繁盛的生物种类不同，其变化就会在堆积物中原原本本地被记录下来。仔细观察其内容，也可以类推出像大气或者海流这样的气候变化。

19. **问题类型** 选择符合文脉的内容

括号前面说了南极拥有生物资源和地下资源，括号后面又讲到因为过去的变化被记录下来，所以很有研究价值。所以答案为有补充或添加意思的①。

- 게다가：用于要在后句中补充或增加比前句内容更多的事实。
  例 그는 인심 좋고, 돈도 많고, 게다가 인물도 좋다.
- 차라리：“那样做，倒不如”的意思。用于强调比起某些事，另外的事更好。
  例 부끄럽게 사느니 차라리 죽는 것이 낫다.
- 아무리：主要是与“-아/어도”一起使用，表示程度非常深。
  例 그는 아무리 말해도 듣지 않는다.
- 도리어：与一般的想法或基准完全相反或不同。
  例 나무를 심은 지 한 달이 지났는데 자라기는커녕 도리어 시드는 것 같다.
- 퇴적물[堆积物]：泥土或者死去的生物的骨头，被水、风和冰川搬运到地表堆积的物质。

20. **问题类型** 掌握中心想法

本文讲的是南极拥有丰富的资源，记录着根据气候和水温而繁盛的物种，从而使我们能够推断大气和洋流等气候变化因素。所以答案是④。

[21~22] 请阅读题目并回答问题。

在我们的俗语中有(　　　)这样一句话，话的表现方式稍有不同，听者感受到的感情也会有很大的差异。我们经常能看到这种情况，因为不能有效地使用语言而引起对方的误会和不满。这就是由于没有按照时间，地点，对方的立场或心情来正确表达语言所致。因此，在说话的时候怎样选择词语、怎样传达事情是非常重要的问题。

21. **问题类型** 选择符合文脉的俗语

本文讲到：说话的表现方式即使稍有不同，听的人接受到的感情也会有很大的差异。所以答案为①。

- '아' 다르고 '어' 다르다: 同一件事，也会因为说话方式的不同而变得不同。
  - 例 가: 영호는 왜 항상 말을 저렇게 꼬아서 하는지 모르겠어.
    나: 그러게. 같은 말이라도 '아' 다르고 '어' 다르다는 말도 모르는 것 같아.
- 말 한 마디에 천 냥 빚을 갚는다: 只要话说得好，困难的事也会很容易解决；所以会说话很重要。
  - 例 가: 민주랑 싸운 일은 어떻게 됐어?
    나: 말 한마디에 천 냥 빚도 갚는다는 말처럼 내가 진심으로 사과하니까 용서해 주더라.
- 가는 말이 고와야 오는 말이 곱다: 只有对别人说好话或做好事，别人才会对我们自己好。
  - 例 가: 당신, 나를 언제 봤다고 반말이야?
    나: 가는 말이 고와야 오는 말이 곱다는 말 몰라? 먼저 반말한 게 누구인데 그래?
- 낮말은 새가 듣고 밤말은 쥐가 듣는다: 即使在没人的地方也要谨慎说话，不然也会传入他人的耳朵里。
  - 例 가: 나는 미숙이한테만 비밀 얘기를 했는데 어느새 학과 친구들이 다 알고 있더라.
    나: 낮말은 새가 듣고 밤말은 쥐가 듣는다더니 헛된 말이 아니었네.

22. **问题类型** 掌握细节内容

在说话时选择什么单词，决定如何传达是很重要的，所以④是正确的答案。

① 韩国谚语中~~有很多对语言的表述~~。
(→ 有俗语是说话要小心的意思。)

② ~~行动中~~难免产生误解和不满。
(→ 无法有效地使用语言)

③ 要说出与对方的立场和心情~~无关的话~~。
(→ 根据对方的立场和心情适当地表达)

[23~24] 请阅读题目并回答问题。

在家乡前辈的劝说下，我开始了“搓澡工”这份工作，最开始是为了糊口过日子，打算做几年就辞职。但是真的做的时候，发现这是一个非常有魅力的工作。更重要的是，流汗的工作非常适合我。但是有一天突然接到了孩子学校的家庭环境调查书，我犹豫了，眼前浮现出儿子的脸，想到不能在职业栏里填“搓澡工”，于是，在那天之后用10年所积攒的钱开了一个饭店。但是因为没有经验，所以饭店经营的当然不是很好。结果欠了很多债，时隔一年便关门了。于是我又回到了我最擅长的澡堂去了，重新做回了为人们搓澡的艺术家。

23. **问题类型** 掌握心情(随笔)

因为担心儿子会感到羞耻，所以犹豫了，没在职业栏里填“목욕 관리사”，所以答案为②。

24. **问题类型** 掌握细节内容(一致/随笔)

洗澡工这个流汗的工作很适合我，所以说是我能做得最好的事情。因此正确答案为③。

① ~~儿子推荐开饭店~~。
→ 因为感到对不起儿子，所以自己开了饭店

② ~~做搓澡工工作~~，欠了很多钱。→ 开饭店时

④ 因为有只做几年就辞职的想法，所以~~开了饭店~~。
→ 开始了“搓澡工”的工作

[25~27] 请选择最能说明下列新闻的标题。

25.

倾听10多岁孩子苦闷的“好电台”、青少年的对话广场

问题类型 掌握简化的句子(报道文)

题目意思是，倾听10多岁孩子苦闷的“라디오가 좋아”这个节目已经成为了青少年的对话场所。所以正确答案是④。

26.

便装代替西装、消除工作和休息的界限

问题类型 掌握简化的句子(报道文)

新闻题目的意思是，工作的时候像平常一样穿便装，能更舒服地工作。所以答案为②。

- 경계[境界]를 허물다: 消除两者间的障碍

27.

走下坡路的电视购物、本月起进入呈明显上升趋势

问题类型 掌握简化的句子(报道文)

减少的家庭购物行业，进入这个月销售量将会有明显的上升趋势。所以答案为④。

- 내리막길을 걷다: 力气或者气势已经过了最盛的时候，出现变弱的状态。

[28~31] 请选择最适合置入(　)的选项。

28.

最近歌剧形式的音乐剧经常出现。但是那只称作音乐剧，而不能称作歌剧，因为音乐剧具有一套只有音乐剧才有的特点。音乐剧包含了歌剧的所有要素也包含了非歌剧的要素，即(　　　)。相反，歌剧中不允许有台词，如果没有音乐烘托，哪怕一瞬间，歌剧的地位也会失格的。

问题类型 选择符合文脉的内容

因为括号后面的句子是以“反面”开头的，所以括号里面的内容应该是与后面相反的内容。后面又写到“오페라는 대사를 용납하지 않고, 한순간이라도, 음악이 받쳐 주지 않으면 오페라로서의 지위가 실격된다.”，所以非歌剧要素说的就是没有音乐，只有台词的场面。所以正确答案是③。

29. 一位少年和他的父亲在路上走着，被汽车撞倒，负了重伤。进入手术室的外科医生在看到少年的瞬间，大声喊到："我的儿子英秀啊!"这位医生和这个少年的关系是什么呢？这位医生分明应该是少年的妈妈，但是大部分人认为医生是少年的另一个父亲。从这里可以看出很多人有着(　　　)主要是被男性占据的思考方式。

问题类型 **选择符合文脉的内容**
有括号的这个句子以"이는"开头，这个（大部分人认为医生是少年的另一个父亲）是因为人们猜测拥有"医生"这个职业的人应该是男性。所以正确答案是④。

30. 随着最近使用门户网站和手机读报道的人大量增加，网络新闻市场的销售竞争也变得越来越激烈。因此(　　　)变得越来越大。标题里如果没有呈现报道的核心内容，就会被批判为偏颇或歪曲。缩写失败的话，别说简洁，连意思都会变得模糊。报道的内容可以使用几个核心词汇精炼表达，用不刺激的话占据读者的心，激发读者的好奇心，才算得上是好的题目。

问题类型 **选择符合文脉的内容**
后面部分是讲的是好的报道标题的条件，因为括号前面出现了"따라서"，所以括号里的内容是以前面内容为根据，后面再概括表达。所以正确答案是①。

- 편파[偏颇]: 偏颇。不正确，向某一侧倾斜。
- 왜곡[歪曲]: 解说得与事实不同，或与事实相差甚远。
- 응축[凝缩]: 把许多种意思或感情放在同一个地方。

31. 外来物种说的就是从本来的栖息地搬移到新地区的植物或者动物种类。在新的地方，外来物种没有天敌，可以无限制地成长繁殖。最近，在江原道的一个水库中发现了亚马逊食人鱼，接着发现了从北美引进来鳄鱼龟。外来物种的接连出现，被认为是可能是环境团体对像牛蛙这种外来物种(　　　)，扰乱生态界。

问题类型 **选择符合文脉的内容**
括号后面部分说到，可能是外来物种扰乱生态界。所以正确答案是③。

- 천적[天敌]: 对于被 的动物来说，吃的动物。
- 식인어[食人鱼]: 吃人的鱼

[32~34] 请阅读题目，并选择与文章内容相同的选项。

32. 政府发表说，新类型的网络攻击已经发生了。这个网络攻击是让网站瘫痪、与病毒不一样。虽然没有财产损失和重要信息消失的报告，但是这个网站因为受到攻击，所以很多人的股票交易和办理银行业务受到了影响。政府声明，为了避免受到攻击，一定要确认所下载文件的来源，执行电脑查毒软件。

问题类型 **掌握细节内容(一致)**
这个网站因为受到攻击，所以很多人的股票交易和办理银行业务经历了很多困难，由此可知正确答案为③。

① 这个网站攻击是~~新式病毒~~。→ 和病毒不一样
② 由于这个网站的攻击，~~使财政收到了损失~~。
　→ 没有损失
④ 想要避免这个网站的攻击，要~~清楚网站的来源~~。
　→ 确认下载的文件来源

33. 孟子的母亲为了孟子的教育搬过三次家，这是我们众所周知的故事。书生受到款待的"士农工商"社会身份制度的概念，也是孟子之后提出的儒教理念。2500年前孟子生活的，做学问的书生是社会最底层。在这样的时代背景下，孟子的母亲为了子女的教育搬三次家是与当时流行和风潮相反，也是需要极大勇气的事情。

问题类型 **掌握细节内容(一致)**
文中写到"맹자가 살았던 2,500년 전의 시대에는 학문을 하는 선비들이 사회적으로 가장 낮은 계층이었다."，所以正确答案是②。

① ~~在"士农工商"的身份秩序当中~~，书生是最低的阶层。→ 孟子生活的时代
③ 孟子的母亲是~~顺应当时的时代环境~~，让儿子受教育。
　→ 是与当时的流行和风潮相反的
④ 孟子是为了得到~~当时人们羡慕的职业~~而努力的。
　→ 在当时，书生的地位很低，所以是为了得到当时的流行和风潮想反的职业而努力的

34. 非政府机构(NGO)致力于把世界创造成一个生活美满的地方。把医生和护士送到有战争的国家，帮助贫穷的人修建房子和农场，在那些政府不提供女性教育机会的国家为女性提供教育。这些活动是伴随牺牲的非常不容易的事情。NGO的志愿者们为了本国国民和他国国民甘愿承受危险，所以这才是可行的事。

问题类型 **掌握细节内容(一致)**
文中写到：非政府机构的活动家门所做的活动是"많은 희생이 따르는 결코 쉽지 않은 일"，所以正确答案是①。

② NGO活动家们~~做各国希望的志愿活动~~。
　→ 也做各国不希望的志愿活动
③ NGO活动家们为把世界建设得更好，所以在~~政府工作~~。→ NGO是非政府机构
④ NGO志愿者们~~不为自己国家的国民而工作~~。
　→ 为了本国国民和他国国民工作

[35~38] 请阅读题目，并选择最适合文章主题的选项。

35. 滥用抗生素，就像气候变化或者恐怖主义一样，是一个极具威胁性的问题。它不仅连我们身体必需的菌类都会杀死，而且抗生素过量使用，还会产生对现有抗生素的抗体，最后使抗生素失去作用，导致的超强细菌的登场。抗生素开发的速度赶不上超强细菌登场的速度，这又是一个问题。滥用抗生素这个问题，若是没有政府和医生、患者的共同协作，是解决不了的。

问题类型 掌握中心想法

本文是讲滥用抗生素的威胁性，文中讲到“항생제 오남용 문제는 정부와 의사, 환자의 협력 없이는 해결할 수 없다.”。所以正确答案是③。

- 항생제 오남용[抗生剂误滥用]: 错误地使用抗生素，不遵守规定的标准而任意使用。
- 내성[耐性]을 갖다: 对于持续使用的药物，产生抗体。
- 다각적[多角的]: 通过许多部门或者方面。

36. 对创作物的历史应该被慎重地对待。历史里有一些没被记录下来而是通过想象力编成故事，谈论的是歪曲的历史，所以有很多不妥的地方。但是既然以历史为题材，不管是以多么单纯的意图制作的作品，都会因为多个组织间的利害关系，导致扩大再生产的忧虑。对有关媒体的影响效果大的话，这样的现象就会更严重。历史不是过去结束的事件，而是延续到现在的事，所以应该谨慎对待。

问题类型 掌握中心想法

本文主张在创作物中，谈论歪曲的历史虽然是错误的，但是有扩大再生产的担心，所以应该小心对待。所以正确答案是②。

- 왜곡[歪曲]: 与事实不同的解说，或者偏离事实很远。
- 어폐[语弊]: 因为话用得不恰当，所以发生了误会或错误。

37. 对于安保和统一准备间的优先顺序，国民讨论相当急迫。专家们异口同声地强调，为了统一，扩大交流合作比稳定的安保更有必要。但是在对于北韩的军事挑衅的忧虑剧增的情况下，通过交流合作使北韩改革开放，这又是一个矛盾。提前准备好统一时代虽然很重要，但是立刻找到针对北韩军事威胁的对策更急迫。

问题类型 掌握中心想法

笔者认为，在北韩的军事挑衅引发了更大的忧虑的情况下，通过交流合作促使北韩改革开放，这是一种矛盾。因此，文章强调了虽然为统一时代做好准备很重要，但立即制定应对北韩军事威胁的措施更为紧迫。由此可知正确的答案为③。

- 모순[矛盾]: 某件事情的前后或者两件事情之间互相违背。

38. 什么时候刷牙好呢？众所周知，吃完饭三分钟内刷牙比较好，但这是错误的常识。吃完饭，喝完饮料之后，先稍微漱一下口，过30～60分钟后再刷牙比较好。特别是在吃了酸的水果或者西红柿之后，直接刷牙更要谨慎。因为植物当中的酸成分会使牙齿变脆。但是，吃了甜的食物之后，直接刷牙比较好。

问题类型 掌握中心想法

文中说到，吃了有酸成分的食物之后，不能直接刷牙；吃了甜的食物之后直接刷牙比较好。所以正确答案是②。

[39~41] 请选择最适合的句子能置入的地方。

39. 吃剩下的西瓜一般是用保鲜袋或塑料袋包装或者放在密闭容器里保管。(㉠)但是专家们说，这两种保管方法都会使细菌大量繁殖。(㉡)这些西瓜保管方法所产生的细菌数量，做了一个实验。(㉢)结果，与西瓜保管方法无关，仅仅过了一天，在所有西瓜当中都检验出了食中毒细菌。(㉣)并且，在吃西瓜的时候，在切开之后，最好赶紧吃掉。

〈提示〉
因此，在切西瓜之前，应该把刀洗干净。

问题类型 插入符合文脉的句子

提示句以“따라서”开头，所以在切西瓜之前，应该把刀洗干净的理由就应该出现在前面。而(㉣)后面还有补充说明的“또한”所以正确答案是④。

40. (㉠)指挥者금난새，是一个尽情享受音乐给予的欢乐和飘然生活的人。没有钱，地方不合适，没有观众，这些限制对他来说都不能构成问题。(㉡)并且，指挥者금난새并不单纯地通过听音乐沟通，而是去讲解所有曲目的故事，“有解说的音乐会”就是指挥家금난새独具的特色。(㉢)他经常说，想要过那种与音乐和听众在一起的生活。(㉣)

〈提示〉
不管在哪儿，为了能享受音乐，在建筑物大厅，在图书馆都有演出。

问题类型 插入符合文脉的句子

提示句中“不管在哪儿，都有演出”这句话应放在“돈이 없거나 장소가 마땅하지 않거나 관객이 없다는 한계는 그에게 문제가 되지 않는다.”这句话之后才自然，所以正确答案是②。

41. 所谓的“新语”，就是已经有的或者新产生的概念，或者为了表现某个事物编造出来的话，(㉠)并且也包含那些已有的话，但具有新的含义，和那些从不同的语言借来使用的外来词。(㉡)新语就是依据人们自然制作出来被使用的，以及按照语言政策计划性地制作出来并普及的东西。(㉢)这种新语是根据现实的需要被制作出来的。(㉣)

〈提示〉
并且也有按照大众所需将已有的说法进行更新的词汇。

问题类型 插入符合文脉的句子

提示句中讲的是新语被制作出来的理由，所以放在罗列理由的句子后，(㉢)后是比较合适的。所以答案是③。

[42~43] **请阅读题目并回答问题。**

酒店就位于城市中心，而房间正好临街，所以如果把椅子拿到窗户边就能看到窗外的街道。从窗口看下去人很小，一排排的汽车也很整齐，所有的东西都看上去整顿有序。我非常喜欢这种景象，在房间的时候，大部分的时间都会在窗户边的椅子上度过。晚饭后路灯亮起的时候或像现在这样太阳升起的早晨，街道上来往的人渐渐变多的时候，是最美丽的时候。在酒店食堂现在的这个时候，准备了韩餐、日餐、中餐等多种多样的食物等待旅客。脑子里突然想起酒店的早餐菜单，可又嫌去食堂太麻烦，干脆就用面包和咖啡代替早餐。

(中略)

"没什么再需要的了吗?"
把饭碗放在桌子之后，服务员也不离去，在这里磨蹭时间。好像是在等着我给小费，我把手放到口袋里抓到了一张一千元的纸币，却又停下来了，简单的说了一句"是"。

李孝石《哈尔滨》

42. 问题类型 **掌握心情/态度(小说)**
明知道服务员在等着我给小费，但我却犹豫没给。因此具有"对东西或者钱非常节约，不大方"的意思的①是正确答案。

43. 问题类型 **掌握细节内容(一致/小说)**
文中"이 전망이 마음에 들어서 방에 머무르고 있는 대부분의 시간을 창가 의자에서 보냈다."。所以答案为④。
① 我在酒店~~食堂~~吃了早餐。→ 房
② 服务员送来了~~韩餐、日餐、中餐~~。→ 面包和咖啡
③ 现在正是~~街上路灯打开的时候~~。
→ 早晨太阳早早地升起，街道上来往的人们渐渐增多的时候

[44~45] **请阅读题目并回答问题。**

大部分人不喜欢用外语说话或发表，原因是害怕失误。但重要的是，与其说人们会注意说外语的人会出现什么失误，倒不如说他们是在感叹用外语说话这件事本身。因为都知道用外国语说话是多么不容易的一件事，所以人们只会对那种成就和努力表示感叹。(　　)因为我们不期待说话说得很完美，理解失误也是学习的一部分。要记住语言的目的是相互理解和对话，不是为追求完美而做的。

44. 问题类型 **插入符合文脉的句子**
括号前面讲到，因为知道用学来的外国语说话是多么不容易的一件事，所以为能够说话所做的努力和成绩感到感叹。所以答案为②。

45. 问题类型 **掌握中心想法**
"언어의 목적은 서로 이해하고 대화하는 것이지, 완벽하고자 하는 것이 아니라는 것"。由此可知正确答案为①。

[46~47] **请阅读题目并回答问题。**

用隐藏的相机偷拍女性身体并传播的"非法摄影"犯罪正在大幅增加。据分析，随着智能手机的普及和影像录制设备的小型化，犯罪行为也在增加。非法拍摄的肇事者可能面临最长五年的监禁或高达三千万韩元的罚款，但在大多数情况下，犯人只会被处以罚款或缓刑，实际监禁相对较少。警方表示他们正在努力实时监控非法录像并查找公共厕所中安装的非法摄像头，但单凭这些措施可能无法完全消除非法拍摄犯罪。要减少这类犯罪，至关重要的是坚定确立非法拍摄将受到严厉惩罚的事实，以此作为广泛认知的社会意识。考虑到非法拍摄给众多受害者带来的巨大痛苦，目前的宽刑罚绝不能继续下去。

46. 问题类型 **选择笔者的态度(议论文)**
笔者认为，为了减少这类犯罪，关键是要坚定确立非法拍摄将受到严厉惩罚的事实，以此作为广泛认知的社会意识。因此，最佳答案是④。
- 동반[同伴]: 与其他事物一起出现或发生。
- 근절[根绝]: 彻底消除或根除某些不良因素。

47. 问题类型 **掌握细节内容(一致/议论文)**
内容提到：用隐藏的相机偷拍女性身体并传播的'非法摄影'犯罪正在大幅增加，因此③是正确的答案。
① 对非法拍摄犯罪实施严厉惩罚~~在减少此类犯罪方面的效果有限~~。
→ 为了减少非法拍摄犯罪，需要实施严厉的惩罚。
② 大多数从事非法拍摄犯罪的人~~被判处监禁~~。
→ 只会被处以罚款或缓刑，实际监禁相对较少。
④ ~~警方提出了实用的解决方案以预防非法拍摄犯罪~~。
→ 但单靠警方提出的措施可能无法完全消除非法拍摄犯罪。

[48~50] **请阅读题目并回答问题。**

要记住，二手烟也像直接吸烟一样对健康致命。最近，在有关室内吸烟限制的讨论非常活跃的情况下，很多人指出，不仅是直接吸烟，间接吸烟也会对健康产生严重的负面影响。香烟燃烧产生的烟雾占二手烟的大部分。此时烟气粒径小，可到达肺部深处，由于含有高浓度毒性强的化学物质，对健康相当致命。特别是致癌物质镉通过二手烟在体内积累是非常严重的问题。最近，韩国国民的整体吸烟率呈下降趋势，但二手烟暴露率反而呈上升趋势，因此有必要对二手烟进行积极的管理，也应有积极的对策。吸烟是(　　)管理得更好的疾病，因此不要试图独自解决，要接受专业的戒烟治疗，不仅要保护吸烟者本人，还要保护家人的健康。

48. 问题类型 **掌握目的(议论文)**
文中讲到，对于二手烟的积极管理和对策的必要性，以及主张接受戒烟治疗。所以正确答案是②。

49. 问题类型 **掌握符合文脉的内容(议论文)**
括号后边写到：不要独自解决，要接受专门的戒烟治疗。所以正确答案是④。

50. **问题类型** 掌握细节内容(一致/议论文)

据指出，不仅是直接吸烟，二手烟也会对健康产生严重的负面影响，因此③是正确的答案。

① ~~二手烟~~比直接吸烟~~更危险~~。
→ 二手烟也和直接吸烟一样致命。

② 韩国的二手烟率~~呈下降趋势~~。
→ 提高的倾向

④ ~~二手烟治疗也需要咨询专业医生。~~
→ 二手烟暴露在吸烟者的香烟烟雾中，因此需要咨询专业医生的是吸烟者。

第三版
TOPIK
MASTER

FiNAL 실전 모의고사 7회

实战模拟考试 第7套

정답 答案

1교시: 듣기, 쓰기

듣기

1. ②	2. ②	3. ①	4. ②	5. ④	6. ④	7. ③	8. ①	9. ①	10. ③
11. ③	12. ②	13. ④	14. ②	15. ③	16. ④	17. ④	18. ③	19. ④	20. ④
21. ④	22. ①	23. ①	24. ②	25. ④	26. ④	27. ④	28. ②	29. ②	30. ④
31. ②	32. ③	33. ③	34. ②	35. ①	36. ④	37. ③	38. ④	39. ②	40. ①
41. ①	42. ③	43. ④	44. ②	45. ②	46. ④	47. ③	48. ④	49. ④	50. ③

쓰기

51. ㉠ (5점) 아파트의 층간 소음으로 인해(서)/위층에서 생기는 소음 때문에
(3점) 위층의 (시끄러운) 소리 때문에

㉡ (5점) 다음의 예절을/사항을 잘 지켜 주시기 바랍니다
(3점) 다음 사항을 지켜 주세요/주십시오

52. ㉠ (5점) 어제 놓친 기회가 오늘은 더 좋은 기회로 보상되기도 한다/전화위복이 되기도 한다/
어제 놓친 기회 덕분에 다음날 더 좋은 기회를/큰 행운을 잡을 수도 있다
(3점) 상황이 달라질 수도 있다/더 좋은 일이 생길 수도 있다

㉡ (5점) (전화위복이 될 수 있다는) 긍정적인 생각을 가지고 다음에 다가올 기회를 놓치지 않기 위해 꾸준히 노력하는
(3점) 다음 기회를 잡으려는 긍정적인

2교시: 읽기

읽기

1. ①	2. ②	3. ④	4. ③	5. ②	6. ①	7. ③	8. ③	9. ④	10. ②
11. ③	12. ②	13. ②	14. ①	15. ①	16. ④	17. ②	18. ③	19. ③	20. ④
21. ①	22. ③	23. ④	24. ②	25. ④	26. ②	27. ③	28. ③	29. ④	30. ①
31. ①	32. ④	33. ③	34. ④	35. ④	36. ④	37. ③	38. ③	39. ①	40. ④
41. ④	42. ①	43. ①	44. ③	45. ④	46. ①	47. ②	48. ④	49. ④	50. ②

53. 〈样板答卷〉

청소년의 놀이 문화에 대한 설문 조사 결과, 여가 시간에 주로 방문하는 가게로 남녀 모두 PC방과 노래방의 비율이 높게 나타났으며, 여학생은 카페를 이용하는 비율도 높았다. 주말이나 휴일에 여가 시간을 활용하는 방법을 보면, 여학생은 주로 영상을 시청하고 사교 활동을 하는 반면에, 남학생은 게임과 영상 시청, 스포츠 활동 등을 하는 비율이 높아 남녀 간의 차이가 크게 나타났다. 그리고 청소년 놀이 문화의 특징으로 스마트폰과 SNS의 일상화로 인해 자기 표현의 기회가 확대되었고, 다양한 영상물을 직접 만들고, 소비하는 경향이 강함을 알 수 있다.

54.〈样板答卷〉

역사 공부는 단순히 지나간 과거를 아는 것이 아니라, 과거에 일어난 일을 통해 현재의 자신을 돌아보기 위한 것이다.

역사적 지식을 바탕으로 국민으로서 정체성을 가질 수 있다. 역사 교육을 통해서 자기 나라의 문화와 영토에 대해 자세히 알게 되면 스스로에 대한 정체성을 확립하고 자긍심과 애국심을 가질 수 있다. 그리고 전통을 보존하고 유지하는 것의 중요성을 알 수 있게 된다. 만약 국민들이 자기 나라의 역사를 알지 못하면 고유한 문화와 영토를 지켜 나가기 힘들어질 것이다.

또한 역사적 지식이 있으면 과거의 사실을 바탕으로 현재를 다양한 시각으로 바라볼 수 있게 된다. 현대 사회에서 국가 간에 발생하는 일들 중 과거에도 비슷한 사례를 찾아볼 수 있는 경우가 많다. 과거에 내렸던 결정과 그로 인한 결과를 교훈 삼아서 현재 상황에 반영할 수 있으므로, 역사적 지식은 미래의 발전에도 도움을 줄 수 있다.

역사를 잊은 나라는 미래가 없다는 말이 있다. 이처럼 역사 교육은 과거를 통해 현재와 미래를 준비하는 일이기에 어느 시대 어느 나라에서든 중요한 일이다. 역사 교육을 단순히 오래된 과거의 사실을 암기하는 것이라 여길 것이 아니라, 앞으로 나아갈 방향을 닦는 기반으로 바라봐야 할 것이다.

해설 解答

듣기 听力

[1~3] 请听录音，并选择最合适的图片或图表。

1.
남자 진아 씨, 지난번 회의 때 사용했던 자료, 책꽂이에 있어요?
여자 아니요. 제 컴퓨터에 있는지 확인해 볼게요. 종이로 인쇄해서 드릴까요?
남자 아니요. 자료를 찾으면 이메일로 보내 주세요.

男 真雅，上次开会时使用的资料在书架上吗?
女 没有，我看看在不在我电脑里。打印出来给您?
男 不用，找到了就用电邮发过来吧。

男性问开会时使用过的资料在不在书架上，女性说要看看电脑里有没有，所以答案为②。

2.
여자 누가 여기에 커피를 쏟았네요. 자꾸 냄새가 나요.
남자 아, 그러네요. 제가 이거 마무리하고 치울게요.
여자 아니요. 자꾸 냄새가 나면 안 되니까 지금 치우세요.

女 谁把咖啡洒在这里了。总有味道。
男 啊，真是的。我把这个做完就收拾。
女 别，总有味道可不行，现在收拾吧。

女性指着洒在地上的咖啡让正坐在桌旁做其它事的男性现在就收拾。所以答案为②。

3.
남자 직장인들을 대상으로 하루 평균 일하는 시간을 조사한 결과, 40대가 9시간 30분으로 가장 길었으며 그 뒤를 이어 30대, 50대 순이었고 20대가 가장 짧은 것으로 나타났습니다. 또한 평균 일하는 시간은 작년과 비슷한 수준으로 조사되었습니다.

男 以上班族为对象进行的日均工作时间调查结果显示，40多岁的人工作时间最长，为9小时30分，其次是30多岁和50多岁，20多岁的人工作时间最短。此外，调查还显示平均工作时间与去年相似。

正在说明以上班族为对象，每天平均工作时间根据年龄层有何不同。调查结果显示，依次是40多岁(9小时30分)、30多岁、50多岁、20多岁的人工作时间较多，因此①是答案。

[4~8] 请听录音，并选择可接续的最合适话语。

4.
남자 오늘 저녁 7시 공연으로 예매하고 싶은데요. 지금 예매가 가능한가요?
여자 어쩌죠? 표가 모두 매진되었어요. 표를 구입하려면 공연 3시간 전에는 오셔야 해요.
남자 ______________

男 想预订今天晚上7点的演出，现在预订可以吗?
女 怎么办? 票都卖完了。想买票，得在演出的3个小时之前来才行。
男 ______________

男性因为买票来得太晚，没买到票，所以最恰当的答案为②。

5.
남자 운동을 다 하고 나면 마지막에 꼭 스트레칭을 해 줘야 해요.
여자 그래요? 어쩐지 스트레칭을 안 했더니 근육이 많이 아프더라고요.
남자 ______________

男 运动结束后一定要做放松伸展。
女 是吗? 怪不得，没做伸展，肌肉很疼。
男 ______________

男性告诉女性运动过后要做伸展运动，所以最恰当的答案为④。

6.
여자 조교님, 과제 제출하는 시간을 좀 늘려 주시면 안 돼요?
남자 이미 과제를 낸 학생들이 많아서 그건 안 됩니다. 교수님께 말씀드려 보세요.
여자 ______________

女 助教，能不能把交作业的时间再推迟一点?
男 已经交了作业的学生太多，所以不行，跟教授说一下吧。
女 ______________

女性因为还没有交作业，想让延长交作业的时间，但助教让她跟教授讲。女性现在准备跟教授联系，所以最恰当的答案为④。

7.
여자 거실 벽지를 밝은 분위기로 다시 바꾸고 싶어요.
남자 그러면 이 디자인은 어떠세요? 요즘 고객님들이 많이 좋아하는 벽지 디자인입니다.
여자 ______________

女 想把客厅的壁纸再换成明亮一些的。
男 那这种款式怎么样? 是最近很多客人喜欢的壁纸款式。
女 ______________

男性推荐给女性看她想要的有明快氛围的款式，所以最恰当的答案为③。

8.
남자 요즘 늦잠을 너무 많이 자는 것 같아. 생활 습관을 바꿔야 겠어.
여자 갑자기 생활 습관을 바꾸는 것은 어려우니까 계획을 세우는 게 좋을 것 같아.
남자 ______________

男 最近好像懒觉睡得太多。要改改生活习惯了。
女 一下子改变生活习惯有些难，最好做个计划。
男 ________________

女性对想改变生活习惯的男性说最好做个生活计划。所以最恰当的答案为①。

[9~12] 请听录音，并选择最适合女性接下来会做的行动的选项。

9.
여자 어, 이상하다. 여기서 좌회전하면 문화 센터가 있었는데?
남자 잠깐 저기에 차를 세워 봐. 사람들한테 물어보는 게 좋겠어.
여자 조금 더 가면 경찰서가 있는데 거기서 물어보자.
남자 그래. 가는 동안 내가 지도를 확인해 볼게.

女 哎，真奇怪！从这儿左转应该就有文化中心啊？
男 暂时把车停下来看看。最好还是找人问问。
女 再走走有警察局，在那里问吧。
男 好。路上我来看看地图。

按照内容女性应该继续开车，为了问路要去警察局，所以答案为①。

10.
여자 수리 센터 전화번호 알아요? 서류를 복사해야 하는데 복사기가 고장 났어요.
남자 네. 그런데 오늘은 이미 수리 센터가 문 닫았을 것 같아요.
여자 그럼 오늘은 3층에 가서 복사를 해야겠네요. 내일 출근해서 수리 센터에 전화할게요.
남자 네. 그래요. 제가 수리 센터 전화번호를 찾아볼게요.

女 知道维修中心的电话号码吗？得复印材料，可复印机坏了。
男 知道。但是今天维修中心的门可能已经关了。
女 那今天得去3层复印了。明天上班给维修中心打电话吧。
男 行，好的。我来找找维修中心的电话号码。

女性所在场所的复印机出故障了，可维修中心已经关门了。所以女性得去3层复印。所以答案为③。

11.
남자 주문하신 커피 말고 필요한 것은 없으세요?
여자 네. 그런데 여기 쿠폰으로 계산해도 되죠? 도장을 다 모았어요.
남자 네. 쿠폰으로 계산하고 받은 영수증으로 이벤트에 참가할 수 있어요.
여자 그래요? 영수증을 꼭 확인해야겠어요.

男 除了您要的咖啡，没有需要的吗？
女 是的。不过可以用这里的优惠券结算吧？章已经都攒齐了。
男 可以，用优惠券结算之后，还可以用拿到的收据参加活动。
女 是吗？那一定要确认一下收据了。

女性问咖啡能否用优惠券结算，男性说不仅可以还能参加活动。所以答案为③。

12.
여자 이번 졸업 시험 범위는 어디에서 확인할 수 있어?
남자 어제 학과 게시판에 붙어 있었는데 오늘은 없더라고. 학과 홈페이지에 들어가 봐.
여자 이상하다. 학과 홈페이지에도 없었어. 전공 사무실에 전화해 봐야겠다.
남자 그래. 조교들이 알려 줄 거야.

女 这次毕业考试范围在哪里能确认？
男 昨天学科公告栏上张贴出来了，可今天没有了。上学科网页看看。
女 真奇怪。学科网页上也没有。得给专业办公室打个电话。
男 好的。助教们会告诉的。

女性要给学科办公室打电话，向助教打听毕业考试范围。所以答案为②。

[13~16] 请听录音，并选择与听到的内容相同的选项。

13.
여자 어떡하지? 지난주에 도서관에 책 반납해야 하는 것을 잊고 있었어.
남자 그러면 아마 연체료가 꽤 비쌀 것 같아.
여자 어쩌지. 오늘도 도서관에 갈 시간이 없는데.
남자 그럼 이따가 내가 도서관에 갈 때 대신 반납해 줄게.

女 怎么办？上周应该去图书馆还书，可是忘了。
男 那可能过期罚款一定不便宜。
女 怎么办。今天也没有去图书馆的时间。
男 那一会我去图书馆的时候替你还吧。

女性忘记了上周应该还书的事，今天也没时间去，男性准备替她还书。所以答案为④。

14.
여자 손님 여러분, 방금 좌석 벨트 표시등이 꺼졌습니다. 그러나 비행 중에는 기류 변화로 비행기가 갑자기 흔들리는 경우가 있습니다. 안전한 비행을 위해 자리에 앉아 있을 때나 주무실 때는 항상 좌석 벨트를 매 주십시오. 그리고 선반을 열 때는 안에 있는 물건이 떨어지지 않도록 조심해 주십시오.

女 各位顾客，刚才座椅上安全带的指示灯熄灭了。但是飞机在飞行中会因气流变化突然发生晃动。因此为了安全飞行起见，无论是在座位上坐着还是睡觉，都请您系好安全带。另外打开行李架时请小心不要让里面的东西掉落下来。

内容提到：为了安全飞行，无论坐着还是睡觉都要系好安全带。所以答案为②。

15. 남자 이번 주말 민속촌 나들이를 하는 건 어떨까요? 그동안 여러분의 많은 사랑을 받아왔던 민속촌이 최근 새 단장을 끝내고 다음 달 새롭게 문을 엽니다. 민속촌 새 단장 이벤트로 중학생, 고등학생 그리고 대학생은 학생증을 가져오면 입장권을 삼십 퍼센트 할인 받을 수 있습니다. 또한 아이와 함께하는 전통 체험 프로그램은 인터넷에서 예약이 가능합니다.

男 这个周末去民俗村玩儿怎么样？一直深受大家热爱的民俗村最近装修结束了，下个月要重新开张。作为民俗村重新装修庆祝活动，对初中生、高中生和大学生，只要持有学生证就可以得到30%的优惠。并且和孩子一同参加传统体验活动，可以在网上预约。

初中生、高中生和大学生们只要持有学生证就可以得到30%的优惠。所以答案为③。

16. 여자 부대표님께서는 우리 회사에서 삼십 년 동안 일하셨고, 오늘을 끝으로 은퇴를 하십니다. 박수로 맞이해 주세요.

남자 저는 처음에 영업 사원으로 입사를 했는데 많은 분들의 도움으로 지금의 부대표의 자리에 오르게 되었습니다. 오늘을 끝으로 많은 추억이 있는 회사를 떠나려 하니 서운하기도 하고 기쁘기도 합니다. 저는 이제 고향에 내려가 오랜 꿈이었던 농사를 지으려고 합니다. 동료 여러분, 회사를 잘 부탁합니다.

女 副代表在我们公司工作了30年，今天终于退休了。请用掌声欢迎他。

男 我开始是以营业人员的身份进入公司的。由于得到很多人的帮助才登上了现在的副代表位置。到今天为止就要离开这个留下很多记忆的公司，感到非常不舍也感到很激动。我就要回到故乡去从事长久以来梦想着的务农。公司就拜托各位同事了。

女性话里说男性在公司工作了30年要退休了。所以答案为④。

[17~20] 请听录音，并选择最适合男性中心想法的选项。

17. 남자 지영 씨, 지금 뭘 보고 있는 거예요?

여자 부모님께 드릴 선물을 고르고 있어요. 근데 부모님께서 무엇을 좋아하는지 정확히 몰라서 고르기 힘드네요.

남자 차라리 부모님께 필요한 걸 물어보고 사 드리는 게 좋을 것 같아요. 괜히 필요 없는 선물을 샀다가는 서로 감정이 상할 수 있잖아요.

男 智英，现在在看什么呢？

女 正在挑选送给父母的礼物。可是不确切地知道父母喜欢什么，挑选起来很费力。

男 不如先问问父母需要什么再买更好些。要不然白买些不需要的礼物相互伤了感情。

男性认为还是问问父母需要什么再买。所以答案为④。

18. 남자 우리 아파트는 분리수거가 잘 안 되는 것 같아요.

여자 맞아요. 분명히 분리수거 방법이 게시판에 붙어있는데도 분리수거를 제대로 안 해요.

남자 주민들이 게시판을 잘 안 봐서 그런가 봐요. 그러면 사람들이 잘 볼 수 있게 분리수거 방법을 사람들이 많이 이용하는 엘리베이터에 붙입시다.

男 我们小区的垃圾分类做得不太好。

女 就是。垃圾分类的方法分明贴在告示栏，垃圾也不严格分类。

男 可能是居民不认真看告示栏吧。为了让人们都看清楚就把垃圾分类的方法贴在人们最常利用的电梯里吧！

男性认为垃圾分类做得不好的原因是因为居民不看公告栏的缘故，所以建议将垃圾分类方法贴在电梯里。所以答案为③。

19. 남자 요즘 회사에서 에어컨을 너무 많이 트는 것 같아요. 여름인데도 너무 추워요.

여자 그러면 옷을 더 껴입어 봐요. 저도 회사에서 늘 겉옷을 입고 있어요.

남자 요즘 회사들이 에너지를 너무 낭비하고 있는 것 같아요. 에너지를 절약하려면 정부나 기업에서 먼저 모범을 보여야 하는데 말이에요.

여자 그건 그래요. 오히려 일반 가정에서 에너지를 더 절약하고 있는 것 같아요.

男 最近公司的空调好像开得太大了。明明是夏天却很冷。

女 那再多穿件衣服吧。我在公司里也每天穿件外套。

男 最近的公司好像能源浪费得很厉害。要想节约能源，政府或企业首先要做出表率。

女 那倒是。可结果反倒是普通家庭里更加节约能源了。

男性认为节约能源政府和公司应该首先作出榜样。所以答案为④。

20. 여자 최 교수님께서는 좋은 소통 방법에 대해 연구를 많이 하셨는데요. 특별히 소통에 대해 연구한 이유가 있나요?

남자 많은 사람들이 인간관계에서 갈등을 겪는 이유 중 하나는 바로 잘못된 소통 방법 때문이라고 생각합니다. 특히 '자기 감정 중심'의 말하기는 인간관계에서 갈등을 불러일으킬 수 있습니다. 갈등을 피하려면 상대방의 기분을 먼저 파악하고 대화를 하는 게 중요합니다.

女 崔教授在好的沟通方法上做了很多研究。您为什么要对沟通的问题做特别的研究呢？

男 我认为很多人在人际关系上受挫的原因之一就是因为错误的沟通方法。特别是以“自我感情为中心”的说法就会引起人际关系上的矛盾。要想避开矛盾，重要的是对话时首先要了解对方的心情。我希望通过对沟通方法的研究，特别用来减少夫妇之间的矛盾。

男性认为要想避开矛盾，重要的是对话时首先要了解对方的心情。所以答案为④。

[21~22] 请听录音，并回答问题。

여자 이번에 인터넷으로 부모님 침대를 사려고 하는데 괜찮을까?

남자 글쎄, 침대는 오래 쓰는 가구니까 매장에 가서 직접 보고 사는 것이 더 좋을 것 같은데.

여자 근데 인터넷 쇼핑몰 가격이 정말 저렴해. 매장이랑 인터넷이랑 가격 차이가 많이 나더라고.

남자 인터넷에서 싸게 좋은 물건을 살 수도 있지만 어떤 물건을 사느냐에 따라서 직접 가서 보고 사는 것이 더 좋을 수도 있어.

女 这次打算在网上给父母买床，还可以吗?

男 是啊！床是要长久使用的家具，去店里亲自看看再买会更好些。

女 但是网上的货品价格真的很便宜。商店和网上的价格差很大。

男 网上是可以买到好东西，但看买什么东西，直接看了再买也许会更好。

21. 男性认为看买什么东西，直接看了再买也许会更好。床亦即要直接看了再买的东西，所以答案为④。

22. 女性说网上卖的床比店里买的要便宜。所以答案为①。

[23~24] 请听录音，并回答问题。

여자 우리 회사 이력서를 보니까 업무와 상관없는 개인 정보를 많이 써야 하는 것 같네요.

남자 네, 맞아요. 요즘 개인 정보 유출 문제도 심각한데 업무와 관련된 정보만 쓸 수 있게 이력서 내용을 바꿔 보는 것은 어때요?

여자 그러는 게 좋겠어요. 이력서에 아버지의 직업을 적는 건 좀 아닌 것 같아요.

남자 맞아요. 이렇게 업무와는 관련 없는 개인 정보를 적게 하는 것은 지원자의 사생활까지 침해한다고 생각해요.

女 看我们公司的履历表, 好像有很多与业务无关的个人信息。

男 对，没错。最近泄露个人信息的问题也很严重，我们把履历表的内容改成只填写与业务相关的信息怎么样?

女 那太好了。履历表上填写父亲的职业，好像有点不对。

男 是啊！我觉得要填写这些与业务无关的个人信息有些侵犯申请者的私生活了。

23. 男性说履历表里要填写很多与业务无关的个人信息，并提议更改履历表内容。所以答案为①。

24. 女性对履历表中需要填写父亲职业的部分做了指责，所以答案为②。

[25~26] 请听录音，并回答问题。

여자 최근 미용 전문점에 가지 않고 집에서 직접 관리하는 셀프 미용이 유행인데요. 셀프 미용이 인기를 끄는 이유가 무엇입니까?

남자 불황이어서 그런지 집에서 할 수 있는 것들에는 돈을 쓰려고 하지 않는 사람들이 많습니다. 아예 피부 관리실에서나 볼 수 있었던 전문 미용 기기를 사는 소비자들도 늘었습니다. 저도 비싼 미용 서비스를 한 번 받는 것보다 전문 기기를 사 놓고 여러 번 사용하는 게 더 경제적이라고 생각해요. 또 요즘에는 스스로 미용 관리를 하는 다양한 방법을 인터넷을 통해 쉽게 접할 수 있으니까 특별히 전문점에 가야 할 필요성을 못 느끼는 것 같습니다. 미용 전문가들이 직접 비법을 공개하는 영상도 많고, 미용 기기도 갈수록 발전하고 있으니까요.

女 最近不去专业美容室，而在家里自己进行美容管理的自助美容很流行。自助美容受人欢迎的理由是什么呢?

男 可能因为不景气，很多人只要是在家里能做的就不愿意花钱去做。甚至越来越多的消费者干脆购买了只有皮肤管理室才能见到的专用美容机械。我也认为与其接受一次昂贵的美容服务，不如把专用机械买来反复使用更经济实惠。并且最近通过电视或网络也能很容易地接触到一些自己进行美容管理的美容信息，所以好像没觉得有必须去专门店的必要。许多美容专家都在视频中直接分享他们的秘诀，美容设备也在不断进步。

25. 男性认为与其接受一次昂贵的美容服务，不如把专用机械买来反复使用更经济实惠。所以答案为④。

26. 内容提到：最近不去美容院，而在家里自己管理的自助美容很流行。所以答案为④。

[27~28] 请听录音，并回答问题。

남자 어제 카페에 갔는데 직원이 물어보지도 않고 일회용 컵에 커피를 주더라고.

여자 요즘에는 다 그렇게 주잖아. 난 종이컵에 커피를 마시는 게 편리하고 좋던데.

남자 종이컵이 편리하긴 하지만 작은 노력으로 환경을 보호할 수 있다면 불편을 감수해야 된다고 생각해.

여자 개인이 노력한다고 해서 환경 오염이 얼마나 줄어들 수 있을까? 기업이나 정부 차원에서 해결책을 내놓는 게 더 좋지 않을까?

남자 환경 보호는 개인들의 자발적인 참여에서 이루어진다고 생각해. 정부나 기업에서 환경 보호를 시작한다고 해도 개인이 참여하지 않으면 아무 소용이 없을 거야.

男 昨天去咖啡厅，职员问也不问，就给了一次性纸杯的咖啡。

女 最近不都是那么给的嘛。我觉得喝咖啡用一次性纸杯更便利更好。

男 纸杯是方便，但我觉得通过小小努力就能保护环境的话，这点不便是可以承受的。

女 你个人的努力能减少多少环境污染呢？以企业或政府的角度制订出对策不是更好吗?

男 我认为环境保护要通过每个人的自发参与来实现。假如政府或企业开始进行了环境保护，但个人不参与的话，也是毫无用处的。

27. 男性认为个人的参与比政府或企业侧面的环境保护更重要，并向男性强调自己的观点。所以答案为④。

28. 女性说用纸杯喝咖啡很便利很好。所以答案为②。

[29~30] 请听录音，并回答问题。

여자 최근 신종 전화 사기가 극성이라고 하는데요. 선생님, 전화 사기의 가장 좋은 예방법은 무엇입니까?

남자 전화 사기는 주로 피해자와의 직접적인 전화를 통해 통장 비밀번호를 알아낸 후 돈을 빼 가는 수법이 많습니다. 저희가 이번에 전화 사기단을 검거하기까지 정말 오랜 시간이 걸렸습니다. 그리고 조사 결과 피해자들 대부분이 개인 정보가 유출이 된 사람들이었습니다. 모르는 번호로 전화나 메시지를 받았을 경우 절대로 통장 번호나 통장 비밀번호를 알려 주지 마시기 바랍니다.

女 最近新型电话诈骗很猖獗。先生，预防电话诈骗最好的方法是什么呢？

男 电话诈骗最常见的方法就是与被害者直接通话，了解到账户密码后，将钱取走。这次的电话诈骗团伙我们在拘留之前花费了很长的时间。并且调查结果上大部分被害者是个人信息已经泄露的人。如果接到不认识的电话或短信，希望你绝对不要把账户号或账户密码说出去。

29. 男性讲了这次把电话诈骗团伙拘留了。所以答案为②。

30. 通过男性的话得知被害者们都是在和诈骗团伙直接通话的过程中将密码说出来从而被电话诈骗的。所以答案为④。

[31~32] 请听录音，并回答问题。

여자 시민의 쉼터는 규모가 작지만 많은 시민들이 이용하는 곳입니다. 그런데 이곳을 없애고 불필요한 평화 기념관을 건립하자는 의견에 반대합니다.

남자 평화 기념관은 우리 도시의 상징이 될 것입니다. 우리 도시가 이렇게 특색 있는 도시가 되면 많은 관광객을 끌 수 있습니다.

여자 도시에 사는 시민의 편의를 더 먼저 생각해야 하는 것 아닙니까? 편의 시설도 없어지는 데다가 외부인이 많아지면 시민들은 더욱 불편해질 것입니다.

남자 그래서 시민 여러분의 협조가 필요합니다. 지금은 좀 불편하더라도 장기적으로 보면 관광객들의 유입은 도시 경제를 활성화시킬 것입니다.

女 市民的休息场所规模虽然小，但确实市民们利用的场所。所以反对要将这里取缔、建立没有必要的和平纪念馆的意见。

男 和平纪念馆将成为我们这个城市的象征。我们的城市要成为这种有特色的城市才能吸引更多的观光客。

女 首先要考虑的不应该是生活在这个城市里的市民们的便利吗？本来就没有什么便利设施，外来人口再增多，会让市民更加不便的。

男 所以需要各位市民们的协助。现在虽然有些不便，但从长远来看，观光客的流入会搞活城市经济的。

31. 男性提到纪念馆建成会成为城市的象征，使之成为有特色的城市，从而可以吸引更多的观光客。所以答案为②。

32. 男性不同意女性的任何意见，只主张自己的见解，所以答案为③。

[33~34] 请听录音，并回答问题。

여자 예전에는 '너무 좋다', '너무 고맙다'라는 말에서 사용된 '너무' 때문에 이 문장은 틀린 말이었습니다. 기존의 사전에서 부정적인 표현에만 '너무'를 쓴다고 정의했기 때문입니다. 그러나 많은 사람들이 '너무 좋다'와 같이 긍정적인 의미로도 폭넓게 사용하기 때문에 부정문과 긍정문에서 모두 사용할 수 있도록 뜻풀이를 바꾸었습니다. 사람들이 왜 '너무'를 더 많이 사용하는지, 왜 부정을 강조하는 말을 긍정의 의미로 쓰게 됐는지는 확실하지 않습니다. 다만, 표준어가 정해져 있다고 하더라도 다수의 사람들이 오랫동안 사용한다면 그 방향으로 표준어가 바뀐다는 사실을 알 수 있습니다.

女 即使是不久前，在"너무 좋다(太好了)"、"너무 고맙다(太感谢了)"的话中使用"너무(太)"还算是错句。这是因为以往的词典中曾定义"너무"只能用于否定性表现的时候。但是由于很多人在表达肯定性意思，比如"너무 좋다"这样的意思时也会很广泛地使用"너무"，因此"너무"的解释被修改为既适用于肯定性句子也适用于否定性句子。人们为什么更频繁地使用"너무"这个词，以及为什么他们会用强调负面情绪的词汇来表达积极意义呢，其中的确切原因并不明确。只是从中可以知道，语法即使被确定，但也会因着人们使用的方向来变更的。

33. 以"너무"为例说明语法的体系会随着多数人使用的方向来改变的。所以答案为③。

34. 内容介绍了原本强调否定意义的"너무"由于被广泛用于肯定性句子，因此语法体系也相应改变了。所以答案为②。

[35~36] 请听录音，并回答问题。

남자 끝으로 성과 보고서에 포함될 몇몇 세부 사항들을 알려 드리고자 합니다. 최근 몇 년간 우리는 대외적으로 크게 성장했습니다. 특히 지난 2년 동안에만 수익이 35퍼센트 증가했습니다. 저는 우리가 이렇게 성장하게 된 주요 요인이 고객의 요구를 충족시켰기 때문이라고 생각합니다. 많은 운송 회사들이 소형 물품 운송을 전문으로 하고 있지만, 우리 회사는 산업용 차량이나 기계류처럼 규모나 부피가 큰 물품을 전문적으로 운송하고 있습니다. 최근 실시한 고객 만족도 조사에 따르면, 우리 회사가 이런 제품들을 잘 다룬다는 데 만족도가 높은 것으로 나타났습니다. 저는 여러분 모두가 자랑스럽습니다. 앞으로도 지금까지 해 온 것처럼 열심히 잘해 나갑시다.

男 最后想告诉大家有关成果报告书中包含的几个细部事项。最近几年间我们对外有了很大的成长。特别是过去2年中的收益增长了35%。我认为我们这种增长的主要原因是因为充分满足了顾客的需求。很多运送公司专门配送小型物品，但我们公司专门运送产业用车辆或机械类这样规模、体积庞大的物品。根据最近实施的顾客满足度调查表明，对我们公司处理这种制品的满足度很高。现在我为所有人感到骄傲。希望今后也能向以前一样继续努力下去。

35. 男性在对报告中包含的一些细部事项，并介绍了与公司收益增长相关的公司成果。所以答案为①。

36. 内容提到：这个公司在实施的顾客满足度调查中，顾客对处理大件物品的满足度很高。所以答案为④。

[37~38] 请听录音，并回答问题。

남자 작가님, '글씨를 통한 마음 수양'이 무엇인지 소개 좀 해 주시겠습니까?

여자 네, 서예에는 서법, 서예, 서도가 있는데 모두 붓글씨를 쓰는 것을 의미하지만 글씨를 통해 얻고자 하는 것은 차이가 있습니다. 서법은 글씨를 쓰는 법을, 서예는 붓으로 글씨를 쓰는 예술을, 서도는 글씨를 예술로 승화시키며 수양하는 자세를 배운다는 의미입니다. 오늘 제가 말씀드리고자 하는 것은 서도입니다. 서도는 글씨를 쓰면서 마음을 수양하는 것입니다. 또한 오래된 글씨를 따라 쓰며 옛사람들과 대화를 나누는 것입니다. 그런데 이러한 서도의 최우선적 전제는 정형화된 펜과는 달리 붓만이 갖는 독특함, 즉 굵고 약함을 조절할 수 있는 붓의 힘과 글씨를 쓰는 사람의 인품이 함께 어우러지는 것입니다.

男 作家老师，能请您介绍一下"通过字体修养心灵"是什么意思吗？

女 好的。书艺中有书法、书艺、书道，都指的是写毛笔字，而通过字体获得东西却有差异。书法指的是写字的方法、书艺是用毛笔写字的艺术、而书道是将字升华为艺术从中学习一种修养的姿态。今天我要想大家讲的就是书道。书道是一边写字一边进行心灵修养。并且临摹古字就是和古人对话。但是这种书道最重要的前提就是与用规格化的笔不同，要使用只有毛笔才具备的独特性，即：调节笔画粗细强弱的毛笔的力度是与书写人的人品相融合的。

37. 女性首先对书道最重要的前提做着说明，并指出写字时最重要的是毛笔的力度要与书写人的人品相融合的。所以答案为③。

38. 女性说书法、书艺、书道，都是用毛笔写字。所以答案为④。

[39~40] 请听录音，并回答问题。

여자 고액의 학원비 때문에 고생하는 학부모님들의 이야기를 잘 들었습니다. 그래서인지 최근 과외나 학원에 비해 부담이 없는 학습지를 이용하는 학부모가 늘고 있는데요. 박사님, 학습지의 장점은 무엇입니까?

남자 말씀하신 대로 학습지는 저렴한 가격으로 학습 효과를 높일 수 있다는 장점이 있습니다. 또한 아이의 수준에 맞는 단계를 선택할 수 있어서 실력 평가를 할 수 있을 뿐만 아니라 아이가 학교 수업에서 미처 따라가지 못한 내용을 보충하거나 심화, 응용 학습까지 할 수 있습니다. 잘만 활용하면 저렴한 값으로 몇 배의 학습 효과를 낼 수 있습니다. 하지만 아이에게 맞는 학습지를 고르고 잘 이용하기란 생각보다 쉽지 않습니다. 더욱이 다른 아이들이 하니까 무조건 따라 한다면 아이가 학습지로 인해 스트레스만 받고 오히려 학습 의욕이 저하될 수 있습니다. 따라서 학습지를 선택할 때 꼼꼼히 따져 보고 아이의 특성에 맞게 선택하는 것이 중요합니다.

女 听到了由于高额学院费而辛苦的学生家长们的发言。也许就因为这些，最近和课外或学院比，利用没有负担的学习册的家长越来越多了。博士，学习册的优点是什么？

男 正如您所说，学习册的优点就在于用低廉的价格提高学习效果。再有就是可以针对学生的水平选择适合的阶段，不仅可以测评实力，甚至还可以的对孩子在学校学习时完全跟不上的内容进行补充做深化、应用的学习。只要好好利用，就可以用低廉的价格得到几倍的学习效果。但是一定要挑选和利用好适合孩子的学习册，这可没有想象的容易。并且由于别的孩子都做，我也要无条件的跟着做的话，就会让孩子由于学习册感到有压力，这样反而造成学习欲望低下。所以选择学习册时最重要的是要仔细地谋划，选择出最适合孩子特性的。

39. 女性开始提到听到了受高额学院费折磨的学生家长们的发言。所以答案为②。

40. 男性说只要好好利用学习册就可以用低廉的价格得到几倍的学习效果。所以答案是①。

[41~42] 请听录音，并回答问题。

남자 여러분, '햄버거 커넥션'이라는 말을 들어 본 적 있습니까? 오늘은 햄버거가 어떻게 이상 기후에 영향을 주는지 알아 보려고 합니다. 보통 햄버거 속의 고기 패티의 재료는 소고기입니다. 유럽과 미국의 햄버거 패티는 대부분 중앙아메리카 지역에서 자란 소로 만들어집니다. 그런데 문제는 여기에 있습니다. 중앙아메리카에서는 이 소들을 키우기 위한 공간을 만들기 위해 먼저 나무를 벱니다. 보통 햄버거 한 개를 만들기 위해 숲 1.5평이 사라진다고 하니 어마어마한 면적의 숲이 사라지는 것입니다. 이렇게 햄버거 패티를 얻기 위해 나무를 베고 목장을 만들면, 숲이 없어지기 때문에 지구의 온도가 오르게 되고 결국에는 지구 곳곳에 이상 기후가 발생하게 됩니다. 바로 이런 현상을 '햄버거 커넥션'이라고 합니다. 작은 햄버거가 이상 기후를 만들어서 결국 사람의 생명까지 위협할 수도 있다는 것입니다.

男 各位，听说过“汉堡包联系”这样的话吗？今天我们就了解一下汉堡是怎样对异常气候产生影响的。通常汉堡中间的肉饼材料是牛肉。欧洲和美国的汉堡肉饼大部分是用生长在中美洲地区牛肉制作的。但是问题就在这里。在中美洲为了喂养这些牛首先要伐树。一般要制作一个汉堡包就会消失1.5坪（4.95m²）树木。也就是说有相当大面积的树林要消失。这样为了得到汉堡包肉饼就伐木建农场的话，树林就要消失，地球的温度上升，结果就会导致地球处处异常气候的发生。就是这种现象被称为“汉堡包联系”。小小的汉堡包会造成异常气候，最终也会威胁到人的生命的。

41. 男性开始就提到了解一下汉堡包是怎样对异常气候产生影响的，说汉堡包联系现象造成的地球的气候异常。所以答案为①。

42. 内容提到：中美洲为营造饲养牛的空间而伐树，造成树林消失。所以答案为③。

[43~44] 请听录音，并回答问题。

여자 길거리 아무 곳에나 쓰레기를 함부로 버리는 사람들을 종종 볼 수 있습니다. 또 개인뿐만 아니라 기업과 같은 집단에서도 오염수를 정화하지 않고 그냥 배출하기도 합니다. 순간 저지른 환경을 더럽히는 행위가 얼마나 위험한지 반드시 깨달아야 합니다. 자연이 한번 파괴되면 환경을 원상 복구하는 것이 힘들기 때문입니다. 그럼, 자연을 지키기 위해 우리가 할 수 있는 일은 무엇이 있을까요? 작은 생활 습관부터 바꾸어 나가면 됩니다. 예를 들어 쓰레기는 분리수거하여 재활용을 철저히 하고, 무심코 버리는 종이 하나라도 아껴 쓰는 자세가 필요합니다. 또 평소에 낭비를 줄여 쓰레기를 적게 배출하고, 주변에 작은 화초를 키우거나 나무를 심는 것도 좋습니다. 자, 여러분! 이제 여러분도 지구의 환경을 지킬 수 있겠지요?

女 时常能看到在路上随意扔垃圾的人。不仅是个人，像企业这样的集团对污水也不做净化处理，直接排出。一定要认识到自己污秽了环境的行为有多么危险。这是因为大自然一旦被破坏，环境就很难复原。为了守护大自然，我们能做些什么呢？从改变小小的生活习惯开始就行。例如：将垃圾分类，严格筛捡可回收物品，哪怕是无意丢掉的一张纸，节约的姿态很重要。再有减少平时的浪费，少扔垃圾，在周围种植小花、小草或者种树也很好。好，各位，现在各位也能够保护地球的环境了吧？

43. 女性讲了破坏环境的原因和破坏环境的危险性，还讲了保护环境的几种方法。所以答案为④。

44. 女性说环境一旦被破坏，很难复原。所以答案为②。
- 원상 복구[原状复旧]：重新回到原来的状态或毁损之前的状态。

[45~46] 请听录音，并回答问题。

여자 운전 습관을 조금만 바꾸어도 에너지를 크게 절약할 수 있습니다. 가장 중요한 것은 '3급'을 피하는 것입니다. 여기서 '3급'이란 급출발, 급제동, 급가속을 말하는데요. 이 3급만 줄여도 기름을 많이 절약할 수 있으며, 나아가 환경도 보호할 수 있습니다. 한 연구 결과에 따르면, 모든 차량이 급출발과 급가속을 하지 않으면 약 615억 원을 절약할 수 있다고 발표했습니다. 또한 경제 속도인 시속 54~94km로 주행할 경우에도 연료 사용이 24%나 줄어든다고 합니다. 차 안의 짐과 외부 장식을 줄이고, 부품 정비를 잘해 두는 것도 에너지 효율을 높이는 데 큰 효과가 있다고 합니다.

女 稍微改变一下开车习惯也可以大幅减少能源。最重要的是避免“3急”。这里的“3急”指的是：急出发、急制动、急加速。仅仅减少这3急，就可以节约很多汽油，进一步说可以保护环境。根据发表的一个研究结果，保证车辆不急出发和急加速的话可以节约615亿元。另外保持时速在54～94公里的经济速度行驶，可减少24%的燃料。减少车内物品和外部装饰、安装好的汽车部件等对大幅提高能效具有很好的效果。

45. 女性开始说稍微改变一下开车习惯就可以大大节约能源。所以答案为②。

46. 女性根据研究结果，谈了改变开车习惯就能节约能源的信息。所以答案为④。

[47~48] 请听录音，并回答问题。

여자 많은 것을 배우고 익혀야 할 청소년기에 아침을 걸러 영양소를 제대로 섭취하지 못하게 되면 뇌 활동에 문제가 생길 수 있습니다. 이에 한국 영양학회 김준호 박사님을 모시고 청소년기에는 어떤 음식을, 어떻게 섭취하는 것이 좋은지 이야기를 들어 보겠습니다.

남자 사람의 두뇌 발달은 4살 이전에 가장 활발하게 이루어지지만, 이후에도 지속적으로 성장합니다. 그리고 뇌가 활발히 제 기능을 다하려면 필수 영양소를 꾸준히 공급받아야 합니다. 대부분의 연구에 따르면 아침 식사를 거르면 하루에 필요한 영양 섭취가 충분히 이뤄지지 않을 뿐 아니라 인지 기능이 떨어지게 되어 학습 활동에 좋지 않은 영향을 미친다고 합니다. 미국에서 발표한 연구 결과를 보면 이러한 사실이 더 명확해집니다. 시험을 앞둔 학생들을 대상으로 아침 급식에 참여한 학생과 그렇지 않은 학생으로 나누어 시험 성적을 비교했습니다. 그 결과 아침 식사를 한 학생들의 성적이 아침을 먹지 않은 학생들보다 높게 나타났습니다. 이런 결과에 따르면 두뇌 발달을 위해 전반적으로 균형 잡힌 아침 식사를 하는 것이 바람직하다고 생각합니다.

女 有很多知识要学习、要掌握的青少年们不吃早饭不能很好地摄取营养，就可能出现大脑活动上的问题。对此，我们请来了韩国营养学会金俊浩博士，听他说明青少年时期应吃哪些食物、如何进食最好。

男 人的大脑发育在4岁之前最活跃，但以后也会持续成长。之后要想让大脑积极发挥其全部功能的话，就必须不断吸收足够的营养。根据大部分研究说，不吃早餐不仅摄取不到一天所需的营养，还可使认知功能下降，给学习活动带来不好的影响。从美国发表的研究结果来看，这种情况就更为明了了。以备考的学生为对象，将他们分成两组：参加供餐的学生和不参加的学生，并对他们的考试成绩进行了比较。结果显示，吃早饭的学生的成绩要高于不吃早饭的学生。根据这一结果，我认为为了有助于大脑发达，食用营养全面均衡的早餐很重要。

47. 在美国进行的一项实验研究发现，在吃早餐的学生和不吃早餐的学生中，吃早餐的学生的成绩较高，因此答案是③。

48. 通过对吃早饭的学生和不吃早饭的学生的学习效果进行比较，劝说大家要吃早餐。所以答案为④。

[49~50] 请听录音，并回答问题。

남자 여러분은 아침에 일어나면 제일 먼저 무엇을 하나요? 전 하늘의 변화를 연구하는 연구자답게 제일 먼저 창문을 열고 하늘의 표정을 살펴봅니다. 날씨는 우리 생활과 밀접하게 연관돼 있습니다. 그래서 예로부터 사람들은 여러 가지 방법으로 대기의 상태를 가늠해 날씨를 예측했습니다. 그중에서 오늘은 역사적으로 홍수를 어떻게 예측했는지 알아보려고 합니다. 지금과는 달리, 옛날에는 댐을 건설하거나 예보 기술을 활용하여 홍수에 대비할 수 없었기 때문에 가장 큰 자연재해 중 하나가 홍수였습니다. 조선 시대에는 평균 5년에 두 번 정도 큰 홍수 피해가 일어났다는 기록도 남아있습니다. 그래서 조선 시대 관상감은 보슬비부터 폭우까지 비의 강도를 8단계로 구분해서 관측했다고 합니다. 특히 세종 때에는 청계천의 수표교를 비롯한 여러 다리에 강물의 수위를 재는 수표가 설치되기도 했습니다.

男 各位早晨起床之后最先做什么呢？我作为一个研究天气变化的研究人员，所以最先打开窗户观察天空的表情。天气和我们的生活息息相关。所以很久以前人们就开始使用各种方法观测大气状态预测天气。今天我们就了解其中一个，历史上是怎么预测洪水的。和现在不同，过去建设堤坝或使用预报技术也无法防备洪水，所以最大的自然灾害之一就是洪水。有记录记载朝鲜时代平均5年发生2次左右的大洪水灾害。所以朝鲜时代的观象监从毛毛雨到暴雨将雨的强度分成8个等级进行了观测。特别是世宗时期甚至还在包括清溪川的水标桥在内的几座桥都设置了衡量江水水位的水标。

49. 内容提到：世宗时期甚至还在包括清溪川的水标桥在内的几座桥都设置了衡量江水水位的水标。所以答案为④。

50. 男性说要讲有关历史上是如何预测洪水的。所以答案为③。

쓰기 书写

[51~52] 请阅读下文，分别写出符合㉠和㉡的一句话。

51. ㉠：后面有“住在楼下居民都经历的不便”，所以括号中应该写它的缘由。但是下面内容中提到的“跳、运动、洗衣机或吸尘器”都是有噪音的，作为提示，括号中应该写有关公寓楼层间噪音或楼上制造噪音的理由的内容。

㉡：下面所写的内容全部都是使用了“-아/어 주세요”这种托付的话语，因此括号中应该是希望能遵守下列事项的内容。最后作为提示，用到了“서로의 예절을 잘 지킨다면”的说法，因此内容也最好使用“예절”。

→ 这是公寓管理办公室给公寓居民的公告。通常都是介绍些公寓的最新消息或公寓发生的事件。偶尔公寓里出现问题，也会就问题进行解释，并号召公寓居民遵守规则，避免同类问题再次发生给居民带来不便。3分的答案适用于使用初级语法和词汇进行表达的情况。

52. ㉠：因为有“반대로”，所以一定是与前面内容相反的说法。使用具有此意的汉字成语也好。由于不是实际发生的状况，而是假设万一发生某一状况，所以必须使用“-기도 하다, -(으)ㄹ 수도 있다”的语法。

㉡：应该写正如前面所说“후회하기보다는”的内容相反的状况。此时的“자세”作为名词，所以文章必须是修饰名词的句子。

53. **以下是关于青少年游戏文化类型的资料。请将此内容写成200-300字的文章，但请勿书写文章的题目。**

【概略】
序论：介绍调查内容（青少年娱乐文化）
本论：① 青少年的营业场所访问率
② 青少年的利用空暇方法
结论：青少年游戏文化特征的终结

54. **请参考以下内容，写一篇600-700字的文章，但请勿将问题原封不动地抄写下来。**

【概略】
序论：历史教育何以重要
本论：① 通过历史教育可以学到的东西
② 历史教育给我们社会带来的利益
结论：整理自己的意见

읽기 阅读

[1~2] 请选择最适合置入（ ）的选项。

1. 与其和不爱的人一起（ ），还不如独自过一生。

问题类型 选择适合句子的语尾（连接/生活文）
这句话的意思是“比起和不爱的人过完这一生，还不如平生独自过好”，所以答案为后句中表示选择意义的①。

-느니：用于虽然对后句的情况也不满意，但是比起前句会更好的时候。

例 이렇게 불행하게 사느니 죽는 게 낫겠다.
이런 재미없는 영화를 보느니 영화를 안 보겠다.
注意 "-느니"后面经常使用"차라리"。

- 차라리: 倒不如……；强调对于某种状态或动作的选择上，比起某个，另一个会更好。
  例 차라리 모르는 게 약이다.
- -더니:

① 用于过去的事实或者情况之后，表示接下来发生某种事实或情况。
  例 구름이 몰려오더니 비가 온다.
② 表示对过去经历某种事情之后，知道的事实或者有其他新的事实。
  例 수업 전에는 눈이 오더니 지금은 그쳤다.
③ 表示对于过去的某种事实，有与它相关的其他事实出现。
  例 수지가 계속 몸이 아프더니 병원에 입원을 했구나.

- -도록: 当前句为后句的目的、结果、方式、程度时使用。
  例 두 사람 다 기분이 나빴지만 싸우지 않도록 조심했다.
- -ㄴ/는다고 해도: 表示与前面状况无关，出现后面状况的时候。有假设的意思。
  例 내일 비가 온다고 해도 행사는 진행될 예정이다.

2. 路边开的花非常(　　)把车停下来，照了相。

问题类型 选择适合句子的语尾(终结/短文)
停车拍照是因为路边开的花非常漂亮。所以正确答案是②。

-기에: "-길래"的书面语表现形式，用于前句是后句的根据或理由时。
例 어제부터 계속 배가 아프기에 병원에 갔어요.
학교에 오다가 꽃이 예쁘기에 한 송이 샀어요.

- -(으)ㄴ 듯: 表示推测后句内容与前句内容相似。
  例 아들은 기분이 좋은 듯 나를 보며 환하게 웃었다.
- -고도: 表示随着前面事实的出现，后面又出现了与之相反或具有不同的特性的时候。
  例 이 영화는 높고도 깊은 부모님의 사랑에 대해 이야기하고 있다.
- -(으)ㄹ 정도로: 表示后句内容与前句内容成比例，或者和前面内容的程度、数量相似。
  例 제주도는 말로 표현할 수 없을 정도로 아름다웠다.

[3~4] 请选择与下端划线的部分意义最相似的选项。

3. 如果不是学习，我的生活会很幸福的。

问题类型 选择适合句子的语尾(连接/短文)
句子意思是"如果没有学习的事，我的生活就会很幸福"。所以正确答案是④。

만 아니면: 用于强调某种无法躲避的条件或理由时。
例 시험만 아니면 여행을 떠났을 텐데.
내가 너만 아니면 참지 않았을 것이다.
注意 "만 아니면"和"만 아니라면"可以互换。
例 공부만 아니라면 즐겁게 살 수 있을 것이다.

- 뿐이면: 只有那个的话，只有一个的话。
  例 틀린 문제가 하나뿐이면 시험을 정말 잘 본 거예요.
- 만 있으면: 用于表达唯一的条件的时候。
  例 나는 너만 있으면 돼. 다른 것은 필요 없어.
- 만 같아도: 表示认为能达到那种程度就也好。
  例 우리 아이가 너만 같아도 걱정이 없겠어.
- 을/를 제외하면: 除了……的话。
  例 나는 월급이 적은 것만 제외하면 내가 하는 일에 만족한다.

4. 从观看电影的观众超过1,000万名可以看出，那部电影好像很有意思。

问题类型 选择适合句子的语尾(终结/短文)
内容提到，从观看电影的观众超过1,000万名可以看出，所以正确答案是表示推测的③。

-나 보다: 用于根据某种事实或状况进行推测。
例 하늘에 구름이 많아지는 것을 보니 비가 오려나 봐요.
注意 "-나 보다"和"-는 것 같다"，"-는 모양이다"，"-는 듯하다"互换使用。使用"-나 보다"时要注意形态。
V-나 보다　A-(으)ㄴ가 보다　N인가 보다

- -기는 하다: 表示承认。(承认前句的事实，但后句的事实更重要)
  例 진수가 공부를 열심히 하기는 하지만 성적은 좋지 않아요.
  저는 영어를 배우기는 했지만 잘 못해요.
- -기만 하다:

① 表示不做其他行动，只做一种行动。
  例 그는 긴장해서 발표 내용을 말하지 못하고 떨기만 했다.
② 用于涉及某个对象的，和其他情况无关的某种状态持续，或者强调那个状态。
  例 아무리 청소해도 내 방은 왜 이렇게 지저분하기만 할까?

- -는 것 같다: 表示推测。
  例 퇴근 시간이라 길이 막히는 것 같으니까 지하철을 타고 가자.
- -기 마련이다: 表示有那样的事是理所当然的事。
  例 아무리 어려운 일에도 끝이 있기 마련이다.

[5~8] 请选择下面是关于什么的文章。

5. 养分活跃纯净的水！
为你的健康负责。

问题类型 掌握文章的题材/类型(广告文)
这篇广告的核心词是"깨끗한 물"。能制出纯净的水的东西是净水器。所以正确答案是②。

6. 安全保护顾客的财产
强化网上资产管理服务

问题类型 掌握文章的题材/类型(广告文)
这篇说明文的核心词汇是"자산 관리 서비스"。这样的服

务主要是在银行，所以正确答案是①。

7.

国际化时代！
与外国的活跃交流，迁居海外增加

问题类型 **掌握文章的题材/类型(广告文)**
核心词汇为“국외 이주”，将居所搬至海外。所以答案是③。

8.

• 请不要拆掉包装放入冰箱。
• 3日后食用，请放在冷冻室。

问题类型 **掌握文章的题材/类型(介绍文)**
讲述的是保管食物的方法。所以正确答案是③。

[9~12] 请选择与下文或图表内容相同的选项。

9.

千年的庆典，江陵端午祭

• 活动地点：江陵市南大川端午场以及指定活动点
• 活动时间：2024年6月18日-6月25日(8天)
10:00-24:00
• 活动内容：祭礼、端午祭、官奴假面剧等指定文化遗产活动、演出及体验活动等。
• 使用费用：免费
• 联营观光：离活动场20分钟距离，有镜浦海水浴场和乌竹轩。

问题类型 **选择与文章相同的一项(介绍文)**
江陵端午祭活动内容有演出及体验活动，因此④是最合适的答案。

① 江陵端午祭活动现场~~内~~有乌竹轩。
→ 20分钟距离
② 江陵端午祭是进行~~一个月~~的庆典。
→ 8天
③ 端午祭纪念演出~~每天进行8次，共20分钟~~。
→ 演出时间没有另行告知。

10.

小学、初中、高中自费教育费检查结果
(单位：一万韩元)
12
10
8
6
4
2
0
国语 英语 数学 社会, 科学
■ 小学
■ 初中
■ 高中

问题类型 **选择与图表相同的一项**
初中生和高中生的数学课外辅导费支出最多，因此②是正确的答案。

① 初中生~~英语~~课外辅导费最少。
→ 社会、科学
③ 国语课外辅导费用~~小学生比初中生多~~。
→ 初中生比小学生多
④ 与高中生相比，初中生的社会、科学教育费支出~~较少~~。
→ 更多

11.

最近图书馆“崛起的核心顾客”是老年层。从资料来看，60岁以上的比率比10年前增加了近2倍。但是，为了让老年层方便使用图书馆的努力似乎还不够。需要具备提高读书便利性的辅助机器，扩大、改善内部指南的文字大小等，这样的努力不仅可以提高老年层，还可以提高全体使用者的便利性。而且还需要老年层感兴趣的参与项目、人文学项目。

问题类型 **选择与文章相同的一项(报道)**
从资料来看，60岁以上的比率比10年前增加了近2倍，因此③是正确的答案。

① 最近图书馆的核心顾客是~~学龄前儿童~~。
→ 老年层
② 随着60岁以上使用者的增加，为他们准备的参与项目也~~很多~~。→ 需要
④ 努力扩大内部介绍文的字体大小，~~只会提高老年人的便利性~~。
→ 可以提高整体使用者的便利性。

12.

所有人都能乘坐无人驾驶汽车行驶的日子似乎还是一个遥远的未来。因为在美国专门调查交通事故的机关——联邦交通安全委员会(NTSB)指出无人驾驶辅助功能的问题，并建议改善安全。另外，在商用化之前，首先应该制定明确的标准和实施方法，即无人驾驶车辆发生事故时，谁、以何种方式、在何种范围内负责。

问题类型 **选择与文章相同的一项(报道)**
要想实现无人驾驶汽车的商用化，必须改善无人驾驶辅助功能的安全问题，而且发生事故时需要明确的责任标准，因此②是正确的答案。

① ~~15年后可以~~乘坐无人驾驶汽车行驶。
→ 看起来还是遥远未来的事情。
③ 自动驾驶汽车~~商用化后~~，安全问题必须改善。
→ 商用化前
④ 联邦交通安全委员会表示，无人驾驶辅助功能~~没有问题~~。
→ 指出了问题所在，并劝告改善安全。

[13~15] 请选择正确按顺序排列的选项。

13.

(가) 很多人认为肌肉越多越健康。
(나) 肌肉维持在男性体重的80～85%，女性体重的75～80%比较合适。
(다) 肌肉过多，会增加肾脏负担，使心脏和肝也受到影响。
(라) 但是研究结果，肌肉量过多的人死亡率很高，所以给人们很大的冲击。

问题类型 **排列文章顺序**
本篇内容讲的是人们认为肌肉越多越健康，但事实不是那样的。首先是人们认为肌肉越多越健康的(가)，接着是连接词以“그런데”开始，出现相反研究结果的(라)；之后是讲述研究结果内容的(다)，最后是告诉人们肌肉量需适合的(나)。因此答案是②。

14. (가) 韩国人大部分都特别喜爱松树。
(나) 可能正是因为如此，松树林占据了韩国山林面积的23%。
(다) 但是，问题是以松树林为首的针叶林，因为灾害正变得脆弱。
(라) 针叶林树根很浅，遇到风或是暴雨很容易倒下，并且在山体滑坡面前也很脆弱。

问题类型 排列文章顺序

本文讲的是，松树林多的理由和松树林的缺点。首先应是韩国人大部分都喜爱松树的(가)，其次是以"그래서인지"开头，推测其理由的(나)；之后是为了讲述松树林对于自然灾害很脆弱的缺点，以"그런데"开头的(다)，最后是讲述对于灾害，松树林很脆弱的理由的(라)。所以正确答案是①。

- 침엽수[针叶树]: 叶子像针一样尖，对于干燥和寒冷有很强耐性的树木。

15. (가) 这是因为，与基督教徒相比，伊斯兰教徒的出生率相对较高。
(나) 有预测称，未来全世界的伊斯兰教徒数将超过基督教徒数。
(다) 一个穆斯林女性生育的平均子女数量为3.1个，有34%的穆斯林年龄在15岁以下。
(라) 到2050年，穆斯林人口数量将几乎与基督徒持平，从2071年开始，穆斯林人口将超过基督徒。

问题类型 排列文章顺序

文中说明未来全世界伊斯兰教徒人数将多于基督教徒人数，并说明其原因。有预测称，未来伊斯兰教徒人数将超过基督教徒人数，(나)更详细地介绍其内容。然后，(라)说出做出这种预测的理由，其后在说出理由时使用的"이는 –때문이다"词开始的(가)，最后则是详细说明(가)内容的(다)。因此按照(나)-(라)-(가)-(다)顺序的①是最合适的答案。

[16~18] 请选择最适合置入(　)的选项。

16. 橡树向芦苇炫耀力量，嘲笑芦苇微风也能很轻易把它吹弯。对此芦苇就那样低着头。在那个时候，刮来了一阵大风。虽然芦苇左右摇摆抵御着风，(　　)而橡树最后却被吹断了。

问题类型 选择符合文脉的内容

橡树嘲笑芦苇"即使是微风也会被轻易吹倒"。括号前面有"–지만"，所以接下来应该连接与前面内容相反的内容。所以讲述橡树被吹弯理由的括号里的内容，应该是和芦苇相反的橡树的行动。所以正确答案是④。

17. 人类通过熟悉社会的文化，了解自身在社会中的角色，成为社会的一分子。这样的过程被称为"社会化"。但是社会一员并不仅仅是依靠社会角色或是文化规范(　　)，因此，可以说社会化是个人和社会的相互作用的过程。

问题类型 选择符合文脉的内容

括号前面讲了"사회 구성원들은 사회의 역할 기대나 문화 규범을 기대기만 하는 것이 아니라"，所以括号里的内容应该是讲社会成员怎么构成。并且括号后面又讲到"사회화는 개인과 사회의 상호작용 과정"，所以括号里面应是讲述有关不断地相互作用而构成的内容。所以正确答案是②。

18. 牌匾就是，用最简略的形式来叙述建筑物内部发生的事件，就像眼镜店，小吃店，书店一样。所以，没有牌匾就不会发生商业行为，没有牌匾就像城市不存在一样。如果没用牌匾的话，我们买感冒药就会花费很长时间。可以看出牌匾在城市中(　　)。

问题类型 选择符合文脉的内容

含有括号的句子是对前面内容进行整理的最后一句。前面讲了没有牌匾的话，就不会发生商业行为，没有牌匾，买感冒药就会花费很长时间。所以括号里的句子应是总结，概括前面句子的内容。所以正确答案是③。

[19~20] 请阅读题目并回答问题。

对外语早期教育的问题目前还处于赞同与否还呈对峙状态，很难说哪一边对哪一边错。(　　)仅仅考虑发音的话，谁都认可越早开始越好这一点。但是如果让主体的判断还不足的的孩子学习外语的话，很显然就会使孩子珍惜自己的文化和传统的意识变得淡薄。

19. **问题类型** 选择符合文脉的内容

括号前面讲述了关于外语早期教育的赞成和反对意见，现在还严重对立；后面句子又讲到，如果只考虑发音的话，越早开始越好；所以，具有前面内容成为后面内容的一个例外，所以答案为连接前后两个句子的③。

- 마침: 正好适合某种机会或情况。
  例 물어볼 것이 있어서 지금 전화를 하려고 했는데 마침 잘 왔다.
- 혹시: 用于表示"假定"或"疑惑"的时候。
  例 혹시 김 선생님을 만나면 제가 먼저 간다고 좀 전해 주십시오.
  혹시 내가 꿈을 꾸고 있는 건 아닌가 볼을 꼬집어 봤다.
- 다만: 用于后句的内容是前面句内容的例外或条件，连接前后两个句子的词汇。
  例 용돈의 액수는 자녀의 설명을 듣고 정하도록 한다. 다만 잔소리는 하지 않아야 한다.
- 끝내: (主要与否定句一起使用) 终于。
  例 끝내 그녀는 내게 사과하지 않았다.

20. **问题类型** 掌握中心想法

儿童缺乏主体判断能力，学习外语的话，珍惜自己文化和传统的心情会变得淡薄，因此④是正确的答案。

- 시기상조[时机尚早]: 做某事为时过早的意思

[21~22] 请阅读题目并回答问题。

谈到气候变化时，我们经常会想到北极熊。这是因为与南极相比，气候变化对北极的影响更加显而易见。然而，南极并非例外，甚至南极的冰层现在也在融化。特别是，如果像思韦茨冰川这样与韩半岛大小相似的冰盖融化，据估计海平面将上升50厘米以上。随之而来的后果(　　　)。正是因为这个原因，研究人员将思韦茨冰川称为“末日冰川”。

21. 问题类型 **选择符合文脉的俗语**

环境破坏后的结果，我们都是能预测到的事。所以正确答案是①。

- 불 보듯 뻔하다: 对以后发生的事毫无疑问，很清楚明白。
  - 例 용돈을 받자마자 계속 쇼핑을 하는 걸 보니 곧 돈이 없어질 것이 불 보듯 뻔하다.
- 사서 고생하다: 即使不是辛苦的事儿，却自讨苦吃。
  - 例 배낭여행을 가겠다는 내 말에 어머니는 왜 사서 고생을 하냐고 하셨다.
- 손꼽아 기다리다: 充满期待的焦虑的心，数着日子等待。
  - 例 그는 여자 친구가 출장에서 돌아오는 날을 손꼽아 기다렸다.
- 물불을 가리지 않다: 不考虑危险和困难，硬着头皮行动。
  - 例 그는 돈을 벌기 위해 물불을 가리지 않고 닥치는 대로 일을 했다.

22. 问题类型 **掌握细节内容**

在文中可知研究人员将思韦茨冰川称为“末日冰川”，因此③是正确的答案。

① 气候变化现象在~~南极比北极~~更加明显。
→ 北极比南极

② 思韦茨冰川的大小是~~韩国半岛的两倍以上~~。
→ 与韩半岛大小相似

④ 即使海平面上升超过50厘米，人类~~仍然可以生存~~。
→ 也无法生存

- 해수면[海水面]: 海水表面

[23~24] 请阅读题目并回答问题。

一放假在学校图书室就开启了读书大本营。“大家都听过能实现愿望的魔法灯的故事吗?”熟悉的童话故事很快就使得孩子们沉浸在课堂里面。当讲到如果每天把自己的梦想说二十遍并且努力去做的话，愿望就会实现，孩子们每个人都纷纷讲了自己的愿望，有想成为富人的孩子，有想成为歌手的孩子，但是载宇什么话也没说。
下课后，在回家的路上，看见了载宇。载宇一个人埋着头禹禹独行。我走近他，听见了他的喃喃自语。“想和妈妈爸爸一起生活，想妈妈和爸爸一起生活。”我鼻子发酸，载宇的话说得多么恳切。

23. 问题类型 **掌握心情(随笔)**

因为是我在听到载宇自言自语的话“엄마, 아빠랑 같이 살고 싶다.”的心情，所以正确答案应是④

- 코끝이 찡하다: 由于感动，内心心酸或激动的感觉。
  - 例 지수가 우는 모습을 보니 괜히 나까지 코끝이 찡했다.
- 괘씸하다: 因做违背期待或信任的不恰当的行为，所以很讨厌。
  - 例 나는 한참 어린 동생의 버릇없는 말투가 괘씸하게 생각되었다.
- 섭섭하다: 遗憾。
  - 例 수미는 친구가 자신의 생일을 잊어버린 게 매우 섭섭했다.
- 답답하다: 因为焦虑或担心，心里着急不安。
  - 例 김 과장은 이번 달 목표를 달성하지 못할 것 같아 마음이 답답했다.
- 안쓰럽다: 因别人处境或境况可怜，心情不好。
  - 例 추운 날씨에 아이가 밖에서 일하는 모습이 안쓰러웠다.

24. 问题类型 **掌握细节内容(一致/随笔)**

载宇在听到老师说的话“每天说二十次自己的梦想，并且努力做的话，梦想一定会实现”之后，讲述了自己梦想，所以正确答案是②。

① 载宇说想要~~成为富人~~。→ 想和妈妈爸爸一起生活

③ 载宇现在和爸爸妈妈~~一起生活~~。→ 没一起生活

④ 载宇~~没参加~~读书大本营。→ 参加了

[25~27] 请选择最能说明下列新闻的标题。

25. 最高人气漫画，登台后不怎么样?

问题类型 **掌握简化的句子(报道文)**

最高人气漫画登上舞台，用具有结果与期待不同的意思的“글쎄?”这种疑问形式来传达的新闻题目，所以正确答案是④。

- 글쎄: 用于针对对方的问题或要求，态度不明确。
  - 例 가: 선생님, 이 점수면 합격하겠습니까?
    나: 글쎄, 결과가 나와 봐야 알겠는데.

26. 修养林内山庄“旺季，淡季分开”已成为过去

问题类型 **掌握简化的句子(报道文)**

修养林内山庄在以前是旺季淡季分开的，现在不分淡季旺季。所以正确答案是②。

- 성수기[盛需期]: 购买商品或享受服务的人最多的时期。
- 비수기[非需期]: 商品卖得不好或服务需求很少的时期。

27. 电动汽车销售亮起绿灯，充电站扩大问题是需要解决的课题

问题类型 **掌握简化的句子(报道文)**

虽然电动汽车销量可能会增加，但这个报纸标题是充电站扩大问题仍然存在，因此③是正确的答案。

- 청신호[青信号]: (比喻)能看到某些事情以后会进展得很好的迹象。反 적신호 [赤信号]

[28~31] 请选择最适合置入(　)的选项。

28. 在有些国家(　　　)的动作，在其他国家却是可以自然地使用的动作。比如说在韩国弯曲食指指别人的行为是不行的。但是美国人用这个手势表示叫服务员。胳膊肘朝外手放在腰上的行为在韩国被看成是很傲慢的一种姿势，而在美国则表示那个人很开放，并且有宽阔胸怀。

问题类型 选择符合文脉的内容
带括号的句子后面举了具体的例子。根据所举例子可以看出，在某些国家被视为无礼的行为，在其他国家却被看成是很自然的肯定的行为。所以正确答案是③。

29. 最近，因为学生的作弊行为而成为问题的某大学自然科学院决定导入“无监考考试制度”，这一行动正成为热门话题。这跟大学本部的“强化考试”方针方向不一样。自然科学院院长说，比起强化监考，倒不如让他们对自身名誉有正确认识，自己对作弊行为(　　　)进行的教育更好。

问题类型 选择符合文脉的内容
想想“无监考考试制度”的宗旨，比起强化监考，不如教育学生自觉抵制作弊行为更好。所以答案是④。
- 유혹[诱惑]을 뿌리치다: 拒绝诱惑。

30. 假令一个在黑暗的荒野上遇到雷电，被恐惧包围的人会因此悔悟之前犯下的罪，断然开始新的生活。那么，这个时候的雷电(　　　)可以说是神的惩罚。对这种情况，如果说前者是对于这个现象的科学的解释，那么后者就是人类的解释。如果说有科学的法则支配的领域，那么也有不受科学法则支配的部分。

问题类型 选择符合文脉的内容
括号后面的句子讲到“전자가 현상에 대한 과학적 해석이라면, 후자는 인간적 해석”，所以，前者是自然现象，后者是神的惩罚。因此正确答案是①。
- 가령[假令]: 假如说
- 황야[荒野]: 荒原

31. 一般的情况是下，电影制作者(　　　)拍摄。所以需要准备2个小时左右的胶卷进行编辑。他们会选择场面，把它们集中在一起，然后剪掉不合适的部分，有时候也会缩短拖拉的场面或者剪掉，由此编排出一个有生动感的场面。这个工作会花费好几个月的时间，只有所有场面都按照正确的顺序合成，上映准备才算完成。

问题类型 选择符合文脉的内容
括号后面的句子说到，“그래서 필름을 2시간 전후 분량으로 편집을 한다.”。因此带括号的句子说的应该是关于“比所需量更多的拍摄”。所以正确答案是①。

[32~34] 请阅读题目，并选择与文章内容相同的选项。

32. 化妆品企业把化妆品的使用期限改为食品保质期一样简单明了。韩国代表性化妆品公司表示，产品的使用期限标记为“到0年0月”，提高了消费者的便利性。此前，产品上标注了产品制造年月日和开封后的使用期限，但仅凭制造年月日很难知道使用期限，而且“6M(6个月)”和“12M(12个月)”等开封后的使用期限也会让消费者发生混淆。

问题类型 掌握细节内容(一致)
韩国代表性化妆品公司表示，产品的使用期限标记为“到0年0月”，提高了消费者的便利性，因此④是正确的答案。
① ~~食品的保质期~~变得容易标记。
→ 化妆品的使用期限
② 此前~~一直明确标注~~化妆品的使用期限。
→ 产品上标注了生产年月日和开封后的使用期限，但使用期限难以确定，消费者存在混淆的余地。
③ 今后，化妆品的使用期限将标记为~~6M、12M~~。
→ “到0年0月”

33. 随着年龄的不同，感受到的寒冷程度也不同。寒冷的程度不是依据气温，而是依据体温调节机能决定的。参与体温调节的是脂肪组织。脂肪组织分为白色脂肪和褐色脂肪，褐色脂肪起着产生热量的作用，白色脂肪扮起着阻止量流散到体外的作用。人类是带着褐色脂肪出生的，随着年龄的增加，褐色脂肪渐渐减少，等到了老年就不再生成了。

问题类型 掌握细节内容(一致)
文章讲了，当到了老年的时候，就不再产生褐色脂肪了。所以正确答案是③。
① ~~依据气温来~~决定寒冷的程度。→ 依据体温调节机能
② ~~白色脂肪~~充当生成热量，保护热量的角色。
→ 褐色脂肪充当生产热量的角色
④ 年龄越小，~~白色脂肪月多，褐色脂肪越少~~。
→ 关于白色脂肪的内容，从叙述中不能知道。但是年龄越小，褐色脂肪越多。

34. 外型像树样的西兰花是抗癌效果极强的蔬菜。西兰花是所有蔬菜当中，含铁最多、低热量的食物，并且具有丰富的纤维质，所以作为减肥食物也是很好的。如果想发挥西兰花的效能，烹饪方法很重要。生的西兰花保留了所有的营养固然好，但是它会刺激肠道，产生气体。煮得太久或者是熬汤的话，容易降低西兰花的效，所以稍微烫一下吃是最好的。

问题类型 掌握细节内容(一致)
文中讲到，“要想发挥西兰花的效能，烹饪方法很重要。最好的方法是稍微烫一下”。所以正确答案是④。
① 西兰花是~~树的一种~~。→ 长得像树的蔬菜
② 西兰花要充分地~~煮着~~吃才好。→ 轻轻地烫一下
③ 生吃西兰花会~~降低效能~~。→ 效能好，但是会产生气体

[35~38] 请阅读题目，并选择最适合文章主题的选项。

35. 有由于智能机的发达，可以预测到人类将会拥有一个更自由的肯定的未来。但是，在大部分人都拥有智能手机的今天，职场人反而在叫苦。因为24小时内随时随地都要处理业务，闲暇时间也经常加班。当然也有提高业务效率的肯定的部分。但是必须遭受被强迫上班时间外也得处理事情。

问题类型 掌握中心想法
大部分人拥有智能手机，即使离开公司，也得遭受被强迫处理事情。所以正确答案是④。

- 잔업[残业]: 规定的上班时间结束后，还有要做的事儿。
- 강박[强迫]에 시달리다: 心里被某种想法或感情所驱使，感到严重的压迫。

36. 花生作为和清凉的啤酒一起吃的下酒菜，很受欢迎。甚至有叫做“消遣花生”的说法，花生对于韩国人来说，不是为了健康才吃的食物，而是把它作为零食来看待的。但是，如果知道了花生的功效之后，可能会改变你的想法。花生里含有比香蕉更多的钙，对于排除人体内的钠有很卓越的效果。所以对经常吃咸食的韩国人来说特别有用。

问题类型 掌握中心想法

“한국 사람들에게 땅콩은 건강을 위해서 먹는 음식이 아니라 주전부리 정도로 인식되고 있다. 하지만 땅콩의 기능성을 알고 나면 생각이 달라질 것이다.”。由此可知，这里在强调花生不是单纯的零食，还是对健康有好处的食物。所以正确答案是④。

- 주전부리: 消遣时吃的东西。

37. 和宠物狗一起出去散步的时候，一定会给狗穿戴好。就是戴好颈链或胸链。从外形来看，胸链比起颈链能更自由地活动，但是任何东西都是有优缺点的。无法说哪种链更适用于散步，这是因为用途和本身作用不同。这两种在散步的时候使用都没有负担，所以可以选择和爱犬一起行走的时候更安全和方便的链条。

问题类型 掌握中心想法

文章说到，与颈链胸链无关，可以选择和爱犬一起行走的时候更安全和更方便的链条。所以正确答案是③。

38. 人们为了消耗热量，要特意抽出时间去做运动。但是在日常生活中也能消耗热量。比如说，擦60分钟地板，能消耗114卡路里；做饭能消耗掉68卡路里，熨烫衣服能消耗65卡路里。单纯地笑也能消耗33卡路里。减少坐着的时间，做伸展运动，不坐电梯用走楼梯代替等换成这些生活习惯，会比平时消耗更多的热量。

问题类型 掌握中心想法

减少坐着的时间，做伸展运动，不坐电梯用走楼梯代替等换成这些生活习惯，会比平时消耗更多的热量。由此可知正确答案是③。

[39~41] 请选择最适合的句子能置入的地方。

39. 准备创业的人，认为比起政府支持还有更重要的东西。(㉠)换句话说，听取成功的前辈创业家创业时考虑的事项，失败过程和创业成功的故事等多种信息和事例。(㉡)因为通过共享从失败中学到的东西和成功的技巧，可以减少实践中的失误。(㉢)这样从前辈创业家那里得到各种信息，对于准备创业的创业家来说，是非常重要的第一步。(㉣)

〈提示〉

是给创业成功的前辈传授用钱买不来的实战经验。

问题类型 插入符合文脉的句子

留意提示句子最前面的“바로”和(㉠)后开始的话“다시 말해”。提示句子是对“从创业成功的前辈那里得到实践经验的传授”这话的一个说明，所以放在(㉠)里是很自然的。所以正确答案是①。

- 바로: 就，正

例 가: 오늘 새로운 직원이 왔다고 하던데.
나: 바로 저 사람이야.

40. 柳贤振选手进军美国职棒大联盟时，很少有人认为他成功的可能性很高。(㉠)但是他以超出人们预想的高额年薪进入美国职棒大联盟。(㉡)不仅如此，他不仅在那里安然无恙地站稳脚跟，还成为了联赛的代表投手之一。(㉢)看到他活跃表现的球员们知道了进军美国职棒大联盟成为顶级球员并不是不可能的目标。(㉣)

〈提示〉

这成为了韩国的棒球选手们挑战美国职业棒球大联盟的契机。

问题类型 插入符合文脉的句子

“这为韩国的棒球选手们提供了挑战美国职业棒球大联盟的机会。”提示句应该自然地出现在(㉣)，因为韩国棒球选手们能够决定挑战美国职业棒球大联盟的机会是受到柳贤振选手活跃表现的启发。因此，正确答案是④。

41. 双胞胎分为同卵双生和异卵双生。同卵双胞胎说的就是，受精卵分裂成细胞的时候，各自作为独立的个体生长。(㉠)所以同卵双胞胎不光是性别，连血型，遗传基因都一样。(㉡)受精卵在细胞分裂后才进行分离的原因，还不太清楚。(㉢)相反，异卵双胞胎就是一次性排卵2个以上、卵子分别和不同的精子形成受精卵生长。(㉣)

〈提示〉

所以遗传基因不同，性别也可能不同。

问题类型 插入符合文脉的句子

文章里说到“일란성 쌍둥이”不光是性别，连血型，遗传基因都一样。由此可知，“유전자도 다르고 성도 다를 수 있다.”应该是对异卵双胞胎的说明。因此放在对于异卵双胞胎说明后的(㉣)事比较自然的。所以正确答案是④。

[42~43] 请阅读题目并回答问题。

“风这么大，你爸的船没事吧?”
“爸爸的船是新船，所以会很安全的。”
对于不知道儿子是否安全，心里焦急如焚的老奶奶，我虽然已经回答了她的问题，但是作为女儿也同样不安。台风越来越大，爸爸的生死和船的命运，都不知道会怎么样，我陷入了极度不安。
“天气预报说今天要刮台风，不要坐船。”
“说是台风晚上才来，早去早回不会有事的。”

父亲不顾女儿的劝阻，保证说不会走太远，凌晨便出门了。从上午开始就一滴两滴地下起了雨，到了下午就变成了雷雨天气，开始刮起了大风。台风越来越大，凌晨就出去的父亲到了深夜还没回来。女儿心里万分焦急。电话铃响起了，父亲说是因为发生急事儿没去捕鱼，而是去了首尔。听到父亲电话的女儿，双腿发软瘫坐了下来。

李益相《渔村》

42. 问题类型 掌握心情/态度(小说)

这是台风天气，担心乘船出去深夜未归的父亲安全的女儿，在确认了父亲的安全后的行为。所以正确答案是①。

43. 问题类型 掌握细节内容(一致/小说)

从上午开始就一滴两滴地下起了雨，到了下午就变成了雷雨天气，开始吹起了大风。由此可知①为正确答案。

② 父亲很早就~~乘船出去了~~。→ 没有乘船

③ 父亲~~听了女儿的话后~~，没有乘船。→ 因为发生了急事

④ 女儿~~担心父亲的安全~~，所以瘫坐下去。
→ 确定了安全后

- 주저앉다: 无力地瘫坐下去

[44~45] **请阅读题目并回答问题。**

如果发生大型事故，很容易惊慌失措，把原因归咎于别人的过错。特别是最近，把大型事故发生的原因归咎于国民对安全的麻木不仁的事件变得频繁起来。但是单纯地(　　　)寻找这种错误反复发生的原因，并防止其再次发生是最重要的。为此，防止再次发生的政策开发和对于政策效果的缜密评价，是非常必要的。观察那些安全先进国家，可以看到，支持安全社会的严格的现场安全制度设施在运行。政府不要仅止步于制订各种制度来发表，而是应该在现场运行这个制度，关心是否具有实效性。

44. 问题类型 插入符合文脉的句子

括号前面的句子讲了“把大型事故发生的原因归咎于国民对安全的麻木不仁的事件变得频繁起来”，括号后面的句子“找出原因，防止再次发生是最重要的”。所以“对于安全，比起把责任归咎于个人的不注意”比较合适。所以正确答案是③。

45. 问题类型 掌握中心想法

为了预防大型的事故发生，不要把大型事故发生的原因归咎于国民对安全的麻木不仁。为了防止再次发生，应该在现场运行这个制度，关心是否具有实效性。所以作为本文的主题，正确答案是④。

[46~47] **请阅读题目并回答问题。**

喝了酒之后，头疼烧心的原因是什么呢？酒的主要成分是水和酒精。如果喝酒后出现了很多现象，这都是由酒精引起的。在小肠和胃里被吸收的酒精，将会在分解我们体内剧毒物的肝里，依次变为乙醛和乙酸。酒精变为乙醛，这对每个人来说，没有大的差别。而由乙醛变为乙酸，就会有很大的差别。根据分解乙醛的速度，出现了每个人喝酒程度的差别。乙醛是使心里难受头疼的宿醉物质，毒性很强。因此可以说，从科学角度来讲，会喝酒的人是分解乙醛的能力极强的人。

46. 问题类型 选择笔者的态度(议论文)

每个人对乙醛的降解能力都不同，导致人们饮用酒量存在差异。因此正确的答案是①。

47. 问题类型 掌握细节内容(一致/议论文)

本文中提到“很会喝酒的人是乙醛分解能力强的人”，因此最合适的答案是②。

① 酒的主要成分是~~乙醛和乙酸~~。→ 水和乙醇

③ ~~从乙醇到乙酸~~的转化因人而异。→ 从乙醛到乙酸

④ 酒后头疼胃疼是因为~~醋酸~~所致。→ 乙醛

[48~50] **请阅读题目并回答问题。**

韩国就业劳动部公布，中小企业的工资水平相当于大型企业的60%。为了防止工资差距扩大，政府正在实施各种支持中小企业的政策。其中一个显著的政策是针对中小企业员工的所得税减免政策，符合条件的中小企业员工可在一定期限内享受70%或90%的所得税减免。这旨在通过减少他们需要支付的税款来提高中小企业员工的实际工资。然而，许多人指出仅依靠现有政策(　　　)存在很大限制。根据韩国商工会议所的报告，大型企业和中小企业之间的工资差距最近显著扩大，并预计这种趋势将持续一段时间。这是一个关键时刻，需要有效的政策来解决这种收入不平等问题。

48. 问题类型 掌握目的(议论文)

文中讲到，尽管政府制定了旨在解决这个问题的政策，但讨论了小型企业和大型企业之间的显著收入不平等。在文章的最后部分，特别强调了这是一个需要有效政策来缓解收入不平等的关键时刻。因此，正确答案是④。

49. 问题类型 掌握符合文脉的内容(议论文)

括号前面的文章提到政府为了防止工资差距扩大正在实施针对中小企业的多项支持政策。然而，括号后面指出现有政策本身存在限制。因此，最适合填写空白的是④。

50. 问题类型 掌握细节内容(一致/议论文)

文中提到针对中小企业(SME)员工的所得税减免政策旨在减少应纳税额，从而增加中小企业雇员的实际工资。因此，答案是②。

① 政府正在为~~大型企业~~实施多项支持政策。
→ 中小企业

③ 根据报告，未来大型企业和中小企业的工资差距将~~缩小~~。→ 扩大

④ 仅凭中小企业员工所得税减免政策~~也能解决收入不平衡~~。→ 存在很大限制

第三版
TOPIK MASTER

FINAL 실전 모의고사 8회

实战模拟考试 第8套

정답 答案

1교시: 듣기, 쓰기

듣기

1. ②	2. ④	3. ③	4. ①	5. ③	6. ③	7. ②	8. ②	9. ②	10. ④
11. ④	12. ③	13. ②	14. ②	15. ①	16. ②	17. ②	18. ④	19. ①	20. ②
21. ④	22. ③	23. ③	24. ②	25. ③	26. ①	27. ③	28. ③	29. ②	30. ③
31. ④	32. ③	33. ③	34. ③	35. ③	36. ④	37. ④	38. ①	39. ②	40. ④
41. ②	42. ②	43. ②	44. ④	45. ③	46. ④	47. ②	48. ②	49. ④	50. ③

쓰기

51. ㉠ (5점) 다른 사람에게는 필요한 물건일 수 있습니다
(3점) 다른 사람에게는 필요합니다

㉡ (5점) (경제적인 측면에서) 환경과 자원의 보존에 도움이 됩니다
(3점) '환경에/자원 보존에/절약에 도움이 됩니다' 중 한가지만 언급한 경우

52. ㉠ (5점) 많은 것을 동시에 하려고 하는 것은 좋지 않다
(3점) 많은 것을 정하는 것은 좋지 않다

㉡ (5점) 목표의 선택과 목표에 대한 집중이라고 할 수 있다
(3점) 목표를 선택하고 집중하는 것이다/선택과 집중이다

2교시: 읽기

읽기

1. ③	2. ①	3. ②	4. ④	5. ①	6. ③	7. ②	8. ①	9. ②	10. ③
11. ①	12. ②	13. ④	14. ①	15. ①	16. ①	17. ③	18. ①	19. ②	20. ③
21. ③	22. ①	23. ②	24. ④	25. ②	26. ③	27. ③	28. ②	29. ③	30. ④
31. ③	32. ②	33. ②	34. ①	35. ②	36. ②	37. ③	38. ②	39. ②	40. ②
41. ③	42. ③	43. ①	44. ④	45. ③	46. ②	47. ②	48. ④	49. ②	50. ②

53. 〈样板答卷〉

청년층의 평균 취업 준비 기간에 대한 조사 결과 2020년에 10개월에서 2021년에 10.1개월, 2022년에 10.8개월로 꾸준히 상승하는 경향을 보였다. 그중에서 취업 준비에 2년 이상 걸린 사람의 수가 총 63만 3천 명으로 조사되었다. 구체적으로 취업 준비에 2~3년 미만 걸린 사람이 27.5만 명이었고, 3년 이상 걸린 사람이 36만 명이었다. 이렇게 취업 준비 기간이 계속해서 늘어나면 청년층의 노동 가치만큼의 기회 비용이 발생하고, 노동자 수가 감소하면서 잠재 성장률이 감소한다는 문제점이 발생하기 때문에 대책이 필요하다.

54.〈样板答卷〉

과학의 발달은 장점과 단점을 모두 가지고 있다. 그중 유전자 조작 식물, 인공 장기 등이 포함되어 있는 유전 공학 분야도 그러하다.

유전 공학의 발달이 가져오는 장점은 다음과 같다. 우선 유전자 조작으로 콩, 옥수수와 같은 식물 등의 대량 생산이 가능해져서 식량 부족을 해결할 수 있다. 또한 인공 장기 등을 개발하여 병으로 힘들어하는 많은 사람들을 도울 수 있다. 복제 생물 기술의 발전으로 멸종 위기의 동물도 보존할 수 있게 되었다.

그러나 유전 공학의 발전으로 인한 단점 역시 무시할 수 없다. 식물 DNA의 변형으로 생물계의 인위적인 변화를 일으켰으며, 이러한 변화가 인간에게 도움이 될지 피해를 가져올지는 아직 아무것도 예측할 수 없다. 또한 복제 생물이나 생명체를 다루는 실험이 많아지면서 많은 동물들이 희생되고 있다. 그 결과 생명을 가볍게 여기는 부작용이 나타날 수도 있다.

이처럼 유전 공학의 발달은 인간에게 도움이 되기도 하지만 오히려 큰 피해를 가져올 수 있다. 생명체를 다루는 학문인 만큼 과학자의 윤리성, 도덕성 측면이 가장 중요하게 고려되어야 할 것이다. 그리고 새로운 기술이 가져올 경제적 이득에 앞서 사회 전체에 끼칠 영향을 우선적으로 고려해야 한다.

해설 解答

듣기 听力

[1~3] 请听录音，并选择最合适的图片或图表。

1.
여자 사장님, 아까 두 시에 이 상자가 배달 왔습니다.
남자 그래요? 어제 주문했던 재료들이 다 들어 있는지 확인 좀 해 주세요.
여자 네, 여기 종이에 표시하면 됩니까?

女 社长，刚才2点这个箱子被送来了。
男 是吗？请确认一下昨天要的材料都有没有。
女 好，在这张纸上标出就行吗？

男性和女性正站在送来的箱子面前对话。女性问箱子里的东西和纸上的是否相符，只要在纸上做标记就行，所以答案为②。

2.
남자 이렇게 높은 곳에서 아래를 내려다보니까 좋네요.
여자 네, 등산하는 것은 힘드니까 가끔 건물 위로 올라와서 도시를 보는 것도 참 좋아요.
남자 네, 그래도 우리 다음에는 산에도 가 봐요.

男 从高处这样往下面看，真好。
女 是啊，去登山有困难，偶尔这样爬到建筑物顶上俯瞰城区，也很不错。
男 是的，但是下次我们也上山吧。

男性和女性正站在建筑物顶上俯瞰着城市说话。所以答案为④。

3.
남자 30대 남녀 직장인을 대상으로 퇴근 후 활동에 대해 조사한 결과 남녀 모두 TV를 본다는 응답이 절반 이상으로 나타났습니다. 다음으로 직장인 여성들은 주로 친구·이성과의 만남을, 남성은 운동을 한다는 응답이 많았습니다.

男 对30岁组在职男女进行了下班后活动的调查结果显现：无论男、女，回答看电视的超过一半以上。其次，在职女性回答说见朋友或和异性见面，男性回答运动的人很多。

这里讲的是对30岁组在职男女为对象进行的下班后活动的调查内容。调查结果为回答看电视的男、女最多(54%、60%)，女性回答见朋友或与异性见面为(35%)；男性回答运动(30%)占第二位。所以答案为③。

[4~8] 请听录音，并选择可接续的最合适话语。

4.
남자 저 실례지만 혹시 이 자리 예약한 거 맞으세요?
여자 네. 제 자리가 맞는데요. 혹시 다른 칸 아니에요?
남자 ____________________

男 请问这是你预订的座位吗？
女 是的，是我的座位，你会不会是别的车厢？
男 ____________________

面对女性"会不会是别的车厢？"的疑问，男性一定会重看票，确认座位。所以答案为①。

5.
여자 사무실용 복사기를 주문하려고 하는데요. 가격을 알려 주시겠어요?
남자 사무실에 몇 명이 있으세요? 6인 정도면 월 20만 원 정도 합니다.
여자 ____________________

女 我想买办公室用的复印机，能告诉我价格吗？
男 办公室里有几个人？6人左右的话，20万韩元左右。
女 ____________________

女性问男性复印机价格，男性告诉了有关价格，因此最恰当的答案为③。

6.
여자 김 교수님 수업은 조금 어려운 것 같아. 더 쉬운 수업으로 바꿔야겠어.
남자 그럼 박 교수님 수업은 어때? 지난 학기에 들어 봤는데 재미있고 쉽더라고.
여자 ____________________

女 金教授的课好像有点难，得换成较容易的课了。
男 那过朴教授的课怎么样？我上个学期听过，有意思也很容易。
女 ____________________

男性问女性是否听过朴教授的课，因为上个学期听过，因此向女性推荐，所以最恰当的答案为③。

7.
남자 사장님, 청소 다 했어요. 이제 걸레를 빨까요?
여자 잠깐만요. 저기 창문을 다시 닦아야겠어요. 아직 얼룩이 있어요.
남자 ____________________

男 社长，打扫完了。我现在洗抹布？
女 等等。那边的窗户得重新擦，还有印记呢。
男 ____________________

女性对打扫完毕的男性讲了窗户上还有印记，所以最恰当的答案为②。

8.
남자 아까 택시에 두고 내린 지갑을 찾고 싶은데요.
여자 일단 저희 회사로 오셔서 분실물 신고서를 작성해 주셔야 해요.
남자 ____________________

男 我想找回刚才落在出租车上的钱包。
女 那您首先得来我们公司填写遗失物品登记表。
男 ____________________

为了找回钱包，男性要去出租车公司填写遗失物品登记表，所以询问公司位置的②为正确答案。

[9~12] 请听录音，并选择最适合女性接下来会做的行动的选项。

9.
여자 인터넷에서 가방을 사려고 하는데 어느 사이트가 좋아?
남자 여기는 어때? 가격을 비교해 줘서 같은 제품을 가장 싸게 살 수 있어.
여자 우와, 고마워. 즐겨찾기에 등록하고 나서 회원 가입 해야겠다.
남자 그리고 사기 전에는 꼭 상품 평을 읽어 보도록 해.

女 想在网上买个包，哪个网站好？
男 这里怎么样？有价格比较，相同产品能用最便宜的价格买到。
女 哇！谢谢！先把它放入收藏夹，再进行会员登录。
男 另外在买之前，一定要先看看商品评价。

女性说要将男性推荐的网站放入收藏夹，再进行会员登录。所以答案为②。

10.
남자 이제 서류 전형 합격자들 다 뽑은 거죠?
여자 네, 오늘 저녁에 서류 합격자들에게 면접 장소를 공지하려고 합니다.
남자 그 전에 김 대리에게 서류 합격자 명단을 보내 주고 나한테도 이메일로 보내 줘요.
여자 네, 알겠습니다.

男 现在材料审核的合格者都挑选完毕了吧？
女 是的，准备今天晚上就向材料审核的合格者公布面试场所。
男 那之前请把材料合格者的名单发给金代理，用电邮也发给我。
女 好，知道了。

男性指示女性将材料合格者名单先发给金代理，所以答案为④。

11.
여자 그럼 두 시간 뒤에 전철역 앞 정류장에서 만나서 공항버스를 타는 거지?
남자 응. 공항버스 표는 내가 예약했으니까 정류장에 좀 일찍 가서 표를 인쇄해 줘.
여자 그래 알았어. 빠뜨린 짐이 없는지 확인만 하고 바로 출발할게.
남자 고마워. 나는 역에서 공항까지 얼마나 걸리는지 한번 검색해 볼게.

女 那两个小时后在地铁站前面的车站见面，然后坐机场大巴吧？
男 嗯，机场大巴的票我已经订好了，你早点去车站把票打印出来吧。
女 好，知道了。我确认一下有没有落下的行李，马上出发。
男 谢谢。我搜索一下从车站到机场需要多长时间。

男性要求女性早点去车站，女性对他说确认一下有没有落下的行李就出发，所以④是答案。

12.
남자 이 책을 빌리고 싶은데요. 지금 이 책은 없나요?
여자 지금 그 책은 모두 대여 중이에요. 도서 대여를 예약하시겠어요?
남자 네. 예약해 주세요. 제가 직접 예약하는 건가요?
여자 제가 지금 예약해 드릴게요. 책이 반납되고 대여가 가능해지면 문자가 갈 거예요.

男 我想借这本书，这本书现在没有吗？
女 现在这本书全都借出去了。要预约借书吗？
男 是的。预约上吧。我要亲自预约吗？
女 我现在就给你预约。书还回来可以借阅时会有短信的。

男性不能自己预约借阅，只能让女性来申请，所以答案为③。

[13~16] 请听录音，并选择与听到的内容相同的选项。

13.
여자 요즘에 채식에 관한 책을 읽고 채식에 관심이 생겼어.
남자 채식이라고 하면 고기는 안 먹고 야채만 먹는 거 아니야? 달걀도 안 먹는다던데?
여자 그렇지 않아. 채식하는 사람을 채식주의자라고 하는데 채식에는 단계가 있어서 채식주의자들마다 먹는 음식이 다르더라고.
남자 그렇구나. 자기 체질에 맞는 채식을 하면 되겠다.

女 最近读了一本关于素食的书，对素食感兴趣了。
男 素食不就是不吃肉，只吃蔬菜吗？听说连鸡蛋都不吃吧。
女 也不是，都把吃素的人称作素食主义者，素食是有阶段的，每个素食主义者吃的饮食都不一样。
男 这样啊！那只要选择适合自己体质的素食就可以啦。

女性否定了男性说的素食主义者不吃鸡蛋的话，所以答案为②。

14.
여자 매년 회사 워크숍이 진행되는 거 아시죠? 올해는 특별히 춘천에서 진행됩니다. 이번에는 사원들과 임원들의 대화의 시간이 있습니다. 또 부서별 장기 자랑을 통해 선발된 한 부서에 부서 회식비를 지원하기로 했습니다. 특히 지난해에 워크숍에 참가하지 않았던 분들께서는 꼭 참가해 주시기 바랍니다.

女 每年公司都要组织研讨会，您知道吧？今年特别选在春川进行。这次安排了职员和负责人对话的时间。另外还决定将部门聚餐费奖给通过各部门特技表演选拔出的部门。特别希望去年没参加研讨会的人务必参加。

公司研讨会每年都举行，但希望去年没参加的人这次务必参加，所以答案为②。

15.
남자 요즘 점심값보다 비싼 커피값에 놀라지 않으세요? 저희 회사에서는 사무실과 가정집에 커피 기계를 빌려드립니다. 커피 기계를 빌리시면 한 달에 한 번 관리사가 찾아가 관리를 해 줍니다. 또 고장이 나면 전화 주세요. 저렴하게 수리도 해 드립니다. 이제 사무실과 집에서 저렴하게 고급 커피를 즐겨 보세요.

男 最近咖啡价格比午餐费还贵，不吃惊吗？我们公司有咖啡机可以出租给办公室和家庭。借用咖啡机的话，我们管理公司每个月一次上门进行管理，并且出现故障请打电话。可以廉价修理。从现在起就在办公室和家里享受低廉的高级咖啡吧。

内容提到，咖啡价格比午餐价格还贵，所以答案为①。

16.
여자 기자님, 요즘 거리에서 한복을 입은 사람들을 많이 볼 수 있는데요. 왜 요즘 사람들이 한복을 즐겨 입는 걸까요?

남자 한복을 입는 것이 자연스러운 문화로 자리 잡은 것 같습니다. 예전에는 한복이 특별한 날에만 입는 옷이라는 인식이 강했는데요. 요즘에는 한복을 입고 여행을 한다거나, 연인이나 친구와 한복을 빌려 입고 사진을 찍는 등 한복이 하나의 놀이 문화가 된 것이지요. 한국에 여행 온 외국인들이 한복을 입고 있는 모습도 쉽게 볼 수 있습니다.

女 记者先生，最近街上经常能看到穿韩服的人。为什么现在的人喜欢穿韩服呢？

男 穿韩服好像已经成为了自然的文化。以前很多人认为韩服只在特别的日子里穿，最近穿韩服旅行或者与恋人或朋友借韩服拍照等，韩服成为一种游戏文化。来韩国旅行的外国人穿着韩服的样子也随处可见。

根据男性的说法，韩服不像以前那样只在特别的日子里穿，而是作为一种游戏文化，自然而然地占据了一席之地。答案是②。

[17~20] **请听录音，并选择最适合男性中心想法的选项。**

17.
남자 저는 밥을 먹고 나서 꼭 물을 마셔야 소화가 되는 느낌이에요.

여자 그런데 밥을 먹고 바로 물을 마시면 소화가 잘 안돼서 건강에 안 좋대요.

남자 네, 그런데 습관을 고치는 일은 정말 힘든 일이더라고요. 특히 이런 식습관은 노력해도 정말 바꾸기 힘들어요.

男 我觉得吃完饭一定要喝水才能消化似的。

女 但是听说饭后马上喝水会不好消化，对健康不好。

男 是的，但是改变习惯真是件难事。特别是这种饮食习惯，即便努力也很难改变。

男性认为再努力，改变习惯也很难。所以答案为②。

18.
남자 지나 씨, 오늘 또 지각을 하셨네요.

여자 정말 죄송해요. 아침에 운전해서 왔는데 길이 많이 막히더라고요.

남자 출근 시간에는 될 수 있으면 대중교통을 이용하세요. 좀 불편해도 교통비도 아낄 수 있고, 길이 막혀서 지각하는 일도 없을 거예요.

男 志娜，今天又迟到了。

女 实在对不起。早上开车来的，路上很堵。

男 上班时间尽可能利用公共交通。虽然有些不便，但既可以节省交通费，堵车也不会有迟到的事。

男性向女性推荐上班时间利用公共交通，并说了它的好处。所以答案为④。

19.
남자 요즘에 혼자 사는 사람들이 많아진 것 같아요.

여자 네, 맞아요. 앞으로 혼자 사는 사람이 더 많아질 것 같아요.

남자 저도 혼자 살고 싶은데 혹시 사고라도 생기면 바로 도와줄 사람이 없는 게 걱정이에요.

여자 아무래도 그렇죠. 그래도 혼자 살면 좋은 점도 많으니까 전 혼자 살고 싶어요.

男 最近独自生活的人好像变多了。

女 是的，以后独自生活的人应该会更多。

男 我也想一个人住，可是担心万一出了事故，没有人能马上帮忙。

女 那倒是。但是独自生活也有很多好处，所以我想一个人住。

男性担心如果独自生活时发生事故，没有人帮忙，所以①是答案。

20.
여자 현재 단장님께서는 자원봉사 센터를 운영하신다고 들었는데요. 자원봉사에 대해 설명 부탁드립니다.

남자 자원봉사라 하면 힘들고 어려운 일만 생각하기 마련인데요. 봉사의 종류는 수백 가지가 넘기 때문에 힘든 일만 있는 것은 아닙니다. 자원봉사를 잘하려면 자신의 재능과 경험을 살려서 하는 게 가장 좋습니다. 전문적인 지식을 가지신 분들의 도움이 필요하기도 하거든요. 그리고 꾸준히 하는 게 좋아요. 도움을 받는 입장에서 봉사자가 바뀌면 혼란스러워하거든요.

女 听说团长在运营志愿服务中心。现在请讲讲志愿服务。

男 说起志愿服务自然会想到都是很艰辛的事。义务服务的种类超出百种之多，所以并不都是辛苦的事。想要做好义务服务，能发挥自己的才能和经验最好。我们也需要有专业知识的人士帮助，并且最好能坚持做下去。站在接受帮助的立场来看，更换志愿者的话，会感到混乱的。

男性认为要做好志愿服务最好发挥自身的才能和经验。所以答案为②。

[21~22] 请听录音，并回答问题。

여자 최근에 SNS를 시작했는데 오랫동안 연락이 끊겼던 친구를 찾게 되었어요.

남자 와, 잘됐네요. 그래서 요즘에 수지 씨가 SNS를 열심히 하는 거군요.

여자 네. 친구들이 올린 사진을 보고 소식을 바로 알 수 있어서 좋은 것 같아요.

남자 그런데 그만큼 개인의 사생활이 너무 쉽게 노출되는 것 같아요. 저는 SNS에 사진을 올리거나 의견을 남길 때도 좀 조심스러워져요.

女 最近开通的SNS(社交网站)，找到了长久以来联系中断了的朋友。

男 哇，太好了！所以最近秀智这么专注着SNS。

女 是的。看到朋友们上传的照片能很快知道消息，好像真不错。

男 但是，与此同时个人私生活也好像很容易暴露。我在SNS上传照片或者留下意见时，总是很小心。

21. 男性讲在SNS上很容易泄露个人信息，所以在SNS上传照片或留下意见时，总是很小心。所以答案为④。

22. 女性讲她第一次通过SNS找到了此前联系中断了的朋友，所以答案为③。

[23~24] 请听录音，并回答问题。

여자 어제 인터넷으로 비행기표를 예약했는데요. 비행기표는 어디에서 받나요?

남자 비행기표는 출발하는 날 공항에서 짐을 부칠 때 여권을 보여주면 받을 수 있어요.

여자 그런데 제가 인터넷 면세점에서 물건을 미리 구매하려고 하는데 비행기표가 있어야 한다고 해서요.

남자 그건 인터넷에서 비행기표를 예약하시면 이티켓이 나와요. 비행기표를 받기 전까지는 이티켓을 비행기표라고 생각하시면 돼요.

女 昨天在网上预订了机票。在哪里拿机票呢?

男 出发那天在机场托运行李时，只要出示护照，就可以拿到机票了。

女 但是，我想提前在网上免税店里买东西，可说是一定要有机票才行。

男 那从网上预订的机票有电子机票出来，在机票出来之前可以把电子机票当成机票。

23. 男性给女性讲了获取机票的方法，并对电子机票做了说明。所以答案为③。

24. 男性告诉女性在得到机票之前，可以把电子机票当成机票使用。在免税店里也可以使用电子机票。所以答案为②。

[25~26] 请听录音，并回答问题。

여자 30년 전에 유행했던 노래를 본인의 스타일로 재해석해서 만든 리메이크 앨범의 반응이 정말 뜨거운데요. 어떻게 이런 생각을 하셨나요?

남자 요즘에 나오는 가요에 비해서 옛날 가요는 좀 다른 매력이 있어요. 오래된 가요의 멜로디와 가사는 자극적이지 않고 은은하지만 중독성이 있어요. 특히 옛날 가요의 가사는 요즘에 나오는 가요들보다 훨씬 전달력이 있다고 생각해요. 그래서 옛날 가요들의 멜로디를 조금 세련되게 바꿔서 요즘 세대들에게도 소개하면 좋을 것 같다고 생각했죠. 그런데 요즘 세대보다 기성세대들의 반응이 더 좋은 편이라 깜짝 놀랐어요. 기성세대들이 이 노래를 통해 향수를 느끼는 것 같아요.

女 将30年前流行过的歌，按照自己的风格重新解释并翻唱制作的唱片，反响非常热烈。您是怎么想到这样做的?

男 与最近出的歌曲歌词相比，过去的歌曲有着不同的魅力。虽然悠久的歌曲旋律和歌词不那么激烈，但却具有很强的感染力，特别是与最近的歌曲相比，我认为传达能力要强得多。因此，我认为如果稍微现代化一下过去的歌曲旋律，将其介绍给现在的年轻人一定不错。但令我大吃一惊的是，结果中老年人的反应比年轻人还要好，也许是因为这首歌能唤起中老年人的乡愁情感吧。

25. 男性讲过去的歌曲跟现在的比，具有不一样的魅力，并介绍了过去歌曲的特征。所以答案为③。

26. 男性讲老歌曲的旋律和歌词虽然不激烈很温和，但有很强的感染力，所以答案为①。

[27~28] 请听录音，并回答问题。

남자 이번에 휴가를 외국으로 간다면서? 네가 키우는 강아지는 어떻게 할 거야?

여자 친구한테 부탁해 보려고 하는데. 그 친구도 휴가를 가야 해서 어떻게 해야 할지 모르겠어.

남자 애견 호텔에 맡겨 보는 건 어때? 애견 호텔은 주인들이 휴가를 가거나, 애완동물을 장시간 돌볼 수 없을 때 대신 돌봐 주는 곳이래.

여자 아, 나도 들어 봤어. 그런데 비싸지 않아?

남자 하룻밤에 이만 원 정도인데 휴대 전화로 강아지 상태를 확인할 수도 있고, 강아지들이 불안해하지 않고 휴식을 취할 수 있게 전문가들이 돌봐 준대.

男 听说你这次休假要去外国? 你养的小狗怎么办?

女 本想托付给朋友，可那个朋友也要去休假，真不知道怎么办了。

男 把它寄放在宠物旅馆怎么样? 宠物旅馆是当主人去休假或长时间无法照顾宠物的时候，替代照看的地方。

女 啊，我也听说过。但是不贵吗?

男 一晚上2万韩元左右，可以用手机确认小狗的状态，有专业人士照看，可以使小狗不会感觉不安，能好好休息。

27. 男性对要去外国休假的女性讲把小狗寄托到宠物旅馆里怎么样，并介绍了有关宠物旅馆的信息。所以答案为③。

28. 内容提到用手机可以确认在宠物旅馆里的小狗的状态。所以答案为③。

[29~30] 请听录音，并回答问题。

여자 개인의 일상을 영상으로 기록한 브이로그가 인기를 끌면서 사이버 공간에서 영향력을 가진 사람들이 많아지고 있는데요. 선생님은 어떻게 브이로그를 시작하게 되었습니까?

남자 처음에는 비슷한 하루가 그냥 지나가는 것이 아쉬운 마음에 일상을 기록하기 위해 브이로그를 시작했어요. 그러다가 점점 많은 사람들이 제 영상을 시청해 주시고 댓글도 많이 남겨 주셨어요. 사람들이 재미있다고 말씀해 주시는 것에서 점점 보람과 재미를 느꼈어요. 그래서 원래의 직업 대신 브이로그를 만들어서 올리고 사람들과 소통하는 일을 하면서 돈을 벌고 있어요.

女 通过视频记录个人日常生活的视频播客(Vlog)大受欢迎，在网络空间具有影响力的人越来越多。您是怎么开始视频播客的?

男 刚开始觉得相似的一天就这样过去了，觉得可惜，所以为了记录日常生活，开始了视频播客。然后越来越多的人收看我的视频，留下了很多评论，从人们说有趣的事情中，我渐渐感受到了成就感和乐趣。所以放弃原来的职业，制作并上传视频播客，做与人沟通的工作赚钱。

29. 男性向女性说明自己最初是如何开始视频播客的，现在提到自己是专业的视频博主(Vlogger)。答案是②。

30. 内容提到：男性以前有职业，现在只运营视频播客，所以答案为③。

[31~32] 请听录音，并回答问题。

여자 흡연율이 꾸준히 하락하고 있다고는 하지만, 전자 담배 흡연도 대책이 필요합니다. 전자 담배도 건강에 해로운 만큼 담배와 동일한 세금 부담을 받게 해서 흡연을 억제해야 합니다.

남자 전자 담배는 일반 담배보다 훨씬 안전합니다. 전자 담배의 세금을 인상하면 오히려 일반 담배로 흡연하는 비율만 높아질 뿐입니다.

여자 하지만 청소년들은 일반 담배보다 전자 담배를 더 많이 사용하고 있습니다. 게다가 전자 담배 경험률이 계속해서 상승하고 있다는 건 큰 문제이고요. 가격을 올려서라도 문제를 예방해야 한다고 봅니다.

남자 그러면 일반 담배보다 낮은 수준에서 세금을 부담하되, 인상된 가격에 따라 걷힌 세금을 청소년들의 금연을 위한 목적으로 사용하는 것이 좋겠습니다.

女 虽然吸烟率持续下降，但电子烟吸烟也需要对策。电子烟也对健康有害，因此应该受到与香烟相同的税金负担，抑制吸烟。

男 电子烟比普通香烟安全多了。如果提高电子烟的税金，反而只会提高吸普通香烟的比率。

女 但是青少年使用电子烟比普通香烟更多，而且电子烟经验率持续上升是个大问题。我认为即使提高价格也要预防问题。

男 那么，在低于普通香烟的水平上负担税金，但根据上调的价格征收的税金最好用于青少年戒烟的目的上。

31. 男性在最后一句话中表示，以低于普通香烟的水平负担税金，但根据上调的价格征收的税金最好用于青少年戒烟的目的上，因此答案是④。

32. 男性承认女性主张电子烟的使用者大部分是青少年，是个大问题，并提出了适当的妥协点，因此答案是③。

[33~34] 请听录音，并回答问题。

여자 누구나 처음을 경험합니다. 부모의 역할이라는 것 또한 처음 경험하는 일이기 때문에 쉬운 일이 아닐 겁니다. 아무리 현명한 사람이라도 부모 역할을 처음 경험하면 실수를 하기 마련입니다. 그렇기 때문에 부모들은 좋은 부모가 되는 방법을 반드시 공부해야 합니다. 부모 학교를 통해 좋은 부모가 되는 방법을 배울 수 있을 뿐만 아니라 부모로서 자신을 돌아볼 수 있는 뜻깊은 시간을 경험하게 될 것입니다.

女 谁都会经历第一次。作父母也都是第一次，所以不是件容易的事。再贤明的人，第一次做父母的时候，也必定会出现失误的。因此，要成为一个好父母就需要父母们学习。通过父母学校不仅能学习成为好父母的方法，还可以经历一段回顾作为父母的自己的宝贵时间。

33. 女性主张父母也需要教育。所以答案为③。

34. 女性讲再聪明的人，开始教育孩子也会有失误的。所以答案为③。

[35~36] 请听录音，并回答问题。

남자 오늘 이 간담회는 최근 정부에서 추진하고 있는 '공동체 마을 건설 사업'에 기업들의 적극적인 참여를 부탁드리고자 마련된 자리입니다. 공동체 마을 건설 사업은 여러 1인 가구가 거주하면서 일부 시설을 공동으로 사용할 수 있도록 건물을 짓고, 주변에는 1인 가구 맞춤 편의 시설이 갖춰진 마을을 만들고자 하는 사업입니다. 미국의 '코하우징'이라는 공동체 주거 형태, 덴마크의 '에코 빌리지'라고 불리는 친환경 에너지 마을이 이와 유사한 사업입니다. 이 사업은 지역 사회의 공동체 의식을 높이고 지역 경제를 활성화하여 국내 경제를 안정시키는 데 기여할 것으로 기대됩니다. 또한 편리한 생활 환경을 제공함으로써 기업의 이미지 향상과 브랜드 가치 상승에도 기여할 수 있으리라고 봅니다. 여러분의 적극적인 참여를 기대합니다.

男 今天这个座谈会是为了希望企业积极参与最近政府推进的“共同体村庄建设事业”而准备的。共同体村庄建设事业是为了让多个1人家庭居住，共同使用部分设施而建设，周边具备1人家庭定制便利设施的村庄的事业。全世界也在实施类似的政策，美国名为“Co-housing”的共同体居住形态、丹麦被称为“生态村(Ecovillage)”的环保能源村就是类似的事业。该项目有望提高地区社会的共同体意识，激活地区经济，为稳定国内经济做出贡献。另外，我认为通过提供便利的生活环境，可以提高企业的形象和品牌价值。期待大家积极参与。

35. 男性说希望风险企业积极参与“共同体村落建设事业”，答案是③。

36. 政府推动的该项目有望激活地区经济，为稳定国内经济做出贡献，因此答案是④。

[37~38] 请听录音，并回答问题。

남자 오늘은 이선경 박사님을 모시고 바다 숲을 이루는 식물인 '해조류'에 대해 이야기를 들어 보겠습니다. 박사님, '해조류'는 어떤 식물인가요?

여자 말씀하신 대로 땅 위 많은 나무와 풀이 숲을 이루듯이 바닷속에서도 바다 숲을 이루는 식물이 있는데 이것이 해조류입니다. 해조류에는 엽록소가 들어 있어 이산화탄소와 햇빛을 이용해 광합성을 합니다. 그래서 바닷속에 있는 이산화탄소를 흡수하여 산소를 만들어 냅니다. 해조류가 지구에서 발생하는 산소의 70퍼센트를 만든다고 하니 바다뿐 아니라 지구 전체에 영향을 많이 끼친다고 말할 수 있겠죠? 특히 다시마는 지구에 있는 식물 가운데 광합성 능력이 가장 뛰어납니다. 또한 해조류 숲은 물고기들이 편안하게 쉴 수 있는 집이 되기도 합니다. 이와 같이 해조류는 바다 환경과 깨끗한 지구를 위해 꼭 필요한 존재라고 할 수 있습니다.

男 今天请来了李善京博士，听他来讲讲构成海洋森林的植物“海藻类”。博士，“海藻类”是什么植物呢?

女 正如您所说，在陆地由许多树木和花草构成树林一样，在海洋里也有形成海洋森林的植物，这就是海藻类。海藻类中含有叶绿素可以利用二氧化碳和阳光进行光合作用。所以可以吸收大海里的二氧化碳制造出氧气。海藻类制造的氧气占地球生成氧气的70%，因此可以说不仅是海洋，它对整个地球都有着很大的影响。特别是海带菜在地球所有植物中，它的光合能力极为突出。并且海藻类森林也可以成为鱼类平安栖息的家。因此可以说海藻类是维护海洋环境和洁净地球的必不可少的存在。

37. 女性提到海藻类可以生成地球氧气总量的70%，不仅是海洋，也可以洁净整个地球。所以答案为④。

38. 内容提到：海藻类中含有叶绿素，可以利用二氧化碳和阳光进行光合作用。所以答案为①。

[39~40] 请听录音，并回答问题。

남자 지금도 전 세계의 약 36억 명에 달하는 인구가 연 평균 1개월 정도 물을 제때 이용하지 못할 정도로 만성적인 물 부족에 시달리고 있는 것으로 알려져 있습니다. 문제는 기후 변화와 인구 증가가 현재 상태로 계속된다면, 2050년이면 그 수가 14억 명 이상 증가해서 약 50억 명 정도가 물 부족을 겪게 될 것이라는 사실입니다. 이처럼 심각한 물 부족 사태를 개선할 수 있는 방법으로 많은 과학자들은 '해수 담수화'라는 과학 기술을 제시하고 있습니다. 담수란 강이나 호수와 같이 염분이 없어 사람이 이용할 수 있는 물을 말하는데, 담수의 양은 지구 상에 있는 물의 0.5% 수준에 불과하다고 합니다. '해수 담수화'는 생활용수로 사용할 수 있도록 해수에서 염분을 제거하는 일종의 물 처리 과정입니다. 현재 많은 국가들이 실제로 사용하고 있으며, 계속해서 더 발전된 기술을 연구하고 있는 상황입니다.

여자 해수에서 염분을 제거해 식수로 사용하다니 과학 기술이 빠르게 발전하고 있네요. 하지만 해수도 계속 늘어나는 것은 아닐 텐데요. 과학 기술의 발전과 함께 물을 절약해서 사용하는 태도가 필요해 보입니다. 그럼 이제 일상 생활에서 물을 절약하는 방법에 대해 이야기해 보도록 하겠습니다.

男 据悉，目前全世界约有36亿人口，平均每年1个月左右无法及时利用水，长期缺水。问题是，如果气候变化和人口增加继续保持目前的状态，到2050年，其数量将增加14亿以上，约50亿人将面临缺水。对于改善如此严重缺水状况的方法，许多科学家提出了“海水淡化”的科学技术。淡水是指像江河或湖水一样没有盐分，可供人类利用的水，淡水量仅为地球上水的0.5%。“海水淡化”是从海水中去除盐分的一种水处理过程，可作为生活用水。目前很多国家都在实际使用，不断研究进一步发展的技术。

女 从海水中去除盐分后作为饮用水使用，可知科学技术发展得非常快。但是海水也不会持续增加吧。随着科学技术的发展，节约用水的态度似乎很有必要。那么现在我们来谈谈日常生活中节约用水的方法吧。

39. 女性说要谈谈日常生活中节约用水的方法。所以正确答案是②。

40. 男性表示到2050年将有约50亿人面临缺水，因此答案是④。
① 海水淡化是~~改善环境~~的科学技术。
→ 去除海水中盐分的科学技术。
② 海水淡化目前在~~有限的地区~~使用。
→ 很多国家都在实际使用。
③ 最近约有~~14亿~~人口因缺水而苦不堪言。
→ 36亿人

[41~42] 请听录音，并回答问题。

남자 여러분, 갯벌이 어떻게 만들어지는지 아시나요? 갯벌은 밀물과 썰물의 높이 차이에 따라 주기적으로 바다에 잠기었다가 물이 빠지면서 공기 중에 노출되는 모래나 점토질이 평평하게 쌓이면서 만들어지는 것입니다. 육지에서 모래와 진흙이 강이나 하천을 통해 운반되어 썰물 때 바다로 밀려 나갔다가 밀물 때 육지 쪽으로 밀려오는 과정을 수없이 반복하여 오랜 시간 쌓여서 만들어진 곳이지요. 그런데 이렇게 만들어진 갯벌의 중요한 역할은 무엇일까요? 갯벌은 육지에서 나오는 각종 오염 물질을 걸러내는 정화 기능을 합니다. 갯벌로 흘러온 오염 물질은 지렁이, 게, 조개 등의 각종 생물과 미생물에 의해 자연 분해되고 제거되기 때문이죠. 그래서 우린 갯벌을 흔히 자연의 콩팥으로 부릅니다. 이렇듯 갯벌은 늘 건강한 생태계를 유지하는 데 중요한 역할을 합니다.

男 各位，你知道淤泥滩是怎么形成的吗？淤泥滩是由于涨潮和退潮的落差，通过周期性海洋覆盖，在水退去时，空气中的露出的砂子或粘土便平坦地沉积下来而形成的。陆地上沙子和淤泥通过江河反复运送，退潮时流向大海，涨潮时推向陆地，通过无数次这样的反复，久而久之的沉淀就形成了这样的地方。但是这样形成的淤泥滩的重要作用是什么呢？淤泥滩具有过滤从陆地带来的各种污染物质的净化功能。因为流进淤泥滩的污染物质会被蚯蚓、螃蟹、贝类等各种生物和微生物自然分解去除。所以我们经常把淤泥滩称为大自然的肾脏。正因为如此，淤泥滩时刻起着维持健康的生态界的重要作用。

41. 内容提到淤泥滩具有过滤从陆地带来的各种污染物质的净化功能，由此可知淤泥滩可以净化各种污染物质。所以答案为②。

42. 男性认为淤泥滩时刻起着维持健康的生态界的重要作用。所以答案为②。

[43~44] 请听录音，并回答问题。

여자 장미의 꽃말은 '정열, 그리고 열렬한 사랑', 물망초의 꽃말은 '나를 잊지 마세요' 등, 이렇게 최근 누리꾼 사이에서 꽃말이 의미 있는 꽃을 선물하는 고백이 화제가 되고 있습니다. 이렇게 꽃의 의미에 많은 사람들이 열광하는 이유는 최근 인기리에 종영한 드라마에서 남자 주인공이 여자 주인공에게 꽃을 주며 한 고백이 화제가 되면서부터입니다. 드라마의 인기를 반영하듯 젊은이들 사이에서 기념일에 의미가 담긴 꽃으로 고백을 하는 것이 인기를 끌게 되었습니다. 마음을 고백할 때 많은 말보다는 때론 의미 있는 꽃 한 송이가 진심을 전달할 수도 있다고 생각하는 사람들이 늘어나고 있다는 것이지요. 그래서 꽃말에 대한 관심도 금방 수그러들지 않을 것이라 예상됩니다. 또 꽃말뿐만 아니라 어떤 특정 의미를 가진 물건에 대한 누리꾼들의 관심이 높아지면서 이러한 물건을 선물하는 것이 각광을 받고 있습니다.

女 玫瑰代表着"热情和挚爱"；勿忘草代表"不要忘记我"等，最近很多网民会依据这些花的意喻送礼传递心声的做法已经成了话题。像这样很多人热衷于花意的缘由是从最近在人气正旺时结束的电视剧中男主角向女主角献花时的告白开始的。电视剧之所以受人欢迎是因为借用了在年轻人当中含有纪念日意义的花来吐露心声。有越来越多的人认为在袒露心声的时候用不着更多的语言，只用蕴含意义的一支花就可以转达一片真心。所以对于花意的关注也许不会很快降温的。并且不仅仅是花意，随着那些网民们对蕴含某种特定意义物品关注的升温，用这种物品送礼的事也将受人瞩目。

43. 最近用含有寓意的鲜花做礼物来表达心声的做法很受欢迎，而且物品所含的寓意也在受人瞩目。所以答案为②。

44. 人们对花意感兴趣的理由是因为最近在年轻人当中送含有纪念日意义的花来吐露心的做法深受欢迎，所以答案为④。

[45~46] 请听录音，并回答问题。

여자 자녀와의 대화가 쉽지 않으시죠? 자녀들과 소통하기 위해 대화를 하다 보면 오히려 서로에게 감정적으로 상처를 주게 되고 소통은커녕 거대한 벽을 만들게 됩니다. 어떻게 하면 자녀와 잘 소통할 수 있을까요? 무엇보다 소통을 방해하는 말을 하지 말아야 합니다. 이를 위해서는 첫 번째, 아이들이 하는 말에 대해 자신의 기준으로 판단하거나 도덕적으로 평가하는 말을 하지 말아야 합니다. 이런 말은 자녀를 궁지로 내몰게 되고 대화를 거부하게 만듭니다. 두 번째, 부모 역할을 빌미로 자신의 욕망을 내세우고 강요하는 말을 하지 말아야 합니다. 이러한 말들은 감정의 대립으로 치닫게 합니다.

女 和子女对话不太容易吧？原本是为了和子女沟通，却反而互伤感情，别说沟通了，还会筑起一道高墙。怎样才能很好地和子女沟通呢？不管怎样，都不要说妨碍沟通的话。为此首先对于孩子说的话不要以自己的标准进行判断或进行道德上的评价。这些话会把子女推向困境，从而拒绝对话。第二，不要以父母为借口按照自己的欲望说强行要求的话。这样会造成感情对立，使危机四起。

45. 女性讲到不站在子女的立场上按照父母的欲望，说些强要的话，就会使感情对立，危机四起。所以答案为③。

46. 女性在简单介绍着父母和子女对话的最好方法，所以答案为④。

[47~48] 请听录音，并回答问题。

여자 똑같은 커피라도 끓이는 온도에 따라 맛이 크게 좌우된다고 알고 있습니다. 그래서 오늘은 커피 전문가 한 분을 모시고 커피의 맛에 대해서 이야기를 나눠 보겠습니다. 박사님, 언제, 어떻게 먹어야 커피의 맛을 최대한 즐길 수 있는지 그 비결을 말씀해 주세요.

남자 네, 깔끔한 맛이 일품인 원두커피를 가장 맛있게 먹는 방법을 말씀드리겠습니다. 미국 커피 추출 연구소는 섭씨 92℃에서 커피를 내려야 가장 맛있다고 밝혔지만 제 생각은 좀 다릅니다. 전 개인의 기호에 따라 적당한 온도가 다르다고 생각합니다. 진한 원두커피를 좋아하는 사람들은 95℃에서 커피를 내리면 강한 향과 깊은 맛을 느낄 수 있습니다. 반대로 연하고 부드러운 커피를 좋아하는 사람들은 92℃에서 내리면 풍부한 맛을 즐길 수 있습니다. 그런데 만약에 100℃가 넘는 온도에서 커피를 내리면 쓴맛을 내는 카페인이 많이 추출되게 됩니다. 이런 커피는 식으면 특유의 향 없이 쓴맛만 남게 됩니다. 그래서 높은 온도에서 커피를 내리는 것은 추천하지 않습니다.

女 都知道同样的咖啡随着煮开温度的不同，味道也被大大制约着。所以今天请来了一位咖啡专家，听他谈谈有关咖啡的味道。博士，什么时候、怎么喝才能最大限度地享受咖啡的味道，请讲讲它的秘诀。

男 好的。下面我就讲讲让爽口味道最佳的原豆咖啡更好喝的方法。美国咖啡提取研究所公布说在摄氏92°C时冲制的咖啡味道最好，但我的观点不同。依我个人喜好，我认为最适合的温度有所不同。喜欢浓原豆咖啡的人在95°C时冲制的咖啡能感觉到很强烈的香味和很深厚的味道。相反喜欢清淡柔和咖啡的人在92°C时冲制的咖啡可以品尝出很丰富的味道。但是如果超出100°C的温度下冲制咖啡的话就会提取出含有苦涩味道的咖啡因来。这种咖啡冷了之后，没有特有的香味，只会留下苦味。所以不推荐在高温下冲制咖啡。

47. 男性讲根据她个人的喜好品尝原豆咖啡味道的方法不一样，并介绍了她个人认为咖啡最恰当的温度，所以答案为②。

48. 男性讲了根据个人爱好享用咖啡的最佳温度，并介绍了享用咖啡的方法。所以答案为②。

[49~50] 请听录音，并回答问题。

남자 동물도 생각을 할 수 있을까요? 많은 동물들이 새끼나 동료가 죽었을 때 슬프게 울거나, 화가 나는 일이 있으면 적대감을 표시하며 상대를 공격합니다. 그런데 여기서 잠깐, 감정을 느낀다고 해서 과연 생각을 한다고 말할 수 있을까요? 한 가지 예를 들어 보겠습니다. 일본원숭이에 대한 이야기입니다. 어느 날 공원의 관리원이 먹이로 줄 감자를 들고 가다 그만 땅에 떨어뜨리고 말았습니다. 그때 다른 원숭이는 퉤퉤거리며 그냥 흙이 씹히는 대로 먹는 반면, '이모'라는 원숭이는 흙이 묻은 감자를 물에 씻어 먹었습니다. 그러자 모든 원숭이들이 '이모'를 따라 감자를 씻어 먹기 시작했습니다. 더 나은 결과를 위해 새로운 행동을 보고 배우는 것, 이것이 문화입니다. 문화가 있다는 것은 바로 머리로 생각을 한다는 증거입니다. 여러분의 생각은 어떻습니까?

男 动物也会思考吗？很多动物在幼崽或同伴死去时会伤心地哭泣、或遇到生气的事会表示出敌对感攻击对方。但是到这里请稍等，因为有感情就能说真的会思考吗？举个例子来看看。这是日本猴的故事。一天公园的管理员拿着准备喂的食物土豆走着，不慎将土豆掉在了地上。其它猴子都唧唧叫着连粘在上面的土一同吃下去了，可一个叫“一毛”的猴子却把粘有土的土豆用水洗了才吃下去。从此所有猴子都跟“一毛”一样开始洗土豆吃。为了得到更好的结果，见到新的动作就去学习，这就是文化。有文化就是用头脑思考的证据。大家的想法怎么样？

49. 男性通过“一毛猴”的例子讲了其它猴子也像一毛猴一样开始学习洗土豆吃，所以答案为④。

50. 开始男性从提出动物也会思考吗的问题开始，通过后面通过“一毛猴”的事例告诉我们，动物不仅仅有单纯的感情，还会思考。所以答案为③。

쓰기 书写

[51~52] 请阅读下文，分别写出符合㉠和㉡的一句话。

51. ㉠：前面内容讲了：卖的东西对我毫无用处，“但是”，所以括号中一定是与之相反的内容。此时应该是“对我毫无用处，但对～很有用”这种对称性句子才行，并且这个意见不准确，所以最好使用表示推测意义的表达方式。

㉡：前面介绍了在开放市场里能以低廉的价格购买物品。并且还介绍了可以将要扔掉的物品重新利用，有此提示，内容可以就废旧物品再利用的好处进行展开。

→ 本文是介绍开放市场开张的公告。介绍了开放市场和销售商品的种类，还有开张的日期、时间、场所以及参加对象。

52. ㉠：后面提到只选择一两个目标的做法比较适当。由此提示可知括号中一定是有很多目标的相关内容。

㉡：前面说让只选择一两个目标，选择好目标后，就集中于目标。将其作为提示，考虑本文的主题可知括号中一定有与选择和集中相关的内容。此时针对问题所提示的句型应该以“가장 중요한 것은 N이다.”的形式出现。

53. 以下是有关青年群体平均就业准备期间的资料。请将此内容写成200-300字的文章，但请勿书写文章的题目。

【概略】
序论：介绍关于平均就业准备期间的图表内容
本论：介绍与就业准备时间超过两年的人数相关统计内容
结论：青年群体就业准备时间延长时可能出现的问题

54. 请参考以下内容，写一篇600-700字的文章，但请勿将问题原封不动地抄写下来。

【概略】
序论：整理问题提到的内容（科学发达的两面性）
本论：① 遗传工程发达的长处
② 遗传工程发达的短处
结论：关于遗传工程研究必须要考虑的问题

읽기 阅读

[1~2] 请选择最适合置入(　)的选项。

1. 真的尽力(　　　)，再没有什么遗憾了。

问题类型 选择适合句子的语尾(连接/生活文)
因为真的尽力了，所以也没有什么遗憾的意思。所以正确答案为③。

> –(으)므로: 表示原因或理由的连接词尾。
> 例 바다가 깊으므로 조심해서 수영을 하셔야 합니다.
> 전기 제품에 물이 닿으면 위험할 수 있으므로 조심해야 한다.

- –다가:
① 表示某种行为或状态被中断，转换到另一个行为或状态。
例 우리는 밥을 먹다가 술을 한잔 마셨다.
② 表示前面的内容是后面内容的原因或根据的连接词尾。
例 공부는 안하고 그렇게 놀기만 하다가 시험 망친다.
- –건만: 表示由于前句内容出现了与期待的完全不同的结果时的连接词尾。
例 겨울이 되었건만 온도가 떨어지지 않네.
- –거니와: 表示认同前句内容的同时，又在后面附上某些内容。主要用于在前一事实的基础上有出现了后面的事实所以更加怎样了的时候。
例 그는 일도 열심히 하거니와 운도 좋아서 하는 일마다 큰 성공을 거둔다.

2. 再(　　)，为了健康也一定要吃早饭。

问题类型 选择适合句子的语尾(终结/短文)
与忙无关，为了健康一定要吃早饭的意思，表示与前面的行为或状态无关，后面事情也一定发生，所以答案为①。

> –아/어도: 表示与前面的行为或状态无关，后面事情也一定发生。
> 例 철수는 키는 작아도 힘은 세다.
> 아무리 바빠도 아침밥은 꼭 먹는 것이 좋다.
> 注意 经常使用"아무리 –아/어도"的句型。
> 与"–아/어도 되다/좋다/괜찮다/상관없다"一起使用时也表示允许或容许。
> 例 오전 10시 이후에는 환자를 면회해도 좋아요.

- –(으)나: 表示前面的内容和后面的内容的不同的连接词尾。
例 그 둘은 10년 동안 사귀었으나 결혼은 하지 못했다.
- –던데: 表示为了引出后句，事先陈述过去将与之相关的状况时使用的连接词尾。
例 노래를 아주 잘하던데 가수가 될 생각 없어요?
- –거든: 表示假如某事为事实或可能变成事实时的连接词尾。
例 신청자가 고등학생이거든 신청을 받지 마세요.

[3~4] 请选择与下端划线的部分意义最相似的选项。

3. 去庆州办事，顺便打算转转文化遗产和遗址。

问题类型 选择适合句子的语尾(连接/短文)
这是想趁去庆州的机会顺便转转文化遗产和遗址这些地方的意思，所以答案为②。

> –는 김에: 表示利用做某行为的机会顺便做后面的事情。
> 例 내 옷을 사는 김에 네 옷도 하나 샀어.
> 注意 "–는 길에"表示去某处或来的机会，或去哪儿或来哪儿的路上的意思。当表示去或来某处的机会之意时，可与"–는 김에"互换使用。
> 例 편의점에 가는 길에 우유 좀 사다 줘. (= –는 김에)
> 학교에 갔다 오는 길에 친구를 만났다.

- –(으)ㄹ 텐데: 用于话者对某事做了强烈推测并进行陈述的时候。
例 먼 길 오시느라 힘드셨을 텐데 여기 좀 앉아서 쉬세요.
- –는 길에: 表示去做某事的途中或趁某个机会。
例 엄마 심부름을 하는 길에 만화방에 살짝 들렀다.
- –는 바람에: 表示前面的动作是后句状况的原因或根据。
例 갑자기 비행기가 취소되는 바람에 출국하지 못했다.
- –기가 무섭게: 表示一件事情结束后紧接着发生另外一件事。
例 시험이 끝나기가 무섭게 모두 교실에서 나가 버렸다.

4. 今天我校棒球队从决赛到了加时赛，很遗憾还是输了。

问题类型 选择适合句子的语尾(终结/短文)
提到：遗憾的是我校棒球队输了，表示对不希望发生的事情表示遗憾。所以答案为④。

> –고 말다: 主要表达不希望发生的事情的最终还是发生了，表示遗憾的心理。
> 例 옷에 커피를 쏟고 말았다.
> 숙제를 다 못했는데 그만 잠이 들고 말았다.

- –아/어야 하다: 表示前句是为了做某事或实现某种情况的义务的必需的条件。
例 갑자기 해고를 당하게 되어 새로운 직장을 찾아야 해요.
- –(으)ㄹ 뻔하다: 表示尽管前句事实没有发生但已接近事件发生的状态了的意思。
例 하마터면 계단에서 떨어질 뻔했어요.
- –곤 하다: 表示相同情况的反复出现。
例 늦은 밤에 집에 돌아갈 때면 아버지가 골목길까지 마중 나오시곤 했다.
- –아/어 버리다:
① 表示前句行为的完全结束。
例 남은 음식을 다 먹어 버렸어요.
② 表示讨厌的事情结束后放松的感觉。
例 숙제를 모두 끝내 버렸어요.
③ 表示对不希望的事情留有遗憾。
例 새로 산 옷에 커피를 쏟아 버렸어요.

[5~8] 请选择下面是关于什么的文章。

5. 柔软的牛皮制品，
鞋跟高也如同运动鞋一样，四季舒舒服服！

问题类型 掌握文章的题材/类型(广告文)
这则广告的核心词是牛皮制品、高跟。这是用牛皮做成的高跟鞋的广告。所以答案是①。

6.

包装迅速，亲民服务，
安全运送您的贵重物品
※ 如钢琴、保险柜等重量级物品增加费用

问题类型 **掌握文章的题材/类型（广告文）**

这则指南的主要核心词是“포장”，把物品安全的搬运，可以知道是포장 이사的广告。所以答案是③。

7.

“妈妈，爸爸，我想看书。”
自己找到并阅读书籍的孩子！
培养阅读习惯的新阅读计划

问题类型 **掌握文章的题材/类型（广告文）**

这段文章介绍了一个教育计划，能够培养学生独立阅读的习惯，所以正确答案是②。

8.

大风降温天气将持续下去。
今天将成为今年以来昼夜温差最大的一天。
注意不要感冒！

问题类型 **掌握文章的题材/类型（介绍文）**

这道题的核心词是“일교차”，这是在天气预报中能听到的内容，所以答案为①。

- 일교차[日交差]：昼夜，一天中最高气温和最低气温的差异。

[9~12] 请选择与下文或图表内容相同的选项。

9.

在“李孝石文学之林”中成为小说中的主人公吧

- 门票：一般人2,000韩元 / 团体1,500韩元 / 当地居民1,000韩元
  (团体：20人以上同时入场)
- 使用时间：- 旺季(5月-9月)：上午9点-下午6点半
  - 淡季(10月-4月)：上午9点-下午5点半
- 休息日：每周星期一，1月1日，春节，中秋节

※ 树林中重现了成为李孝石小说《荞麦花开时》背景的市场和登场人物。

问题类型 **选择与文章相同的一项（介绍文）**

淡季营业时间是到下午5时30分，但旺季营业时间是到下午6时30分。因此正确的答案是②。

① 文学之林~~全年无休~~。→ 休息日关门
③ 树林中保留着~~李孝石曾经住过的房子~~。
→ 小说《荞麦花开时》的市场与登场人物
④ 如果~~10人以上~~同时入场，可以享受500韩元的优惠。
→ 20人以上

10.

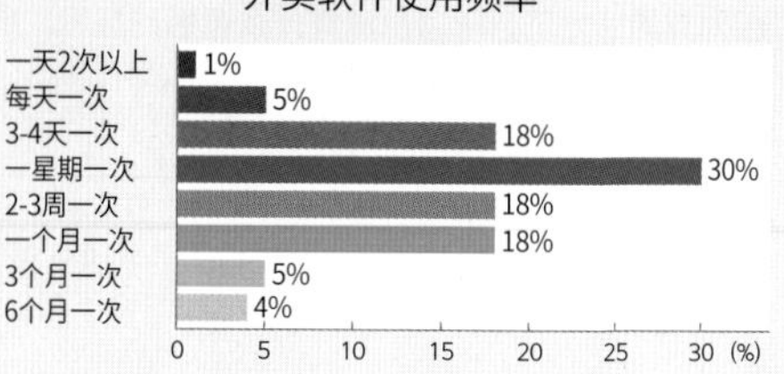

问题类型 **选择与图表相同的一项**

每周使用一次的比率为30%，每3-4天使用一次的比率为18%，每天使用一次的比率为5%，每天使用2次以上的比率为1%，因此合计起来就是一周使用一次以上的比率。所以一周使用1次以上的比率为54%，③是正确的答案。

① ~~3-4天使用1次~~的比率最多。
→ 一星期一次
② ~~6个月使用一次~~的比率最少。
→ 一天2次以上
④ 每天使用1次的比率和6个月使用1次的比率~~相同~~。
→ 不同。

11.

在不景气的情况下，年轻人中掀起了一股甜点热潮。甜点咖啡店扩大的原因之一是，尽管价格高昂，但人们越来越多地选择以较低的价格享受高品质的产品或服务。即使不能买得起昂贵的名车和别墅，他们也愿意在生活中小小奢侈，感受幸福。

问题类型 **选择与文章相同的一项（报道）**

文中写道：年轻女性在日常生活中，“작은 사치를 통해 행복을 느끼려고 한다.”，所以答案为①。

② 因为甜点价格~~便宜~~，所以掀起了甜点热潮。
→ 不顾贵的价格
③ ~~经济状况好转的同时~~甜点咖啡店也在增加。
→ 不景气的情况下
④ ~~人们通过名车和别墅~~来感受幸福。
→ 在日常生活中享受小小的奢侈

12.

欣赏古典音乐时，为了更投入，要当演奏完全结束后鼓掌。但是欣赏爵士时，每当即兴演奏结束时就鼓掌。但是大多数的观众不知道什么时候鼓掌，别人鼓掌时就随着鼓掌的情况很多，所以爵士乐演奏者们可以根据观众的掌声来判断观众对爵士音乐的了解程度。

问题类型 **选择与文章相同的一项（报道）**

内容提到：“상당수의 관객은 언제 박수를 치는지 몰라 남이 박수를 칠 때 따라하는 경우가 많다.”，所以答案为②。

① ~~掌声越大~~，观众的水平越高。→ 鼓掌的时候知道的
③ 观众们在古~~典音乐演奏期间~~鼓掌。
→ 古典音乐演奏完全结束后
④ 欣赏爵士乐时要~~和其他人一起~~鼓掌。
→ 每当即兴独奏结束时

[13~15] **请选择正确按顺序排列的选项。**

13.
(가) 以往可以利用平面照片或视频看到这些。
(나) 即佩带装置就可以让头脑产生亲临现场的感觉。
(다) 但是虚拟现实通过3D立体影像能让人身临其境这一点有所不同。
(라) 虚拟现实是通过生动的画面、视频、声音来感受像现实一样的技术。

问题类型 排列文章顺序
这是在陈述虚拟现实照片或视频的不同点。在陈述虚拟现实是什么的(라)后面紧接着是对它进行详细说明、以"즉"开始的句子(나)，之后是讲使用现有的平面照片或视频，可以看到的内容为(가)，最后，以"하지만"开始，说明平面照片或视频和虚拟现实不同点的(다)，所以答案为按照(라)-(나)-(가)-(다)排序的④。

14.
(가) 最近警方对酒后驾驶进行了特别取缔，结果令人吃惊。
(나) 因为下午1点到4点之间，因酒后驾驶而被取缔的人最多。
(다) 换句话说，因酒后驾驶而被取缔的驾驶人中，70%是白天酒后驾驶。
(라) 警方正在努力制定提高认知白天酒后驾驶危险性的对策。

问题类型 排列文章顺序
本文提到，近期查处酒后驾驶发现，大部分肇事者都是白天驾驶，为解决这一问题，正在制定对策。这一内容首先应该从警方最近对酒后驾驶进行管制的(가)开始，接着应该由提出管制结果结论的(나)来说明。因为(나)将提及的结果与"换句话说"一起补充说明，所以要紧随其后。最后，在(라)中提及为解决这一问题的对策开发正在进行中，自然地结束。因此，最合适的答案是①。

15.
(가) 不偏、食营养均衡摄入身体才健康。
(나) 信息也是一样的，不要倾向于某一方、而要掌握多种多样的信息。
(다) 因此，比起网络，通过纸质的报纸掌握均衡的信息更好。
(라) 用互联网看新闻的话，接触到的都只是感兴趣的一些报道和门户网站上经常登载的记事。

问题类型 排列文章顺序
本文在说明用食物象征掌握多种多样信息。首先是讲只有均衡进食才能健康的内容是(가)，其次是信息也是如此(마찬가지)的(나)、后面是通过互联网看新闻只能掌握特定报道的(라)，最后是以"그러므로"开始的(다)。所以答案为按照(가)-(나)-(라)-(다)排序的①。

[16~18] **请选择最适合置入(　)的选项。**

16.
手机(　　　)该怎么办呢？当那时如果不能直接去客户中心的话，尝试把它放在装满米饭的容器里。是因为大米可以吸收湿气，保护手机的零部件。然而，不建议直接将手机放入米桶里，因为米饭会吸收水分变得肿胀且无法食用。

问题类型 选择符合文脉的内容
后面有"쌀이 습기를 흡수해 부품을 보호해 주기 때문이다."，所以正确答案为①。

17.
视生命为绝对价值的宗教界与作为一个人希望不受痛苦地结束生命的普通人之间的分歧无处不在。尽管安乐死在有些国家已被认可，但仍然被视为杀人行为的国家也很多。所以关于"协助自杀是医疗吗"的争议还一如既往。但是中断治疗对于那些不可能起死回生的重症病人来说的，(　　　)还是可以接受的。

问题类型 选择符合文脉的内容
内容提到"인간답게, 고통 없이 삶을 정리하고 싶어 하는 일반인들"，因此对于那些不可能起死回生的重症病人来说中断治疗是可以的，这是为了捍卫做人的尊严。所以答案为③。

18.
一些国外主要的博物馆实行"禁止使用自拍杆"的政策。自拍杆是一种将手机固定在长杆上的装置，使一个人也能够拍摄全景照片的工具。最近，它已成为游客们的必备道具，但在博物馆内(　　　)。主要原因是担心博物馆的文物或展品可能受损，并且使用自拍杆可能破坏了观赏氛围，引起了游客的不满。

问题类型 选择符合文脉的内容
可以看出自拍杆不受欢迎的原因是损坏文物或展示品，破坏观赏氛围，所以正确答案为①。
- 민폐[民弊]: 给很多人造成的损失。

[19~20] **请阅读题目并回答问题。**

首尔植物园正在运营租借植物园栽培的植物种子的项目。就像在图书馆借书一样，从植物园借种子后返还的方式。将借来的种子种植后，把收获的种子返还即可，但种子返还不是义务事项。(　　　)根据返还实绩，可以追加借到的种子种类和数量不同。如果收获失败。，可以提交记录种子栽培过程的照片资料，也可以返还与借来的不同种类的种子。

19. **问题类型** 选择符合文脉的内容
如果想延续"返还种子不是义务事项"和"根据返还成绩，可以追加借的种子种类和个数会有所不同"的句子，在前面的话语加上例外事项或条件时，用在话头的"但是"是最合适的。因此②是正确的答案。
- 결국[结局]: 到了事情的结尾阶段。或让事情的结果如此循环。
  例 결국 십오 년을 노력했던 그 일을 포기할 수밖에 없었다.
- 비로소: 形容此前不对的事必须在某事出现之后才可能。
  例 선생님이 상황을 자세히 설명을 하자 비로소 엄마의 표정이 좋아졌다.

- 그다지: 表示以这种程度或不需要那样。
  例 이번 시험은 그다지 어렵지 않았다.

20. 问题类型 掌握中心想法
笔者介绍了首尔植物院运营的种子租赁项目，并表示根据返还成绩，可以追加租赁的种子种类和个数会有所不同。因此，③是正确的答案。

[21~22] 请阅读题目并回答问题。

有(　　　)这样一句话，正如想爬得更高就要从低处一步一个脚印，否则不这么想，实现目标就会很难。也没有哪位伟人是一次就到达顶峰的，学习也是一样，必须扔掉那种还不熟悉的概念就想做题的急躁心理。只有在初期打好坚实的基础，在问题面前才会变得强大。

21. 问题类型 选择符合文脉的俗语(生活文)
括号的后句中提到:“높은 곳에 이르기 위해서는 낮은 곳부터 차근차근 밟아야 하듯이”这句话表达了不管做什么事情，开始很重要的意思。所以合适的俗语为③。

- 울며 겨자 먹기: 辣，哭着也要吃芥末的意思，比喻勉强做不喜欢的事情。
  例 울며 겨자 먹기로 그의 제안을 받아들였다.
- 같은 값이면 다홍치마: 如果是相同的价格，付出同样努力的话，就挑选品质高或者样子好的东西的意思。
  例 같은 값이면 다홍치마라고 유명한 게 더 좋아 보였다.
- 천 리 길도 한 걸음부터: 无论何事，开始最重要的意思。同:“千里之行始于足下”。
  例 천 리 길도 한 걸음부터라는데 우리도 힘내서 해 보자.
- 구슬이 서 말이라도 꿰어야 보배: 比喻无论是多优秀的东西都要整理后才会更有价值。表示再好的东西也要收拾整理好了，把它变成有用的东西才有价值的意思。同:“玉不琢，不成器”。
  例 구슬이 서 말이라도 꿰어야 보배인데 아들이 좋은 머리만 믿고 노력을 안 해서 걱정이다.

22. 问题类型 掌握细节内容
因为说明学习时要从基础开始打好，所以①是正确的答案。
② 做事~~不能先考虑顺序~~。
　→ 如果不考虑事情的顺序，就很难得到目标。
③ 要想取得好成绩，就要~~多做题~~。
　→ 只有打好基础才能解决问题。
④ 丢掉焦急的心~~才能快速解决问题~~。
　→ 应该放弃不熟悉基本原理就先解决问题的焦急心态。

[23~24] 请阅读题目并回答问题。

今天也听到我手机的口哨声，我喜欢口哨声，甚至到了把它作为手机铃声的程度。一听到口哨声，我会不自觉地脸上露出微笑，心跳也会加快。那是因为它融入了我的初恋。25年前，有那么一个总跟着我的很羞涩的少年。有一天，这个少年问我:“难道没听到口哨声吗?”我回答说没听到，那个少年接着说:“每晚7点都在你窗外吹呢”。后来发生了奇妙的事情。在耳边清楚地听到了从没听到的那个声音。“嘘”，“嘘”，每晚一到7点就准能听到那个声音。随着时间度过，我开始慢慢期待着听那个声音了，现在我正是与那个吹口哨的少年结了婚过着甜蜜的生活。

23. 问题类型 掌握心情(随笔)
通过画线的句子后面的部分可看出，想起初恋时，心会怦怦地跳。所以正确答案是②。

24. 问题类型 掌握细节内容(一致/随笔)
因为吹口哨促成的初恋，还讲了关于25年前吹口哨的少年，因此正确答案是④。
① 我想和我的初恋的男性~~结婚~~。→ 结婚了
② ~~现在也是每~~晚7点听到口哨声。→ 25年前
③ 我手机的铃声是~~吹口哨的歌曲~~。→ 口哨声

[25~27] 请选择最能说明下列新闻的标题。

25.
济州汉拿山1,400mm“水炮弹”，空中航线和海上航线皆被困

问题类型 掌握简化的句子(报道文)
“물 폭탄”是下很大的雨的意思，“하늘길도 바닷길도 묶였다”是无论是天上还是地上都被限制住了的意思。所以正确答案为②。

26.
向着世界各国电影的新世界起航的准备完毕、期待告别炎热的电影节

问题类型 掌握简化的句子(报道文)
用“영화의 신세계”来比喻电影节，“출항”是出发，也有开始的意思，所以正确答案是③。
- 출항[出航]: 指船或飞机出发。
  例 기관사는 출항 준비를 마치고 신호만 기다리고 있었다.

27.
如零用钱的退休金、全世界史无前例的龟跑改革

问题类型 掌握简化的句子(报道文)
“용돈 연금”是指养老金金额少的意思，“거북이 개혁”指的是改革速度慢得像乌龟。所以答案为③。
- 유례[类例]없다: 没有过相同或类似的例子。

[28~31] 请选择最适合置入(　)的选项。

28.
山水画画的是自然风景，但又不像西洋风景画那样为了以再现自然为目的。内心深处的山水，虽然现实中不存在，但画出的是理想中的自然风景。即使是画真实景色，也不完全是视觉性的真实写照，而是透过风景展示自己内心的心境。所以在山水画里画的不是普通的景色，能看到非常优美的神秘的意境。所以山水画(　　　)从这些方面有着与风景画不同的样态。

问题类型 选择符合文脉的内容
内容提到:“경치에 비추어 자신의 마음을 표현한다.”与写实的西洋风景画不同。所以正确答案是②。

29. 给小狗吃巧克力很危险。有多危险呢？(　　)不一样。巧克力含有一直叫可可碱的化学物质，和人类不一样的是狗对咖啡因和类似可可碱的不能有效的消化。与白巧克力比起来，黑巧克力的数值更高，所以更危险。即使只吃少量的巧克力，对狗来说，也会引起腹泻和呕吐，如果大量吃的话，会引起内出血和心脏麻痹。

问题类型 选择符合文脉的内容

比起白巧克力黑巧克更危险，给狗吃少量的巧克力的话会引起腹泻和呕吐，所以正确答案是③。

30. 工资封顶制是用延长退休年龄来替代到规定年龄就降低或冻结工资的制度。实行这一制度的话，劳动者就可以避免提前退休，但是选择工资封顶制的比率根据行业而不同。在转换成工资封顶制之后生产一线上的劳动者职责不会改变，可以继续从事之前的工作，而与之不同的办公室劳动者(　　)对选择工资封顶制就显得有顾虑。

问题类型 选择符合文脉的内容

这里对生产一线的劳动者和办公室劳动者进行了比较。提到"임금 피크제 전환 후에도 직책 변경 없이 하던 일을 계속할 수 있는 생산직 근로자와 달리"的内容，所以括号中一定是与之相反的内容，所以答案为④。

31. 为了赢得顾客的欢迎，将某种商品高价卖出，跟产品本身比，很多商家要煞费苦心地在设计、商标、包装上下功夫。人也是一样，现在是一个重视"高价推销自己"的社会。就像一些化妆品或药品等商品，不是用自身的功能价值，而是用容器的外形设计或奢华的广告来获得消费者的心一样，人的价值也受(　　)左右。

问题类型 选择符合文脉的内容

通过只有外面好就能畅销的商品，反映出人的价值，所以正确答案为③。

[32~34] 请阅读题目，并选择与文章内容相同的选项。

32. 白炽灯发光效率低、里面的灯丝容易断开、寿命也较短。发光效率是指将电力转换为光的比率而言的。两边有灯丝的日光灯光线亮度可相当于白炽灯耗电量的30%所发出的光。并且与白炽灯相比红外线辐射少，寿命也比它长5~6倍。相反，LED即便没有像灯丝那样的加热体，也比日光灯的寿命长，能量损失也少。

问题类型 掌握细节内容(一致)

内容提到：白炽灯的灯丝容易断开；日光灯两边有灯丝；LED没有像灯丝那样的加热体。所以答案为②。

① 寿命最长的是~~日光灯~~。→ LED

③ 耗电最多的是~~LED~~。→ 白炽灯

④ ~~白炽灯消耗日光灯~~电量的30%。
　→ 日光灯消耗白炽灯的

33. 被马蜂蜇了的话，被蜇的部位周围大部分会肿起来并出现疼痛。要想防止蜂毒全身扩散，要在最短的时间内用止血绷带缠住，被蜇的部位用肉眼能看到，最好用像信用卡那样薄而且坚硬的东西往外挤，拔出蜂刺。硬要用手拔除的话，蜂刺反而会钻入到皮肤深处，会将毒素传遍全身。取出蜂刺后最好使用冰敷。

问题类型 掌握细节内容(一致)

内容提到：用像信用卡那样薄而且坚硬的东西往外挤，拔出蜂刺，所以答案是②。

① ~~被蜜蜂蜇后，最好去医院~~。→ 文中内容没有提到

③ 被蜜蜂蜇后，~~用手挤出蜂刺~~。
　→ 利用像信用卡那样薄而且坚硬的东西

④ 被蜜蜂蜇了，~~不能碰~~。→ 从皮肤内取出来

34. 据说探戈开始于阿根廷的社会地位低层民众，是他们为了抚慰疲惫的生活而跳的舞。当时阿根廷的统治阶级把探戈蔑视为"在码头跳的低贱的舞蹈"，但它以特有的感染力通过移民传向了欧洲。20世纪探戈在欧洲盛行，阿根廷的主流阶层也逐渐开始学习探戈。探戈现已成为了阿根廷的主要观光资源。

问题类型 掌握细节内容(一致)

20世纪在欧洲探戈处于鼎盛时期。所以答案为①。

② 初期的探戈是阿根廷的~~上流社会人士~~跳的舞。
　→ 社会地层的

③ ~~阿根廷人~~们在欧洲积极传播探戈。→ 移民们

④ 欧洲人把探戈~~看成是传染病，认为应该回避~~。
　→ 喜欢探戈

[35~38] 请阅读题目，并选择最适合文章主题的选项。

35. 韩国文化信息要想持续获得人气，必须不断提高文化信息本身的竞争力。虽然最近全世界受欢迎的韩国内容有所增加，但为了维持这一内容，需要付出很多努力。因为文化商品与流行相似，只有不断创造新的趋势才能生存下去。不能只反复生产目前受欢迎的内容，只追求眼前的利益，而是要考虑海外出路扩张和内容多样化战略，制定长期计划。

问题类型 掌握中心想法

本文提到，制定长期计划比重复生产目前受欢迎的内容追求眼前利益更重要。因此，作为主题最合适的是②。

36. 从工作中解脱出来，没有任何压力的生活该多好啊？一定会有突然生出这种想法的人。但是长时间处于失业状态，会带来负面的影响的研究报告引起了大家的关注。据研究结果表明以长时间失业的男女为对象，"亲和性"比以前会减弱很多。失业时间越长就会被负面想法所困，就会陷入再就业困难的恶性循环。

问题类型 掌握中心想法

以讲失业状态持续越长会产生负面影响（亲和性退步，

陷入不积极的想法中）为主题，所以正确答案是②。

37.
最近年纪轻轻就被花眼所困感觉不便的人很多。据统计局资料显示30～40岁的年轻人中花眼、白内障患者在增加。视力下降后，除了做手术以外没有其它使之恢复的方法，因此要特别注意平时的眼睛保护。交替着凝视远处和近处，养成对焦的习惯，经常让眼睛得以休息的话，不仅可以预防花眼，而且还能提高工作效率。

问题类型 **掌握中心想法**
最近即使作为年轻人因为花眼带来不便的人很多。轮流看远处，看近处，养成聚焦的习惯，经常让眼睛得以休息，在用眼方面多花些心思。所以答案为③。

38.
夏天休假，山和海中去哪儿更好呢？假如是关节不好的人，去海边是最好的休养地。安静地躺在被酷暑烘热了的热乎乎的沙滩里用被晒热的沙子盖住10～15分钟的话，就可以促进血液循环来缓解肌肉和关节的不适。走在柔软的沙滩上可以减少对膝盖造成的冲击。海水浴也对关节有好处。海水含有丰富的钙、镁、钾等矿物质，可以促进新陈代谢。

问题类型 **掌握中心想法**
以对于关节不好的人来说，去海边是最好的休养地的理由为主题，所以正确答案是②。

[39~41] 请选择最适合的句子能置入的地方。

39.
长时间经历头疼的人，一般不会忍受疼痛，而是把手伸向止痛药。(㉠)但要注意经常服用止痛药，有可能会因为药而加重头疼。(㉡)即使吃药，症状也没有好转。(㉢)现在开始了每隔2～3天就出现一次无法进行正常生活的严重头疼。(㉣)头疼还会伴随着呕吐，不安，焦躁，忧郁等症状。

〈提示〉
由于药物过度使用的原因头痛时，还会出现如下的症状。

问题类型 **插入符合文脉的句子**
提示句子应该放在由于药物过度使用头疼的各种各样的症状的前面。所以正确答案是②。

40.
由于在线视频服务(OTT)的人气，观看节目与字幕出现的习惯自然而然地形成。(㉠)韩语字幕不再只是翻译的工具。(㉡)但是通过字幕可以传达正确的信息这一点得到了观众们的响应。(㉢)另外，在嘈杂的环境中也能轻松集中精神，还有提高听觉障碍者接近性的优点。(㉣)今后，网络视频服务改变的观看习惯也会对广播标准产生很大的影响。

〈提示〉
当然，也有人抱怨字幕遮挡画面带来不便。

问题类型 **插入符合文脉的句子**
韩语字幕服务的特征后面有“但是”的逆向连接词和优点说明，因此前面自然会提及缺点内容。所以提示句必须位于(㉡)，②是正确的答案。

41.
(㉠)静电是由摩擦产生的。(㉡)在干燥的冬季脱掉毛质的外套时，或抓金属制成的门把手的时候一定遇到过突然有电流通过的时候吧。(㉢)每当那时，我们身体和物体就会互相传递电子，身体和物体都会储存一点电气。(㉣)当电量的存储超过一定限度时，就要使用适当的导体接触它们，将其间积累下来的电力瞬间放出火花，移动出去，这就是静电。

〈提示〉
在生活中，和身边的物体接触就会产生摩擦。

问题类型 **插入符合文脉的句子**
提示句子中因为有“이렇게”所以放在所举的生活中和身边的物体接触的事例后，所以正确答案为③。

[42~43] 请阅读题目并回答问题。

成云呆呆地注视着流动的江水，很久很久。这是10年前父亲去世后第一次回的故乡，望着江水的他感到无比悲伤。那些年他一心想着成功，只顾努力向前奔跑了，有一天忽然发现自己成了一个工作狂，于是漫无目的地登上了旅程。恢复理智后，发现自己正坐在儿时玩耍过的江边，今天成云是那么地想念父亲。
成云的父亲一生种地。他租用别人家的耕地种田，即使生活举步维艰，也还是为了让成云完成学业不辞辛苦地生活着。
成云大学毕业后进入了一家小公司的时候，成云的爸<u>爸还感觉是自己的孩子取得了多大的成功似的，得意地耸着肩膀</u>。
成云卷起袖子，胳膊浸在水里，还把水撩到脸上。静静流淌的河水声如同父亲温柔的嗓音。成云眼里突然掉下了大大的泪珠。

赵明熙《洛东江》

42. **问题类型** **掌握心情/态度(小说)**
使用“어깨를 으쓱하다”想到儿子成功，表达做了一个很自豪的举动，正确答案是③。
- 어깨를 으쓱하다: 将肩膀耸起放下。

43. **问题类型** **掌握细节内容(一致/小说)**
内容中有成云发现自己成了工作狂的内容，所以正确答案为①。
② ~~成云因为想念父亲~~去旅行了。→ 发现自己成工作狂后
③ 成云从很~~久前就计划~~旅行。→ 无目的的
④ 成云父亲去世后~~经常~~回故乡。→ 第一次
- 일벌레：工作狂，比喻别的并不放在眼里，只是对干事很热心的人。
- 무작정[无酌定]：无计划，漫无目的

[44~45] 请阅读题目并回答问题。

产品上应当标示消费期限，而不是保质期的“消费期限标示制”开始实施。保质期是指从产品生产日期起允许向消费者流通和销售的期限，而消费期限是指只要符合标示的贮存条件，就可以安全食用的期限。因为保质期是以营业者为中心的标记方式，所以即使过了期限(　　　)，消费者也很难判断是否可以食用产品，因此很多人认为保质期是废弃的时间。随着消费期限标识制度的出台，有望为消费者明确提出安全的食品食用标准，同时减少食品浪费。

44. 问题类型 插入符合文脉的句子
笔者表示，由于引入消费期限标识制度，在给消费者明确提出安全食品食用标准的同时，有望减少餐厨废弃物，因此④是最合适的答案。

45. 问题类型 掌握中心想法
最自然的内容是，即使过了保质期标记的期限，也可以食用一段时间，但是消费者因为无法准确知道期限，所以经常废弃产品。因此③是正确的答案。②是与保质期无关，可以继续消费的内容，因此与消费者废弃产品联系起来，显得有些不自然。

[46~47] 请阅读题目并回答问题。

大脑大的话智力更好吗？大脑的大小通常用重量来表示。到目前为止，已知的人的大脑中最小的是0.45公斤，最大的大脑是2.3公斤，但两者的智力都一般。在动物中，鲸鱼的大脑最大，约为5-8公斤，但智力远低于人类。那么，脑容量与整体身体大小的比例与智力是否更密切相关呢？人类的大脑占据了身体重量的约50分之1，这个比例相对于其他动物更高。这导致了许多关于相对脑容量和智力相关性的论断。然而，这也并非完全正确。仅仅因为动物的头部相对身体较大，并不意味着它更聪明。因此，似乎很难找到一个单一标准，比如脑容量或比例，来确定与智力之间的关联。

46. 问题类型 选择笔者的态度(议论文)
笔者解释说，似乎很难找到一个单一标准，比如脑容量或比例，来确定与智力之间的关联。因此，答案是②。
- 풍자[讽刺]: 嘲笑别人的不足，揭露、攻击别人。

47. 问题类型 掌握细节内容(一致/议论文)
笔者说，并不是仅仅因为动物的头部相对身体较大，就意味着它更聪明。因此②是正确的答案。

① 人类大脑中，尺寸最小的~~与较低智力相关联~~。
→ 智力一般

③ 人类大脑与身体大小的比例相对较低。
→ 高

④ 地球上动物中，鲸鱼拥有~~最高的脑重比~~。
→ 最大的大脑

[48~50] 请阅读题目并回答问题。

从2023年6月开始，在法律、行政等多个领域制定了将年龄标准统一为实岁年龄的“实岁统一法”。因为在日常生活中使用被称为韩国年龄的“虚岁年龄”，但在大部分金融、法律领域使用“实岁”，部分法律使用从现在年度减去出生年份的年龄，“年岁”，因此年龄解释出现了各c种混乱。随着“实岁统一法”的制定，如果没有特别的规定，法律、合同、公文等标记的年龄将被解释为实岁，预计不必要的法律斗争将会得到解决。但是大部分法律从以前开始就使用实岁年龄，入伍或小学入学年龄等(　　　)都是以年岁为准。因此，在现实生活中，似乎很少能感受到统一为实岁的事情。

48. 问题类型 掌握目的(议论文)
笔者说明，如果实岁统一法没有其他规定，那么正式文件中标注的年龄将被解释为实岁，他并预测，由于该法律的引入，不必要的法律纠纷将得到解决。因此④是正确的答案。

49. 问题类型 掌握符合文脉的内容(议论文)
尽管实施了“实岁统一法”，但由于各种实际原因的持续存在，可以推断入伍年龄和小学入学年龄仍然以年龄为准。答案是②。

50. 问题类型 掌握细节内容(一致/议论文)
在制定实岁统一法之前，存在“虚岁”、“实岁”、“年岁(年度计算)”三种年龄标准，因此在年龄解释上出现了各种混乱，②是正确的答案。

① ~~令人怀疑的是~~，通过实岁统一法~~能否消除~~不必要的法律纠纷。
→ 预计会得到解决。

③ 制定实岁统一法后，~~在所有领域只使用一种年龄~~。
→ 在没有特别规定的情况下，出现将年龄解释为实岁的原则。

④ 即使~~有特别的规定~~，在法律、合同等方面，年龄也解释为实岁。
→ 没有特别规定的情况下

第三版
TOPIK MASTER

FINAL 실전 모의고사 9회

实战模拟考试 第9套

정답 答案

1교시: 듣기, 쓰기

듣기

1. ②	2. ①	3. ②	4. ④	5. ④	6. ②	7. ①	8. ④	9. ③	10. ①
11. ④	12. ④	13. ③	14. ③	15. ②	16. ④	17. ②	18. ③	19. ④	20. ④
21. ④	22. ①	23. ③	24. ④	25. ②	26. ④	27. ②	28. ②	29. ②	30. ④
31. ③	32. ②	33. ③	34. ①	35. ①	36. ②	37. ③	38. ②	39. ①	40. ①
41. ②	42. ③	43. ④	44. ④	45. ②	46. ④	47. ③	48. ③	49. ②	50. ③

쓰기

51. ㉠ (5점) 다음 주에 여행을 갈 수 없게 되었습니다
(3점) 여행을 못 가게 되었습니다

㉡ (5점) 예약 일정을 다음 달로 바꿔도 되겠습니까/바꿔도 될까요
(3점) 예약을 바꿀 수 있습니까/있을까요

52. ㉠ (5점) 음식물 쓰레기를 줄이려는 노력이 필요하다
(3점) 음식물 쓰레기를 줄여야 한다

㉡ (5점) 계획을 세워 필요한/적당한 양만큼만 사도록 해야 한다
(3점) 계획을 세워서 적당한 양만 사야 한다

2교시: 읽기

읽기

1. ③	2. ②	3. ①	4. ③	5. ①	6. ②	7. ②	8. ③	9. ④	10. ④
11. ②	12. ④	13. ②	14. ④	15. ①	16. ②	17. ④	18. ③	19. ④	20. ③
21. ③	22. ④	23. ④	24. ②	25. ①	26. ①	27. ②	28. ②	29. ④	30. ④
31. ①	32. ①	33. ④	34. ①	35. ①	36. ④	37. ②	38. ④	39. ①	40. ③
41. ②	42. ③	43. ④	44. ③	45. ③	46. ②	47. ①	48. ③	49. ②	50. ③

53. 〈样板答卷〉

취업자 수 변화 그래프에 따르면 2022년 10월에 67만 7,000명에서 꾸준히 감소하여 2023년 1월에 41만 1,000명, 2월에 31만 2,000명으로 감소하였다. 주요 산업별 취업자 수 증감 그래프에 따르면 숙박·음식점업 17만 6,000명, 정보통신업에서 4만 3,000명, 보건·사회복지 서비스업에서 19만 2,000명 증가하였고, 그 외 제조업, 도·소매업, 농림어업 등에서 감소한 것으로 나타났다. 취업자 수가 감소한 원인으로 청년층 취업 부진, 인구 감소, 경기 둔화가 꼽히고 있으며, 앞으로도 고용 시장의 불확실성이 지속될 것으로 전망된다.

54. 〈样板答卷〉

옛날부터 발생하여 전해 내려오는 그 나라 고유의 문화를 전통문화라고 한다. 이처럼 전통문화는 오랜 시간 동안 민족의 고유한 생활 속에서 다양하게 변형, 계승되어 정착한 것으로 그 속에는 조상의 지혜가 있다. 각 나라의 의식주 등의 전통문화는 각 민족의 특성과 자연 환경 조건에 맞게 조정되어 자리잡은 것이라고 할 수 있다.

또한 전통문화에는 고유한 민족정신이 담겨 있다. 역사를 볼 때, 전통문화가 사라진다는 것은 그 민족을 지탱하는 정신이 없어지게 되는 것이다. 민족정신이 없어지면 다른 나라의 침략 시 쉽게 무너지게 된다. 강대국이 약소국에 영향을 미치는 방법 중 하나로 문화적 전파를 중시한 것이 그 예라고 할 수 있다. 그러므로 민족 고유의 정신, 즉, 민족의 정체성을 지키고 유지하는 것은 매우 중요한 일이라는 것을 알 수 있다.

아울러 전통문화는 과거와 현재를 이어주는 수단이다. 옛것이 가장 새로운 것이라는 말처럼 전통문화는 과거의 산물이지만 현재에도 영향을 미치고 있고, 현대의 문화와 맞물려 새로운 변화를 하며 또 다른 전통으로 거듭나고 있다. 전통문화에서 아이디어를 얻어 현대 사회가 맞닥뜨린 문제를 해결하는 경우도 있다. 이와 같은 이유로 전통문화는 꾸준히 계승되고 보존되어야 한다.

전통문화는 민족의 정체성을 유지하고, 조상의 현명함을 배우게 되는 가치 있는 일이기 때문에 반드시 계승되고 보존되어야 한다.

 解答

듣기 听力

[1~3] 请听录音，并选择最合适的图片或图表。

1.
여자 왜 이렇게 바빠요? 점심은 먹었어요?
남자 아직요. 혹시 지금 밖에 나가는 거면 저 빵 좀 사다 줄 수 있어요?
여자 네, 그럴게요. 조금 쉬면서 해요.

女 为什么这么忙？吃午饭了吗？
男 还没。你要是出去的话，能给我买个面包吗？
女 行，好的。休息一下吧。

男性现在忙着在工作，所以托要去外面的女性买面包回来，所以答案为②。

2.
남자 아까 계속 전화하던데 무슨 일이 있어요?
여자 휴가 날짜가 갑자기 바뀌어서 비행기표를 다시 검색해 보고 있었어요.
남자 그러면 제가 휴가 날짜를 바꿔 드릴까요?

男 刚才一直打电话，有什么事吗？
女 因为休假时间突然变了，所以正在重新找机票。
男 那我跟你换休假日期？

女性因为突然变更的休假日期，正在用电脑查找机票，男性正和女性说着话。所以答案为①。

3.
남자 전자책, 웹 소설 등을 읽을 때 사용하는 기기에 대해 조사한 결과, 이용자의 절반 이상인 60.5%가 스마트폰을 사용했으며, 태블릿 PC가 20.9%로 그 뒤를 이었습니다. 차례로 노트북과 데스크톱, 전자책 전용 단말기를 사용하는 사람들이 많았습니다.

男 对阅读电子书、网络小说的时候使用的机器进行调查的结果显示，超过一半的60.5%的用户使用智能手机，其次是平板电脑，占20.9%。其余依次使用笔记本电脑、台式电脑、电子书专用终端机的人很多。

男性说明阅读电子书和网络小说时使用的机器的调查结果。调查结果显示，智能手机(60.5%)、平板电脑(20.9%)、笔记本电脑(13%)、台式电脑(12%)、电子书阅读器(11%)。因此正确的答案是②。

[4~8] 请听录音，并选择可接续的最合适话语。

4.
여자 이번 전시회는 다양한 언어로 안내하는 게 좋을 것 같아요.
남자 좋은 생각이에요. 외국인 관람객들이 전시회를 더 잘 이해할 수 있겠어요.
여자 ______________

女 这次展览使用多国语言介绍会好些。
男 好想法。外国游客们可以更好地理解展览了。
女 ______________

女性向男性提议这次展览使用多国语言，所以答案为④。

5.
여자 회사에서 다 같이 봉사 활동을 나오니까 좋네요.
남자 봉사 활동은 좋지만 저는 주말에는 쉬고 싶어요. 정말 피곤해요.
여자 ______________

女 公司全部一起参加义务活动，真不错。
男 义务活动虽然好，可我周末想休息，真的很累。
女 ______________

对义务活动持肯定态度的女性应该对觉得很累的男性说些鼓励的话才比较恰当。所以答案是④。

6.
남자 재미있게 들을 만한 수업이 없을까?
여자 이 수업 같이 들어 볼래? 방학 때는 다 같이 스키를 타러 간대.
남자 ______________

男 没有什么值得听的有意思的课吗？
女 想和我一起听听这门课不？说是放假的时候都一起去滑雪
男 ______________

对询问有没有值得听且有意思的课的男性，女性向他推荐了滑雪课，因此最恰当的答案是②。

7.
남자 낮에는 더웠는데 밤이 되니까 춥네요.
여자 네. 요즘 밤과 낮의 기온 차이가 큰 편이에요. 감기에 걸리지 않도록 조심해요.
남자 ______________

男 白天还很热呢，到了晚上真冷啊！
女 是的。最近夜晚和白天温差很大，注意别得感冒。
男 ______________

女性让男性小心别得感冒，因此最恰当的答案是①。

8.
여자 요즘 제가 가는 식당 음식들이 너무 짠 것 같아요.
남자 네. 그래서 요즘은 집에서 만드는 음식들이 모두 싱겁게 느껴져요.
여자 ______________

女 最近我去的餐厅的菜好像太咸了。
男 是的。所以最近家里做的菜都感觉有些淡。
女 ______________

女性在抱怨餐厅的菜太咸，而男性说感觉家里的菜很淡，此时女性对男性说的最恰当的话为④。

[9~12] 请听录音，并选择最适合女性接下来会做的行动的选项。

9.
여자 우리 강아지가 아프고 나서 털이 많이 빠지는 것 같아. 어떡하지?
남자 그러면 샴푸를 바꿔 보는 건 어때? 내가 가입한 인터넷 애견 카페에 샴푸를 바꿨더니 효과가 있었다는 글이 있었어.
여자 바꿔 봤는데 소용이 없어. 그래서 동물병원에 다녀오려고.
남자 그래. 그게 좋겠다. 병원에 갔다 와서 나에게 전화해.

女 我们的小狗自从生病，毛好像掉了很多。怎么办?
男 那换一种洗剂怎么样? 我在加入的网上宠物咖啡厅里看到有人写换洗剂见效的话了。
女 换过了没用。所以打算去动物医院。
男 对呀。那样好。去医院回来给我打电话。

男性已经换过狗用洗剂，但不见效，所以打算去动物医院，所以答案为③。

10.
여자 우리 회사에서 무료로 영어 수업을 들을 수 있다면서요? 같이 신청할래요?
남자 저는 지난달에 들었어요. 대신 한 달 전에 신청해야 해요. 일주일 전까지는 취소도 할 수 있어요.
여자 빨리 다음 달 수업을 신청해야겠어요. 어떻게 신청해요?
남자 먼저 인사팀에 가서 신청서를 받아야 해요.

女 听说我们公司可以免费听英语课? 一起申请不?
男 我上个月听了。而且要一个月以前申请。一个星期之前可以取消。
女 那得赶紧申请下个月的课了。怎么申请?
男 首先去人事组拿一张申请表。

男性告诉女性要先去人事组拿申请表才能申请听公司里的免费英语课。所以答案为①。

11.
여자 저……. 여기에서 사용할 수 있는 할인 쿠폰이 문자로 왔는데 어떻게 사용하는 건가요?
남자 인터넷에서 본인 확인을 받고 사용할 수 있어요. 한 달에 한 번 우편으로도 보내 드리고요.
여자 그래요? 가장 빠른 방법은 뭔가요? 지금 당장 사용하고 싶어요.
남자 지금 여기서 할인 쿠폰을 보여 주고 본인 확인을 하면 돼요.

女 哎……。短信得到了能在这里使用的优惠券，怎么使用啊?
男 在网上进行本人确认后就可以使用。也可以每个月一次用邮件寄给你。
女 是吗? 最快的方法是什么? 现在就想使用。
男 现在在这里出示优惠券，做一下本人确认就行。

对现在就想使用优惠券的女性，男性说只要出示惠券，做本人确认的话就可以使用。所以答案为④。

12.
여자 우리 학교 학생 식당은 가격은 저렴한데 조금 불친절한 것 같아.
남자 요즘 이 애플리케이션을 다운로드 받으면 학생 식당에 대한 서비스를 평가할 수 있대.
여자 그래? 다운로드 받아야겠다. 학교 게시판에 글 올리는 것보다 낫겠어.
남자 응. 그리고 무료 식권 이벤트에도 참가해 봐.

女 我们学校的学生餐厅价格倒便宜，可好像有些不亲切。
男 听说最近只要下载这个应用软件，就可以对学生餐厅的服务进行评价了。
女 是吗? 那得下载了。比在学校公告栏里登文章要强。
男 嗯。而且你也参加免费餐券活动吧。

女性准备下载能评价学校餐厅服务的应用软件，所以答案为④。

[13~16] 请听录音，并选择与听到的内容相同的选项。

13.
여자 물건을 공동으로 구매하면 싸게 살 수 있다면서?
남자 응. 대신 공동 구매자가 많을수록 싸지니까 공동 구매자들이 모일 때까지 좀 기다려야 해.
여자 그래서 우리 같은 학생들이 많이 이용하는구나.
남자 응. 이번에 나도 전공 책을 공동 구매했어.

女 听说团购物品的话能买得很便宜。
男 嗯。因为团购的人越多越便宜，所以要等买东西的人再聚聚。
女 所以像我们这样的学生才喜欢团购啊。
男 嗯。这次我也团购了专业书。

团购要等一起购买的人聚集，所以答案为③。

14.
여자 주민 여러분, 안녕하십니까. 오늘 우리 아파트에서 오전 아홉 시부터 저녁 일곱 시까지 알뜰 시장이 열릴 예정입니다. 오늘 알뜰 시장에서는 신선한 채소를 시장보다 저렴한 가격으로 판매합니다. 또 선착순 열 명에게만 수박을 절반 가격에 드리는 행사도 예정되어 있습니다. 단 아파트 주민만 배달이 가능합니다.

女 各位居民，大家好！今天我们公寓从上午9点到晚上7点将开设勤俭市场。今天的勤俭市场将以比市场低廉的价格出售新鲜蔬菜。此外还有给先来的前十名西瓜半价出售的活动。特别要注意的是：只限本公寓的居民才可享受送货上门。

内容提到：公寓从上午9点到晚上7点将开设勤俭市场，所以③。

15.
남자 지난해 미국에서 인기를 끌었던 한국 뮤지컬 공연 소식입니다. 이 뮤지컬은 실제 있었던 역사적 사실을 바탕으로 만들고 그 시대의 의상과 소품을 재현하고 있습니다. 한국적인 이야기이지만 미국 사람들의 눈길을 끌었던 이유는 바로 뮤지컬 음악 때문입니다. 외국인 음악 감독에 의해 새롭게 탄생한 한국 전통 음악은 많은 세계인들에게 호응을 얻고 있습니다.

男 这是去年在美国曾大受欢迎的韩国歌舞剧的演出消息。这个歌舞剧是以实际存在的历史事实为基础编排的，再现了那个时代的服装和服饰。虽然是韩国的故事，但是能让美国人感兴趣的理由正是歌舞剧的音乐。按照外国人音乐导演的话说，重新诞生的韩国传统音乐赢得了很多外国人的好评。

这个歌舞剧去年在美国很受欢迎。所以答案为②。

16.
여자 박사님, 앞으로 인간 복제 기술이 가능해진다면 어떤 문제점이 생길 수 있을까요?
남자 사람이 죽어도 또 살릴 수 있다고 생각할 수 있어요. 그러면 생명의 가치가 떨어질 수 있다는 것입니다. 또 인간 복제가 가능하게 되면 범죄율이 감소할 것이라는 연구 결과도 있지만 분명 더 나쁘게 이용될 수도 있어요. 인간 복제의 위험성에 대한 경고가 많은데도 불구하고 사람들이 인간 복제에 대해 좋게만 생각하는 것도 문제입니다.

女 博士，如果说未来克隆人技术成为可能的话，会出现怎样的问题呢？
男 可以认为是人可以死而复生。那就是说生命的价值会降低。曾有过这样的研究结果说如果真可以克隆人，犯罪率就会减少，即便如此也分明会被利用于不当之处。尽管对于克隆的危险性有过很多的警告，但问题是人们还是只把克隆人的问题想得太好。

内容提到说有克隆人真的可能的话，犯罪率就会降低的研究结果。所以答案为④。

[17~20] 请听录音，并选择最适合男性中心想法的选项。

17.
남자 오늘 오후에 회의가 있어서 점심을 빨리 먹어야 해요.
여자 그럼 편의점에서 컵라면을 사 먹을까요? 간단하게 빨리 먹을 수 있잖아요.
남자 간단하게라도 밥을 먹는 건 어때요? 아침도 간단하게 먹는데 하루 중에 점심을 제일 영양가 있는 음식으로 먹어야 한다고 생각해요.

男 今天下午有个会，午饭得快点吃。
女 那就在便利店里买杯面吃？不是可以简便快捷地吃嘛。
男 再简单也还是吃饭吧，如何？早饭就是随便吃的，我觉得一天当中午饭一定要吃最有营养的饮食。

男性认为一天当中午饭一定要吃最有营养的饮食。所以答案为②。

18.
남자 많이 걸었더니 조금 피곤하죠?
여자 네. 좀 쉬고 싶은데 아직 일정이 남았나요?
남자 이제 남산에서 야경을 봐야 해요. 여행을 왔으면 좀 피곤하더라도 그 도시의 야경은 꼭 봐야 한다고 생각해요.

男 走得太多了，有些累。
女 是啊。是想休息一下，可还有行程吗？
男 现在还有南山的夜景得看了。我认为出来旅行，再累，那个城市的夜景也是一定要看的。

男性认为：去旅行，就一定要看那个城市的夜景，所以答案为③。

19.
남자 제 동생이 외국인과 연애하고 있는데 결혼까지 생각하고 있는 것 같아요.
여자 그래요? 요즘엔 국제결혼이 자연스러워졌다잖아요.
남자 그런데 문화적인 차이가 있을까 봐 좀 걱정이에요. 작은 오해로 싸움이 날 수 있고, 음식도 잘 안 맞을 수 있잖아요.
여자 그럴 수도 있겠네요. 하지만 서로 사랑하는 마음이 크면 다 극복할 수 있어요.

男 我弟弟正在和一个外国人交往，似乎还考虑到了结婚。
女 是吗？现在国际婚姻变得很普遍了吧。
男 但还是担心会有文化差异。小误会可能引发争吵，饮食习惯也可能不合拍。
女 这也有可能发生。但只要相互深爱着对方，都是可以克服的。

男性很担心跨国婚姻会由于文化差异产生问题。所以答案为④。

20.
여자 전주에서 가장 유명한 한옥 호텔을 운영하고 계신다고 들었는데요. 어떻게 이런 한옥 호텔을 생각하게 되신 건가요?
남자 저는 외국에 관광을 갈 때마다 그 나라의 주거 문화를 체험했는데 그게 가장 기억에 남았어요. 그래서 외국인들에게 한국의 주거 문화도 체험하게 해 보면 좋을 것 같아서 사업을 시작했습니다. 외국인 손님들께서 처음에는 온돌 문화가 조금 불편하다고 하지만 따뜻한 바닥에서 하룻밤을 자고 나면 몸이 좋다고 하시더라고요. 이렇게 전통적인 주거 체험을 해 봐야 그 나라를 제대로 여행했다고 생각합니다.

女 听说您在全州经营一家最有名的韩屋宾馆。您是怎么想到韩屋宾馆的呢？
男 我每次去外国旅行都要去体验那个国家的住居文化，对那个的印象最深。所以我觉得如果要是能让外国人也能体验到韩国的住居文化应该不错，所以就开始了这项事业。外国客人刚开始会觉得暖炕文化有些不便，可在温暖的地上睡上一晚，就会说身体感觉不错。我认为只有进行了这种传统住居体验，才可以说真正旅行了那个国家。

男性认为：我认为只有体验了这种传统住居，才能够真正了解那个国家。所以答案为④。

[21~22] 请听录音，并回答问题。

여자 요즘 지역 축제의 종류가 정말 많아진 것 같아요.
남자 네, 맞아요. 특히 지역 축제에서는 특산물을 활용한 먹거리나 캐릭터 상품이 잘 팔리는 것 같아요.
여자 그런데 지역 축제가 다 비슷해 보여서 사실 차이는 잘 모르겠어요.
남자 그렇죠. 단순히 물건을 사기만 하는 관광이 아니라, 지역의 특색을 직접 체험할 수 있는 관광 상품을 개발할 필요가 있어요.

女 最近地区庆典的种类好像真的变多了。
男 是的，没错。特别是在地区庆典上，利用特产的美食或卡通形象商品卖得很好。
女 但是地区庆典看起来都差不多，所以其实不太清楚其区别。
男 是的。不仅仅是单纯的购物旅游，还有必要开发可以亲身体验地区特色的旅游商品。

21. 男性认为，不仅仅是单纯买东西的旅游，还有必要开发可以亲身体验地区特色的旅游商品，因此④是正确答案。

22. 通过男性说的“在地区庆典上利用特产的美食或地区卡通形象制作的商品似乎很畅销”的话，可以知道在地区庆典上可以买到卡通形象商品，因此①是正确答案。

[23~24] 请听录音，并回答问题。

여자 개인 사정 때문에 휴가를 좀 빨리 사용하고 싶은데요. 가능할까요?
남자 언제 사용하시려고요? 지금은 휴가철이 아니라서 안 될 수도 있어요.
여자 마지막 주에 3일 정도 쉬려고 하거든요. 그러면 혹시 주말에 일을 하고 평일에 쉬는 것으로 대체하는 것은 안 될까요?
남자 우선 여기 신청서가 있으니까 작성하시고 부장님께 확인받아서 다시 오셔야 해요.

女 由于个人原因，想尽快使用休假，可以吗?
男 想什么时候用? 现在不是休假季节，也可能不行。
女 最后一周想休息3天左右。要不然用周末工作来替代平日里休息，不行吗?
男 首先这里有个申请表，填好后让部长确认后再来吧。

23. 男性让不是休假季节却要休假的女性写好申请表让部长确认后再过来，告诉她办理休假申请的方法，所以答案为③。

24. 女性要在最后一周休息3天左右。所以答案为④。

[25~26] 请听录音，并回答问题。

여자 선생님께서는 10년 동안 주말을 이용해서 '사랑의 도시락' 배달을 해 오셨다고 들었는데요. '사랑의 도시락' 배달에 대해 간단히 소개해 주시겠습니까?
남자 '사랑의 도시락' 배달은 독거노인분들을 직접 찾아뵙고 도시락을 배달해 드리는 봉사 활동입니다. 특히 '사랑의 도시락' 배달은 주말이나 명절에 더욱 많이 해야 합니다. 왜냐하면 가족이 없는 노인분들께서 주말이나 명절에 더욱 외로움을 느끼시기 때문입니다. 이 봉사는 단순히 밥 한 끼를 챙겨 드리는 것이 아니라 사람을 그리워하시는 노인분들의 친구가 되어드리는 게 목적인 봉사입니다.

女 先生，听说您十年间一直利用周末送“爱心饭盒”，您能为我们简单地介绍一下送“爱心饭盒”吗?
男 送“爱心饭盒”是亲自上门为独居老人们送饭盒的义务活动。特别是周末或节日里“爱心饭盒”更要多送。这是因为没有家人的老人们在周末或节日会更加感到孤独。这项服务不是单纯只为解决一顿饭的问题，而是以与老人们做朋友为目的的一项服务。

25. 男性认为没有家人的老人们每到周末或节日会更加感到孤独，所以要更多付出，所以答案为②。

26. 男性提到：送餐服务不是单纯只为解决一顿饭，目的是为了与感到孤独的老人们做朋友，所以答案为④。

[27~28] 请听录音，并回答问题。

남자 화장품 가게마다 세일 기간이 달라서 세일 정보를 잘 모르겠어.
여자 그래서 어제 화장품을 안 산 거였어?
남자 응. 한 달에 한 번 50% 세일을 하는데 그 기간을 놓치면 제값을 주고 사야 하거든. 그런데 왠지 손해를 보는 기분이야.
여자 그래도 50% 세일 행사는 일종의 고객을 위한 이벤트나 다름없는 거니까 좋지 않아?
남자 고객을 위한 세일 행사라고는 하지만, 오히려 회사 입장에서는 재고를 처리하고 신제품을 홍보하는 행사일 수도 있어.

男 每个化妆品店的优惠期间都不同，根本就不知道优惠信息。
女 所以昨天才没买化妆品?
男 嗯。每月有一次50%优惠，错过那个时期就得用全价买，总觉得吃亏。
女 那也是，50%优惠就和为顾客搞的活动没什么区别，不好吗?
男 是为顾客的优惠活动，但是从公司立场来看，反倒可以是清仓、宣传新产品的活动。

27. 男性说每个化妆品店的优惠期间不同，不知道优惠信息，同时也对优惠制度产生了疑问所以答案为②。

28. 男性昨天没买化妆品的理由是因为错过了优惠期间，所以答案为②。

[29~30] **请听录音，并回答问题。**

여자 그동안 건강에 관련된 내용을 다룬 기획으로 상을 많이 받으셨는데. 이번에는 어떤 내용을 다루었나요?

남자 요즘 젊은 여성들 중에서 무리한 다이어트로 인한 거식증 환자가 많아지고 있습니다. 재미있는 사실 중 하나는 다이어트를 하고 있는 사람들보다 다이어트에 성공한 사람들 중에서 거식증에 걸린 사람이 더 많다는 사실입니다. 다이어트에 성공한 후 다시 살이 찌지 않으려고 하다 보니 자연스럽게 음식물 섭취를 거부하게 되고, 그것이 거식증으로 이어진 것이지요. 이런 추세와 시청자 의견을 반영하여 이번 특집에서는 거식증에 대해서 다루었습니다.

女 据说这段期间您做的涉及健康内容的特别节目获得了很多奖项，这次特辑您又涉及了什么内容呢?

男 由于过度减肥，最近年轻女性中厌食症患者越来越多了。一个有趣的事实是和正在减肥的人比，减肥成功了的人中患厌食症的人更多。减肥成功后，为了避免再次长肉，自然而然地会拒绝食物的摄取，这就导致了厌食症。这次特辑主要涉及的是厌食症的内容，反映这种趋势和观众们的意见。

29. 内容提到：男性其间有几个与健康相关内容的特别节目获奖，这次关于厌食症的特辑也反映了观众们的意见，由此得知此人是导演，所以答案为②。

30. 通过男性的话可知减肥成功的人中患厌食症的更多。所以答案为④。

[31~32] **请听录音，并回答问题。**

여자 인간은 그동안 과학의 발전이라는 명분으로 생명체인 동물을 가지고 실험해도 된다고 당연하게 생각해 왔습니다. 지금이라도 동물 실험을 중단해야 합니다.

남자 동물 실험 없이는 인류의 발전도 없습니다. 지금도 수많은 변종 바이러스의 치료제는 동물 실험을 통해 만들어집니다. 동물 실험이 없다면 병으로 죽는 인간들이 많아질 것입니다.

여자 만약 동물 실험이 불가피한 일이라면 최소한 살아 있는 생명체에 대한 존중이 필요합니다. 실험을 통해 너무나 잔인하게 희생되고 있는 동물들이 많습니다.

남자 동물 실험에 이용되는 동물들을 보호하는 규제가 잘 지켜지지 않다 뿐이지 분명히 있습니다. 그것은 과학자들의 윤리 의식에 맡겨야 할 부분인 것 같습니다.

女 人类其间一直借着科学发展的名义想当然地认为使用生命体动物进行试验是可以的。即便是现在也必须中止动物试验。

男 没有动物试验就没有人类的发展。现在也还有很多的变异病毒的治疗药剂要通过动物试验制作。没有动物试验，因病死去的人就会增加。

女 如果动物试验不可避免，那也有必要对活着的生命给予最基本的尊重。试验中极度残忍的牺牲掉的动物很多。

男 那是由于没有很好地遵守动物试验中使用动物的保护规则，但规则分明是有的。那就应该是依托给科学家伦理意识的部分了。

31. 男性认为没有动物试验就没有人类的发展。所以答案是③。

32. 对于女性的话，男性一点也不赞同，用坚定的口吻反驳了女性的意见，所以答案是②。

[33~34] **请听录音，并回答问题。**

여자 경기 불황임에도 불구하고 오히려 저가 화장품의 판매율이 상승하고 있다는 흥미로운 조사 결과가 발표되었습니다. 이렇게 불황기에 오히려 저가 화장품의 매출이 올라가는 현상을 '립스틱 효과'라고 하는데요. 이는 돈을 아끼면서도 최소한의 품위를 유지하고 심리적인 만족을 추구하는 소비 성향을 의미합니다. 요즘 경기가 나빠지면서 명품 가방 같은 비싼 제품의 구매율이 감소하고 상대적으로 작은 투자로 큰 만족을 느낄 수 있는 향수나 디저트와 같은 제품의 구매율이 상승하는 것도 이런 경향의 예라고 볼 수 있습니다.

女 尽管经济不景气，但廉价化妆品的销售量反而在上升的这样一个有趣的调查结果被公布出来了。在这种不景气下却出现了廉价化妆品的销量上升现象我们称之为"口红效果"。这指的是那种既要省钱，又要保持最基本品位的追求心里满足的消费性向。最近经济下滑，像名牌提包这样的昂贵制品的购买率在减少，而相反使用少量投资，却能收获巨大满足的如香水或甜点等这样的制品购买率的上升的现象也可以说是这种倾向的一个例子。

33. 最近消费倾向是朝着在日常生活中得到自我满足的消费倾向的转变。所以答案是③。

34. 内容提到：尽管经济不景气，但廉价化妆品的销售量反而在上升。所以答案为①。根据女性的说法，人们通过消费甜点等能够以相对较小的投资获得更多满足感的东西，因此②和③是错误答案。

[35~36] **请听录音，并回答问题。**

남자 저희 경주 미술관에 오신 것을 환영합니다. 저는 오늘 여러분의 안내를 맡은 김성민입니다. 여러분은 이제 경주미술관이 이 도시에서 가장 오래된 건물이라는 사실과 이곳이 최고의 보안 시스템을 갖추고 있는 아주 현대적인 곳이라는 사실을 알게 되실 겁니다. 또한 다른 미술관에서는 전혀 볼 수 없었던 새로운 전시 방법에 대해서도 소개해 드리겠습니다. 여러분도 이미 아시다시피 미술관은 모두 5층으로 이루어져 있습니다. 그런데 미술품이 전부 연대순으로 전시되어 있다는 사실도 알고 계셨나요? 가장 오래된 작품은 1층에 있고 가장 최근의 작품은 맨 위층에 있습니다. 그럼 1층 후문 근처에서 전시되고 있는 '미술관 기획전'부터 관람을 시작하겠습니다.

男 欢迎光临我们庆州美术馆。我是今天负责给大家做介绍的金成民。从现在起你们将会知道庆州美术馆是这座城市中最古老的建筑，也是配备有最高级的保安系统的现代化场所的这一事实。另外还将向各位介绍在其它美术馆中绝对看不到的最新展览方法。想知道庆州美术馆的美术作品是怎样展出的吧？正如各位所知，美术馆一共5层，但是你们是否知道美术作品全部是按照年代顺序展出的这一事实呢？最古老的作品在1层，最近期的作品在最上一层。那我们就从1层后门附近展出的“美术馆规划展”开始参观吧。

35. 男性介绍了庆州美术馆的简略特征并进一步介绍了这座美术馆独特的展览方法，所以答案是①。

36. 男性说庆州是这座城市了最古老的建筑，由此可知美术馆是这座城市里最早的落成的建筑。所以答案是②。

[37~38] 请听录音，并回答问题。

남자 최근 부모님들이 자녀들의 책 읽기에 대해 고민이 많은데요. 그래서 오늘은 독특한 책 읽기 방법을 제시한 선생님을 모시고 이야기 나누겠습니다. 선생님, 우리 자녀들이 어떻게 책을 읽어야 할까요?

여자 적극적 읽기를 권장합니다. 요즘 아이들은 단순히 글자를 읽는 경우가 많기 때문에 독서량과 상관없이 독서 능력에 크게 차이가 나지 않습니다. 책을 읽어도 제대로 이해하지 못하게 되고 결국 체계적인 지식이 쌓이지 않습니다. 적극적 읽기는 단순히 글자를 읽는 것이 아닌, 맥락을 이해하면서 읽는 방법입니다. 글 내용을 바탕으로 다양한 질문을 만들 수 있어야 하고, 대상은 같으나 관점과 내용이 다른 글의 차이를 비교하면서 읽어야 합니다. 그런데 읽기 능력이 부족하면 적극적 읽기를 적용하기 어렵습니다. 따라서 수준에 맞는 책을 고르는 것이 적극적 읽기의 중요한 시작입니다.

男 最近很多父母就子女们的读书问题产生很多苦恼。所以今天请来了提倡独特的读书方法的老师来谈谈。老师，我们的子女应该怎样读书呢？

女 提倡积极的阅读。最近孩子们单纯读字的时候很多，因此与读书量无关，读书能力没有太大的改观。即便读了书，如果没有做到真正理解最终也还是不能系统地获得知识。积极阅读指的是理解内容的脉络进行阅读的方法，而不是单纯地读文字。要以文章内容为基础提出各式各样的问题来，阅读时，即使对象相同，也可以通过比较来了解其观点和内容与其它文章的不同。但如果阅读能力不足，就很难做到积极的阅读。因此挑选适合个人水平的书籍是开始积极阅读的重要一环 。

37. 男性认为如果阅读能力不足，就很难做到积极的阅读。因此为了做到积极阅读，挑选适合个人水平的书籍很重要。所以答案是③。

38. 积极阅读指的是理解内容的脉络进行阅读的方法，而不是单纯地读文字，所以答案是②。

[39~40] 请听录音，并回答问题。

여자 '열린 교육'에 대한 최근의 경향을 설명해 주셔서 감사합니다. 최근 교육계에 '열린 교육' 바람이 불기 시작하면서, 교실 안 교육에서 벗어나려는 움직임이 나타나고 있는데 좋은 현상이라고 생각합니다.

남자 맞습니다. 교육은 교실 안에서만 이루어지는 것은 아니라고 생각합니다. 교실 밖에서도 충분히 효과적인 교육이 이루어질 수 있습니다. 최근 교실 밖에서 사물과 현상을 직접 보고 듣고 느끼는 현장 체험 학습이 활발히 이루어지고 있습니다. 대표적으로 박물관과 과학관은 훌륭한 교육적 효과를 얻을 수 있는 공간이라고 생각됩니다. 그러나 박물관과 과학관을 단순히 '숙제하는 곳'이라고 생각하는 아이들이 많습니다. 그래서 이러한 공간을 어떻게 활용해야 하는지 방법을 가르쳐서 하루 종일 있어도 지루하지 않은 아이들의 놀이터이자 학습 공간으로 만드는 것도 열린 교육 못지않게 중요하다고 생각합니다.

女 感谢您就“开放式教育”的近来倾向所做的说明。最近教育界开始刮起了“开放式教育”的热风，大有要从教室内教育脱离开的倾向，我认为这是一种好的现象。

男 对。我认为教育不一定只有在教室内才可以实现。在教室外也可以实现具有相当成效的教育。最近在教室外进行的对事物和现象直接耳闻目睹亲身感受的现场体验学习正在活跃地进行着。特别是有代表性的博物馆和科学馆我认为是能获得突出教育效果的空间。但是很多孩子单纯地把博物馆和科学馆当成是“做作业的场所”。所以我认为如果教会他们如何利用这种空间的方法，使它成为即便呆上一整天也不会感到无聊的游乐园兼学习空间，其效果也并不亚于开放式教育。

39. 通过女性的前面的话得以确认最近在教育界流行着开放式教育，所以答案是①。

40. 开放式教育作为脱离教室的运动，而男性认为在教室之外也可以进行充分有效的教育，所以答案是①。

[41~42] 请听录音，并回答问题。

남자 여러분은 하루에 텔레비전을 몇 시간 정도 시청하시나요? 또 잠은 얼마나 자는 편인가요? 텔레비전을 보느라 너무 늦게 자면 잠을 잘 자는 데 방해가 됩니다. 실제로 텔레비전을 많이 볼수록 수면 장애를 겪을 확률이 높다는 연구 결과가 나왔습니다. 오늘은 어린이들이 텔레비전을 보는 시간과 수면 장애가 어떤 관계가 있는지 알아보고자 합니다. 미국의 한 보건대학원에서 텔레비전이 있는 방에서 생활하는 어린이들이 잠을 덜 잔다는 것에 주목하여 연구를 한 적이 있습니다. 생후 6개월부터 8살까지 어린이 1,800명을 대상으로 관찰한 결과 텔레비전을 보는 시간이 많으면 많을수록 수면 장애를 겪을 가능성이 높았다고 합니다. 어린이가 하루에 텔레비전을 1시간씩 볼 때마다 수면 장애를 겪는 시간이 7분씩 늘어난다고 합니다. 나이가 많은 어린이보다 나이가 적은 어린이들이, 특히 여자 어린이보다 남자 어린이들이 이런 현상을 많이 보인다고 합니다.

男 各位每天看几个小时电视？并且睡觉通常睡多长时间？因为看电视晚睡就会妨碍睡好觉。有研究结果说明电视看得越多，实际受睡眠障碍影响的几率就越高。今天我们就来看看儿童看电视的时间和睡眠障碍有怎样的关系。美国的一家保健研究生院注意到了生活在放有电视的房间里的孩子们出现了睡眠不足的现象并对此进行了研究。通过对1,800名出生6个月到8个月的孩子们的观察，结果发现看电视的时间越多，受睡眠障碍影响的可能性越高。儿童一天每多看一个小时电视，受的睡眠障碍影响的时间就增加7分钟。而年龄小的孩子比年龄大的，特别是男孩比女孩呈现出这种状态的人更多。

41. 男性拿出“孩子越小，受到来自电视造成的睡眠障碍影响的孩子越多”的研究结果，并提议为了引导孩子们健康睡眠，最好减少看电视的时间。所以答案是②。但选项中因为没有一项提到过睡眠障碍是因为受电视有、无的影响，因此③不正确。

42. 内容提到：孩子越小，受到由电视造成的睡眠障碍影响的孩子越多，所以答案是③。

[43~44] 请听录音，并回答问题。

여자 최근 서울숲에서 열린 '생태 탐사' 행사에 대해 들어 본 적 있나요? 이 행사는 2010년부터 산림청에서 주관하고 있으며, 주로 생물의 다양성을 탐사합니다. 전문가부터 학생과 일반인 참가자까지 다양한 사람들이 이 행사에 참여할 수 있습니다. 어떤 이유로 도시 한복판에서 생태 탐사 행사가 열리게 된 것일까요? 이 행사는 생물 다양성에 대한 이해를 높이는 활동을 할 수 있게끔 개최했다고 합니다. 전문가들은 새로운 생물종을 조사하며 학생과 일반인 참가자들은 주로 각 분야별 생물종에 대한 특징을 익히고 체험하는 활동을 하게 됩니다. 주의해야 할 점도 있는데요. 일반인은 생물종에 대한 이해가 부족해 생물에 해를 끼치거나 생물을 채취하다 위험해질 수 있기 때문입니다. 그런데 이 행사가 유명해진 것은 이 행사의 의의와 관련 있습니다. 대도시 사람들에게 대도시에서 사는 생물종이 얼마나 되는지, 또 그 생물이 건강하게 살고 있는지 관심을 가질 수 있는 기회를 만들었다는 것입니다.

女 听说过有关最近在首尔林举办的“生态探查”的活动吗？这个活动自2010年起由山林厅主管主要探查生物的多样性。从专家、学生到一般人，什么人都可以参加这项活动。是什么原因使得生态探查活动要在城市的中心举办呢？这个活动是为了让人们提高对生物多样性的理解才举行的。专家们可以来调查新的生物种类，学生和一般人参加者可以由此熟悉各种生物种类的特征和进行体验活动。也有要注意的地方。由于一般人对生物种类缺乏了解，会做些对生物有害的事或因为采摘而遭遇危险。然而这项活动之所以能出名是与这项活动的意义分不开的。这项活动是想给在大城市的人制造一个关注的机会，让他们知道在大城市里生活的生物种类有多少，并且这些生物是否还在健康地存活着。

43. 女性提到这个活动的意义是让人们能关注在大城市生长的生物，所以答案是④。

44. 女性在最后说活动是因为想给在大城市的人制造一个关注的机会，让他们培养对生物的兴趣才出名的。所以答案是④。

[45~46] 请听录音，并回答问题。

여자 여러분이 일하고 있는 곳이 세상에서 가장 위험하고 무서운 곳이라면 과연 아무 걱정 없이 일을 할 수 있을까요? 보통 사람이라면 그럴 수 없을 겁니다. 하지만 더 이상 걱정하지 않아도 됩니다. 과학 기술의 발달로 사람이 가기 위험하고 무서운 곳을 이제는 로봇들이 가기 때문입니다. 전쟁터에서 일하는 로봇, 깊은 물 속에서 일하는 로봇이 그 예입니다. 좀 더 구체적으로 살펴볼까요? 한국로봇융합연구원(KIRO)은 재난 현장에서 생존자가 있는지 탐지해서 구조 작업을 수행할 수 있는 '뱀형 로봇'을 개발했습니다. 이 로봇은 좁은 공간을 통과할 수 있고, 모래나 건물 잔해가 깔려 있는 울퉁불퉁한 곳도 무리 없이 이동할 수 있습니다. 뱀 로봇의 머리 부분에는 생존자를 찾아낼 수 있도록 열화상 카메라, 마이크 등 각종 센서와 장치가 부착되어 있어서 생존자의 상태를 파악하고 생존자와 소통할 수 있습니다.

女 如果你们工作的地方是世界上最危险、最可怕的地方，那么真的可以毫无顾虑地工作吗？一般人不可能那样。但是你们不用再担心了，因为随着科学技术的发展，现在机器人会去人们觉得危险、可怕的地方。在战场上工作的机器人、在深水里工作的机器人就是例子。再具体地看一下吧？韩国机器人融合研究院(KIRO)开发出了“蛇形机器人”，可以在灾难现场探测是否有幸存者，并执行救援工作。该机器人可以通过狭窄的空间，还可以顺利从沙子或建筑物残骸的凹凸不平的地方移动的特性。蛇机器人的头部装有热成像照相机、麦克风等各种传感器和装置，方便找出幸存者，并可以掌握幸存者的状态，与幸存者进行沟通。

45. 蛇机器人的头部为了找出生存者，安装了热成像摄像机、麦克风等各种传感器和装置，因此答案是②。机器人可以代替人类去危险地方工作，这是科学技术发达的最近的事情，因此④是错误答案。

46. 女性在言及危险作业时，以代替人工作的各种机器人为例，提出自己的意见，因此答案是④。

[47~48] 请听录音，并回答问题。

여자 이번 국제 장애인 기능 올림픽(Abilympics)에서 금메달을 받은 한수민 선수를 인터뷰해 보겠습니다. 안녕하세요. 이번에 컴퓨터 프로그래밍 분야에서 금메달을 받으셨다고 들었습니다. 축하드립니다. 먼저 간단한 소감 부탁드립니다.

남자 감사합니다. 우리나라 국가 대표단은 이미 국제 장애인 기능 올림픽에서 여러 번 종합 우승을 할 정도로 뛰어난 실력을 보이고 있습니다. 국가 대표 선수단의 한 사람으로서 한국의 우승에 기여할 수 있어서 영광입니다. 기능 올림픽은 직업 기술 및 능력 향상을 목표로 하고 있다 보니, 전 세계에서 최고 수준의 기술을 가진 선수들이 참가하고 있습니다. 그래서 제가 한국의 대표 선수로서 좋은 결과를 보일 수 있을지 걱정이 돼서 최선을 다해 준비해 왔습니다. 그 노력에 보답을 받은 것 같아 크나큰 보람을 느낍니다. 앞으로도 프로그래밍 기술을 더 발전시키기 위해서 최선을 다하겠습니다.

女 接下来采访一下在本届国际残疾人技能奥运会(Abilympics)上获得金牌的韩秀民选手。您好，听说您这次在计算机编程领域获得了金牌，恭喜您。请先说一下简单的感想。

男 谢谢。我国国家代表团已经多次在国际残疾人技能奥运会上获得综合冠军，实力非常突出。作为国家代表队的一员，能为韩国的冠军做出贡献，感到非常荣幸。技能奥林匹克以提高职业技能及能力为目标，有全世界最高水平的选手参加。所以我作为韩国的代表选手，担心能否取得好成绩，所以尽全力进行了准备。通过这样的努力得到了回报，我感到很有意义。以后我会尽最大努力让编程技术进一步发展。

47. 男性表示，技能奥运会中，有全世界最高水平的选手参加，因此答案是③。

① 男性的金牌和韩国队的综合冠军~~没有~~关系。
→ 男性表示能为韩国的冠军做出贡献，感到非常荣幸。

② 技能奥运会的目标是~~改善对残疾人的认识~~。
→ 提高职业技能和能力

④ 技能奥运会有~~很多田径和游泳等运动比赛项目~~。
→ 在技能奥运会上竞争各种技术的能力。

48. 男性觉得努力得到了回报，觉得很有意义，所以答案是③。

[49~50] 请听录音，并回答问题。

남자 대중문화는 한마디로 이야기해서 소비자의 호주머니를 겨냥해서 만들어지는 문화라고도 할 수 있습니다. 그것도 보다 많은 소비자들이 돈을 많이 쓰게 하는 용의주도한 마케팅 전략이 필요한 문화죠. 물론 그것이 나쁘다는 뜻은 아닙니다. 다만 문제는 대중문화를 이용하고 받아들이는 소비자들이 늘 현명한 것은 아니며, 대중문화 상품을 만드는 사람들이 그 점을 노릴 때가 많다는 데에 있습니다. 따라서 대중문화는 생산자들의 건전한 양심과 소비자들의 올바른 자세가 갖추어질 때, 비로소 모두가 건강하게 향유할 수 있는 문화로 자리매김할 수 있다고 생각합니다.

男 大众文化用一句话来说的话就是瞄准消费者的口袋制作的文化。并且是一个需要由让消费者花费更多的钱为目的的市场战略做主导的文化。当然这不是说它不好。但问题利用并接受大众文化的消费者不总是很贤明的。而且制作大众文化商品的人很多就是觊觎到了这一点。如果消费者很明智的话，低俗的大众文化商品就不会受欢迎才对，但现实并不如此。因此我认为只有当生产大众文化的人具备了健全的良心；而消费者具备了正确的姿态时，才可以说它真正成为了让所有人都能健康享受的大众文化。

49. 男性说大众文化就是瞄准消费者的口袋制作的文化，是让消费者花钱的文化。所以答案是②。

50. 男性说因此我认为只有当生产大众文化的人具备了健全的良心；而消费者具备了正确的姿态时，才可以说它真正成为了让所有人都能健康享受的大众文化，并介绍了对大众文化变化上的期待，所以答案是③。

쓰기 书写

[51~52] 请阅读下文，分别写出符合㉠和㉡的一句话。

51. ㉠: 这里陈述着“급한 일이 생겨서”的原因。并且后面提示有“更改了日期、旅行日程变更”等内容。因此括号中应该写下周不能去旅行了的内容。

㉡: 内容中说要更改旅行日程就必须得到对方的允许，所以要使用与之相应的表达方法。因此要使用“-아/어도 되다”的表达方式。

→ 本文为请求变更预约计划的电子邮件。内容中首先要有写邮件的人的姓名和预约号码以及预订好了旅行后却要变更形成的理由说明，还要请旅行社对是否可行给予答复。

52. ㉠: 后面介绍了能够减少厨余垃圾的方法。因此括号中一定要言及减少厨余垃圾的问题。

㉡: 前面有“구매할 때, 미리”，因此括号中要有计划好了再买的内容。此时为了实现减少厨余垃圾的目的,内容谈到了购买饮食的方法，因此最好使用能表达目的的语法“-도록”。

53. 以下是关于就业人数增减的资料。请把该内容写成200-300字的文章。但不要写文章的题目。

【概略】
序论：介绍与就业人数变化相关的图表内容
本论：介绍主要行业就业人数增减的图表
结论：就业人数减少的原因和展望

54. 请参考以下内容，写一篇600-700字的文章，但请勿将问题原封不动地抄写下来。

【概略】
序论：传统文化的定义和价值
本论：① 需要继承和保存传统文化的理由(民族精神)
② 需要继承和保存传统文化的理由(它对现代所产生的影响)
结论：整理自己的意见

읽기 阅读

[1~2] 请选择最适合置入(　)的选项。

1. 他家境困难，(　　　)连高中都没上。

问题类型 选择适合句子的语尾(连接/生活文)
内容提到他家境困难，大学当然没读，高中也没读，所以正确答案为③。

> N은/는커녕: 用于不仅前句状况，甚至连有可能实现的后句状况也难实现了的时候。
> 例 택시는커녕 버스 탈 돈도 없다.
> 시험 공부를 다 하기는커녕 아직 시작도 못 했다.

注意 "N은/는커녕" 的后句基本为消极的状况。

- N조차: 用来表示难以想到的或难以预料的极端状况时的助词。
  例 아랍어는 쓰기도 어려운 데다 읽기조차 힘들다.
- N마저: 用来表示在现在的状态和程度中的最后一个也没有留下之意的助词。
  例 날씨가 추운데 바람마저 불어서 다니기가 힘들다.
- N(이)야말로: 表示强调确认之意的助词。
  例 이 사람이야말로 이번 영화의 주인공 역할에 딱 맞다.

2. 边喝酒边对朋友说心里话(　　　)心里变轻松了。

问题类型 选择适合句子的语尾(终结/短文)
内容为: 一边喝酒一边对朋友说心里话, 心里变轻松的意思, 所以正确答案为②。

> -았/었더니:
> ① 表理由时使用。
> 例 아침에 밥을 많이 먹었더니 점심 생각이 없네요.
> ② 用于表示在做完某事之后发现了新出现的事实的时候。
> 例 오랜만에 고향에 갔더니 많은 것이 변해 있었다.
> 注意 "-았/었더니" 不是 "-더니" 的过去型, 而是一个新语法。"-았/었더니' 接在动词后, 前面的主语通常为第一人称。相反, "-더니" 可与动词或形容词连接, 前句主语不能是第一人称。(请参考第一套的第一题解说)

- -던데: 为了引出后句提前说出与之相关的旧况时使用的连接词尾。
  例 저녁마다 외출하던데 무슨 일 있어?
- -기에는: 表示揭示对某物的评价、或批判的标准时使用的语法。
  例 이 옷은 여름에 입기에는 더워요.
- -는데도: 表示后句状况的出现与前句状况无关。
  例 눈이 많이 오는데도 차를 몰고 갈 거야?

[3~4] 请选择与下端划线的部分意义最相似的选项。

3. 非常生气, 可听完他说的话, 对他的行为我也理解了。

问题类型 选择适合句子的语尾(连接/短文)
听完他的描述后, 我理解他的行为的意思, 所以正确答案为①。

> -고 보니: 做完前句出现的动作之后, 对后句中的事实有了新感受的意思。
> 例 호랑이를 그리려고 했는데, 그리고 보니 고양이가 되었다.

- -고 나니: 表示前句行动的结束。
  例 아르바이트를 끝내고 나니 무척 힘들었다.
- -는 만큼:

① 表示后句内容于前句内容成比例或与前句内容程度或数量相当的意思。
例 네가 노력하는 만큼 좋은 결과가 있을 것이다.
② 表示前句内容为后句内容的理由或根据。
例 태풍이 예상되는 만큼 피해가 없도록 미리 대비를 해야 한다.

- -고 해서: 用来表示前句内容为后句行为的理由或根据。
  例 수업도 휴강이고 해서 친구들이랑 노래방에 갔다.
- -는 사이에: 表示做某一行动的期间。
  例 내가 샤워를 하는 사이에 동생이 식사 준비를 해 주었다.

4. 为什么取了那么多钱? 那钱要都花在哪儿?

问题类型 选择适合句子的语尾(终结/短文)
因为问的是那钱都用在哪里的内容, 所以答案为询问意图的③。

> -게(요): 问对方意图的时候使用, 同 "想怎么"。
> 例 언제 집에 가게?
> 그걸로 뭐 하게?

- -고(요): (基本阶)用于回话时。主要用于回应可省略后面出现的疑问, 是用在句尾的终结语尾。
  例 시내 구경이나 해 볼까 하고요.
- -(으)ㄹ까요: 表示话者对于还没发生的或不知道的事情进行推测或提问时使用。
  例 다음 주까지 리포트를 제출하면 늦을까요?
- -(으)려고(요): 对于某种情况表现出疑心和反问时使用的语法。
  例 지금 이 시간에 들어가서 밥을 먹으려고?

[5~8] 请选择下面是关于什么的文章。

5. 不只是单纯的家具。
舒适的睡眠让你的早上变得不一样。

问题类型 掌握文章的题材/类型(广告文)
这个广告主要的核心词是 "가구、수면"。睡觉的时候使用的家具是床, 所以答案为①。

6. 用迎春花来装饰盒饭
制作能够战胜夏天的保养食品

问题类型 掌握文章的题材/类型(广告文)
这个指南主要核心词是 "도시락 만들기"、"보양식 만들기", 因为在说的是制作盒饭和保养食品的指南, 所以正确答案是②。

- 보양식[保养食]: 对健康有益的饮食。

7. 就我一人! 您会这么想吗?
您是我们的脸面
秩序是我们所有人的人格

问题类型 掌握文章的题材/类型(广告文)
这则广告的核心词是 "질서", 这是用 "질서는 우리의 인격" 的表现来比喻的公益广告。所以正确答案为②。

8.
- 有味道或漏水的制品用塑料包装。
- 易碎的玻璃制品装在纸箱或塑料泡沫箱里。

问题类型 掌握文章的题材/类型(介绍文)

主要核心词是“비닐로 싸다”或“상자에 담다”，由此可知这是关于根据制品特性选择不同包装的内容。所以正确答案为③。

[9~12] 请选择与下文或图表内容相同的选项。

9.

居民中心健康项目

时间(下午)	项目	费用	时间
7:00–8:00	歌曲教室	45,000韩元	1月–3月(三个月期间)
8:00–9:00	健身舞蹈	50,000韩元	
9:00–10:00	瑜伽	40,000韩元	

※ 每周日休息
※ 对象：住在希望洞的居民
※ 重复报名时每项减免5,000韩元活动费。

问题类型 选择与文章相同的一项(介绍文)

对象是在“희망동(希望洞)”居住的居民，所以正确答案为④。

① 所有的项目费~~统一~~价格。→ 不一样
② 三个月期间~~每晚~~进行项目。→ 除周日外的晚上
③ 一人~~只能申请一个项目~~。→ 可以重复申请

10.

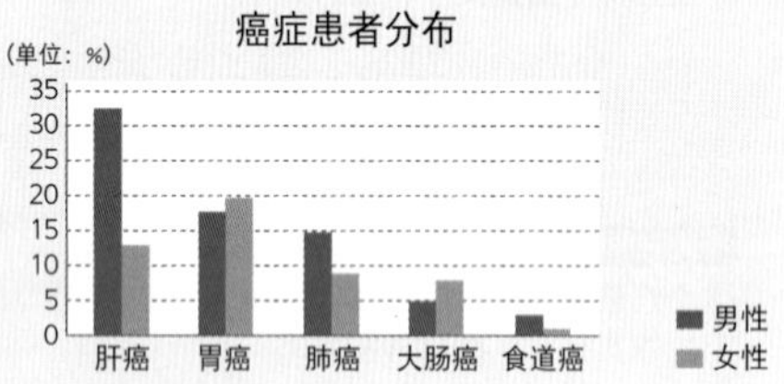

癌症患者分布
(单位：%)
35 30 25 20 15 10 5 0
肝癌 胃癌 肺癌 大肠癌 食道癌
■ 男性 ■ 女性

问题类型 选择与图表相同的一项

男女差异最大的是肝癌，所以正确答案为④。

① ~~肺炎~~男女分布差不多。→ 胃癌
② 患胃癌和食道癌的人中，~~女性比男性更多~~。
→ 患食道癌的男性比女性更多
③ 比起其它癌症，男性更容易的~~大肠癌~~。→ 肝癌

11.

每年的5月1日是劳动节。根据法定节日被定义为有报酬的休息日。雇用5人以上的企业，如果在5月1日工作的话，要支付比平时多1.5倍的报酬。但是像这样的法定节日对劳动者来说仍然是画饼充饥。

问题类型 选择与文章相同的一项(报道)

雇用5人以上的企业，如果再5月1日工作的话，要支付比平时多1.5倍的报酬。但是像这样规定的法定节日对劳动者来说仍然是画饼充饥(그림의 떡)的内容，所以正确答案为②。

① 劳动节~~一个月~~一次。→ 一年
② 5月1日~~不工作~~也是平常的1.5倍。→ 工作的话
③ 5人以上的公司，职员们工作的话，~~要少收~~50%
→ 要多收

- 그림의 떡：用来表示再怎么如意，也用不了或者不能占为己有的情况。

12.

最近二、三十多岁的男人穿同样的衣服去照相馆拍“友情照片”已经司空见惯了。在SNS上，在入伍前夕，经常可以看到包含就业纪念等各种故事的男性团体照片。过去只有女人拍友情照，但因为男人打扮自己并留下纪念照片已经不是陌生的事情，所以想和朋友们一起拍照留念的男人为之增加。

问题类型 选择与文章相同的一项(报道)

过去只有女性和朋友一起拍友情照，但最近男性也喜欢和朋友一起拍照。结果最近二、三十多岁的人不分男女，以各种理由拍摄友情照片。④是最恰当的答案。

① ~~为了上传到SNS~~，拍友情照片。
→ 因各种理由拍摄友情照片，并在社交网络上发布。
② 友情照片是~~情侣男人们~~拍的照片。
→ 不是情侣的男性也一起拍摄。
③ ~~男人们比女人~~先开始拍友情照。→ 女人们比男人们

[13~15] 请选择正确按顺序排列的选项。

13.

(가) 最终在汽车玻璃贴阻断阳光的贴膜。
(나) 在汽车上安装玻璃是从1910年代开始的。
(다) 但是使用透明玻璃，炎热的太阳光就成了问题。
(라) 随着汽车速度的提高，空气阻力加大，因此作为挡风装置，使用了可以看到前面的玻璃。

问题类型 排列文章顺序

首先是介绍汽车安装玻璃时期的(나)，后面是使用玻璃的理由(라)。接着是使用玻璃出现的问题(다)，最后,使用“결국 –게 되다”讲解决办法的(가)。所以答案为按照(나)-(라)-(다)-(가)排序的②。

14.

(가) 但是现在发展成了世界人们一起欢聚的庆典了。
(나) 也就是将传统文化升华为吸引游客一同游戏的观光产品了。
(다) 东南亚从4月到五月连续举办和水相关的特色庆典。
(라) 这个庆典原本是消除噩运、祈愿万事安宁与丰年的传统仪式。

问题类型 排列文章顺序

内容讲的是东南亚与水有关的庆典。首先是介绍东南亚的特色庆典的(다)，后面是这个庆典原来意义的(라)。接着以“그러나”开头介绍现在的发展样态的(가)，最后是讲庆典的主旨变化的意义的(나)。所以答案为按照(다)-(라)-(가)-(나)排序的④。

- 안녕[安宁]：没有任何问题或担心。

15.

(가) 不仅如此，这与自杀也有相关性。
(나) 像雾霾或臭氧这样的大气污染物质是导致呼吸疾患的原因。
(다) 所以政府制定预防自杀对策的时候，有必要考虑大气污染的相关性。

(라) 雾霾严重，臭氧浓度高，会加重抑郁症，也就会提高自杀的可能性。

问题类型 排列文章顺序

内容讲的是大气污染与自杀的相关性。文章首先是讲大气污染是引发呼吸疾患主要原因的(나)，后面是以“뿐만 아니라”开头的涉及大气污染和自杀的相关性的(가)。后面是阐述(가)根据的(라)，最后是以“따라서”开头提出解决方法的(다)。所以答案为按照(나)-(가)-(라)-(다)排序的①。

[16~18] 请选择最适合置入(　)的选项。

16.
小丑悲哀的理由是生活的焦点不是自身的幸福，而是为了迎合他人的欢笑。关于我们不能幸福的原因是(　　)执着的原因。人不可能对所有人来说都是好人。不惧被斥责，要努力去寻找只属于自己的幸福。

问题类型 选择符合文脉的内容

小丑因为自己的幸福就是他人的欢笑，所以很悲哀，这之后引出了我们不能幸福的原因。所以正确答案为②。

17.
世间最坚实的物质，代表“永恒”的钻石，长久以来被用来作为象征恋人们爱心不变的的信物。但是钻石在17世纪之前(　　)。所以钻石一直到17世纪都还是国民们又害怕又敬重的王族们的饰物。

问题类型 选择符合文脉的内容

内容提到：国民们又害怕又尊敬的王族们的饰品。可以知道钻石象征着的是“권위(权威)”和“존경(尊敬)”。所以正确答案为④。

18.
宇宙人在宇宙飞船里想要奔跑的话，要用绳子把身体固定在锻炼器具上。这是因为在无重力的状态下，身体会漂浮在空中，身体没有重力的结果。但是由于绳索拉着身体，所以感觉很不方便。尽管如此，宇航员们仍然为了健康进行定期(　　)。因为不那样的话肌肉密度就会快速下降。

问题类型 选择符合文脉的内容

内容前面部分讲了在宇宙飞船里跑步的时候要用绳索把身体固定住的理由。因为在失重的状态下身体会在空中浮起，体重消失。所以宇宙人为了使肌肉密度不至变低，必须进行锻炼，所以答案为③。

[19~20] 请阅读题目并回答问题。

俗语中出现的动物的形象通常多为中立性的、而消极形象和积极形象紧跟其后。(　　)消极形象比积极形象多的原因是因为俗语本身所具有的教诲性的缘故。在韩国俗语中蚂蚁和蜜蜂代表着勤劳的形象、地老虎和狼代表着慵懒的动物形象。狗是有责任感的动物形象，猴子是变化无常、自满自大的动物形象。

19. **问题类型** 选择符合文脉的内容

教训性是俗语很一般的特征。因此具有“整体性”、“一般性”的意义的话的④为正确答案。

- 마침내: 终于。
  - 例 긴 장마가 마침내 끝났다.
- 그러면: 前句内容是后句内容条件时使用的词汇。
  - 例 이번에 토픽 4급을 꼭 받도록 해. 그러면 내가 그 직장에 추천해 줄게.
- 도저히[到底－]: 再怎样做也。
  - 例 나는 도저히 그 사람을 이해할 수 없다.
- 대체로[大体－]: 大体上，一般性。
  - 例 김 선생님은 대체로 나이보다 젊어 보인다는 말을 많이 들으시죠?

20. **问题类型** 掌握中心想法

韩国俗语中登场的动物中立形象最多，因为表现出教诲性，所以负面形象多于正面形象，③是正确的答案。

[21~22] 请阅读题目并回答问题。

最近，健康的生活在韩国社会很受欢迎。但是人们的关心大部分仅限于健康食品的摄取和运动等，这一点令人担忧。因为如果不把与他人相比，满足于自己的生活，对周围的人怀有感恩之心等变成日常的生活，那么从真正意义上来说，很难过上健康的生活。在竞争日常化的环境下，过着(　　)式的杀气腾腾的组织生活，只吃有机蔬菜，坚持运动，不会成为健康的生命。

21. **问题类型** 选择符合文脉的俗语

内容提到：在竞争已经成为日常化的环境中过最可怕的组织生活，表示：感悟死亡，尽全力的意思，所以正确答案为③。

- 꿩 먹고 알 먹기: 做一件事情，想得到两种以上的利益。
  - 例 가: 그냥 회사와 가까워서 집을 계약했는데 사자마자 집값이 올랐어요.
    나: 와, 꿩 먹고 알 먹기네요. 부러워요.
- 땅 짚고 헤엄치기: 事情非常容易的意思。
  - 例 가: 이번에 지원자가 나밖에 없어서 땅 짚고 헤엄치기였어.
    나: 축하해. 열심히 준비하더니 잘됐다.
- 죽기 아니면 까무러치기: 感悟死亡，尽全力。
  - 例 가: 그렇게 어려운 일을 어떻게 해내신 거예요?
    나: 죽기 아니면 까무러치기라는 마음으로 노력했거든요.
- 닭 잡아먹고 오리발 내놓기: 杀鸡吃后，拿出鸭掌的比喻，表示欲盖弥彰。
  - 例 가: 엄마, 제가 그런 거 아니에요. 형이 그랬어요.
    나: 자꾸 닭 잡아먹고 오리발 내놓을래? 네가 한 거 엄마가 다 봤어.

22. **问题类型** 掌握细节内容

笔者认为，如果不与他人进行比较，对自己的生活感到满意，对周围人怀有感恩之心等，那么从真正意义上来说，很难过上健康的生活。这些属于心理健康，所以④是正确的答案。

① 为了健康的生活，~~坚持运动是最重要的~~。
→ 在竞争日常化的环境下，仅靠坚持不懈的运动无法过上健康的生活。

② ~~在公司生活中要实践健康生活的努力。~~
→ 没有提到在公司生活中可以实践的努力

③ 吃有机蔬菜，坚持运动的生活是~~有问题的~~。
→ 不够的

[23~24] 请阅读题目并回答问题。

这是以《未来在等待的人才》一书闻名的未来学者丹尼尔·平克访问韩国时的事情了。我为了写他的报道做了一场访谈。拜托他对韩国的年轻人说几句，他是这样说的："不要制定计划。"然后对听了他的回答而发愣的我做了这样的解释。"世间万变，绝对不会按照你预想去实现。比起制定计划，不如学些新的东西，尝试这做更重要。"他强调了有意义的错误的必须性，还说：重要的不是不做错，而是不要重复低级错误。

23. 问题类型 掌握心情(随笔)

这是听到著名未来学者劝说：不要制定计划后的反应。所以正确答案为④。

- 어리둥절하다: 由于意想不到的事情感到恍惚、迷惑的意思。

24. 问题类型 掌握细节内容(一致/随笔)

内容后面提到：중요한 것은 실수를 하지 않는 것이 아니라,어리석은 실수를 반복하지 않는 것，所以正确答案为②。

① ~~我~~写了叫《未来在等待的人才》的书
→ 有名的未来学者丹尼尔

③ 比起制定计划，~~不失误~~更重要。
→ 学习新的东西，尝试做一做

④ 丹尼尔作为未来学者强调了~~计划的必要性~~。
→ 有意义的失误的必要性

[25~27] 请选择最能说明下列新闻的标题。

25. "无视生计、无视经营"，雇、佣双方均对最低工资金额不满

问题类型 掌握简化的句子(报道文)

内容提到："노사 모두 최저 임금 액수에 불만"。可知：劳动者因金额少不满，而雇主因金额多不满，所以正确答案是①。

- 노사[劳使]: 劳动者与雇佣者。
- 최저 임금[最低赁金]: 规定的向劳动者支付的不可低于此的最低工资额。

26. 选择乘坐的呼叫出租车，"路途近的话不作声，路途远当场派车"

问题类型 掌握简化的句子(报道文)

目的地近的没有应答，远的话接着派车的意思，所以正确答案为①。

- 행선지[行选地]: 要去的目的地。
- 묵묵부답[默默不答]: 对提出的问题，闭口不言，没有应答。
- 배차[配车]: 根据时间或顺序分派汽车或火车前往按照指定路线和区间。

27. 网络恐怖袭击？股市和航空先后瘫痪

问题类型 掌握简化的句子(报道文)

这是怀疑股市和航空接连不能运行的原因是否为网络恐怖袭击的内容，所以正确答案为②。

- 증시[证市]: 证券市场的缩略。
- 먹통: 没有任何反应的机器。
- 줄줄이: 某事一连串地发生。

[28~31] 请选择最适合置入(　)的选项。

28. 这个世上所有的职业都有它生存的理由。其中医生这个职业隐藏着特殊的含义。(　　　)是维系人的生命的职业，还必须做患病的邻里的咨询师和老师。也就是也要成为一名教师。因此不能让那些只以挣钱为目的人成为医生。医生应该是先考虑病人然后才是自己，要努力成为一个堂堂正正的有医德的医生。

问题类型 选择符合文脉的内容

填入括号内容的理由"医生是维系人的生命，还必须做病人的咨询师和老师"，所以正确答案为②。

29. 漫画是通过记号再现现实的一种形式。漫画里登场人物虽然不像电影的演员那样是真实人物，但是通过记号可以成为作品里活生生的人物。就像微笑标志(　　　)被认可用笑脸一样，卡通形象也是通过熟悉的记号被读者所接受。因此非现实的人物或事件，背景才能产生说服读者的效果。

问题类型 选择符合文脉的内容

内容提到：漫画通过记号再现现实。并举了微笑表示的例子说明了漫画形象是通过记号被读者接受的，所以正确答案为④。

30. 现在看电视节目的时候，中间的广告太多了，经常令人皱眉头。为了得到制作费的支援，在节目之间插入了多个广告。不仅如此，间接广告也随处可见。但是对很多人具有强大影响力的媒体——节目的播出会过分损害(　　　)公益性。节目制作人不要忘记节目中还有公共作用。

问题类型 选择符合文脉的内容

电视节目中为了确保制作费，中间广告或间接广告太多，因此④是最合适的答案。

31. 赵廷来是韩国著名小说家。阅读他最具代表性的3部长篇小说就可以知道(　　　)。《阿里郎》是以1904年到1945年光复为背景，记述了当时韩民族多经受苦难的作品。《太白山脉》写的是1950年6.25战争和因为战争分裂的痛苦。《汉江》是记述1959年后的30年间韩国人为实现产业化流下的汗水和眼泪的真实写照。

问题类型 选择符合文脉的内容

《阿里郎》写是从1904年到1945年这段时期，《太白山脉》描述的是1950年6.25战争和因为战争分裂的痛苦，《汉江》写的是1959年后30年间，读完这3部小说，很自然地就可以了解韩国的近代和现代历史。所以正确答案为①。

[32~34] 请阅读题目，并选择与文章内容相同的选项。

32\.

让符合商品特性形象的人拍广告效果才更好。例如，像汽车、照相机、牙膏这样的商品，重要的是自身性能或效果，所以具有专业性和信赖感人物比较合适。相反，突出感官印象像宝石、巧克力、旅行等商品，选择有魅力和亲和力的模特更为合适。但是名人在几种商品广告中重复出现的话，就会使形象分散，给广告效果带来负面的影响。

问题类型 掌握细节内容(一致)
提到：像汽车、照相机、牙膏这类商品，具备专业性和信赖感的人比较合适。所以正确答案为①。
② 牙膏广告让~~给人亲切感的~~人物代言有效果。
→ 有专业性和信赖性的
③ ~~即使重复出演，用名人打广告具有效果。~~
→ 名人重复打广告，对广告效果会有负面影响
④ 巧克力广告要以~~自身的性能或效能~~为中心。
→ 感性的感觉

33\.

身体不舒服时会感觉到疼痛，如果痛症消失了就可能是错过了治疗时期，招致致命性疾病。痛症是当分布在身体各个部位的痛点受到刺激后，通过痛感神经传达给大脑就会感觉到疼痛。痛感神经比其它神经更细，所以痛感传递较慢，这个问题就由触觉神经来补充了。但是在每1cm₂皮肤上大概分布着200个的痛点，而内脏器官内不过只有4个。所以肺癌和肝癌发现晚是因为这个原因。

问题类型 掌握细节内容(一致)
提到：痛感神经比其它神经更细，所以痛感传递较慢，这个问题就由触觉神经来补充了。所以答案为④。
① ~~痛症因为给我们痛苦，所以必须祛除。~~
→ 没有了痛症就可能是错过了治疗时期，招致致命性疾病，所以很有必要。
② 和其它感觉比，~~人体对痛症的感知更迅速~~。
→ 痛感神经比其它神经细，所以传递同感较慢
③ 和皮肤比，我们对~~内脏器官痛症的~~感知更迅速。
→ 和内脏比，皮肤的

34\.

韩国70多个鲜花庆典中最先登场爱宝乐园的玫瑰庆典今年满40周年了。爱宝乐园玫瑰庆典开始到现在一共展出了7,000万朵的玫瑰花。到目前为止，参加玫瑰庆典的人数已经达到了总共6千万人。今年爱宝乐园预计展出包括自行开发的5种新品在内的670种玫瑰，总计达100万朵。晚间将有2万朵LED玫瑰闪亮与100万朵玫瑰交相辉映，日落之后来观看的人数会剧增。

问题类型 掌握细节内容(一致)
提到：晚间将有2万朵LED玫瑰闪亮，由此可知晚间也有玫瑰庆典。所以正确答案为①。
② ~~今年~~参加庆典的人数达到了6千万人。→ 到目前为止
③ 爱宝乐园今年亮相~~670种~~新品。→ 5种
④ 爱宝乐园~~在那期间开办了~~70多个鲜花庆典。
→ 荟萃了国内
• 효시[嚆矢]：最先开始的。

[35~38] 请阅读题目，并选择最适合文章主题的选项。

35\.

青年就业问题不只是韩国，也是很多国家需要共同解决的课题。如果社会成了技术熟练者或者技术家即便不上大学也可以找到好的位置的社会的话，很大年轻人就不用非上大学，而投身到生产线了。那么不仅青年失业问题可以在某种程度上得到缓解，中小企业的人力难、劳动市场的构造问题也能得到解决。

问题类型 掌握中心想法
提到：“숙련된 기능인이나 기술자들이 대학에 가지 않더라도 좋은 일자리를 얻을 수 있고 사회적 대우를 받는 사회가 되면 많은 젊은이가 대학 대신 생산 현장으로 뛰어들 것이다.”。所以正确答案为①。

36\.

汉字在韩国语中占了60%的比例，因此经常会出现因为不懂汉字而导致沟通困难的情况。有些人将汉字视为外语，主张在小学阶段不应该教授汉字。但是，如果想要准确理解和使用词汇，就必须了解汉字的意义。因为韩语中存在许多多义词，所以仅使用韩文很难准确区分词义上的差异。

问题类型 掌握中心想法
主张将汉字视为外语的人认为从小学开始不应该教授汉字，但是笔者认为要想准确理解和运用词汇，必须掌握汉字。因此，正确答案是④。

37\.

嘴里有异味是一种健康异常的信号。大部分口嗅是因为口腔出现了问题，但是体内出现异常也会有口嗅。特别是糖尿病或心脏机能出现异常时就会出现口嗅。有糖尿病的人嘴里有水果香或丙酮的味道，心脏异常会有很强的氨味。所以认为口气只是口腔里的问题是不对的。

问题类型 掌握中心想法
提到：从嘴里出来的特殊气味可能是某种健康异常的信号，因此有异味不能只认为是口腔的问题。所以正确答案为②。

38\.

新建的公寓或住宅、建筑物里有对人体有害的化学物质。所以在新房子里生活，会受到皮炎、头疼、神经性疾病等各种疾患的困扰，这被叫做：新居综合症。那么老房子就安全吗？在老房子里也有对人体有害的大气污染物质。所以我们应该在家中各处摆放能祛除有害物质的植物，每天打扫干净，注意通风。

问题类型 掌握中心想法

老房子里也有大气污染物质，所以要多摆放一些可消除有害物质的植物，每天打扫干净，注意通风。所以正确答案为④。

[39~41] 请选择最适合的句子能置入的地方。

39. 青年失业率刷新最高值后，政府发表了创造20万个青年就业岗位的对策。(㉠)因为即使工作岗位增加，正式职工作岗位数量也没有什么差异，临时工作岗位数也在大幅增加。(㉡)另外，从最近的劳动者实际工资上涨率来看，每年都会原地踏步或甚至减少。(㉢)如果青年们没有足够的地方安心工作，韩国的未来将一片黑暗。(㉣)因此，提高青年就业岗位的质量比什么都重要和紧迫。

〈提示〉
但是，尽管政府出台了那么多青年失业对策，但青年就业问题却日益恶化。

问题类型 插入符合文脉的句子

提示句中有“虽然政府有那么多的青年失业对策”的表述，因此提示句前面应该提到政府的对策，“青年就业问题越来越恶化”，后面说明理由是很自然的。因此①是正确的答案。

40. 直到死去的那天，我对苍天也无半点羞愧……。”这是“序诗”的诗篇中的第一句。(㉠)这是诗人尹东柱最具代表性的诗篇，尽管简短，却给人留下了强烈的印象。(㉡)这首诗再现了诗人对儿时深情的回忆和对祖国光复的热切期盼。(㉢)他在黑暗困苦的生活里，为人生苦恼，进行不断的探索，是一位为在日本统治下遭受痛苦的祖国的现实而痛心的诗人。(㉣)

〈提示〉
即，暗示尹东柱的生涯和爱国心的具有象征性的作品。

问题类型 插入符合文脉的句子

提示句的最前面有“也就是说”的意思的“즉”，因此放在有“这诗”开头作品的说明后面比较自然。所以正确答案为③。

41. 当发生了没能预料到的事情或超越想象的事令人感到无语的时候，经常用“어처구니없다.”或“어이없다.”的说法。(㉠)对这些表达的由来虽然没有准确的解释，却有口传的由来。(㉡)想用石磨磨东西的时候发现磨上没有把手会怎么样呢?(㉢)形容这样的荒唐且哭笑不得的情况出现的表达方式就是“어처구니없다”，和“어이없다”。(㉣)

〈提示〉
“어이” 또는 “어처구니” 是指用手推磨的时候插在石磨上的把手。

问题类型 插入符合文脉的句子

提示句子说的是石磨上的把手，因此“맷돌로 무엇을 갈아야 할 때 손잡이가 없다면 어떨까?”的前面出现很自然。所以正确答案为②。

[42~43] 请阅读题目并回答问题。

东赫乘坐的公车正准备出发，跑过来一位好像错过的话会出大事似的女学生。他就是之前发表会上给予东赫很大感动的蔡颖欣。颖欣被乘客们推着在东赫坐着的座位前抓着把手站着。两个人就这样在路上膝盖挨着膝盖似的相遇了。两人的眼睛对视，用目光表示了问候。虽然只是在今晚的发表会上才认识，却像认识了好多年的朋友一样高兴。东赫不好意思自己坐在那儿，说了句“请坐这儿吧”，就起身给颖欣让出了座位。颖欣推辞说“谢谢！我喜欢这样站着。”就在两人在互相推让的时候，旁边一位乘客不客气地坐下了，随即装作不知道将视线转向了窗外。颖欣和东赫看到那样的乘客为忍住笑憋红了脸。公车走了很长时间。颖欣在钟路一下车，东赫也随后跟着下了车。

沈熏《常绿树》

42. **问题类型** 掌握心情/态度(小说)

从趁颖欣和东赫相互让座，立刻坐在东赫座位上，装作不知的乘客行动来看，正确答案为③。

- 뻔뻔하다: 做了丢脸的事却还很坦然，有理。

43. **问题类型** 掌握细节内容(一致/小说)

颖欣在钟路下车，东赫也随后下了车的内容看出，两人在同一站下车。所以正确答案为④。

① 颖欣~~错过了~~东赫乘的公车。→ 乘上了
② ~~颖欣给东赫~~让座。→ 东赫给颖欣
③ 东赫和颖欣~~在车里~~第一个见面。→ 在发表会

[44~45] 请阅读题目并回答问题。

据调查在政府支援接受难孕手术的3对夫妇中，有两对接受了3个以上胚胎移植。只反映了想生多胞胎的父母的期望，但要注意的事多胞胎的早产率高，当今韩国虽然有对于体外受精手术的医学上标准，但只是方针，没有法律上的管理。而在其它国家，移植胚胎数限制在1~2个，如违反将处以3年监禁。所以(   )包括对健康的孩子和产妇的管理标准内容在内，至少要阻止包括接受国家支援的女性进行过度的胚胎移植。

44. **问题类型** 插入符合文脉的句子

政府对难孕手术的支援是为了奖励生产的一种政策。所以正确答案为③。

45. **问题类型** 掌握中心想法

提到：至少应该阻止接受国家支援的女性接受过度的胚胎移植，所以主题为③。

[46~47] 请阅读题目并回答问题。

有这样的说法：猫即使是一起生活了很长时间的主人几天不见也会认不出来。因此，一些人相信猫的智商不如狗。但是最近有人认为，在陆上动物中，除了黑猩猩以外，猫的智力水平最高，这个说法颇具说服力。狗通过反复的机械训练学习和执行动作；相反，猫可以通过观察人类的行为，记忆并跟随或者找出新的解决方法。特别值得一提的是，猫的前爪非常灵活，能够熟练地打开抽屉，甚至自己启动电风扇吹风。有趣的事实是猫的智商受遗传和环境的影响，与人类智商类似。

46. 问题类型 选择笔者的态度(议论文)

笔者举例说明，猫的智慧并不比狗差。因此②是正确的答案。

47. 问题类型 掌握细节内容(一致/议论文)

由于猫可以自己想出新方法，我们可以说猫是一种有创造力的动物。答案是①。

② 猫的智商~~对其环境有影响~~。
　→ 受环境的影响

③ 在过去，人们认为~~猫比狗~~更聪明。
　→ 狗比猫

④ ~~狗~~在陆地动物中智商排名第二，仅次于黑猩猩。
　→ 猫

[48~50] 请阅读题目并回答问题。

让不必要的、与现实有距离的制度在规定时间以后自然消失的制度叫做落日条款。就像太阳落山一样，随着时间的流逝，制度的效力会逐渐消失，因此而得名。法律、机关、制度等一旦形成(　　)就会持续存在的忧虑是落日条款的背景。以城市公园落日条款为例，一个城市很久以前就实施了公园建设项目，在购买和补偿相关土地的过程中，整体预算比初期计划超过2,000亿韩元。随着事业费的增加，资金筹措变得困难，20多年来公园仍未建成，遭到搁置。为了解决这一问题，根据宪法裁判所的决定，原定建设公园的土地被解除公园指定期限。这也被称为对该土地的公园指定时效已过。现在，相关土地可以因其他目的自由利用及被销售等。

48. 问题类型 掌握目的(议论文)

定义和落日制的背景，以及落日制的示例，因此③是正确的答案。

49. 问题类型 掌握符合文脉的内容(议论文)

一旦形成，在括号的条件下也会继续存在的趋势，因此括号中置入“即使没有优点或效果”内容的②最合适。

50. 问题类型 掌握细节内容(一致/议论文)

正文中将“原定建设公园的土地被解除公园指定期限”称为“对该土地的公园指定时效已过”，因此③是正确的答案。

① ~~如果事业费增加,资金筹措困难~~，就会实行落日制。
　→ 如果规定时间以后制度会自然消失的话

② 在特定时间以后自然~~实行的制度被称为日出制~~。
　→ 消失的制度叫做落日制

④ 即使实行城市公园落日制，相关土地也~~不能~~使用及销售。→ 可以

第三版 TOPIK MASTER

FINAL 실전 모의고사 10회

实战模拟考试 第10套

答案

1교시: 듣기, 쓰기

듣기

1. ②	2. ①	3. ①	4. ②	5. ③	6. ④	7. ③	8. ④	9. ②	10. ①
11. ①	12. ②	13. ①	14. ③	15. ②	16. ①	17. ④	18. ①	19. ②	20. ④
21. ④	22. ④	23. ④	24. ②	25. ④	26. ①	27. ③	28. ③	29. ④	30. ①
31. ②	32. ④	33. ③	34. ④	35. ①	36. ④	37. ④	38. ③	39. ③	40. ④
41. ③	42. ③	43. ④	44. ③	45. ②	46. ④	47. ②	48. ④	49. ③	50. ③

쓰기

51. ㉠ (5점) 바지 크기가 생각보다 큰 것 같습니다/제가 입기에는 바지가 너무 큽니다
(3점) 바지가 큽니다

㉡ 5점) 교환 방법(과 비용)을 알려 주시기 바랍니다/알려 주십시오
(3점) 어떻게 교환을 해야 합니까?

52. ㉠ (5점) 현재 (상황)에 머무르기를 원하는 경우가 많다
(3점) 상황을 더 좋아한다/선호한다

㉡ (5점) 변화에 적응하기 위해서는 자기 자신(의 마음)이 먼저 변해야 한다
(3점) 자신이 먼저 변해야 한다

2교시: 읽기

읽기

1. ③	2. ②	3. ②	4. ②	5. ①	6. ②	7. ②	8. ④	9. ①	10. ①
11. ④	12. ④	13. ③	14. ③	15. ②	16. ③	17. ①	18. ①	19. ①	20. ④
21. ②	22. ①	23. ①	24. ④	25. ①	26. ④	27. ②	28. ②	29. ③	30. ①
31. ①	32. ④	33. ①	34. ②	35. ①	36. ④	37. ③	38. ②	39. ③	40. ④
41. ②	42. ③	43. ①	44. ④	45. ②	46. ④	47. ②	48. ③	49. ③	50. ④

53. 〈样板答卷〉

60대 이상 남녀 노인을 대상으로 가장 원하는 복지 서비스에 대해 설문 조사를 실시했다. 그 결과 건강 검진이 가장 높게 나타났으며, 간병 서비스와 취업 소개가 그 뒤를 이었다. 다음으로 가장 큰 어려움을 조사한 결과 경제적인 부분이 가장 컸으며, 그 다음으로 건강 문제에 대한 어려움, 직업·고용의 어려움 순으로 나타났다. 공통적으로 행복을 위한 조건으로 경제적 안정과 관계 안정, 건강 관리를 꼽았는데, 이를 위해서는 각각 소득 지원 및 일자리 지원, 사회적 친구, 건강 검진 및 건강 보험 등이 필요하며, 이에 관한 복지 서비스가 필요할 것으로 보인다.

54.〈样板答卷〉

사이버 학습은 인터넷을 이용하여 학습을 하는 것을 말한다. 사이버 학습은 우선 교육 내용 측면에서 다양한 자료와 시청각 교재를 사용하여 수업을 구성할 수 있으며, 교육 방법 측면에서는 인터넷 환경만 갖춰져 있으면 학습이 가능하기 때문에 직접 교육을 받는 장소에 가지 않아도 되므로 시간을 절약할 수 있다.

이러한 사이버 학습으로 인해 다수의 학생이 지역과 상관없이 우수한 강사진의 수업을 받을 수 있게 되었다. 또한 직업을 가지고 있거나 몸이 불편하여 장소와 시간에 제약이 있는 사람들도 쉽게 수업을 받을 수 있게 되는 등 교육에 긍정적인 영향을 미치고 있다.

교사의 입장에서 본 사이버 학습은 수업 자료 준비나 구성에 제한이 별로 없기 때문에 다양하게 수업을 구성할 수 있으며, 질문에 대한 대답이나 과제물, 테스트 등을 인터넷 게시판을 통해 점검하는 방법 등으로 이용이 가능하다. 학생의 입장에서는 본인이 원하는 시간을 활용하여 다양한 수업을 들을 수 있는 기회가 있으므로 자신에게 맞는 수업을 고르고 시간을 계획하여 적절하게 활용할 수 있다.

이와 같이 사이버 학습은 많은 사람들에게 교육의 기회를 줄 수 있기 때문에 장소나 시간 등의 이유로 원하는 공부를 하지 못했던 많은 사람들의 기회가 늘어났다는 점에서 사회에 큰 영향을 미치고 있다.

 解答

듣기 听力

[1~3] 请听录音，并选择最合适的图片或图表。

1.
여자 어서 오세요. 무엇을 도와드릴까요?
남자 어제 이 셔츠를 샀는데 색상이 마음에 안 들어서요. 교환할 수 있나요?
여자 네, 우선 영수증을 보여 주시겠어요?

女 欢迎光临！有什么要帮忙的吗？
男 昨天买了这件衬衣，颜色有些不尽人意，能换吗？
女 可以，能先把收据给我看看吗？

男性为了换昨天买的衬衣，正把衬衣拿给作为职员的女性看，所以答案为②。

2.
남자 와, 요리가 정말 맛있어요. 요리 대회에 나가 보는 게 어때요?
여자 고마워요. 하지만 아직 실력이 부족하다고 생각해요.
남자 아니에요. 정말 훌륭해요. 요리 대회에 꼭 나가 보세요.

男 哇！饭菜可真好吃！去参加烹饪大赛怎么样？
女 谢谢！但是我觉得水平还不够。
男 不。很了不起。一定要参加烹饪大赛。

男性很香地吃了女性做的饭菜后，称赞女性的烹饪水平并劝说她去参加烹饪大赛，所以答案为①。

3.
남자 연령별 스마트폰 이용 시간에 대한 조사 내용을 살펴보면 20대가 192.1분으로 가장 많았고, 이어서 10대가 170.3분, 30대가 156.8분으로 조사되었습니다. 그리고 모든 연령에서 5년 전에 비해 스마트폰 이용 시간이 늘어난 것으로 조사되었습니다.

男 从各年龄段的智能手机使用时间调查内容来看，20多岁的人群最多，为192.1分钟；其次是10多岁的人群，为170.3分钟，30多岁的人群为156.8分钟。而且据调查，所有年龄段的智能手机使用时间都比5年前增加。

从各年龄段来看，智能手机使用时间依次为20多岁(192.1分钟)、10多岁(170.3分钟)、30多岁(156.8分钟)，所有年龄段的智能手机使用时间都比5年前有所增加，因此正确答案是①。

[4~8] 请听录音，并选择可接续的最合适话语。

4.
남자 손님, 이 구두 어떠세요? 이 구두의 색상은 지금 유행하는 색상이에요.
여자 예쁘네요. 그런데 굽이 너무 높은 것 같아요. 저는 편한 구두가 좋아요.
남자 ______________________

男 顾客，这双皮鞋怎么样？这双皮鞋的颜色是现在流行的颜色。
女 很漂亮。但是鞋跟好像太高了。我喜欢舒服点的鞋。
男 ______________________

女性对男性推荐的皮鞋虽然满意，但还在找舒服的鞋，所以答案为②。

5.
여자 아침에 버스를 타면 길이 많이 막히는 것 같아.
남자 그러면 전철을 탈까? 그런데 전철은 많이 갈아타야 해서 시간이 오래 걸려.
여자 ______________________

女 早上坐公交车，路好像会很堵。
男 那坐地铁？不过地铁得换乘很多次，很花时间。
女 ______________________

男性一边说要和女性坐地铁，同时又担心要换乘很多次，会花很多时间，所以恰当的答案为③。

6.
남자 제 학점이 생각보다 너무 낮아요.
여자 혹시 결석한 적 없어요? 이 수업은 출석 점수가 높아요. 한번 확인해 볼래요?
남자 ______________________

男 我的学分比想像的低多了。
女 你没有过缺勤吗？这门课出勤分数很高。确认一下不？
男 ______________________

男性询问自己的学分，女性让他确认一下有没有缺勤，所以最恰当的答案为④。

7.
남자 정아 씨, 오늘 점심은 배달 음식을 먹을까요?
여자 좋아요. 오늘 회의가 기니까 간단하게 빨리 먹는 게 좋을 것 같아요.
남자 ______________________

男 正雅，今天中午叫外卖吃？
女 好啊！今天会议长，快些吃点简单的好。
男 ______________________

男性和女性决定要叫外卖，所以最恰当的答案为③。

8.
여자 사장님, 지난달에 사용하지 않았던 휴가, 이번 달에 사용해도 될까요?
남자 물론이죠. 열심히 일했으니까 쉬기도 해야지요.
여자 ______________________

女 社长，上个月没用的休假，这个月可以使用吗？
男 当然，工作那么努力，也得休息呀。
女 ______________________

女性从男性那里得到了可以使用休假的许可，所以最恰当的答案为④。

[9~12] **请听录音，并选择最适合女性接下来会做的行动的选项。**

9.
여자 손님, 이 상품은 지금 행사 중이어서 두 개를 사면 한 개를 더 드려요. 한 개 더 가져오세요.
남자 그래요? 그런데 진열대에 두 개 밖에 없었어요.
여자 제가 지금 창고에 더 있는지 확인해 볼게요. 가져다드릴까요?
남자 괜찮아요. 그냥 계산해 주세요.

女 顾客，这个商品正在搞活动，买二赠一，再拿一个来吧。
男 是吗？但是展台上只有两个了。
女 我现在就看看仓库里还有没有。给您拿来？
男 不用了，就这么结账吧。

男性本来可以在得到一件商品，可却要直接结账。所以答案为②。

10.
여자 부장님, 어제 말씀하신 식당으로 회식 장소 예약하면 될까요?
남자 그래요. 예약해 주세요. 회식에 참가하는 인원은 파악됐어요?
여자 지금 하려고요. 직원들에게 먹고 싶은 메뉴도 물어볼까요?
남자 그래요. 인원이 파악되면 게시판에 회식에 관한 내용을 올려 주세요.

女 部长，会餐场所就预订昨天您说的餐厅，行吗？
男 好，预订吧！参加会餐的人数统计好了吗？
女 正要做呢，要不要再问问职员们都想吃什么？
男 好的。统计好之后，将会餐相关内容都上传到告示栏里吧。

女性现在正准备统计参加会餐的人员，所以答案为①。

11.
남자 이번 주 주말에 출발하는 제주도 여행 상품을 예약하려고 하는데요.
여자 죄송하지만 이번 주 주말은 예약이 다 찼습니다.
남자 다른 날은 가격이 더 비싼가요? 저녁에 다시 전화해도 되나요?
여자 출발 날짜에 따라 가격이 모두 다릅니다. 저녁에 원하는 날짜를 알려 주시면 제가 메일로 상품 정보를 보내 드리겠습니다.

男 我想预订这个周末出发的济州岛旅行商品。
女 对不起，这个周末的预订已经满了。
男 其它日子的价格更贵吗？晚上再打电话也可以吗？
女 出发的日子不同，价格也都不一样。晚上告诉我你想去的日期，我就用电邮将商品信息发给您。

男性还没定旅行出发的日子，他要晚上再联系女性。所以答案为①。

12.
여자 성적 증명서를 발급받으려면 어디로 가면 되나요?
남자 학생회관에서 돈을 내고 성적 증명서를 발급받을 수 있어요.
여자 그래요? 그럼 저는 학교 앞에 있는 은행에 먼저 들러야겠어요. 얼마인지 알아요?
남자 제가 전화해서 알아볼게요.

女 想开具成绩证明，请问要去哪儿?
男 在学生会馆交钱就可以拿到成绩证明。
女 是吗？那我得先去趟学校前面的银行了，知道多少钱吗?
男 我打电话了解一下。

内容提到：开成绩证明得交钱，所以女性在去学生会馆之前要先去银行，所以答案为②。

[13~16] **请听录音，并选择与听到的内容相同的选项。**

13.
여자 영어 수업 오전반에 등록하고 싶은데요.
남자 네. 혹시 예전에 저희 학원에 다닌 적 있나요?
여자 네. 두 달 전에요. 그러면 수강료를 할인받을 수 있죠?
남자 네. 지난번 수업 수강증을 보여 주시면 돼요.

女 我想报上午的英语课。
男 好，你以前曾经在我们学院学习过吗?
女 是的，2个月以前，那学费可以优惠吧?
男 是的，请把上次上课的听课证给我看就行。

女性2个月前在学院报过名，学费可享受优惠，所以答案为①。

14.
여자 지금 저희 쇼핑몰 3층 여성복 매장에서는 신상품 패션쇼가 진행 중입니다. 패션쇼가 진행되는 동안 패션쇼의 옷을 구매하는 고객분들께 특별히 추가 할인이 적용될 예정입니다. 더불어 오늘은 주말인 관계로 쇼핑몰 주차장 무료 이용이 불가능합니다. 단, 오만 원 이상 구매하신 고객은 무료 이용이 가능합니다.

女 现在在我们购物大楼3层的女性服装卖场正在进行新商品服装表演。我们将为在表演期间购买表演服装的顾客特别提供追加优惠。并且由于今天是周末，购物大楼停车场不能免费使用，但是对购物满5万韩元以上的顾客可以免费使用。

内容提到在3层的女性服装卖场正进行着新商品服装表演。所以答案为③。

15.
남자 수원시에서는 지난해부터 청년들에게 일자리 기회를 제공하기 위해 일자리 박람회를 열었습니다. 한 번도 취업을 하지 않은 청년들을 대상으로 열리는 일자리 박람회에는 대기업뿐만 아니라 많은 중소기업들이 참여합니다. 참여를 원하는 청년들은 미리 참가 신청을 해야 합니다. 또한 이력서와 자기소개서를 가지고 가는 것이 도움이 된다고 합니다.

男 水原市从去年开始为了给年轻人提供就业机会，举办了就业博览会。以从没就过业的年轻人为对象举办的博览会不仅有大企业，还有很多中小企业也参与了。有意参与的年轻人得提前申请参加。并且据说带上履历表和自我介绍会更有帮助。

这次就业博览会主要是以从没就过业的年轻人为对象举办的，因此就过业的年轻人不可以参加。所以答案为②。

16.
여자 의원님, 도시의 공터를 이용하여 평화 기념 공원을 만든다는 소식을 들었는데요. 자세한 설명 부탁드려요.

남자 네, 이 공터는 오랫동안 방치되어 있었습니다. 이 공터를 어떻게 사용할지 시민들에게 의견을 받은 결과 이번 평화의 날을 맞이하여 공터를 기념 공원으로 만들기로 결정했습니다. 공원의 디자인은 디자이너들에게 공모를 받았고요. 공원의 시설물은 시민들의 의견을 반영하여 만들기로 했습니다.

女 议员，我听到了要利用城市空地营造和平纪念公园的消息。请详细地说明一下。

男 好。这块空地长久以来是被闲置的。我们收集了很多市民对这块空地的使用意见，为迎接这次和平日，决定将空地建成纪念公园了。公园的设计征集了设计师们的设计。公园的设施也决定要根据市民的意见来建造。

这里提到根据市民们的意见，决定在空地修建公园的。所以答案为①。

[17~20] 请听录音，并选择最适合男性中心想法的选项。

17.
남자 정아 씨, 요즘 퇴근하고 어디에 가는 거예요?

여자 저 요즘에 취미로 중국어를 배우러 학원에 다녀요. 재미있더라고요.

남자 정말 멋지네요. 그냥 취미로 외국어를 배우는 것도 좋지만 시험과 같은 구체적인 목표를 정하면 더 좋을 것 같아요.

男 正雅，最近下班后去哪儿呀？

女 我最近作为爱好去学院学习汉语。很有意思。

男 真棒。作为爱好学学外语也很好，但是树立一个像考试那样的具体目标就更好了。

男性认为只作为爱好学学外语也很好，但是树立一个像考试那样的具体目标就更好了。所以答案为④。

18.
남자 너 요즘 시험 때문에 스트레스 많이 받는 것 같더라.

여자 응. 정말 중요한 시험이라 잠도 못 잘 정도로 너무 스트레스를 받고 있어.

남자 스트레스를 많이 받을 때는 하던 일을 잠시 중단하고 바로 풀어 줘야 해. 스트레스를 그때그때 풀지 않으면 더 많이 쌓여서 병이 생길지도 몰라.

男 你最近因为考试好像压力很大。

女 嗯，是很重要的考试，觉都睡不着，压力太大。

男 压力大的时候就应该暂时放下工作，化解压力。压力不随时化解就会越积越多，还可能会引发疾病呢。

男性认为有压力时就要暂时放下工作，化解压力。所以答案为①。

19.
남자 이것 좀 보세요. 인터넷에 죄를 지은 사람들의 명단이 올라왔어요.

여자 요즘엔 이렇게 범죄자의 이름을 바로 인터넷에서 확인할 수 있어요?

남자 그럼요. 사람들이 범죄자의 이름을 알아야 조심할 수 있잖아요. 또 다른 사람들에게 피해를 줄 수도 있으니까 인터넷에 이름과 얼굴을 알리는 게 맞다고 생각해요.

여자 하지만 죄 없는 범죄자 가족들이 정말 불쌍해요. 가족들은 보호해 줘야 할 것 같아요.

男 看看这个吧。网上登出了犯罪者名单。

女 最近犯罪者的名单可以这样在网上确认吗？

男 当然。人们只有知道犯罪者的姓名才好小心。并且因为也有可能会对其他人带来伤害，所以我认为最好在网上登出姓名和长相。

女 但是无罪的犯罪者家属很可怜。家属们好像也应该保护。

男性认为为预防其他犯罪，最好在网上登出犯罪者的姓名和长相。所以答案为②。

20.
여자 박사님께서는 평소에 건강하게 생활하기 운동을 알리기 위해 노력하는 걸로 유명하신데요. 특히 강조하시는 것은 무엇입니까?

남자 건강하게 생활하기 위해서는 전자 제품을 사용할 때 좋은 습관을 갖는 것이 가장 중요합니다. 특히 요즘 스마트폰이나 컴퓨터 등을 너무 오래 사용해서 눈과 목, 어깨가 안 좋은 분들이 많아졌는데요. 전자 제품은 정해진 시간만 사용하는 것이 좋습니다. 또 어린아이들의 경우 부모님께서 특별히 신경을 써서 어릴 때부터 좋은 사용 습관을 가지도록 해야 합니다.

女 博士由于平时致力于推广健康生活运动而闻名。特别要强调的是什么？

男 为了健康的生活使用电器时重要的是要有好的习惯。特别是近来由于长时间使用智能手机或电脑造成眼睛、脖子和肩膀不适的人增多了。电子产品在规定的时间内使用最好。另外孩子的话，做父母的要特别当心，要能让孩子从小养成好的使用习惯。

男性认为使用电子产品最重要的要有好的习惯。所以答案为④。

[21~22] 请听录音，并回答问题。

여자 요즘 불면증 때문에 잠을 못 자서 너무 피곤해요.

남자 그래요? 불면증에는 이유가 있어요. 잠을 자기 전에 주로 무엇을 하는 편이에요?

여자 밤에 잠을 자고 싶은데 바로 잠이 안 와요. 그래서 항상 텔레비전을 보다가 잠드는 편이에요.

남자 불면증을 고치려면 가장 먼저 생활 습관부터 고쳐야 해요. 잠자기 전에 TV를 보거나 스마트폰을 보다 보면 늦게 자는 생활 습관이 반복되고 결국 불면증이 생기거든요.

女 最近因为失眠，睡不着觉，很累。

男 是吗？失眠是有原因的。睡前主要都做些什么呢？

女 晚上想睡觉，却不能马上入睡，所以总是看着电视入睡。

男 要想治愈失眠，首先要改变生活习惯。睡觉之前看电视或看手机就会使晚睡的生活习惯不断反复，最终出现失眠。

21. 男性认为失眠是有原因的，要治疗失眠，首先应该改变生活习惯。所以答案为④。

22. 女性讲在睡觉之前看电视睡觉，所以答案为④。

[23~24] 请听录音，并回答问题。

남자 이번 달에 휴대 전화 요금이 많이 나온 것 같은데 사용 내역을 좀 알 수 있을까요?

여자 네. 이번 달에 휴대 전화로 소액 결제를 하셔서 요금이 많이 나왔네요.

남자 소액 결제요? 그게 뭐죠?

여자 10만 원 이하의 금액을 휴대 전화 요금으로 지불하는 거예요. 이번 달에 휴대 전화로 쇼핑하셨죠? 이것 때문에 통신 요금이 많이 나왔어요.

男 这个月手机费好像出来不少，能知道使用明细吗？

女 可以，这个月有手机小额付款，所以费用多了。

男 小额付款？那是什么？

女 就是10万韩元以下的金额可以用手机来支付。这个月用手机买东西了吧？因此通讯费多出来了。

23. 因为手机费用比平时多出很多，男性想知道使用明细正在问询。所以答案为④。

24. 男性这个月使用了用手机支付货款的小额结算制度。所以答案为②。

[25~26] 请听录音，并回答问题。

여자 박사님께서는 그동안 한국인의 식습관에 대해서 연구를 해 오셨는데 한국인 식습관의 가장 큰 특징은 무엇입니까?

남자 과거 한국인들은 육류보다는 채식 위주의 반찬을 즐겨 먹어서 건강했습니다. 그런데 급격한 경제 성장 이후 채식보다는 육류를 더 즐겨 먹는 경향을 보이고 있습니다. 또한 즐겨 먹는 식단을 조사한 결과 짜고 매운 음식을 선호한다는 사실을 알 수 있었습니다. 저는 육류를 즐겨 먹는 것보다 짜고 매운 음식을 즐겨 먹는 것이 더 큰 문제라고 생각하는데요, 짜고 매운 식단 위주의 식습관은 정말 위험합니다. 이런 식습관은 한국인의 가장 큰 사망 원인인 암과도 관련 있습니다.

女 博士这段时间一直对韩国的饮食习惯进行了研究，韩国人饮食习惯上最大的特征是什么呢？

男 过去韩国人比起肉类，主要是吃以蔬菜为主的小菜，所以很健康。但是快速的经济生长以后，显示出了和蔬菜类比，更喜欢吃肉类的倾向。另外对常吃的食谱的调查得知了喜欢吃咸和辣的饮食的事实。我认为和常吃肉类比，吃咸和辣的饮食更是大问题。以咸和辣的饮食为主的饮食习惯真的很危险。这种饮食习惯与韩国人死亡原因最多的癌症也有关系。

25. 男性认为和常吃肉类比，以咸和辣的饮食为主的饮食习惯更危险。所以答案为④。

26. 内容提到：经济快速生长以后，和蔬菜类比，人们更喜欢吃肉类了，所以答案为①。

[27~28] 请听录音，并回答问题。

여자 경복궁에서 일하는 분한테 들었는데 내일부터 경복궁 야간 개방을 시작한대. 이참에 한번 가 봐.

남자 그런데 사전에 예약하는 게 좀 복잡할 것 같아. 사전에 신청해야만 들어갈 수 있는 거지?

여자 인터넷으로 사전 신청도 할 수 있고, 직접 가서 표를 살 수도 있어. 그리고 매주 화요일은 휴궁일인 걸 잊지 마.

남자 그렇구나. 고마워. 그런데 무료 입장도 가능하다던데 그건 뭐였더라?

여자 경복궁에 한복을 입고 가면 무료 관람이 가능하거든. 혹시 가지고 있는 한복이 있으면 꼭 입고 가.

女 从在景福宫里工作的人那里听说，景福宫这次夜间开放，借此去一趟吧。

男 但是提前预约很麻烦。得提前预约才能进去吧？

女 可以提前在网上预约，也可以直接买票。还要记得每周二是休宫日。

男 这样啊！谢谢！但是还听说可以免费参观，是什么来着？

女 穿着韩服去景福宫就可以免费参观。如果有韩服的话，一定穿着去。

27. 女性向男性透露了景福宫夜间开放的有关信息，推荐他去看一次，所以答案为③。

28. 女性对男性说也可以直接去买票。所以答案为③。

[29~30] 请听录音，并回答问题。

여자 최근 문화재로 지정된 건물에서 흰개미가 발견되면서 혼란을 빚었는데요. 선생님, 문화재에 흰개미가 나타난 것이 그렇게 큰 문제인가요?

남자 흰개미는 죽은 나무나 낙엽을 먹으면서 살아가는데요. 목조 건물에 깊숙이 들어가 목재를 갉아먹기 때문에 그리 단순한 문제가 아닙니다. 특히 한국에서 발견되지 않는 종류의 흰개미가 수입 가구 등을 통해 들어오는 경우 더 큰 문제가 발생합니다. 외래종이 국내에 유입되는 경우에 피해 규모가 더 커지기 때문입니다. 국내 문화재 중 상당수가 흰개미로 인한 피해를 본 것으로 조사되는 만큼 주의하고 있습니다.

女 最近，在被指定为文化遗产的建筑物里发现了白蚁，引发了一些混乱。老师，白蚁出现在文化遗产建筑中是一个如此严重的问题吗?

男 白蚁靠吃死木或落叶生存。它们可以侵入木材并消耗木料，从而广泛破坏木结构，因此这个问题并不容易简单解决。特别是当一种非本地的白蚁通过进口家具和其他途径进入时，问题会变得更加严重。当入侵物种被引入到国内环境时，破坏规模会增加。考虑到许多国内文化遗产都受到了白蚁造成的损害，我们正在密切关注这个问题。

29. 女性问男性，在文化遗产地出现白蚁是否是一个严重的问题，男性回答说，由于白蚁给文化遗产造成的重大损害，他们正在谨慎对待。因此可以推断，这位男性从事与文化遗产相关的任务。答案是④。

30. 男性解释说白蚁靠吃死木或落叶生存。答案是①。

[31~32] 请听录音，并回答问题。

여자 체육 시간에 체육 활동을 하지 않고 교실에 남아서 자습을 하는 학생이 많다고 하는데 이럴 바에는 체육 수업을 축소하는 게 좋겠습니다.

남자 학교는 공부를 잘하는 학생을 만들어 내는 곳이 아닙니다. 체육과 같은 다양한 과목을 통해 사회성과 협동심도 길러 줘야 합니다.

여자 너무 이상적인 이야기만 하시는 거 아닙니까? 대부분 학생들의 목표는 좋은 대학교에 입학하는 것입니다. 학교에서 공부하는 분위기를 조성해 줘야 한다고 생각합니다.

남자 학생들이 건강해야 공부에도 열중할 수 있는 것입니다. 체육은 학생들의 건강 증진을 위해서라도 반드시 필요한 과목입니다.

女 听说体育课时间不参加体育活动，留在教室里自习的学生很多，与其这样，缩短体育课课时就好了。

男 学校不是为了培养学习好的学生之地。也要通过和体育课一样的多种科目培养社会性和合作精神。

女 你讲的太理想化了不是吗? 大部分学生的目标是要考入好的大学。我认为应该学校营造学习的气氛。

男 学生们只有健康了才可能热衷于学习。即使是为了增进学生们的健康，体育课也是必不可少的科目。

31. 男性提到学校的目标不是为培养学习好的学生，并说还要通过体育教育培养社会性。所以答案为②。

32. 男性用坚决的口吻反驳了女性的主张，所以答案为④。

[33~34] 请听录音，并回答问题。

여자 요즘 많은 사람들이 타인을 대하는 기술을 배우겠다고 대화법 공부에 집중합니다. 하지만 가장 성공적인 대화법은 마음 깊숙이 깔린 타인에 대한 이해와 관심, 배려를 통해 완성되는 것입니다. 특히, 다른 사람을 설득하는 대화법에 있어서 상대방을 먼저 이해하려고 하는 배려가 밑바탕에 깔려 있어야 합니다. 사람이라면 누구나 존중받기를 원하고 존중받았을 때 마음이 열리기 때문입니다. 말을 잘하는 것도 중요하겠지만 이보다 중요한 것은 진심입니다. 결국 대화법보다 중요한 것은 그 사람을 대하는 나의 마음가짐이라고 할 수 있습니다.

女 最近很多人都说要学习待人的技术，而集中于话术的学习。但是最成功的话术是要通过发自内心的对他人的理解、关心和照顾来完成的。特别是说服他人的话术，首先要以努力理解对方为基础才行。这是因为是人，谁都希望受到尊重，而受到尊重了才会敞开心扉。话说的好固然很重要，但和它比，更重要的是真心。说到底，比话术重要的可以说是对待那个人时我的心态。

33. 这里女性讲到没有比待人更困难的，还讲了待人时最重要的是什么。所以答案为③。

34. 女性讲到是人，谁都希望受到尊重，所以答案为④。

[35~36] 请听录音，并回答问题。

여자 비즈니스 리서치 회사의 창업 관련 설문 결과를 분석하였더니 다음과 같은 결과가 나왔습니다. '회사 창업 비용은 지금이 가장 적게 들 때입니다. 이것은 저렴한 가격으로 이용할 수 있거나, 무료로 사용 가능한 프로그램 덕분입니다. 개발자들이 자신들의 응용 프로그램이 가능한 한 널리 이용되기를 원해서 가격을 최대한 낮게 유지하려고 하는 데다, 상업적 목적으로 개발하지 않은 고급 소프트웨어도 많아 이를 활용할 수 있기 때문입니다. 처음에는 비전문가들이 이런 많은 프로그램을 이용하기 어려웠지만, 최근에는 프로그램 사용법이 단순해져서 훨씬 더 사용하기 편해졌습니다. 덕분에 새 회사들은 소프트웨어에서 절약한 돈으로 연구 개발에 좀 더 자금을 쓸 수 있게 되었습니다. 따라서 새롭게 창업을 하고자 하는 사람들은 최근 분석 결과를 창업 자료로 잘 활용하길 바랍니다.

女 根据对商业调研公司进行的有关创业的问卷结果分析得到了以下的结果。公司创业费用现在是投入最少的时候，这都托福于有可以廉价或免费使用的程序。开发者们希望自己的应用程序被广泛使用，所以最大限度地放低了价格，有很多不是商业目的高级软件，所以可以使用它。开始非专业人士使用这么多程序会觉得困难，但最近程序使用方法简单化了，使用起来容易多了。新公司可以将通过软件节省下来的钱更多地投入研究开发中。所以希望打算开始创业的人能够很好地利用最近的分析结果作为创业资料。

35. 女性在对商业调研公司进行的公司问卷结果进行分析，并向希望创业的人做着介绍。所以答案为①。

36. 开发者们希望自己的应用程序被广泛使用，所以最大限度地放低了价格；还有有很多不是商业目的高级软件，所以非专业人事也可以很容易地使用高级软件。所以答案为④。

[37~38] 请听录音，并回答问题。

남자 한창 많은 것을 배우고 익혀야 할 나이에 자주 아프면 그것처럼 속상한 일이 없을 텐데요. 어머님은 어떻게 자녀의 건강을 잘 유지했는지 말씀해 주시겠어요?

여자 다른 큰 비결은 없습니다. 평소 생활 습관만 올바르게 잡아 줬을 뿐입니다. 먼저 아무리 바빠도 아침밥은 꼭 먹게 했습니다. 아침 식사가 학습 능력과 연결된다는 연구 결과를 믿고 아침을 잘 준비해 줬습니다. 둘째로 편식은 고른 영양 섭취를 방해하므로 영유아기 때부터 신경 써서 습관이 되지 않도록 했습니다. 셋째로 비만에도 신경을 썼습니다. 달거나 기름진 고칼로리 음식은 되도록 적게 먹이고, 규칙적으로 식사하도록 하였습니다. 비만을 유발하는 패스트푸드나 인스턴트식품은 될 수 있으면 적게 먹도록 했고요. 마지막으로 치아 관리입니다. 치아 관리의 핵심은 치료보다 예방이라고 생각했습니다. 특히 충치 예방에 더 신경을 써서 하루 3번, 식후 3분 이내에 3분 이상 양치질을 하는 습관을 갖도록 했습니다.

男 没有比正值需要大量学习、掌握知识的年龄却经常生病更让人伤心的事了。妈妈您能讲讲您是如何很好地维持子女健康的呢?

女 没有什么特别的大秘诀。只是纠正了平时的生活习惯罢了。首先再忙，也必须吃早饭。我相信早饭与学习能力有联系的研究结果，所以早饭都是精心准备的。第二，偏食会妨碍营养的均衡摄取，所以从小就注意不让他养成偏食的习惯。第三，也非常在意肥胖。尽量少给甜的或油多热量高的饮食吃，努力作到有规律用餐。做到尽量少给吃会引起肥胖的快餐或方便食品。最后就是牙齿管理。和治疗相比，我认为预防才是牙齿管理的核心。特别是小学阶段是幼齿换为恒齿的阶段，要特别注意预防蛀牙，养成每天三次、餐后三分钟之内刷牙3分钟以上的习惯。

37. 女性说在养孩子时候只是纠正了平时的生活习惯，并讲了自己的经验。所以答案为④。

38. 女性提到：小学阶段是幼齿换为恒齿的阶段，要特别注意预防蛀牙，所以答案为③。

[39~40] 请听录音，并回答问题。

여자 비만이 음식 섭취와 운동의 불균형 탓에 생긴다는 전통적 견해에 대해선 잘 들었습니다. 그런데 최근 유전자가 신진대사에 영향을 미칠 수 있다는 연구 결과가 나왔는데요. 박사님, 이에 대해 어떻게 생각하시는지요?

남자 상당히 획기적이라고 생각합니다. 아직 연구 결과를 좀 더 지켜봐야 되겠지만요. 그동안 FTO 유전자의 명령을 받은 뇌가 식욕이나 음식 선택을 조절한다는 가설은 나온 적이 있으나 지방을 쌓거나 태우는 신진대사를 조절한다는 연구 결과는 이번이 처음인 것 같습니다. 이 연구팀은 쥐를 대상으로 연구를 진행했는데 유전자가 변형된 쥐는 그렇지 않은 쥐보다 50% 나 날씬해졌다는 결과가 나왔습니다. 다시 말해 연구팀의 말처럼 유전자가 변형된 쥐는 고지방 음식을 먹더라도 살이 찌지 않은 것입니다. 이러한 비만은 각종 질환의 원인이 될 뿐만 아니라 심지어는 당뇨나 암으로 이어질 수도 있어 앞으로 비만 치료법에 획기적인 연구가 되기를 기대해 봅니다.

女 感谢您给予我们传统观点，认为肥胖是由食物摄入和运动不平衡引起的。但最近的研究结果表明基因可以影响新陈代谢。博士，您对此有何看法?

男 我认为这非常具有突破性。然而，我们可能需要等待并进一步审视研究结果。有一个假设认为FTO基因控制大脑的食欲或食物选择，但这似乎是第一个显示它可以影响脂肪堆积或调节身体新陈代谢的研究结果。研究团队用小鼠进行了这项研究，结果表明基因改造的小鼠比非改造的小鼠瘦了50%。研究团队提到，即使喂食高脂饮食，基因改造的小鼠也不会变得肥胖，而肥胖可能导致多种疾病，包括糖尿病和癌症。因此，我相信这项研究在肥胖治疗方面具有突破性潜力。

39. 女性说，男性提供了传统观点，认为肥胖是由食物摄入和运动不平衡引起的。因此，答案是③。

40. 男性对肥胖治疗法做着说明，并指出研究结果还需要继续观察，所以答案为④。

[41~42] 请听录音，并回答问题。

남자 사람들은 타인의 기대와 말에 큰 영향을 받습니다. 이 효과는 실제로 증명된 바가 있습니다. 하버드대학교 심리학 교수인 로버트 로젠탈은 재미있는 실험을 진행하였습니다. 초등학생의 지능 지수를 검사한 후 교사들에게 발전 가능성이 큰 학생들의 명단을 전달했습니다. 1년 뒤 같은 학생들을 대상으로 조사한 결과 지능이 눈에 띄게 향상되었다는 것을 알 수 있었습니다. 이 실험이 흥미로운 이유는 명단에 있는 학생들은 실제로 지능이 높지 않았고, 무작위로 뽑힌 학생들이었기 때문입니다. 사실을 몰랐던 교사들은 명단에 있는 학생들을 긍정적인 시각으로 바라보며 지도하였고, 학생 또한 선생님들의 기대에 부응하기 위해 노력한 것이 결과에 영향을 끼친 것입니다. 이렇듯 타인을 기대를 갖고 긍정적으로 바라보면 인정을 받았다고 생각한 사람이 자신의 태도와 행동을 그 기대에 부응하기 위해 스스로 변화하게 됩니다.

男 他人的期待或言语能给人以极大影响。这个效果已经是得到证明的了。哈佛大学心理学教授罗伯特罗杰托做了一项有趣的试验：在小学做完智能指数测试后，将发展可能性大的学生名单交给了老师。1年后以相同的学生为对象再进行调查的结果发现，智力明显提高了。这项试验之所以有意思是因为名单上的学生智力实际并不高，只是随即挑选的学生。而不知情的老师对名单上的学生总是以肯定的角度去观察、指导；学生们也就会为不辜负老师们的期待竭尽全力，正是这些对结果产生了极大的影响。像这样当别人抱以期待投以肯定目光的话，认为自己是被认可的人，他自身的态度和行动就会为不辜负那期待而发生改变的。

41. 内容提到：这个试验实际上是随即挑选了智力水平并不高的普通学生，在一年后进行重新检测时，他们的智力水平提高了，所以答案为③。

42. 男性在开始提到他人的期待和话语能给人带来极大影响，并以实例做了说明。通过例子可知人们倾向于不辜负他人的期待，所以答案为③。但是没有劝大家应该对别人抱以期待，说肯定的话的内容，因此②不正确。

[43~44] 请听录音，并回答问题。

여자 한번에 여러 일을 처리하는 것을 '멀티 태스킹'이라고 하는데요. 최근에 멀티 태스킹이 뇌에 악영향을 끼친다는 연구가 나왔습니다. 미국 스탠포드의 연구에 따르면 여러 정보를 한꺼번에 처리하려는 사람들은 정보를 하나씩 처리하는 사람에 비해 주의력이 낮았으며, 여러 정보 중 중요한 것을 구별해 내서 기억하는 능력 역시 떨어졌습니다. 심지어 영국 런던대는 이러한 멀티 태스킹이 지능 지수를 낮춘다는 연구 결과를 발표했습니다. 흔히 알려진 것과 달리, 멀티 태스킹은 효율적인 일처리 방식이 아니며, 오히려 짧은 시간 동안 한 가지 일에 집중하는 일 처리 방식인 '모노 테스킹'이 효과적이라는 것입니다. 뇌를 효율적으로 사용하기 위해서는 중간에 휴식을 취해 주는 것이 중요한데요. 멀티 테스킹은 일정 간격으로 일과 휴식을 반복하는 것을 어렵게 만들어 뇌의 피로와 과부하를 유발합니다. 뇌의 과부하로 인해 기억력과 주의 집중 능력 등이 나빠지는 현상이 나타날 수 있으므로 주의해야 합니다.

女 一次处理很多事情叫做“多任务处理”。最近有研究表明，多任务处理会对大脑产生负面影响。据美国斯坦福大学的研究，想要一次性处理各种信息的人比一个个处理信息的人注意力要低，在多个信息中区分重要信息进行记忆的能力也为之下降。英国伦敦大学甚至发表了这种多任务处理会降低智商的研究结果。与众所周知的不同，多任务处理不是一种高效的工作处理方式，相反地，“单任务处理”是一种在短时间内集中于一件事的工作处理方式，很有效果。为了有效利用大脑，中间休息很重要。多任务处理会使每隔一段时间重复工作和休息变得困难，导致大脑疲劳和超负荷运转。由于大脑超负荷，可能会出现记忆力和注意集中能力等变差的现象，所以要注意。

43. 多任务处理不是有效的办事方式，反而短时间内集中于一件事的办事方式“单任务处理”更有效，因此答案是④。

44. 多任务处理会使每隔一段时间反复工作和休息变得困难，导致大脑疲劳和超负荷运转，因此答案是③。

[45~46] 请听录音，并回答问题。

여자 여러분, 지구상에 많은 생물들이 사라지고 있다는 이야기를 들은 적 있으실 텐데요. 국제자연보전연맹(IUCN)이 전 세계 동식물 10만여 종을 조사한 결과, 그중 3만 2000여 종이 멸종 위기에 처해 있다고 합니다. 이러한 추세라면 수십 년 내에 동식물 50만 종과 곤충 50만 종 등 약 100만여 종이 멸종하게 될 지도 모릅니다. 하지만 희망이 없는 것은 아닙니다. 1993년에 UN의 생물 다양성 협약이 발효된 후 생물 종의 복원 프로젝트를 실시한 결과, 멸종 위기에서 벗어난 사례를 다수 발견했기 때문입니다. 연구진이 멸종 위기 동물 81종을 추적해서 관찰해 보니, 1993년 이후에 조류 약 27종과 포유류 16종이 멸종 위기에서 벗어났음을 확인했습니다. 공통적으로 동물 보호, 서식지 복원, 남획 금지 등의 노력이 효과가 있었던 것으로 분석되었습니다. 만약 인간이 생물 종의 복원을 위해 노력하지 않았다면 멸종된 종이 3~4배는 더 많았을 것이라고 추정되었습니다. 다시 말해 회복을 위해 지속적으로 노력한다면 아직 완전히 희망이 없는 것은 아니라는 것입니다. 그러니 생물 다양성 회복을 위한 인간의 노력은 앞으로도 계속되어야 할 것으로 보입니다.

女 大家应该听说过地球上很多生物正在消失吧。国际自然保护联盟(IUCN)对全世界10万多种动植物进行了调查，结果显示其中3万2,000多种濒临灭绝。如果按照这种趋势发展下去，数十年内将有约100多万种灭绝，其中包括50万种动植物和50万种昆虫。但也不是没有希望。这是因为联合国生物多样性公约于1993年生效后，实施了生物物种恢复项目，发现许多摆脱了灭绝危机的案例。研究人员对81种濒危动物进行了跟踪观察，发现自1993年以来，约有27种鸟类和16种哺乳动物摆脱了濒危状态。共同的分析表明，动物保护、栖息地恢复和禁止滥捕的努力是有效的。据估计，如果人类没有努力恢复生物物种，灭绝物种的数量将高出3到4倍。换句话说，如果为了恢复而持续努力，并不是完全没有希望。因此，人类为恢复生物多样性而做出的努力似乎今后还要继续。

45. 1993年联合国生物多样性公约生效后，实施了生物物种恢复项目，结果发现很多摆脱灭种危机的案例，因此答案是②。对全世界10万多种动植物进行调查的结果显示，其中3万2,000多种濒临灭绝，因此③是错误答案。

46. 女性以实施濒临灭绝的生物物种复原项目的结果，发现了很多摆脱灭绝危机的事例的研究资料为依据，提出了人类为了生物多样性需要持续努力的意见。因此正确答案是④。

[47~48] 请听录音，并回答问题。

여자 한국은 우울증을 앓고 있는 사람의 수가 세계에서 가장 많은데 비해, 치료 접근성은 오히려 가장 낮다고 합니다. 지금 제 앞에 한국 보건학회 회장이신 박신우 박사님이 나와 계시는데요. 박사님, 정말 그렇습니까?

남자 그렇습니다. 코로나19로 인해 전 세계적으로 우울증을 앓는 사람의 수가 두 배 가까이 증가했다고 하지만, 그중에서도 한국은 독보적인 수준입니다. 대한신경과학회가 공개한 자료에 따르면, 작년에 한국의 우울증 유병률은 36.8%로 조사되었습니다. 조사 대상 국가 중에 가장 높은 수치인데요. 그런데도 치료 접근성이 낮은 이유로는 항우울제 처방 제한 규제 때문도 있겠지만, 자신의 우울증을 인지하고 의사의 도움을 받아 치료하겠다는 인식이 여전히 부족한 탓도 있습니다. 실제 우울증 환자 중에 약 25%만 의사의 진료를 받았다는 통계가 있을 정도입니다. 흔히 우울증을 마음의 감기라고 부르지만, 감기와 달리 혼자서 이겨내는 건 쉽지 않습니다. 다른 병과 마찬가지로 우울증도 초기에 발견하고 치료하는 것이 중요한데요. 마음 건강도 정기적으로 검진을 받아 제대로 관리하는 것이 중요하다는 인식이 필요하다고 봅니다.

女 韩国患忧郁症的人数在世界上最多，而治疗接近性却最低。现在我旁边是韩国保健学会会长朴信宇博士。博士，真的是这样吗？

男 是的。虽然新型冠状病毒使全世界患忧郁症的人数增加了近两倍，但其中韩国是独一无二的高水平。据大韩神经科学会公开的资料显示，去年韩国的忧郁症发病率为36.8%，这是调查对象国家中最高的数值。尽管如此，治疗接近性较低的原因虽然有抗抑郁药处方限制的规定，但也有认识自己的忧郁症，在医生的帮助下进行治疗的认识仍然不足的原因。据统计，实际上忧郁症患者中只有约25%接受医生的诊疗。通常将忧郁症称为“心灵感冒”，但与感冒不同，一个人很难克服。与其他疾病一样，初期发现和治疗忧郁症也很重要。我认为，就像为了身体健康定期接受健康检查一样，需要认识到心理健康也要定期接受检查，好好管理是非常重要的认识。

47. 男性表示，新型冠状病毒导致全世界患忧郁症的人数增加了近两倍，因此答案是②。

48. 女性问男性“韩国患有忧郁症的人数在世界上最多，但治疗接近性反而最低”的内容是否正确，男性以具体根据为基础加以回应，因此回答是④。

[49~50] 请听录音，并回答问题。

남자 전 세계적으로 지속 가능한 에너지 발전을 위해 노력하고 있는데요. 한국에 바닷물을 이용해 에너지를 만드는 곳에 대해 오늘 여러분에게 자세하게 소개하려고 합니다. 전남 해남과 진도 사이에 가면 바다가 우는 길목이라는 의미에서 '울돌목'이라 불리는 곳이 있습니다. 빠른 물살로 인해 바닷물 소리가 마치 바다가 우는 듯하다고 하여 붙여진 이름입니다. 이곳은 조선 시대 명량 해전 당시에 이순신 장군이 이곳의 빠른 유속을 이용하여 적을 무찌른 곳으로 유명한 곳입니다. 조류 발전의 입지적 조건 중 첫 번째는 빠른 유속입니다. 하지만 유속이 지속되지 않거나, 발전소를 건설하기 위한 공간적 조건, 즉 수심과 수로의 폭이 맞지 않다면 유속이 아무리 빨라도 소용이 없는데요. 이런 조건을 모두 갖추고 있는 곳이 바로 울돌목입니다. 이 울돌목의 유속은 최대 초속 6.5m로 바다보다 3배 이상 빠르다고 합니다. 2013년에 울돌목에 상용 조류 발전소를 건설하였는데, 당시의 발전소는 소규모 발전에 적합했습니다. 그래서 현재는 대규모 발전을 위한 조류 발전소를 울돌목에 설치하기 위해서 지속적으로 연구를 거듭하고 있습니다.

男 全世界为了发展可持续的能源而努力着。今天想给大家详细介绍一下韩国利用海水制造能源的地方。在全南海南和珍岛之间，有一个被称为“鸣梁”的地方，意为大海哭泣的路口。由于水流湍急，海水声音仿佛大海在哭泣，因此得名。这个地方因朝鲜时代的鸣梁海战而名扬天下，当时李舜臣将军利用这里的急流打败了敌人。潮汐发电的区位条件之一是流速快。但如果流速不能持续，或者为了建设发电站的空间条件，即水深和水路宽度不一致，流速再快也是没有用的。同时具备这些条件的地方就是鸣梁。据说，鸣梁的流速最高可达每秒6.5m，是大海的3倍以上。2013年在鸣梁建了商用潮汐发电站，当时的发电站适合小规模发电。所以现在为了大规模发展的潮汐发电站设置在鸣梁，并正在持续进行研究。

49. 男性说，朝鲜时代鸣梁海战时，李舜臣将军曾利用鸣梁的快速流速打败敌人，因此答案是③。

50. 在说明潮汐发电站建设的最佳选址条件时，以“鸣梁”为例，答案是③。

쓰기 书写

[51~52] 请阅读下文，分别写出符合㉠和㉡的一句话。

51. ㉠：后面说到想换一条小一点的裤子。因此括号中一定要有说裤子太大的内容。

㉡：前面讲了想换裤子。并且后面将联系方式留下了。因此括号中应该是有关如何进行交换以及希望对方告知交换方法的内容。

→ 本文为请求更换购买的产品的电子邮件。首先要对购买产品的种类和必须交换的理由进行陈述，并且还要对希望交换商品的颜色和大小进行细致说明。可交换时也有出现追加费用的时候，所以一定要像卖家询问清楚具体的交换方法。为了方便与卖家联系，通常还要把电话号码或电子邮箱等联系方式留下。

52. ㉠：前面写到由于对变化感到陌生和惧怕，所以作为结果其中有对安逸熟悉的内容说明，因此括号中一定要有希望不变、希望停步的说明。特别是“편안하고 익숙한”的形容词后有括号，所以一定是以名词开始的句子。

㉡：前面提到最大的障碍物就是自己。并且后面提到“不那样的话，什么都变化不了”。对照前后内容可知：自己应该成为变化的中心才行。

53. 以下是以500名60岁以上的老年男女为对象所做的关于“最想要的福利服务”和“现在感受到的最大困难”的问卷调查资料。请将此内容写成200-300字的文章，但请勿书写文章的题目。

【概略】
序论：介绍最想要的福利服务调查结果
本论：介绍目前感受到的最大困难的调查结果
结论：关于幸福条件的调查结果总结和结论

54. 请参考以下内容，写一篇600-700字的文章，但请勿将问题原封不动地抄写下来。

【概略】
序论：网络学习的定义和好处(教育内容和方法)
本论：① 网络学习对教育产生的正面影响
② 使用网络学习的方法和效用(教师的立场，学生的立场)
结论：整理(网络学习对社会产生的影响)

읽기 阅读

[1~2] 请选择最适合置入( )的选项。

1. 我们( )把自己的事情推给别人，应该自己做。

问题类型 选择适合句子的语尾(连接/生活文)
内容指：我们即使疲惫，再疲惫也要做自己该做的事情。所以正确答案为③。

> –더라도: 表示认同前句内容，但这对后句内容没有影响时使用。
> 例 이번에 실패하더라도 실망하지 마세요.
> 아무리 늦더라도 그는 서두르는 법이 없다.
> 注意 "–더라도" 可与 "–아/어도" 替换使用。

- –고도: 表示随着前句事实的出现，但后句内容为与之相反或者具有不同特征时的连接词尾。
  例 영화는 슬프고도 아름다운 사랑 이야기를 보여 주었다.
- –(으)ㄴ 탓에: 表示前句内容为出现后面消极结果原因或理由。
  例 과일값이 비싼 탓에 조금밖에 못 샀어요.
- –(으)ㄴ 대신에:

① 表示前句内容与后句内容的状态或行动相互不同或相反时的表达方法。
例 이 약은 효과가 좋은 대신에 많이 쓰다.
② 表示用与前句的行动相应的其它东西做前面行为的补偿时的表达方法。
例 이 식당은 가격이 비싼 대신에 유기농 재료만 사용한다.

2. 数学题很难，不要放弃( )到最后。

问题类型 选择适合句子的语尾(终结/短文)
虽然数学题很难，但还是坚持做到了最后的意思，所以正确答案为②。

> –고 들다: 表示粗暴无礼地行事，或者执意要去做某事。
> 例 그가 계속 따지고 드는 바람에 어찌할 수가 없었다.

- –아/어 놓다: 表示某一行为结束后仍在持续，或者强调前面的状态在持续。
  例 외출할 때 난방을 꺼 놓았다.
- –나 싶다:

① 表示话者对前句内容进行有些主观或不确定的推测。
例 같은 감독이 만든 영화이지만 이번 작품이 더 재미있지 않았나 싶다.
② 表示话者对前句行动表示怀疑或后悔。
例 내가 괜한 말을 했나 싶어서 후회가 된다.

- –는 셈 치다: 表示认为是那样或同意是那样。
  例 돈 5만 원을 잃어버렸는데 그냥 외식 한 번 한 셈 쳤다.

[3~4] 请选择与下端划线的部分意义最相似的选项。

3. 一下班就出发的话，7点前可以到达研讨会的地点。

问题类型 选择适合句子的语尾(连接/短文)
内容为：下班就出发的话，7点可以到达研讨会现场。因此前句动作实现以后紧接着进行其它动作。所以答案为②。

> –는 대로: 做完某事后立即……。
> 例 취직하는 대로 결혼하려고 해요.
> 날이 밝는 대로 떠날 예정이다.
> 注意 "–는 대로" 前不可使用过去型。
> 例 집에 도착한 대로 저에게 전화 주세요. (×)

- –(으)ㄹ 때: 表示某一行为或情况持续的时间或期间。
  例 할머니는 비가 올 때 꼭 목욕탕을 가신다.
- –자마자: 表示某一起看或事情发生后，紧接着发生另一情况。
  例 아들은 나를 보자마자 뛰어와 안겼다.
- –는 김에: 表示在做某一行为时，利用这个机会顺便再进行另一行为。
  例 사건이 이렇게 된 김에 솔직히 이야기해 봅시다.
- –(으)ㄴ 다음에: 表示前句所指事情或过程结束后。
  例 청바지는 한 번 뒤집어서 세탁한 다음에 입어야 한다.

4. 虽然政府为百姓制定了政策，由于反对，只能放弃。

问题类型 选择适合句子的语尾(终结/短文)
内容指：虽然政府为百姓制定了政策，但是由于有钱人的反对，没办法只好放弃的意思，所以正确答案是②。

> –아/어야 하다: 为了做某事需要的状态和条件。
> 例 싸고 좋은 물건을 사려면 대형 할인 매장에 가야 한다.
> 注意 –아/어야 했다: 表示只能那样做。
> 例 싸고 좋은 물건을 사기 위해 대형 할인 매장에 가야 했다.

- –기로 하다: 表示要做前句行动的决心或约定。
  例 이번 학기에 열심히 공부해서 장학금을 받기로 했다.
- –(으)ㄹ 수밖에 없다: 表示除了那个以外，没有其他的办法或可能性。
  例 모르는 것이 너무 많아서 인터넷을 검색할 수밖에 없었다.
- –는 것이 당연하다: 表示做某行为是理所当然的。
  例 부모님을 모시는 것은 당연하다.
- –는 둥 마는 둥 하다: 表示做某事很潦草不认真。
  例 아들이 내 말을 듣는 둥 마는 둥 하는 모습에 화가 치밀어 올라왔다.

[5~8] 请选择下面是关于什么的文章。

5.

一粒就可解决头痛、牙痛、月经痛。

问题类型 掌握文章的题材/类型(广告文)

这则广告的主要核心词是“두통、치통、생리통”。说的是痛。这些时候要吃止疼片，所以正确答案是①。

6.

现在加入可享受10%优惠、多赠送一个。
5分钟过后，所有馈赠都将消失。
现在快快拨打电话。

问题类型 掌握文章的题材/类型(广告文)

此广告的核心词为“할인(优惠)”,“전화(电话)”。广告说给予优惠，并让“지금 빨리 전화주세요.”所以答案为②。

7.

危险
由于雨季，交通管制。
请绕行其它道路。

问题类型 掌握文章的题材/类型(广告文)

这则指南只要核心词是“장마、교통 통제”。从梅雨季危险，道路交通管制，让走其它道路的内容看正确答案为②。

8.

在更开阔的场所！以崭新的面貌！
从下月1日起在对面建筑物2层招待各位！

问题类型 掌握文章的题材/类型(介绍文)

通过“다음 달 1일부터 맞은편 건물 2층에서 여러분을 모시겠습니다.”可知，答案为④。

[9~12] 请选择与下文或图表内容相同的选项。

9.

邀请来到韩乐家族

- 招聘职位：市场部教育讲师
- 申请条件：在加拿大内就业没有问题者
  (英语熟练者优先)
- 申请材料：包括自我介绍的英文和韩文简历
- 申请方法：现场报名(具体事宜参考主页)
- 员工待遇：派遣到加拿大工作、提供住宿食宿、
  根据需要提供学习英语费用

问题类型 选择与文章相同的一项(介绍文)

内容提到：申请资格为“캐나다 내 취업에 결격 사유가 없는 자”，派遣到加拿大工作的待遇，所以正确答案是①。

② ~~通过网页报名~~即可。→ 现场报名

③ 这是一则招聘~~市场部负责人~~的求职广告。
→ 市场部教育讲师

④ ~~对英语熟练者~~提供英语学习费用。→ 向职员

- 수어 [手语]: 听觉或沟通困难的人之间通过手或身体的动作进行沟通的方式

10.

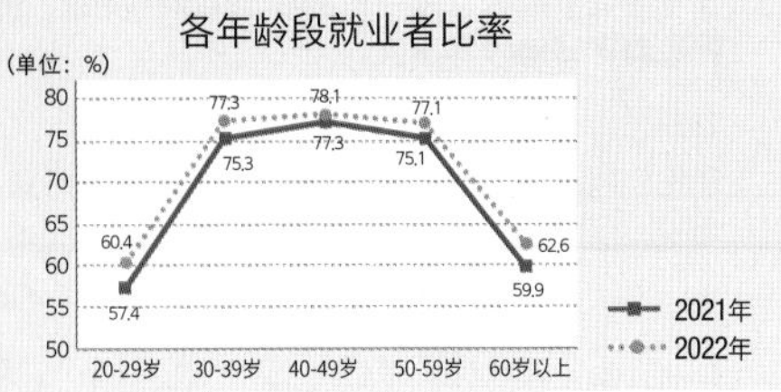

问题类型 选择与图表相同的一项

2021年度60岁以上的就业者比率为59.9%，因此①是正确的答案。

② 2022年，~~50-59岁~~就业者所占比例最少。→ 20-29岁

③ 40-49岁的就业率~~无论是2021年还是2022年都没有变化~~。→ 与2021年相比，2022年有所增加。

④ 40岁以上的就业率~~减少~~，40岁以下的就业率增加。
→ 增加

11.

随着露营的大众化，很多人去露营，车宿很受欢迎。车宿是指“在车上住宿”，具有减少帐篷等露营装备的空间和时间负担的优点。随着SUV车辆的人气，喜欢车宿的人也在增加。但在车内睡觉的人员有限，不适合长期露营，从这一点来看，喜欢与否意见分歧。

问题类型 选择与文章相同的一项(报道)

随着SUV车辆的人气，喜欢车宿的人也在增加，因此④是正确的答案。

① 车宿是~~所有人都喜欢~~的露营方法。
→ 在车内睡觉的人员有限，不适合长期露营，从这一点来看，喜欢与否意见分歧。

② ~~如果露营变得大众化，预计车宿将受到欢迎~~。
→ 随着野营的大众化，车宿越来越受欢迎。

③ 如果使用车宿，会~~增加~~露营装备的空间和时间负担。
→ 减少

12.

大学的选课申请或有名歌手的演唱会预售的话，门户网站的人气搜索语排行榜毫无疑问地会出现“系统时间”。这是因为要把韩国标准时间和电脑的系统时间对准的人太多而出现的现象。由于门户网站或移动通信公司也使用系统时候，所以按照电脑系统时间操作，预售的成功率才会稍微高一点。

问题类型 选择与文章相同的一项(报道)

通过“포털이나 이동 통신사도 원자시계를 사용하기 때문에 컴퓨터 시계를 여기에 맞추면 수강 신청이나 예매 성공 확률이 미세하나마 높아진다고 한다.”正确答案是④。

① ~~没有系统时间的话不能预售演唱会票~~。
→ 即使没有系统时间也可以预售演唱会票，但为了提高预售成功率与系统时间相符最好。

② 门户网站的人气搜索~~经常~~有系统时间。
→ 大学的选课申请或有名歌手的演唱会预售时

③ 电脑时间与系统时间一致预售的成功率~~激增~~。
→ 稍微高一点

- -나마: 将对某种状况不满或遗憾作为后句内容的条件时的连接词尾。

- 원자시계[原子时计]: 利用原子或分子固有的震动数值不变的原理制造的钟表。不受重力或地球自转和温度的影响，精确度极高。

[13~15] 请选择正确按顺序排列的选项。

13.
(가) 保存科学家被称为才将新的生命注入破损遗物里的艺术家。
(나) 调查结束后的遗物按照材质的不同在不同的研究室里进行复原、保存处理。
(다) 遗物送进博物馆先要从遗物的制作时间、材料、制作方法等进行调查。
(라) 这个时候在研究所负责修复遗物和保存处理的人叫做保存科学家。

问题类型 排列文章顺序
本文说的是在博物馆处理遗物的过程和保存科学家的工作性质。内容首先是介绍遗物送进博物馆后首先要通过调查的内容的(다)，然后是由“조사를 마친 유물은”开始的要进行复原、保存处理的(나)；再后面是由“이때”开始进行（复原、保存处理）工作的人叫做保存科学家的内容(라)，最后是对保存科学进行补充说明内容的(가)。所以答案为按照(다)-(나)-(라)-(가)排序的③。

14.
(가) 但是，作为老人满65岁以上进行分类的政策很多。
(나) 具有代表性的是基本退休金或老人长期疗养保险适用期。
(다) 所以可以说65岁以上是被视为老人的年龄。
(라) 目前国内法律中还没有规定出多大年龄为老人的法律。

问题类型 排列文章顺序
本文谈论的是被视为老人的年龄问题。首先是说目前还没有规定多大年龄可划分为老人的国内法律的(라)，然后是由“하지만”开始讲与之相反内容的(가)；而(가)阐述了政策中有很多都将65岁以上划分为老人，其后是介绍具有代表性的政策的(나)，最后是以“따라서”开始下阐述结论的(다)。所以答案为以(라)-(가)-(나)-(다)排序的③。

15.
(가) 春天经常疲劳和犯困的症状叫做春困症。
(나) 人们一般试图用饮食来解决春困症。
(다) 但是比吃东西更重要的是要按照良好的生活节奏生活。
(라) 这是由于原本符合冬天的人体节奏为了适应春天的到来进行变更的过程中发生的。

问题类型 排列文章顺序
内容说的是克服春困症的方法。首先是讲春困症概念的(가)，其后是从“이는”开始讲发生春困症原因的(라)，接着是介绍人们对付犯春困症的一般办法的(나)，最后是叙述相反内容的由“그러나”开始的介绍更好地克服春困症的方法的(다)。所以答案为按照(가)-(라)-(나)-(다)排序的②。

[16~18] 请选择最适合置入(　)的选项。

16.
韩国位于地震活跃区的边缘，因此相对较少发生地震。但是韩国并不是地震的(　　)。现存的史书“三国史记”里也包含了关于地震的记载，“朝鲜王朝实录”中也出现过“地震”这个词汇。通过过去的事实，我们可以预测地震发生的可能性。

问题类型 选择符合文脉的内容
提到：在括号内的句子前使用了表示相反关系的“하지만”，并且括号内的句子描述了关于地震发生的记录。因此，正确答案是③。

17.
在准备旅行行囊时，首先要考虑的是目的地和旅行日程。不能把必需品漏掉、背包的重量最好也不要超过体重的三分之一。学习的时候也是如此。要(　　)决定好要学的内容，不要贪心给自己订下太多的学习任务。

问题类型 选择符合文脉的内容
括号前面的句子里有“공부할 때도 마찬가지다.”。即：准备徒步旅行行囊时要像考虑目的地和日程一样考虑所给的时间。所以正确答案为①。

18.
最近在中年层流行着肉毒素注射美容。比起用刀的整形手术来，肉毒素较安全、副作用小的优点。事实上主要用于去皱的肉毒素(　　)被使用。可用于眼科以矫正两眼视线不同的斜视、在牙科用来纠正下颚来缓解磨牙症状。肉毒素还对不正常的多汗症也非常有效。但缺陷就是效果维持时间短。

问题类型 选择符合文脉的内容
因为括号后面有对斜视，下巴矫正，磨牙，多汗症的治疗的话，所以正确答案是①。
- 교정[矫正]: 对不齐的或扭曲的或不对的进行修正。
- 이갈이: 磨牙的症状。

[19~20] 请阅读题目并回答问题。

在韩国三神婆婆是主管生孩子养孩子的女神。(　　)是送子之神，很早以来就是那些期待孩子到来的人参拜的对象，在韩国有这样的信仰是因为受到了要想立足就要有子孙的传统思想的影响。不能生儿子传宗接代的女性一生如同罪人，在这种社会风俗下，没有孩子的女性们无论是什么，只要能生孩子就去祈求也是很自然的事了。

19. **问题类型** 选择符合文脉的内容
三神婆婆主管的事情是生孩子养孩子的事情，其中最主要的是让人怀上孩子的事。因此选项中有“和普通不一样”、“特别是”意思的①为正确答案。
- 특히[特－]: 和普通不一样的。
  例 내가 만든 작품은 특히 창의력 부분에 탁월하다는 평가를 받았다.
- 먼저: 时间或顺序在先。
  例 먼저 해야 할 일이 무엇인지 모르겠어.

- 달리: 事情或条件等互相不同的。
  - 例 다른 아이들과 달리 말도 없고 웃지도 않는 민수가 걱정이 된다.
- 한편[-便]: 对所述内容从另一个侧面发言时使用的用语。
  - 例 학생들 대부분은 경기에 진 것에 실망했다. 한편 나는 잘 되었다고 생각했다.

20. **问题类型** **掌握中心想法**
三神婆婆是生育和养育的女神，希望怀孕的女性们向三神婆婆祈求想要孩子，因此④是最合适的答案。

[21~22] 请阅读题目并回答问题。

比起美术品展示会，总是被年轻人充斥的大林美术馆是个(　　　)附加活动人气更高的美术馆。展馆里曾经导入了弘大前的派对文化、乐队演出、也展示过DJ说唱。大林美术馆形象很简明。即: “有趣的美术馆”。跟以往那些禁止拍照的美术馆不同，可以尽情拍照，人们都说美术馆最好的是能够让人感觉离得并不远。大林美术馆正在展示美术馆自身的发展方向。

21. **问题类型** **选择符合文脉的俗语**
附加活动比展示会更有人气。因为附加活动由在弘大前进行的派对文化、乐队演出、说唱演出等多种形式的活动组成。所以正确答案为②。
- 눈 밖에 나다: 对他人失去了信赖感到厌恶。
  - 例 서림이는 이번 일을 계기로 선생님의 눈 밖에 났다.
- 찬물을 끼얹다: 破坏了原本顺利进行着的事情氛围。
  - 例 일이 겨우 해결되려고 할 때 그가 와서 찬물을 끼얹었다.
- 구색을 맞추다: 全部具备齐全。
  - 例 새어머니는 구색을 맞춰 완벽하게 내 결혼식 준비를 해 주셨다.
- 어깨를 나란히 하다: 具有同样的地位或权势。
  - 例 그는 당대의 유명한 선수들과 어깨를 나란히 했다.

22. **问题类型** **掌握细节内容**
大林美术馆不仅以艺术展示而闻名，还以各种附带活动而闻名，因此①是正确的答案。
② ~~其他美术馆~~不仅举办展品，还举办附带活动。
→ 大林美术馆
③ 大林美术馆是~~展示美术馆发展历史的地方~~。
→ 展示美术馆未来发展方向的地方
④ ~~在其他美术馆~~，市民也可以随时拍照。
→ 大林美术馆允许拍照。
- 부대 행사[附带行事]: 在主要活动之外附带进行的活动。

[23~24] 请阅读题目并回答问题。

在大学教授学生感受的快乐之一是能够全身心地感受校园一年四季变化着的美景。在还刮着冷风的入学季的梅花；开课时的杜鹃花、迎春花、玉兰花会开放。期中考试前后当然是樱花。在季节女王5月里玫瑰花开放，等到开始放暑假了，就可以看到牵牛花、向日葵。接下来就是当看到插在桌子上的菊花，就知道秋天已经到来。在这些花中，哪些花最了不起呢？这着实是个愚蠢的问题。没有最了不起的花。都很了不起。花儿们都那么清楚地知道自己应该在哪个季节开放，<u>为什么人却全部都像山茶花那样因为不能开在初春而焦躁不安呢?</u>

23. **问题类型** **掌握心情(随笔)**
在“안달인가?”中的“안달”是心焦气躁的意思。笔者看着人们都焦躁地期待早些成功的样子感到很郁闷。所以答案为①。

24. **问题类型** **掌握细节内容(一致/随笔)**
因为提到: “대학에서 학생들을 가르치는 즐거움 중 하나는 사시사철 변모하는 캠퍼스의 아름다움을 온몸으로 느낄 수 있다는 것이다.” 所以答案为④。
① 在大学做~~摆弄花草的工作~~。→ 教学工作
② 期中考试是时候~~玫瑰花~~开放。→ 樱花
③ 人们喜欢像山茶花那样~~开得早的花~~。
→ 想早开/想早成功

[25~27] 请选择最能说明下列新闻的标题。

25. 乐趣和感动双赢、晚间收视率也嗖嗖上涨

问题类型 **掌握简化的句子(报道文)**
具有“趣味和感动”两种特色、即使在晚间播放收视率也很高的报道标题。所以答案为①。

26. 并非是只有玫瑰花的移民生活、移住民中心获得安慰

问题类型 **掌握简化的句子(报道文)**
这是报道移民们在生活中非但没有获得幸福，反而遭受痛苦，而在移民中心受到安慰的内容标题，所以答案为④。
- 장밋빛[蔷薇-]: 比喻一种希望的状态。
  - 例 대통령 후보들은 제각기 국민들에게 장밋빛 미래를 약속하였다.

27. 出一次故障就完了? 通过反复运行，自行寻找解决方法的机器人登场

问题类型 **掌握简化的句子(报道文)**
这是介绍通过反复执行错误，可以自行找出解决方法的机器人出世的报道题目，所以正确答案是②。
- 시행착오[试行错误]: 为达到某一目标而进行的反复尝试。

[28~31] 请选择最适合置入(　　)的选项。

28. “眼尖”指的是通过解读别人的语言和动作来分析捕捉信息的卓越能力。虽然在我们语言生活中经常使用的表达并不多，但我们在对话中使用的表情和动作超过25万种。眼尖的人(　　　)理解别人的真诚。他们在交谈中将语言和动作结合，敏锐地理解

语境。因此，不能认为仅仅因为撒谎就能轻松地欺骗别人。

问题类型 **选择符合文脉的内容**

本文中说“在我们的语言生活中，经常使用的语言表达方式虽然不多，但是我们在对话中使用的表情和动作大概超过25万种”，也说“眼尖的人在交谈中将语言和动作结合，敏锐地理解语境。因此，不能认为仅仅因为撒谎就能轻松地欺骗别人。”，因此眼尖的人根据表情和动作来掌握对方的心意。②是正确的答案。

29. 据说，过去在收视率第一的电视剧播出时间段，自来水使用量和酒吧营业额均为之下降。这在当时电视节目在我们的生活中(　　)表现得很明显。但是今天，比起按照播出时间用电视收看电视剧，在自己想要的时候，可以通过电视、平板电脑、智能手机等各种机器轻松地收看电视剧。与过去不同，电视节目对人们的影响力减弱。

问题类型 **选择符合文脉的内容**

过去在收视率第一的电视剧播出时间段，自来水使用量和酒吧销售额均下降，因此可以推测当时电视节目对人们的生活产生了很大的影响。③是正确的答案。

30. 您一定也有过这样的感觉吧？考试前脑中满满的都是各种知识和信息，一旦考完学过的内容全都无影无踪，感觉脑袋一片空白，这被称作“蔡格尼克记忆效应”。俄罗斯心理学家蔡格尼克总结出了尚未处理完的事情会给人在精神层面制造紧张感的理论。这个就是人们总是担心尚未完成的事情，总想尽快完成的意思。人们(　　)赋予动机。

问题类型 **选择符合文脉的内容**

提到：人们对于尚未完成的事想在最短的时间内完成，所以答案是①。

31. 发现了(　　)现存的地球最强生命体—水熊虫的新事实。据悉，到目前为止，水熊虫可以在零上150度、零下273度的温度下生存，甚至暴露在致命浓度的放射性物质下也不会死亡。但事实证明，水熊虫在活动状态下长时间暴露在高温下就会死亡。科学家们表示，只要地球温度升高2度，人类灭亡的概率就会很高，因此研究水熊虫如何适应高温环境非常重要。

问题类型 **选择符合文脉的内容**

内容提到：能在零上150度和零下273度的温度里存活，甚至在致命的浓度的放射性水质中存活。由此可知：水熊虫是在极限的环境也能存活下来的生命体。所以正确答案是①。

- 극한[极限]: 某事事物或事情等可以到达的界限。

[32~34] 请阅读题目，并选择与文章内容相同的选项。

32. 因纽特人在冰屋里感觉冷的时候，就往地上洒水；夏季往地上洒的水蒸发可以吸收热量，变得凉爽，而往冰屋地上洒水就会立刻结冰，从而释放热量，室内温度即可升高。往冰屋里泼洒温水比冰水的效果更好。因纽特人并不是先理解了这些科学原理才盖的冰屋。在冰屋中保存着生活在极限地区人通过经验领会出的生活智慧。

问题类型 **掌握细节内容(一致)**

内容提到：冰屋中蕴含着生活在这个地区的人们通过经验总结出的生活智慧。所以正确答案为④。

① 夏天往地上洒水会~~变暖和~~。→ 变凉爽

② 往冰屋里洒水室内~~变冷~~。→ 变暖和

③ 因纽特人~~用科学方法建冰屋~~。
→ 不是按照科学原理建造的冰屋

- 이누이트: 指的是生活在阿拉斯加州、格陵兰、加拿大北部和西伯利亚极东地区的土著居民。

33. 有个作为旅店经营着的特别的韩屋。这家旅店每个房间都摆放着一种国乐器，所以客人可以亲自演奏。房间大小是按照乐器大小推算的。有伽倻琴的房间可以住3个人，有奚琴的可以住2个人，有笛子的最好是一个人住。如果多交2万韩元的话，还可以在离旅店大约7分钟距离的工坊里体验传统酒和年糕的制作，因此不仅是本国人，也很受外国人的欢迎。

问题类型 **掌握细节内容(一致)**

内容提到：房间大小与乐器大小相仿。有伽倻琴的房间可住3个人、有奚琴的可以住2个人，由此可知伽倻琴比奚琴大，所以正确答案为①。

② ~~旅店~~可以尝到年糕。
→ 离旅店大约7分钟距离的工坊里

③ 这家旅店有~~国乐器的房间只有一个~~。
→ 每个房间都放油一个国乐器

④ 续费用的话，~~可以使用有笛子的房间~~。
→ 在空房里体验传统酒和年糕制作

- 국악기[国乐器]: 演奏国乐的器具。
- 국악[国乐]: 韩国的传统音乐。

34. 在语言礼节中，话者关照听者使用谦虚、自谦的语言很重要。比起命令句，使用疑问句或劝诱句是更能表示恭逊表达方式。比如说：在满员的公交车内把“请闪开!”换成“让我下车吧!”或“您下车吗?”的话显得更恭敬一些。因为这是给听者留下了可以拒绝的余地。或是使用“我下站下车。”这样的陈述句也比命令句显得更恭敬。

问题类型 **掌握细节内容(一致)**

内容提到：“명령문보다는 청유문이나 의문문을 사용하면 좀 더 공손하게 표현할 수 있다.”，“평서문을 쓰는 것도 명령문보다 공손한 표현이다.”。所以正确答案为②。

① 用语礼节中~~听者~~需降低自身的姿态。→ 话者

③ ~~“请闪开”比“下车吧”~~ 更委婉。
→ “下车吧”比“请闪开”

④ ~~“请闪开”~~ 是给听者可以拒绝的机会。
→ “下车吧”或“要下车吗?”

[35~38] 请阅读题目，并选择最适合文章主题的选项。

35\. 我们初次与人见面时，通常会通过外貌和谈吐等来判断那个人是怎样的人。这种一次形成的印象对维持日后形象有着很大的影响。另外对某人相关信息在一定时间间隔中最先得到的信息也会对后面了解的信息影响更大。所以初次见面时留下好印象非常重要。因此，在介绍人的时候先介绍好的信息比先介绍不好的信息的更好。

问题类型 掌握中心想法

内容提到：留下了的印象会有很强的延续性，所以开始留下好印象很重要。所以答案为①。

36\. 因为只靠饮食不能充分摄取均衡的营养，所以服用维生素。选择维生素时与其选择大量含有一两种营养成分的产品，不如选择各种营养含量均衡的产品。营养素通过相互作用产生最佳效果，所以最好选择营养供给均衡的产品。但是再好的营养成分过量摄取就会有害，因此要选好以最少量能提供最多营养的产品。

问题类型 掌握中心想法

内容提到："비타민을 선택할 때는 한두 가지 영양소를 다량 함유한 것보다 모든 영양소가 골고루 들어있는 제품을 골라야 한다." 所以答案为④。

37\. 人工智能的发展会威胁到多少人类的工作岗位？这个问题的答案虽然根据观点不同而相异，但是对于自动化技术适用可能性较高的领域工作岗位造成威胁这一点上达成了共识。当然，在适用自动化技术的领域，需要高认知力、创意、判断力的高熟练劳动者也很难被代替。因此，今后我们应该开发人工智能无法代替的领域，并掌握与技术互补的工作方法。

问题类型 掌握中心想法

本文叙述，今后我们要开发人工智能无法代替的领域，与技术进行完善、熟悉的工作方法，因此③是正确答案。

- 고숙련[高熟练]：经常练习或经验丰富，对某事非常熟练。

38\. 美国密歇根大学研究团选拔了40位成年人，对他们进行了午睡对工作效率影响的试验。将他们随机分为两组，让一组午睡，让另一组看视频，然后给他们任务。结果发现，午睡组比看视频组的人用于工作上的时间更多，并且，午睡组与看视频组所做的冲动行为的少。

问题类型 掌握中心想法

内容提到：午睡对工作效率的影响研究结果发现，午睡组对所给业务花的时间更多。所以答案为②。

[39~41] 请选择最适合的句子能置入的地方。

39\. 每到暑期都会发生野生蘑菇中毒事件，因此采摘蘑菇要注意。(㉠)最近发生的5起野生蘑菇事件造成了12名受害。其中2名身亡。(㉡)蘑菇中毒事件多出于错误的常识或误解。(㉢)专家称：这毫无根据，尽管蘑菇种类相同，蘑菇的颜色也会由于气候和湿度等周边环境的不同而不同的。(㉣)

〈提示〉
最具代表性的是对"华丽的蘑菇是毒蘑菇"的误解。

问题类型 插入符合文脉的句子

提示句子举了"毒蘑菇中毒事件最具代表性的例子"。因此最适合放在"독버섯 중독 사고는 잘못된 상식이나 오해에서 비롯되는 경우가 많다."所以答案为③。

40\. 安德烈·金是韩国最早的男性时装设计师。(㉠)在人们对男性设计师的偏见下，他凭借个性十足的设计，于1966年在巴黎以韩国人的身份，首次举办了时装秀。(㉡)安德烈·金被评价为韩国时尚的开拓者，他以让当代顶级明星代言时装秀而闻名。(㉢)特别是时装秀的最后部分，让男女模特额头对额头的样子很受欢迎，至今为止也经常被用作"安德烈·金姿势"(㉣)

〈提示〉
甚至有人说，只有站在他的舞台上，才能被认可为最佳明星。

问题类型 插入符合文脉的句子

文中在(㉣)的前部分说明安德烈·金的时装秀以当时最优秀的明星登场而闻名。因此《置入句子》中的文章置入(㉣)最自然，所以④是正确的答案。

41\. 石磨是指把谷物做成粉末时使用的工具。(㉠)为了比较容易地将谷物碾碎，石磨通常是用花岗岩或像玄武岩那样又坚硬又沉重的石头制作的。(㉡)石磨上边的底部和下边的上部有利于谷物粉碎的刀槽，还有个洞助于通风可以冷却石磨磨擦发热。(㉢)，与粉碎机相比，用石磨粉碎谷物营养成分破坏的少，能制作出对健康有益的饮食。(㉣)

〈提示〉
石磨具有科学的构造和原理。

问题类型 插入符合文脉的句子

从(㉡)后面开始讲了石磨的构造和原理，因此提示句子应该 放在(㉡)，所以答案为②。

[42~43] 请阅读题目并回答问题。

咖啡！好。但是我一进京城站大厅时就发现，口袋里一分钱都没有。很迷茫。我无力地犹犹豫豫不知所措。就像木鸡一样走来走去。

(中略)

都不知道我走向了哪里。但几个小时后当我意识到自己坐在德寿宫长椅时，太阳已经落山了。德寿宫是像今天口袋空了的时候经常去的地方。我随便坐着回顾了我成长过来的26年。在朦胧的记忆里没有任何特别的记忆。我又一次问了自己：“你对人生有什么欲望没。”但我又不想说有，也不想说没有。我甚至几乎无法认出自己的存在。但是我发现在我脑子里有一个一刻也没消失过的东西。这就是我有还未完成的文稿。我不得不趿拉趿拉地朝家里走去。

李箱《翅膀》

42. **问题类型** 掌握心情/态度(小说)

内容提到在走进咖啡厅后发现没有钱时的心理状态。所以答案为③。

43. **问题类型** 掌握细节内容(一致/小说)

内容提到：“나에게는 아직 끝내지 못한 원고가 있다.”所以答案为①。

② ~~我对我自己产生了一种强烈的苦闷。~~
→ 在朦胧的记忆里没有任何特别的记忆、甚至不愿意回答我自己的问题。

③ 我~~思考的时候~~去德寿宫。→ 没钱时

④ 我~~回家~~回顾起了我生活过来的岁月。→ 在德寿宫

[44~45] 请阅读题目并回答问题。

所得不平等以迅猛的势头趋向严重。若这些现象持续下去的话，结果就会只剩下富翁和贫穷的人。作为中层的中产阶层的减少意味着社会的暖冲地带的消失，从而导致(　　)。改善所得不平等的最好办法就是给人们提供良好的工作岗位。但是所有企业都被经济萧条捆住了手脚。因此，尽快营造通过劳动改革能及时扩大工作岗位的环境。并且还要制定出做出能提高收入再分配效果的方案。要提供适才适所的福利支出，需要的话也有必要改编相关的法案。

44. **问题类型** 插入符合文脉的句子

作为中层的中产阶层减少的话，就会使富人和穷人间的缓冲地带消失，从而发生阶层间的矛盾。所以答案为④。

- 완충 지대[缓冲地带]: 为了避免相互对立势力间发生冲突，在势力范围内设立的中立地带。
- 적재적소[适材适所]: 用于最恰当之处。

45. **问题类型** 掌握中心想法

内容提到有人提出改善所得不平等方法的意见。作为主题，正确答案为②。

[46~47] 请阅读题目并回答问题。

百慕大三角是指把百慕大群岛与迈阿密及波多黎各连接为三角形的海域。在这个地区频繁发生客机及海船事故，而且不仅船还是飞机的残骸碎片，甚至连失踪者的尸体都找不到的时候很多，这就留给世上一道解不开的谜。1609年开始到现在共有15架飞机、17艘船在百慕大三角地带失踪。记录的数值如此，实际上可能比这还要多。发生失踪事件的原因也只是做了几个推测。百慕大三角仍然存在疑问。尽管发表过有电磁波、重力的异常、潮流的影响及UFO作怪等原因的各种说法，但目前还无法知道其准确的答案。

46. **问题类型** 选择笔者的态度(议论文)

笔者说明了百慕大三角位于哪里，在那里发生的事件的特征，因此④是正确的答案。

47. **问题类型** 掌握细节内容(一致/议论文)

上文中，百慕大三角发生的事故一直是个谜，虽然发表了各种关于其原因的假设，但目前尚不清楚，因此②是正确的答案。

① 百慕大三角发生事件~~的证据资料已经公布~~。
→ 还笼罩在疑问之中, 只能猜测事件的原因

③ ~~由于电磁波或重力异常~~，百慕大三角地区发生了很多事故。
→ 虽然发表了是因为电磁波或重力异常引起事故的说法，但目前还无法确定

④ 百慕大三角地区发生的事件原因~~今后也很难解释~~。
→ 目前还无法确定什么

[48~50] 请阅读题目并回答问题。

为了帮助低收入家庭的大学生，政府实施了劳动奖学金制度。对于家境困难的学生来说，他们无需休学，(　　)，这是一项非常好的制度。然而，实际上，由于一些大学没有充分利用劳动奖学金预算，这一制度实际上成了一纸空文。劳动奖学金提供的工资高于最低工资标准，并且允许学生在学校工作，因此备受欢迎。但是去年，申请助学金的对象包括低收入家庭学生，但其中超过三分之二的学生都未能获得资助。这些学生表示，很多家境比他们好的学生被选中了。还有一部分学生甚至提出了学校是否将奖学金分配给特定学生的问题。这是因为缺乏能够让学生接受选定结果的透明标准。人们批评应该按照劳动奖学金颁发的宗旨，优先资助低收入家庭的学生，并要求各大学按照这一制度进行运营。

48. **问题类型** 掌握目的(议论文)

提到：劳动奖学金制度的问题。文章说没有让学生接受选定结果的透明性标准，这意味着要求作到劳动奖学金运营的透明性。所以答案为③。

49. **问题类型** 掌握符合文脉的内容(议论文)

括号前面有“휴학을 하지 않고”的说法，所以答案为③。

50. **问题类型** 掌握细节内容(一致/议论文)

文中提及在选定劳动奖学金受惠者时，应回归低收入阶层，但未能达到的标准，因此④是正确的答案。

① 劳动奖学金的~~选定过程更加公正~~。
→ 因为选定标准不透明

② 由于劳动奖学金~~时薪低，很多志愿者放弃~~。
→ 超过最低时薪，即不低

③ 劳动奖学金制度可以不休学~~在公司~~工作。
→ 在学校内。

- 그림의 떡: 用来比喻虽然似乎能看到，但却无用或无法实现的情形。

MEMO

MEMO

MEMO